11/63

CONCORDIA UNIVERSITY
PN1525.L5
DICHTUNG ALS SPIEL BERLIN

Y0-DLX-066

3 4211 000072045

LIEDE · DICHTUNG ALS SPIEL

ALFRED LIEDE

Dichtung als Spiel

Studien zur Unsinnspoesie
an den Grenzen der Sprache

BAND 2

WALTER DE GRUYTER & CO · BERLIN 30

vormals G. J. Göschen'sche Verlagshandlung · J. Guttentag, Verlagsbuchhandlung
Georg Reimer · Karl J. Trübner · Veit & Comp.

1963

Archiv-Nr. 43 39 63/2

©

Copyright 1963 by Walter de Gruyter & Co., vormals G. J. Göschen'sche Verlagshandlung — J. Guttentag, Verlagsbuchhandlung — Georg Reimer — Karl J. Trübner — Veit & Comp. — Printed in Germany — Alle Rechte des Nachdrucks, der photomechanischen Wiedergabe, der Herstellung von Photokopien und Mikrofilmen, auch auszugsweise, vorbehalten. — Satz und Druck: Thormann & Goetsch, Berlin 44

Anhang
Die Technik des Spiels

INHALT

Abbildungsverzeichnis X

A. DAS ASEMANTISCHE UND DAS SEMANTISCH UNSINNIGE ZEICHEN

1. Der sinnlose Refrain als Zeichen ohne Bedeutung 3
2. Der Kindervers als Übergang vom Zeichen ohne Bedeutung zum Spiel mit dem gegebenen Sprachstoff 12
3. Das Spiel mit der gegebenen Sprache 21

B. DIE GATTUNGEN DER UNSINNSPOESIE

1. Die unliterarischen Spiele 34
   a) Der Kindervers 34
      Auszählreim 35 — Neckvers 36 — Reim auf unnütze Fragen 36
   b) Die Spiele der Erwachsenen 36
      Beispielsprichwort 37 — Wetterregel 37 — Grabschrift und Marterl 37 — Lügendichtung 38 — Verkehrte Welt und Schlaraffenland 40 — Volkslied 41

2. Die literarischen, gesellschaftlichen und gelehrten Spiele 43
   a) Der Übergang von den unliterarischen zu den literarischen Spielen 43
      Wortungeheuer 43 — Interpunktionsscherz 45 — Cross-Reading 45 — Wort in Zahlen 46 — Merkvers 46 — Studentenlied 47 — Stumpfsinnvers 47 — Klapphornvers 48 — Quodlibet 48 — Priamel 57 — Vielspruch 57 — Unsinnige Aufzählung 58 — Rätsel und Scherzfrage 58
   b) Die eigentlichen literarischen und gelehrten Spiele 58
      Einleitung: Die Spiele des Orients und die deutschen Spiele 58 — Das höfische Element 65 — Das gelehrte Element 67 — Das gesellschaftliche Element 67

   A. BUCHSTABENSPIELE 70
   a) Anagramm 70
      Buchstabenballett 75
   b) Akro-, Meso-, Telestich und Notarikon 75
   c) Chronogramm und Chronostich 81
   d) Der Abecedarius 82
      Die Vokalfolge AEIOU 88
   e) Das Lipogramm 90
   f) Das Tautogramm 94

g) Das Palindrom 103
h) Der Schüttelreim 112

B. SILBENSPIELE 115
a) Einsilbige Verse und andere Verse von bestimmter Silbenzahl 116
   Versos de cabo roto 119 — Versus rhopalici 120
b) Die Tmesis 120

C. REIMSPIELE 121
a) Reimreichtum 122
   Allreim 122 — Schlag- und Binnenreim 126 — Mittel-, In- und Anfangsreim 130 — Endschallender Reim (vers couronné) 132 — Echoreim 136
b) Reimarmut 140
   Tiradenreim 140 — Rührender Reim 142 — Identischer Reim 142 —
   Grammatischer Reim 145 — Gebrochener Reim 147 — Waise 148 — Reim-
   wetzeler 148
c) Reimverkettung 148
   Korn 148 — Irreim 149 — Pause 150 — Kettenreim 151 — Unvollständiger
   Kettenreim 152 — Übergehender Reim 155
d) Seltene Reime 157

D. VERSFIGURENSPIELE 158
a) Versus rapportati 158
b) Der Proteusvers 160
   Wechselsatz 160 — Versus reticulati 161 — Sestine 167
c) Der Spaltvers 168
d) Versus concordantes 170
e) Aufgegebene Reime und Ähnliches 171
   Satz und Gegensatz 174 — Kontrafaktur 174 — Leberreim 177
f) Annominatio im Vers 178
   Anapher 186

E. EINZELNE GRÖSSERE SPIELE 187
   Wortspiel 187 — Paradoxon 188 — Oxymoron 188 — Worthäufung 189
a) Das Figurengedicht 190
b) Die maccaronische Poesie und andere Arten der Sprachmischung 205
   Vers entrelardé 208
c) Der Cento 214
   Sprichwortspiel 217
d) Parodie und Travestie 218
e) Der Niemand 218
f) Die Lautdichtung 221
   Lautdeutung 221 — Vokalfarbenleitern 223 — Lautmalerei 227 — Künstliche Sprachen 230 — Spielerische Lautdichtung 231 — Moderne Lautdichtungen 239

3. In der deutschen Literatur fehlende Gattungen 256
   Antike und altgermanische Spiele 256
      Versus isopsephoi 256 — Kenning 256
   Französische Spiele 257
      Fatrasie 258 — Sottie 260 — Menus propos 260 — Baguenaude 260 — Coq-à-l'âne 260 — Galimatias 261 — Amphigouri 262
      260 — Galimatias 261 — Amphigouri 262
   Spanische Spiele 263
      Disparate 263
   Italienische Spiele 264
      Frottola 264 — Maniera burchiellesca 264 — Rime boscareccie 264
   Englische Spiele 264
      Rigmarole 264 — Limerick 264

4. Spiele in Magie und Mystik 267
   Semantisch unsinniges Zeichen 268 — Lügendichtung und verkehrte Welt 269 — Quodlibet 270 — Priamel 270 — Leberreim 270 — Rätsel 270 — Magie der Buchstaben 270 — Anagramm: Temurâh 271 — Gematria: Chronogramm und Chronostich 272 — Notarikon 272 — Akrostichon 272 — Abecedarius: Abc-Denkmäler 272 — Güldenes Abc 273 — Lipogramm 273 — Tautogramm 274 — Palindrom 274 — Satorformel 274 — Echo 275 — Kettenreim 275 — Proteusvers und Wechselsatz 275 — Wortspiel 276 — Kenning 276 — Paradoxon 276 — Figurengedicht 276 — Geheimsprachen, Lautdeutung und Sprachmischung 278 — Zeruph 278

C. GESELLSCHAFTEN UND SAMMLUNGEN
   Hebels Bund der Proteuser 279 — Ludlamshöhle 281 — Brinler Gesellschaft 283 — Rostbratel-Orden 283 — Kreis im Blumenstöckl 283 — Soupiritum 283 — Baumannshöhle 283 — Grüne Insel 284 — Schlaraffia 285 — Pankgrafschaft 285 — Tunnel über der Spree 285 — Montagsklub 286 — Gesellschaft herodotliebender Freunde 286 — Gesetzlose Gesellschaft 286 — Gesellschaft der Zwanglosen 286 — Mittwochgesellschaft 286 — Tunnel über der Pleisse 288 — Ellora 288 — Rytli 288 — Serapionsbrüder 288 — Kreislers musikalisch-poetischer Klub 288 — Nordsternbund 289 — Mittwochsgesellschaft 289 — Gesellschaft der Krokodile 290 — Die Zwanglosen 291 — Alt-England 291 — Zwecklose Gesellschaft 291 — Bund der Sechzehner 291 — Die Raitenden 292 — Gesellschaft vom Stehwein 292 — Bund der Maikäfer 292 — Gesellschaften um Raabe 292 — Musenklänge aus Deutschlands Leierkasten 293 — Verein der Maikäfer 296 — Blüthen aus dem Treibhause der Lyrik 300 — Allgemeiner Deutscher Reimverein 300 — Stalaktiten 302 — Galgenberg 302 — Schwimm-Club geistig hochstehender Männer 302 — Stadelmann-Gesellschaft 303 — Das Junge Krokodil 304 — Verein süddeutscher Bühnenkünstler 304 — Hermetische Gesellschaft 304 — Kabarett 305

Sigel und Abkürzungen des Anhangs 307

ABBILDUNGSVERZEICHNIS

1. Persisches Figurengedicht 61
    Aus: Friedrich Rückert, Grammatik, Poetik und Rhetorik der Perser, neu hrsg.
    v. W. Pertsch, Gotha 1874, Tafel II.
2. Publilius Optatianus Porfyrius, Carmen cancellatum 76
    Aus: Publilii Optatiani Porfyrii carmina ed. Lucianus Mueller, Leipzig 1877, S. 65
    Nr. XXII.
3. Publilius Optatianus Porfyrius, Carmen cancellatum 191
    Aus: Ebda. S. 47 Nr. IX.
4. Publilius Optatianus Porfyrius, Carmen cancellatum 193
    Aus: Ebda. S. 59 Nr. XIX.
5. Johann Leonhard Frisch, Figurengedicht 197
    Aus: J. L. Frischs Schulspiel ed. L. H. Fischer, Berlin 1890, S. 33.
6. Johann Leonhard Frisch, Figurengedicht 198
    Aus: Ebda. S. 34.
7. Guillaume Apollinaire, Calligramme 201
    Aus: Guillaume Apollinaire, Oeuvres poétiques ed. Marcel Adéma et Michel
    Décaudin, Paris Gallimard 1956, S. 198 f.
8. Guillaume Apollinaire, Calligramme 202
    Aus: Edba. S. 213.
9. Richard Hülsenbeck — Marcel Janco — Tristan Tzara, Poème
    simultan 242/243
    Aus: Cabaret Voltaire, Recueil littéraire et artistique édité par Hugo Ball, Zürich
    1916, S. 6 f.

Nachdem die eigentliche Arbeit die geistigen Hintergründe zu beschreiben versucht hat, möchte dieser Anhang das *Inventar der Unsinnspoesie* aufnehmen. Dabei fasse ich das Material in drei Kapiteln unter drei verschiedenen Gesichtspunkten zusammen. Das erste Kapitel beschäftigt sich vorab mit der kleinsten möglichen Unsinnseinheit, mit dem Unsinn *eines* Zeichens, der notwendigerweise semantischer Unsinn ist. Wieweit da von einer Technik der Unsinnspoesie die Rede sein kann, wird sich erweisen. Das zweite Kapitel ordnet die Unsinnspoesien nach Gattungen. Während das erste mehr die linguistische Seite der Erscheinungen behandelt, bietet dieses kurze Abrisse der Geschichte einzelner Arten. Das dritte Kapitel steht etwas abseits und ist den literarischen Vereinigungen und den Sammlungen gewidmet, die sich dem „Stiefelknecht des höheren Blödsinns" verschrieben haben.[1]

Aus dem Schatz der Spielformen zu schöpfen, gilt bei den Dichtern der Gegenwart als besonders modern. Deshalb habe ich die zeitgenössische Literatur nur in einigen Fällen berücksichtigt.

---

[1] Hinweise aus zweiter Hand auf Werke, die im interurbanen Leihverkehr der Schweizer Bibliotheken nicht erhältlich waren und die im Ausland zu suchen mir nicht nötig schien, sind im folgenden mit * gekennzeichnet. Überdies stand mir nicht immer die erste, bzw. neueste oder kritischste Ausgabe zur Verfügung. Für die Sigel und sonstigen Abkürzungen vgl. S. 307 ff.

A. Das asemantische und das semantisch-unsinnige Zeichen

„Der schiefste Gedanke, der formlose Ausdruck, der in Selbstvergessenheit hinredende Plauderer, jeder schleppt noch die Zügel einer Sprachregel nach, unsichtbare, aber von stählerner Hand gelenkte Zügel", schreibt Rochholz in der Einleitung zu seinem „Alemannischen Kinderlied und Kinderspiel".[2] Gilt dieser Satz auch für die Unsinnspoesie? Gibt es hier Regeln — etwa in der Wortbildung —, die sich mit Sprachgesetzen verbinden lassen? Diese rein linguistische Frage liegt ursprünglich diesem Kapitel zugrunde. Im allgemeinen steht die Linguistik vor genug schwierigen Problemen innerhalb der Grenzen der Sprache; was für ein Gewicht können dann Betrachtungen des Literaturhistorikers besitzen, wenn er an die Grenzen der Sprache vordringen will, wo den Sprachzeichen noch keine festen Begriffe zugeordnet sind und wo auch die linguistischen Autoritäten sich in Schweigen hüllen? So bietet dieses Kapitel mehr einen Überblick über die Probleme als eigene Ergebnisse. Ganz an den Grenzen der Sprache müssen wir uns beinahe damit begnügen, einfach das Material vorzulegen. Erst, wo sich die Unsinnspoesie dem Spielraum — im wahrsten Sinne des Wortes — der Sprache nähert, können wir die Erscheinungen etwas ordnen und auf jene Spielformen hinweisen, die in das Lexikon der Sprache übergegangen sind. Sobald wir aber in die Sprache selbst eindringen, stoßen wir auf die spielerischen Sprachwitze, die wir übergehen; denn, wo eigentliche Witzarbeit im Sinne des ersten Teils unserer Arbeit geleistet wird, hört der sprachliche Unsinn auf, höchstens die „schlechten Witze" gehören zu unserm Thema. So steht das Ergebnis dieses Kapitels unvermeidlich in keinem Verhältnis zu der Zahl der Dokumente, die durchgearbeitet wurden.

[2] Rochholz S. 5

1. DER SINNLOSE REFRAIN ALS ZEICHEN OHNE BEDEUTUNG

Der sinnlose Refrain ist wohl eine der ältesten Arten von Unsinnspoesie. Da er zudem beliebige Klänge zu sinnlosen Reihen zusammenfügt, sollten wir an ihm gleichsam die Urlaute der Unsinnspoesie ablesen können.

Bevor wir auf den Lautbestand eingehen, sei ein kurzer Blick auf den Ursprung des Kehrreims geworfen. 1887 schreibt Richard M. Meyer:

> Der Refrain ist, meiner Ansicht nach, aus der ältesten vorhistorischen Form der Poesie entstanden. Oder richtiger ist das einzige Rudiment derselben, das sich erhalten hat. Eben deshalb fehlt er in keiner ursprünglichen Poesie. Sein Keim ist der rohe Empfindungslaut, der vorhistorischer Zeit als einziges Ausdrucksmittel zu Gebote stand; dieser Anfang der Sprache wird Anfang der Poesie, sobald eine besonders heftige Empfindung jene Laute beseelt; denn Dichtung ... ist leidenschaftliche Rede. Diese Leidenschaft findet aber in dem heftig bewegten Ton der Interjektion keine genügende Bestätigung; es drängt sie, ihn in langer Reihe zu wiederholen. Mechanische Ursachen und inneres künstlerisches Bedürfnis wirken zusammen, um dieser Reihe gleicher Töne in einem andern Ton einen Abschluß zu gewähren; dies ist die höchste Stufe, die dem vorhistorischen Refrain zuzutrauen ist.[3]

Eine Art gefühlvollen Lallens wäre nach Richard M. Meyer die Quelle des sinnlosen Refrains, wie es uns auf andere Weise vielleicht noch in den einfachsten Lockrufen für das Vieh, dem „Aneinanderschleifen einer Reihe von chromatischen Tönen von oben nach unten in der Weise, daß der Bauer oder der Senne oder der Handbueb beim höchsten mit Bruststimme noch zu erreichenden Tone einsetzt und in sekundenweis sinkenden Kettentrillern das Vieh herbeiruft",[4] oder in den einfachsten Jodlern der Bergbevölkerung erhalten geblieben ist. Den Lautbestand charakterisiert Richard M. Meyer mit Wiederholung und Abschluß in einem andern Ton, was ungefähr unserer späteren „Vokalvariation" entspricht. Neun Jahre nach dem Aufsatz Meyers stellt Karl Bücher an reichem Material seine Theorie vom Ursprung des Refrains auf, der für ihn auch den Ursprung der Poesie bedeutet. Man mag seine Ansicht von der Entstehung der Dichtung aus dem Rhythmus der Arbeit als einseitig bewerten, besonders wenn man übersieht, daß er eine „primitive" Stufe der Arbeit meint, wo diese noch mit Spiel, mit energischer rhythmischer Körperbewegung zusammenfällt,[5] so daß der Tanz und ebenso der kultische Gesang als pantomimische Darstellung der Arbeit für eine Gottheit daraus entspringen.[6] Ursprünglich gibt es für ihn nur „*eine* Art der menschlichen Tätigkeit, welche Arbeit, Spiel und Kunst in sich verschmilzt."[7] So ist letztlich sein Arbeitsbegriff auch

---

[3] Richard M. Meyer, Über den Refrain — In: ZfvglLitgs 1 (1887) 34 ff., Zitat 44 f.; vgl. derselbe, Die Formen des Refrains — In: Euphorion 5 (1898) 1 ff.
[4] Bücher 142.
[5] ebda. 386.
[6] ebda. 393 ff.
[7] ebda. 434.

mit dem Spiel verwandt. Ist diese Theorie vom Ursprung der Poesie in der Arbeit auch bestritten worden, so galt die Ablehnung doch nie der wesentlichen Rolle der Rhythmik der Arbeit im sinnlosen Refrain. Einfachste Naturlaute, die der körperlich schwer Arbeitende ausstößt und die physiologisch als „Exspirationsstöße" begründet sind[8] — weshalb sie auch in den verschiedensten Sprachen ähnlich tönen —, werden besonders bei Gemeinschaftsarbeit zur gegenseitigen Erleichterung und rhythmischen Hilfe in Lautfolgen variiert, „um das Gefühl der Erleichterung, das [dem Arbeitenden] an und für sich jene Laute gewähren, zu verstärken, vielleicht es zum positiven Lustgefühle zu steigern."[9] Wiederholung und Variation sind bei Bücher wie bei Meyer das Charakteristikum des sinnlosen Refrains. Nach Bücher wird die Lautfolge mit der Zeit fest, konventionell. Tritt ein erfindungsreicher Kopf als Vorsänger auf, dann wiederholt nur noch der Chor der Mit-Arbeiter jene sinnlosen Silben und gibt so dem Vorsänger Zeit, eine neue (sinnvolle) Liedstrophe zu improvisieren. Besonders gelungene Texte werden weitergetragen. Schließlich werden auch dem Refrain sinnvolle Worte unterlegt, die ursprünglichen Lautfolgen bleiben nur zum Teil als „sinnloser Refrain" erhalten. Diese Vorgänge kann Bücher besonders an Gesängen aus primitiven Kulturen belegen.

Daß das Ausstoßen längerer Lautfolgen an und für sich — auch ohne den Rhythmus der Arbeit — mit einem Lustgefühl verbunden ist, zeigt das Lallen des Kleinkindes. Vielleicht dürfen wir in den kindlichen Funktionsspielereien eine weitere Quelle des sinnlosen Refrains vermuten. Daneben sind auch Arbeitsgeräusche oft die Brücke zwischen rhythmischer Körperbewegung und Sprachrhythmus; sie regen unwillkürlich zu vokaler Imitation an, so daß die Nachahmung von Geräuschen oder später von Musikinstrumenten ebenfalls für die Entstehung des sinnlosen Refrains in Betracht gezogen werden muß.[10] Freilich weiß man da nie, wieviel eigenes Gefühl man in die Lautfolgen hineinträgt. Wenn etwa der Refrain „valleri, vallera, valleralala" schon als Klang des Hifthorns gedeutet worden ist,[11] so mag dies für das Jagdlied stimmen, das der Deutung zugrunde liegt; ein Schluß auf die allgemeine Bedeutung dieses Refrains läßt sich jedoch daraus nicht ziehen, solange nicht bewiesen werden kann, daß er aus einem Jagdlied in alle übrigen, jagdfremden Lieder hinübergenommen wurde. Andere Theorien — etwa die A. W. Grubes, der Refrain entspringe einem Mißverständnis der lateinischen Kirchenmusik[12] — sind wohl mit Recht in Vergessenheit geraten. Gegen Grube hat bereits Richard M. Meyer eingewendet, schon die Griechen hätten zwar den ἰυγμος, den „Juchzer", aber noch keine lateinische Kirchenmusik gekannt.[13] Ebenso ist die ältere Theorie F. Zimmers und anderer untergegangen, der Refrain sei aus der Melodie herausge-

---

[8] ebda. 245, 379 f., 379 Anm. 4.
[9] ebda. 380. Sinnlose Lautfolgen als Arbeitslieder: ebda. 107, 111 f., 128, 202, 211.
[10] ebda. 387 f.
[11] Friedrich Stark, Der Kehrreim in der deutschen Literatur, Diss. Göttingen 1886, 15.
[12] August Wilhelm Grube, Deutsche Volkslieder — Vom Kehrreim des Volksliedes — Der Kehrreim bei Goethe, Uhland und Rückert, Iserlohn 1866 (Ästhetische Vorträge II), 117.
[13] R. M. Meyer aaO 45.

wachsen; um solche Vorstellungen zu vermeiden, ziehen wir die Bezeichnung „sinnloser Refrain" dem „Tonkehrreim" Minors[14] vor.

Wir wollten oben die Urlaute der Unsinnspoesie am Lautbestand des sinnlosen Refrains ablesen. Verlassen wir aber die grundsätzlichen Erwägungen, treten wir aus der vorhistorischen Zeit in die historische über und untersuchen wir den tatsächlichen Lautbestand des sinnlosen Refrains im deutschen Lied, so müssen wir bald erkennen, daß hier nicht mehr von Urlauten der Unsinnsdichtung gesprochen werden kann. Wohl ist eine große Zahl sinnloser Kehrreime überliefert; wie weit aber auch nur einige von ihnen Rudimente der vorhistorischen Zeit sind, läßt sich nicht abschätzen. Überblicken wir die sinnlosen Lautfolgen, so fällt uns auf, daß augenscheinlich einige Kehrreime den ganzen Liederschatz durchdrungen und wohl auch andere verdrängt haben. Wie alt sie sind, ist jedoch nicht festzustellen. Die Fragen: „Wie lange wurde ein Lied schon gesungen, bevor es jemand aufzeichnete?" und „Stammt der sinnlose Refrain dieser ersten Aufzeichnung nicht schon aus einem früheren, unaufgezeichneten Lied?" können nicht beantwortet werden. Sogar der einfachste interjektionale Ausruf, den ja alle Forscher an den Anfang des sinnlosen Refrains und des Refrains überhaupt setzen, ist für uns nicht mehr unmittelbar, sondern genau so konventionell wie das Zeichen für „Tisch" oder „Stuhl". Der eine, etwa „pfui", beschränkt sich auf eine bestimmte Empfindung; der Sinn eines andern wird durch den Ton der Aussprache bestimmt, so bei „ach" oder „oh". Immerhin dürften ähnliche Laute den Urbestand des sinnlosen Refrains gebildet haben. Hermann Paul geht zu weit, wenn er das deutsche „oh" aus dem Lateinischen entlehnt glaubt;[15] die Laute der einfachen Interjektionen sind in allen Sprachen ähnlich.

Interjektionale Kehrreime finden wir auch im deutschen Lied, sie kommentieren — oft nur scheinbar — den Liedtext mit „hm hm", „aha", „nana", „jaja", „jojo" usw. Sinnlos können wir sie nicht nennen, da die Interjektionen in das Lexikon der Sprache übergegangen sind; ihre Anwendung ist freilich oft logisch unsinnig. Eine erste sinnlose Abwandlung dürfte aber das klangvollere „juja"[16] für „jaja" sein, eine Vokalvariation in der Wiederholung. Mit „juja" ist dann der Refrain „julia"[17] zu verbinden, kaum mit dem weiblichen Vornamen; eine Liquida wird als erleichternder Gleitkonsonant eingeschoben. Die Vorliebe für die Liquidae, besonders im Inlaut des sinnlosen Refrains, ist so offensichtlich, daß wir im folgenden kaum mehr darauf hinzuweisen brauchen. Mit ihnen, vor allem mit *l*, läßt sich etwa der Auslaut beliebig strecken, die Lachstöße „hihi", „haha" zu „hilalala"[18] etc.; der Anlaut kann mit *l* sangbarer gemacht werden: ein „lä-häm" in „Kaiser der Napoleon" wird uns nicht verwundern, wenn wir an die Unbeholfenheit denken, mit der die Schrift in „ähm, hm" den Laut der fragenden oder verständnissinnigen Zustimmung wiedergibt.

---

[14] Minor 428 ff., er folgt darin Stark.
[15] Paul Prinzipien 180.
[16] Commersbuch 291.
[17] Liederhort 1219.
[18] ebda. 1411.

Den weitaus verbreitetsten Refrain können wir nach der häufigsten Form seines Auftretens *vallera-Typus* nennen. Er läßt sich kaum an eine bestimmte Schallnachahmung binden, sondern muß einfach als sinnlose Lautfolge hingenommen werden. Eine Handschrift von 1669 notiert „falala",[19] Jacob Grimm verzeichnet aus den „Poésies du roi de Navarre" die Folge „valara".[20] „Falala" könnte die ursprüngliche Form sein, sie ließe sogar eine sinnvolle Deutung auf die beiden Töne fa-la zu, analog der Deutung in Kluges Wörterbuch von „larafari" auf la-fa-re[21] mit Hilfe des ebenfalls sinnlosen Kehrreims „(harba)lori fa".[22] Mit „valara" hätten wir dann — aus dem französischen Sprachgebiet — bereits einen Beleg für das Ausweichen des zweiten *l* der Auslautstreckung in ein *r*, eine Art Dissimilation in unbetonter Silbe. Mit der Abschwächung des *a* in der zweiten, unbetonten Silbe zu *e* ergäbe sich die Typusform „vallera". Die Vorliebe des deutschen Liedes für diese Form läßt sich kaum erklären, offenbar eignet sich das labiodentale *f/v* besonders gut zur Auslösung einer lallenden Lautfolge; einfaches „lalalala" findet sich als Refrain selten. Spielformen beleben den Typus, so die schon bekannte Vokalvariation der Wiederholung, hier im Auslaut: „valleri, vallera", der gerne ein fünfsilbiges „vallerallala" folgt.[23] Neu ist die auftaktartige, spielerische Verlängerung des Anlautes zu einem reduplizierenden „vivallera",[24] mit Kontamination der folgenden „vallera" zu „vivallerallera",[25] vielleicht mit Anklang an „vivat". Eine Abart schiebt einen Dental zwischen *l* und *r* ein zu „faldera",[26] mit Kontamination „valtaltera"[27] und mit Auslautsvariation „valteri, valtera, valterallala".[28] „Valleteri, valletera"[29] läßt sich mit einem Svarabhaktivokal zwischen Muta und Liquida deuten, daraus wiederum das klangvollere „valladri",[30] das aber ebenso gut eine Vorstufe zu „valteri" und „faltri faltra"[31] sein könnte. Ein ähnlicher Refrain „faladroti"[32] findet sich auch im Litauischen, Jacob Grimm notiert neuniederländisch „falderala".[33]

Eine zweite Gruppe sinnloser Kehrreime vereinigt sich zum *fideralla-Typus*. Vage können wir über „dirallala"[34] und die reduzipierende Form „didirallala",[35] für die „fideralla" als Anlautvariation durchaus denkbar wäre, einen Zusammenhang mit „tralala" vermuten; mittellateinisch vitula, die Fiedel, oder gar vitulari, einen

---

[19] ebda. 1708.
[20] Jacob Grimm, Deutsche Grammatik, 3. Teil, Göttingen 1831, 308.
[21] Kluge Etym Wb 423.
[22] Liederhort 377.
[23] Poly-Liederbuch 87.
[24] Commersbuch 113.
[25] ebda. 168.
[26] Liederhort 962.
[27] Commersbuch 542.
[28] Liederhort 71 d.
[29] ebda. 1585.
[30] Poly-Liederbuch Anhang Kantusprügel Libertas-Iduna 256.
[31] Böhme I 602.
[32] Bücher 60.
[33] Jacob Grimm aaO 779 Anm.
[34] Liederhort 163 c.
[35] ebda.

Jubel anheben, zur Deutung heranzuziehen, ist müßig, wie das „fifa" der Pfeifennachahmung[36] für „vivallera" zu benützen. Neben „fiderallala", „fidirallala"[37] und dem dumpferen „fiderolla"[38] zeigen sich die bekannten Spielarten: Auslautvariation in der Wiederholung: „fideri fidera fiderallala"[39] und Kontamination: „fiderallerallera".[40] Als Einzelerscheinungen seien noch die Liedausklänge „fiderallala fidum"[41] und „fiderum trum trum"[42] erwähnt, gleichsam mit einem dumpfen Schluß-Paukenschlag, den nachzuahmen sich das „trum" bereits deutlich bemüht. Eine Deutung aus einer Tonfolge wie bei „fallera" scheint hier nicht möglich, dagegen beim vereinzelten „fari fara farom"[43] und dem vielleicht daraus kontaminierten „faria",[44] die wohl aus der Folge fa-re stammen.

Falls die Urformen des „vallera" und des „fiderallera" (für das Bücher eine finnische Parallele „fatirallai"[45] kennt) in einer Interjektion oder in der Nachahmung eines Geräuschs bestanden haben, ist heute davon nichts mehr zu spüren; darin unterscheiden sie sich von den nun folgenden Typen, bei denen wir ähnliche Spielarten außerhalb des Refrains antreffen.

Der *juchhei-Typus* geht auf den Ausruf der Freude zurück, den auch noch „jauchzen" enthält. Meist wird „juch" oder (mitteldeutsches?) „juck"[46] mit dem zweiten Ausruf „hei" verbunden, etwa „heijuchhei".[47] Kluges Wörterbuch hat „juchhe" „kaum vor 1691"[48] gefunden und erklärt allzu einschränkend den zweiten Bestandteil als Interjektion des Lachens statt der Freude. Der Datierung auf 1691 widerspricht eine Liederhandschrift aus dem siebzehnten Jahrhundert,[49] da das Lied sicher längere Zeit vor ihrer Entstehung gesungen wurde, für eine weitere Handschrift von 1570-1587 geben leider Erk-Böhme nicht an, ob sie die Melodie mit oder ohne Text enthält. Eigenartigerweise erfolgt bei diesem Typus die spielerische Verlängerung immer mit -sa, ein „*juchheilala" gibt es nicht. Das gilt auch für die Folgen mit bloßem „hei", während sich etwa „hopsasa" und „hopplala" sehr gut nebeneinander vertragen. Ein Zusammenhang des „sa" mit dem alten Lockruf für Hunde „za za za", den wir hinter „ça ça geschmauset" vermuten können, ist unwahrscheinlich. Neben „juchheisasa" wird das erste s gerne mit einem r vertauscht zu „juchheirasa": „juhei und juheirassa, juhe und juheie".[50] „Juviheirassa"[51]

---

[36] Böhme I 113.
[37] Liederhort 163 d.
[38] Erwin Burckhardt, Schweizer Kinderlieder, Aarau 1933, 10.
[39] ebda. 68.
[40] Liederhort 684.
[41] ebda. 163 d.
[42] ebda. 110.
[43] ebda. 966 d.
[44] Poly-Liederbuch 207.
[45] Bücher 113.
[46] Commersbuch 541.
[47] Bücher 16.
[48] Kluge Etym Wb 333.
[49] Liederhort 1490.
[50] Böhme II 59.
[51] Liederhort 740.

dürfte eine Parallelform zu mhd. juwen-juwezen sein. Als Spielformen mit bloßem „hei" haben wir uns neben „heisasa"[52] auch „hejaho"[53] notiert, das als klangvolle Streckform zu „hei" gehört, wie „eia" zu „ei". Eine ähnliche Streckung, diesmal mit einem Dental als Gleitkonsonanten, scheint das auslautvariierende „heidi heida"[54] zu sein; während „heidideriderala la"[55] vielleicht „hei" mit „fiderallala" kontaminiert oder zum mindesten eine Parallele dazu bildet. Das jüngere „jupeidi jupeida"[56] verschmilzt das französische „jup" mit „heidi".

Holla — hallo — hoscheho sind als Anrufformeln in die Sprache eingegangen. Im Refrain treten die ersten beiden besonders gerne als Doppelformen mit Anlautvariation „hallihallo"[57] auf. Wie „heja" wird „holla" meist mit „-ho" gestreckt, mit Auslautvariation: „hollahi hollaho", wobei die gewöhnlich folgende dritte Wiederholung beide auslautenden Vokale zu „hollahiaho"[58] aufnimmt. Spielformen von „hoscheho" sind „hoscheheijaho"[59] und „hoschedodei".[60] Wenn Kluges Wörterbuch „hallo" und „holla" als Imperative zu ahd. halon, holen, festlegt, die über den Fährmannsruf „Hol über!" in die Jagd eingedrungen seien,[61] so möchten wir doch, ohne zu widersprechen, auf manchen Jodel mit ähnlichen Lautfolgen am Anfang, etwa „holahoidiadiaho",[62] hinweisen, mit denen sich bequem für schwierigere Tonpassagen Atem holen läßt.

Selbstverständlich werden diese Grundformen des sinnlosen Refrains auf alle möglichen Arten miteinander kombiniert, so daß häufig Kehrreime wie „valleri juchheisasa",[63] „juchhei hoschedodei",[64] „hiheivalderadera"[65] und „hallihallohallihallo valleri juchheissasa"[66] entstehen.

Als besonderer Fall sei noch *tralala* erwähnt, weil es nach Kluges Wörterbuch Leo Hasler (1564-1612) aus der spanischen Musik in das deutsche Gesellschaftslied eingeführt habe,[67] während es Behaghel — unbewußt beeinflußt vom Jägerchor des „Freischütz" — für eine spielerische Umwandlung des „trara" eines Hörnerklangs ansieht.[68] Für den allgemeinen Lautbestand des sinnlosen Refrains ist sicher nicht die spanische Musik verantwortlich. Die Tr-Lautgruppe als Auslöser einer

---

[52] ebda. 1638.
[53] ebda. 1171.
[54] Poly-Liederbuch 79.
[55] Commersbuch 53.
[56] Liederbuch des Sportvereins Rot-Weiß, Basel o. J., 70.
[57] Liederhort 658 b.
[58] Poly-Liederbuch 153.
[59] Liederhort 123 g.
[60] ebda. 1490.
[61] Kluge Etym Wb 284, 314.
[62] Burckhardt aaO 12.
[63] Liederhort 658 b.
[64] ebda. 1490.
[65] ebda. 1456.
[66] ebda. 658 b.
[67] Kluge Etym Wb 786.
[68] Behaghel Humor 181.

trällernden[69] oder lallenden Folge ist im Volkslied verbreitet; es würde schwerfallen, ihren Weg von der spanischen Musik in Appenzeller „Chüedräckler" mit ihrem „tralililada tralijada" etc.[70] oder in die Lieder von Gottschee zur Zugarbeit „terala terala..."[71] zu erklären. Bei diesen Liedern erscheint auch Behaghels Deutung wenig plausibel. „Trullala tirullala"[72] rückt den tralala-Typ in seinem Lautbestand in die Nähe der fidirulla-Formen. Als gestreckte Spielform darf man „trudirudirallera"[73] betrachten, während „tralirumla",[74] „trallala" mit dem „lirumla" des Kinderverses verbindet.[75]

Die fast einzige sichere Musiknachahmung mit Hilfe einer längeren Lautfolge — kürzere wie „trara, fifa, giga, bumbum, trumtrum" sind häufig — ist das *Dideldum* der Streichmusik, mit „heidideldum",[76] „heideldumdideldum",[77] „heidilidei",[78] „tra dideldideldum",[79] „dähndeldum dideldumdei",[80] „eididendei"[81] usw., das der junge Goethe in seinem „Concerto dramatico" als „Didli di dum didli di dei" benützt.[82] Mit Wortunterlegung wird es zu „dummliedeldumm",[83] „Fiedelfumfei"[84] heißt ein Bauerntanz bei den Minnesingern, was mit Fiedel unmittelbar auf die Musiknachahmung weist.[84a]

Wenn wir den Lautbestand des sinnlosen Kehrreims gesamthaft überblicken, haben wir zuerst zu fragen, welche Laute bevorzugt werden und ob sich über deren Abfolge etwas sagen läßt. Darauf gibt es kaum eine gültige Antwort: Vokale sind alle vertreten, *e* nur in unbetonter Silbe, was wohl dem Streben nach Klangreichtum zuzuschreiben ist; Umlaute finden wir fast keine, von den Diphthongen nur *ei*. Doppelkonsonanz wird vermieden, es sei denn, der eine Bestandteil sei eine Liquida. Die Lautfolgen sind also meist sehr einfach; *l, r* und *h* überwiegen im Inlaut. Mundartliche und zeitliche Einflüsse sind möglich, fallen aber gegenüber der festen Tradi-

---

[69] „Trällern" ist offenbar eine Neubildung zu „tralala": Kluge Etym Wb 786.
[70] Bücher 73.
[71] ebda. 95.
[72] Poly-Liederbuch 189.
[73] Bücher 52.
[74] Commersbuch 288.
[75] vgl. dazu auch DWb XI.1.1 925. Die Belege des DWb sind meist zufällig, z. B. „dideldum" unter „dideldumla" (II 1085).
[76] Liederhort 43 b.
[77] Commersbuch 576.
[78] Liederhort 43 d.
[79] ebda. 1617.
[80] ebda. 966 ab.
[81] ebda. 1112.
[82] Der junge Goethe III 82.
[83] Commersbuch 220.
[84] Böhme II 199.
[84a] Aus altdeutscher Zeit sind mir nur folgende sinnlose Refrains bekannt: „tandaradei" bei Walther von der Vogelweide (39, 11); „deilidurei faledirannurei / lidundei faladaritturei" bei Heinrich von Stretelingen (Schweizer Minnesänger 106 f. Nr. 1); „traranuretum traranuriruntundeie" bei Neidhart (Lieder ed. Edmund Wiessner, Tübingen 1955, Sommerlieder 1); „lodircundeia / lodircundeie" in den Carmina Burana (CB 163/163 a).

tion kaum ins Gewicht. Diesem Lautbestand entspricht auch derjenige des schweizerischen Naturjodels, wo wir im Anlaut meist *h* und *d*, selten *j*, im Inlaut *l*, *j*, *d* und als Vokale meist *ō, ŏ, u, i* finden. Ob die konventionellen sinnlosen Refrains uns noch in ihrer Urform überliefert sind, können wir nicht feststellen. Die eine Überprüfungsmöglichkeit, Personen zu beobachten, welche Melodien singen, zu denen sie den Text nicht kennen, führt zu keinem Ergebnis, weil auch die Laute des einfachen Trällerns bereits schon konventionell sind; die andere, die Beobachtung des Kleinkindes beim Lallen, bleibt resultatlos, weil da die Auswahl der Laute von der Entwicklung des Sprechorganismus abhängt. Beide liefern also keine Urlaute des sinnlosen Refrains, des Zeichens ohne Bedeutung.

Dagegen lassen sich an den einzelnen Refrains keimhaft jene spielerischen Veränderungen erkennen, die uns im folgenden immer wieder begegnen werden. Besonders häufig finden wir die *Vokalvariation in der Wiederholung,* und zwar beim sinnlosen Kehrreim im *Auslaut* die Wechsel i—a und i—o. Ein zweites Spiel ist die *Streckung* der Lautfolge (der Ausdruck Streckung drängt sich wegen der später folgenden Streckformen auf), besonders im Auslaut durch Wiederholung der letzten Silbe oder durch die Suffixe -sa (juchheisasa) oder -ho (heijaho), aber auch im Anlaut durch Reduplikation der ersten Silbe (vivivallera), hie und da sogar im Inlaut (trullalatirullala, trudirudirullala). Da Reduplikation und Vokalvariation auch sonst einen starken Einfluß auf unsere Sprache ausüben, spüren wir hier zum erstenmal die Fesseln der Sprachgesetze in der Unsinnspoesie.

Will man diese Übersicht über die gebräuchlichen Typen des sinnlosen Kehrreims durch jene sinnlosen Refrains ergänzen, die nur zu einem bestimmten Lied oder zu wenigen einander ähnlichen Liedern gehören, häufen sich die Schwierigkeiten. Einmal werden solche Kehrreime von Mund zu Mund weitergetragen und dabei weit mehr zersungen als der Text, ob sie nun an und für sich sinnlos sind, oder, ursprünglich sinnvoll, nicht mehr verstanden werden. Während bei den Typen die Gefahr, daß nur ursprünglich sinnvolle Wörter verändert worden sind, außer acht gelassen werden konnte, müßten wir hier auf Schritt und Tritt über Kehrreime stolpern, hinter denen sich sinnvolle Wörter verstümmelt verbergen. Wer würde hinter einem „Mirumtumtumtere"[85] ohne weiteres das „Mirontonton, mirontaine" des „Malboroughliedes" vermuten? Ein „Siditze sidatze sidomm" oder „Cidicidacidom"[86] entpuppt sich als ein niederdeutsches „Sieh düt sieh dat sieh do"[87] als Nachahmung des Ziehgeräusches der Tabakspfeife, ein „rundadindadinella"[88] stammt von runda, Rundgesang. Was mag so nicht in einem „guretsch guretsch guritzi maretsch herori matori"[89] stecken? Deshalb betrachten einzelne Forscher überhaupt alle sinnlosen Kehrreime als sekundäre Umformungen zersungener sinn-

---

[85] Liederhort 325 G.
[86] Stark aaO 23.
[87] Bücher 115.
[88] Liederhort 1142 ff.
[89] ebda. 899.

voller Refrains.[90] Für den Lautbestand kommt noch die Schwierigkeit hinzu, daß die schriftliche Aufzeichnung solcher Kehrreime nicht zuverlässig ist. Wer ein gesungenes Lied notiert, hat schon Mühe, den Text richtig aufzunehmen; wieviel schwerer fällt ihm dann die Wiedergabe einer sinnlosen Lautfolge, die ihn kaum interessiert. So schreibt er sie nur der Spur nach auf, ersetzt sie sogar möglicherweise in einzelnen Fällen durch eine ihm geläufigere Folge. Der sinnlose Refrain eines bestimmten Liedes kann wiederum aus einem andern, vielleicht verlorenen Lied übernommen worden sein, nicht immer so scherzweise, daß die Nachtigall „vitebom" schlägt![91] Als Kinder haben wir gesungen: „Es kommt ein Herr mit ei'm Pantoffel, wippla, wippla Kompanie." Der Refrain stammt jedoch aus dem Lied „Ich nehm' mein Gläschen in die Hand, vive la companeia",[92] welches — und das ist der Grund der Übernahme — die gleiche Melodie besitzt wie das Kinderlied. Immerhin sei eine für ein bestimmtes Lied charakteristische Lautfolge erwähnt:

Im Lied vom Kuckuck „Der Kuckuck (Gutzgauch etc.) auf dem Zaune saß ..." wird das „saß" im ersten Vers durch eine sinnlose Lautfolge in der Art der Streckformen einer Spielsprache (ähnlich der Erbsensprache usw.) versteckt, die verschieden lautet, etwa: „sembamba saladu saladen",[93] „sim saladim bambasala du saladim"[94] oder „simseli simbam faseli duseli dei".[95] Theoretisch könnte sich der Refrain in dieser Reihenfolge verändert haben: „Sembamba saladu saladen" wird in „simsaladim bambasala dusaladim" getrennt durch Einschiebung eines „sala" nach der ersten Silbe unter Anpassung der Melodie und so den beiden andern Lautgruppen angenähert; die Scheidung der Gruppen voneinander ist ohnehin nur rhythmisch bedingt. Die dritte Folge schwächt die klangvollen Vokale von „simsalasim bambasala du saladim" zu „simseli simbam faseli duseli dei" ab, schließlich ist mir aus persönlicher Erinnerung noch „simseli simsam faseli duseli dei" bekannt. Johann Michel überträgt die Lautfolge als Refrain „Oh simpeli sampeli si, oh faseli duseli da" auf sein „Brienzer Biirli" („Es git nid Lustigers uff der Wält als sones Brienzer Biirli").[96] Vereinzelt finden sich für das Kuckuckslied auch noch die Folgen „sideli wädeli rum rum rum"[97] und „zeterum pompeter dudewich".[98] Ähnlich besitzen andere Lieder feste sinnlose Kehrreime.[99]

---

[90] so etwa Stengel 80. Zur Diskussion um den sinnlosen Refrain vgl. auch Lote II 186 ff. und die im Reallexikon II 68 (P. Habermann) verzeichnete Literatur.
[91] Liederhort 1719.
[92] ebda. 1146.
[93] ebda. 1738.
[94] ebda. 1739.
[95] Burckhardt aaO 75; Schweizer Musikant 30: „Simpedi sim pam pasedi dusedi dei".
[96] Schweizer Musikant 50 f.: „Und simpeli simpeli sing und ferseli duseli da."
[97] Burckhardt aaO 5.
[98] Böhme II 549.
[99] zahlreiche Beispiele bei Stark aaO.

2. DER KINDERVERS ALS ÜBERGANG VOM ZEICHEN OHNE BEDEUTUNG ZUM SPIEL MIT DEM GEGEBENEN SPRACHSTOFF

Mit dem sinnlosen Refrain sind wir in die graue Vorzeit hinabgestiegen. Es ist dabei nicht viel herausgekommen. Die wenigen Feststellungen über die Einfachheit im Aufbau usw. gelten für die Anfänge der Sprache überhaupt, nur dürfte sich der Lautbestand des sinnlosen Kehrreims kaum mehr wesentlich verändert haben, während der Lautbestand der Sprache den mannigfachsten Wandlungen unterworfen ist, die sich nicht zuletzt aus den Bedeutungssetzungen ergeben. Für den sinnlosen Kehrreim bildet die Entlastung des Sprechmechanismus wohl die einzig feststellbare Grundlage, er hat sie mit dem Versprechen gemeinsam.

Eine andere Möglichkeit, die ursprünglichen Laute des Zeichens ohne Bedeutung, des semantischen Unsinns, festzustellen, läge in der Beobachtung des Menschen in der Zeit, wo er am reinsten mit den Lauten der Sprache spielt: in den ersten Monaten seines Lebens. Wie mit dem Strampeln die Beweglichkeit der Glieder, erobert er sich mit dem lustvollen Spiel der Artikulationsorgane die Laute der Sprache. Da aber diese Laute von der unbekannten Entwicklung des Sprechmechanismus abhängen, ist uns mit dieser Periode *des kindlichen Lallens* nicht gedient.[1]

Doch kommt das Kind schon in dieser ersten Zeit seiner Entwicklung mit einer spielerischen Sprache in Berührung, welche Erwachsene dem kindlichen Lallen nachgeschaffen, seinem Sprachvermögen angepaßt und mit bestimmtem Inhalt gefüllt haben, der sogenannten *Ammensprache*. Diese ist einesteils eine richtige Sondersprache mit eigenem Lexikon, fällt also nicht unter unsern Unsinnsbegriff, andernteils berührt sie sich aber mit unserm Thema, wenn sie Wörter aus der Sprache der Erwachsenen auf Doppelformen wie Papa, Mama, Mimi usw. spielerisch reduziert, aus Podex ein „Popo" formt (falls es sich hier nicht um eine Nachahmung des Furzlautes handelt).[2] Im kindlichen Spiel finden wir so das Zeichen ohne Bedeutung und

---

[1] Bei der Abfassung dieses Abschnitts habe ich leider Georg Schlägers Aufsatz übersehen, da aus dem Titel „Einige Grundfragen der Kinderspielforschung" nicht zu schließen war, daß er sich hauptsächlich mit dem kindlichen Sprachspiel beschäftigt. Der Aufsatz bietet reiches Material zu allen hier besprochenen Erscheinungen; Schläger geht jedoch zu weit, wenn er die kindliche Lallperiode als Quelle aller Sprachspiele und die Spiele der Erwachsenen als Rückfälle in kindliche Sprechgewohnheiten sieht. Von den unbestimmten Folgen der Lallzeit führt doch schon ein sehr weiter Weg zu den systematischen Anlautvariationen des Kinderverses. Bemerkenswerterweise läßt das Auftreten der Sprachspiele in Zauberformeln Schläger einen Augenblick lang zur Annahme eines gemeinsamen „Vorrats" (II 215) neigen; einige Sätze später nimmt er jedoch auch für diesen Fall „mindestens das Formgesetz" der Kindersprache in Anspruch. Daß überall dort die gleichen Erscheinungen auftreten, wo aus ganz verschiedenen Gründen der prüfende Intellekt ausgeschaltet wird, scheint mir überzeugender. Zur Kindersprache nun auch: W. Kaper, Kindersprachforschung mit Hilfe des Kindes, Groningen J. B. Wolters 1959.

[2] Popo aus Podex: Kluge Etym Wb 559; Nachahmung des Furzlautes: mündliche Vermutung Friedrich Rankes.

in einem Teil der Ammensprache die spielerische Veränderung des Lexikons der Sprache. Beides wirkt auf den spätern Kindervers ein; deshalb haben wir diesen als Beispiel des Übergangs vom Zeichen ohne Bedeutung zum Spiel mit dem gegebenen Sprachstoff gewählt.

Die meisten Kinderverse haben Erwachsene gedichtet, jedoch in Anpassung an die geistige Entwicklungsstufe des Kindes. Andere sind mit unverstandenem und deshalb verstümmeltem altem mythologischem Gut von der Sphäre der Erwachsenen in die der Kinder „hinuntergesunken"; wenige mögen auch von Kindern selbst stammen. Diese tragen vor allem die spielerischen Umformungen und Veränderungen des Stoffes bei, die uns als Spiel mit dem gegebenen Sprachstoff interessieren und zu denen Rochholz bemerkt: „Die tändelnden Formen der Kinderrede dienen dem Kinde dazu, sein eignes Sprachvermögen analytisch auf die Probe zu setzen, zu untersuchen, wie weit es ausreichen werde."[3] Im folgenden ist wiederum nur auf die lautlichen Spiele des Kinderverses hingewiesen, die gattungsmäßigen Erscheinungen werden im nächsten Kapitel zur Sprache kommen.

Die meisten Kinderverse sind rhythmisch stark gegliedert, vor allem die Abzählverse, bei denen der Zweck einen skandierenden Rhythmus erfordert. Der Rhythmus ist einer der großen Genüsse des Kinderspiels; die einfachste Art des rhythmischen Sprachspiels ist die *Wiederholung*. Kein Wunder also, wenn wir immer wieder auf stetige Wiederholung rein sinnloser Silben stoßen, „Willewillewill, der Mann ist kommen"[4] oder „dubedubedub"[5] in Kniereiterliedchen. Solche Wiederholungen rufen aber geradezu nach einer spielerischen Veränderung des Klangs der Vokale oder auch nur des Anlauts.

a) *Die Variation des Anlautes in der Wiederholung*

Am einfachsten gewinnt man einen Endreim, wenn man ein Wort wiederholt und dabei dessen Anlaut ändert. Vor einen Vokal wird ein Konsonant gestellt, ein anlautender Konsonant wird durch einen andern ersetzt. Da bildet sich eine Art Schlagreim. Wie in der Lallperiode wird einfach ein Wort lustvoll weitergesponnen, besonders in den Neckreimen. Leo Spitzer betrachtet deshalb die Doppelformen als lallende Verlängerungen, Echobildungen, und erklärt die Häufigkeit der Labialformen damit, daß sie am leichtesten sprechbar seien und nur geringe Anstrengung des Organismus erforderten.[6] Daneben spielt zweifellos eine „rhythmische Reimwut" mit, zumal die Anlautvariation am häufigsten im Abzählvers auftritt. Nach Lauten gesehen steht die Variation mit *b* im Vordergrund. So beginnt ein bekannter

---

[3] Rochholz S. 17.
[4] Böhme I 319.
[5] ebda. 323. Daß sich die gleichen Erscheinungen auch in anderen Sprachen finden, zeigt ein Blick in die englische Sammlung von Opie oder in Les Comptines de langue française ed. Jean Beaucomont etc., Paris Seghers 1961 (bes. 92 ff.).
[6] Leo Spitzer, Singen und Sagen — Schorlemorle (Zwillingsformeln): Stilstudien, 2. Aufl. München 1961, I 85 ff., bes. 97 ff.

Basler Abzählreim mit „ellerli bellerli".[7] Mit *b* anstelle eines anlautenden Konsonanten finden wir etwa „hurle burle".[8] Es spielt dabei keine Rolle, ob schon das erste Zeichen sinnlos ist oder erst das zweite durch die Anlautvariation sinnlos wird wie in „Anna Banna".[9] Selbst zwei sinnvolle Wörter können nebeneinander gesetzt werden wie „Engel, Bengel, laß mich leben".[10] Ob „beine"[11] in „eine beine" usw. zu bai, got. bai, nhd. bei-de wie unten „une dune" zu un deux etc. gehört, ist für das Spiel selbst belanglos. Die Anlautvariation verbindet sich meist mit Lautänderungen um des Reims willen, und ein möglicherweise ursprünglich sinnvoller Hintergrund geht verloren.

Die Form „ane bane" verleitete Rochholz dazu, diese Variationen, da sie besonders häufig in Abzählversen vorkommen, als der Buchstabenreihe des Alphabets folgend geordnet zu sehen: Ane sei Sprechwillkür für eins, dann folge ein nach der Lautfolge des Abc reimendes bane, parallel zu lat. unus binus trinus statt biduus triduus. Alle diese Formen beabsichtigten nur, mittels des Grundworts am-bo eins, zwei zu zählen. Die Formen würden dann allerdings verbildet und verspielt, so daß man die Fortsetzung in der konsonantischen Reihenfolge zum *c* und *k*, von diesem zum *d* und *f* kaum mehr erkennen könne.[12] Gegen Rochholz spricht jedoch, daß die *b*-Anlautvariation sehr häufig auch außerhalb von Zählsprüchen vorkommt, so in Namensverspottungen wie Anna Banna[13], Ilse Bilse[14], Anton Panton[15] und daß der *b*-Ersatz von Konsonanten nicht in diese Theorie paßt. Anderseits gibt es übergenug Anlautvariationen ohne Abc-Reihenfolge, so daß Rochholz selbst zu einem von jüdischen Kindern in Zürich überlieferten „eni meni figgi fäggi" erklären mußte, „daß die Zählsprüche nicht nach der bloßen Reihe unseres Schul-Abc geordnet sein können, weil dieselben auch mit dem Zählspruche solcher Sprachen übereinstimmen, deren Alphabet eine ganz andere Lautfolge als das unsrige hat. Daraus folgt, daß diesen Worten ursprünglich nicht das Alphabet zur Bildung und Ordnung gedient habe und daß in ihnen ein allgemeiner Begriff des Zahlwortes könne gelegen haben."[16] Mit diesen Urzahlworten verlor er sich aber in eine Ferne, in die wir ihm heute nicht mehr folgen können. Rochholz war ohnehin immer in Versuchung, Urzusammenhänge festzustellen, er brachte etwa einige beinige, eneke beneke und sogar Engel Bengel mit Enikel, mhd. enenkel, Kindes-

---

[7] Wilhelm Altwegg, Baseldytsch — In: Basel, ein Stadtbuch, Basel 1932, 79 ff., Zitat 91; vgl. Züricher 2840.

[8] Jacob Grimm, Deutsche Grammatik, 3. Teil, Neuer Abdruck ed. Gustav Roethe und Edward Schröder, Gütersloh 1890, 303.

[9] Böhme I 1523.

[10] ebda. 1522.

[11] Rochholz S. 127; weitere Beispiele: Wossidlo I und IV.1; Georg Schläger, Der Reimtrieb als Wortschöpfer — In: ZfDk 1921, 289 ff.

[12] Rochholz S. 132.

[13] Böhme I 1523.

[14] ebda. 1329.

[15] Heinrich Ottenjann, At enim — bat enim und Verwandtes — In: Glotta 3 (1912) 253 ff., Panton 255.

[16] Rochholz S. 135.

kind, Enkel, in Verbindung: „Der Name steht zu Ahne, Großvater nach unten, und gilt zugleich hier als die kleinste Zahl als no. 1",[17] so daß die Ahnenreihe als Zahlwort für die Mitspielenden dienen würde. Doch ist einige beinige wohl eine Streckform zu eine beine, ane bane, ene bene etc.[18] mit einem ig-Infix, wie wir ihn in unig tunig, anege hanege und noch in den Spielformen Erwachsener als Warnigung, bewiesigen etc. antreffen. Zudem fehlt die für eine Herleitung aus Enikel etc. notwendige Form mit auslautendem *l*, abgesehen von Engel Bengel (das aber zu einem Brückenspiel mit Engel und Teufel gehört[19]) und ein enke benke nach enke, Knecht, ist auch nicht bezeugt.

Solche sprachlichen Spiele sind noch beim Erwachsenen lebendig. Darauf weisen etwa „zirlin-mirlin", das zeitweise ein Modewort gewesen ist,[20] Kehrreime wie „juchhei wuchhei"[21] und Flüche wie „Heiland Mailand" hin. In Christian Morgensterns „Großem Lalula" begegnen wir — neben „lalula" selbst — Formen wie „ente pente leiolente", die wir auch im Kindervers als „ente pente knix knax knorr"[22] finden. Wenn uns von Plautus „at enim — bat enim" und „at — bat" und von Cato ein Heilspruch „ista pista sista" überliefert sind,[23] so zeigt das einerseits das Alter, anderseits die Verbreitung auch in andern Sprachen.[24] Zum „ista pista sista" gesellen sich das „deutsche" Hokuspokus mit den ähnlichen Formen ox pox, Hogges Pogges, Okos Bokos und das „englische" hocospocos, ferner die Formel „hax pax max Deus adimax". Die Anlautvariation findet sich ausgesprochen häufig in Zauberformeln.

Die bekannteste Doppelform ist das englische „Humpty-Dumpty" des überall verbreiteten Eiszapfen- oder Ei-Rätsels;[25] die Kinder der Inselschweden auf Nuckö und Worms zählen mit „essike tessike, issiken tissiken, issikenne tissikenne, sakin makin" ab, aus Finnland zitiert Rochholz ein ähnliches „essike tessike touko louko". Hokuspokus erinnert uns daran, daß anlautvariierende Doppelformen auch in das Lexikon der Sprache eindringen; regional verbreitet sind etwa Hackemacke, Kuddelmuddel, Schurlemurle, Schlampampe, Juchtelfuchtel (fuseliger Branntwein), Fiselrisel (Leichtfuß) und holtertolterig (plump).[26] Es wäre zu untersuchen, wie

---

[17] ebda. S. 127.
[18] Böhme I 1768.
[19] ebda. II 311 ff., 311 Anm.
[20] Arno Schirokauer, Die Wortbildung „zirlin-mirlin" — In: Journal of English and Germanic Philology 47 (1948) 398 ff.
[21] Liederhort 1489 f.
[22] Böhme I 1821.
[23] Ricardus Heim, Incantamenta magica graeca-latina — In: Jahrbücher für classische Philologie Suppl. 19 (1893) 463 ff., ista: 534 Nr. 201.
[24] weitere Belege: Schläger II 213 ff.; englisch: Opie passim; allg.: Lina Eckstein, Comparative Studies in Nursery Rhymes, London Duckworth 1906.
[25] vgl. Oskar Weise, Das Rätsel vom Eiszapfen in den niederdeutschen Mundarten — In: ZfdMaa 1911, 3 ff.
[26] vgl. Francis J. Wood, Iteratives, Blends and „Streckformen" — In: Modern Philology 9 (1911/12) no. 2 S. 1 ff. und Paul Prinzipien 126. Sehr weit geht Schläger, Reimtrieb aaO, der Reimzusammenhänge zwischen burren-gurren-knurren-murren-schnurren-surren usw. vermutet.

weit die Variation unmittelbar aufeinander reimende Ausdrücke wie: mit Ach und Krach, in Saus und Braus[27] oder mundartlich rübis und stübis, dem ein schwedisches rubb och stubb[28] entspricht, erzeugt hat.

Das lautmalende und zugleich anlautvariierende Holterdipolter führt uns zu Wiederholungen, die durch ein In-, Prae- oder Suffix gestreckt sind. Das Infix „di" in Holterdipolter, „hollerdiboller"[29], „hullerdebuller"[30] und „hottelditottel"[31] dient als Überleitung und bildet eine Art enklitisches „und". Solche Streckformen gehören besonders zu den sinnlosen Namensverspottungen; einem Heinrich wird „Heinerich Papeinerich"[32] nachgerufen, mit reduplizierender Streckung der Anlautvariation auch „Heinerich Kateinerich Wideweinerich" oder sogar „Heinrich Pidiwintermateinerich"[33]. Doch erscheinen sie auch sonst in Verspottungen, wie „Katzle beratzle"[34], „hex pumpex"[35], und im Kindervers überhaupt. Schließlich dürfte das „adimax" der Zauberformel „hax pax max Deus adimax" eine Streckform mit dem beliebten ide-Infix sein.[36]

Diese Spieltechnik erklärt wohl das *eia popeia* des Wiegenliedes, an dem schon die verschiedensten Deutungen erprobt worden sind.[37] Eium beium[38], eijen beijen[39] und heia beia (Plautus)[40] lassen sich leicht als Anlautvariationen zum Freudenruf eia-heia stellen. Eine kindlich reduplizierende Verdoppelung von beia zu popeia, bobeia durch Ammensprache ist nichts Außergewöhnliches und wohl sogar für den Rhythmus des Schaukelns notwendig. Ein Zusammenhang mit Boje (Wiege in der Kindersprache), Popp, Puppe oder bube, Bübchen[41] könnte immer noch hinzugekommen sein, völlig unwahrscheinlich ist dagegen die Erklärung, ein griechisches Wiegenliedchen „εὗδε μου παιδίον, εὗδε μου παῖ" (Schlafe mein Kindlein, schlafe mein Kind) sei von griechischen Ammen am babenbergischen Hofe unter Leopold VI. gesungen, als eia popeia ins Volk gedrungen.[42]

---

[27] weitere Beispiele: Minor 380; Teipel, Einiges über den Reim — In: ASNS 1 (1846) 108 ff.; Oskar Weise, Die Wortdoppelung im Deutschen — In: ZfdWf 2 (1902) 8 ff.; Spitzer aaO. Reimspiele aus dem Baskischen, Persischen, Armenischen, Türkischen usw.: Hugo Schuchardt, Rezension von Hermann Urtel, Zur baskischen Onomatopoesis — In: Literaturbl. f. german. und roman. Philologie 40 (1919) 397 ff., bes. 400 ff.
[28] Eduard Kolb, Alemannisch-nordgermanisches Wortgut, Frauenfeld 1957, 128 a.
[29] Ottenjann aaO 255.
[30] Böhme I 427 b.
[31] Ottenjann aaO 255.
[32] ebda.
[33] Behaghel Geschichte 355; vgl. auch Lewalter-Schläger 390 ff.; Wossidlo IV.1 (1. Gruppe); Schläger II 15 f.
[34] Böhme I 1513 b.
[35] ebda. II 410.
[36] die gleiche Vermutung bei Schläger II 208.
[37] Rochholz S. 11; Böhme S. XXII, S. 14.
[38] ebda. I 1854.
[39] ebda. I 38.
[40] Ottenjann aaO 253.
[41] Böhme S. 14; Liederhort 1813 Anm.
[42] Rochholz S. 11, Böhme Nachtrag 9 f. Anm.

Zum Weiterleben der Anlautvariation beim Erwachsenen sei abschließend mit einem Brief des jungen Mozart eines der schönsten Beispiele der Anlautvariation aus Reimwut zitiert. Selbst in späteren Jahren liebt Mozart dieses Spiel noch und redet den Chordirigenten Stoll an: „Liebster Stoll! bester knoll grosster Schroll! bist Stern voll! — gelt das Moll thut dir Wohl?"[43] Am reichsten an solchen Formen sind die Briefe an das „Bäsle", die Buchbinderstochter Maria Anna Thekla Mozart, in Augsburg. An sie schreibt der Einundzwanzigjährige am 5. November 1777:

> Allerliebstes bäsle häsle!
> Ich habe dero mir so werthes schreiben richtig erhalten falten, und daraus ersehen drehen, dass der H: Vetter retter, die fr: Baaß has, und sie wie, recht wohl auf sind hind; wir sind auch gott lob und danck gesund hund. ich habe heüt den brief schief, von meinem Papa haha, auch richtig in meine klauen bekommen strommen. Ich hoffe sie werden auch meinen brief trief, welchen ich ihnen aus Mannheim geschrieben, erhalten haben schaben. desto besser, besser desto! Nun aber etwas gescheüdes.
> mir ist sehr leid, dass der H: Praelat Salat, schon wieder vom schlag getrofen worden is fist. doch hoffe ich, mit der hülfe Gottes spottes, wird es von keinen folgen seyn schwein. sie schreiben mir stier, daß sie ihr verbrechen, welches sie mir vor meiner abreise von ogspurg voran haben, halten werden, und das bald kalt; ..."[44]

Wenn er sich dann am Schluß des Briefes „addio hex fex" verabschiedet, sind wir nicht mehr weit vom „hex bumbex"[45] des Kinderverses entfernt.

b) *Die Vokalvariation in der Wiederholung*

Mit der Variation des Anlauts in der Wiederholung haben wir eine erste „Technik" kindlicher Unsinnspoesie bis in das Lexikon der Sprache hinein verfolgt. Bei einer zweiten, der Vokalvariation in der Wiederholung wie „gickes gackes", könnten wir umgekehrt vom ungleich wichtigeren Bestand im Lexikon der Sprache ausgehen und vom Ablaut her die Parallelen im Kindervers betrachten. Wir tun dies aber nicht, denn wir meinen, daß dieselbe Erscheinung in der Unsinns- und in der Vollsprache unter ganz verschiedenen Bedingungen auftritt, daß der Ablaut, von einzelnen Fällen abgesehen, wohl auch unter ganz andern Voraussetzungen (Wechsel in Stellung und Art des Worttons usw.) entstanden ist und ganz andern Zwecken (Unterscheidungen, besonders zeitlicher Art) dient. Deshalb werden wir im folgenden die Bezeichnung Vokalvariation in der Wiederholung verwenden, obwohl in der Literatur solche Formen öfters als Beispiele für den Ablaut herangezogen werden. Ob es sich überhaupt um Nachahmungen des Ablauts handelt, ist mehr als fraglich; in den meisten Fällen sind diese Formen doch wohl einfach Ausdruck der Freude am Spiel mit klangvollen Vokalen in lustvoller rhythmischer Wiederholung. Die Vokalvariation ist im Kindervers weitaus das häufigste Spiel. Der i-a-Wechsel, also etwa „lirum larum Löffelstiel"[46], steht dabei an der Spitze, doch sind auch andere Wechsel zu verzeichnen, so i-ä („gschwitzige gschwätzige

---

[43] Briefe W. A. Mozarts ed. Erich Müller von Asow, Berlin 1942, II 458.
[44] ebda. II 333; Bäslebriefe allg. II 333 ff.
[45] Böhme II 410 f.
[46] ebda. I 215.

Weiber")[47], i-e („Piter Peter Ickenstrick")[48], i-o („Bilz Bolz, geh ins Holz")[49] („schidi scheidi Anke")[50], i-u („kikeriki kikeriku")[51], o-u („tross tross trull")[52], o-i („tross tross trill")[53], o-a („Krone Krane")[54] und u-a („kru kra windwe")[55], u-o („hurri horri hocket")[56], ü-a („bümpis bampis Habermues")[57]; oft mögen dabei mundartliche Einflüsse und Reimnot mitspielen. In einzelnen Doppelformen wie „kribbli krabbli"[58] entsprechen die beiden Lautfolgen auch zwei verschiedenen Wörtern im Lexikon der Sprache, also hier kribbeln und krabbeln. Nicht selten ist die dreifache Vokalvariation; so singt man bei den Basler Jugendfesten „fifafo", oder man zählt mit „zickzackzuck" aus. Die dreifache Vokalvariation klingt auch dann noch mit, wenn die dritte Folge, wie etwa in „bickebacke bei"[59], eine andere Gestalt aufweist. Der Kindervers „Meine Mi, meine Ma, meine Mutter schickt mich her, ob der Ki, ob der Ka, ob der Kuchen noch nicht fertig wär"[60] führt uns zu der Gruppe von Vokalvariationen, welche die erste Silbe mit Variation reduplizieren, also „SchliSchlaSchlägeli, siebezehe Nägeli".[61] Eine solche reduplizierende Vokalvariation wirkt noch an Orten nach, wo sie nicht mehr hingehört, so daß „Rira-Ofenloch"[62] entsteht. Im Abzählvers paßt sich die Vokalvariation der Zahlenreihe an, es wird etwa „sechs sieben acht neun null, tra tre tri tro trull"[63] gezählt; ein Sprechkunststückchen dehnt die Folge zu „Ei Bage Bege Bige Boge Buge Packpapier, zwei Bage Bege ..." aus.[64]

Kribbeln-krabbeln macht uns darauf aufmerksam, daß auch in der gewöhnlichen Sprache vokalvariierende Doppelformen auftreten, die Träger der gleichen Bedeutung sind; oft schließen sie sich zu einem Wort zusammen: Krimskrams, Mischmasch, Wirrwarr usw.,[65] einem dem Kindervers ähnlichen Spiel mit dem Klang in

---

[47] ebda. I 1062.
[48] ebda. I 1853 a.
[49] ebda. I 1740.
[50] Rochholz 332.
[51] Böhme II 86.
[52] ebda. I 436.
[53] ebda. I 437.
[54] ebda. II 326 a.
[55] ebda. I 735.
[56] ebda. Anhang 35 (= Katze).
[57] Rochholz 226, Züricher 3148.
[58] Böhme I 148 (= Maus).
[59] Simrock 172.
[60] Behaghel Humor 191.
[61] Böhme I 294.
[62] ebda. I 1822.
[63] ebda. I 1801.
[64] ebda. I 1485.
[65] weitere Beispiele: Paul Prinzipien 216; DWb IV.b 2008 f.; Jacob Grimm, Deutsche Grammatik, 4. Teil, Neuer Abdruck ed. Gustav Roethe und Edward Schröder, Gütersloh 1898, 1222 (Nachtrag zu III 308); Gerber I 184 f.; Jan de Vries, Die altnordischen Wörter mit gn-, hn-, kn-Anlaut — In: IF 62 (1956) 136 ff., Vokalwechsel 140 ff.; derselbe, Vokalvariationen im Germanischen — In: PBB (Tübingen) 80 (1958) 1 ff.; ferner in der in Anm. 27 verzeichneten Literatur.

der Wiederholung. Es mag aufgefallen sein, daß wir Schallnachahmungen wie „bimbam" nicht hervorgehoben oder sogar übergangen haben. Die Schallnachahmung kann gelegentlich zur Entstehung einer Doppelform beigetragen haben, bestimmt aber im ganzen die Vokalvariation kaum. Leo Spitzer hat versucht, den melodischen und lautsymbolischen Empfindungen nachzugehen, welche die Ursache seien, daß wir zwar i-a-, aber keine a-i-Folgen fänden, doch kommt er der Natur der Sache gemäß zu keinen objektiven Schlüssen.[66]

Auslaut- und Vokalvariation sind die beiden wichtigsten Erscheinungen des kindlichen Sprachspiels; doch sind damit die sprachlichen Veränderungen im Kindervers nicht erschöpft. Wie beim sinnlosen Refrain stehen wir aber auch hier oft vor der Frage, ob Veränderungen dem Spieltrieb oder dem mangelnden Verstehen eines aufgeschnappten Textes zuzuschreiben sind. Wenn in Kassel die Kinder „Watta watta wiawom, seht den Kranken scheiden"[67] singen, erinnert das stark an das baslerische

> Sette rep lip lo
> Watte watte wirewo
> Set öng trang schato
> Watte watte wirewo
> Schemiselle Gummiselle
> Sette rep lipo.[68]

Dieser Vers aber entpuppt sich als ein französisches „(le nôtre) est plus beau, va-t-en, va-t-en Mirabeau. C'est un grand château".[69] „Set öng trang schato" ist in Kassel zum sinnvollen „Seht den Kranken scheiden" umgedeutet. Ebenso wird „salwi salwi donavie" in „Es kam ein Herr aus Senevi"[70] „salve salve domine", ein „saieras"[71] „ça ira" bedeuten. Daß selbst Volkskundler solchen Umdeutungen zum Opfer fallen, zeigt der Vers:

> Eins zwei drei vier
> Geh nicht zu Bier,
> Sonst kommt der Peter Holl,
> Schlägt dir den Buckel voll,[72]

den man wegen des „Peter Holl" schon auf einen Hauskobold des Holdadienstes deutete,[73] während sich an andern Überlieferungen dieser „Peter Holl" über „Partin

---

[66] Spitzer aaO 97 ff.
[67] Lewalter-Schläger 260.
[68] Albert Brenner, Baslerische Kinder- und Volksreime, 2. Aufl. Basel 1902, 55.
[69] ebda. Anm.; von unbekannter Hand ergänzt im Exemplar der ersten Auflage (Basel 1857) auf der Öffentlichen Bibliothek der Universität Basel. Gertrud Züricher, Kinderlied und Kinderspiel im Kanton Bern, Zürich 1902, erklärt „Watte watte wirewo" als „Vat'en, vat-t'en vilain veau" mit dem unwahrscheinlichen Zusatz: „Man sagt, es sei politischen Ursprungs und gehe auf einen Streit zwischen Patriziern und Bauern zurück, bei welchem erstere mit oben stehenden Worten einen Bauern verjagt hätten" (985 Anm.).
[70] Fritz Jöde, Ringel Rangel Rosen, 5. Aufl. Leipzig 1913, 44.
[71] Rochholz 130.
[72] Böhme I 1804.
[73] ebda. I 1801 ff. Anm.

Trull"[74] und „Patterull"[75] bis auf das ursprüngliche Patroll, Patrouille, zurückverfolgen läßt, so daß der Vers dann heißt:

> Ein zwei drei vier
> Geh nicht zu Bier,
> Sonst kommt die Patroll,
> Schlägt dir den Buckel voll.[76]

Das Verdrehen aus Nichtverstehen ist im übrigen ja nicht auf das Kind beschränkt; jeder Mensch muß mit Fremdwörtern kämpfen. Sogar der eigene Sprachstoff kann verändert werden; Peter Rosegger zeichnet das Vaterunser in seiner Heimat auf als:

> Va druns erd bis nim gal werd nam gums reich wilg sche niml al sauf erscht; gims heit ste brod gims un schul alsa mir va gen schul gern fir nit vers an les al nibl, amen. „Habt Ihr ein Wort verstanden?" fragt der Pfarrer einen Bauern. — „Verstanden, dasselb just nicht", antwortet dieser, „aber das Vaterunser ist's gewesen, dasselb weiß ich."[77]

Ähnlich artikuliert das Kind, wenn es den Maikäfer mit „Maikäfer frico" für „Maikäfer, flieg hoch" fliegen läßt.[78]

In den Lautspielen von sinnlosem Refrain und Kindervers sind wir auf dieselben Erscheinungen gestoßen. Entscheidend ist die rhythmische Wiederholung, die auf verschiedene Arten belebt wird, beim Refrain besonders im Auslaut, im Kindervers überall. Keimhafte Anfänge einer Reduplikation des Anlautes und einer Streckung der Folgen treten beim Kindervers deutlicher zutage als im sinnlosen Refrain, da jener dem gegebenen Sprachstoff näher steht. Die Anlautvariation ist — mit wenigen Ausnahmen — ein Spiel des Kinderverses.

---

[74] ebda. I 1802.
[75] ebda. I 1801 b.
[76] ebda. I 1800, 1801 a.
[77] zitiert nach Fritz Mauthner, Beiträge zu einer Kritik der Sprache, 3. verm. Aufl. Leipzig 1923, II 296.
[78] Liederhort 1852.

3. DAS SPIEL MIT DER GEGEBENEN SPRACHE

Der sinnlose Refrain und einzelne Zeichen des Kinderverses liegen jenseits der Grenzen der Sprache. Das Spiel mit dem gegebenen Sprachstoff bewegt sich manchmal an der Peripherie, in einem breiten Streifen Niemandsland, meist aber schon *innerhalb* der Grenzen der Sprache. Wohl wird der Lautbestand eines Wortes spielerisch verändert, aber doch nur soweit, als die Bedeutung des Zeichens erkennbar bleibt. Ein „salwi salwi donavie" des Kinderverses ist kaum zu durchschauen, ein spielerisches „genesigen" dagegen wird sofort als Spiel mit „genesen" erkannt. Wir nähern uns also der gegebenen Sprache. Trotzdem werden wir erst vor dem Wortwitz haltmachen, der im Gegensatz zu den scherzhaften Bildungen einen Doppelsinn verlangt. Das bekannte „famillionär" aus Heines „Bädern von Lucca" schweißt familiär und Millionär zusammen, leistet also Witzarbeit im Sinne Freuds; die Scherzform „genesigen" verändert heiter sinn- und zwecklos ein bestehendes Wort in freiem Spieltrieb.

Die Auswahl der Belege ist im folgenden ziemlich willkürlich den Dokumenten angepaßt, die uns zur Verfügung standen. Immerhin wurde darauf Bedacht genommen, daß neben literarischen auch volkstümliche Beispiele zur Geltung kommen, denn diese widerlegen Otto Behaghels Ansicht: „Es ist bemerkenswert: eigentlich volkstümlich ist das humoristische Spiel der Sprache nicht; es gehört eine gewisse Schulung dazu, um [Verletzungen der Sprachgesetze usw.] als solche aufzufassen. Das naive Bewußtsein renkt beim Hören ganz unwillkürlich ein, was verrenkt war."[1] So sehr dies auf den ersten Blick einleuchtet, eine Unzahl von Beispielen, selbst bei Behaghel zitierte (etwa die Streckformen, welche auf das Zitat folgen, wie rheinisch tralatschen) sprechen dagegen, wenn auch gewiß in den Stadtmundarten die Sprachscherze beliebter sind als auf dem Lande.[2] Jeder wird in einer stark gemischten Gesellschaft mit gleicher Erlebnisbasis, etwa im Militärdienst, feststellen, daß gewisse Stimmungen sowohl beim geistig am wenigsten Geschulten wie beim Höchstgebildeten sprachlichen Unsinn hervorrufen, bei jenem — das hat Behaghel übersehen —, weil die Hemmung durch die Sprachnorm klein ist, so daß sie leicht überwunden wird, bei diesem, weil der gewandte Gebrauch ihm eine gewisse Überlegenheit über den sprachlichen Ausdruck gibt. Ebenso widerlegt jedes Kasperletheater mit seinen Verdrehungen und Verrenkungen der Sprache Behaghels These. Richtiger sagt Leo Spitzer: „Wir empfinden zuweilen das Bedürfnis, alt-

---

[1] Behaghel Humor 182.
[2] vgl. etwa den Reichtum bei Hans Meyer, Der richtige Berliner in Wörtern und Redensarten, 5. Aufl. Berlin 1904 (*9. Aufl. v. Siegfried Mauermann, Berlin 1925). In Rudolf Meringer und Karl Mayer, Versprechen und Verlesen, Stuttgart 1895, wehrt sich Mayer gegen Meringers Meinung, Bauern und Primitive versprächen sich weniger (164 Anm.); nach Rudolf Meringer, Aus dem Leben der Sprache, Berlin 1908, hat Karl Mayer später Sprechfehler von Bauern gesammelt (6).

gewohnte Wörter mit Absicht sinnlos zu verunstalten. Es ist, als ob uns manchmal das Gewand der Sprache zu trivial, zu eng würde und wir es sprengen möchten — wir begrüßen dann die sinnloseste Neuerung als etwas Originelles."[3]

Die spielerische Veränderung des gegebenen Sprachstoffes wirft noch besondere Probleme auf, die wir wenigstens andeuten müssen:

„Ich fuhr in einer Kautsche in eine Veiseite und hatte ein großes Papeir in der Hand", beginnt ein Basler Kindergeschichtchen „Wie die Basler hochdeutsch reden".[4] Es verspottet die Unsicherheit des Baslers gegenüber der Schriftsprache durch hyperkorrekte Bildung von Diphthongen, wo keine hingehören. Dieselbe Erscheinung kann als scherzhafte Veränderung und als fehlerhafte Bildung auftreten; man denke nur an die historischen Anfänge der neuhochdeutschen Schriftsprache, wo etwa Jörg Wickram „die Spaur" für die Spur usw. schreibt.[5] „Falsche" hyperkorrekte Bildungen können sogar in das Lexikon der Sprache eingehen, so „Kunst" für „Chouscht".

Ein zweites Problem läßt sich an der Form „er jug" darlegen. Wenn wir diese zu den spielerischen Veränderungen der Sprache zählen, gehen wir von der heutigen Sprachnorm, die „er jagte" verlangt, aus. Nun findet sich jedoch „er jug" gelegentlich im ältern Neuhochdeutschen als einer der seltenen Fälle, daß ein schwaches Verbum stark geworden ist.[6] Es ginge somit für unsere spielerischen Veränderungen verloren, wenn es aus jener Zeit stammte. Ist dies nicht der Fall, dann ist es für uns eine Spielform. Bei einigen unserer Belege könnten ferner für uns nicht erkennbare mundartliche Einflüsse eingewirkt haben. Umgekehrt kann jedoch „er jug" auch als scherzhafte Veränderung des schwachen Verbums in den Formenschatz der Sprache eingedrungen sein, es hätte sich dann nicht durchsetzen können und wäre nach einiger Zeit wieder verschwunden, während möglicherweise ähnliche zuerst scherzhafte Umbildungen beständiger gewesen sind. Scherze werden ohnehin öfters in die Sprache eingegangen sein. Kluges Wörterbuch führt etwa „Attentäter" auf ein Drehorgellied „Das Attentat" von 1844 zurück, dessen drittletzte Strophe das Wort aus Reimnot bildet:

> War wohl je ein Mensch so frech
> Als der Bürgermeister Tschech?
> Der verruchte Übeltäter,
> Hochverräter, Attentäter.[7]

---

[3] Leo Spitzer, Die Wortbildung als stilistisches Mittel exemplifiziert an Rabelais, ZfrPh Beiheft 29 (1910), 14 Anm.

[4] Albert Brenner, Baslerische Kinder- und Volksreime, 2. Aufl. Basel 1902, 223.

[5] Behaghel Geschichte 169, 422; Adolf Bach, Deutsche Mundartforschung, 2. Aufl. Heidelberg 1950, 191 f.; Emil Öhmann, Über hyperkorrekte Lautformen, Helsinki 1960, Spielformen 55 ff.; vgl. etwa auch die Sprache Ulrich Bräkers in „Etwas über William Shakespeares Schauspiele" ed. Ernst Götzinger — In: Jahrbuch der Deutschen Shakespeare-Gesellschaft 12 (1877) 100 ff.

[6] Behaghel Geschichte 443.5.

[7] Musenklänge I 151. Bei Kluge Etym Wb 35 Reimwort auf Hochverräter, wohl nach der von Hans Meyer aaO 10 zitierten Fassung: „So'n verfluchter Hochverräter, Königsmörder, Attentäter!". Vgl. auch allgemein: Karl Jaberg, Spiel und Scherz in der Sprache — In: Festgabe für Samuel Singer, Tübingen 1930, 67 ff.

Ähnlich haben sich wohl noch andere Scherzformen durch ihre Komik dem Hörer eingeprägt und allgemein Geltung gefunden, während wieder andere einmalig geblieben sind oder sich nur in einer Gruppen- oder Standessprache gehalten haben.

Vergleichen wir die Veränderungen mit denen des Kinderverses, so stoßen wir zunächst auf nichts grundsätzlich Neues. Vielleicht noch häufiger als im Kindervers findet sich — besonders im Volkslied — die *einfache Wiederholung* ohne irgendwelche Veränderung: „Es, es, es und es, es ist ein harter Schluß, weil, weil, weil und weil ich aus Frankfurt muß."[8] In neuerer Zeit ist sie vor allem ein Stilmittel von Arno Holz. Ein „tacktacktacken" oder „duckduckducken"[9] erinnert an das „dubedubedub" des Kinderverses, während ein „pomphinterhöhter, pomphinterragter, pomphinterprunkter, pomphinterprahlter, pomphintergleisster" Weltherrschersitz[10] die Wiederholung spielerisch übertreibt.

Am seltensten ist die *Anlautvariation*. Zwar singen die Pfingstknechte in der Harzgegend: „Holle polle trolle, ich weiß wohl, was ich wollte",[11] sonst pflegen aber beinahe nur Dichter der neueren Zeit dieses Spiel: Heinrich Federer mit seinem „der Sepp, der wilde Seppeldipeppel"[12] und Arno Holz mit „überglitzblitzt, überflitzspritzt"[13], „tuscheln, huscheln, wuscheln", „wispern flispern"[14], „meine schlanken ranken wanken blanken" Streichholzbeinchen,[15] die sich „reckenden gipfelnden streckenden wipfelnden zipfelnden kipfelnden Gabelkronen"[16] und „Abschründe, Abgründe und Abschlünde".[17] Ein besonders schönes Beispiel bietet James Joyce's „Ulysses":

> He has travelled. With? Sindbad the Sailor and Tinbad the Tailor and Whinbad the Whaler and Ninbad the Nailer and Finbad the Failer and Binbad the Bailer and Pinbad the Pailer and Minbad the Mailer and Hinbad the Hailer and Rinbad the Railer and Dinbad the Kailer and Xinbad the Quailer and Linbad the Yaler, and Xinbad the Phtailer.[18]

Alfred Döblin ahmt in „Berlin Alexanderplatz" nach: „Der Franz Biberkopf aber, — Biberkopf, Lieberkopf, Zieberkopf, ... Biberkopf, Ziberkopf, Niberkopf, Wiedekopf ...".[19]

Auch die *Vokalvariation in der Wiederholung* ist im scherzhaften Sprachspiel bedeutend seltener als im Kindervers, abgesehen von konventionellen Formen wie piff-paff-puff, obwohl man nach den Beispielen aus dem Lexikon der Sprache auf

---

[8] Liederhort 1593.
[9] Holz Phantasus 1194; vgl. allg. H. L. Stoltenberg, Arno Holz und die deutsche Sprachkunst — In: ZfAesth. u. allg. Kunstwiss. 20 (1926) 156 ff.
[10] Holz Phantasus 71.
[11] Liederhort 1249 D.
[12] Behagel Humor 183.
[13] Holz Phantasus 709.
[14] ebda. 33.
[15] Holz Blechschmiede 182.
[16] ebda. 300.
[17] Holz Phantasus 326.
[18] James Joyce, Ulysses, Ausgabe New York The Modern Library 1946, 722.
[19] Alfred Döblin, Berlin Alexanderplatz, Ausgew. Werke in Einzelausgaben ed. W. Muschg, Olten-Freiburg i. Br. 1961, 368.

eine gewisse Häufigkeit schließen möchte. Wo an Kinderreime angeschlossen wird, tritt sie natürlich auf, so in Gottfried Kellers „Lyrum-Larum-Sachen"[20] seinem „keramischen Krikel-Krakel-Krukelsinn"[21] oder seiner „Ting Tang Tendering" (Betty Tendering),[22] ebenso beim Kasperle: „Ui jegerl, ui jagerl",[23] „Plitschiplatschi" (Nässe),[24] „Ich mach meinen Kripsuskrapsus" (saufen),[25] „Schnipps-schnapps" (Schnaps),[26] „witschele hatschele" (sachte gehen).[27] Sonst gewährt die Sprache, vor allem in Schallnachahmungen und andern lautsymbolischen Spielen, an und für sich eine gewisse spielerische Freiheit, so daß „Ich rauche, daß es bifft und bafft"[28] oder Goethes „Dann klipperts und klapperts mitunter hinein"[29] kaum über das Konventionelle hinausgehen. Wieder benützt vor allem Arno Holz diese Freiheit der Lautgestaltung bis an die Grenzen des Möglichen; er liebt Folgen wie „knarschen knurschen knirschen",[30] „wimmernde wummernde bimmernde bummernde" Klapphölzer,[31] „schlotternd schlatternd zitternd zatternd",[32] „pitschpatschen titschtatschen plitschplatschen",[33] „wolkenumpitschpatscht".[34]

Zu den eigentlichen spielerischen Veränderungen können wir erst wieder die häufigen *reduplizierenden Streckungen des Anlauts verbunden mit Vokalvariation* zählen: „Freifrau von Droste-Vischering, viva-Vischering, zum heiligen Rocke nach Trier ging, tritra-Trier ging",[35] „Die ganze Welt mag mimamurren, die alten Weiber kniknaknurren",[36] „TitaTage",[37] „KikaKirmesholz",[38] „schmischmaschmausen".[39] Umgekehrt benützt von Hoffs' „Prinz Absalom" die einfache Vokalvariation des Volksliedes „grimgramgrom; dimm damm domm; schlimm schlamm schlomm; schneidri schneidra schneidrum",[40] um den *Auslaut* zu strecken: „publikimkamkom" und „das kommt davon, davim, davam, davom".[41]

[20] an Maria von Fritsch 4. 7. 1876: Gottfried Keller, Ges. Briefe ed. Carl Helbling, Bern 1950—54, Nr. 213.
[21] Lyrum als Wortspiel zu Lyrik: an Storm 13. 8. 78: Ges. Briefe Nr. 537.
[22] auf den Berliner Schreibunterlagen neben vielen andern kindlichen Spielen: Sämtliche Werke, Hist-krit. Ausg. v. Jonas Fränkel und Carl Helbling, Zürich bzw. Bern 1926—49, XXI 432 ff. und Beilage.
[23] Deutsche Puppenspiele ed. Richard Kralik und Joseph Winter, Wien 1885, passim.
[24] ebda. 142.
[25] ebda. 166.
[26] ebda. 14.
[27] ebda. 37.
[28] Commersbuch 609.
[29] Der Totentanz, Goethe WA I.1 208 f.
[30] Holz Phantasus 1225.
[31] ebda. 35.
[32] ebda. 496.
[33] ebda. 786.
[34] Holz Buch der Zeit 786.
[35] Musenklänge I 86.
[36] Commersbuch 609.
[37] Poly-Liederbuch Anhang Kantusprügel Libertas-Iduna 231.
[38] Liederhort 987.
[39] Puppenspiele aaO 26, 216.
[40] Der Schneider Lob: Oskar Schade, Deutsche Handwerkslieder, Leipzig 1864, 71.
[41] Commersbuch 611.

Neben der Vokalvariation haben die beiden letzten Erscheinungen noch etwas gemeinsam: sie dehnen ein Wort, indem sie eine seiner Silben spielerisch wiederholen.

Die *Streckung des Wortes* ist das bei Erwachsenen eindeutig vorherrschende Sprachspiel. In ein Wort wird willkürlich ein beliebiger Vokal oder eine Folge von Vokalen und Konsonanten eingeschoben. Die Streckung ist besonders deshalb beliebt, weil trotz allen Veränderungen die Bedeutung des Worts immer erkennbar bleibt, während schon ein „schittebön" als geschütteltes „bitteschön" mehr vom Hörer verlangt.

Die *Streckung eines Vokals durch weitere Vokale* macht das Wort klangvoller, tönender, deshalb wird in „Jägers Zeitvertreib oder Tubackslied" gesungen: „Und wenn der Jäger in den Wald hineingeoeoeht, und er nicht gleich ein Hirzlein seoeoeht...".[42] Richtig bemerkt Böhme dazu: „Scherzhaft, aber volkstümlich ist der Vokalwechsel. Der Volkssänger mag nicht einen langen Ton aushalten. Zum Zeitvertreib spielt er mit den Vokalen auf demselben Tone".[43] Vokale streckt man gerne: „Europia", „Hast ein Gesicht wie'n Panduaour".[44] Formen wie „Kiakinderwagen", „Kriakrinolin, Miamitternacht, küakühle Grab"[45] tilgen den mittleren der drei übereinstimmenden Konsonanten von „Kikakinderwagen" etc.

Eine andere Art der Streckung ergibt sich durch die *Einschiebung eines Vokals in eine Konsonantengruppe*, wobei wir diesen seiner Funktion nach einen klangvollen Svarabhaktivokal nennen könnten, so in Scheffels „veritrunken".[46] Vielleicht ist das Wort Moritat auf diese Art über Morditat mit Dissimilation des *d* entstanden, falls es nicht mit Moralität zusammenhängt.[47] Besonders das Studentenlied schätzt Bildungen wie „Er reitet dahin in heftigem Zoren", „Ungelücke" oder „Gelenkibeil, Gedenkimal".[48]

Die *Streckung eines Wortes durch eine ganze Lautgruppe* ist vor allem das Prinzip kindlicher und anderer Geheimsprachen. Rein spielerisch verwendet sie besonders Ludwig Eichrodt; die Streckung mit einem ig-Infix wird durch ihn im neunzehnten Jahrhundert eine richtige Mode. Er dichtet: „Nach Faulenzien, nach Faulenzien, Möcht ich das Kolleg schwenzigen". Seine Formen „wohnigen, putzigen, willigen, mit den Wanderstabigen, ergründigen, packigen, losigen (los), erbermpeligen" usw.[49] werden vielfach nachgeahmt: „Elbige (Elbe), genesigen, Hispanigen,

---

[42] Liederhort 1779.
[43] ebda. Anm.
[44] Claudius, Rheinweinlied: Commersbuch 124; Eichrodt, Neues Studentenlied: ebda. 529.
[45] Poly-Liederbuch 187, Anhang Kantusprügel Libertas-Iduna 281.
[46] Die drei Dörfer: Scheffel I 49 ff.
[47] Behaghel Geschichte 355.
[48] Musenklänge I 91; Dunkel war's 85, Commersbuch 504.
[49] Akademische Wanderlust: Eichrodt, Ges. Dichtungen, Stuttgart 1890, II 42 ff.; Wanderlust: ebda. II 25 ff.; Neue Wanderlust: ebda. II 45 ff.; Allerneuste Wanderlust ebda. II 153 ff.; Gotenlied: ebda. II 234 ff. usw.

bewiesigen, Warnigung, Ergötzigung, parlamentigen, Nötigen (Nöten), Kalifornigen, Zornigen" usw.[50]

Bei der *Streckung durch Verdoppelung eines Vokals mit dazwischengeschobenem Konsonanten* wird oft ein *h* eingeschoben, ein Muster wird zum „Muhuster", was uns an die Nachahmung einer schlechten Sängersitte denken läßt: „Der Nabob hat auch einen Elefahant, der trinket Schnapsasa...", „daha, Schwulibihus, Hauptstahadt, mausetohot, Hemdkragöhen, salva veniana, Huhusten duhust".[51] Behaghel hält das „Elefahant" mit linguistischem Blick für eine Erinnerung an im a-Klang schwelgende altindische Wörter,[52] doch sind dafür die Formen in Liedern ohne indische Themen zu weit verbreitet.

Endlich müssen auch noch die *Streckung durch Vokal im Auslaut* in der Art: „Wer ist deri deri der? Wer ist der Hans von Wehr?"[53] oder „Bauchu" für Bauch,[54] und die *reduplizierende Streckung im Inlaut* wie „natiterlich" für natürlich, dazu noch lautvariierend „bediaduselt",[55] genannt werden.

„Scheußerlich" und „spazifizieren"[56] sind Beispiele für die spielerischen Einzelformen mit den verschiedensten Infixen, deren Aufzählung sich erübrigt.

Auf die Bedeutung der Streckung für den Wortschatz wies Heinrich Schroeder in seinem Buch „Streckformen" hin, in dem er rund zweihundertfünfzig teils regional, teils allgemein verbreitete Wörter wie Schlampampe als Streckformen erklärte.[57] Obwohl er wegen eindeutiger Fehler bei Friedrich Kluge auf scharfe Ablehnung stieß,[58] zeigt doch ein Blick auf neuere Auflagen des „Etymologischen Wörterbuches", daß sich manche seiner Deutungen wie auch der von ihm geschaffene Begriff Streckform durchgesetzt haben.[59] Otto Behaghel, der schon in einer ersten Rezension einige Deutungen Schroeders für richtig hielt, zählt die Streckformen zum sprachlichen Spieltrieb, während Schroeder selbst sie aus den Geheimsprachen entstanden glaubte. Damit gewinnt unser Thema selbst für die etymologische Forschung Bedeutung.[60] Hans Steinger freilich betrachtet unter Verarbeitung eines

---

[50] Wie Anclamer seine Reisen erzählen tut: Musenklänge I bes. 52 ff. Die Handwerksburschengeographie ist zwar älter, doch scheint sie für die Musenklänge in die Art Eichrodts umgedichtet worden zu sein, da gerade diese Spiele in der von Schade aaO 124 ff. zitierten Fassung fehlen; vgl. auch Musenklänge I 132, II 31. Was dem Dr. Straubinger alles auf deutschen Universitäten begegnet ist: Commersbuch 691; Bruder Straubinger anno 1848; ebda. 692; Eduard und Kunigunde: ebda. 565; weitere Beispiele: Behaghel Geschichte 355.
[51] Eichrodt, Der arme Nabob: Ges. Dichtungen II 209 f.; Gesellenlied: Commersbuch 621; Das Hemd: ebda. 655.
[52] Behaghel Humor 182.
[53] Liederhort 315.
[54] Behaghel Geschichte 355.
[55] ebda.
[56] Reimann 139.
[57] Heinrich Schroeder, Streckformen, Heidelberg 1906.
[58] Friedrich Kluge/Otto Behaghel, Rezension in Literaturbl. f. germ. u. rom. Philologie 27 (1906) 393 ff.
[59] z. B. Kluge Etym Wb 653 (schlampampen), vgl. Behaghel Geschichte 354.
[60] vgl. Kluge/Behaghel Rezension aaO. Besondere Betonung auf den sprachlichen Spiel-

reichen mundartlichen Materials die meisten als Wortmischungen.[61] Diese Möglichkeit besteht auch für einige unserer Spielformen, etwa „natiterlich" als Mischung von natürlich und peut-être.[62] Doch ist nach Steinger in der Regel das Muster bei der Bildung nicht bewußt[63] und neben dem Versprechen der Spieltrieb für die Mischung verantwortlich.[64] Im übrigen trennt Steinger die Sprachspielereien — vor allem der Kinderverse und der Volksrätsel — scharf von den Streckformen[65] oder Wortmischungen der allgemeinen Sprache, mit denen sie kaum eine Ähnlichkeit aufwiesen,[66] so daß nach ihm gegen Schroeders Thesen die Spielformen für das Lexikon der Sprache bedeutungslos wären.

Im Gegensatz zur Streckung ist die spielerische *Kürzung eines Wortes* äußerst selten, nur ein einziger kürzender Kindervers ist mir bekannt: „Ich bin der Herr von Rech, verbiete Lach und Sprech".[67]

Für die *reinen Lautänderungen* im Spiel mit dem gegebenen Sprachstoff müssen wir bei der *Änderung der Vokale* nochmals auf die Möglichkeit mundartlicher Einflüsse hinweisen.[68] Wir wissen zum Beispiel nicht, ob bei der Umgestaltung von „fein gebildet" zu „feun gebüldet"[69] eine Mundart mitgewirkt hat, ob die Form etwa hyperkorrektes „Honoratiorenschwäbisch" ist. Unter den Änderungen des Vokalbestands fällt vor allem der häufige Ersatz von *ü* durch das dunklere *u* auf: „Ach, wie sind die Wasser kuhle, Ach, wie duster ist das Grab, Dies erweichet mein Gefuhle, drum brech' ich das Lied hier ab".[70] Auch sonst tritt *u* gern anstelle anderer Vokale. Eine scherzhafte Kindergeheimsprache ersetzt alle Vokale durch *u*, sagt also „Uch suhu duch" für „Ich sehe dich"; Formen wie „geblusen, das Hurn" für „geblasen, das Horn"[71] sind zahlreich. Ein eingeschobenes *u* macht die Wörter auch altertümlich klangvoll: „Mägdulein, Gänsulein, Thälulein, Häsulein, Flötulein",[72] ein Säbel wird zum „Sabul", zurück zu „zaruck".[73] Diese a-u-Folge wiederum verwandelt den Hering zum „Harung",[74] den Humor zum „Hamur",[75]

---

trieb legt dann auch Oskar Weise, Die Streckformen und die Akzentverschiebung — In: Niederdeutsches Jahrbuch 40 (1914) 55 ff.

[61] Hans Steinger, Wortmischung mit fremder Betonung in deutschen Mundarten — In: PBB 53 (1929) 307 ff.

[62] ebda. 385.
[63] ebda.
[64] ebda. 388 f.
[65] ebda. 316.
[66] ebda. 315.
[67] Simrock 965.
[68] So reimt etwa der Nürnberger Dichter Georg Buchner in einer Mischung von Schriftsprache und Mundart „Puls: Hulz (Holz); herrscht: Leberwörscht", Das Leben im Ehestand, nach: In Nürnberger Mundart ed. Franz Bauer, München o. J., 19.
[69] Reimann 139.
[70] Die Überschwemmung: Commersbuch 567.
[71] Die Virtuosen: ebda. 626.
[72] ebda. 596, 693; Scheffel I 61 ff. V. 20 (Die Martinsgans).
[73] Behaghel Geschichte 355.
[74] Es war einmal ein Harung...: Poly-Liederbuch Anhang Kantusprügel Libertas-Iduna 244.
[75] Reimann 139.

wobei „Harung" immer noch aus mnd./mnl. harinc oder franz. hareng und „Hamur" aus einer Vokalumstellung von Humor zu Homur entstanden sein könnte. In der rauhen Kehle der Räuber wird der Handwerksbursche zum „Handwerksborsch" und die Wurst zur „Worscht".[76] „Lakal" heißt Lokal — das *a* der zweiten Silbe wird antizipiert — „Tunte" Tante usw.[77]

Bei der *Änderung der Konsonanten* läßt sich kein durchgehendes Prinzip feststellen, nur einige Beispiele seien der Vollständigkeit halber angeführt: Behaghel verzeichnet „laputt" für kaputt, „Lorch, Lolch" für Loch und „Pamfilie" für Familie[78] (vielleicht aus einer Schüttelform „Mafilie" über die Assimilation „Mamfilie" dissimiliert). „Cavalier" kann man scherzhaft als „Zavalier" aussprechen, „geklingelt" französisch nasal „geklänschelt".[79] In der Umgangssprache wird oft die Szene wegen ihrer schwierigen Lautfolge „Zene", die Wringmaschine „Ringmaschine", sogar die Sklaverei „Klaverei" ausgesprochen, spielerisch wird dies karikiert durch hyperkorrekte Bildungen „Sklavier, Wrindvieh, wrasieren, Wrekonvaleszenz".[80] Von hier aus ist kein weiter Schritt mehr zu den Verspottungen mundartlicher Aussprachen des Schriftdeutschen wie in der schwäbischen Ballade: „Du wohnscht in meiner Bruscht ...",[81] die allerdings nicht frei spielen, sondern der entsprechenden Mundart folgen.

Die *Änderung der Stammformen des Verbums* ist ein Spiel mit der Formenlehre. Doch steht bei ihr nicht immer das Grammatische im Vordergrund. Das „verful" in „Seine Gattin, wie es sich gebührte, sie verful in fromme Raserei"[82] ist ein Lautspiel und zugleich eine spielerische Versetzung des Verbums in eine andere Konjugationsklasse, ebenso „Einer blus die Figuline".[83] Bei der Beliebtheit der u-Formen überwiegt wohl das Lautspiel. Ein echtes und weitverbreitetes Spiel mit der Formenlehre dagegen ist das starke Konjugieren schwacher Verben, doch ist auch hier die Freude an klangvollen Formen stärker als das Interesse am Grammatikalischen. Vom Eindringen solcher Spiele in das Wörterbuch haben wir schon bei der Form „Er jug" gesprochen. Aus fegte macht ein Klapphornvers „fog", aus nieste wird „nos".[84] Besonders gern werden entsprechende Participia Praeteriti gebildet: gemorken (gemerkt), überzogen (überzeugt), blamoren, umgebrungen, geschunken (geschenkt), gekrochen (gekriegt), gespiesen, gesponnen (gespannt), aufgezohren (aufgezehrt);[85] „gekrochen" und „gesponnen" gehören durch ihren Doppelsinn be-

---

[76] Musenklänge II 29.
[77] Reimann 139.
[78] Behaghel Geschichte 355.
[79] Reimann 138.
[80] ebda. 146.
[81] Musenklänge I 42.
[82] ebda. II 35.
[83] Commersbuch 626; vielleicht auch Wortmischung von Violine und Figler (Schweiz. Idiotikon, Frauenfeld 1881 ff., I 690) für Fiedler (Lautsubstitution von dl durch gl), vgl. Wilhelm Horn, Nhd. Arkelei und die andern Nebenformen von Artillerie. — In: PBB 30 (1905) 208 ff.
[84] Dunkel war's 69; nos: F. Th. Vischer, Dichter. Werke, Leipzig 1917, I 197 (Auch Einer).
[85] Reimann 139; Musenklänge I 89.

reits zu den Wortwitzen. „Spazoren" für spazieren bringt es in biedermeierlicher und nachbiedermeierlicher Zeit zu einer eigenen Konjugation mit verschiedenen Formen, etwa einem Imperativ „spazor" und einem gleichlautenden Praeteritum nach „verlor" usw.[86] Scherzhaft werden auch die Hilfsverben ausgewechselt: „Zerknirschet nah' ich euch im stillen Trabe! — O wüßtet ihr, wo ich gewesen habe", schreibt Nestroy,[87] bei dem sich die meisten unserer Spiele finden, oder wir lesen: Jemand „hat gestorben".[88]

Scherzhafte Konjugationen und Deklinationen sind ein Urspiel des „Humoristen". Er bildet zum Partizip „verschollen" des untergegangenen Verbums verschellen oder verschallen[89] ein neues Tätigkeitswort: „Ich verschelle, du verschillst, ich verschellte, verschull", wortwitzelnd aus Beludschistan: „Ich beludsch is tan...", aus Liebigs Fleischextrakt: „Liebig Fleischextrakt, liebst du Fleischextrakt?" Das unsinnige Deklinieren von Substantiven, etwa „Dermatolog, des Matologen, dem Matologen" etc.[90] ist durch Morgensterns „Werwolf" bekannt geworden.

Nur ganz selten finden sich im engern syntaktischen Bereich *Veränderungen von Genus und Numerus des Substantivs*. Scheffel betrachtet in der „Fahndung" den stillen Gast als ein sächliches Wesen: „ein stilles Gast",[91] in der „Husarenliebe" wird das Bier zum Maskulinum: „Mein Durst ist für den Bier".[92] Nur im Plural gebräuchliche Substantive setzt die folgende Geschichte in den Singular:

> Mein einer Elter begab sich in der dritten Flitterwoche zum Onkel Doktor, weil er auf dem Rücken eine Maser hatte. Der Arzt bot ihm eine Rauchware an und sprach: „Ei, ei, das ist eine Mißhelligkeit". Da zeigte ihm mein einer Elter den oder das oder die Gliedmaß mit der Maser, und da bekam der Arzt einen Gewissensbiß.[93]

Häufig dagegen wird absichtlich ein Adjektiv zum ersten Teil eines zusammengesetzten Substantivs gestellt: „reitende Artilleriekaserne",[94] „saurer Essigfabrikant",[95] „baumwollene Strumpfwarenhändler".[96] Adjektivische Neuschöpfungen wie Saphirs „allermaidste Maid", Richard Wagners Anrede an David Friedrich Strauß „O David, Held, du sträußlichster der Sträuße"[97] gehören wie Arno Holz' „buntbewimpeligst, bunttrachtigst"[98] zur unsinnigen Wortbildung, die wir später streifen werden.

Die *Trennung des Worts in zwei Teile* verfehlt bei zusammengesetzten Wörtern nie ihre komische Wirkung: „Im Rocke des Schlafs, bei der Lampe der Nacht, im

---

[86] Musenklänge I 89; Froschbuab: Commersbuch 490; Gresslyosaurus: ebda. 496.
[87] Nestroy IV 214 (Tannhäuser I.5).
[88] Musenklänge Neudruck Bern 66.
[89] Reimann 145; verschallen nach Kluge Etym Wb 819, verschellen nach mündlicher Vermutung Friedrich Rankes.
[90] Reimann 145 ff.
[91] Scheffel I 58 ff. V. 26.
[92] Behaghel Humor 184.
[93] Reimann 147.
[94] Behaghel Humor 184.
[95] Kuddelmuddel ed. Willem Jaspert, Berlin 1940, 105.
[96] Behaghel Humor 184.
[97] ebda. 185.
[98] Holz Phantasus 37.

Stuhle der Lehne, dem schlichten", dichten die „Musenklänge".[99] Dieses Spiel ist ausgesprochen volkstümlich und findet sich in allen Gattungen volkstümlicher Unsinnspoesie, so in Klapphornversen „Feger des Schorn", „Baum des Purzels",[100] in Versen wie:

> Ich höchstbeneidenswerter Herr:
> Das schönste Briefchen fing ich emp-
> Das je ein Mädchen faßte ver- ...[101]

Die *Umstellung einzelner Bestandteile des Wortes* (Vokale, Konsonanten oder ganzer Silben) taucht schon in der Kindersprache, etwa mit der Verdrehung des Namens Ottilie in „Tileto", auf. Kehrstämme wie Schiff-Fisch haben die Kabbalistik stark beschäftigt, die in der „Temura" verborgene sachliche Beziehungen zwischen solchen Formen finden wollte, womit sich wie bei gewissen Anlautvariationen, Magie, Mystik und Spiel einander nähern.[102]

Die einfache *Umstellung zweier unmittelbar aufeinanderfolgender Laute*, die Metathese der Linguistik,[103] finden wir als spielerische Vokalvertauschung: „Sind wir nicht die Virtousen".[104]

Sind die umgestellten Glieder etwas voneinander entfernt, so spricht der Linguist von einer reziproken Fernversetzung oder *Schüttelform*. In den Sprachspielen können dabei vertauscht werden: ein Laut: „morantisch" für romantisch; eine Silbe: „Schiedunter" für Unterschied; mehrere Silben: „kasimulisch" für musikalisch. Es können ferner mehrere Silben in mehreren Wörtern zusammengestellt werden: „Timo, Timo, Sidazius, die Ibiche des Kranikus". Paßt sich die Schreibung der Laute einem neuen Sinn an wie in „staubdumm" für taubstumm, so nähern wir uns dem Schüttelreim, der uns als Gattung wieder begegnen wird.[105] Aus geschüttelten Wortteilen lassen sich ganze Folgen bilden: „schauerlicher Lokalregen — lokaler Schauerregen — regnerisches Schauerlokal — schauerliches Regenlokal — regnerischer Lokalschauer — lokaler Regenschauer."[106]

Mancher Schüttelform liegt ursprünglich Versprechen zugrunde, die tagtägliche Quelle neuer unfreiwilliger Sprachscherze. Unfreiwilliges Versprechen und absichtliche Schüttelform sind kaum zu unterscheiden; deshalb mißtraut zum Beispiel Fritz Mauthner dem Gewährsmann Mu. aus Meringers und Mayers Arbeit über Versprechen und Verlesen und glaubt — ob mit Recht oder Unrecht, läßt sich nicht

---

[99] Musenklänge Neudruck Bern 5; dabei wird oft eine Verspottung der pathetisch gehobenen Sprache mitspielen, die dasselbe Mittel benützt.

[100] Dunkel war's 69, 72.

[101] ebda. 113 (E. Eckstein).

[102] Friedrich Kainz, Psychologie der Sprache, II, 2. umgearb. Aufl. Stuttgart 1960, 115; nach Meringer/Mayer aaO 73 ist Schiff für Fisch eine der häufigsten Substitutionen.

[103] vgl. Ernst Schwentner, Zur Metathesis im Germanischen — In: PBB 43 (1918) 113 ff.

[104] Commersbuch 626.

[105] Schiedunter: Behaghel Humor 183; alle andern Beispiele: Heinrich Schroeder, Schüttelformen — In: ZfdPh 37 (1905) 256 ff. Eine mittellateinische Schüttelform: Werner 7 Nr. 10 a.

[106] Dunkel war's 107.

entscheiden —, daß die beiden einem Witzbold zum Opfer gefallen seien.[107] Die Ähnlichkeit von Schüttelform und Versprechen ist verständlich, denn bei der Schüttelform ohne witzigen Hintergrund läßt der Sprechende die Zügel der Sprachkontrolle freiwillig fallen, beim Versprechen geht die Sprache unfreiwillig durch. Daß freiwilliges oder unfreiwilliges Versprechen in das Lexikon der Sprache eingehen können, erkennen wir an Wörtern von Familien- und Gruppensprachen, bei denen der Scherz noch deutlich ist, etwa „Schlungenzag" für Zungenschlag in der Basler Studentensprache um 1910.[108]

Bei der Zusammenstellung der Spiele mit dem gegebenen Sprachstoff nahmen wir darauf Bedacht, daß sich nur selten die letzte Art spielerischer Änderung einschlich: die *Änderung um des Reimes willen*. Dies im Gegensatz zu Otto Behaghel, der unbedenklich die spielerischen Änderungen mit denen aus Reimnot mischt. Doch ist es nicht dasselbe, wenn Scheffel „veritrunken" dichtet oder Kußmaul und Eichrodt „Sichael" statt Sichel auf Michael reimen. „Veritrunken" ist freies Spiel mit dem Sprachstoff, die Lautfolge von „Sichael" dagegen wird durch den Reim erzwungen. Die Lautänderung um des Reimes willen zu belegen, ist leicht und ergötzlich, aber überflüssig, hat doch dieses Spiel von Fischarts „Wie Gurgelstrozza im Salat sechs Bilger aß oder (umb Reimens willen) fras"[109] bis zu Morgensterns ästhetischem Wiesel, welches um des Reimes willen auf dem Kiesel inmitten Bachgeriesel sitzt, nichts an Beliebtheit eingebüßt.

Während wir beim sinnlosen Refrain kaum über Andeutungen von Gemeinsamkeiten im sprachlichen Spiel hinauskamen, mußten wir beim Spiel mit dem gegebenen Sprachstoff ein ausführliches Inventar aufnehmen und konnten im letzten Abschnitt bei fast jeder Erscheinung auf Parallelen im Wörterbuch der Sprache hinweisen. Dies ist ein Anzeichen dafür, daß wir uns nun immer mehr in den Grenzen der Sprache befinden und uns vom semantisch unsinnigen Zeichen entfernen, denn je mehr sich vom semantischen Sinn eines Zeichens sagen läßt, um so weniger unsinnig ist es.

---

[107] Fritz Mauthner, Beiträge zu einer Kritik der Sprache, 3. verm. Aufl. Leipzig 1923, II 371.
[108] [John Meier,] Basler Studentensprache, Basel 1910, S. XVII.
[109] Überschrift des 41. Kapitels der Geschichtklitterung, aber auch sonst bei Fischart. Bei Lindener etwa: „Vor zeyten war es ein fein dinge, das man walfaren gienge, von des reymes wegen", Michael Lindener, Rastbüchlein und Katzipori ed. Franz Lichtenstein, Tübingen 1883, Katzipori 126; vgl. auch Siegfried Heinimann, Wortverbildung um des Reimes willen — In: Romanica, Festschrift für Gerhard Rohlfs ed. Heinrich Lausberg und Harald Weinrich, Halle 1958, 208 ff.

B. Die Gattungen der Unsinnspoesie

> „Huy nun annen! lasset uns die reimen herumb rammelen und rommelen, dummelen unnd trummelen"
>
> Fischart[1]

An drei Arten von Material haben sich uns bis jetzt drei Stufen des semantischen Unsinns dargeboten: am sinnlosen Refrain das semantisch unsinnige Zeichen, am kindlichen Auszählreim der Übergang vom unsinnigen zum sinnvollen Zeichen, am Spiel mit dem gegebenen Sprachstoff die Veränderung des sinnvollen zum unsinnigen Zeichen, bei dem jedoch der sinnvolle Hintergrund durchschimmert. Nach dem einzelnen Zeichen müssen wir uns nun notwendigerweise größeren Folgen zuwenden, dem unsinnigen Satz und der eigentlichen Unsinns*poesie*.

Selbstverständlich können solche Folgen einfach durch Aufreihung semantisch unsinniger Zeichen gebildet werden. Dies geschieht vor allem bei der Lautdichtung. Weitaus häufiger aber setzen sie sich aus semantisch sinnvollen Zeichen zusammen, sind jedoch als Folgen selbst semantisch oder logisch unsinnig, wobei logischer, telischer und eidischer Unsinn, wie wir in der Einleitung zur Arbeit festgestellt haben, nur schwer zu trennen sind. Bei größeren Folgen verflechten sich die Unsinnsarten ins Uferlose. Deshalb drängt sich ein anderes Ordnungsprinzip auf: die Ordnung nach den Gattungen, in denen uns die Unsinnspoesie in der Überlieferung entgegentritt. Sie erlaubt uns zugleich, auf den geistigen Ursprung jener Arten hinzuweisen, mit denen wir die eigentliche Arbeit nicht belasten wollten. Grundsätzlich haben wir in diesem Kapitel die Grenzen der Unsinnspoesie sehr weit gezogen und auch Sprach- und Reimspiele nicht ausgeschlossen, die unsinnspoetisch sein können, aber nicht sein müssen.

Unter den Gattungen drängt sich folgende Trennung auf: einen breiten Strom durch alle Jahrhunderte bildet die *volkstümliche* Überlieferung. Geht man vom Kind aus, so ist die Sprache hier meist spielerische Lautäußerung, nicht Sinngebung, oft verbunden mit reiner Freude am Unsinn. Die Spiele brauchen dabei nicht aus dem Volk zu stammen; die volkstümliche Tradition nimmt auch immer wieder solche auf, die sich in andern Schichten entwickelt haben. Alle diese Arten seien *unliterarische*[2] und *halbliterarische* Spiele genannt. Auf der andern Seite entstehen in der Dichtung bei den eigentlichen Wortkünstlern Arten, die sich deutlich von der volkstümlichen Tradition abheben. Sie pflanzen sich als *literarische* Spiele oft aus der Antike in die mittelalterliche Schul- und Klostertradition fort und vermischen

---

[1] Fischart Geschichtklitterung 212 Z. 15 f.
[2] Gerber nennt diese Spiele „naive Lautspiele" (II 345 ff.).

sich mit denjenigen dieser Sphäre zu *gelehrten und gesellschaftlichen* Spielen. Elemente der gelehrten, gesellschaftlichen, literarischen wie der volkstümlichen Tradition finden wir dann in den *magischen und mystischen* Spielen, alle diese Tendenzen können sich schließlich zu *einer* Gattung vereinigen, wofür die Lautdichtung zeugen wird.

1. DIE UNLITERARISCHEN SPIELE

a) Der Kindervers

Der Mensch wächst als Kind in der rosigen Wolke eigener und traditioneller Unsinnspoesie auf. Frei vom Zwang der Logik, läßt das Kind aus Freude am Klang, Rhythmus und Reim schlechterdings alles zum Gedicht und zum Lied werden. Von irgendwoher nimmt es eine Melodie in sich auf, singt sie unaufhörlich vor sich hin und verbindet sie mit einem erfundenen sinnlosen Text. Selbst ein Verzeichnis von Liedanfängen wird gesungen: „Mitleid, Heil dir, du Geweihte — Morgen, morgen nur nicht heute — Mutter, weich wie Schwanenflaum".[1] Marie Ebner-Eschenbach hat in ihrem „Zeitlosen Tagebuch" diese Stimmung eingefangen:

> Die Kinder gingen durch den Wald und sangen:
>
>> Zirlipinzigen,
>> Die Kleinwinzigen,
>> Zitteraalig netten,
>> Wenn wir sie nur hätten!
>> Mit den Vögeln fliegen sie,
>> Auf den Wolken liegen sie,
>> Schwimmen mit den Fischen;
>> Wer wird sie erwischen?
>
> Sie sangen ihr Lied unverdrossen, fingen immer wieder vom Anfang an, sobald sie damit fertig geworden waren. — „Was singt ihr denn da?" fragte ich, „was soll denn das heißen?" — Sie sahen mich an und lachten mich offenbar — aus. Ein Knabe sprach mit Überlegenheit: „Was braucht es denn zu heißen?"[2]

Diese Antwort sagt alles über den Unsinn der Kinderverse. Was braucht es denn zu heißen? Die Sprache dient — selbst in grammatikalisch richtigen, sogar sinnvollen Sätzen — einfach als Klangkörper. Sinnvolle wie sinnlose Silben und Wörter werden nach Klang- und Lautassoziationen aneinandergereiht und nach rhythmischen Gesetzen geordnet. Die Mütter fördern dieses Spiel, indem sie dem Kind die überlieferten Kinderverse weitergeben. Das kindliche Dichten wie „Naseweis vom Wasser weg, Welches da liegt noch mehr Dreck"[3] wird ergänzt durch Ammenbrauch und Wiegenlied in der Art:

> Säme-säme-pumperlipum,
> Eusi Chuchifrau goht um,
> Sie wieget s Chind und wicklet s Chind,
> Sie haut em eis a Bohligrind.
> Flügt es Vögeli übers Dach,
> Jetze isch mis Liedli gmacht.

---

[1] Schläger I 142.
[2] Marie von Ebner-Eschenbach, Sämtliche Werke, Berlin-Grunewald 1920, IV 658 f.
[3] Groos 47, vgl. 42.

> Jetze n isch mis Liedli us.
> Vögeli grint,
> Sterneli schint.
> S Bäumli chracht, s Eicherli lacht:
> I weusch der guet Nacht.
> S Liedli isch gsunge,
> Der Chrützer isch gunne,
> Und gisch du mir zwee,
> So sing der no meh.[4]

Die Freude an solchem Unsinn pflanzt sich im Erwachsenen fort; freilich nicht im „höheren Blödsinn", in der gezwungenen Befreiung des Gebildeten, sondern meist nur in der verklärten Erinnerung an die eigene Jugend. Wenige Menschen bleiben kindlich wie Mozart, aus dessen Briefen wir schon zitiert haben. Ein Kanon von 1788 möge zeigen, wie echte Kindlichkeit auch das Unanständige nicht scheut:

> Bona nox! bist a rechta Ox;
> bona Notte liebe lotte;
> bonne Nuit, pfui, pfui;
> Good Night, good Night,
> heut müss ma noch weit;
> Gute Nacht, gute Nacht,
> scheiß ins Bett, daß' kracht;
> Gute Nacht, schlaff fei g'sund
> und reck den Arsch zum Mund.[5]

Die sinnlosesten und zerfahrensten traditionellen Kinderreime sind der *Auszählreim* und die Reime zum Händeklatschen, Fingerspiel und Kniereiten.[6] Der rhythmische Unsinn geht von der sinnlosen Aneinanderreihung einzelner Sätze:

> In 1901
> Da war die Schlacht bei Mainz,
> In 1902
> Da war die Schlacht vorbei,
> In 1903
> Da ging ich da vorbei,
> In 1904
> Da spielte ich Klavier,
> In 1905
> Da zog ich aus die Strümpf',
> In 1906
> War ich 'ne alte Hex'[7]

(hier gibt die Zahlenreihe dem Unsinn einen Halt) über die sinnlose Reihung einzelner Wörter:

> Apfel, Birne, Zirkeltopf,
> Ente, Feige, Geige, Hopf,
> Ige(l), Katze, Löwe, Maus,
> Oder Peter Pfand heraus.[8]

---

[4] Rochholz 690.
[5] Köchel-Verzeichnis 561.
[6] Böhme S. XXXII.
[7] Lewalter-Schläger 727.
[8] Schläger I 143.

(diese Reihe wird durch das Alphabet zusammengehalten)[9] bis zur reinen Lautdichtung, bei welcher der ursprüngliche Wortsinn nicht mehr zu erkennen ist:

> Anzkiis kwanzkiis kurschpiis kluus,
> Ee pee tipsi ee lee muus,
> Icki picki gramatiki,
> Ucki pucki klein karnuus.[10]

An diese Auszählreime, deren Unsinn genauestens auswendig gelernt wird, schließen sich andere Kinderreime an, die mehr vom Reim als vom Rhythmus beherrscht werden: Die *Neckverse* verdrehen meist den Namen des Verspotteten durch ein zweites, reimendes, aber unsinniges Wort: „Christinchen Bibelinchen"[11] oder hängen ihm sonst einen Reim an: „Hulda sitzt und schwitzt".[12] Hierher gehören auch die Reime auf *unnütze Fragen*, auf Klagen und Bitten: „Gimmer au e Nuß! 'S ist e Frau z'Buchs. Gimmer au en Chern! 'S ist e Frau z'Bern".[13]

Schließlich bringt die Reimfreude meist unter Mithilfe Erwachsener, Fabuliergebilde hervor:

> Frau von Hagen,
> Darf ich's wagen,
> Sie zu fragen,
> Wieviel Kragen
> Sie getragen,
> Da Sie lagen,
> Krank am Magen,
> In der Hauptstadt
> Kopenhagen?[14]

b) Die Spiele der Erwachsenen

Im Gegensatz zu dem des Kindes will der Unsinn des Erwachsenen meist *komisch* wirken. „Spruchmenschen" sind hier die eigentlichen Unsinnspoeten:

> Der Vater ... war ein sogenannter Spruchmensch und hatte die Gewohnheit, seine Sprüche so neben der Arbeit zum besten zu geben. Und neben den Sprüchen, wobei man sich etwas denken konnte, hatte er eine Anzahl, die völlig sinnlos waren und die er immer wieder, als eine Art bäuerlicher Psalmist, bei allen möglichen und unmöglichen Gelegenheiten von sich gab. Ich glaube, es war nur seine Freude an Wortverbindung und Wohlklang, um damit die oft sehr einförmigen Arbeiten ein wenig zu würzen.[1]

Bei solchen Typen entstehen die Unsinnsformen oft noch wie beim Kind: ein „Allerdings" als Antwort wird in kindlicher Reimwut zu „Allerdings, sprach die Sphinx" fortgesponnen; Namen werden verdreht: „O, Baldische Tini, bist reizend

---

[9] über den psychischen Mechanismus der Volkspoesie etwa: Franz Krejči, Das charakteristische Merkmal der Volkspoesie — In: Zf Völkerpsychologie und Sprachwissenschaft 19 (1889) 115 ff. und Euling Priamel 25 ff.
[10] Simrock 892.
[11] Lewalter-Schläger 399.
[12] ebda. 426.
[13] Rochholz 75, Züricher 2248.
[14] in vielen Fassungen verbreitet, hier nach Lewalter-Schläger 479.
[1] Johannes Freumbichler, Auszug und Heimkehr des Jodok Fink, Tübingen 1942, 107.

unsinni, jeder Mann sagt wie wini: A Verhältnis anspinn' i mit der Baldischen Tini".[2] Eine knappe Erwiderung bekommt durch einen Nachsatz den Anschein eines Sprichwortes oder Zitats: „Kaum, sprach der Ochse, als er gemolken werden sollte". „Jetzt kommen wir zum Wichtigsten, sagte der Pfarrer und blieb stecken". Ein solches B e i s p i e l s p r i c h w o r t (Zitaten- oder Sagsprichwort)[3] zitiert schon Quintilian als παροιμίας: „Non nostrum, inquit, onus: bos clitellas".[4] In der Krämerszene des mittelalterlichen Osterspiels redet der Salbenkrämer das Publikum mit: „Got grüß uch, ir hirn ubir al, alz sprach der wolf und küchte in den genßestal"[5] an. Möglicherweise sind sie das gesunkene harmlose Überbleibsel der mittelalterlichen Gesprächskunst, welche die Technik kannte, jemandem mit einer verkehrten oder absichtlich sinnlosen Antwort auszuweichen.[6] Verbreitet sind die Beispielsprichwörter besonders im nördlichen Europa, literaturfähig sind sie als „Wellerism" durch Dickens' Sam Weller der „Pickwick Papers" geworden, der kaum einen Satz ohne Beispielsprichwort zustande bringt; von ihm hat sie auch Keller in den „Mißbrauchten Liebesbriefen": „Er hat's wie der Teufel; ich muß mich verändern, sagte der, nahm eine Kohle unter den Schwanz und setzte sich auf ein Pulverfaß".[7] Dem Beispielsprichwort nahe stehen die unsinnigen W e t t e r r e g e l n : „Wenn der Hahn kräht auf dem Mist, ändert sichs Wetter, oder es bleibt, wie es ist".

Bei den G r a b s c h r i f t e n und den M a r t e r l n , den Gedenktafeln für Unglücksfälle in den Alpen, wissen wir oft nicht, ob ihr Unsinn gewollt oder ungewollt ist.[8] Manche freilich sind so weit verbreitet, daß sie nur als Scherz gedacht sein können:

> Hier ruht Hans Gottlieb Lamm,
> Er starb durch'n Sturz vom Damm,
> Eigentlich hieß er Leim,
> Das paßt aber nicht in'n Reim.

---

[2] Nestroy XIV 491, vgl. auch 490 ff. und sonst.

[3] Literatur zum Beispielsprichwort (mit der Bezeichnung „Sagwort" kann ich mich nicht befreunden): Archer Taylor, The Proverb, Cambridge/Mass.: Harvard UP 1931, 200 ff. (grundlegend); Winfried Hoffmann, Das rheinische Sagwort, Siegburg 1959 (kritische Rezension von Matti Kuusi in Fabula 3 [1960] 313 ff.); Edmund Höfer, Wie das Volk spricht, neu ed. v. M. Bruns, Minden 1915; Luise Berthold, Beispielsprichworte aus Hessen und Nassau — In: Hess. Blätter für Volkskunde 23 (1924) 113 ff.; Finnland: Iris Järviö-Nieminen, Suomalaiset sanomukset, Helsinki 1959 (vgl. Rezension Kuusi aaO). Von der Entstehung ganzer Geschichten aus Beispielsprichwörtern berichtet Kurt Ranke in Fabula 3 (1960) 315.

[4] Quintilian, Institutio oratoria, lib. 5 cap. 11 § 21; weitere Beispiele aus allen Zeiten und Sprachen bei Taylor aaO.

[5] Altteutsche Spiele ed. F. J. Mone, Quedlinburg-Leipzig 1841, 123 V. 455 ff.

[6] Rochholz 86 f. Anm.

[7] hie und da auch vom Altwiener Volkstheater benützt, etwa Nestroy VII 315 Z. 6 v. u.

[8] Literatur zu den Grabschriften usw.: Anton Dressely, Grabschriften, Marterl-, Bildstöckl- und Todtenbrettverse, 2. Aufl. Salzburg 1899; Ludwig von Hörmann, Grabschriften und Marterln, Leipzig 1889—1900; Walter Schmidkunz, Marterln und Grabschriften, Erfurt 1936. Erfundene Marterln etwa: Rudolf Greinz, Marterln und Votivtafeln des Tuifelemalers Kassian Kluibenschädel, Leipzig o. J.

Eigentlich sind solche Verse gesunkenes literarisches Gut, eine Epigramm-Art, die von Martial bis Grillparzer verfolgt werden kann. Im siebzehnten Jahrhundert sind Grabschriften — auch scherzhafte — literarische Mode,[9] in Frankreich leben sie noch in der Gegenwart.

Die bedeutendste volkstümliche Unsinnsgattung ist zweifellos die L ü g e n - d i c h t u n g. Schon das Kind freut sich am Vergrößern und Verkleinern der Gegenstände beim Erzählen, am spielenden Lügen. „Das Lügen der Kinder ist meist die erste Übung der Imagination, die erste Erfindung, der Keim der Kunst", stellt der Psychologe fest.[10] Ein dreizehnjähriger Knabe dichtet (wohl unter Mithilfe der Eltern):

> Zwei Fischlein saßen im Hühnerstall
> und machten dort einen Mordskrawall!
> Denn sie fingen an zu bellen,
> sogar der Schellfisch begann zu schellen.
>
> Der Hofhund hatte die Pfeife im Mund,
> die Schweine wogen schon dreitausend Pfund.
> Der Wagen fuhr rückwärts zur Tür hinaus,
> da wieherten die Mäuse den Kater aus.
>
> Die Hausfrau fiel ins Tintenfaß rein
> und brach dabei das linke Bein.
> Der Gockel wedelte mit dem Schwanz;
> die Besen hopsten den Sambatanz.
>
> Das Hähnchen legte ein Spiegelei,
> zur nächsten Mahlzeit bist du dabei!
> Der Hengst ertrank im Fingerhut,
> Die Schnecke kam darob in Wut.
>
> Jetzt will ich nicht mehr weiterlügen,
> weil sich bereits die Balken biegen.[11]

Nach Huizinga muß die Lügendichtung schon früh in der Geschichte aufgetreten sein:

> Die Sucht nach einem staunenerregenden Effekt durch grenzenlose Übertreibung oder Verwirrung von Ausmaßen und Verhältnissen muß m. E. niemals als vollkommen ernsthaft aufgefaßt werden, gleichviel, ob wir sie in Mythen, die einen Bestandteil eines Glaubenssystems bilden, oder in rein literarischen, aber echt kindlichen Phantasieerzeugnissen antreffen. In allen diesen Fällen hat man es mit demselben Spieltrieb des Geistes zu tun.[12]

An „festlichem Männergeschwätz"[13] wird das deutsche Volksepos, in dem nach Leo

---

[9] Verzeichnis von Sammlungen literarischer Grabschriften bei Halm Abele 65 ff.; Spiel von den Grabschriften: Harsdörffer Gespsp I J4vo, 2. Aufl. 168 ff.
[10] *Jean-Marie Guyau, Education et Hérédité, Paris Alcan 1889, 148 zitiert nach Groos 177.
[11] Bänkel und Brettl ed. Hyazinth Lehmann, Wiesbaden 1953, 115.
[12] Johann Huizinga, Homo ludens, 3. Aufl. Basel usw. Phaidon o. J., 231.
[13] so nennt Eric Graf Oxenstierna die nordischen Prahlereien: Die Wikinger, Stuttgart 1959, 207, vgl. auch 182 ff., 205 ff.

Wolf seit ungefähr 1250 die hyperbolischen Elemente anschwellen,[14] weit von den orientalischen Epen übertroffen:

> Und das Heer des Reiches von Iran war so zahlreich, daß das Getöse bis zum Himmel emporstieg und das Stampfen der Füße bis zur Hölle drang. Siebzig Tage lang wurde es nicht hell (wegen des Staubes, den das Heer aufwirbelte), und die Vögel fanden kein Nest, außer wenn sie sich auf den Spitzen der Lanzen oder auf dem Gipfel eines hohen Berges niedersetzten. Vor Staub und Dampf konnte man Tag und Nacht nicht unterscheiden.[15]

Natürlich konnten solche Lügen auch mythologische Rätsel sein, die nur zu lösen vermochte, wer mit einem bestimmten Geheimwissen vertraut war.[16]

Die Geschichte der *deutschen* Lügendichtung reicht von Reinmar über Marner, Reinmar von Zweter, Tannhäuser, Muskatplüt, Beheim, Suchenwirt, Folz, Bebel, Sachs, Christian Reuter, Gellert, Gotthelf bis zur Gegenwart.[17] Die älteste Lügendichtung auf deutschem Boden ist der lateinische Modus Florum (um 1000),[18] die bekannteste vor Münchhausen das Lügenbuch vom Finkenritter (1559), das dessen Ritterfahrt von acht Tagereisen dreieinhalbhundert Jahre vor der Geburt erzählt. Oft dienen Lügen- und Unsinnsgeschichten auch zu Rede- und Reimübungen an hohen und niedern Schulen, zu Predigtparodien (den Überbleibseln der mittelalterlichen Gregoriusnarrenfeste der niedern Geistlichkeit), Depositionsreden, Minne- und Sittenpredigten an Hochzeitsfesten, Spottversen auf die Schneider, zu Quodlibeten und noch heute zu Erzählungen der Muli und zu Kinderpredigten; manchmal sind sie in die Form des Kettenreims gekleidet. Besonders das vierzehnte und das fünfzehnte Jahrhundert sind reich an solchen Dichtungen. Wir können uns kaum mehr vorstellen, welche Freude diese Zeit am spielenden, phantasievollen Lügen gehabt haben muß. Im Märchen rettet sich der Spitzbube mit einer Lüge vor dem

---

[14] Leo Wolf, Der groteske und hyperbolische Stil des mittelhochdeutschen Volksepos, Berlin 1903, 7, 159, 161; vgl. auch Adolf Tobler, Plus a paroles an plain pot De vin qu'un an mui de cervoise — In: ZfrPh 4 (1880) 80 ff.; Erhard Lommatzsch, Zum Ritterbrauch des Prahlens — In: ASNS 134 (1916) 114 ff. Besonders reich an Prahlgeschichten ist die amerikanische Volkserzählung, vgl. etwa Richard Mercer Dorson, American Folklore, Chicago UP 1959, bes. 199 ff; Constance Rourke, American Humor, New York Doubleday o. J., passim; Walter Blair, Tall Tale America, New York Coward-McCann 1944 (deutsch: Das große Lügengarn, München 1962). Zur älteren Lügendichtung vgl. auch: Otto Weinreich, Aristophanes und Münchhausen, Wien und Leipzig 1942; eine hübsche Sammlung: Lügenmärchen aus alter und neuer Zeit ed. C. Narciss, Stuttgart 1962. Ein großartiger Lügner ist Pierre Corneilles „Menteur" und sein spanisches Vorbild in Alarcons „La verdad sospechosa", ferner etwa der Journalist Archer in Thackerays „Pendennis", ähnliche Begabung hat nach Friedrich von der Leyen, Leben und Freiheit der Hochschule, Köln 1960, Rudolf Borchardt besessen (230 f.).

[15] Paul Horn, Geschichte der persischen Literatur, Leipzig 1901, 39.

[16] Schultz Rätsel II 132.

[17] Literatur zur deutschen Lügendichtung bei Gustav Ehrismann, Geschichte der deutschen Literatur bis zum Ausgang des Mittelalters, München 1918—35, II Schlußband 354 f.; besonders: Carl Müller-Fraureuth, Die deutschen Lügendichtungen bis auf Münchhausen, Halle 1881; Karl Euling, Lügendichtung — In: ZfdPh 22 (1890) 317 ff.; für spätere Münchhausiaden: Werner Schweizer, Die Wandlungen Münchhausens, Leipzig 1921; vgl. etwa auch Harsdörffer Gespsp. II 198 ff.

[18] Karl Langosch, Hymnen und Vagantenlieder, Basel 1954, 126 f.

Galgen, der beste Lügner erhält die Königstochter zur Frau und das halbe Königreich dazu. Für kleinere Belohnungen besitzen wir historische Zeugnisse; ein Augsburger Chronist berichtet von einem Schützenfest im Jahre 1509, daß der beste Lügner einen Hahn gewonnen habe.[19] Neben den zahlreichen reinen Lügenliedern[20] und -schwänken werden übertreibende Lügendichtungen oft auch zu satirischen und moralischen Zwecken verwendet (Gulliver, Grobianus). Müller-Fraureuth charakterisiert die ganze reiche Gattung ausgezeichnet:

> In diesen Lügendichtungen ... werden beseelten und unbeseelten Wesen Handlungen und Eigenschaften zugeschrieben, die ihnen der Natur nach nicht zukommen können. Allerlei Geräte und Geschirr, zumeist altes und verlegenes, ist in menschlichem Treiben begriffen, ebenso Tiere, die aber ihrem natürlichen Wesen gänzlich entrückt sind und häufig ihre Eigenschaften untereinander vertauschen, während die Menschen die seltsamsten und aberwitzigsten Dinge treiben. Aneinanderreihung und Häufung von Unmöglichkeiten, Verkehrtheiten und Widersprüchen, Aufhebung und Verleugnung der Wirklichkeit und natürlichen Ordnung der Dinge: Das ist's, woran die Darstellung sich vergnügt, worin die, wie man am meisten anzunehmen hat, vom Weine erregte Phantasie übermütig sich ergeht und wodurch der Darstellende seine Absicht zu erreichen sucht, womit er Lachen erregen will. Je größer die Kühnheit und der Übermut ist, mit welcher das zerstreuende Spiel seiner Laune alle Formen und Lebensbedingungen der wirklichen Welt auf den Kopf stellt, desto eher erreicht es seinen Zweck. Von keinem der auf uns gekommenen Lügenstücke dieser Art ist es möglich, eine Analyse zu geben, die sich nicht mit einer einfachen Abschrift oder Übersetzung deckt, da jeglicher Zusammenhang in ihnen fehlt, in einem und demselben Reimpaar die heterogensten Dinge miteinander verbunden sind.[21]

Lügendichtung ist Unsinnsdichtung, denn sie leugnet nicht bestimmte Tatsachen, sondern häuft Unmöglichkeiten in einer Mischung von semantischem, logischem, eidischem und telischem Unsinn: „Alle Gattungen des Widersinnigen und Ungereimten laufen hier bunt durcheinander, ohne sichtbaren Zweck und Zusammenhang, die Ungetüme tauchen auf, rennen sich an und verschlingen sich, wie die Bilder eines Sonnenmikroskops."[22]

Bei der „Verkehrten Welt" und dem „Schlaraffenland" kommt System in den Unsinn. Die „Verkehrte Welt" wird sogar zur Stilfigur (Adynaton), die sich von der Antike über das Mittelalter bis tief ins neunzehnte Jahrhundert hineinverfolgen läßt.[23] Entweder sind die Sitten so verkehrt, daß nichts mehr unmöglich erscheint, oder der Dichter will erst dann etwas tun, wenn sich die Welt verkehrt hat, so etwa in Christian Weises „Pindarischer Trauerode eines verzweifelten, aber beständig Verliebten":

---

[19] nach Johannes Bolte, Eine Predigtparodie — In: ZfVk 12 (1902) 224 f. Anm. 3.
[20] Liederhort 1102 ff., ähnlich 1090 ff.
[21] Müller-Fraureuth aaO 11.
[22] Ludwig Uhland, Schriften zur Geschichte der Dichtung und Sage ed. Wilhelm Holland, Franz Pfeiffer und Adalbert v. Keller, Stuttgart 1865—73, III 224.
[23] Curtius 104 ff.; Ernest Dutoit, Le Thème de l'Adynaton dans la poésie antique, Thèse Fribourg 1936; vgl. etwa auch Anton Henrich, Die lyrischen Dichtungen Jakob Baldes, Straßburg 1915, 194 f. und Grimmelshausens Verkehrte Welt: Jan Hendrik Scholte, Der Simplicissimus und sein Dichter, Tübingen 1950, 221 ff. (mit Darstellungen aus der bildenden Kunst); Werner Welzig, Ordo und verkehrte Welt bei Grimmelshausen — In: ZfdPh 78 (1959) 424 ff.

> Die Kuh wird auff dem Seile tantzen,
> Der Ochse wird Latein verstehn,
> Der Bock wird junge Bäume pflantzen,
> Die Sau zur Juden-Hochzeit gehn,
> Der Kater wird die Messe singen,
> Die Henne wird den Fuchs verschlingen,
> ...
> So fern ich mich so hoch vermesse,
> Daß ich der Rosilis vergesse.[24]

Das barocke Theater tanzt sogar ein „Ballet du Monde renversé".[25]

Mit systematisiertem Unsinn spielen schon die Kindergeschichten vom Typus „Vorigen Handschuh verlor ich meinen Herbst. Da ging ich drei Tage finden, eh' ich ihn suchte. Da kam ich an ein Guck und lochte hinein."[26] Sie erheben das Versprechen zum Gesetz; wer es im Spiel korrigiert, wird bestraft. Unsinn mit System sind die eigentlichen Unsinnswitze (Einer fragt den andern im Tram: „Wieviel Uhr ist es"? — „Mittwoch". — „Oh je, dann muß ich aussteigen")[27] und die bekannten Scherze mit paradoxen Widersprüchen von „Dunkel war's, der Mond schien helle ..."[28] bis zu Bäuerles berühmter Geschichte von der Weinkost:

> Es war im vorigen Herbst, an einem schönen Frühlingstag, der Pfingstsonntag ist an einen Mitwoch g'fallen, als mich mein Herr Vetter von Klosterneuburg zu sich einlad't auf eine Weinkost. Ich steh' vor Tags auf, war um halber zwei Uhr nach dem Essen, zieh' mich sauber an, altdeutsch mit Haargeigen und einem dreieckigen Hut, nimm mein Wanderstaberl und kam glücklich den dritten Tag in Klosterneuburg an ...[29]

Selbst logisch richtige Sätze können sich aus einem naiven Staunen über die Möglichkeiten der Sprache in Scheinunsinn verwandeln, wie im Gespräch zwischen Vater und Kind: „Kind: ‚War heute gestern morgen?' — Vater: ‚Ja, so wie heute morgen gestern sein wird'." Direkt surrealistisch wirkt die Kindergeschichte:

> Es war einmal ein Bauer und eine Eule, und der Bauer saß in der einen Eck', und die Eule saß in der andern Eck', und der Bauer guckt die Eul' an und die Eule guckt den Bauer an."[30]

Lügendichtungen und ähnliche Poesien werden auch gesungen. Für die Unsinnspoesie im V o l k s l i e d haben wir schon beim sinnlosen Refrain festgestellt, daß reine Unsinnspoesien im deutschen Sprachgebiet selten auftreten, ausgenommen

---

[24] Christian Weise, Der grünenden Jugend überflüssige Gedanken ed. Max Freiherr von Waldberg, Halle 1914, 122; ähnlich als Geistesverwirrung der Liebenden schon bei Giraut de Bornelh, Sämtliche Lieder ed. Adolf Kolsen, Halle 1910—25, Nr. 53. Für später etwa auch Raimund II 137; Ludwig Kalisch, Schlagschatten, Mainz 1851, 243 ff.; Heine II 149; Schweizer Musikant 60.

[25] Rommel 36.

[26] Lewalter-Schläger 493.

[27] Sammlung von Unsinnswitzen: Karl Günter Simon, Das Absurde lacht sich tot, München 1958.

[28] Lewalter-Schläger 492; vgl. auch Böhme I 1202; Das Ambraser Liederbuch vom Jahre 1582 ed. Joseph Bergmann, Stuttgart 1845, 233—35.

[29] Adolf Bäuerle, Die Bürger in Wien II.8, zitiert nach Ausgewählte Werke ed. Otto Rommel, Wien-Teschen-Leipzig o. J., I 39 f.

[30] Böhme I 1207.

Zähl- und Marschlieder wie „Einundzwanzig, Zweiundzwanzig, Drei- und Vier- und Fünfundzwanzig ...". Dagegen finden wir sie in andern Sprachen sehr häufig, besonders bei den Primitiven mit ihrer auffallenden Gleichgültigkeit gegenüber dem Wortsinn im Lied. Reste einer ursprünglichen rhythmischen Unsinnspoesie bieten die unsinnigen Aufreihungen im Kehrreim: „Und der Juckel und der Buckel und die Feldmusik"[31] oder „Heiaho: Encian, Specian, Agermund und Rübenkraut, Lorkäs, Dannzapfen, Achselkolben, Dietelkolben und die breiten Dockenblätter waren wohl getan. Oho, sie will mir kramen."[32] Unsinnig werden auch sinnvolle Texte, wenn man sie als Lieder ohne Ende ewig wiederholt: „Das neue Lied, das neue Lied von dem versoffnen Fahnen[= Pfannen-]schmied! Und wer das neue Lied nicht kann, Der fang es heut zu lernen an. Das neue Lied ..."[33] Neben dem unabsichtlichen Zersingen scheint die Verdrehung des Textes manchmal auch absichtlich zu erfolgen, so wenn aus Muskat- Manschettenblumen werden: „Es steht ein Baum im Schweizerland. Der trug Manschettenblumen."[34]

[31] Liederhort 1632.
[32] ebda. 147 (Mittel für Liebeskranke?); ein unsinniger Refrain „Mit Narren und eselln": Arthur Kopp, Volks- und Gesellschaftslieder des 15. und 16. Jahrhunderts I, Berlin 1905, 118.
[33] Liederhort 1177, vgl. 1725.
[34] ebda. 141 b.

2. DIE LITERARISCHEN, GESELLSCHAFTLICHEN UND GELEHRTEN SPIELE

a) Der Übergang von den unliterarischen zu den literarischen Spielen

Halbliterarische Spiele stammen aus den gehobeneren Schichten. Diese fragen nicht mehr wie das Kind: „Was braucht es denn zu heißen?", sie wissen genau, daß es „heißen" muß, daß die Sprache zu bedeuten hat. Ihr Bedürfnis nach Unsinnspoesie ist nicht mehr naiv, sondern Freude am „höhern Blödsinn", das Bedürfnis, der Bedeutungsfunktion der Sprache zu entrinnen, sei es auch nur in wenigen Augenblicken gehobener Stimmung. Das „Ragging" des englischen Schülers ist „an extensive display of noisy disorderly conduct, carried out in defiance of authority and discipline".[1] Im kleinen bauen diese Spiele dem Dada und — mit Einschränkungen — dem Surrealismus vor. Natürlich lassen sich unliterarische und halbliterarische Spiele nicht genau trennen; wir haben etwa die Lügendichtung unter die unliterarischen eingeordnet, weil ihre literarischen Formen Niederschlag einer allgemein menschlichen Neigung zum phantasievollen Lügen sind.

Die kleinste Einheit halbliterarischen Spiels ist das W o r t u n g e h e u e r, gleichsam der Übergang vom semantisch unsinnigen Zeichen zu einer Spielgattung. Der Reklamefachmann, der einen Radioapparat als größten „Ultrakurzwellenvorstufenbanddehnungsgegentaktdoppellautsprecherspitzensuper" preist, spekuliert auf allgemein menschliche Freude am überlangen Wort. Mark Twain erzählt von einem alten Grobschmied, der „lange Wörter um ihrer selbst willen liebte und gebrauchte, ganz unbekümmert um ihre Beziehung zu dem Gedanken, den er auszudrücken beabsichtigte. Stets ließ er seine gewichtigen Silben mit behaglicher Unkenntnis ihrer Bedeutung fallen... War ein Wort recht lang, großartig und vollklingend, so reichte dies hin, ihm die Liebe des alten Mannes zu gewinnen".[2] Diese Liebe wird durch die Verbindungsmöglichkeiten der deutschen Sprache gefördert, von welchen derselbe Autor sagt: „Diese Dinger sind keine Wörter, sondern alphabetische Prozessionen. Wann immer man in einer deutschen Zeitung blättert, marschieren sie majestätisch über die Seite — und mit etwas Phantasie sieht man die Fahnen und hört die Musik. Sie verleihen dem banalsten Thema einen kriegerischen Reiz."[3] Wortmonstren gehören vor allem zur Schultradition, wo mit ihnen spielerisch

---

[1] Johan Huizinga, Homo ludens, 3. Auflage Basel etc. Phaidon o. J., 21.

[2] Mark Twain, Roughing It, I chap. 27; deutsch nach Ausgewählte humorist. Schriften V, Stuttgart 1898, 46 ff.

[3] Mark Twain, The Awful German Language: A Tramp abroad, Tauchnitz-Ausgabe Leipzig 1880, II 264; vgl. dazu John T. Krumpelmann, Mark Twain and the German Language, Louisiana State Universities Studies Humanities Series 3 1953. Daß aber auch englische Wortmonstren möglich sind, beweist Edward Lear öfters, etwa mit „a state of knownothingatallaboutwhatoneisgoingtodo-ness", Letters of Edward Lear... ed. Lady Strachey, 2nd edition New York Duffield o. J., 9; vgl. auch die Wortmonstren in James Joyce's Finnegans Wake.

sprachliche Fertigkeit und Gedächtnis geübt wird. Das kleine Schulkind zeigt seine Zungenfertigkeit an allerlei Sprechketten und versucht später in Buchstabierscherzen nach dem Muster „C — a — ca — pe — ap — cap usw.", die Wortfolgen „Constantinopolitanischer Dudelsackpfeifer" oder „O venerabilis barba capucinorum" fehlerfrei zu buchstabieren. Fischart benützt dieses Spiel in der Trunkenlitanei, um die Zungenschwere der Trinker zu prüfen.[4]

Neben der volkstümlich unliterarischen steht die literarische Tradition, die sich bis auf Aristophanes zurückverfolgen läßt. Vers 1169 der „Ekklesiazusen" mit seinen 75 Silben ist die berühmteste „aristophanische Wortfügung". Wortungeheuer sind aus der komischen Literatur nicht wegzudenken, denn Sprechschwierigkeiten wirken immer erheiternd. Rabelais spricht von „Sorbonicolificabilitudinissement", „Antipericatametanaparbeugedamphicribrationesmerdicantium", „morrambouzvezengouzequoquemorguatasabacguevezinemafresser"[5], Fischart folgt ihm. Das siebzehnte Jahrhundert verwendet die Wortungeheuer komisch in Gryphius' „Horribilicribrifax" und „Daradiridatumtarides" oder Sacers „Reime dich oder ich fresse dich, das ist deutlicher zu geben Antiperimetanadamphirribificationes poetica oder ...", aber auch ernsthaft. Schottels „Grundhaubtboswicht" und „Hochvorobergroseltervater" zeugen für die Vorliebe seiner Zeit zu „Prunkwörterbündeln".[6] Diese Neigung tritt seltsamerweise wieder am Ende des neunzehnten und Anfang des zwanzigsten Jahrhunderts auf, so bei Richard Dehmel, Otto Julius Bierbaum und vor allem bei Arno Holz, dessen „Phantasus" von Gebilden wie „schwülbrastgewitterdonnerdämonendurchbrüllgrülltobt" wimmelt.[7] Hanns von Gumppenberg parodiert diese Mode mit einer „Sommermädchenküssetauschelächelbeichte":

> An der Murmelrieselplauderplätscherquelle
> Saß ich sehnsuchtstränentröpfeltrauerbang;
> Trat herzu ein Augenblinzeljunggeselle
> In verweg'nem Hüfteschwingeschlendergang,
> Zog mit Schäkerehrfurchtsbittegrußverbeugung
> Seinen Federbaumelriesenkrämpenhut —
> Gleich verspürt' ich Liebeszauberkeimeneigung,
> War ihm zitterjubelschauderherzensgut![8]

Komische Wortungeheuer liebt das neunzehnte Jahrhundert,[9] zum Teil stammen

---

[4] Fischart Geschichtklitterung 136 Z. 24. Dieses Spiel auch in Holbergs Ulysses von Ithacia (I.14) neben andern Wortungeheuern (z. B. V.2). In Johann Herphorts Narrenschule müssen die Kinder am Wort Inhonorificabilitudinationibuscunque buchstabieren lernen, vgl. Sebastian Brants Narrenschiff ed. Friedrich Zarncke, Leipzig 1854, S. CXXVIII.

[5] nach Leo Spitzer, Die Wortbildung als stilistisches Mittel exemplifiziert an Rabelais — ZfrPh Beiheft 29 (1910), 67, 103, 105 ff.; vgl. auch die Wortungeheuer bei Molinet 915.

[6] zum Barock vgl. Borinski 100, Adel 155.

[7] Holz Phantasus 768.

[8] Hanns von Gumppenberg, Das teutsche Dichterross in allen Gangarten vorgeritten, 13. und 14. Aufl. München 1929, 62. Als Parodie auf die Nachdichter orientalischer Werke schon bei August Wilhelm Schlegel II 235 (Des vers un peu plus longs que les Alexandrins).

[9] vgl. F. E. Hirsch, „Aristophanische" Wortfügungen in der Sprache des 19. Jahrhunderts — In: ZfdWf 12 (1910) 241 ff.

sie aus der volkstümlichen Tradition wie Gotthelfs Land „Quakauguinkgeltrinkturgelllula"[10] und die zahllosen Ungeheuer Nestroys, der ein Stück „Der Zauberer Sulphurelektrimagnetikophosphoratus und die Fee Walpurgiblocksbergiseptemtrionalis" betitelt und die Ehe eine „Mannundweibeseinleibleidundfreudmiteinandertragungsanstalt" nennt,[11] zum Teil sind sie Spiel mit der Bildung wie Scheffels „Klosterkellermeisters Sommermorgenklaggesang"[12] oder Raabes „Sommerspätnachmittagssonnenschein".[13] Den Gipfel aller Wortballungen ersteigt die Schultradition mit der Geschichte von der Beutelratte, die im Monstrum „Hottentottenstotterttröttelmutterattentäterlattengitterwetterkotterbeutelrattenfangprämie" endet.[14]

Zu den halbliterarischen Spielen, die noch keine eigentlichen Unsinnspoesien sind, gehören unter anderem auch die I n t e r p u n k t i o n s s c h e r z e der Schule: „Es schrieb ein Mann an eine Wand: Zehn Finger hab ich an jeder Hand, Fünfundzwanzig an Händen und Füßen"[15] (statt: Zehn Finger hab ich, an jeder Hand fünf, und zwanzig an Händen und Füßen). In einer Handschrift des vierzehnten Jahrhunderts verwandelt sich das Lob der Dame in einen Tadel, wenn man die (in der Handschrift nicht enthaltene) Interpunktion verschiebt:

> Iz were min froyde, daz ir misselunge.
> Nicht leyt were mir, der mich verdrunge
> der geschicht, wanne sii tougen
> ougen blicke stellet mir zů vare ...

oder:

> Iz were min froyde, daz ir misselunge nicht
> Leyt were mir, der mich verdrunge der geschicht,
> wanne sii tougen
> ougen blicke stellte mir zů vare ...[16]

Diesen Scherz benützt Abraham a Sancta Clara, um auf die Wichtigkeit eines einzigen Kommas hinzuweisen, denn von diesem hänge es ab, ob es „Surrexit, non est hic" oder „Surrexit non, est hic" heiße.[17] Beim C r o s s - R e a d i n g wird ein mehrspaltig gedruckter Text über die Spalten hinweg quer durchgelesen. Als erstes

---

[10] Jeremias Gotthelf, Sämtliche Werke ed. Rudolf Hunziker und Hans Bloesch, Erlenbach-Zürich 1921 ff., XIII 197.
[11] Nestroy V 38 Z. 18; II 193 (Titel); ferner: II 496 Z. 18; IV 121 Z. 15; IV 161 Z. 24; V 154 Z. 14; V 249 Z. 18; VI 573 Z. 2; XIV 559 Z. 10; XV 299.
[12] Scheffel I 41 f.
[13] Raabe, Sämtliche Werke, Berlin-Grunewald H. Klemm o. J., III.5 409; ebda. 433: Olimsblutundverwesungsquark. Parodistisch in Platens Oedipus I Vers 47: Vorzeitsfamilienmordgemälde, Vers 57: Freischützkaskadenfeuerwerkmaschinerie.
[14] Lewalter-Schläger 601.
[15] ebda. 543; vgl. auch Canel I 209.
[16] Edmund E. Stengel und Friedrich Vogt, Zwölf mhd. Minnelieder und Reimreden aus den Sammlungen des Rudolf Losse von Eisenach, Köln-Graz 1956, 36 f. Nr. 9.
[17] nach Weis Jocosa 65; die Originalstelle konnte ich nicht finden.

Die Gattungen der Unsinnspoesie

westliches Cross-Reading betrachtet Dornseiff die Satorformel.[18] Bekannt sind die Beispiele Lichtenbergs: „Heute wurde Frau N. ... von Zwillingen entbunden — Wer auf zehne pränumerirt, kriegt eines umsonst."[19] Lichtenberg ahmt englische Vorbilder nach; noch heute ist das Crossreading besonders in der angelsächsischen Welt beliebt. Nestroy verwendet es geschickt auf der Bühne in einzelnen Szenen[20] und sogar in ganzen Theaterstücken wie in „Zu ebener Erde und im ersten Stock"[21] oder im „Haus der Temperamente"[22] mit ihrer zwei- resp. viergeteilten Bühne. Auch in Eichendorffs „Krieg den Philistern" findet sich eine solche Szene:

> Starker Mann: Die Ideen —
> Delitio (zu Florismene): Träumend bei der stillen Hürde.
> Altdeutscher Jüngling: Das Turnen —
> Florismene (zu Delitio): Mit der süßen Liebschaftsbürde ...[23]

Eine musikalische Abart sind die Kanons vom Typus: „Ei du sau — — — beres Mägdelein, ei du hund — — — ertfältiger Christ."[24]

Das Spiel, W o r t e i n Z a h l e n zu schreiben, führen wir deshalb auf, weil seltsamerweise modernen Beispielen „Wild heulen in der Brust des Jammers W 11" (= Wölf!)[25] solche der Rhétoriqueurs wie Molinets „I est pen II gibet" (*Unus* est pen*du au* gibet)[26] gegenüberstehen.

Einen besondern Bereich von Unsinnspoesie, der seines Zwecks wegen nicht mehr als Unsinn empfunden wird, hat sich die Schule in den M e r k v e r s e n geschaffen,[27] in denen der Vers als Gedächtnisstütze für allerlei Regeln und Tatsachen dient. Dem Knaben Goethe mißfiel die Grammatik:

> Und wäre nicht der gereimte angehende Lateiner gewesen, so hätte es schlimm mit mir ausgesehen, doch diesen trommelte und sang ich gerne vor. So hatten wir auch eine Geographie in solchen Gedächtnisversen, wo uns die abgeschmacktesten Reime das zu Behaltende am besten einprägten, z. B. Ober-Yssel viel Morast / Macht das gute Land verhaßt.[28]

Der Unsinn des „Nach si, nisi, ne und num Fällt der Türke Ali um" reicht von der

---

[18] Dornseiff 179. Harald Fuchs macht mich auf zwei antike Scherze aufmerksam, bei denen eine Antwort auf zwei verschiedene Arten gelesen werden kann: Rhetores Graeci ed. Christian Walz, Stuttgart-Tübingen 1832-36, I 209 (Theonos, Progymnasmata cap. 5); Rhetores Graeci ed. Leonhard Spengel, Leipzig 1853 ff., II 141, vgl. Richard Volkmann, Die Rhetorik der Griechen und Römer, 2. Aufl. Leipzig 1885, 90 f.; Lorenz Grasberger, Erziehung und Unterricht im klassischen Altertum, Würzburg 1864-81, II 29; neulatein. Scherze: Buxtorf 124.
[19] G. Chr. Lichtenberg, Vermischte Schriften, Neue Ausgabe Göttingen 1844-53, II 63 f. Zitat 64.
[20] Nestroy II 562 f.; VI 163 f.; IX 338 Z. 3 ff.
[21] ebda. VI 1 ff., bes. 90.
[22] ebda. X 1 ff.
[23] Eichendorff NG I 562.
[24] Commersbuch 483.
[25] Fliegende Blätter 40 (1864) 55.
[26] Molinet 749 (Dupires Schreibweise verdirbt den Scherz).
[27] Canel II 332 ff.; Weis Jocosa 14 ff.; Weis Curiosa 13 ff.
[28] Dichtung und Wahrheit 1: WA I.26 46.

Die literarischen, gesellschaftlichen und gelehrten Spiele 47

altgermanischen Zeit bis in die Gegenwart. Hie und da probiert Goethe als Dichter einen Rhythmus mit sinnlosen Wortfolgen aus:

> — — ⏑ ⏑ —
> Onckel und diri bleiben
> — — ⏑ ⏑ —
> werden ich dumsi da
> — — ⏑ ⏑ —
> Also nit weiter treiben
> — — ⏑ ⏑ —
> Mochten im Samsi da.[29]

Wenn die Schule mit ihren Merkversen den Unsinn fördert, wird es uns nicht verwundern, daß der Unsinn als Befreiung von der Logik auf der Universität seinen reinsten Ausdruck findet. Das S t u d e n t e n l i e d überschlägt sich oft in „höheren Blödsinn":

> Und wer des Lebens Unverstand
> Mit Wehmut will genießen,
> Der stelle sich an jene Wand
> Und strample mit den Füßen.
>
> Und wer des Lebens Wehmut will
> Mit Unverstand genießen,
> Auch der verhalte sich nicht still,
> Er strample mit den Füßen.[30]

Berühmt ist Edwin Bormanns Lied vom Wenn:

> Wenn der Backfisch con amore
> Auf melod'schem Benz-Motore
> Nietzsches „Zarathustra" liest,
> Und der Übermensch vergebens
> Zur Versüßung seines Lebens
> Pfundweis Saccharin genießt —
> ...
> Wenn das alles tut passieren,
> Dann soll nichts mich mehr chokiren,
> Dann verwechsl' ich Bayrisch Bier
> Heute noch mit Malz-Kathreiner
> Und wills glauben, sagt mir einer:
> Zwei mal zwei ist nicht mehr vier.[31]

Ähnlich wollen die über die Universität hinausgedrungenen S t u m p f s i n n - v e r s e[32] blödeln:

> Der Ziegelstein
> Ist nie allein.
> Man findet ihn stets zu vielen,

---

[29] Der junge Goethe V 456; WA I.5.2 414 (Paralip. 118); WA I.12 425 Nr. 2.
[30] *Neues Deutsches Kommersbuch, 2. Aufl. Frankfurt/M. 1925, zitiert nach Dunkel war's 33.
[31] Euling Priamel 568 f. Anm. 1; eine andere Fassung: Commersbuch 664 und Dunkel war's 23; ähnlicher Unsinn auch in den Liedern der Handwerksburschengeographie.
[32] vgl. *Stumpfsinn-Verse gesammelt von Heinrich Stillfried, Boppard 1910.

> Und ist er allein,
> So ist er wahrschein-
> Lich irgendwo liegen geblieben.[33]

Ihnen schließen sich die K l a p p h o r n v e r s e an, die besonders um 1880 en vogue waren. Ihr Ursprung liegt im dunkeln; man hat dafür schon die unfreiwillig komischen Anfangszeilen eines Gedichtes des Göttinger Notars Friedrich Daniel von 1862 verantwortlich gemacht,[34] doch sind im Kinderreim ähnliche Gebilde nicht unbekannt. Aus den Versen wie

> Ein Jäger und ein Hund
> Die fingen 'nen Hasen, und —
> Sie hätten ihn bald, aber —
> Der Hase lief in den Haber[35]

könnte auch das Klapphornschema „Zwei Knaben..." entstanden sein:

> Zwei Knaben stiegen auf einen Baum,
> Sie fanden weder Apfel noch Pflaum,
> Sie fanden auch keine Orange,
> Denn es war eine Telephonstange.

Sehr wahrscheinlich aus dem studentischen Bereich herausgewachsen ist die unzweifelhaft bedeutendste halbliterarische Gattung: das Q u o d l i b e t.[36] Nach Uhl war die quaestio quodlibetica ursprünglich die alljährlich wiederkehrende Haupt- und Staatsaktion einer pompösen Disputation.[37]

> Gleichwie bei einer Disputation tausenderlei verschiedene Materien aus allen Fächern der scholastischen Katederweisheit jener Tage vorgebracht wurden oder vorgebracht werden konnten, so setzte nun auch das spaßhafte Quodlibet seine Ehre darein, möglichst viel heterogene Dinge in einem Atemzuge nebeneinander zu stellen. Die akademische Jugend verspottete durch diese Spielerei, halb unbewußt [in gutmütiger Selbstironie] eine Institution der Alma mater, die sich als überlebt herausgestellt hatte und beim Erwachen des Humanismus für immer entschlummerte.[38]

Gegen diese Theorie wandte Ehrismann ein, daß die quaestio quodlibetica ernsthaft gewesen sei und das Quodlibet als Name für eine Dichtungsart erst in der galanten Poetik am Anfang des achtzehnten Jahrhunderts auftrete, die quaestiones quodlibeticae aber schon im sechzehnten Jahrhundert abgeschafft worden seien, die Bezeichnung folglich nicht mit der quaestio quolibetica zusammenhänge.[39] Uns

---

[33] Dunkel war's 39.
[34] vgl. Lewalter-Schläger 721 Anm.; Dunkel war's 68. Der Urklapphornvers hieße dann: „Zwei Knaben gingen durch das Korn / Der andre blies das Klapperhorn / Zwar konnt' er's nicht ordentlich blasen / Doch blies er es einigermaßen", davon abweichend: Dunkel war's 69.
[35] Böhme I 1219.
[36] Der Ursprung der Bezeichnung ist umstritten: quotlibet (wieviele man miteinander verbindet) oder quodlibet (was man alles durcheinander bringt), vgl. Bienenfeld 120. Quodlibet heißt auch eine Homonymik in Versen vgl. unten S. 83 Anm. 7.
[37] Wilhelm Uhl, Die deutsche Priamel, ihre Entstehung und Ausbildung, Leipzig 1897.
[38] Uhl aaO 28.
[39] Gustav Ehrismann, Rezension in AzfdA 25 (1899) 160 ff., Einwand 164 f.

scheint jedoch, daß Ehrismann eine wichtige Stelle übersehen hat, die gegen seine Einwände spricht: die Erwähnung des Quodlibets bei Fischart, also gegen Ende des sechzehnten Jahrhunderts, in einer Aufzählung *scherzhafter* Bräuche und dazu noch im Zusammenhang mit der Schule: „Die Teutschen mit Faßnachtsspielen, Freihartspredigen, Pritzenschlagen: die in Schulen mit deponieren, und Quotlibeten: welche weis wie die Quotlibetarij fürgeben, auch S. Augustin soll gebraucht haben, und gewiß S. Thomas vom Aquavino."[40] Diese Stelle spricht für Uhls Überlegungen, verbindet sie doch den ernsthaften Ursprung in der Erwähnung von Augustin und Thomas von Aquin mit dem Scherz des Quodlibets. Überdies treffen wir bei einer bestimmten Art, die freilich selbst Uhl nicht beachtet, im ganzen sechzehnten Jahrhundert und später die Bezeichnung Quodlibet an: beim *musikalischen* Quodlibet.

Es lohnt sich, auf dessen Geschichte zu blicken, da es das nichtmusikalische — zum mindesten das des achtzehnten Jahrhunderts — ohne Zweifel beeinflußt hat. Für die Entstehung gibt uns die Entwicklung des Rondells und des Motetts im Frankreich des zwölften Jahrhunderts einen Fingerzeig. Diese beiden Liedarten wurden ursprünglich von den Oberstimmen gesungen, während die Unterstimme (Tenor) immer ein- und denselben Vokal erschallen ließ. Für den mehrstimmigen Gesang des Motetts wurde dann oft für zwei bis drei neugesetzte Oberstimmen je ein besonderer Text gedichtet und gesungen, wobei das Verständnis von gleichzeitig drei (mit Tenorvokal vier) Texten unmöglich oder mindestens sehr schwierig war. Das läßt Wilhelm Meyer vermuten, daß diese Gesänge nicht für die Zuhörer, sondern für Gott bestimmt waren.[41] So vereinigen sich vielleicht auch hier wie bei andern Unsinnspoesien spielerische und religiöse Beweggründe. Denn diesen Liedarten ähnlich baut sich auch eine Art des musikalischen Quodlibets auf, die wir in der folgenden Schilderung aller Quodlibetarten wiederfinden:

> Messanza seu Mistichanza: Ist ein Quotlibet oder Mixtur von allerley Kräutern, una salata di Mistichanza: Wird sonsten in gemein Quotlibet gennennet. Do nemlich aus vielen vnnd mancherley Motetten, Madrigalien vnd andern deutschen weltlichen, auch possirlichen Liedern, eine halbe oder gantze zeile Text mit den Melodeyen vnd Notten, so darzu vnd darüber gesetzt seyn, herausser genommen, vnd aus vielen stücklin vnd fläcklin gleichsam ein gantzer Peltz zusammen gesticket und geflicket wird.[42]
> Es sind aber derselben Quotlibeten dreyerley Arten.
> 1. Etliche haben in einer jedern Stimme einen besondern vnnd vollkommenen Text: Wie dann eins, so mir sehr wol gefellt, gefunden wird, da in einer Stimme: „Erhalt uns HERR"; In der andern: „Ach Gott vom Himmel"; In der dritten: „Vater unser im Himmel"; In der vierdten „Wir gleuben"; In der fünfften: „Durch Adams Fall" gantz durchgeführet werden; Autore Iohanne Göldelio.[43]
> 2. Etliche haben zwar in einer jeden Stimm einen besondern Text, aber gar zerstümmelt vnd zerbrochen; Wie in des Nicolai Zangii Quotlibet.

[40] Fischart Geschichtklitterung 6 f.
[41] Meyer Mlat Ryth II 312 ff.; vgl. auch Johann Huizinga, Herbst des Mittelalters, 8. Aufl. Stuttgart 1961, 221 zur Entstehung der Motette u. die dort angegebene Literatur.
[42] Diese Definition stammt eigentlich von der des Cento. vgl. unten S. 214.
[43] nicht erhalten, restituiert nach Praetorius von A. A. H. Redeker: C. L. Hilgenfeldt, Bachs Leben, Wirken und Werke, Leipzig 1850, Notenbeil. Tab. I.

3. Etliche haben in allen Stimmen einerley Text, welcher aber auch vnvollkommen vnd abrumpirt, vnd bald ein ander darauff erwischet wird; Wie in Melchioris Franken Quotlibeten; Vnd in den beyden Messanzen, Mirani a. 5. Vnd Nascela pena a. 6. zu ersehen.[44]

Die dritte Art, kurze Fragmente aus Liedanfängen oder überhaupt Bruchteile von Melodien und Texten aneinanderzureihen, enthält schon eine Florentiner Handschrift des dreizehnten Jahrhunderts. Dort ist ein Lied aus den Anfangsversen einer Reihe anderer Lieder zusammengesetzt, die auf den vorangehenden Seiten stehen, es ist also gleichsam ein gesungenes Liederverzeichnis, wie das oben als Klangspiel eines Kindes zitierte.[45] Das musikalische Quodlibet entspricht letztlich unserm heutigen „Schlagerpotpourri", da wohl nur sehr bekannte Lieder dafür verwendet wurden, was es für die Volksliedforschung wichtig macht. In Frankreich nennt es sich F r i c a s s é , in Spanien E n s a l a d a und in Italien eben M i s t i c h a n z a oder M e s s a n z a.[46]

Im deutschen Sprachgebiet gibt Wolfgang Schmeltzl 1544[47] die erste Quodlibetliedersammlung heraus, in der zweiten Hälfte des gleichen Jahrhunderts folgen dann verschiedene andere.[48] Zur Charakterisierung dieser frühen musikalischen Quodlibets sei eines von Greitter geschildert: Der Diskant singt „Ach Elslein, liebstes Elslein mein, wie gern wär ich bei dir", der Alt „Es taget vor dem Walde", der Tenor „Wenn andre Leut schlafen" und der Baß „Greyner, Zancker, wie gefällt dir das".[49] In den Drucken treten die musikalischen Quodlibets zurück, da sie meist aus dem Stegreif gebildet wurden; verbreitet aber sind sie auf alle Fälle gewesen. Das beweisen nicht nur die Quodlibetkompositionen von Nicolaus Zangius, Melchior Franck und Hermann Schein,[50] sondern schließlich auch die Goldbergvariationen Johann Sebastian Bachs, deren Ende die Melodien der beiden Lieder

---

[44] Michael Praetorius, Syntagma musicum, Wolfenbüttel 1614-20, III 17 f., zitiert nach der Faks. ed. v. Willibald Gurlitt, Kassel 1958-59.
[45] Florentiner Hs. Laurenziana Plut. 29.1 Bl. 332; abgedruckt in Analecta hymnica XX 123. Ähnliches bei Karl Bartsch, Altfranzösische Romanzen und Pastourellen, Leipzig 1870, II Nr. 80, vgl. I 71.
[46] niederländische Quodlibete: Geschiedenis I 279, 311. Quodlibetähnlich ist auch das Madrigal „The Cryes of London" von Orlando Gibbons oder das „Chanson des Cris de Paris" (abgedruckt bei Claude Roy, Trésor de la poésie populaire française, Lausanne Guilde du Livre 1954, 288 ff.).
[47] Bienenfeld aaO.
[48] andere Sammlungen: Bienenfeld 123 ff. Bekannter sind der „Musikalische Leutespiegel" von 1687 und das „Ohrenvergnügende und gemütergötzende Tafelconfect" Augsburg Lotter 1733-46 (ed. Hans Joachim Moser, Mainz 1942); vgl. auch Robert Eitner, Das deutsche Lied des 15. und 16. Jahrhunderts — In: Beilagen zu den Monatsheften für Musikgeschichte 8-10 (1873-78) I 1 ff.; A. Lübben, Beitrag zur Kenntnis älterer deutscher Volkslieder — In: ZfdPh 15 (1883) 48 ff.; Hoffmann von Fallersleben, Deutsche Volkslieder im Jahre 1620 — In: Weim Jb 3 (1855) 126 ff.; Karl Euling, Ein Quodlibet — In: ZfdPh 22 (1890) 312 ff.; Hermann Kretzschmar, Das Notenbuch der Zeumerin — In: Jahrbuch der Musikbibliothek Peters 16 (1909) 57 ff.; Max Meier, Das Liederbuch Ludwig Iselins, Diss. Basel 1913, 50, 115 f.
[49] Schmeltzl Liederbuch Nr. 10: Bienenfeld 126.
[50] Bienenfeld 123 f.

Die literarischen, gesellschaftlichen und gelehrten Spiele 51

„Kraut und Rüben haben mich vertrieben" und „Ich bin so lang nicht bei dir gwest" miteinander verbindet. Wenn wir Johann Nikolaus Forkel trauen dürfen, ist die Spielerei in der Familie Bach sogar besonders geschätzt gewesen, erzählt er doch:

> Alle Mitglieder pflegten sich jährlich an einem bestimmten Tage zusammenzufinden. Da die Gesellschaft aus lauter Kantoren, Organisten und Stadtmusikanten bestand, die sämtlich mit der Kirche zu tun hatten, und es überhaupt damals noch die Gewohnheit war, alle Dinge mit Religion anzufangen, so wurde, wenn sie zusammen waren, zuerst ein Choral angestimmt. Von diesem andächtigen Anfang gingen sie zu Scherzen über, die häufig sehr gegen denselben abstachen. Sie sangen nämlich nur Volkslieder, teils von possierlichem, teils auch von schlüpfrigem Inhalt zugleich miteinander aus dem Stegreif, so daß zwar die verschiedenen extemporierten Stimmen eine Art von Harmonie ausmachten, die Texte aber in jeder Stimme andern Inhalts waren. Sie nannten diese Art von extemporierter Zusammenstellung Quodlibet und konnten nicht nur selbst recht von Herzen dabei lachen, sondern erregten auch ein herzliches und unwiderstehliches Lachen bei jedem, der sie hörte.[51]

Das musikalische Quodlibet ist nicht ausgestorben; über das Volks- und Studentenlied[52] hat es sich vom sechzehnten Jahrhundert bis zur Gegenwart erhalten[53] und lebt noch in den Scherzen des Kabaretts fort. Am häufigsten hat es das Altwiener Volkstheater verwendet. In fast jedem Stück Gleichs, Meisls, Bäuerles, Raimunds oder Nestroys wird ein Quodlibet aus aneinandergereihten bekannten Melodien gesungen. Raimund[54] und Nestroy legen zwar meist sinnvolle neue Texte unter — hie und da mit parodistischen Anspielungen auf Originale —, vor und neben ihnen aber werden die Texte noch fröhlich nach alter Art zusammengekoppelt. Das eindrücklichste dieser alten Art ist das Wahnsinnsquodlibet aus Meisls „Lustigem Fritz", das der Glanzpunkt von Raimunds Darstellungskunst gewesen sein soll.[55] Da es neben Liedfetzen auch andern Unsinn enthält und wir so annehmen müssen, daß es halb gesungen und halb gesprochen wurde, steht es am Übergang zum Quodlibet als Unsinn*poesie*. Meisl liebt auch sonst sinnlose Texte und läßt etwa den Orpheus singen:

> Altes Eisen, Messing, Bley,
> Lumpen, Fetzen, Hahnengschrey.
> Galgenvögel, Rabenaas,
> Faule Äpfel, Ananas,
> Artischocken, Teufelskoth,

---

[51] Joh. Nik. Forkel, Über Joh. Seb. Bachs Leben, Kunst und Kunstwerke ed. Max F. Schneider, 2. Aufl. Basel o. J., 15.
[52] Arthur Kopp, Deutsches Volks- und Studenten-Lied in vorklassischer Zeit, Berlin 1899, passim.
[53] vgl. etwa für aufeinanderfolgende Melodien und Texte: Commersbuch 622; für gleichzeitige: Quodlibet aus den Liedern „J'ai perdu le do de ma clarinette" und „L'inverno l'è passato" von S. W. Huber: Basler Singbuch, Basel 1937, 44; Unser Singbuch, Luzern 1959, 124; ebda. S. 137: „Auch die bekannten Kanons: ‚Himmel und Erde müssen vergehn', ‚CAFFEE' und ‚Es tönen die Lieder' können, jeder 3st., zum Scherz als Quodlibet zusammen gesungen werden"; „Kleines Quodlibet nach fünf Liedern": Schweizer Musikant 46 f.
[54] vgl. etwa Raimund VI S. XXIX f.
[55] DL Barocktradition im österreich.-bayr. Volkstheater ed. Otto Rommel, Leipzig 1935-39, IV 76 ff.

4*

Die Gattungen der Unsinnspoesie

> Schwere Reiter, Butterbrot,
> Alte Weiber, Kohlendampf,
> Fliegengeist und Magenkrampf.
> Gliederreissen, Ohrenweh,
> Ranziges Fett und Märzenschnee.
> Postillion und Sesseltrager,
> Bäckerjodl, Ochsenschlager.
> Alte Katzen, schwarze Pudel,
> Leberknödel, Lungenstrudel,
> Das ist doch ein Quodlibet,
> Das gewiß zum Herzen geht.[56]

Natürlich bedeutet Meisl nicht den Anfang, sondern beinahe das Ende der Geschichte des Quodlibets, aber er gibt uns doch einen Hinweis darauf, wie sich das Spiel nicht nur aus der quaestio quodlibetica, sondern auch aus dem musikalischen Quodlibet entwickelt haben könnte. Beides muß allerdings beigetragen haben, denn das poetische Quodlibet kuppelt nicht Lied- oder Gedichtfragmente, sondern Bruchstücke von Redensarten, Sprichwörtern, Banalitäten aller Art zusammen, die möglichst in keiner Beziehung zueinander stehen. Ansätze zu solchem Mischmasch finden sich bei Marner,[57] wenn nicht schon früher. Freilich sind die Angaben der Literarhistoriker über Quodlibets der Frühzeit mit Vorsicht aufzunehmen, da sie oft Lügendichtungen meinen, weil diese, wie auch umgekehrt, Elemente des Quodlibets enthalten.[58] Eigentliche Quodlibets kennen doch wohl erst das vierzehnte und fünfzehnte Jahrhundert, man nennt sie da „geplerr", „abentewrliche red" etc.[59] Als Beispiel diene der Anfang eines 146zeiligen „Spruchgedichts":

> Nun hȯr wie gar ain tor ich bin
> Ich trunck durch die wochen win
> Für laster wiche wasser
> Von baden wirt man nasser
> Denn von kainer slachte ding
> Mich nimpt wunder wer die sint
> Die aller besten notten
> Schuller und och schotten
> Die beliebent nit dů lenge rich
> Er ist ain tor sicherlich
> Der sine ayger wannet
> Liegen wart verbannet
> Hie vor in der alten E
> Mich nimpt wunder wer nu ge
> Der den iůngsten sol begraben
> Man vint noch vil der tumben Knaben

---

[56] ebda. III 92 V. 19 ff.
[57] Der Marner ed. Philipp Strauch, Straßburg 1876, 10.1, 15.12.
[58] so etwa die Uhlands: Schriften zur Geschichte der Dichtung und Sage, Stuttgart 1865-73, III 231.
[59] geplerr: Euling Quodlibet aaO V. 161 (15. Jahrhundert); abentewrliche red: Hätzlerin 42. Literatur über die „Frühzeit" des Quodlibets bei Gustav Ehrismann, Geschichte der deutschen Literatur bis zum Ausgang des Mittelalters, München 1918-35, II Schlußband 356.

> Die nit volgent wiser rat
> Ainer der vil guotez hat
>
> Der mag kofen daz er wil
> Snider die geliegent vil
> Und och die mertzler
> Welcher habk wilder wår
> Der sol von recht zwů schellen tragen
> Wer affen vach oder iagen
> Wôl, der sol sich warnen buntschuech
> Ze Schaffhusen ist manig fluoch
> Viel tieff in den loffen
> Welch man sicht buoben roffen
> Mit wasser ers begiessen sol
> Mûser tuont dem hopt wol
> Und och der win gemischet
> Ain katz nit gern vischet
> Tieff in dem wag
> Ez ist noch manig vrag
> Dů nit hat antwurt
> Wer stechen wôl der gurt
> Sinem rosz dester basz
> Syd lob bluot pluomen und grasz...[60]

Der niederdeutsche „Koker" Hermann Botes vom Ende des fünfzehnten/Anfang des sechzehnten Jahrhunderts, ein „Köcher" voller Lebensweisheiten, d. h. Sprichwörtern, die nur durch den Reim zusammengehalten werden, bildet einen Höhepunkt der Quodlibetliteratur, falls er nicht als Sprichwortsammlung gemeint und nur zum unfreiwilligen Quodlibet geworden ist.[61] Im sechzehnten und siebzehnten Jahrhundert scheint das Spiel fast nur noch in der Musik und im Volkslied weiterzuleben, doch beginnt Abraham a Sancta Clara seine Totentanzstrophen im Quodlibetstil:

> Gickes gackes Bloder-Zung,
> Rede dennoch einmal bescheid,
> Sag, sterben müssen alt und jung
> Sterben müssen alle Leut
> Omnes quotquot morimur,
> Es sei gleich morgens oder heut,
> Sterben müssen alle Leut.[62]

Erst in der ersten Hälfte des achtzehnten Jahrhunderts erlebt das Quodlibet (jetzt unter diesem Namen) eine neue Blüte, und zwar wird es vor allem als Hochzeitscarmen, für Glückwünsche zu Magister- oder Doktorpromotionen, als „eine Zusammenfügung gereimten Unsinns zur Erheiterung harmloser Tischgesellschaften",[63]

---

[60] Reichsfreiherr von Lassberg, LiederSaal, St. Gallen-Konstanz 1846, III 248 S. 559 ff.
[61] Er enthält auch unmögliche Dinge und Banalitäten, vgl. Hermann Cordes, Hermann Bote und sein ‚Köker' — In: Festschrift für Ludwig Wolff ed. Werner Schröder, Neumünster 1962, 287 ff., bes. 301 ff. Unmögliche Dinge auch in Hans Rudolf Manuels Weinspiel ed. Theodor Odinga, Halle 1892, V. 836 ff.
[62] Abraham a Santa Clara II 18.
[63] Uhl aaO 30.

verwendet. Zentrum einer eigentlichen Quodlibetmode ist Leipzig mit den vier Pseudonymisten Menantes (Christian Friedrich Hunold), Philander von der Linde (Johann Burchard Mencke), Amaranthes (Gottlieb Siegmund Corvinus) und Picander (Christian Friedrich Henrici), die zum Teil von der Lieferung von Quodlibeten und anderer Gesellschaftspoesie leben. So dichtet etwa Picander:

> *Auf die G. und E. Hochzeit,*
> *Johann Georgenstedt, den 26. Oct. 1733*
> *Quodlibet*
>
> Wer kauft mir meine Waaren ab?
> Zwey Junggesellen-Waden,
> Von forne krumm, von hinten schlapp,
> Nebst einem alten Schaden.
> Die Lerchen gehen häuffig ein,
> Das macht das warme Wetter,
> Daß soviel Jungfer Muhmen seyn,
> Das macht der liebe Vetter.
>
> Herodes war ein feiner Mann
> Und aß nicht gerne Grütze,
> Wer keinen Taback rauchen kan,
> Ist auf der Welt nichts nütze.
> Ey! bist du denn schon wieder da?
> Was hast du hier zu suchen?
> Der Schuster in Calabria
> Bäckt gute Pfeffer-Kuchen.
>
> Steh stille, Wandersmann, und liß,
> Wo nicht, so setz Dich nieder;
> Hier liegt die schöne Margaris,
> Ein Abriß feiner Glieder,
> Sie hörte nicht, sie sahe nicht,
> Und lebte sechzig Jahre,
> Des Abends brauchte sie kein Licht,
> Sie hatte rothe Haare.
>
> Ja! freylich kömmt ein rother Bart
> Den Jungfern nicht zu passe,
> Drum streichet ihn fein offt und zart
> Mit weissen Cannifasse.
> Der Vogelsteller früh aufsteht,
> Ich muß der Köchin pochen,
> Daß sie mir, eh die Zeit vergeht,
> Kan meinen Coffe kochen...[64]

In diesen Glückwunschquodlibeten verbergen sich gewiß zahlreiche Anspielungen auf das Brautpaar und die Festgäste, doch hat Picander in seinen Gedichtsammlungen auf Erklärungen verzichtet und so selbst den Quodlibetcharakter hervorgehoben. Häufig werden noch Kataloge von allerlei unsinnigem Hausrat beigefügt. Bei Picander finden sich solche von 109[65] und 298[66] Nummern. Einer davon beginnt:

---

[64] Picanders Ernst-schertzhaffte u. satyrische Gedichte, Leipzig 1727-51, IV 33 S. 253 ff.
[65] ebda. I 41 S. 423 ff.
[66] ebda. I 452 ff.

Die literarischen, gesellschaftlichen und gelehrten Spiele

1. 4 eingesaltzne Tobacks-Dosen,
2. 6 eingemachte Pluder-Hosen
3. Ein Messer, dem die Klinge fehlt,
4. Citronen, die schon abgeschehlt.
5. Ein Reiffen-Rock von 15 Ecken,
6. Ein abgedürrter Butterwecken
7. Ein Carmesiner Caffee-Topff,
8. Ein blanck geschliffner Hosen-Knopff,
9. Ein dito, aber etwas kleiner,
10. Noch einen dito, der viel feiner.
11. Ein Cammer-Tuch, ein Finger-Huth,
12. 3 Puschel-Mützen, so noch gut.
13. Sechs Brillen, den die Scheiben mangeln ...[67]

Die dritte Nummer erinnert uns sofort an Lichtenbergs „Messer ohne Klinge, an welchem der Stil fehlt", die erste Nummer des Verzeichnisses „einer Sammlung von Gerätschaften, welche in dem Hause des Sir H. S. künftige Woche öffentlich verauktioniert werden sollen". Tatsächlich ist dieses angeblich aus dem Englischen bearbeitete Verzeichnis ein ungereimter Quodlibetkatalog. Das zeigt ein Vergleich der ersten acht Nummern mit denen Picanders:

1. Ein Messer ohne Klinge, an welchem der Stiehl fehlt.
2. Ein doppelter Kinderlöffel für Zwillinge.
3. Eine Repetirsonnenuhr von Silber.
4. Eine Sonnenuhr an einen Reisewagen zu schrauben.
5. Eine ditto, welche Lieder spielt.
6. Eine Schachtel voll kleiner, fein gearbeiteter Patronen mit Pulver gefüllt, hohle Zähne damit zu sprengen.
7. Eine Chaise *per se* (sollte vermutlich percée heißen). Wenn man sich *gehörig* draufsetzt, so wird ein Dusch mit Pauken und Trompeten gehört. Er schallt durch das ganze Haus. Ein Möbel für einen großen Herrn. Hat 100 Guineen gekostet.
8. Eine große Sammlung von porcellanenen Kammertöpfen, von zum Theil sehr lustigen Formen. — Die beiden letzten Artikel können eine Stunde vor der Auction hinter einer spanischen Wand, oder auch in einem Nebenzimmer, probirt werden ... [im ganzen dreißig Nummern und zwölf aus dem Nachlaß].[68]

Daß Lichtenberg mit seinem Sinn für das Skurrile mit dem Quodlibet spielt, verwundert uns nicht, ebensowenig aber auch, daß Gottsched dieses ganz verwerflich findet.

> Gleichwohl hat es Leute gegeben, die ein Vergnügen gefunden haben, ihre Vernunft so zu verläugnen; daß sie dergleichen Zeug gemacht; und andre, die nicht viel klüger gewesen, um sie mit Vergnügen zu lesen ... Das soll nun spashaft seyn! Risum teneatis amici![69]

Nicht alle Leute haben freilich auf Gottsched gehört, ja, das bedeutendste Quodlibet verdanken wir Goethe mit seinem „Concerto dramatico".[70] Schließlich sei noch er-

---

[67] ebda. I 427.
[68] Vermischte Schriften, Neue Ausgabe, Göttingen 1844-53, VI 162 ff., Zitat 164 f.
[69] Gottsched 796; er kennt auch ein satirisches Quodlibet als metrische Form in „dithyrambischen, d. i. ungebundenen, ungleich langen, bald jambischen, bald daktylischen Versen, ohne Ordnung und Verbindung" (ebda.); vgl. dazu Heusler Versgeschichte 1034 (Irrgebände, Carmina vaga).
[70] Der junge Goethe III 73 ff.

wähnt, daß im Volks- und Gesellschaftslied sehr oft das Zusammenhanglose durch einen Vorwand zusammengehalten wird, es wird als Mittel gegen Podagra angepriesen oder (bis heute) als Folge der Trunkenheit dargestellt;[71] Fischarts Trunkenlitanei ist letztlich ein Riesenquodlibet.[71a]

Eine wichtige Rolle spielt das *dramatische* Quodlibet im Volkstheater. Eine meist zusammenhanglose Szenenreihe gestattet dem Ensemble, die einzelnen Schauspieler in ihren beliebtesten Rollen und die Stücke in ihren bekanntesten Szenen Revue passieren zu lassen. Vom amerikanischen Theater des neunzehnten Jahrhunderts[72] erzählt Mark Twain in „Huckleberry Finns Abenteuern und Fahrten", wie ein Gaunerpaar in einem Landstädtchen ein Quodlibet aufführt, das sich aus der Balkonszene von Romeo und Julia, aus dem Schwertkampf Richards III. und dem Monolog Hamlets zusammensetzt. An die Buntheit der Wiener Quodlibets reichen solche Szenenfolgen freilich nicht heran. Nestroys „Humoristische Eilwagenreise"[73] sieht so aus:

> Die Reihe beginnt mit der 1. Szene des 2. Aktes von Franz von Holbeins Schauspiel „Fridolin [oder der Gang nach dem Eisenhammer]" ..., doch statt des Grafen erscheint der Barometermacher Quecksilber [aus Raimunds „Der Barometermacher auf der Zauberinsel"] im goldenen Kostüm und singt die große Quodlibet-Arie „Prinzessin, wie soll ich dich nennen?", macht der Gräfin von Savern eine Liebeserklärung, wird dafür auf Befehl des Grafen in den Feuerofen geworfen, um sich gleich darauf, ganz geschwärzt, aus dem Ofen hervorzuarbeiten. Gerührt bietet ihm der Graf ewige Freundschaft an, wofür sich Quecksilber durch zwei Strophen des Liedes „Im Arnstädterstadl, da gibt's schöne Madel" erkenntlich zeigt. Darauf Verwandlung. Zwei Szenen aus J. Kollmanns ... vaterländischem Schauspiel „Karl von Österreich oder Die Wunder im Erzberg", die ausnahmsweise für sich stehen und ursprünglich durch Szenen aus Frédéric-Castellis Drama „Die Waise und der Mörder" abgelöst werden sollten. Später wurden Schillers „Räuber" dafür eingelegt und eine Szene aus dem „Barbier von Sevilla" (oder eine Parodie darauf) ersetzte die ursprünglich hier stehenden Szenen aus „Nummer 777" von Karl Lebrun. Dann wird es ganz toll. Pfeffer-Rösel aus Charlotte Birch-Pfeiffers ... Schauspiel „Pfeffer-Rösel oder Die Frankfurter Messe im Jahre 1297" muß mit Bims aus Bäuerles „Aline oder Wien in einem anderen Weltteile" statt des Junkers von Sonnenberg vorliebnehmen und findet daher statt der verhängnisvollen Urkunden Versatzzettel; somit verschlägt es auch nichts mehr, wenn sie ihm das berühmte Duett „War's vielleicht um Eins?" singt, statt für die Rettung seines Lebens besorgt zu sein. Beide werden durch Günther von Nollingen verhaftet und (zuerst an König Philipp II. [Schillers „Don Carlos"]), später an Ezzelino, Tyrann von Padua [Laurids Kruses Trauerspiel „Ezzelino, der Tyrann von Padua"], ausgeliefert und haben viel Angst auszustehen, bis sie durch Winziwinzi, den Deus ex machina aus Perinets „Belagerung von Ypsilon oder Evakathel und Schnudi" gerettet werden, den natürlich der riesige Nestroy zu spielen hatte. Darauf folgen die tragischen Schlußszenen aus Müllners „Schuld". Bevor aber Hugo und Elvira sich töten, erscheint der Alpenkönig [aus Raimunds „Alpenkönig und Menschenfeind"] als „Gutmacher" und läßt sie verschwinden. Dafür stehen Madame Punkt und Notar Joujou, zwei Karikaturen, vor uns, die Liebesworte wechseln und nach Vortrag eines

---

[71] Mittel gegen Podagra: Liederhort 1099; gegen Trunkenheit: Das Ambraser Liederbuch vom Jahre 1582 ed. Joseph Bergmann, Stuttgart 1845, 254 f. (Prosa).
[71a] vgl. auch Weckherlin I 508 ff. Nr. 235.
[72] vgl. auch Carl Ritter, Amerikanisches Theater, Hamburg 1949, 43.
[73] Nestroy IX 439 f.

Duettes aus „Othellerl" [von Klingsteiner und Meisl] abgehen. Darauf folgt eine Szenengruppe, in der ein bankrotter Theaterdirektor Schrumpel eine Auseinandersetzung mit einem türkischen Automatenbesitzer hat. Doch ist der Abschluß der Szene nicht zu erkennen, da das Manuskript hier eine Lücke aufweist; es fehlen die Seiten 81-85. Unvermittelt folgt also der Einzug der Sappho, die sich Sansquartier („Zwölf Mädchen in Uniform" [von Louis Angely, eigentlich sieben Mädchen, aber je nach Ensemble auch zwölf usw.]) aus Olympia mitgebracht hat. Sie tötet ihn, da sie ihn mit Melitta (Gartenszene) überrascht und wird von den Furien davongejagt. Sansquartier geht in das Geisterreich ein, wo er alle renommierten Geister der Wiener Volksbühne trifft [u. a. auch Hamlet, Don Juan und die Ahnfrau], die sich dem Quodlibet zu Ehren wechselweise heiraten![74]

Als halbliterarisches Spiel der Unsinnspoesie darf das begrifflich und in seinem Ursprung stark umstrittene P r i a m e l betrachtet werden.[75] Als poetische Form ist es seit Urzeiten in der Weltliteratur beheimatet,[76] als literarische Gattung tritt es in der deutschen Literatur des fünfzehnten Jahrhunderts auf und wird durch Hans Rosenplüt bekannt. Als poetische Form ist es das Fundament der Stegreifdichtung des Volks; es reiht einzelne Tatsachen parallel zueinander auf und schließt sie mit einer (meist witzigen) Pointe zusammen:

> Ein Himmel ohne Sonn,
> Ein Garten ohne Bronn,
> Ein Baum ohne Frucht,
> Ein Mädchen ohne Zucht,
> Ein Süpplein ohne Brocken,
> Ein Turm ohne Glocken,
> Ein Soldat ohne Wehr,
> Sind alle nicht weit her.[77]

Hie und da wird in der Literatur zwischen dem V i e l s p r u c h , der in der Eingangszeile, und dem Priamel, das in der Schlußzeile die Synthese der Begriffe vornimmt, unterschieden. Als Form kann das Priamel nicht zur Unsinnspoesie gerechnet werden; wenn es jedoch dazu benützt wird, verschiedenartige Sachen zu häufen, etwa volkstümliche Redensarten mit möglichst heterogenem Bildgehalt in einem

---

[74] ebda. IX 490 ff.; weitere Beispiele ebda. 435 ff., 482 ff.; Raimund III 1 ff., 65 ff.; Rommel passim und im Stückeverzeichnis: J. A. Gleich Nr. 67, 69 f., 103, 205; Karl Meisl Nr. 35, 65, 85, 123; Adolf Bäuerle Nr. 38. Aus altertümlichen Kupfern, Spielkarten und Augsburger Goldpapier geklebte Quodlibete kennt Fritz von Herzmanovsky-Orlando, Der Gaulschreck im Rosennetz, München 1957, 111.

[75] Literatur zum Priamel: Karl Euling, Das Priamel bis Hans Rosenplüt, Breslau 1905; Reallexikon II 723 ff. (Euling); Ehrismann aaO 341, 491 ff.; Verfasserlexikon III 1092 ff. Rosenplüt (H. Niewöhner); Gerhard Eis, Priamel-Studien — In: Festschrift für Franz Rolf Schröder ed. Wolfdietrich Rasch, Heidelberg 1959, 178 ff.

[76] Als *Stilmittel* auch in der griechisch-römischen Dichtung, vgl. Walter Kröhling, Die Priamel (Beispielreihung) in der griech.-röm. Dichtung, Greifswald 1935; ähnlich auch Curtius' Summationsschema: Curtius 291 ff. Weit verbreitet in der deutschen Literatur, besonders des Barock, am häufigsten wohl bei Logau (etwa I.10.11 S. 209), aber auch bei Harsdörffer, Abraham a Sancta Clara, Moscherosch, Abele (Halm 65), Lessing (Sämtliche Schriften ed. Karl Lachmann 3. Aufl. v. Franz Muncker, Leipzig 1886-1924, XV 462), Rückert (VII 52: Sanskritweise, Priamelform) und bis zur Gegenwart, jetzt vorzugsweise in satirisch-humoristischen Werken.

[77] Des Knaben Wunderhorn, Heidelberg 1806-08, III Anhang 78.

gemeinsamen Sinn zusammenzufassen, um den Hörer durch die überraschende Pointe zu verblüffen, oder wenn die Beispielhäufung allzusehr anschwillt, die Freude an der unsinnigen Zusammenstellung größer wird als die am abschließenden Witz — wie das im Priamel als literarischer Gattung sehr oft geschieht —, so nähert es sich dem unsinnigen Quodlibet.[78] Von solchen Priameln führt kein weiter Schritt zu u n s i n n i g e n A u f z ä h l u n g e n, zu den zahlreichen Löffel- und Nasenliedern, in denen sämtliche Arten von Löffeln bzw. Nasen zusammengestellt werden.[79]

Wie beim Priamel freuen wir uns bei R ä t s e l u n d S c h e r z f r a g e n nicht nur über den Kampf um die Lösung, sondern auch darüber, daß es überhaupt möglich ist, aus etwas äußerst Ungereimtem, Unsinnigem auf allerlei Wegen und Umwegen einen Sinn herauszulesen.[80] Ob es sich um Verrätselung mythischer Weisheit oder um Gaukelspiel zu Nutz und Frommen des Scharfsinns einer Tischgesellschaft, ob es sich um eine einfache Scherzfrage oder um den kompliziertesten Rebus handelt, überall steckt irgendwo dahinter die Freude an der unsinnigen Zusammenstellung.

b) Die eigentlichen literarischen und gelehrten Spiele

> Einst sah der junge Enwerî in Tûs, wo er sich unter mancherlei Entbehrungen gelehrten Studien hingab, den Seldschukensultân mit aller Pracht des orientalischen Herrschertums durch die Straßen reiten. In dem glänzenden Gefolge fiel ihm besonders ein reich geputzter Reiter auf, der ihm auf sein Befragen als der Hofdichter bezeichnet wurde. Da beschloß Enwerî, die Wissenschaften an den Nagel zu hängen und auch Dichter zu werden. Noch in derselben Nacht dichtete er eine Kasside auf den Sultan, die ihm dessen Gunst erwarb.[1]

Diese Anekdote über die „Berufung" des gefeiertsten aller persischen Panegyriker steht nicht zufällig am Beginn eines Kapitels über die literarischen und gelehrten Spiele. In der persischen Dichtung kann jeder, der eine gute Allgemeinbildung und Phantasie besitzt, sich in Stilistik, Poetik, Prosodie und Rhetorik auskennt, ein gefeierter und gutbezahlter Dichter werden wie ein anderer mit entsprechenden Kenntnissen Arzt oder Teppichwirker. Er braucht dabei vorab nicht etwa neue „eigene" Werke schaffen, sondern darf sich ruhig an die Jahrhunderte alte, festgefügte Tradition halten. Will er sich aber noch besonders auszeichnen, dann drängt ihn das Hauptgedicht, die Kasside (deren Inhalt als Herrscherlob feststeht), dazu, durch eine besonders reiche Bildsprache, wie sie der Orientale liebt, oder durch allerlei Wort- und Versvirtuositäten aufzufallen. Der Dichter wird zum scharfsinnigen Denker und Gelehrten, welcher der Sprache auf alle möglichen und un-

---

[78] vgl. etwa Karl Euling, Hundert noch ungedruckte Priameln des 15. Jahrhunderts, Paderborn-Münster 1887, 63.
[79] Schmeltzl Liederbuch Nr. 2-5, 16-18, 21 nach Bienenfeld 116 f.; sehr häufig auch bei Abraham a Sancta Clara; Nasenlieder von Harsdörffer als Gesellschaftsspiel verwendet: Gespsp II 254 ff. Nicht Zitierbares häuft Molinet 729 ff., 732 ff. V. 92 ff.
[80] unsinnige Rätsel u. Scherzfragen: Rochholz I 527 ff., II 366 ff.; Wossidlo I 417 a usw.
[1] nach Paul Horn, Geschichte der persischen Literatur, Leipzig 1901, 195 f.

Die literarischen, gesellschaftlichen und gelehrten Spiele 59

möglichen Arten neue Kunststücke abzugewinnen sucht. So umfaßt die persische Dichtung eine unerhörte Fülle literarischer und gelehrter Spiele. Überdies ist sie ausgesprochen gesellschaftlich; die spielerischste aller Gattungen, die Makame, ist geradezu aus den Stegreifdarbietungen in witziger Gesellschaft herausgewachsen.[2] Die persische Literatur darf als das Muster einer auf das Spiel hin tendierenden Dichtung gelten.

Deshalb ist es nicht abwegig, auf einige wenige dieser Spiele hinzuweisen, zumal sie auffallend häufig mit denen der europäischen Literaturen übereinstimmen.[3] Ob sie diese — vielleicht schon in der Spätantike — beeinflußt haben, wäre zu untersuchen. Da sind zunächst Laut- und Buchstabenspiele.[4] Bei der „Umdrehung" wird ein Wort umgekehrt, entweder werden seine Buchstaben teilweise versetzt, so daß ein neues Wort entsteht (Anagramm), oder das Wort wird völlig nach der Reihenfolge der Buchstaben umgekehrt (Palindrom).[5] Aber auch ein ganzer Vers kann vor- und rückwärts gelesen werden. Gedichten können einzelne Buchstaben gänzlich fehlen (Lipogramm),[6] sie können mit oder ohne diakritische Punkte, mit oder ohne verbundene Buchstaben geschrieben werden. Ebenso können die Wörter eines Gedichtes alle mit dem gleichen Buchstaben beginnen (Tautogramm).[7] Andere Gedichte wechseln regelmäßig zwischen je einem punktierten und einem unpunktierten Buchstaben.[8] Schließlich kann ein Werk auch aus sämtlichen Buchstaben des Alphabets zusammengesetzt sein, ohne daß je einer wiederholt wird.[9] Bei den Wort- und Versspielen wird ein Wort auf mancherlei Art im Vers wiederholt (Annominatio);[10] alle Wörter erscheinen in Verkleinerungsformen;[11] jeder Halbvers oder Vers muß ein bestimmtes Wort oder mehrere bestimmte Wörter enthalten;[12] zwei und mehr Wörter werden nebeneinandergestellt, die in Aussprache und Schrift einander ähnlich, dem Sinne nach aber verschieden sind (eigentliches Wortspiel);[13] in Versen oder in Prosa werden Redeteile so gestellt, daß eine folgende Reihe einer vorhergehenden dem Reim und dem Maß nach Glied für Glied oder feldweise gegenübersteht und entspricht; das vollkommenste ist, wenn dabei kein Wort wiederholt wird.[14] Bestimmte Zeilen eines Gedichts sind doppelt zu nehmen, als Nachsatz zum vorher-

---

[2] Reallexikon II 327 f. (P. Habermann); vgl. auch die Makamen des Hariri.
[3] Friedrich Rückert, Grammatik, Poetik und Rhetorik der Perser nach dem siebenten Bande des Heft Kolzum, neu ed. W. Pertsch, Gotha 1874.
[4] Im folgenden wird zwischen Verszeile (Misra) und Doppelzeile (Beit) nicht unterschieden.
[5] 5. Anker des 1. Fahrzeuges im 4. Meer des Heft Kolzum nach Rückert-Pertsch (im folgenden abgekürzt: 5 A 1 F); auch 23 A 1 F; vgl. unten S. 70 ff., 103 ff.
[6] 18 A 1 F, 19 A 1 F, 21 A 1 F, 22 A 1 F, 31 A 1 F, 32 A 1 F, 45 A 1 F, 46 A 1 F; vgl. unten S. 90 ff.
[7] 20 A 1 F; vgl. unten S. 94 ff.
[8] 28 A 1 F, 29 A 1 F.
[9] 24 A 1 F.
[10] 27 A 1 F; vgl. unten S. 178 ff.
[11] 30 A 1 F.
[12] 9 A 1 F.
[13] 2 A 1 F.
[14] 1 A 1 F.

gehenden und als Vordersatz zum folgenden (Kettenreim),[15] oder mehrere Gegenstände werden zusammengefaßt, dann wird, was zu jedem einzelnen gehört, einzeln nachgesetzt (versus rapportati).[16] Reich ist die Dichtung der Perser auch an metrischen und an Reimspielen; sie kennt mannigfache Arten des Allreims,[17] der Pause,[18] des Binnen-,[19] Mittel-[20] und Schlagreims,[21] meist wird statt eines neuen dasselbe Wort wiederholt, was oft den Eindruck des Kettenreims erweckt. Für den Endreim werden sukzessive alle Buchstaben des Alphabets verwendet (Abecedarius).[22] Als metrisches Spiel lassen sich Gedichte nach zwei oder mehr Versmaßen lesen, wohl übertreibend werden in den Poetiken solche von sechs und sogar von dreißig Versmaßen gerühmt![23] Das Akro-, Tele-, Meso- und Chronostich werden mit einer Virtuosität verwendet, wie sie keine europäische Literatur aufzuweisen hat.[24] Akrosticha geben nicht nur Namen, sondern auch neue Verse, oder die Anfangsbuchstaben von 64 Versen müssen als Zahlen in ein Schachbrett eingetragen und dann im Rösselsprung gelesen werden. Aus einer Verszeile lassen sich auch durch Versetzung der Satzglieder bis zu 68 neue Verse gewinnen (Proteusvers).[25] Verszeilen sind so gestellt, daß man jede Zeile mit jeder, unbeschadet der Richtigkeit des Reimes, des Maßes und des Sinnes, verbinden kann.[26] Eine oder zwei Verszeilen werden wörterweise oder in Wortpartien so in die verschiedenen Abschnitte eines Kreises verteilt, daß man, von welchem Abschnitt man will, zu lesen anfangen kann.[27] Vier Verse werden so eingerichtet, daß man ihre Wörtergruppen vierfelderweise auch von oben nach unten lesen kann;[28] dasselbe gibt es auch mit acht Feldern (Spaltverse).[29] Etwas vom reizvollsten sind die persischen Figurengedichte. Sie übertreffen ihre europäischen Artgenossen bei weitem an Zierlichkeit (schon durch das Schriftbild) und Raffinement des Aufbaus. Wir finden emblematische Figuren, Pentagramme,[30] Bäume, Palmen, Sonnenschirme oder Zeltdächer.[31] Als Beispiel sei ein Baum in der Beschreibung Rückerts wiedergegeben, die uns die ganze Duftigkeit eines solchen Gebildes mitempfinden läßt:

---

[15] 23 A 1 F; vgl. unten S. 151 ff.
[16] 12 A 2 F; vgl. unten S. 158 ff.
[17] nach Josef v. Hammer-Purgstall, Geschichte der schönen Redekünste Persiens, Wien 1818, 120 (Raschid Watwat); vgl. unten S. 122 ff.
[18] 6 A 1 F; vgl. unten S. 150 f.
[19] 7 A 1 F; vgl. unten S. 126 ff.
[20] 32 A 1 F; vgl. unten S. 130 f.
[21] 10 A 1 F; vgl. unten S. 126 ff.
[22] Lalanne 56; vgl. unten S. 82 ff.
[23] 11 A 1 F.
[24] 13 A 1 F, 43 A 1 F; vgl. unten S. 70 ff.
[25] 26 A 1 F; vgl. unten S. 160 ff.
[26] 25 A 1 F.
[27] 35 A 1 F, Tafel V.
[28] 16 A 1 F.
[29] 17 A 1 F; vgl. unten S. 168 ff.
[30] 14 A 1 F.
[31] 15 A 1 F.

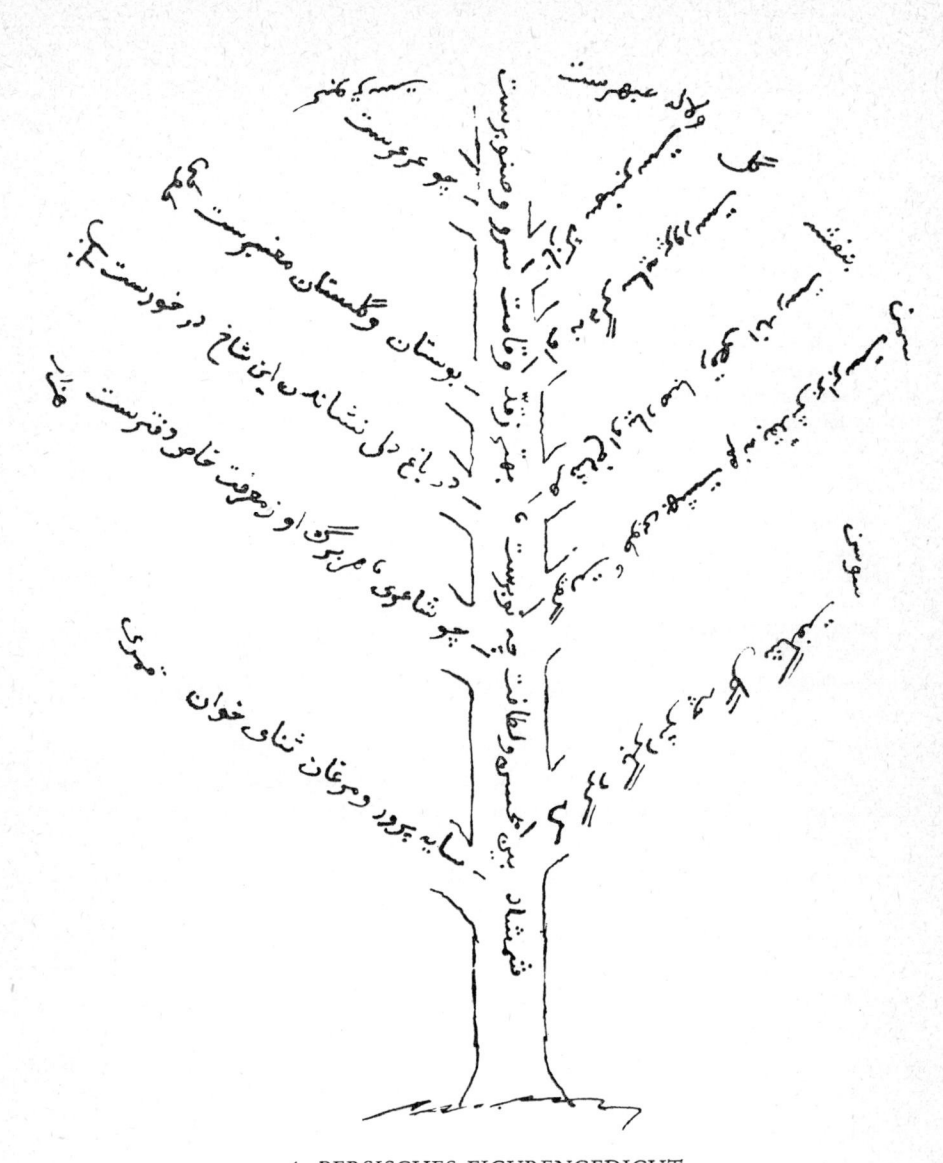

Die literarischen, gesellschaftlichen und gelehrten Spiele 61

1. PERSISCHES FIGURENGEDICHT.

Eine sinnige Spielerei, an der man weislich sein Wohlgefallen haben kann. Eine Figur, die einen Baum mit fünf Ästen rechts und fünf links vorstellt; mitten am Stamme hinauf steht ein Beit, in Einer Linie geschrieben; fünf Verspartien rechts und fünf links laufen schief als die Äste vom Stamme auswärts. Außen herum, wo die Äste enden, erscheinen rechts fünf Blumennamen, einer an der Spitze jedes Astes, doch in anderer Richtung, als die Verspartie des Astes; die Namen sind: Lilie, Jasmin, Veilchen, Rose und Tulpe ʿAbher. Ebenso, gegenüber den Blumen, sitzen fünf Vogelnamen auf den Spitzen der fünf Äste links: Turteltaube, Sprosser, Nachtigall, Papagey und Taube. Beim Versuch, zu lesen (denn eine Anweisung ist nicht gegeben), entdeckt man nun zuerst, daß sowohl die Vögel als die Blumen für sich eine zweite oder Reimzeile von dem Maße des Stammverses (d. i. des am Stamm des Baumes hinaufgeschriebenen Distichons) ausmachen; sucht man nun die ersten Zeilen zu diesen zweiten, so entdeckt man sie in den Verspartien der beiden untersten Äste, rechts und links, doch so, daß den Zeilen am Anfange etwas fehlt. Da dieses Fehlende nirgends sich auftreiben läßt, weil die folgenden Versäste, von denen man etwas borgen möchte, selbst nichts übrig haben, vielmehr auch ihnen zur Vollständigkeit eines Verses, dessen Grundreim sie am Ende zeigen, am Anfang etwas fehlt; so kann man nicht anders, als an den Hauptstamm sich wenden, um aus ihm selbst, wie natürlich, die Unvollständigkeit seiner Äste zu vervollständigen. Und, aufs angenehmste beschäftigt, entdeckt man nach und nach folgende Organisation. Jeder der Versäste rechts und links geht in irgend einem Punkte vom Stamme aus, und was vom untersten Anfange des Stammes aufwärts bis zu jenem Punkte geschrieben ist, mit dem dort sich anschließenden Aste zusammengelesen, gibt ein vollständiges Distichon. Jeder Astvers wiederholt also an seinem Anfang etwas vom Stammvers; er wiederholt aber davon um so weniger, je tiefer, und um so mehr, je höher hinauf er vom Stamme sich trennt. Man kann nun rechts oder links, oder abwechselnd von rechts zu links, oder von links zu rechts, an den Ästen des Baumes hinauf oder auch herunter steigen.[32]

Die Sprachmischung ist der persischen Dichtung nicht unbekannt, je eine Verszeile Arabisch und Persisch können miteinander wechseln,[33] ein Satz oder ein Vers kann in zwei[34] oder drei[35] Sprachen, ein Gedicht kann sogar vor- und rückwärts je in einer andern Sprache gelesen werden.[36] Bei der Neigung des Persers zu Wortspielen können mehrdeutige Wörter einen Dichter „zu einem Eiertanz zwischen den verschiedenen Begriffen begeistern, bei denen der Übersetzer in Verzweiflung gerät, der aber im Original höchst graziös ist".[37] Es gibt Gedichte, in denen man bei einem Worte nur die diakritischen Punkte oder die Vokalbewegung ändern muß, damit Lob oder Schmeichelei zu Tadel und Schmähung werden.[38] Die erste Hälfte eines Verses scheint einen Tadel oder etwas nicht zur Ehre des Gelobten Gereichendes zu enthalten, was dann die zweite Hälfte aufhebt (Spaltvers).[39]

Diese kurze Übersicht vermag den Reichtum der persischen Spiele nur anzudeuten. Eine raffinierte Rätselkunst[40] mit eigener Kunstsprache und einem System von überkünstlichen Anspielungen, Andeutungen und Beziehungen, nach denen die

---

[32] Rückert-Pertsch S. 154 ff.; vgl. unten S. 190 ff.
[33] 36 A 1 F; vgl. unten S. 205 ff.
[34] 48 A 1 F.
[35] 49 A 1 F.
[36] 50 A 1 F.
[37] Horn aaO 63.
[38] 37 A 1 F, 38 A 1 F; vgl. oben S. 45 (Interpunktionsscherze).
[39] 39 A 1 F; vgl. unten S. 168 ff.
[40] 42 A 1 F.

Buchstaben sowohl bezeichnet als geraten werden können,[41] sei nur am Rande erwähnt. Für diese Dichtung ist auch der literarische Diebstahl bis zum Cento selbstverständlich und durchaus nicht anrüchig.[42] So wundert es uns nicht, daß ein Dichter behauptet, sein Gedicht habe hundertzwanzig offenbare und hundertachtzig verborgene Sinne.[43] Die Poetik hat allen Grund, auch zu lehren, wie man auf gute Art Belohnung fordert![44] Übrigens steht die persische Dichtung im Orient mit diesen Spielen nicht allein, auch die arabische hat eine Weltgeschichte, die ganz in je nach Buchstabenpunkten mehrdeutigen Wörtern abgefaßt ist.[45] Geht man noch weiter nach Osten, so verblaßt die persische Poetik! Der Kâvyastil der indischen höfischen Kunstdichtung[46] überbietet die persische Poetik in jeder Beziehung mit den mannigfachen Arten des Yamaka, des künstlichen Reims,[47] mit Palindromen,[48] Lipo- und Tautogrammen,[49] Spaltversen,[50] Gedichten, die im Zickzack, von oben nach unten oder von unten nach oben silbenweise zu lesen sind, mit Figurengedichten in Gestalt von Rädern, Schwertern, Keulen, Bogen, Lanzen, Dreizacken und Pflügen,[51] mit Schachbrettversen, die silbenweise auf ein Schachbrett geschrieben, im Rösselsprung, nach der Bewegung des Turmes oder des Elephanten gelesen werden müssen[52] — einem Spiel, das übrigens im neunzehnten Jahrhundert in französischen Zeitungen auftaucht.[53] Die Krone des indischen Kunstspiels gebührt dem Epos, das mit Hilfe doppelsinniger Wörter zugleich zwei Epen erzählt![54] So gibt das „Râghavapâṇḍavîya" oder „Dvisandhânakâvya" (d. h. Gedicht mit doppelter Auslegung)

---

[41] 21 A 1 F.
[42] 40 A 1 F, 41 A 1 F, 46 A 2 F; vgl. unten S. 214 ff. Der persische Scheich Curcânî, der in dem elften Jahrhundert ein umfangreiches Werk über Wortspiel, Vergleich, Metapher usw. schreibt, unterscheidet vier Arten des literarischen Diebstahls, in der Umschreibung des Übersetzers: Plagiat, Diebstahl, Entnahme, Zuhilfenahme; Curcânî, Die Geheimnisse der Wortkunst... übers. v. Hellmut Rittler, Wiesbaden 1959, 365.
[43] 1. Segel 3 F.
[44] 24 A 1 F.
[45] von Abdarrachmân al Bistâmi, nach Carl Brockelmann, Geschichte der arabischen Litteratur, 2. Aufl. Leipzig 1909, 209.
[46] M. Winternitz, Geschichte der indischen Literatur, Leipzig 1908-20, III 3 ff.; vgl. auch Helmuth v. Glasenapp, Die Literaturen Indiens, Stuttgart 1961, bes. 191 ff.
[47] Winternitz aaO III 16.
[48] ebda. III 66.
[49] ebda. III 66 f.
[50] ebda. III 16.
[51] Hermann Jacobi, Über zwei ältere Erwähnungen des Schachspiels in der Sanskritliteratur — In: Zeitschrift der Deutschen Morgenländischen Gesellschaft 50 (1896) 227 ff., Figurengedicht 228; vgl. auch *Asiatic Researches 20 (1832) 135 ff. Türkische Figurengedichte: J. W. Redhouse, A Turkish Circle Ode by Shanin-Ghiray — In: Journal of the Royal Asiatic Society 13 (1861) 400 ff.; Josef v. Hammer-Purgstall, Geschichte der Chane der Krim, Wien 1856, 251 ff.
[52] Jacobi aaO 228 ff.
[53] Canel II 1 ff. (*Le Monde Illustré 20/27 juillet 1863). Etwas Ähnliches mit Versen kennen aber auch schon die niederländischen Kamers van Rhetorika in „schaeckbaerden", deren 64 Verszeilen so geschrieben werden, daß man 38 Balladenstrophen herauslesen kann, vgl. Geschiedenis II 223.
[54] Winternitz aaO III 75 und Anm.

von einem Dichter, der wahrscheinlich Mâdhavabhaṭṭa hieß, aber unter dem Namen Kavirâja (Dichterkönig) besser bekannt ist (Ende zwölftes Jahrhundert), gleichzeitig die Geschichte der Pâṇḍavas (Mahâbhârata) und des Râma (Râmâyaṇa) wieder; das „Râghavanaiṣadhîya" des Haradattasûri die Râma- und die Nalageschichte; ja, es gibt sogar ein dreisinniges Epos: das „Rhâghavapâṇḍavâyadavîya" des Cidambara, das gleichzeitig den Inhalt des Râmâyaṇa, des Mahâbhârata und des Bhâgavatapurâṇa erzählt. Vom indischen Kâvyastil führen aber wiederum zahlreiche Parallelen in die chinesische und japanische Dichtung.[55] Dort soll auch nach einer hübschen chinesischen Geschichte eine Dame Su Hui das hui wen, das Palindrom, erfunden haben, um ihren in die tatarische Steppe strafversetzten Gatten zu unterhalten.[56]

Dieser Ausflug in die orientalische Literatur muß davor bewahren, solche Spiele, wenn sie in der europäischen und besonders in der deutschen Literatur auftreten, einfach als Aberwitz verächtlich abzutun. Jeder Kenner der orientalischen Literaturen wird versuchen, alle diese Erscheinungen zu verstehen, nicht aber der deutsche Literarhistoriker; mit wenigen Worten erledigt er alle diese Dinge als „Spielereien", falls sie nicht gerade bei Goethe vorkommen. Freilich hat sich unsere Auffassung der Dichtung und des Dichters so gewandelt, daß besonders seit Goethe und Schiller diese Spiele „den korrekten Zensoren der Normalklassik besonders verhaßt" sind.[57] Ein Blick auf die orientalischen Literaturen genügt aber, um uns in der Überzeugung zu bestätigen, daß es für unsere Arbeit „keinen Unterschied zwischen vornehmen und verächtlichen Traditionselementen geben darf". „Man muß den ganzen Bestand zusammennehmen, erst dann greift man die Kontinuität der europäischen Literatur."[58] Trotz dem andern Weg, den die größten deutschen Dichter eingeschlagen haben, besitzt auch die deutsche Literatur eine höfische, gelehrte und gesellschaftliche Dichtung mit Spielen, in denen die Sprache auf alle Möglichkeiten hin abgetastet wird und ihr neue Wirkungen abgewonnen werden. Schon 1871 hat Gustav Gerber versucht, diese Spiele als „Sprachkunstwerke" von der Dichtung zu trennen und sie als selbständige, zwischen Ton- und Dichtkunst vermittelnde Kunstgattung herauszuheben.[59] Er beruft sich mit Recht auf Lessing, der zwischen Versifikateur und Dichter zu unterscheiden wußte, ohne jenen lächerlich zu machen. Das Sprachkunstwerk der Laut- und Wortspiele, das Ornament am Sprachkörper, entfaltet nach Gerber den Lautkörper der Sprache, der Sinn tritt zurück: „Der Sinn ist, wenn er nicht geradezu fehlt, für es doch von ganz geringem Werte, oder er erscheint als bloß zufälliges, weil aus der Laune der Lautkombination hervorgehendes Ergebnis; oder es wendet sich das Spiel der Klänge und Rhythmen gegen ihn mit einem gewissen ironischen Verhalten der Sprache und

---

[55] ebda.
[56] Franz Kuhn, Palindrom, Eine literarische Spielerei im alten China — In: Weltwoche 21 (1953) Nr. 1013 (10. 4. 1953) S. 5.
[57] Curtius 395.
[58] ebda.
[59] Gustav Gerber, Die Sprache als Kunst, 2. Aufl. Berlin 1885.

zerstört oder vernichtet ihn absichtlich."[60] Ernst Robert Curtius hat den ihn beschäftigenden Teil unserer Spiele unter dem Stichwort „formale Manierismen" zusammengefaßt, wobei Manierismus für ihn den „Generalnenner für alle literarischen Tendenzen, die der Klassik entgegengesetzt sind", die „Komplementär-Erscheinung zur Klassik" bedeutet,[61] in der die künstliche „Manier" die klassische Form überwuchert. Gegen diese Bezeichnung wäre nichts einzuwenden, wenn sie nicht bei Curtius selbst doch eine abwertende Bedeutung erhielte, denn er sagt: „Der Manierist will die Dinge nicht normal, sondern anormal sagen. Er bevorzugt das Künstliche und Verkünstelte vor dem Natürlichen. Er will überraschen, in Erstaunen setzen, blenden. Während es nur eine Weise gibt, die Dinge natürlich zu sagen, gibt es tausend Weisen der Unnatur."[62] Damit muß implicite die Dichtung die Dinge „natürlich" sagen, es wird ein allgemein gültiger Dichtungsbegriff aufgestellt, und die orientalische Dichtung ist erledigt, weil sie ja alle Dinge mit Unnatur sagt. Aber nur unter einem ihr fremden Ideal betrachtet, nimmt sie sich wirklich als Fremdkörper aus.

Wir haben uns vielmehr zu fragen: Gibt es eine Vorstellung vom Dichterberuf, die Spiel an der Grenze der Sprache und des Sinns, wenn nicht gerade verlangt, so doch beinahe selbstverständlich mit sich bringt? Die orientalischen Literaturen scheinen dies zu bezeugen; denn so viele Spiele können nicht einfach Wucherungen sein. Gehen wir von der gesellschaftlichen Stellung aus, so ist der persische Sprachvirtuose Höfling und Gelehrter, seine Dichtung bringt ihm einen angemessenen Lohn und einen angesehenen Platz an der Seite des Fürsten ein. Seine Stellung erlangt und behauptet er, indem er, da der Inhalt der Dichtung gegeben ist, die Sprache zu den prächtigsten und unerhörtesten Kunststücken dressiert und sie einem feingebildeten Publikum von Kennern und Liebhabern in der Arena vorführt. Wesentlich scheinen dabei besonders das höfische, das gelehrte Element und das Publikum der Kenner und Liebhaber zu sein. Sollte dies zutreffen, müßten wir in andern Literaturen unter gleichen Bedingungen einer ähnlichen Dichtung begegnen. Dies ist tatsächlich der Fall.

Betrachten wir zuerst das *höfische Element*. Eine ausgesprochen höfische Dichtung besitzt die altnordische Literatur in der Skaldenpoesie. Wir brauchen nur die Charakteristik von Jan de Vries zu zitieren, um all die Elemente wieder beisammen zu haben, welche zum literarischen Spiel führen:

---

[60] ebda. II 342; die Unterscheidung von Versifikateur und Poet bei Lessing im 51. und 103. Literaturbrief (Sämtliche Schriften ed. Karl Lachmann, 3. Aufl. v. Franz Muncker, Leipzig 1886-1924, VIII 139 ff., 229 ff.), er beruft sich dabei u. a. auf Diderot, doch finden sich die Begriffe mit etwas andern Akzenten (versificateur = gewöhnlicher Reimer, poète = kunstvoller Reimer) bereits im Vorwort zu Ronsards Franciade der Oeuvres von 1587 (Oeuvres complètes ed. Gustav Cohen, Paris Gallimard Ausgabe 1950, II 1018).
[61] Curtius 277.
[62] ebda. 286. Welche Konsequenzen man aus diesem Urteil zu ziehen vermag, zeigt Ludwig Binswanger, Drei Formen mißglückten Daseins: Verstiegenheit — Verschrobenheit — Manierismus, Tübingen 1956. Binswanger sammelt alle negativen Urteile über den Manierismus (117 ff.), benützt sie für seine psychopathologische Theorie und ordnet seine klinischen Fälle nach dem Katalog der Curtius'schen Manierismen (133 ff.).

> Die Hofpoesie duldet keine persönlichen Einfälle des Dichters, denn sie ist gewissermaßen festgegliedertes Element der höfischen Etikette: Hauptsache ist, daß dem Herrscher nach den althergebrachten Formeln der Tradition das ihm gebührende Lob gespendet wird, nicht, daß der Dichter eigener Phantasie und Gestaltungskraft frönen kann ... Das skaldische Preislied war nicht eigentlich Dichtkunst nach der Vorstellung, die wir von Poesie haben, sondern ein Teil des höfischen Zeremoniells. Deshalb legte man mehr Gewicht auf die Kunstfertigkeit als auf den poetischen Gehalt. Der Fürst wird besonders gepriesen dadurch, daß das ihm gewidmete Preislied ein Prunkstück ist, das durch eine schillernde Sprache und eine prachtvolle metrische Form eine richtige Fürstengabe ist ... Die Poesie der Hofskalden ist Virtuosentum und es war mehr ihre Absicht, durch neue Sprachbehandlung zu blenden als durch Ausdruck eines aufrichtigen Gefühls zu rühren ... Als einmal im Preislied diese Feder der Phantasie [die Kenning] losgelassen wurde, mußte sie aus eigener Spannkraft bis zum äußersten Punkt in Schwingung geraten; der Wunsch, die Vorgänger zu übertrumpfen, konnte sich ja ausschließlich im Bilderreichtum der Sprache betätigen.[63]

Jede Literatur kennt Epochen, in denen die Dichtung höfische Kunstpoesie ist. An den makedonischen und spätrömischen Fürstenhöfen versucht der Dichter die Gunst des Herrschers und klingenden Lohn ebensosehr zu erhaschen wie am Hofe des Schah. Das typischste Beispiel eines Fürstendichters ist vielleicht Publilius Optatianus Porfyrius, wohl Karthager von Geburt, Günstling Konstantins, von dem Jacob Burckhardt ironisch sagt: „Er war aus irgend einem Grunde in die Verbannung geschickt worden und legte es nun darauf an, durch ganz verzweifelte poetische Luftsprünge sich bei Constantin wieder zu Gnaden zu bringen, was ihm denn auch gelang."[64] Viele Spiele der mittellateinischen Dichtung sind — wenn wir vom gelehrten Element absehen — Arabesken einer Hofpoesie, an die Stelle des Fürsten tritt Gott, für den der Mönch als Höfling seine Spiele erfindet, dem er sie in Prachthandschriften widmet und auf dessen Belohnung er hofft; dabei werden die einzelnen Spiele mit allegorischem Gehalt gefüllt. Daneben fehlt dieser Epoche auch das reiche Lob auf weltliche Fürsten nicht; besonders seit der karolingischen Zeit bricht eine immer stärkere Freude am Gezierten und Verschnörkelten in die Klostermauern ein. Eine reine Hofpoesie kennt die deutsche Dichtung vielleicht nur deshalb nicht, weil die Höfe zu wenig Interesse an der Dichtung zeigten. Immerhin gibt es Zeiten, in denen das höfische Element auch in ihr stark hervortritt. So sind die Reim- und Wortspiele des Minnesangs, besonders seiner Spätzeit, Ausdruck einer fürstlich-prächtigen Hofdichtung. Eindeutig ist dieser Zusammenhang für einen Teil der Barockpoesie. Schon Opitz wählt die Dichtung als einen ihm geeignet erscheinenden Weg, um — wie das Schlußkapitel der „Poeterey" deutlich sagt — Ruhm und die Gunst der Großen zu erlangen. Daneben schätzt er auch die Freude des Gelehrten am Studium der Werke, die des Dichtens halber gelesen werden müssen. Zahlreich sind die Dichter um fürstliche Gunst im siebzehnten Jahrhundert, von denen man, wie Tittmann von Birken, sagen könnte: „Er griff zu, wo sich nur Gelegenheit bot, etwas zu gewinnen."[65] Sie haben auch gelernt, wie die Perser auf

---

[63] Vries Anord Litgesch I 68 f., 76 f.; vgl. auch Heusler Agerm Dichtung 138 f.
[64] Jacob Burckhardt, Die Zeit Konstantins des Großen: Gesammelte Werke, Basel 1955-59, I 217.
[65] Julius Tittmann, Die Nürnberger Dichterschule, Göttingen 1847, 71.

schickliche Art Gaben zu fordern. Birken benützt das Dankschreiben für den Adelstitel dazu, seinen Gönner merken zu lassen, daß in der Lade noch für eine Kette Raum sei, und erhält sie prompt. Mit dem achtzehnten Jahrhundert übernehmen die Bürger die Rolle der Fürsten, die höfische Poesie sinkt hinunter zur Kunst, Hochzeits- und Leichencarmina zu verfertigen.

Länger als das höfische hält sich das *gelehrte Element* in der deutschen Dichtung. In den letzten Jahrhunderten vor Christus pflegte man im Museum von Alexandrien zahlreiche Spiele, die nur der Gelehrsamkeit des Dichters und seine Kenntnis der alten Autoren beweisen sollten. Das lateinische Mittelalter setzt diese Tradition fort, indem es in den schulmäßig überlieferten Formen weiterspielt. Die deutschen Humanisten übersehen die antiken Spiele nicht, Heinrich Bebel kennt etwa die versus reciproci, correlativi, serpentini, concatenati und den Cento.[66] Mit der Renaissancepoetik Scaligers von 1561 ist der Bann endgültig gebrochen, sie ist die unerschöpfliche Schatzkammer, in der Virtuosen immer noch etwas Ungebrauchtes finden.[67] Sie beliefert alle Barockpoetiken mit Spielen, und jeder Poetikenschreiber ist bemüht, Beispiele für seine Aufzählungen zu dichten, um neben der Gelehrsamkeit auch die poetische Ader zur Schau zu stellen.[68] Das Musterbeispiel eines gelehrten Dichters der neueren Zeit ist Rückert mit seinen mannigfachen Nachahmungen orientalischer Formen. Aber noch in der Gegenwart versuchen kenntnisreiche Dichter, alte raffinierte Spiele nachzuahmen, auch wenn es nur auf Kosten des Sinns geht.

Im *gesellschaftlichen Element* besitzt das literarische Spiel kein Ziel mehr. Es dient nicht mehr dazu, vom Fürsten klingenden Lohn zu erwerben oder die Kenntnis literarischer Raritäten zu beweisen, sondern ein Kreis von Dichtern, Kennern und Liebhabern schließt sich von der Menge ab, um sich gegenseitig mit den virtuosesten Kunststückchen zu erfreuen, wie andere literarische Gesellschaften zu ihrer Erholung Unsinn treiben. Die wohl ursprünglichste Art von Gesellschaftsdichtung, der Dichterwettkampf, steht der Hofpoesie noch sehr nahe. Wenn Homer und Hesiod[69] sich die kniffligsten Rätsel und schwierigsten Kunststückchen aufgeben, etwa die Einrenkung sinnloser Verse zu sinnvollen,[70] so ist König Panedes Schiedsrichter. Ein Fürst entscheidet auch den mittelalterlichen Sängerwettstreit. Aber im altnordischen „Männervergleich"[71], im provenzalischen und altfranzösischen Wett-

---

[66] Ars versificandi et carminum condendorum cum quantitatibus syllabarum, Köln H. Quentel 1507.
[67] Scaliger, Poetices libri septem; im folgenden zitiert nach der Ausgabe Lyon Antoine Vincent 1561.
[68] zur Gelehrsamkeit des Dichters etwa Harsdörffer Trichter II 31 f. Eine hübsche Sammlung gelehrter Spiele, vor allem des siebzehnten und achtzehnten Jahrhunderts, bietet: Peter Buxtorf, Alma Mater Poetica, Basel 1960. Wie sich das gelehrte Element dieser Spiele bei Sonderlingen weiterentwickelt und „vertieft", zeigt das Heft „Les Hétéroclites et les fous littéraires", Bizarre (nouvelle série) no. 4, Paris J. J. Pauvert avril 1956.
[69] Schadewaldt Legende von Homer; Konrad Heß, Der Agon zwischen Homer und Hesiod, Winterthur 1960, und die dort verzeichnete Literatur.
[70] Schadewaldt Legende vom Homer 67.
[71] Heusler, Agerm Dichtung 105 ff.

gesang der Tenzone bestimmt — sofern sie nicht fingiert sind — ein Kreis, eine Gesellschaft, wem der Preis gebührt.[72] Schließlich wird der Wettstreit zum literarischen Spiel, wie derjenige vom Weicherstein zwischen Gryphius und Hans Kaspar von Gersdorff.[73] Der Dichterwettkampf setzt einen Kreis von Kennern voraus, die das Können der Wettkämpfer nach bestimmten Normen zu beurteilen wissen. Folgerichtig entwickelt sich so die Dichterzunft und — als freiere Form — die literarische Gesellschaft. Die Zunft der Kenner führt aber fast zwangsläufig zum formalen Virtuosentum, weil formale Kunststücke am unmittelbarsten beeindrucken. Formale Spiele im festen gesellschaftlichen Verbande dichten die hellenistischen Bukoliker, besonders augenfällig aber im ausgehenden Mittelalter die Meistersänger und ihre fremdsprachigen Entsprechungen, die Rhétoriqueurs und Rederijkers. Hier hat die Form einen vollkommenen Sieg über den Inhalt errungen, die Gesellschaften *lassen die Formen für sich dichten.* Das Meisterlied entsteht kollektiv, es ist statutengemäß Eigentum der Singschule. „Jedes Meisterlied könnte von jedem Meistersänger verfaßt sein".[74] Maßstab für die Beurteilung ist die Exaktheit der Bewältigung schwierigster formaler Aufgaben, und was dabei herauskommt, ist „ein jeder Sinnbeziehung entfremdeter Formverstand".[75] Daß der deutsche Barock zu einem großen Teil Gesellschaftsdichtung ist, dürfte allgemein bekannt sein. Immerhin scheint uns hier für die Spiele das gesellschaftliche Element, im Gegensatz zum höfischen und gelehrten nicht so ins Gewicht zu fallen. Die Bindung an die Gesellschaft ist zwar sehr groß, nicht aber an die Gesellschaften, mit einer Ausnahme allerdings: dem Nürnberger Barock. Im Pegnesischen Schäferorden erlebt das Formvirtuosentum als Gesellschaftsdichtung seine letzte Blüte, und nicht von ungefähr bedient sich der Theoretiker des Ordens, Schottel — selbst kein Nürnberger —, der Kunstworte der Meistersinger[76] und behandelt Harsdörffer diese in den Frauenzimmergesprächsspielen.[77] Der alte und billige Vergleich, daß Nürnberg als Stadt der Spielwaren auch literarische Spielwerke hervorgebracht habe, geht völlig an der Sache vorbei; schon gar nicht darf man sich zu einem Satz versteigen, wie er Cysarz entschlüpft: „Sie [die Nürnberger] haben sich am kindlichsten und herzlichsten an den Formen und Früchten der Erde ergötzt und deren Abglanz in die holdeste Idyllik des Jahrhunderts gebannt."[78] Von Kindlichkeit und Herzlichkeit kann in diesem unheimlichen Raffinement der Sprachbehandlung keine Rede sein.

[72] vgl. L. Selbach, Das Streitgespräch in der altprovenzalischen Lyrik, Marburg 1886.
[73] Manheimer 247. Im 19. Jahrhundert blühen die Dichterwettkämpfe als halbgelehrte Spiele wieder auf; so veranstaltet etwa Kinkels Maikäferbund (vgl. unten S. 292) Wettbewerbe; Karl Simrock, Wilhelm Wackernagel und Franz Kugler tragen einen freundschaftlichen Tenzonenstreit aus, vgl. Rudolf Wackernagel, Wilhelm Wackernagels Jugendjahre 1806-33, Basel 1885, 153, 155.
[74] Bert Nagel, Der deutsche Meistersang, Stuttgart 1952, bes. 51, 197; vgl. auch derselbe, Meistersang, Stuttgart 1962; Reallexikon IV 58ff., 2. Aufl. II 292 ff. (W. Stammler).
[75] Deutsche Philologie im Aufriß ed. W. Stammler, Berlin 1952-57, I 227 (Martini, Poetik).
[76] Justi-Georgii Schottelii Teutsche Vers- oder ReimKunst, wir benützen im folgenden die Ausgabe Frankfurt/M Michael Lubach 1656.
[77] Harsdörffer Gespsp IV 13 ff.
[78] Herbert Cysarz, Deutsche Barockdichtung, Leipzig 1924, 101.

> Das Herz ist weit von dem, was eine Feder schreibt.
> Wir dichten im Gedicht, daß man die Zeit vertreibt.
> In uns wohnt keine Brunst: ob schon die Blätter brennen
> von manchem FlammenWort. Es ist bloßes nennen,

dichtet Sigmund v. Birken.[79] Es steckt keine *kindliche* Freude am Spiel dahinter, so wenig wie hinter der Hirten- und Schäferdichtung, sondern die Suche nach neuen Effekten und neuem Prunk durch Klangakrobatik mit der Sprache. Wohl erwähnt Harsdörffer in den Gesprächsspielen auch Kinderspiele, aber sie sind nur Sensation, nur ein Mittel, sich in der Gesellschaft bemerkbar zu machen. Vielleicht tun wir ihm freilich mit dieser Bemerkung Unrecht; denn im achten Band erklärt er: „Noch weniger ist es deß Spielenden Vorsatz mit diesen Spielen großes Geld zu gewinnen, weil er gleichsam mit sich selbsten spielet und seinen Lust mit großer Bemühung erkauffen muß."[79a] Hier tritt wohl zum erstenmal in der deutschen Literatur das Spiel um des Spielens willen auf, ein Standpunkt, den wir für frühere Zeiten nur hie und da vermuten können, etwa bei Sedulius Scottus, dem größten Verskünstler unter den karolingischen Dichtern, dessen Spiele selbst von den Gelehrten der Gegenwart noch nicht ganz durchschaut werden.[80] Im achtzehnten Jahrhundert ist noch allenthalben das gesellschaftliche Element sichtbar, in den Spielen des Kreises um Gleim, aber auch bei Wieland, der im Frühjahr 1758 schreibt: „Je vise au caractère du Virtuoso, que Shaftesbury peint si admirablement dans tous ses écrits."[81]

Die subjektive Empfindungslyrik, deren erste Ansätze im Barock zu erkennen sind, bringt als neue Art eine *persönliche* Unsinnspoesie des einzelnen Dichters hervor, die sich nicht mehr vornehmlich in einzelnen traditionellen Gattungen erfüllt, wenn wir auch deren Einflüsse öfters antreffen. Die Gattungen leben zwar noch bis in die Gegenwart weiter, aber sie beherrschen die Unsinnspoesie nicht mehr. Doch sei daran erinnert, daß das gesellschaftliche Reimen auf der gesunkenen Stufe des Leichensingens auch zunftmäßig noch lange weiterbesteht und die letzte Meistersingerschule mit zwei Schneidern und einem Schuhmacher als Mitgliedern, erst 1875 in Memmingen durch eine neue Leichenordnung aufgehoben wurde;[82] in der Hochblüte der gesellschaftlichen Poesie freilich muß die Hamburger Stadtbehörde 1658 ein Mandat gegen das Überhandnehmen der Gelegenheitsreimerei

---

[79] Siegmund von Birken, Guelfis oder NiderSächsischer Lorbeerhayn, Nürnberg Johann Hoffmann 1669, 91, auch in der Vor-Anrede zu Pegnesis. Bei den Nürnbergern werden die Gedichtthemen häufig in einer Art Glückstopf verlost, vgl. Pegnesis I 449 ff.; Ehr-Feyer bey dem ansehnlichen Myrten-Fest... Floridans und Florinden angestellet / von den Blum-genossen / an der Pegnitz / d. 3. Christmondes / im 1673 HeilJahr, Nürnberg Felsecker, fol. B 1 ff.

[79a] Harsdörffer Gespsp VIII A 5 f. Nr. 13 (Vorrede). In der Zugabe zum 4. Band (448 ff.) entwickelt Harsdörffer überdies eine Spieltheorie, in der die ganze Welt als Spiel betrachtet wird und die in dem Satz gipfelt: „Das letzte Meisterwerk dieser spielenden Natur ist der Mensch" (469); vgl. auch Gespsp I 2. Aufl. 43 ff. In Gespsp VIII 27 f. erklärt er ausdrücklich, er behandle keine Kinderspiele, auch wenn etliche der seinen diesen glichen.

[80] Meyer Mlat Ryth II 351.

[81] an Zimmermann 12. 3. 1758: Ausgewählte Briefe, Zürich 1815/16, I 259.

[82] Reallexikon IV 64, 2. Aufl. II 299.

erlassen.[83] Es gibt auch immer wieder Dichter, die als vereinzelte Gestalten das höfische, gesellschaftliche oder gelehrte Element verkörpern. Tritt das gelehrte Element etwa im bürgerlichen Virtuosen Rückert auf, das gesellschaftliche in Wilhelm von Humboldt, der vom Januar 1832 bis zum 28. März 1835 täglich ein Sonett dichtet und so mit 1183 Sonetten annähernd die Zahl Lope de Vegas erreicht, so vertieft sich das höfische Element in Josef Weinheber zur persönlichen Tragik. Weinheber weiß um die Grenzen seiner Dichtung und bekennt 1938: „Hier ging es mir deutlich auf: daß ich wohl ein genialischer Sprachkünstler, aber kein Dichter von bleibendem Range bin, wahrscheinlich wird die Zukunft keine Dichter mehr vertragen. Darum gebiert die Gegenwart keinen mehr."[84] Weinhebers Grenzen sind jedoch nicht die der Dichtung überhaupt, sondern die Grenzen der höfisch-adeligen Dichtung. Es war die Tragik Weinhebers, daß er für seine Poesie keinen Fürsten mehr fand.

Seit 1945 tauchen in der Lyrik aller Sprachen die alten literarischen Spiele wieder auf. Nach zwei Weltkriegen ist die nun über hundert Jahre herrschende Vorstellung vom Dichter als Führer erloschen. Der Dichter möchte sich von neuem in die Gesellschaft einordnen und so etwas wie ein Poesiemanager werden. Die Gesellschaft belohnt ihn dafür mit einer steigenden Flut von Literaturpreisen. Es fehlt nur noch der Kreis von Kennern, der feste Normen für die Preise aufstellt. Das Ideal dieser Gesellschaft ist der Techniker und der Ingenieur als moderne Form des Gelehrten. Wie der moderne Literaturwissenschafter mit seinen „Strukturen, Stellenwerten, Koordinaten, Unbestimmtheitsfunktionen der Determinanten" greift auch der Dichter gern zu einer (sehr oft pseudo-)technisch-mathematischen Sprache, macht sich aber auch — nicht zuletzt angeregt durch die Manierismus-Diskussion — als Sprachlaborant die sprachlichen Experimente früherer gelehrter literarischer Spiele zunutze, ohne sich freilich streng an die Spielregeln zu halten.[84a] Am wenigsten ausgeprägt ist wohl zur Zeit noch das höfische Element, doch kann sich dieses mit der wachsenden Totalitarisierung unserer Staatsformen entwickeln.

An diese grundsätzlichen Bemerkungen schließen wir eine Übersicht über die literarischen Spiele und ihre Verbreitung an; für die Gliederung haben wir die technische Einteilung nach Buchstaben-, Silben-, Reimspielen usw. gewählt.

A. BUCHSTABENSPIELE

a) Anagramm

Wohl das verbreitetste aller Buchstabenspiele ist die Buchstabenversetzung, das Anagramm.[1] Scherz- und ernsthaft hat man schon das Alphabet das umfangreichste der Anagramme genannt, weil in ihm die ganze Weltliteratur eingeschlossen sei. Die Geschichte des Spiels können wir nur kurz andeuten: Die Anwendung des Anagramms ist äußerst mannigfaltig; es dient als Geheimschrift — besonders für

---

[83] Cysarz aaO 104 Anm.
[84] an Johannes Klein 23. 3. 1938: Weinheber V 450.
[84a] vgl. etwa Max Bense, Theorie der Texte, Köln 1962, bes. 143 ff.
[1] Literatur zum Anagramm: Canel I 70 ff. mit Bibliographie (100 ff.); Reallexikon I 40, 2. Aufl. I 60 (P. Habermann); Lalanne 8 ff.; Tabourot 74 ff.

Pseudonyme —, als magisches Orakel, zum bloßen Wortspiel und schließlich zum Lob einer Person, vor allem des Herrschers, für den allerlei Schmeichelhaftes aus seinem Namen herausgelesen wird. Auf diese Art gebraucht es schon der älteste bekannte Anagrammfabrikant Lykophron von Chalkis im dritten vorchristlichen Jahrhundert, der seinen Herrscher Ptolemaios etwa als „apo melitos" verherrlicht.[2] Die Ursprünge des Spiels verlieren sich jedoch im Dunkel der Orakelsprüche. Als sprachliches Lieblingsspiel der Griechen (z. B. ὄχλος — χόλος, im Pöbel steckt die Wut)[3] dringt es in die römische, mittel- und neulateinische Literatur, aus der unzählige Beispiele genannt werden könnten, so die bekannten auf Rom (Roma-amor-armo-Maro-mora-oram-ramo), auf virginitas oder auf bestimmte Herrscher.[4] Das Anagramm ist vor allem ein Spiel der Gelehrten und der Geistlichen, von denen einer aus dem englischen Gruß „Ave Maria gratia plena! Dominus tecum" zwölfhundert anagrammatische Loblieder herauszieht.[5] Wenn wir von der zeitlich unbegrenzten Verwendung für Pseudonyme — bekannt sind die von Rabelais, Fischart, Grimmelshausen usw. — absehen, so schätzen in den volkssprachlichen Literaturen besonders das sechzehnte und das siebzehnte Jahrhundert die Buchstabenversetzung. Bei den niederländischen Rederijkers des sechzehnten Jahrhunderts heißt das Spiel „Letterkeer". In Frankreich[6] scheint es im sechzehnten Jahrhundert der Hellenist Jean Daurat zu einer richtigen Mode gemacht zu haben, von der manch kleiner Geist sogar in klingender Münze profitierte, wie jener Advokat Billon, der von Ludwig XIII. für seine fünfhundert Anagramme auf dessen Namen eine beträchtliche Pension erhielt. In *Deutschland* kommt schon zu Anfang des siebzehnten Jahrhunderts eine Anagrammatopoeia heraus;[7] aber erst Opitz gibt das Spiel sozusagen offiziell frei. In seinem Erstling, dem Aristarch,[8] stellt er nach dem Vorbild des „Svvabius"[9] deutsche Anagramme her, die ihm beweisen helfen, daß die deutsche Sprache der lateinischen an Geschmeidigkeit ebenbürtig sei. Wer wagte daran zu zweifeln, wenn er aus seinem Gönner Daniel Rindfleisch mit Hilfe eines

[2] Pauly-Wissowa XIII.2 2316 ff. (Ziegler).
[3] Ohlert 239 f.
[4] karolingisch z. B. bei Eugenius Vulgarius; neulatein. etwa bei Janus Caecilius Frey. Latein. Anagramme allgemein: Weis Jocosa 30 ff.; Weis Curiosa 39 ff.; Weis Bella Bulla 36 ff. Zu den lateinischen Spielen konnte im folgenden nicht mehr berücksichtigt werden: Hans Walther, Lateinische Verkünsteleien des Mittelalters — In: ZfdA 91 (1962) 330 ff.
[5] nach Weis Jocosa 35. Sollte es sich um Joh. Baptista Agnensis Cyrnaeus handeln, von dem ABC cum notis I 329 hundert Anagramme über den englischen Gruß abdruckt? ABC cum notis I 328: 34 Anagramme über „Ergo sum vitis vera et vos palmites" von Jacob Masen.
[6] zahllose Beispiele, vgl. Canel I 79 ff.
[7] Vorbild: Scaliger III 451.
[8] Opitz, Aristarchus sive De contemptu linguae teutonicae und Buch von der Deutschen Poeterey ed. Georg Witkowski, Leipzig 1888, 102 f.
[9] wohl Freund und Gönner Ernst Schwabe von der Heyde in noch ungedruckten Gedichten, vgl. Paul Schultze, Martin Opitz und Ernst Schwabe von der Heyde — In: Archiv f. Literaturgeschichte 14 (1886) 241 ff.; Max Rubensohn, Ernst Schwabe von der Heyde — In: Euphorion 1 (1894) 58 ff., 384 f.; derselbe, Der junge Opitz — In: Euphorion 6 (1899) 24 ff., 221 ff.

zusätzlichen *l* (Daniell) ein „Seid allen freundlich", aus der Margareta Rindfleischen „ein trefflicher Smaragdt"[10] und aus der Helena Roggin ein „O ringe lange"[11] macht. Die Teutschen Poemata enthalten vier Anagramme,[12] das Buch von der Deutschen Poeterey dagegen keine. Unbestrittener Meister des barocken Anagramms ist Philipp Zesen. Auf der fünften Stufe der Helikonischen Obertreppe gibt er eine genaue Anleitung zur Fabrikation von Anagrammen:

> Zum sechsten / aus derselben nahmen verkehrung und buchstaben-wechsel / wan nähmlich die buchstaben der nahmen versetzet der hinterste zu förderst / und der mittelste zu hinterst oder an einem andern ort gesetzet wird; welches wiewohl es bei den Alten Dicht-meister / als ein bloss-gekünsteltes und bisweilen gezwungenes werk / ... ist im gebrauche gewesen / so kan es doch zu zeiten viel kurtz-weile / und gar eine sonderliche erfündung veruhrsachen / wan es nuhr recht flüsset. Damit aber auch der dichterische künstler / so dieses nachkünsteln wil / nicht so viel kopf-brechens / mit verschreib- und ausleschung der buchstaben und nahmen / haben dürfte / so geb' ich ihm den raht / dass er ihm die buchstaben aus karten oder spiel-blättern schneide / und dan ihrer so viel nehme als im nahmen begriffen seind / selbige verlege und wider lege / so lange / bis eines oder etliche worte aus dem nahmen zusamengebracht hat / die einen guten und folkommen sin haben / und die er zu seiner erfindung brauchen kan. Oder / damit er nicht so viel schneidens mit den spiel-blättern bedürfe / und die Gottlosen ihre Bibel auch gantz behalten / so wil ich ihm den raht geben / dass er nuhr auf ein karten- oder spiel-blat / oder auf sonst etwas einen buchstaben schreibe / und sie also gantz verlege und umwechsele.[13]

Aus Margareten erhält Zesen so: „Gern am rate / mager raten / mager arten / er mag raten / er mag arten / arm geraten", aus Margarete: „Meer grat / argmeert / meer ragt / arm reget / gar meret / trag meer / amt-reger", aus Friederich gar: „Red' ich frei / red' eifrich / red' ich reif / ich, der reif / er rief dich / ich rief dier / eifrich dier / der ich frei / der ich reif / der eifrich / dich freier / frie er dich."[14] Wir sind versucht, verständnisvoll zu nicken, wenn er Helikon zu „ein Kohl" anagrammatisiert.[15] Er weist auch darauf hin, daß man mit dem Letterwechsel Gedanken fürs Gedicht fabrizieren könne, denn:

> Wan aber ferner iemand Kathrine Tugendreich hiesse / und ich wolte diese zwe nahmen auch durch buch-staben-wechsel versetzen / so würden sich diese worte finden / kein raht / gütich reden, Hieraus könte man allerhand schertz-gedichte und kurtzweile machen; Dan was Tugend-reich / daraus gütich reden kömmet / guht machet / das verderbet wiederüm der andere / nähmlich Katrine / der diese worte (kein raht) in sich helt.[16]

Prompt dichtet er auch ein entsprechendes Poem und ergänzt es mit einem Akrostichon, in dem man von unten nach oben den Satz „Kein raht gütich reden" noch einmal liest. Für das Hochzeitsgedicht fabriziert er aus Lisabet Straubichtin sinnigerweise „nicht / als ins braut-bet":

---

[10] nach Witkowskis Ausgabe von Adam Thebasius aus Liegnitz (103 Anm. 3).
[11] von Ernst Schwabe von der Heyde.
[12] Opitz Poemata 55 Nr. 29; 77 Nr. 59; 141 f. Nr. 137 f.
[13] Zesen Helikon I T 2 vo.
[14] ebda. T 3 ff.
[15] ebda. T 5.
[16] ebda. T 4 ff.

> ihr nahme sagts / daß sie
> nicht als ins braut-bet wil.[17]

Möglicherweise steckt aber in Zesen ein Ironiker, macht er doch aus Johannes Rist „Es rinnt ja so". Seine Methode des Anagrammatisierens mit Hilfe ausgeschnittener Kartonbuchstaben ist nicht die einzige gewesen. Borinski berichtet aus einer nicht genannten Quelle, daß Würfel zu diesem Geschäft gedient hätten.[18] Schottel behandelt den Letterwechsel eingehend und betont, nicht jeder bringe dieses Kunststück fertig.[19] Lernen kann man es am besten in den Frauenzimmergesprächsspielen Harsdörffers, der die Fruchtbringende Gesellschaft als „deutscher Gegend lieblicher Safft" oder unter verschämtem und listigem Weglassen von fünf Buchstaben als „gleiches, reiches Tugendband" besingt.[20] Als barockes Gesellschaftsspiel[21] erfreut das Anagramm natürlich vor allem auch das Herz der kleineren Dichter und der Poetiken schreibenden Schulrektoren, welche die Mode über die zweite Hälfte des Jahrhunderts (Christian Knittel, Sigmund v. Birken, Theodor Kornfeld) bis tief ins achtzehnte Jahrhundert hinein (Erdmann Uhse, Johann Christoph Männling, Andreas Köhler) weitertragen. Anagrammspezialist ist der Hallenser Professor der Jurisprudenz Nikolaus Gundling mit seinen „Otia";[22] ein Christian Händel behandelt die Versetzung sogar in seiner Disputation,[23] ein Johann Frenzel aus Leipzig ist bekannt dafür, daß er alle Porträts der Zeit mit Anagrammen versieht;[24] überdies erscheinen zahlreiche Sammlungen.[25] In Österreich vermittelt der volkstümliche Matthias Abele[26] den Letterwechsel an Abraham a Sancta Clara, dessen

---

[17] ebda. T 3 vo f.
[18] Borinski 59.
[19] Schottel Verskunst 240 ff., Hauptsprache 971 ff.
[20] Harsdörffer schreibt die Buchstaben auf Kiesel, wobei ihm „zwei oder drei" entfallen: Gespsp VI. S.) () () () () () (ij ff., sonst empfiehlt er, die Buchstaben auf Papierchen zu schreiben (Gespsp IV 185); vgl. auch Gespsp III 322 ff., 451 ff.; IV 182 ff.; Trichter II 17 ff. Er ist ein besonderer Liebhaber des Anagramms: „Die Letterwechsel / wann sie nach der Kunst geschlossen / oder mit einem Sinnbild artig verknüpffet / belustigen meines Erachtens vor allen andern" (Trichter II 30).
[21] öfters auch bei Fleming (Deutsche Geschichte ed. J. M. Lappenberg, Stuttgart 1865, zB. 41 f., 224) und Logau (zB. I.1.24).
[22] *Nicolaus Hieronymus Gundling, Otia, Frankfurt-Leipzig 1706-07.
[23] *Christophus Christianus Haendelius, Artem Germanorum poeticam disputatione publica exhibit, Altdorf 1689, nach Borinski 291 Anm. 1.
[24] G. G. Gervinus, Geschichte der deutschen Dichtung, 4. Aufl. Leipzig 1853, III 313.
[25] Sammlungen von Anagrammen: *Johann Saubert, Responsio pro Anagrammatographiae studio; *C. Serpilius, Celspirii De Anagrammatismo libri II, Regensburg 1713; *Mauthner, Rostock 1636; David Friedrich Stender, Anagrammata latina et germanica, Hamburg 1666; derselbe, Teutscher Letterwechsel, Hamburg 1667; derselbe, Anagrammatum latinorum et germanicorum coronis posthuma, Braunschweig 1679; ABC cum notis I 322 ff.; II 299 ff.; vgl. auch Buxtorf 118 ff. Eine französische Sammlung: *Anagramméana, Poème en huit chants, par l'anagramme d'archet [= Rachet] ... bei Lalanne 11, es handelt sich um ein Gedicht von 1200 Versen mit je einem Anagramm von der Art: „Lecteur sied que je vous dise / Que le sbire fera la brise."
[26] Matthias Abele, Vivat Unordnung ... Nürnberg Endter 1670-75, II 284, 293; IV 181, 373 f.

Predigten von spielerisch-tiefsinnigen Buchstabenversetzungen nur so wimmeln. Nie hat es aber auch an Gegnern gefehlt. Vinzenz Fabricius nennt die Anagrammatisten Kümmelspalter, die aus Mückenflügeln Fächer verfertigten, um den Schwitzenden ein Windchen zu machen; er findet es schmählich, sich daran zu erfreuen, Namen zu zerlegen, diese in klägliche Sprüche zu zwingen und womöglich noch eine Masse läppischer Titel hinzuzufügen, um desto mehr Stoff zur Spielerei zu haben.[27] Johann Georg Neukirch nennt die Anagramme Lumpereien.[28] Die Flut der barocken Anagramme ist kein Symptom für das im Gefolge der mystisch-theosophischen Strömungen wachsende Interesse an der Kabbala. Die barocken Letterwechsel versuchen nicht, die geheimen Eigenschaften des Menschen zu enthüllen,[29] sondern bleiben ein Gesellschaftsspiel, selten erheben sie sich zur Allegorie oder zum Symbol, am ehesten noch in Grimmelshausens Proteusnatur, besonders in der Auflösung seines Pseudonyms auf dem Titelblatt zum zweiten Teil des Wunderbarlichen Vogelnests in eine Sammlung alphabetisch geordneter Buchstaben: „A c eee ff g hh ii ll mm nn oo rr sss t vv" (Samvel Greifnson vom Hirschfeldt).[30] Mit dem achtzehnten Jahrhundert stirbt das Anagramm allmählich ab, nur in Rätsel und Pseudonym bleibt es bis zur Gegenwart erhalten.[31] Erst in jüngster Zeit hat ihm Unica Zürn wohl mit Hilfe einer Technik ähnlich der Zesens reizende Wirkungen abgewonnen:

Tausend Zaubereien

Ei, zarte Suenden bau:
reizende Tauben aus
Zundertau. Eine Base
aus Reizdaunen bete
an. Zuende Staubeier
aus, in Zaubertee. Den
Zebus traue an deine
Busenzierde. Taue an
Eisabenden Azur. Tue
in den Zaubertausee
tausend Zaubereien.[32]

[27] Vinzenz Fabricius, Pransus paratus in poetas et eorum contemptores, nach der Ausgabe in: Elegantiores praestantium virorum Satyrae..., Leiden 1655, 676 ff., Anagrammatisten: 698 ff., 737 f.

[28] *Johann Georg Neukirch, AnfangsGründe zur Reinen Teutschen Poesie Itziger Zeit, Halle Renger 1724, nach Borinski 344 Anm. 3. Morhof 697 f. zählt den Letterwechsel zu den armseligen Erfindungen; treffende Wahrheiten, die sich aus Wechsel ergäben, seien dem Zufall, nicht etwa magischen Geheimnissen zu verdanken. Auch Frischs Schulspiel (1700) wendet sich im 5. Auftritt gegen das Anagrammatisieren, ebenso etwa Addisons Spectator Nr. 60, 9. 5. 1711.

[29] dies gegen Karl Viëtor, Probleme der deutschen Barockliteratur, Leipzig 1928, 59; vgl. auch Hübscher Barock 555 f.

[30] zu Grimmelshausens Anagrammen vgl. Jan Hendrik Scholte, Zonagri Discurs von Waarsagern, Verhandelingen der Koninkl. Akademie van Wetenschappen Afd. Letterkunde NR 22 (Amsterdam 1921) Nr. 3, bes. S. 69 ff. (Chronogramme 79 f.).

[31] 82 Anagramme des Wortes Radieschen in einem Gedicht Franz Dülbergs: Meyer maer 85 f.

[32] Unica Zürn, Hexentexte — In: Der Monat 154 (13. Jg., Juli 1961) 64 ff., Zitat 67.

Mehr kulturhistorisch interessant sind getanzte Anagramme, die Buchstabenballette. Schon die attische Bühne kennt sie. Dante läßt im achtzehnten Gesang des Paradiso die Lichtgeister auf dem Stern der gerechten Herrscher eine Buchstabenscharade tanzen.[33] Harsdörffer schildert ein Ballett in den Gesprächsspielen;[34] am Ende des siebzehnten Jahrhunderts tanzen dreizehn Tänzer bei der Rückkehr von Stanislaus Leszczinski, dem späteren König von Polen und Schwiegervater Ludwigs XV., Anagramme auf „Lescinia Domus".[35]

b) Akro-, Meso-, Telestich und Notarikon

Beim Akrostichon bilden die Anfangsbuchstaben der Verse, in selteneren Fällen auch ihre Anfangswörter, zusammen ein Wort oder einen Satz, bei Meso- und Telestichon wird diese Aufgabe einem mittleren, bzw. dem letzten Buchstaben übertragen.[1]

Die Akrosticha sind offenbar eines der ältesten literarischen Spiele. „Wollte man ihre Verbreitung klarmachen, so müßte man eher nach dem Volke fragen, in dessen Literatur sie fehlen, als nach Völkern, bei denen sie vorkommen", schreibt Karl Krumbacher.[2] Dornseiff kennt schon babylonische.[3] In der griechischen Antike gilt nach Diogenes Laërtios Epicharm aus Kos um 500 v. Chr. als Erfinder.[4] In Rom hat nach dem Zeugnis Ciceros schon Ennius das Spiel verwendet;[5] es schützt einen Teil der sibyllinischen Orakel vor Interpolationen und Verkürzungen.[6] Freilich treten in der Antike Akrosticha nur vereinzelt auf,[7] doch ergötzen sich die Miszellaneenschreiber der Kaiserzeit daran, Zufallsakrosticha zu finden, wo der Dichter gar

---

[33] Paradiso 18. Gesang V. 70 ff.

[34] Harsdörffer Gespsp VI 56 ff.; Buchstabentanz für das Wort „Eitelkeit": III 214 ff.

[35] Lalanne 10 f.; nach Weis Bella Bulla 51 erdacht von Jablonsky, Rektor der Schule von Lissa, zur Thronbesteigung (1704).

[1] allgemeine Literatur zum Akrostichon: Canel I 17 ff.; Reallexikon I 4, 2. Aufl. I 14 f. (P. Habermann). Im folgenden werden Meso- und Telesticha in den meisten Fällen der Einfachheit halber Akrosticha genannt.

[2] Karl Krumbacher, Die Akrostichis in der griechischen Kirchenpoesie — In: SB d. Philos.-philol. u. hist. Kl. d. Bayr. Akademie d. Wiss. 1903, 551 ff. (Heft 4), Zitat 551.

[3] Dornseiff 146 f.

[4] Diogenes Laërtios, De vitis, dogmatis et apophthegmatis clarorum philosophorum lib. VIII cap. 3 78, vgl. Hermann Diels, Sibyllinische Blätter, Berlin 1890, 34 Anm. 1. Zu den antiken Akrosticha vgl. Dornseiff 146 ff.; Pauly-Wissowa I 1200 ff. (Graf); Reallexikon für Antike und Christentum ed. Theodor Klauser, Leipzig 1941 ff., I 235 (A. Kurfess, Th. Klauser); Diels aaO 25 ff.; Ohlert 225 ff.

[5] Cicero, De Divinatione II 54 111 f.

[6] Dionysius Halicarnassensis, Antiquitates Romanae lib. IV cap. 62 6.

[7] z. B. auch akrostichische Inhaltsangaben zu den Komödien des Plautus etwa aus dem zweiten Jahrhundert nach Chr., vgl. Martin Schanz, Geschichte der römischen Literatur, I, 4. Aufl. ed. Carl Hosius, München 1927, 84, 261, 275. Verfasserakrostichon „Nikandros", Theriaca V. 345 ff.: Nicander, Poems and Poetical Fragments ed. A. S. F. Gow and A. F. Scholfield, Cambridge UP 1953, 50 (freundl. Hinweis v. Harald Fuchs).

MIRVMOPVSESTIVNCTOSENTALESEDEREVERSVS
SICQVELIGAREHEDERISPAVLVMTVDIEROGATVS
MOXADESENQVORSVMRAPIESQVIPRAEBEOFIXAS
SVMTVVSECPRIMISTVADISCIMVSTTRIAFELIX
NECFALLAXTRIBVENSAVDACIINMVNERECLARVM
AEQVIPERESANIMVMNVNCCLIOCARMINAFIRMET
QVIPOTERVNTPANGIPONAMCEVSTAMINANORMAS
QVAEVERRANTSESEQVAEVINCVLAMITIACVRENT
TVDABISHASVIRESTVARVRSVMCOSEREPRAEMIA
AVSIBVSINMAGNISLAETAADCONTRARIACVRRAS
AONIDVMNAMFONTEGRAVIMICATARSNOVAVENIS
IMMANESTPRORSVMAMPLEXVAVTTOTOCIVSONAS
PROSPICEREPLANTAREMODOSINMITTATVTITVM
ETPROIECTANECETCONSVMTOINGLORIALIBRO
SISAPIVNTETNOSTRACVISVCCRESCEREACVMEN
PRAESOLIDVMDENSVMQVEANIMIDEDVCEREVIVA
CONGRVERECERNANTSTVDIOSEQVIBONACALLES
LEGIB.ABSTRVSISQVODCARMINACONSPICORATI
BLANDEANIMIIVDEXQVIMORIB.OMNIAGISAVCTV
PRAEMIROOSTENDISSTVDIAINRECTOREPOLITA
TREVSICOLASQ.TVOSAVCTVSLAETABILESVMENS
INTVITVMQVOPROSPERAFACTAACGAVDIADONES
PVBLICANILPRIVSESTQVODVIETNOMINECVRAS
FASSITSIDONIISENSVMINPEXETRALEPATRONI
NOSCEREQVAEPOSSISILLICXITOROCITEREIVS
CONDITVRABSTRVSAGENEROSVMCOGERECENSVM
PAVPERIEFLAGRANTGEMINISNOVAGAVDIAVOTIS
DIVESAPOLLINEISDEAVRATFOEDERAPLECTRIS
HICNOVITLAVDESDOCTVSQVAEQVEOMINETANTO
SVNTPRAEVISABONISTVDEXTERPROTINVSESTO
CVMSANCTISINSISTEFIDEFESTINVSINAMPLVM
CLEMENTIHAECNVTAVGVSTVSTIBIDONABEATA
LAVDATOTRIBVETTECONSVLEPRAEMIACOMPLET
HINCTVATVNCFESTISNOTISEXNOMINAPLAVSVS
PLVRIMVSACPRVDENSRERVMQVISTORPEATVSVS
DEGENERIABSPEMOLITAPLVSINGRVITHINCIAM
SVSCIPEVOTOALACRIHOCMVNVSVIRBONECLARE

2. PUBLILIUS OPTATIANUS PORFYRIUS, CARMEN CANCELLATUM.

keine beabsichtigt hat.[8] Erst in Commodians Instructiones aus dem dritten Jahrhundert n. Chr. bilden die Versanfänge aller Gedichte Wörter und Sätze, die sich auf den Inhalt beziehen.[9] Dann verfertigt Optatianus Porfyrius[10] nicht nur gewöhnliche Akro-, Meso- und Telestiche,[11] sondern er verwebt die zusammenzulesenden Buchstabenrubrikate so in den Text eines Gedichts, daß sie als sogenannte versus cancellati zugleich ein ornamentales Gitterwerk oder bestimmte Bilder, etwa ein Schiff, und überdies erst noch neue kleine Carmina ergeben.[12] Porfyrius findet vom sechsten bis ins zehnte Jahrhundert zahlreiche Nachahmer, Venantius Fortunatus, Bonifatius, Alcuin, Hrabanus Maurus usw. Josephus Scottus bringt sogar eine Kirche mit drei Kreuzen zustande. Vor allem der karolingischen Renaissance sagen solche Verschnörkelungen zu.[13] Überreich an gewöhnlichen Akrosticha ist die alte griechische Kirchenpoesie, meist geben sie den Verfasser oder den Inhalt der Hymnen an. Dabei kommt es sogar vor, daß ein Dimitios das Akrostichon eines Liedes von Romanos auf seinen Namen umfälscht![14] Die mittel- und die neulatei-

[8] Ein ähnliches Spiel an gelehrten griechischen Gastmählern, bei dem es Verse herauszufinden gilt, deren erste und letzte Silben jeweils zusammen Namen, Geräte oder Speisen ergeben (Ohlert 76, Schultz Rätsel I 130 f.), taucht im 15. Jahrhundert unvermutet mit Jean Molinets „Ballades figurées" wieder auf, in denen die Versschlüsse Blumennamen und weniger Blumiges bilden (Molinet 864 ff., ähnlich Tonleiter am Versanfang: 804 f.; Vogelnamen am Anfang und Schluß: 269; vgl. Dupire 233). Zahlreiche lateinische Zufallsakrosticha gesammelt von Isidor Hilberg: Ist die Ilias Latina von einem Italicus verfaßt oder einem Italicus gewidmet? — In: Wiener Studien, Zeitschrift für classische Philologie 21 (1899) 264 ff.; Nachtrag: 22 (1900) 317 f.
[9] Meyer Mlat Ryth I 6; II 39 ff., 108 ff.; III 233.
[10] Publilii Optatiani Porfyrii Carmina ed. Lucianus Mueller, Leipzig 1877. Nach dieser Ausgabe ist im folgenden zitiert, da mir die von Elsa Kluge, Leipzig 1926, nicht zugänglich war.
[11] Optatianus Porfyrius 11, 13 a/b.
[12] ebda. 2 f., 5-10, 12, 14, 19 (Schiff), 21-24, Inhalt meist Lob des Herrschers oder Christi; vgl. auch unten S. 190 ff. (Figurengedicht). Nach Lalanne 6 noch im 17. Jahrhundert bei *C. Chabrol, L'Orizelle, Paris Colombel 1633; nach Canel I 205 noch im 18. Jahrhundert bei Jacques Rochet.
[13] versus cancellati allgemein: Canel I 29, 188 ff. Einzelnes: Venantius Fortunatus: Manitius Poesie 488 f.; Tatuinus: ebda.; Bonifatius: Poetae I 16 f. Nr. 2; Josephus Scottus: Poetae I 152 ff. Nr. 3-6 (Kirche); Alkuin: Poetae I 224 f. Nr. 6 f.; Theodulf von Orléans: Poetae I 480 ff. Nr. 23; Gozbert: Poetae I 620 ff.; Hrabanus Maurus: Poetae II 165 f. Nr. 6.1; 928 f., Magnentii Rhabani Mauri De laudibus Sanctae Crucis ed. Adolf Henze, Leipzig 1847; Carmina Sangallensia: Poetae II 478 ff. Nr. 5; Milo von St. Amand: Poetae III 562 f. Nr. 2 f.; Eugenius Vulgarius: Poetae IV 436 f.; Versus Augienses: Poetae IV 1114 f. Nr. 4 (besonders schönes Fragment); Abbo von Fleury: Manitius II 665, 671; Dieter Schaller, Die karolingischen Figurengedichte des Cod. Bern. 212 — In: Medium aevum vivum, Festschrift für Walther Bulst ed. Hans Robert Jauss und Dieter Schaller, Heidelberg 1960, 22 ff.; Nobert Fickermann, Eine karolingische Kostbarkeit zwischen Figurengedichten der Zeit um 1500 — In: PBB (Tübingen) 83 (1961) 36 ff.
[14] Krumbacher aaO 638 f.

nische Literatur benützt ebenfalls gern Akrosticha,[15] erst im achtzehnten Jahrhundert sinken sie mehr und mehr zu Stammbuchscherzen herab.[16]

Im *deutschen* Mittelalter enthalten schon Otfrieds Zueignungsgedichte Akrosticha, ihm folgen etwa Gottfried von Straßburg[17], Rudolf von Ems[18] und Konrad von Ammenhausen[19]. Meist wird der Name des Verfassers[20] oder des Adressaten genannt, doch fehlt mit Gottfrieds „Tristan-Isolt" auch die allegorische Deutung nicht. Die Meistersinger übernehmen das Spiel.[21] Daß sie es in das Kirchenlied eingeführt haben, wie Goedeke meint, scheint bei der reichen kirchlichen Tradition doch recht fraglich.[22] Das längste deutsche Akrostichon stammt aus der ersten Hälfte des fünfzehnten Jahrhunderts: Johannes Rothe erzählt in den 773 Kapitelanfängen seiner Düringischen Chronik das eigene Leben.[23] Eine eigenartige Gestalt der gleichen Zeit ist der Schweizer Heinrich von Laufenberg.[24] Neben „normalen" Akrosticha mit Versen wie „Ach liebi frow, got sy mit dir / daz selb das wünsch ouch allzit mir"[25] bringt er es fertig, in ein Kirchenlied „Maria hilf" das Akrostichon „Frow Margaret, nim hin von mir / ein vasnaht kuechli send ich dir" einzu-

---

[15] zu den griechischen und lateinischen Akrosticha vgl. Sachregister zu Poetae, Manitius, Manitius Poesie; ferner etwa: Du Méril 150 ff. Anm.: Ebert I 86 ff.; Reallexikon II 379 ff. (K. Strecker, Mittellateinische Literatur), bes. 382 a; vor allem auch in kirchlicher Literatur, vgl. Karl Krumbacher, Geschichte der byzantinischen Literatur, 2. Aufl. München 1897, 697 ff., 712 ff., 812 ff. Schulscherze usw.: Weis Jocosa 86; Weis Curiosa 81; Weis Bella Bulla 33 ff.

[16] Keil Stammbücher 1172; R. M. Werner, Aus einem Stammbuch des 17. Jahrhunderts — In: VjsfLitgs 4 (1891) 155 f., Akrostichon 156.

[17] vgl. Jan Hendrik Scholte, Symmetrie in Gottfrieds Tristan — In: Vom Werden des deutschen Geistes, Festgabe für Gustav Ehrismann ed. Paul Merker und Wolfgang Stammler, Leipzig 1925, 66 ff.; derselbe, Gottfried von Straßburgs Initialenspiel — In: PBB 65 (1941) 280 ff.; Carl von Kraus, Das Akrostichon in Gottfrieds Tristan — In: ZfdA 50 (1908) 220 ff. Ein akrostichisches Monogramm bei Walther von der Vogelweide vermutet: J. A. Huisman, Neue Wege zur dichterischen und musikalischen Technik Walthers von der Vogelweide, Utrecht Kemink 1950, 16.

[18] Rudolf von Ems: Barlaam und Josaphat ed. Franz Pfeiffer, Leipzig 1843, 405 f. (Schluß); Willehalm von Orlens ed. Victor Junk, Berlin 1905, V. 1 ff., 2143 ff., 5595 ff., 9735 ff., 12'205 ff.

[19] Konrad von Ammenhausen, Schachzabelbuch ed. Ferdinand Vetter, Frauenfeld 1892, V. 19'233 ff.: Verfasser, Ort und Beruf.

[20] weitere Namenakrosticha: Der Ackermann aus Böhmen (Akrostichon des Schlußgedichts: Johannes); Marienbuch des Bruder Hans vom Niederrhein. Mariengedicht mit englischem Gruß als Akrostichon *aller* Wörter: Franz Pfeiffer, Akrostichon — In: Germania 12 (1867) 60.

[21] Wolfgang Stammler, Die Wurzeln des Meistergesangs — In: DVjs 1 (1923) 529 ff., 545; Goedeke II 247 ff.

[22] Goedeke II 202.

[23] Verfasserlexikon V 995 ff. (Hans Neumann).

[24] ebda. III 27 ff. (Ludwig Denecke); E. R. Müller, Heinrich Loufenberg, Diss. Straßburg 1888; Ludwina Boll, Heinrich Loufenberg, Diss. Köln 1934.

[25] Wackernagel Kirchenlied II Nr. 739; ferner 738, 741; allgemein im 15. Jahrhundert: ebda 1020 ff., 1052, 1250.

flechten.[26] Solche Scherze finden sich zwar noch heute, aber nicht gerade in Kirchenliedern.[27]

Im sechzehnten Jahrhundert beherrschen Akrostichon und Akrostrophe (erster Buchstabe, erstes Wort usw. der Strophe statt des Verses) das Kirchenlied. Nach Wackernagels Sammlung[28] sind es in der ersten Hälfte des Jahrhunderts vor allem Akrosticha auf Fürstennamen neben den immer üblichen Verfasserangaben und vereinzelten Ortsnamen, weiblichen und männlichen Vornamen. Das dritte Viertel des Jahrhunderts wird überwuchert von Losungen, Bibelversen usw., etwa „Warliken, warliken, ick segg iuw, so jemandt myn wort wert holden, desulve wert den dodt nicht sehn ewichlick, Amen".[29] Natürlich müssen zu solchen Akrosticha meist ganze Anfangswörter verwendet werden. Das letzte Viertel des Jahrhunderts endlich bietet viele Devisen wie „Lang ist nitt ewig, ewig aber ist lang"[30] und Verfassernamen, dagegen weniger Fürstennamen. Im siebzehnten Jahrhundert gelingt es Josua Wegelin in seinem Betbüchlein für die Augsburger Gemeinde die Namen der Tage, für welche die einzelnen Lieder bestimmt sind, als Akrosticha einzusetzen.[31] Aus dieser Zeit stammt auch das bekannteste Kirchenlied-Akrostichon, Paul Gerhardts „Befiehl dem Herren dein' Weg und hoff' auf ihn. Er wird's wohl machen".[32]

Auch über die weltliche Dichtung der zweiten Hälfte des sechzehnten und des beginnenden siebzehnten Jahrhunderts ergießt sich eine Flut von Akrosticha. Der alte Hans Sachs übt sich in diesem Spiel,[33] und nach ihm treten fast alle Dichter von 1575 bis 1625 meist mit dem Vornamen der Angebeteten, seltener mit ihrem eigenen Namen auf.[34] Obwohl Opitz keinen dichtet,[35] nimmt der Barock den „Vorn-

[26] ebda. II 737.
[27] Für den Gebrauch des Akrostichons zu Scherzen und zu verstecktem Spott oder Tadel in scheinbaren Lobgedichten bietet die Literaturgeschichte zahlreiche Beispiele: Deinhardstein versieht ein Lobgedicht mit dem Akrostichon „O Erzesel Liebel", Saphir ein solches auf Nina Sontag mit „Ungeheur' Ironie" (Saphirs „Berliner Courir" 7. 3. 1828); vgl. Castelli I 417 ff.; Gerber II 363 Anm.; in literarischer Verwendung: Otto Julius Bierbaum, Prinz Kuckuck, 5./6. Aufl. München-Berlin o. J., I 448.
[28] vgl. Wackernagel Kirchenlied III, IV und V.
[29] ebda. IV 1083.
[30] ebda. V 800.
[31] ABC cum notis II 213; vgl. ADB XLI 763 (H. A. Lier).
[32] Paul Gerhardt, Dichtungen und Schriften ed. Eberhard von Cranach-Sichart, Zug 1957, 246 ff. Nach Gerhardt etwa noch im Herrenhutischen Kirchenlied z. B. bei Johann Rothe (1688-1758).
[33] Hans Sachs ed. A. v. Keller und E. Goetze, Tübingen 1870-1908, XXIII 242 ff.; auch bei Paul van der Aelst: Hoffmann von Fallersleben, Das Liederbuch Pauls van der Aelst — In: Weim Jb 2 (1855) 320 ff.
[34] In der Textkritik spielt das Akrostichon eine wichtige Rolle, bestimmt es doch die Reihenfolge der Strophen, oft den Verfasser und weist überdies darauf hin, daß es sich um kein eigentliches Volkslied handeln kann, vgl. dazu Arthur Kopp, Das Akrostichon als kritisches Hilfsmittel — In: ZfdPh 32 (1900) 212 ff.; derselbe, Noch einige Akrosticha — In: ZfdPh 33 (1901) 282 ff.; Goedeke II 202.
[35] Die Hinweise von Paul Hankamer, Deutsche Gegenreformation und deutsches Barock, Stuttgart 1935, 173, 175 f., beruhen wohl auf einer Verwechslung mit dem Anagramm.

lauff" in seine Poetiken auf; Schottel verfertigt neben ab- wie aufwärtslaufenden sogar solche, bei denen die Anfangsbuchstaben *aller* Wörter zusammenhängend zu lesen sind.[36] Der „Vornlauff" gehört zum festen Bestand der barocken Formen, so daß sich hier Namenslisten erübrigen. Am Ende des Jahrhunderts hat man aber langsam genug. Frisch verspottet das Spiel,[37] Gottsched reiht es unter die „mehrenteils läppischen" Scherzgedichte ein und zitiert Günthers Selbstironie: „Ich flocht auch, wie noch viel, die Namen vor die Lieder, Und ging oft um ein A, drey Stunden auf und nieder."[38] Immerhin verewigt gerade Christian Günther[39], wie auch Christian Weise[40], noch die Namen seiner Geliebten und anderer Frauen in Akrostichen. Trotzdem nimmt das Spiel ab, bald verwenden es nur noch Dilettanten,[41] schließlich erscheint es wieder vereinzelt etwa bei Eichendorff[42], bei Josef Weinheber[43], oder als Gesellschaftsspiel der ehrwürdigen Berliner Gesellschaft für deutsche Sprache und Altertumskunde.[44] Jean Paul dagegen gibt dem Akrostichonschreiber „keinen Pfennig für sein Abc der Anschauung unerquicklicher Mühen".[45]

Eine Art Gegenteil des Akrostichons ist das aus Mystik und Magie stammende N o t a r i k o n, das — anfänglich besonders religiös wichtige — Wörter als Gruppe von Anfangsbuchstaben anderer Wörter aufnimmt. Bekannt ist die Deutung des urchristlichen Fisches Ἰχθύς als Ἰησοῦς Χρειστὸς Θεοῦ Ὑιὸς Σωτήρ.[46] Das lateinische Schrifttum ist reich an solchen Deutungen;[47] der Name Maria ergibt in der christlich-lateinischen Hymnendichtung, in der Scholastik und noch im Meistersang eine Reihe lobpreisender Attribute, etwa „*Mediatrix Auxiliatrix Repa-*

---

[36] Schottel Verskunst 230 ff., Hauptsprache 963 ff.; vgl. auch Harsdörffer Trichter II 17; Zesen Helikon T 7 vo ff.
[37] Frisch Schulspiel 5. Auftritt.
[38] Gottsched 792; Spott in Addisons Spectator Nr. 58 (7. 5. 1711), 60 (9. 5. 1711).
[39] Christian Günther, Sämtliche Werke ed. W. Krämer, Leipzig 1930-37, I 39, 114; II 151, 180, 236, 239, 248, 254; IV 75, 286.
[40] Christian Weise, Der grünenden Jugend überflüssige Gedanken ed. Max Freiherr von Waldberg, Halle 1914, 36 f., 84 f.; *derselbe, Curieuse Gedanken von Deutschen Versen, Leipzig 1691, S. III.
[41] weitere Akrosticha, besonders des 18. Jahrhunderts: ABC cum notis I 281 ff.; II 212 ff.
[42] Eichendorff I.1 143.
[43] z. B. Weinheber I 533; II 412.
[44] Odebrecht, Über die Bildung von Akrostichen in deutscher Sprache — In: Germania/Neues Jahrbuch der Berlinischen Gesellschaft für Deutsche Sprache und Alterthumskunde 7 (1846) 316 ff.
[45] Jean Paul I.16 424. Daß andere Sprachen eine ähnliche Geschichte aufweisen, ist selbstverständlich, Hinweise erübrigen sich. Von den Unsinnspoeten unserer Arbeit ist Carroll ein besonderer Liebhaber dieses Spiels; er korrespondiert mit Charles Stuart Calverley darüber (abgedruckt bei Stuart Dodgson Collingwood, The Life and Letters of Lewis Carroll, London T. Fisher Unwin 2. Aufl. 1899, 152 ff.) und dichtet zahlreiche Akrosticha (The Complete Works of Lewis Carroll, London The Nonesuch Press 1939, 459, 679, 828 ff., 877 usw.).
[46] Franz Joseph Dölger, Ichthys, Rom-Freiburg-Münster 1910-43.
[47] scherzhaftes Notarikon von Crassus bei Cicero, De oratore II 59 240; allg. vgl. Dornseiff 185 f. und die dort angegebene Literatur. Zu einer Art Etymologie wird das Notarikon in Glosse der lat. Hs. 18570 der Bibliothèque Nationale verwendet: Faral 65.

Die literarischen, gesellschaftlichen und gelehrten Spiele 81

ratrix *I*lluminatrix *A*diutrix".[48] Auch boshafte Späße fehlen nicht: der monachus besteht aus so vielen Tieren, wie er Buchstaben hat, denn es gleichen seine *m*ores dem Affen, die *o*culi dem Schwein, der *n*idor dem Raben, die *a*stutia dem Fuchs, das *c*or dem Wolf, die *h*aeresia dem Polypen, die *v*ox dem Esel und die *s*uperbia dem Pfau. In die deutsche Literatur ist das Notarikon, abgesehen von Frauenlobs Deutung des wîp als „wünne irdisch paradies",[49] Logaus Auslegung des Krieges:

> *K*ummer, der das Marck verzehret,
> *R*aub, der Hab' und Gut verheeret,
> *I*ammer, der den Sinn verkehret,
> *E*lend, das den Leib beschweret,
> *G*rausamkeit, die Unrecht fehret:
> Sind die Frucht, die Krieg gewehret[50]

und Rückerts Liebeserklärung:

> *L*iebe, *U*nschuld, *I*nbrunst, *S*itte, *E*hre,
> Sind der Züge fünf, die ich verehre;
> Und die fünfe hab' ich, schön verbunden,
> In der Freundin Namenszug gefunden.[51]

nur als Gesellschaftsspiel (bei Harsdörffer),[52] als Kinderspiel[53] und zur Deutung von Abkürzungen und Devisen (etwa zur Auslegung der Vokalfolge AEIOU auf Österreich[54]) eingegangen.

c) Chronogramm und Chronostich

Chronogramm und Chronostich treten meist mit dem Akrostichon zusammen auf. Bestimmte Buchstaben der Wörter werden als Zahlen genommen und geben die Jahreszahl des Ereignisses an, von welchem in den Versen die Rede ist.[1] In den Sprachen, in denen die Buchstaben an sich Zahlwert besitzen, geht das verhältnismäßig leicht. Deshalb ist das Chronogramm in der Antike ein gelehrtes Gesellschaftsspiel;[2] Seneca erwähnt, daß die ersten zwei Buchstaben des ersten Wortes der

---

[48] auch in zweifelhaften Strophen Reinmars von Zweter: Gedichte ed. Gustav Roethe, Leipzig 1887, 235 ff.
[49] Frauenlob ed. Ludwig Ettmüller, Quedlinburg-Leipzig 1843, Minneleich 23.
[50] Logau I.5.49.
[51] Rückert I 399.
[52] Harsdörffer Gespsp I H4vo, 2. Aufl. 141 f.: Julia = *I*n *U*nserm *L*and *I*st *A*llerley; ferner ebda. VIII 47; vgl. auch ebda. V Ehrengedicht Nr. 12 von Johann Helwig: Noris = *N*icht *O*hne *R*uhm *I*st *S*trephon, oder rückwärts: *S*pielen *I*m *R*eden *O*ftmals *N*utzet.
[53] Lewalter-Schläger 541.
[54] AEIOU: Dieses um 1490 aufkommende Vokalspiel beschäftigte besonders Kaiser Friedrich III., vgl. Alphons Lhotsky, AEIOV, Die „Devise" Kaiser Friedrichs III. und sein Notizbuch — In: Mitteilungen für österr. Geschichtsforschung 60 (1952) 155 ff.; Adel 52. Ferner: ABC cum notis I 19, 25; II 11 f., 29; Dante Convivio IV cap. 6: Etymologie von „Autor" aus einem angeblichen Verbum „aeiou" (Opere ed. Michele Barbi, Florenz Le Monnier 1934 ff., V 58 ff.); in Stammbüchern: Keil 27; 144 Nr. 675; 149 Nr. 170; 175 Nr. 873.
[1] allgemein: ABC cum notis I 44, 346 ff.; II 42, 317 ff.; Tabourot 94 ff.; Lalanne 65 ff.; D'Israëli 107; Canel I 268 ff.; Weis Curiosa 61 ff.; Weis Bella Bulla 82 ff.
[2] Schultz Rätsel II 130 f.; Ohlert 78.

6 Liede, Dichtung 2

Ilias (μῆνιν) die Gesamtzahl der Bücher von Ilias und Odyssee, also 48, ergäben.[3] In neuerer Zeit wird es besonders gern in Grab- und andern Inschriften verwendet, so soll es schon in der Mitte des elften Jahrhunderts auf einer Scheibe in St. Pierre zu Aire vorkommen; sicher bezeugt ist es für 1371.[4] Alle möglichen Ereignisse datieren Chronogramme und Chronostiche der Niederlande und Deutschlands im sechzehnten und siebzehnten Jahrhundert. Schottel[5] und Harsdörffer[6] gedenken ausführlich der Zählreime; beliebt ist das Chronogramm „Der hoChLöblChen FrVChtbrIngeDen GeseLLschaft VrsprVng" auf das Gründungsjahr der Gesellschaft (1617).[7] Logau bedichtet das Jahr 1642:

> GeLLt! ob aVCh rVh, o toLLe VVeLt,
> FäLLt, VVIe sIe MensChen VVahn besteLt.[8]

Die Nürnberger, besonders Birken, rühmen „Chronosticha nach allen vier species und der regula de tri", also mit Addition, Subtraktion, Multiplikation, Division und Dreisatz. Trotzdem bleibt das Chronogramm in der deutschen Literatur ein Randgebiet für gelehrte Virtuosen;[9] aber selbst Goethe prüft noch ein Chronostich für die Grabschrift auf Carl Augusts Sohn Alexander.[10]

d) Der Abecedarius

Der Abecedarius ist ein Akrostichon, das kein Wort, keinen Satz, sondern das Alphabet ergibt; vielleicht ist er die ursprünglichste Form des Akrostichons.[1] Dafür sprechen das Alter, die weite Verbreitung und vor allem die Aufgabe dieses Spiels. Denn es erfüllt vorab einen mnemotechnischen Zweck: es erleichtert das Erlernen und Im-Gedächtnis-Behalten von Sentenzen, Zitaten usw. So begegnet schon dem Kind der A B C - V e r s d e r F i b e l mit seinem köstlichen Unsinn, der Jean Paul zum „Leben Fibels" entzündet[2] und bei Wilhelm Busch ein wohlverdientes Denkmal erhält:

> Der Affe sehr possierlich ist,
> Zumal, wenn er vom Apfel frißt.

Aus der Schulstube dringt der Abecedarius in andere kindliche Poesien, etwa in Auszählreime:

---

[3] Seneca epist. 88 35.
[4] Lalanne 68.
[5] Schottel Verskunst 263; Hauptsprache 989 f., vgl. auch 222 f., Schottel schlägt überdies vor, die lateinischen Zahlbuchstaben durch deutsche zu ersetzen, und zwar: A = 10, E = 1, I = 5, O = 100, U = 1000, W = 500, S. = 50.
[6] Harsdörffer Trichter II 27 ff.; auch Harsdörffer wünscht eine deutsche Zählung mit b = 1, c = 2, B = 200, L = 1000 usw., 1648 ergäbe so LGqk; vgl. auch Gespsp III 332ff.
[7] Harsdörffer Trichter II 27.
[8] Logau I.6.85; vgl. auch 94. Psalm von Quirinus Kuhlmanns Kühlpsalter.
[9] vgl. etwa Buxtorf 114 ff.; Spott in Addisons Spectator Nr. 60 (9. 5. 1711).
[10] Goethes Briefwechsel mit Christian Gottlob Voigt ed. Hans Tümmler, Weimar 1949-62, III 103 Nr. 108. Für Chronogramme des 19. Jahrhunderts vgl. etwa auch Johann Andreas Schmeller, Tagebücher 1801-52 ed. Paul Ruf, München 1954-57, I 390.
[1] so Graf in Pauly-Wissowa I 1200 ff.
[2] mit der „Urfassung": „Der *Adam* gar possierlich ist": Jean Paul I.13 410 Z. 13 ff.; auch sonst bei Jean Paul: I.13 465 Z. 17 ff. und S. XCIII.

Apfel, Birne, Zirkeltopf [Cirkel, Dopf],
Ente, Feige, Geige, Hopf,
Igel, Katze, Löwe, Maus,
Oder Peter Pfand heraus.[3]

A begleitet Sizilien [Caecilien]
Durch einen finstern Gang.
Hans ist krank,
Leidet manche Not.
O Peter!
Vater [Gvatter?] ruft seiner Tochter Ursula.
Vater will gesottene Issogozapfen [xottene Ysop(?)zapfen?].[4]

Schon Fischart führt in seiner Spielliste das „ABC-Reimen" auf.[5] Doch auch Gelehrte verschmähen es nicht;[6] Melanchthon verwendet die versificatio secundum alphabetum im Unterricht: Jeder Schüler muß einen gnomischen Vers aufsagen, der erste muß mit A, der zweite mit B usw. beginnen. Luther und Melanchthon unterhielten sich mit diesem Spiel auf einer Reise nach Leipzig.[7] Bei Harsdörffer müssen die Antworten auf Fragen mit einem bestimmten Buchstaben beginnen,[8] oder es müssen je drei zusammengesetzte Wörter mit gleichen, sich nach dem Abc folgenden Anfangsbuchstaben genannt werden.[9] Harsdöffer kann sich dabei auf Athenaios berufen, der im dritten Jahrhundert n. Chr. von philologischen Gesellschaftsspielen berichtet, bei denen unter anderm Städte Asiens und Europas mit bestimmten Anfangsbuchstaben zu nennen waren, von einem Spiel also, das noch heute fortlebt.[10]

Die Abc-Dichtung ist aber nicht nur Lernhilfe und mnemotechnisches Spiel, die dichterischen Abecedarien stützen sich überdies auf den Nimbus der Alphabetreihe. „Der Ablauf eines solchen Gedichtes hat etwas ungewohnt Zwingendes. Je kürzer die alphabetisch angeordneten Zeilen sind, desto mehr. Wer einmal das jüdische Morgengebet mitangehört hat, das aus 22 alphabetisch angeordneten Worten be-

---

[3] Schläger I 143; vgl. oben S. 35 f. Kindlich-spielerisch sind auch die alphabetischen Namenlisten, so die imaginären Kunden in Dickens' Our Mutual Friend (I chap. 8): „Mr. Aggs, Mr. Baggs...", aber schon in Plautus' Asinaria die Liste Artemonas von Bekannten, zu denen ihr leichtlebiger Gatte geht (V. 865 ff.), und eine Liste von Tieren als Schmeichelnamen (V. 693 ff.).
[4] Schläger I 144; vgl. Rochholz I 268 ff.; Lewalter-Schläger 487 (Schrawwel-Abc).
[5] Fischart Geschichtklitterung 262 b Z. 33.
[6] allgemein: Canel I 13 ff.
[7] Otto Clemen, Miszellen zur Reformationsgeschichte — In: ZfKirchgs 59 (1940) 410 ff., versificatio secundum alphabetum 422 ff.; vgl. auch das englische Spiel „to cap verses". Oft erhalten philologische Übungsstücke auch sonst die Abc-Form, so etwa eine Homonymik in Versen mit dem Titel „Quodlibet", Nürnberg Endter 1721, verfaßt oder redigiert von Joh. Heinr. Gottfr. Ernesti, vgl. Heinrich Klenz, Eine Homonymik in Versen — In: ZfdWf 12 (1910) 222 ff. und Alfred Goetze ebda. 296 ff.
[8] Harsdörffer Gespsp I H 3 ff., 2. Aufl. 136 ff.; III 340 ff.; IV 430 ff.
[9] ebda. VIII 61 ff.
[10] Athenaios Deipnosophistai X 86 f. (457 e/f), übersetzt bei Schultz Rätsel I 18. Hinweis Harsdörffers auf Athenaios: Gespsp III 55 ff.; vgl. auch Literaturverzeichnis am Schluß von Gespsp II. Über Klearch vgl. Ohlert 18, 75 ff.; ferner allg. Curtius 68, Schadewaldt Legende von Homer 66 f. Eine Abc-Tragödie des Kallias erwähnt Athenaios X 79 (453 c/e), übers. bei Schultz Rätsel I 10 f.; vgl. auch Ohlert 217 ff.

6*

steht, wird das bestätigen. Auch der Eindruck der erschöpfenden Vollständigkeit, der bei Gebeten wichtig ist, ist stark. Es scheint einem unbedingt alles gesagt, eben von A bis Z".[11] Diese Art Abecedarien stammt wohl aus dem semitischen Orient, als älteste Beispiele gelten die ersten vier Klagelieder Jeremiae. Die Bibel überliefert weitere, vor allem in der Psalmendichtung.[12] Diese jüdische Tradition pflanzt sich fort im erwähnten jüdischen Morgengebet und in der spätjüdischen Dichterschule der Paitanim, die von syrischer akrostichischer Dichtung abzuhängen scheint. Diese hat jedoch das Verfahren wiederum aus der alten hebräischen Dichtung übernommen und bis heute bewahrt.[13] Die hebräischen Abecedarien sind die Quelle für die christlichen. So begegnet uns die Gattung von den Anfängen[14] bis heute in der griechisch-byzantinischen Hymnen- und Kanondichtung, wo Persönlichkeiten wie Johannes Damascenus und Gregor von Nazianz ihr Tribut gezollt haben.[15]

Vorbild der deutschen Abecedarien ist natürlich die lateinische christliche Dichtung. Schon der erste lateinische Hymnendichter, Hilarius von Poitiers, dichtet um 350 einen Abecedarius,[16] ebenso um 393 Augustin einen „Psalmus abcdarius contra partem Donati", er hatte nach eigenem Zeugnis besonders den mnemotechnischen Zweck im Auge;[17] auch seine Psalmendichtungen sind abecedarisch. Auf Hilarius und Augustin folgen zahlreiche abecedarische Hymnen und Sequenzen bis zum Beginn des sechzehnten Jahrhunderts,[18] aus denen wir nur die Namen Caelius Sedulius, Venantius Fortunatus, Paulus Diaconus, Isidor von Sevilla und Zacharias Ferrerius hervorheben. Eine lange Reihe moralischer und lehrhafter Alphabete beginnt mit Gregor von Nazianz' „Monosticha moralia". So gibt es etwa Alphabete de bonis und de malis sacerdotibus.[19] Wenn aber Fortunat in einem Abecedar eine übereilte Bischofwahl von 576 schildert[20] oder sogar Schimpflieder gegen Benevent und gegen den Abt von Angers diese Form aufweisen,[21] so ist offensichtlich das

---

[11] Dornseiff 146. Für das folgende ebda. 147 ff., 187 f.
[12] nach Dornseiff 147: Nah. 1; Spr. Sal. 31 V. 10-31; Sir. 51 V. 13-29 und Ps. 9 f., 25, 34, 37 (unvollst.), 111 f., 119, 145, die alle als hellenistisch gelten; vgl. auch das alphabetische Spruchbuch des Ben Sira: Emil Kautzsch, Die Apokryphen und Pseudepigraphen des Alten Testaments, Tübingen usw. 1900, I 240 f.
[13] Dornseiff 147 mit Literatur. Auch Abecedarien in umgekehrter Reihenfolge: Enno Littmann, Neuarabische Volkspoesie, Berlin 1902, 87. Griech. abecedar. Hymnen auf Apollon und Dionysos: Anthologia Graeca IX 524 f.; vgl. unten S. 94.
[14] schon am Ende des 3. Jahrhunderts: Dornseiff 148.
[15] Karl Krumbacher, Geschichte der byzantinischen Literatur, 2. Auflage München 1897, 717 ff. Weiterleben auch in der vulgär-griech. Literatur z. B. in der Ilias des Hermoniakos: Dornseiff 149.
[16] Wackernagel Kirchenlied I 2.
[17] Migne PL XLIII 23; C. Daux, Le Chant abécédaire de St. Augustin, Arras 1905; Teuffel 440.8; Meyer Mlat Ryth II 18 ff.
[18] z. B. karolingische Abecedare, vgl. Sachregister zu Poetae I-IV, besonders auffallend ist das Lamentum Poenitentiae (Poetae IV 769 ff.), bei dem sechzig Strophen mit A, je sieben mit B und N, je drei mit K und M, je zwei mit C, D, E, F, G, L, O, P, Q, R, T, V und je eine mit S, X, Y, Z beginnen, vgl. dazu Meyer Mlat Ryth II 190 ff.
[19] Manitius III 991 f.; Meyer Mlat Ryth III 290 f.
[20] Meyer Mlat Ryth III 287.
[21] Ebert II 324.

Alphabetreimen ein Modespiel geworden; darauf weist auch ein volkstümliches Abc auf Kaiser Ludwig II. aus der zweiten Hälfte des neunten Jahrhunderts hin.[22]

Die ersten den deutschen nahestehenden Abecedare müssen wir — wenn wir Richard M. Meyer glauben dürfen — in der germanischen Runenschrift suchen: „Dem fremden Alphabet wird ein Runenalphabet nachgebildet und mit Benutzung uralter Runennamen durchbenannt, indem man die wichtigsten Begriffe auswählt, für jeden dasjenige heiti, welches mit dem betreffenden Anlaut beginnt, sanktioniert und so die beiden Zwecke zugleich erfüllt: die Buchstaben und die Hauptbegriffe im Gedächtnis zu bewahren. Dies geschah unzweifelhaft durch Langverse, die mit dem Anlaut der Rune alliterierten. Aus einem solchen ‚Goldenen ABC' ist in dem Spruch von der Vergänglichkeit aller Dinge vielleicht der Begleitspruch der F-Rune gerettet."[23] *Deutsche* Abecedarien besitzen wir jedoch erst seit dem vierzehnten Jahrhundert, und zwar dichtet der Mönch von Salzburg[24] gleich ein äußerst kunstvolles „Guldein Abc mit vil subtiliteten". In der Eingangsstrophe fügt er, dem Alphabet nach, alle Wörter zusammen, die als Anfangswörter der folgenden Strophen dienen:

> Ave, ballsams creatur,
> diu englische figur,
> got hat in kewschleichem lob
> mariam naturen ob,
> prich qual, ruf sündleichen toren
> und wend xristo ymmer zoren.[25]

Dasselbe Verfahren finden wir als Anfang eines Traktates „De semine litterarum" (wohl fälschlicherweise Joachim von Floris zugeschrieben) schon im Lateinischen. Dieser beginnt „Asumet Benignus Carmen Dominus Emmanuel" und endet mit „Yschiros Zelotes".[26] Einer solchen Alphabetdichtung entspricht aber zugleich ja auch das Schema der eingangs erwähnten Kinderverse, so daß sich hier Kind und Mönch im gleichen Spiel treffen, falls man nicht die Kinderverse als Überbleibsel der geistlichen Abecedarien betrachten will.[27]

---

[22] Manitius I 608. Für die griechischen und lateinischen Abecedare vgl. auch Teuffel 460.5, 464.2, 173.4, 191.9; Manitius Poesie 14 Anm. 3, 28 ff., 238 ff., 303 ff., 320, 418, 482; Manitius I 86, 160 ff., 190, 200 f., 264, 271, 370, 608; II 443 f., 558 ff.; III 971, 987, 991 f.; Meyer Mlat Ryth II 18 ff., 39 ff., 92 ff., 108 ff.; III 60 ff., 287 ff., 320; Wilhelm Meyer, Die Preces aus der mozarabischen Liturgie, Berlin 1914; Du Méril 150 ff.; Canel I 13 ff.; Wackernagel Kirchenlied I 2, 48 f., 69, 173, 440; A. Clerval, Les Ecoles de Chartres au moyen âge, Paris 1895, 58 ff.; Ein Hymnus abecedarius auf Christus ed. Alban Dold, Beuron 1959 (dazu: Walther Bulst, Almus altus agnus aptus — In: Britannica, Festschrift für Hermann M. Flasdieck ed. Wolfg. Iser u. Hans Schabram, Heidelberg 1960, 82 ff.); H. Palm, Lateinische Lieder und Gedichte aus schles. Klosterbibliotheken — In: Abhandlungen der Schles. Gesellschaft f. vaterländ. Cultur, Philos.-hist. Abt. 1862 Heft 2, 74 ff.
[23] Meyer Agerm Poesie 517 (zu Havamál 75 f.).
[24] vgl. Verfasserlexikon II 418 ff. (Ludwig Denecke, Hans Engel).
[25] Wackernagel Kirchenlied II 580 (nicht in Ausgabe Mayer-Rietsch, Berlin 1894-96).
[26] vgl. *Ferdinand Friedensburg, Die Symbolik der Mittelaltermünzen, I, Berlin 1913, 90.
[27] Damit ist die Frage Schlägers (I 142 Anm. 4), ob sich der alphabetische Fortgang von Wort zu Wort auch im Mittelalter nachweisen ließe, beantwortet.

Heinrich von Laufenberg, der Akrostichonvirtuose, dichtet neben vier gewöhnlichen ebenfalls einen solchen „subtilen" Abecedarius.[28] Aus dem vierzehnten Jahrhundert verzeichnet Wackernagel noch ein anonymes Marien-Abc,[29] aus den ersten Jahren des fünfzehnten stammt „Des Pilgers Marien-Abc" in der „Pilgerfahrt des träumenden Mönches",[30] einer Übersetzung des um 1330 geschriebenen „Pélérinage de la vie humaine" des Zisterziensers Guillaume de Deguileville. Ins Englische übersetzte diese Marien-Abecedarien Chaucer. In der zweiten Hälfte des fünfzehnten Jahrhunderts notiert sich die Clara Hätzlerin ein Lob- und zwei Schelt-Alphabete in ihr Liederbuch. Das Lob-Alphabet auf ein Mädchen lautet:

Allerliebsts,
Beschaidens,
Czuckersüß,
Durchgepreyßts,
Erentreichs,
Frölichs,
Güttigs,
Hochgelobts,
Immertröstlichs
Kind!
Lustliche
Maget!
Natürliche,
Obroste
Pietterin!
Quick!
Rainclicher
Schatz!
Triulichs
Versenen!
Xps [Christus]
Zerbräch dir alles leiden![31]

Ein Scheltalphabet dagegen schimpft:

Abgerittene
Böszwichtin!
Czerrüßene,
Durchtribne,
Erenlose,
Frawenschenderin!
Gruntlose,
Hůrische,
Inprünstige
Kotz!
Liegende,

---

[28] Wackernagel Kirchenlied II 734; gewöhnliche Abecedarien: ebda. II 732 f., 735 f.
[29] ebda. II 544.
[30] Die Pilgerfahrt des träumenden Mönches, Berleburger Handschrift ed. Aloys Bömer, Berlin 1915, V. 11'056 ff.; Kölner Handschrift ed. Adriaan Meijboom, Bonn-Leipzig 1926, V. 10'888 ff.; weiterer deutscher Abecedarius: Werner 179.
[31] Hätzlerin S. LXVII Nr. 2.

Misztrewige
Nachrednerin!
Offenbare
Pluotuergießerin!
Quostenpinderin!
Rewdige
Sackhůr!
Trunckne
Verrätterin!
Xpenlichs volcks
Ymmerwernde
Zageltasch![32]

Mit der Reformation wird alles abecedarisch gereimt, neben Kirchenliedern selbst eine „Vermanung an die oberkeit zu gotseliger regierung, und zu schuldigem gehorsam der unterthanen"[33] oder eine Schilderung der Reformationskriege, „Grund und ursach des kleglichen, ellenden, erbermtlichen Bludtbads ...";[34] besonders ein Wolf Gernold tut sich im Abc-Reimen hervor.[35] Aus dem dritten Viertel des Jahrhunderts sind uns Abecedarien aus dem Kreis der böhmisch-mährischen Brüder (Petrus Herbert), von Ambrosius Lobwasser und Georg Hennings erhalten,[36] aus dem vierten ein Abecedarius der Magdalena Heymairin[37] und einer „Von den fünff Hauptstucken catholischer Lehr".[38] In dieser Zeit verbreitet sich als Einblattdruck das beliebteste abecedarische Lied: „Allein auf Gott setz dein Vertraun", meist recht eigentlich das „*Güldene ABC*"[39] genannt und noch heute oft als Wandschmuck dienend. Eigenartigerweise ist in der Barockdichtung, wenn wir von Gestalten wie Kornfeld und Johannes Winkelmann absehen, das Abc-Reimen nie über die kirchliche und didaktische Dichtung hinausgedrungen. Hier freilich blüht es in Quirinus Kuhlmanns „Kühlpsalter" mit einem goldenen Abc für jeden Wochentag, mit Sterbens-, Grab- und Auferstehungsabecedarien.[40] In politischen, satirischen, moralischen, geistlichen usw. Flugschriften[41] lebt er bis in die Gegenwart fort, als neue Verwendungsform kommen Reklame-Alphabete hinzu.[42] In der

---

[32] ebda. S. LXVII f. Nr. 4; das zweite Schelt-Alphabet: ebda. S. LXVIII Nr. 6; vgl. dazu auch Friedrich Ranke, Zum Formwillen und Lebensgefühl in der deutschen Dichtung des späten Mittelalters — In: DVjs 18 (1940) 307 ff., Hätzlerin 311.
[33] Wackernagel Kirchenlied III 1176.
[34] ebda. III 1231.
[35] ebda. III 891 ff.; ferner Gregorius Springinklee: ebda. III 1137.
[36] ebda. IV 591, 1286, 1312.
[37] ebda. V 3.
[38] ebda. V 1298.
[39] ebda. V 516; 370: die nach Wackernagel ursprüngliche, plattdeutsche Fassung.
[40] Ps. 38; daneben auch Ps. 53, 65, 75, 82.
[41] auch bei Abraham a Sancta Clara, z. B. VI 252; bei Matthias Claudius ein gülden und ein silbern Abc: Werke ed. C. Redlich, 12. Aufl. Gotha 1882, 161 ff. Ferner: ABC cum notis I 267, 280 ff.; II 212, 232, 257 ff.; Dornseiff 151; *M. G. Albrecht, Fluch-Abc, Zürich 1679.
[42] Schützengrabenalphabete: Dornseiff 151; Alphabete in schweizerischer Abstimmungspropaganda usw.

Dichtung dagegen tritt der Abecedarius nur noch selten auf, etwa in Wilhelm Müllers „A bis M des Trinkers"[43] oder Raimunds „Ehestandsabc".[44]

Daß diese Spielgattung auch in den andern volkssprachlichen Literaturen heimisch ist, versteht sich von selbst. Guillaume de Deguileville und Chaucer wurden bereits erwähnt, aus der französischen Literatur könnten Guillaume Alexis' „Abc des doubles" mit abecedarischen Reimwörtern und Clément Marots „Alphabet du temps présent", aus der englischen Sterne, aus der spanischen Cervantes und aus der italienischen Teofilo Folengo genannt werden.[45]

Die telestichische Benützung der V o k a l f o l g e A E I O U bei Walther von der Vogelweide ist eine Abart des Abecedarius:

> Diu welt was gelf, rôt und blâ
> grüen in dem walde und anderswâ:
> kleine vogele sungen dâ.
> nû schrîet aber diu nebelkrâ.
> pfligt si iht ander varwe? jâ:
> sist worden bleich und übergrâ.
> des rimpfet sich vil manic brâ.
>
> Ich saz ûf eime grüenen lê:
> da ensprungen bluomen unde klê
> zwischen mir und eime sê.
> der ougenweide ist dâ niht mê.
> dâ wir schapel brâchen ê,
> dâ lît nû rîfe und ouch der snê.
> daz tuot den vogelînnen wê.
>
> Die tôren sprechent snîâ snî,
> die armen liute owê owî.
> ich bin swære alsam ein blî.
> der wintersorge hân ich drî:
> swaz der unt der andern sî,
> der wurde ich alse schiere frî,
> wær uns der summer nâhe bî.

---

[43] Wilhelm Müller, Gedichte, Krit. Ausg. ed. James Taft Hatfield, Berlin 1906, 438 f.
[44] Raimund III 130 ff.
[45] Marot II 499 ff.; vgl. auch Guillaume Alexis, Oeuvres poétiques ed. Arthur Piaget et Emile Picot, Paris SATF 1896-1908, I 9 ff., dort auch 1 ff. weitere französische Abecedarien. Zur englischen Literatur vgl. Max Förster, Das stabreimende ABC des Aristoteles — In: ASNS 105 (1900) 296 ff.; derselbe, Zum mittelenglischen ABC of Arystotle — In: ASNS 117 (1906) 371 ff.; Sterne, Tristram Shandy VIII chap. 13: Liebes-Abc; Eric Partridge, Comic Alphabets, Their Origin, Development, Nature, London Routledge & Kegan Paul 1961. Spanien: Cervantes Don Quixote I Kap. 13: Liebes-Abc einer Zofe. Italien: maccaronischer Abecedarius in Merlin Cocais Zanitonella: Merlin Cocai (Teofilo Folengo), Le Maccheronee ed. Alessandro Luzio, 2. Aufl. Bari Laterza 1927-28, I 21 ff. Ganz raffiniert ist ein Alphabetspiel, das alle Buchstaben in *einem* Vers verlangt, etwa „Qui flamboyant guidoit Zéphire sur ces eaux" oder „Duc Zephyre exurgens curvum cum flatibus aequor", Tabourot 142, Canel I 15 f., Boissonade I 378. Alle Vokale im Lateinischen: A Iove (Weis Curiosa 34).

E danne ich lange lebt alsô,
den krebz wolt ich ê ezzen rô.
summer, mache uns aber frô:
dû zierest anger und lô.
mit bluomen spilt ich dô,
mîn herze swebt in sunnen hô:
daz jaget der winter in ein strô.

Ich bin verlegen als ein sû:
mîn sleht hâr ist mir worden rû.
süezer sumer, wâ bist dû?
jâ sæhe ich gerner veltgebû.
ê deich lange in selher drû
beklemmet wære als ich bin nû,
ich wurde ê münch zu Toberlû.[46]

Nachahmungen zeugen für die Beliebtheit dieses Gedichts. Der Thurgauer Ulrich von Singenberg parodiert es und spielt seine eigene behagliche Lage gegen das Vagantentum Walthers aus.[47] Neben der Imitation durch Rudolf den Schreiber[48] und in einem Seifried Helbling zugeschriebenen Gedicht[49] enthalten die Carmina Burana das Bruchstück eines Liedes „Jam pridem estivalia ...",[50] das die Sterzinger Miszellaneenhandschrift vollständig und unter dem Titel „Marnary de quinque vocalibus" wiedergibt, so daß auch Marner zu den Imitatoren Walthers zählt.[51] Erfunden hat freilich Walther das Vokalspiel nicht: In der provenzalischen Dichtung kennen es etwa Daude und Bernart de Pradas,[52] Raimon Jordan.[53] Vielleicht stammen die a-e-i-o-u-Reime aus der mittellateinischen Dichtung, reimen doch die fünf fünfzeiligen Strophen eines freilich erst im Deutschland des dreizehnten Jahrhunderts aufgezeichneten Gedichts „Ve, quod meruit procax" je auf -ax, -ex, -ix, -ox und -ux.[54] Auch die altfranzösische Dichtung besitzt ein anonymes Chanson mit Vokalreimen.[55] Die „Règles de la Seconde Rhétorique" geben eine „Ballade

---

[46] Walther von der Vogelweide 75, 25; vgl. Heinrich Giske, Zu Walthers Vokalspiel — In: ZfdPh 15 (1883) 66 ff.; Reinhold Bechstein, Zu Walthers Vokalspiel — In: Germania 15 (1870) 434 ff.; Carl v. Kraus, Walther von der Vogelweide, Untersuchungen, Berlin-Leipzig 1935, 306 ff.
[47] MSH I 298 ff. Nr. 29; Schweizer Minnesänger 53 f. Nr. 31.
[48] Liederdichter 394 Nr. 1. Raffiniertes Vokalspiel in den Weisen Gottfrieds von Neifen (ieaou) ebda. 98 f. Nr. 16.
[49] Seifried Helbling ed. Joseph Seemüller, Halle 1886, 237 f. Nr. 12.
[50] CB Schm. 95; CB 3* (noch nicht ersch.).
[51] Sterzinger Miszellaneenhs., vgl. Philipp Strauch, Zum Marner — In: ZfdA 22 (1878) 254 f.
[52] Daude de Pradas, Poésies ed. Alexander Herman Schutz, Toulouse Privat - Paris Didier 1933, 79 Nr. 16; Bernart de Pradas: abgedruckt bei Carl Appel, Bernart von Ventadorn, Halle 1915, 304; allgemein Stengel 70; Bartsch Reimkunst 187 ff.
[53] Hilding Kjellmann, Le troubadour Raimon-Jordan, Uppsala Almqvist & Wiksells-Paris Champion 1922, 12; a-e-i-o-u innerhalb der Strophen bei Arnaut Daniel: R. Lavaud, Les poésies d'Arnaut Daniel — In: Annales du Midi 22 (1910) 17 ff., 162 ff., 300 ff., 446 ff.; 23 (1911) 5 ff.: Nr. 1 S. 20.
[54] Analecta hymnica XX 118; vgl. Spanke 171 ff.; Meyer Mlat Ryth I 283, 285.
[55] abgedruckt in Romania 15 (1886) 250 Nr. 4 (Paul Meyer, Les Manuscrits français de Cambridge II).

estrange en Sotie" wieder, mit den Reimen -nate, -nite, -note, -nute,[56] Clément Marot dichtet eine „Ballade du jour de Noël" mit -ac, -ec, -ic, -oc und -uc.[57] Obwohl sich die Barockmystik eingehend mit dem symbolisch-allegorischen Charakter der Vokalfolge a-e-i-o-u auseinandergesetzt hat (bedeutet sie doch für Böhme je eine Stufe und Haltung in der ewigen Selbstgeburt Gottes[58]), ist mir überhaupt kein entsprechendes neueres deutsches Gedicht bekannt, abgesehen von dem Volkslied, das mit der Wiederholung des Vokals einsetzt: „A, a, a, i bi ne Biderma; e, e, e ...".[59] Dagegen ist aus der spanischen Dichtung Quevedos Sonett „Coronado de lauro" zu erwähnen, das abwechselnd auf -ax, -ex, -ix, -ox, -ux reimt.[60]

e) Das Lipogramm

Die Geschichte des Lipogramms, der seltsamen Gebilde — Gedichte oder Prosawerke —, in denen ein bestimmter Buchstabe überhaupt nicht vorkommt,[1] läßt sich von allen Spielen am weitesten in die Antike hineinverfolgen, hat doch schon Lasos in der Mitte des 6. Jahrhunderts v. Chr. Gedichte ohne Sigma geschrieben; von einer Hymne an Demeter und einer Ode über die Kentauren sind uns einige Verse erhalten. Auch sein Schüler Pindar soll eine Ode ohne Sigma gedichtet haben. Interessant ist die Begründung, die Klearch (nach Athenaeus[2]) für dieses Spiel gibt: das Sigma sei der unangenehmste Konsonant des Alphabets und besonders die Sänger hätten am stimmlosen S Anstoß genommen, hätten es aber für unmöglich gehalten, darauf verzichten zu können, worauf Pindar ihnen das Gegenteil bewiesen habe. Nicht aus spielerischen, sondern aus vorwiegend ästhetisch-klanglichen Gründen wären so die ersten Lipogramme entstanden. Immerhin steht dieser Erklärung der bekannte Sigmatismus des Euripides entgegen. Das ästhetische Moment erscheint in der Geschichte des Lipogramms hie und da, im allgemeinen wiegt aber — zum mindesten im Mittelalter — das reine Virtuosenkunststück vor; so schon bei Nestor von Laranda (drittes Jahrhundert), in dessen griechischer Ilias von vierundzwanzig Gesängen jedem Gesang ein anderer Buchstabe fehlt. Auffälligerweise entstehen viele Lipogramme im Osten. Nestors Nachahmer Try-

---

[56] Langlois 65.
[57] Marot V 76 f. (Balade XI).
[58] Viertzig Fragen von der Seelen Nr. 102: Jacob Böhme, Sämtliche Schriften, Faks.-neudruck der Ausgabe von 1730 ed. Will-Erich Peuckert, Stuttgart 1955-61, Band 3.IV S. 30.
[59] ebenso im lateinischen Burschenlied (Arthur Kopp, Deutsches Volks- und Studenten-Lied in vorklassischer Zeit, Berlin 1899, 120), in Sebastian Sailers Die Sieben Schwaben I.1 (Sebastian Sailer, Biblische und weltliche Komödien ed. Owglass, München 1913, 149 f.) und in französ. satir. Lied auf die Jakobiner (H. Welschinger, Les Almanachs de la Révolution, Paris 1884, 90).
[60] Pfandl 235 f.
[1] allgemein: Canel II 157 ff.
[2] Athenaios Deipnosophistai X 82 (455 b/e), übers. bei Schultz Rätsel I 14 f.; Klearch hebt so vielleicht Curtius' Bemerkung auf: „Der geschichtliche Hintergrund dieser Spielerei ist uns ungreifbar" (286).

phiodor aus dem fünften Jahrhundert[3] mit seiner lipogrammatischen Odyssee nach dem gleichen Schema ist Ägypter, Fabius Planciades Fulgentius, der zu Beginn des sechsten Jahrhunderts eine seltsame Weltgeschichte „De aetatibus mundi et hominis" schreibt, in der ebenfalls pro Buch ein Buchstabe des Alphabets der Reihe nach fehlt, Afrikaner.[4] Er treibt daneben auch Zahlenmystik, so daß wir hinter dem Fehlen der Buchstaben irgendwelche mystisch-magischen Gründe vermuten dürfen. Bis an den Anfang des dreizehnten Jahrhunderts fehlen weitere Lipogrammatisten. Dann aber meidet der Kanonikus von Saint-Denis Petrus Riga in seiner Aurora oder Biblia versificata — einer der längsten Versifikationen des Mittelalters mit allegorischer Deutung des Bibeltextes — am Ende des Alten Testamentes in dreiundzwanzig Gedichten (Repetitio priorum sub compendio) je einen Buchstaben.[5]

Am Beginn des siebzehnten Jahrhunderts treten fast gleichzeitig in allen Ländern lateinische oder volkssprachliche Lipogramme auf, so daß der Einfluß der einen auf die andern schwer abzuschätzen ist.[6] Offensichtlich kam die Gattung dem barocken virtuosen Spielbedürfnis entgegen. Freilich begegnen uns auch ablehnende Stimmen.[7] An lateinischen Lipogrammen wären zu nennen: das Xenium des Adreas Prolaeus Pomeranus ohne R,[8] ein Panegyrikus von Janus Caecilius Frey ohne R und S[9] und eine anonyme Declamatio genethaliaca in Jesum Christum absque litera R.[10] In Frankreich dichtet Salomon Certon „Vers leipogrammes".[11] In Italien ist besonders das R verhaßt, wir besitzen gleich drei Werke ohne dieses, von Orazio Fidele,[12] Giovanni Cardone[13] und Gregorio Leti.[14] In Spanien[15] stellen sich die Lipogrammatisten bedeutend schwierigere Aufgaben. Alonso de Alcalá y Herrera läßt in fünf Novellen je einen der Vokale A, E, I, O, U aus,[16] bei Fernando Jacinto de Zurita

[3] Der Spott in Addisons Spectator Nr. 59 vom 8. 5. 1711 über Tryphiodor ist wohl die Quelle für dessen Erwähnung bei Jean Paul: Jean Paul I.13 465 f. Z. 17 ff.; I.16, 423.
[4] Fulgentius, Opera ed. Rudolf Helm, Leipzig 1898, 127 ff.
[5] gedruckt bei Polycarp Leyser, Historia poetarum et poematum medii aevi, Halle-Magdeburg 1721, 705 ff.
[6] allgemein:Grässe III.1 95 ff.
[7] z. B. in Spanien *Pellicar in den Avisos zum 21. Juni 1839: Pfandl 364.
[8] *Andreae Prolaei Pomerani Xenium, id est de nomine Jesu carmen in florentissima Giessena recitatum, ex quo toto litera canina R exsulare jussa est, Speyer 1616, nach Grässe III.1 98.
[9] *Paris 1616, nach Nicéron XXXIX 54.
[10] *Declamatio genethaliaca in Jesum Christum absque litera R, Straßburg 1666, nach Grässe III.1 98. Aus einem Antiquariatskatalog habe ich mir notiert: *Lingua Nova, Nec non Genuina Demosthenis sine R. Seu Methodus Latina-Teutonica Ignota ... Augsburg Simon Uzschneider 1671.
[11] *Salomon Certon, Vers leipogrammes et autres oeuvres en poésie ..., Sedan 1620.
[12] *Orazio Fidele, L'R sbandita, sopra la potenza d'amore, Torino 1633.
[13] *Giovanni Nicola Ciminello Cardone, L'R sbandita, sopra la potenza d'amore, Napoli 1619; erwähnt bei Jean Paul I.16 46; I.4 206 Z. 30 ff.; I.5 501 Z. 17 ff. Von Cardone daneben auch *L'Alfabeto distrutto, Reden ohne je einen Buchstaben des Alphabets.
[14] *Gregorio Leti, R sbandita, orazione, Bologna 1653, nach Nicéron II 379; schon die Rhétorique lehnt R-Alliterationen ausdrücklich ab: Fabri II 129 („Frenum").
[15] Georg Ticknor, Geschichte der schönen Literatur in Spanien, Leipzig 1852—67 II 250 f.
[16] *Varios efetos de amor, Lisboa 1641.

y Haro[17] und Francisco Navarrate y Ribera[18] fehlt das A, in der Schlußromanze des anonymen Schelmenromans „Estebanillo González" das U und bei Castillo Solórzano das Y,[19] während in der zweiten Hälfte des Jahrhunderts Isidoro de Robles wiederum je einen Vokal ausläßt.[20] In *Deutschland* sucht man bei den Pegnitzschäfern nicht vergeblich. Harsdörffer erzählt in den Frauenzimmergesprächsspielen Geschichten ohne M und L,[21] etwa eine „Süße Bestraffung" ohne L.[22] Ein anderer Nürnberger, Joachim Müllner, entwickelt sich zum eigentlichen Spezialisten für religiöse Lipogramme mit einer Pfingsterklärung ohne M, einer andächtigen Betrachtung über das Leiden und Sterben Jesu Christi ohne O und mit dem Labsälblein des bethlehemitischen Stallkindleins Jesu ohne R.[23] Das R-Lipogramm scheint überdies im siebzehnten Jahrhundert eine beliebte Übung für Kanzel- und andere Redner gewesen zu sein; Erdmann Uhses „Wohlinformierter Redner" enthält eine Weihnachtspredigt und eine Leichenabdankung ohne R für die „von Natur schnarrenden aber durch die Kunst lieblich-redenden Prediger";[24] berühmt war die geistreiche Predigt ohne R auf Offbg. 22 V. 12 des in Königsberg niedergelassenen Bündners Johann Konrad Bonorand.[25] Sogar Christian Weise läßt es sich nicht nehmen, für einen Liebhaber, der das R nicht aussprechen kann, eine ganze Rede ohne R aufzusetzen.[26] Im achtzehnten Jahrhundert dichtet Brockes siebzig Verse ohne R. Lautmalerisch verzichtet er in der „auf ein starckes Ungewitter erfolgten Stille" auf diesen Buchstaben, verwendet ihn dann um so häufiger in der Beschreibung des Gewitters und schreibt als stolzer Virtuose:

> Es hat der Herr Verfasser in gegenwärtigem Gedichte vor andern eine Probe gegeben, wie Wort-reich die Teutsche Sprache sey, indem Er, wie man finden wird, ein schönes angenehmes Wetter, mit gäntzlicher Vermeidung des sonst männlich- und etwas hart lautenden R, beschreybet; in Beschreibung eines Ungewitters aber, diesen Buchstaben häufig, und zwar, nach Erforderung der Sachen, mehr oder weniger wiederholet;

---

[17] *Los dos hermanos, Madrid 1654.
[18] *Méritos disponen premios, Madrid 1641.
[19] *La quinta de Laura, Madrid 1649.
[20] *Varios prodigios da amor en onze novelas cinco escritas sin una de la cinco letras vocales y las otras de gusto y apacible entretenimiento, Madrid 1665.
[21] Harsdörffer Gespsp II 138 ff.; VIII 50 ff., ebda. 53 nur vier Zeilen ohne R, da R-Lipogramme zu schwer seien.
[22] ebda. VIII 51 f.
[23] *Joachim Müllner, Labsälblein des bethlehemitischen Stallkindleins Jesu ohne R, Nürnberg 1687; *derselbe, Pfingsterklärung ohne den Buchstaben M, Nürnberg 1687; *derselbe, Andächtige Betrachtung über das Leben und Sterben Jesu Christi ohne O, Nürnberg 1680; *derselbe, Geistliche Gedanken über den Namen Jesus in Form einer Predigt ohne R, Nürnberg 1676: nach Grässe III.1 98.
[24] *Erdmann Uhse, Wohl-informirter Redner..., Leipzig Groschuff 1709; erwähnt bei Jean Paul I.5 501 Z. 17 ff.
[25] *Joh. Conrad à Bonorando, Eine geistvolle Predigt ohne den Buchstaben R..., Magdeburg G. Vetter o. J.; vgl. Histor.-Biograph. Lexikon der Schweiz, Neuenburg 1921-34, II 306.
[26] Christian Weise, Die drei ärgsten Erznarren der ganzen Welt, Neudruck Halle 1878, 132 ff.

wodurch zugleich der Einwurf sattsam gehoben wird, als wenn sich die Teutsche Sprache zur Music nicht schicke.[27]

Im allgemeinen bleiben sonst seit dem achtzehnten Jahrhundert die Lipogramme Sonderlingen wie dem Berliner Literaten und berühmten Improvisator Gottlob Wilhelm Burmann überlassen, der anno 1796 Gedichte ohne den Buchstaben R veröffentlicht.[28] In Frankreich führt Abbé Louis de Court,[29] in Italien Riccoboni[30] das Spiel ins achtzehnte Jahrhundert hinüber. Ganz verschwindet das Lipogramm nie. Besonders das R soll ausgemerzt werden. Im neunzehnten Jahrhundert versuchen das in Italien die Lobschriften Luigi Casolinis[31] und ein anonymes Lustspiel von 1826,[32] in Deutschland Franz Rittler mit dem Roman „Die Zwillinge. Ein Versuch, aus sechzig aufgegebenen Worten einen Roman zu schreiben"[33] und sein Nachahmer Leopold Kolbe mit „Keine Liebe ohne Qualen. Eine kleine Geschichte, einfach und doch künstlich",[34] ebenso zwei Geschichten von Paul von Schönthan.[35] Ein F. A. C. Keyser schreibt „Unterhaltende Geduldsproben in kleinen Romanen, Novellen und Erzählungen, in welchen jedesmal ein bestimmter Buchstabe fortgelassen ist, nach der Reihenfolge des Alphabets";[36] durch den Leipziger Frauenzimmeralmanach für 1814 geistern neun Aufsätze ohne B, C, D, F, H, K, L und M einer Caroline W-lich.[37] Am Ende der langen Reihe stehen zwei Namen, die sich seltsam nebeneinander ausnehmen: der Schlesische Schwan Friederike Kempner, die Verkörperung des unfreiwilligen Humors, und Josef Weinheber. Sie dichtet ein „Gedicht ohne r" in 66 Versen,[38] er in einem wunderlichen Gemisch von barockem Spiel, Jacob Grimmscher Verachtung des E-Lautes und Neuteutonismus:

Ohne e

Sprachmacht alt, im Atta unsar braust
noch dein Ur-Teil groß, als da das Volk
Mark von Got war und, am Knauf die Faust,
Mann in Mann drang, frei wie Wind und Wolk.

[27] Brockes, Irdisches Vergnügen in Gott, 1. Teil, zitiert nach der 5. Auflage Hamburg Kissner 1732, 152 ff.; erwähnt bei Jean Paul I.16 207 Z. 7 ff.
[28] *1. Auflage Berlin 1788, 2. Auflage Frankfurt/O-Berlin 1796; zu Burmann: ADB III 627 f. (Palm); vgl. allgemein: Ernst Schulz-Besser, Deutsche Dichtungen ohne den Buchstaben R — In: ZfBfr NF 1 (1909/10) 382 ff. Von Burmann auch: *Badinagen oder der Beweis der Flexibilität der deutschen Sprache, Berlin 1794 (kleinere Erzählungen ohne je einen bestimmten Buchstaben).
[29] Court 257 ff.: fünf Briefe je ohne einen Vokal.
[30] nach Grässe III.1 99.
[31] *Saggio di Elogi senza la R composti, 4. Aufl. Firenze 1816.
[32] Lalanne 31; Grässe III.1 99; weitere französische Beispiele: Boissonade I 380 Anm. 1.
[33] *1. Auflage Leipzig 1813, 2. Auflage Wien 1815, 3. Auflage Wien 1820; Fortsetzung: *Emma und Gustav von Falkenau, Wien 1820; vgl. Schulz-Besser aaO 385 f. Rückert ahmt in der 5. Makame des Hariri mit einem Bittgesuch ohne R das orientalische Vorbild nach: Rückert XI 256 ff.
[34] Pest 1816, nach Schulz-Besser aaO 387 f.
[35] nach Schulz-Besser 388.
[36] Langensalza 1868.
[37] nach Grässe III.1 99.
[38] Friederike Kempner, Gedichte, 8. Auflage Berlin 1903, 230 ff.

Oh — hinab? Ja, Mann wie Buchstab ging
da zu Grund, am Grund ruht Ohnmacht nun.
Reichtum stirbt da. Armut heißt das Ding.
Kraftlos bleicht, weil schicksallos, die Run.

Bis da aufbricht, was nicht stirbt, das Blut.
Blut macht heil, was sonst die Nacht auch tut.
Volk ist lang, und dort ist Wort noch gut.

Stirb nicht, Wort, mach heil im Schwund, blutgleich!
Ohne e, voll tön' und kühn, mein Leich!
Singt! Singt nach! Noch ragt, was schwand, das Reich![39]

Dagegen hilft nur noch Jean Paul: „Gibt es aber in der Welt ein bettelhafteres Gefühl und Vergnügen als das an einer Verneinung, an einem Buchstaben, dessen Abwesenheit man nicht mehr bemerkt als an einer hebräischen Bibel die Selbstlauter?"[40]

f) Das Tautogramm

Wenn nach Jean Paul der Lipogrammatist als negativer Abc-Schütze darauf ausgeht, einen Buchstaben zu erlegen,[1] so will der Tautogrammatist als positiver, einen bestimmten Buchstaben so oft wie möglich anbringen, womöglich alle Worte eines Werks mit dem gleichen Buchstaben beginnen lassen.[2] Im Altertum ist der Vers des Ennius „O Tite, tute, Tati, tibi tanta, tyranne, tulisti" berühmt,[3] die Griechische Anthologie enthält ein Gedicht auf Dionysos und eines auf Apollon, in denen alle Wörter des ersten Verses mit α, des zweiten mit β usw. beginnen.[4] Auch sonst finden sich in der Antike einzelne Alliterationsfolgen — man denke nur an Caesars „Veni vidi vici" —, die dann als Beispiele eines rhetorischen Stilmittels ins Mittelalter überliefert werden.[5] Seit dem 6. Jahrhundert häufen sich die längern Alliterationsfolgen zusehends. Am Anfang stehen der rätselhafte Grammatiker Virgilius Maro,[6] Venantius Fortunatus mit Folgen wie „foedere fida fides formosat foeda fidelis"[7] und südbritannische Schulmeister und Schriftsteller.[8] Zahlreiche Belege ließen es Wilhelm Meyer als sehr wahrscheinlich erscheinen, „daß von ihren lateinischen Lehrmeistern die Germanen wie später den Reim, so früher die Alliteration gelernt und die lateinisch dehnbare Wohlklangsregel bei der Übernahme

---

[39] Weinheber II 425 f. Modernste Lipogramme sind Otto Nebels Neun- und Zwölf-Runen-Fugen „Unfeig" (Zürich 1960, entstanden 1923—24) und „Das Rad der Titanen" (Zürich 1957, entstanden 1926—55), die in zahllosen Wortspielen, Permutationen, Anagrammen usw. nur neun bzw. zwölf Buchstaben verwenden.

[40] Jean Paul I.16 423.

[1] Jean Paul I.16 423 f.

[2] allgemein: Canel II 138 ff.; Lote III 49 ff.

[3] Ennius ed. Joh. Vahlen, 2. Aufl. Leipzig 1903, Nr. 109.

[4] Anthologia Graeca IX 524 f.

[5] Eduard Wölfflin, Zur Alliteration: Ausgewählte Schriften ed. Gustav Meyer, Leipzig 1933, 225 ff., bes. 282 ff.

[6] Meyer Mlat Ryth I 199 ff., II 368, III 53.

[7] Vita Martini lib. I V. 506: Venantius Fortunatus, Opera poetica ed. Friedrich Leo, Berlin 1881, 312.

[8] Meyer Mlat Ryth II 367.

für sich zum festen Gesetz gemacht haben."[9] Eine andere Art Gesetzmäßigkeit entwickelt das Tautogramm, wenn es durchgehende Alliteration verlangt. Leicht neigen ihm neben den schon erwähnten Schriftstellern auch Aldhelm von Malmesbury, der einen Brief mit einem P-Tautogramm beginnt,[10] dann Walahfrid Strabo[11] und andere karolingische Dichter zu.[12] Das erste größere Tautogramm dichtet Hucbald von St. Amand, dessen Lehrer Milo (von St. Amand) schon durch starke Verwendung der Alliteration auffällt.[13] Hucbalds Gedicht ist ein C-Tautogramm, die „Ecloga de Calvis", ein Lob der Glatzköpfe, ursprünglich wohl dem kahlen Hatto von Mainz gewidmet.[14] Um den Reiz zu erhöhen, dichtet im siebzehnten Jahrhundert Kaspar von Barth eine Widmung an Karl den Kahlen hinzu.[15] Im elften, zwölften und zu Beginn des dreizehnten Jahrhunderts erfreut sich das Spiel einer gewissen Beliebtheit. Die Poetiker führen es in ihren Werken an und illustrieren es mit Beispielen, so im zwölften Jahrhundert Matthaeus von Vendôme in seiner „Ars versificatoria"[16] und der Abt von Aumône, Serlo von Wilton, in „De diversis modis versificandi", in welchem Werk verseweise alle Wörter von zehn leoninischen Hexametern mit dem gleichen Buchstaben beginnen.[17] Florilegien bewahren uns einzelne Tautogramme auf, das der Cambridger Lieder:

> Caute cane, cantor care;
> clare conspirent cannule,
> compte corde crepent concinnantiam.
> Carpe callem commodam,
> convalles construe;
> caput, calcem, cor coniunge,
> calles callens corporales.

[9] ebda. II 336 f.; vgl. auch III 56 f. Dazu: Ingeborg Schröbler, Zu den Carmina rhythmica in der Wiener Handschrift der Bonifatiusbriefe (Monum.Germ. AA XV, 517 ff.) oder über den Stabreim in der lateinischen Poesie der Angelsachsen — In: PBB (Tübingen) 79 (1957) 11 ff. Zu Meyers Überlegungen bemerkt die Verfasserin: „W. Meyer hat an den Stabreim des Venantius sehr weitreichende und heutzutage wohl allgemein befremdende Folgerungen geknüpft" (23). Da aber Meyers Gedankengang, wenn man sich von allen urgermanischen Vorstellungen befreit hat, nicht so abwegig ist, sollte er gründlich überprüft werden.
[10] Aldhelmi opera ed. Rud. Ehwald, Berlin 1919, 488 Z. 4 f.; Meyer Mlat Ryth III 56, 95 f.; Manitius I 134 ff. Weitere mlat. Beispiele: Meyer Mlat Ryth II 369; III 95 f., 315 f., 323 ff.; vgl. auch Du Méril 150 b.
[11] Ebert II 154 Anm. 1 (Vita S. Mammae).
[12] weitere karoling. Beispiele s. Poetae I-IV Sachregister; Ebert II 292; Strecker Studien 230. Hincmar: Poetae III 416 Nr. 7.
[13] Milo von St. Amand: Poetae III 561 ff., Alliteration z. B. 569 V. 14, 570 V. 41, 570 V. 51 usw.
[14] Poetae IV 267 ff.
[15] Poetae IV 264, 271; Curtius hält versehentlich die Widmung für ein Werk Hucbalds (287).
[16] abgedruckt bei Faral 169.
[17] Manitius III 905 ff.; vgl. auch: Ein Hymnus auf Christus ed. Alban Dold, Beuron 1959 [mit tautogramm. Zügen], dazu: Walther Bulst, Almus altus agnus aptus — In: Britannica, Festschrift für Hermann M. Flasdieck ed. Wolfgang Iser und Hans Schabram, Heidelberg 1960, 82 ff.

> Cane corda, cane cordis,
> cane cannulis creatorem.[18]

Ferner schreibt Ekkehart IV. im elften Jahrhundert zwölf Hexameter für Burkhard II. „Pagina Purchardo placeat praepostulat Ekkehart", in denen sämtliche Wörter mit P beginnen.[19] Daneben wären tautogrammatische Verse von Johannes Tzetzes, dem griechischen Grammatiker des zwölften Jahrhunderts,[20] und die Vorliebe für die gewöhnliche Alliterationshäufung in Gilos Vita Hugonis zu erwähnen.[21] Das Florilegium Pierre Daniels aus der ersten Hälfte des dreizehnten Jahrhunderts enthält im „Carmen in honore Sancti Laurentii" ein L-Tautogramm.[22] Im dreizehnten Jahrhundert erlischt jedoch das Spiel. Erst die weitere Verbreitung von Hucbalds Ecloga de Calvis durch zahlreiche Drucke[23] belebt es neu. Das sechzehnte und das siebzehnte Jahrhundert gebären dann wahre lateinische Monstra. In den zweihundertfünfzig Versen der „Pugna Porcorum per P. Porcium poetam" des Dominikanermönchs Johannes Leo Placentius (Plaisant) fängt jedes Wort mit P an.[24] Hieronymus Cardanus dichtet im fünfzehnten Buch von „De subtilitate" eine „Paupertas Poetarum" und einen „Christus Crucifixus".[25] Von Christianus Pierius stammt ein „Carmen cothurniatum catastrophicumque crudeles Christi cunctorum credentium conservatoris cruciatus caedemque cruentam contumeliosamque continens" in zwölfhundert Versen[26] und ein Lobgedicht auf Maximilian „Maximilianeis major Maximiliano multipotenti magnificoque Mundi Moderatori mancipata",[27] vom Luxemburger Nikolaus Mameranus ein heroisches Gedicht auf die Jagd „Venatorius lusus" (ein C-Tautogramm) und ein Hexametergedicht „Cum Carolus communi congregatorum consensu Caesar creatus, coronatus, Ceetas Cardonae castellum castris circumdantes cum copiis Caesaris confligentes compluribus conflictu caesis captisque castello cedentes cerneret compositum cantabat carmen Cantor Cervestenus Catto-Cassellanus".[28] Der Dichter der Kirchenlieder „Wachet auf, ruft uns die Stimme" und „Wie schön leuchtet der Morgenstern", der streitbare Philipp Nicolai, fabriziert ein „Certamen corvorum cohabitum columbis" in hundertvierundsiebzig und eine „Pacis pietatisque periclitatio" in zweihunderteinund-

---

[18] Die Cambridger Lieder ed. Karl Strecker, Berlin 1926, 30.
[19] Der Liber benedictionum Ekkeharts IV ed. Joh. Egli, St. Gallen 1910, 293.
[20] Boissonade I 377.
[21] Manitius II 148 ff.
[22] abgedruckt bei A. Wilmart, Poèmes de Gautier de Châtillon ... — In: Revue Bénédictine 49 (1937) 342; ebda. Anm. 1 weitere Tautogramme.
[23] z. B. Mainz vor 1500, Basel 1516.
[24] Antwerpen S. Coquus 1530 und öfters.
[25] so der allgemein sehr zuverlässige Gerber (II 358). Doch waren die beiden Tautogramme in den elf mir zugänglichen Basler, Pariser und Nürnberger Ausgaben aus den Jahren 1550 bis 1654 nicht zu finden; teils wird das Tautogramm überhaupt nicht erwähnt, teils mit einigen fremden Zitaten belegt. Freilich war mir die Lyoner Gesamtausgabe von 1663 nicht zugänglich.
[26] Frankfurt 1576.
[27] Tübingen Ulrich Morhard 1570.
[28] Grässe III.1 96.

vierzig Hexametern.[29] In der gleichen Zeit entsteht wohl auch das F-Tautogramm auf Kaiser Ferdinand I.[30] Das siebzehnte Jahrhundert weist einige C-Tautogramme auf, etwa Martin Hamckens „Certamen Catholicorum cum Calvinistis continuo character C scriptum", Heinrich Harders „Canum cum cattis certamen", ferner einen C- und einen M-Panegyrikus von Janus Caecilius Frey. Besonders raffiniert ist der Panegyrikus des Karmeliters Wilhelm Heris auf die Heiligen seines Ordens, weil alle Wörter eines Kapitels mit dem Initial des in diesem gefeierten Heiligen beginnen.[31] Das siebzehnte Jahrhundert bringt auch das gewaltigste Tautogramm-Monstrum hervor: den „Papa pariens", die Geschichte der Päpstin, die ein Kind geboren haben soll, erzählt in rund dreitausend mit P beginnenden Wörtern.[32]

Dieser lateinischen Tradition entwachsen die meisten volkssprachlichen Tautogramme, obwohl sich grundsätzlich das Spiel auch immer wieder von selbst entwickeln könnte. Wenn überdies eine volkssprachliche Literatur wie die englische eine bedeutende Stabreimdichtung aufweist, weiß man nie genau, ob die Neigung zur Alliteration etwa des neunten und zehnten Jahrhunderts in den Übersetzungen Alfreds des Großen[33] und in Byrhtferths „Vita Dunstani"[34] oder der ersten Hälfte des fünfzehnten Jahrhunderts im „Abc of Arystotle"[35] mit der Stabreimdichtung oder mit lateinischen Vorbildern zusammenhängt. Im allgemeinen bevorzugen die Forscher die „nationalere" Stabreimdichtung, doch würde gerade beim „Abc of Arystotle" der Einfluß des Tautogramms naheliegen, ebenso bei der Wucherung der Alliteration in der irischen Dichtung.[36]

Reich an „vers lettrisés" ist die französische Literatur. Schon die Troubadours erproben die Möglichkeiten des lateinischen Vorbilds, so Guilhem Ademar,[36a] Ponz Fabre d'Uzes,[37] Peire d'Alvernhe[38] und Peire Cardenal mit dem Vers „Leu l'er lo

[29] nach ADB XXIII 607 ff. (Bertheau); Philipp Nicolai, Opera Latina ed. Georg Dedeken, Hamburg Michael Hering 1617, enthält nur ein M-Tautogramm von 23 Versen „Ad Messiam" (II 313).
[30] ABC cum notis I 36 ff.
[31] *Martinus Hamconius, Certamen Catholicorum... Löwen 1612; *Wilhelm Heris, Carmelus triumphans... Löwen 1688 usw.: alle nach Grässe III.1 96 f., dort noch weitere Tautogramme. Janus Caecilius Frey nach Nicéron XXXIX 54 f. (das C-Tautogramm für einen Callaeus, das M-Tautogramm für Maria de Medici).
[32] abgedruckt in ABC cum notis II 144; weitere Beispiele ebda. I 83 f., 153; II 66, 144, 170, 175; Du Méril 150 b; Kayser Klangmalerei 224; Buxtorf 123; Weis Bella Bulla 22 ff.; Weis Curiosa 37 f., 84 ff.; Canel II 152 ff.
[33] Manitius II 654 f.
[34] ebda. II 705 f.
[35] Max Förster, Das stabreimende Abc des Aristoteles — In: ASNS 105 (1900) 926 ff.; derselbe, Zum mittelenglischen Abc of Arystotle — In: ASNS 117 (1906) 371 ff.
[36] nach Jan de Vries, Kelten und Germanen, Bern 1960, artet die Alliteration bei den Iren „in ein sinnloses Geklingel von Wörtern, welche denselben Anfangslaut haben" aus (26).
[36a] Les Poésies du troubadour Guilhem Adémar ed. Kurt Almqvist, Uppsala 1951, bes. 13 f.
[37] Pons Fabre d'Uzes z. B.: Carl Appel, Provenzalische Inedita aus Pariser Handschriften, Leipzig 1892, 254 ff. V. 2.
[38] keine eigentlichen Tautogramme, aber Vorliebe für Alliteration, vgl. Peire d'Alvernha, Liriche ed. Alberto Monte, Torino Loescher-Chiantore 1955, 15 V. 33 ff.; 18 V. 1 u. sonst.

larcx laus lag loinhatz".[39] Die Leys d'Amors nennen die alliterierende Strophe cobla replicativa oder entretincha und zitieren als Beispiel von (N')Ath de Mons:

> Reys ricz romieus mas man milhors
> Faytz far de dous cor Dieu aman.
> So sen savi salva viran.
> Per pus perprendre pretz a lhors
> Don Dieus deu dar do de dous dezirier.
> Tant quar conoysh quel cre canque conquier
> Gardan de dan per planhas e per portz
> Que ferm coferm lo bon cor bos cofortz.[40]

Im vierzehnten Jahrhundert dichtet Eustache Deschamps eine Ballade, deren Verse alle mit A anfangen,[41] im fünfzehnten treten bei den Rhétoriqueurs verhältnismäßig häufig kleinere Tautogramme auf, etwa bei André de La Vigne Schelt-Tautogramme (bei der Hätzlerin waren es Schelt-Abecedarien) auf den Tod, „Contre la scabreuse Atropos", mit C-, L-, A- und T-Alliterationsfolgen[42], besonders aber bei Jean Molinet, dessen zugleich akrostichische „Oroison sur Maria" zitiert sei:

> Marie, mere merveilleuse,
> Marguerite mundifiie,
> Mere misericordieuse,
> Mansion moult magnifiie,
> Ma maistresse mirifiie,
> Mon mesfait maculeux me matte,
> M'ame mordant mortifiie;
> Mercy m'envoye m'advocate!
>
> Ardant amour, arche aornee,
> Ancelle annuncee, acceptable,
> Arbre apportant aulbe adjournee,
> Accroissant avoir aggreable,
> Astriferent aigle, attraictable
> Accoeul, amorti ayemant,
> Azime aspirant, adorable,
> Ancre agüe, ames attirant,
>
> Rubis raiant, rose ramee,
> Rais reschauffant, raiseau rorable,
> Riche regente reclamee,
> Resjoïssant, resconfortable,
> Racine recent, respirable,
> Ramolliant rigueur rebelle,
> Rigle, reduisant receptable,
> Repentans ruyneux rapelle.
>
> Jardin joly, joie internelle,
> Jour infini, incomparable,

[39] Poésies complètes ed. René Lavaud, Toulouse Privat 1957, 1 V. 46.
[40] Leys d'Amors I 248. Das Gedicht ist sonst nicht erhalten, vgl. Wilhelm Bernhardt, Werke des Trobadors N'At de Mons, Heilbronn 1887, S. XII f.
[41] Eustache Deschamps, Oeuvres complètes ed. Marquis de Queux de Saint-Hilaire et Gaston Raynaud, Paris SATF 1878-1901, III 276.
[42] Recueil de poésies françaises des XVe et XVIe siècles ed. Anatole de Montaiglon, Paris 1855-58, XIII 393.

Die literarischen, gesellschaftlichen und gelehrten Spiele 99

> Illustre, intacte jovencelle,
> Jaspre joieux, incomprenable,
> Innocente image inspirable,
> Idolatrie interdisant,
> Implore Jhesus invocable,
> Juste Justice introduisant.
>
> Estoille errant, encontre eureuse,
> Espine esprise, exelse eschielle,
> Ente eminente, eslute espeuse,
> Evangelisee estincelle,
> Elucente, entiere, eternelle,
> Enchainte, enixe et efficace,
> Esperance espirituelle,
> Envye estains, erreur efface![43]

Mit dem sechzehnten Jahrhundert werden die Alliterationsreihen selten; berühmt sind Marots Verse:

> Triste, transi, tout terny, tout tremblant,
> Sombre, songeant, sans seure soustenance,
> Dur d'esperit, desnué d'esperance,
> Melencolic, morne, marry, musant,
> Pasle, perplex, paoureux, pensif, pesant ...[44]

Aus Italien kenne ich nur ein d-tautogrammatisches Sonett von Luigi Groto,[45] aus Spanien einige kleinere G-, F-, P- und T-Reihen.[46]

In der älteren *deutschen* Dichtung fehlen die Tautogramme ganz, abgesehen von einem kleinen Ansatz bei Rumsland, der ein Gedicht mit dem Vers beginnt: „Ren ram, rint, rehte raten ruoch, nach meisterlichem orden".[47] Erst in Fischarts Wortflut stellen sich beinahe automatisch Alliterationsfolgen ein:

> O jhr Potulente Poeten, potirt der pott und bütten, vnnd potionirt euch potantlich mit potitioniren, compotiren vnnd expotiren, dann potiren vnd appotiren kompt von

---

[43] Molinet 454 f.; ferner etwa Molinet 71 f. V. 185 ff.; 115; 142 V. 65 ff.; 175 V. 362 ff.; 191 V. 321 ff.; 222 V. 397; 268 V. 78 ff.; vgl. Dupire 297. Ein F-Tautogramm von Jean Bouchet zitiert bei Auguste Hamon, Jean Bouchet, Thèse Paris 1901, 20. Bei *Gracien Du Pont, L'Art et Science de rhetorique metrifiee, Toulouse 1539, XLVIvo, und Sebillet 198 f. rime senée genannt; Fabri dagegen zählt die Alliteration zu den „vices de incongruité" (II 118).

[44] zitiert nach Les Epîtres ed. C. A. Mayer, London Athlone Press 1958, 101 (Epître 2 V. 82 ff.); vgl. Marot III 28 f. (Epistre 4). Tabourot sagt von den vers lettrisés: „Il s'en pourroit ainsi faire sur chacque lettre, mais avant que l'on en ait fait six de suite, il est permis de boire un coup" (109 f.). Dasselbe Spiel noch als „Acrostiche nouvelle lettrisée et rimée" bei Court 208.

[45] Luigi Groto, Cieco d'Adria, Rime, Ausgabe Vinegia 1605, 67 (Donna da Dio discesa ...)

[46] Baltasar Gracián, El Criticón ed. M. Romera-Navarro, Philadelphia UP 1938, I 322 und 322 Anm. 28, 30. Ein hebräisches Tautogramm von Jedaja Peneni erwähnt Grässe II 276.

[47] Deutsche Liederdichter des 12.—14. Jahrhunderts ed. Karl Bartsch, 3. Aufl. v. Wolfgang Golther, Berlin o. J., 220 Nr. 66; MSH II 369 a Nr. 4 V. 1; zahlreiche Alliterationen bei Hans Sachs.

petiren vnd appetiren, vnnd pringt potate poesei, dieweil potantes sind potentes, Vnnd Potentaten sind Potantes.[48]

Omnis glocka glockabilis in glockerio glockando glockans glockative, glockare facit glockabiliter glockantes. Parisius habet glockas. Ergo gluck.[49]

Seine Wortlisten sind zur Alliteration prädestiniert:

Ist nun folgends vonnöten die Erklärung der Vor und Weissagungen, der vordeutungen und vormeldungen, der vorfühlungen und vorempfindungen, der voroffenbarungen und vorlesungen, der vorrhätigkeit und Errhatungen, der vormutungen und mutmasungen, der Vorspuren und Aussspürungen, der vorgemärken und vormerckungen, der vorkündigungen und vorkundschafften, der vorwissung und vergwissung, der voranungen und vormanungen jetzumal vorzunehmen.[50]

Obwohl keine eigentlichen Tautogramme, sind solche Folgen doch aus der gleichen Freude an Anlauthäufung geboren.

Im Barock klauben die Pegnitzschäfer möglichst viele gleich anlautende Wörter zusammen. Harsdörffer beschreibt verschiedene Spiele, bei denen alliterierende Wörter gefunden werden müssen,[51] und dichtet selbst:

Das Lernen ohne Lust / ist eine läre Last /
Dann Lehre wird durch Geist und Lieb ein lieber Gast.
Doch wird die List und Lust / nicht ohne Last gefaßt.
Wie ist dann solcher Lust / und Liebe Last verhaßt?
Das macht es / daß man lehrt die Lehr mit Überlast /
Es ligt in solchem Stall / manch Laster in der Mast.[52]

In den Fortsetzungen des Pegnesischen Schäfergedichtes vollenden sich Nürnberger Spiel und deutsches Tautogramm; denn in der „Pegnitz-Schäfere Gesellschaft-Weide und Frülings-Freude beschrieben durch Floridan" wird ein und derselbe Laut von Montano (Johann Hellwig), Lerian (Christoph Arnold), Strefon (Harsdörffer), Klajus(Klaj) und Floridan (Birken) in vier Versen einundvierzigmal wiederholt:

Indem ersahen sie / an dem Baum / darunter sie stunden / zwey Vierzeilgebände; welche sie sobald überlasen / und dieses inhalts fanden:

M

Der Stumme stummt und mummt / in dem sich stämmt die Stimme.
Der Tumme munkt und muckt mit halbem Zahngebrümme:
bey jenem mummt der Mund / dem ist der Muht ein Mämm.
Doch Mämme / Stumm und Tumm stummt keines in dem M.

L

Es wallt das Flutgelall / die schnellen Wellen schwällen /
die helle Wellenzell ballt den Krystallen-wall /
der Wolkenhüter billt / die Lämmerhälse schellen:
doch schallt vor allen wol der helle Gegenhall.

---

[48] Fischart Geschichtklitterung 26 Z. 29 ff.
[49] ebda. 242 Z. 27 ff.
[50] *Jean Bodins Daemonomania De Magorum [übers. v. Fischart], Straßburg B. Jobin 1581, 103, zitiert nach Schneegans 405 Anm. 1.
[51] Harsdörffer Gespsp I 136; VIII 53 ff., 60 ff.; als Wette auch bei Court 229 f.
[52] Harsdörffer Gespsp II 204 f. Eine der letzten Seiten der 2. Aufl. des ersten Bandes der Gespsp füllt er mit einem Gedicht „Der Regen", in dem bei einer Strophe alle Wörter mit R beginnen und mit N enden (RegeN usw.).

Die literarischen, gesellschaftlichen und gelehrten Spiele 101

Das darüber gesezte M und L verriete ihnen alsobald die Verfassere / und die Namen Montano und Lerian. Es gefiele ihnen aber die Erfindung / da sie / in diesen vier Zeilen / den ersten Buchstaben ihrer Namen 41 mal wiederholet / dermaßen wol / daß sie / ihnen hierin nachzuahmen / jeder den Griffel ergriffen / und diese Quadräne hinzuthäten:

S

Des Baches Wasser-strass rauscht in dem sausselgiessen:
es schläfert das Geschlürf die lassen Hirten ein.
des Flusses Lispelschuss schleusst unsrer Augen schein /
und will / durch nasses Kies / das Schäferspiel versüssen.

K

Der kekk Lachengekk koakset stäts und kwakkt /
des Krüppels Krükkenstock krükkt / wanket / klappt und zakkt /
des Kukkuks Kukken trozt den Frosch und auch die Krükke.
Was knikkt und knakkt noch mehr. Kurz / hier mein Reim-geflikke.

F

Wann Schäfer-Trifften trifft das Ruffen offner Treffen /
der Waffen puff und paff / pfeifft unsre Pfeiffe? Nein.
Das Hoffen äffet oft / offt trifft es trefflich ein.
Drüm hoffet! Hoffen wird fort nicht den Frieden äffen.[53]

Obwohl auch Weckherlin, Gryphius[54], Fleming, Lohenstein und Hofmannswaldau die Alliteration gern verwenden, wird diese Häufung im Barock nicht mehr überboten. Mit germanischem Blick bemerkt Ibel:

> Die Alliteration ist ein typisch germanisches Formprinzip, und es ist kennzeichnend für die barocke Art des romanisch beeinflußten 17. Jahrhunderts, daß gerade seine Dichtung eine Unmenge von Formen und Bindungen durch Stabreim gebildet hat ... Hier [bei Hofmannswaldau] feiert die altgermanische Alliteration wirklich ihre geistreiche Auferstehung.[55]

Die Alliterationsfolgen des Barock haben nichts mit dem Stabreim zu tun, sie folgen der lateinischen Rhetorik. Hie und da ergibt sich auch eine tautogramm-ähnliche Reihe aus dem Sinnieren über einen Buchstaben, so bei Logau:

Der Buchstabe G

Meistens alles auff der Erden, drauff die Leut am meisten streben,
Stehet unter denen Dingen, die sich auf ein G anheben:
Gold, Geld, Gut, Geschenke, Gaben, Gunst, Gewin, Gewalt, Geschicke,
Wil sich alles drunter stellen. Wann zu diesem zu sich zehlet
Gott mit seiner Gnad und Güte, weiß ich nicht, was Gutes fehlet.[56]

Auch Abraham a Sancta Claras Wort- und Klangfülle erzeugt tautogrammatische Reihen, die sich oft, wie in dem folgenden Gebet an den heiligen Georg, an lateinische Vorbilder anschließen:

[53] zitiert nach Pegnesis I 107 ff.
[54] Manheimer 107 ff.
[55] Ibel 439 f.
[56] Logau III.1.47.

... Solches, o Gnadensohn Georgius, wünschen zu erwerben, falle ich ganz flehentlich zu deinen Füssen und überreiche in billiger Demut ein kurzes Memorial oder Bittschrift, so zu Ehren deines heiligen Namens Georgius von lauter anfangenden Buchstaben G meine schuldige Andacht zusammengestellt: Glorreicher Georgius! Gelinde Gottes großen Grimmen; getröste gnädig gegenwärtige Gelübde; gib gänzlich guldenes Glück gesamter Gesellschaft; gewinne Gottes gewünschten Gunst gegenwärtiger Gemeine; gedenke gleichergestalt gegenwärtiger Gemeine gnädigsten Gebieters; gib gedachtem großmächtigsten Gubernator gute genugsame Gesundheit; geh gewaffnet gegen gemeldeten Gebieters grausamen Gegenteil; gib gleichmäßige Guttat ganzem geplagten Germanien. Amen.[57]

Dies ist vielleicht das einzige reine deutsche Tautogramm. In der neueren Dichtung dienen Alliterationshäufungen meist nur als Stilmittel, besonders zu onomatopoetischen Wirkungen.[58] Neben Rückerts Nachahmung orientalischer Vorbilder:

> Heil'ge hohe Himmelsheimath, hehre Hims,
> Heil! Du hast den Herrn zum Huldverheißer.
> Heitre Hügel, heimlich hohes Haingeheg!
> Höhn' euch herb kein harscher Hauch noch heißer!
> Holder Hirsche Heerde hütet hier der Hirt,
> Hoffnungshalm' erhabner Herrscherhäuser.
> Heissa, hussa, hurra, hu, hihi, haha,
> Halle heil, bis Herz und Hals ist heiser[59]

stehen noch Goethes Verse „Wenn ich, liebe Lili, dich nicht liebte" und „grau, grämlich, griesgram, greulich, Gräber, grimmig"[60] der alten Art nahe, des gleichen Goethe, der das tautogrammatische Notarikon FFFFF (Fidat Fortunae Friedlandus Fata Favebunt), das Kepler als Orakel für Wallenstein hinterlassen haben soll,[61] für Schillers Tragödie mit der Begründung ablehnt, es gehöre „zu den Anagrammen, Chronostichen, Teufelsversen, welche man vorwärts und rückwärts lesen kann, und ist also aus einer geschmacklosen pedantischen Verwandtschaft, an die man durch inkurable Trockenheit erinnert wird".[62] Herders Devise „Licht, Liebe, Leben" und August Wilhelm Schlegels Sonett „Deutung", das nach allerlei Alliterationen mit

---

[57] Abraham a Sancta Clara I 188; ebda. VI 69 ein W-Tautogramm, in dem überdies die inlautenden Vokale eine a-e-i-o-u-Folge bilden; vgl. allgemein Strigl 218 ff.; auch sonst gern willkürliche Verknüpfung von Begriffen durch die ersten Buchstaben, vgl. Saphirs Nachahmungen, etwa: „Wein, Weiber, Witz und Wahrheit, die vier W des menschlichen Lebens" oder „Sylvesterabend-Variationen auf der G-Saite des Lebens über Glaube, Glück, Geld und Geist"; ähnlich wieder in Joyce's Finnegans Wake. Solche Alliterationen werden besonders in Devisen, im politischen Kampf usw. verwendet; vgl. die Turnerdevise „Frisch-fromm-fröhlich-frei" usw.
[58] zum Stilmittel vgl. Reallexikon I 18 ff. (P. Habermann); als Versschmuck — nicht Bindung — von Bürger geschätzt.
[59] 39. Makame des Hariri (Hims = Stadtname): Rückert XI 527.
[60] Vom Berge, WA I.1 79; Grau...: Faust II V. 7069 ff.
[61] Schiller Werke, Nationalausgabe, Weimar 1943 ff., VIII 466 ff.: Astrologische Szene, zuerst Piccolomini IV.1, jetzt Wallensteins Tod I.1; auch Orakel Keplers für Kaiser Matthias MMMMMMM (Magnus Monarcha Mundi Mathias Mense Major Morietur).
[62] Goethe an Schiller (5. und) 8. Dezember 1798.

„Wo Liebe lebt und labt, ist lieb das Leben"[63] endet, zehren vom barocken Erbe.

Schließlich sei noch an die volkstümlichen, unliterarischen Folgen erinnert, wie die kindlichen Sprechkunststückchen: „Meiner Mutter Magd macht mir Mus mit meiner Mutter Mehl."[64] Freude am Gleichklang ist die Wurzel der literarischen wie der unliterarischen Tautogramme von Nestroys „Martha oder Die Mischmonder Markt-Mägde-Mietung"[65] bis zu den Chansons der Gegenwart.[66]

g) Das Palindrom

Das (der) Palindrom ist ein Wort, ein Satz oder Vers, den man auch von rückwärts lesen kann, wobei sich der gleiche oder — wenn man den Begriff weiter faßt — ein anderer Sinn ergibt. Die Poetiker sprechen von versus anacyclicus, cancrinus, recurrens oder retrogradiens, von vers retrogradé und Krebsgedicht. Wir müßten eigentlich unterscheiden zwischen Palindromen, die Buchstabe für Buchstabe, solchen die Wort für Wort und solchen die Vers für Vers rückwärts gelesen gleich aussehen oder nur den gleichen Sinn ergeben, dann solchen, deren Sinn, wenn sie rückwärts gelesen werden, ins Gegenteil umschlägt, und endlich solchen, die rückwärts gelesen in einem andern Versmaß stehen. Wir gehen aber zeitlich vor und fassen alle diese Arten zusammen.

Als Erfinder gilt bei den ältern Poetikern Sotades aus der ersten Hälfte des dritten Jahrhunderts v. Chr., doch sind Palindrome in der griechischen Literatur nicht eben häufig. Daß man das aus vier Versen bestehende Midas-Epigramm, welches Homer der Legende nach in Larisa dichtete, verweise so gut rückwärts wie vorwärts hersagen kann, wie schon Platon bemerkte, ist wohl Zufall.[1] Die Anthologie des Planudes enthält einige Buchstabenpalindrome, die zum Teil dem byzantinischen Kaiser Leo VI., zum Teil einem unbekannten Rhetor Leo zugeschrieben werden; den folgenden Krebs davon soll bald ein Stylianos, bald sogar Gregor von Nazianz gefunden haben: Νίψον ἀνομήματα μὴ μόναν ὄψιν.[2] Reicher an Krebsen ist die lateinische Literatur. Vergils „Musa mihi causas memora,

---

[63] August Wilhelm Schlegel I 355. Allgemein in Stammbüchern: Keil Stammbücher 118 Nr. 470; 126 Nr. 528; 203 Nr. 1083; 206 Nr. 1421, 1428.

[64] Groos 45; vgl. auch Anton Birlinger, Nimm mich mit, Freiburg o. J.: „Wenn wir wären, wo wir wollten, wo wären wir wohl? Wir wären weder weiter, weder wo man wüßte" (27 Nr. 23).

[65] Nestroy IV 93.

[66] Weiterleben in Schnaderhüpfln (Da paß i bis i wida a bissi bessa beißn kann), Limericks usw.; vgl. Behaghel Humor 190; häufig auch in Joyce's Finnegans Wake. Ob einzelne Folgen als volkstümlich oder gelehrt zu gelten haben, ist oft schwer zu entscheiden; Theodor Salfinger, Gotthelf und die Romantik, Basel 1945, 100 f., etwa nennt die Alliterationsreihen Gotthelfs („weit vorgestreckt und zornig züngelnd die zweizackige Zunge" usw.) manieriert, während sie mir eher aus unmittelbarer Freude am Gleichklang geboren scheinen. Ein modernes, völlig unsinniges Qu-Tautogramm („Die Quallade") bei Albert Ehrenstein, Gedichte und Prosa ed. Karl Otten, Neuwied a. Rh. 1961, 85 f.

[1] Platon Phaidros 264 d/e; vgl. Schadewaldt Legende von Homer 15 f., 68. Beabsichtigt: Anthologia Graeca VI 314 ff., 323.

[2] Anthologia Graeca XVI (Appendix Planudea) 387 b, c; vgl. auch Pauly-Wissowa XVIII.3 133 ff. (Karl Preisendanz); Schultz Rätsel I 131 f. Nr. 277 ff.; allgemein: Gerber II 360 ff.

quo numine laeso"³ wird immer wieder als umkehrbar (Laeso numine quo, memora causas mihi musa") zitiert. In der Kaiserzeit sind Sotadeen beliebt, die rückwärts gelesen einen unzüchtigen Sinn ergeben.⁴ Quintilian weist im ersten Jahrhundert auf metrische Palindrome hin,⁵ die Grammatiker Diomedes⁶ und Servius⁷ erwähnen sie im vierten. Sidonius Apollinaris unterscheidet im fünften Jahrhundert buchstabenweise zu lesende Palindrome: „Sole medere pede, ede perede melos" und „Roma, tibi subito motibus ibit amor" vom wortweise gestalteten mit entsprechendem Maßwechsel im Distichon:

> Praecipiti modo quod decurrit tramite flumen
> tempore consumptum iam cito deficiet.
> Deficiet cito iam consumptum tempore flumen
> tramite decurrit quod modo praecipiti.⁸

In einem äußerst komplizierten Gedicht von Optatianus Porfyrius ergibt die neunte Zeile von vorn und von hinten gelesen einen Hexameter, die zehnte einen Pentameter, die vierzehnte und fünfzehnte sind von vorn Hexameter, von hinten Sotadeen.⁹ Eigentliche anacyclici dichtet er auch:

> Blanditias fera mors Veneris persensit amando,
> Permisit solitae nec Styga tristitiae.
> Tristitiae Styga nec solitae permisit, amando
> Persensit Veneris mors fera blanditias ...¹⁰

Beim größten Verskünstler unter den karolingischen Dichtern, Sedulius Scottus, kann man sechzehn Zeilen, die „Rector serene, rutilans sub axe sidus / Salve per aeva populi beate ductor" beginnen, ebenfalls wortweise von hinten wie von vorne lesen.¹¹ Hucbald schreibt den Vers „Si bene te tua laus taxat, sua laute tenebis", der von Plinius stammen soll, als Carmen figuratum in Kreuzesform;¹² Johannes Scottus Eriugena verwendet den Anacyclicus (zwar nur nach einer einzigen Handschrift),¹³ ebenso Onulf von Speyer in den „Rhetorici Colores"¹⁴ und Eberhard

---

³ Virgil Aeneis I 8.
⁴ vgl. Martial Epigr. II 86 V. 1 f.
⁵ Quintilian, Institutio oratoria lib. IX cap. 4 § 90.
⁶ Diomedes, Ars Grammatica [mit den verschiedenen Arten]: Keil Grammatici Latini I 516.
⁷ Servius, De centum metris IX 24 f.: Keil Grammatici Latini IV 467.
⁸ Sidonius Apollinaris lib IX epist. 14 § 8, ed. Luetjohann 167 Z. 18 ff. Roma tibi ... verwendet in Poetae III 556 V. 12.
⁹ Optatianus Porfyrius 15.
¹⁰ ebda. 28; vgl. auch Anthologia Latina ed. Franciscus Buecheler et Alexander Riese, I.1, 2. Auflage Leipzig 1894, 81 und Optatianus Porfyrius S. 31 f. Porfyrius Carmen 13 b ist wortweises Palindrom zu 13 a.
¹¹ Sedulius Scottus: Poetae III 212 Nr. 80 V. 1 ff. „Oro te ramus aram ara sumar et oro" als versus cancellatus im Kreuz von Nr. 28 der Laudes Sanctae Crucis des Hrabanus Maurus, ed. Adolf Henze, Leipzig 1847.
¹² Poetae III 612 V. 61.
¹³ Johannes Scottus Eriugena: Poetae III 526 Adn. 7.
¹⁴ Onulf von Speyer ed. W. Wattenbach — In: SB d. Preuß. Akad. d. Wiss. 20 (1894) 361 ff., Palindrom 386 (II 21 V. 8-10).

Alemannus in seinem „Laborintus".[15] In neuerer Zeit, d. h. im fünfzehnten Jahrhundert, dichtet der geistreiche Francesco Filelfo auf Pius II. die Zeilen:

> Laus tua, non tua fraus, virtus, non copia rerum
> Scandere te fecit hoc decus eximium ...,

die rückwärts gelesen den entgegengesetzten Sinn ergeben.[16] Neben den Versuchen bekannterer und unbekannterer lateinischer Schriftsteller,[17] neben dem Spiel mit dem berühmtesten aller lateinischen Palindrome „Eva — Ave" im lateinischen und deutschen Kirchenlied[18] entwickelt sich bis zur Gegenwart eine reiche Schultradition anonym überlieferter Sätze, vom mönchischen „Sumitis a vetitis, sitis is, sitit Eva, sitimus" bis zum banalen „Otto tenet mappam madidam, mappam tenet Otto".[19] In satirischer Verwendung verkündete eine glückverheißende Weissagung zu Napoleons Invasionsplänen rückwärts gelesen das Gegenteil:

> Vaticinor tibi, quod navalis laurea cinget
> Tempora, nec magnas spes mare destituet.
> Dejiciet tua gens cunctos, nec Gallia victrix
> Denique frangetur littus ad Albionem.
> Sors bona, non mala sors concludet proelia, quare
> Tempora te dicent: « pars bona non mala pars ».[20]

Vom Lateinischen erben die volkssprachlichen Literaturen das Spiel. Die provenzalische Poetik kennt in den Leys d'Amors verschiedene Arten von rims retrogradatz, so etwa per bordos (versweise), per dictios (wortweise), per sillabas (silbenweise), per letras (buchstabenweise) und kombiniert; die rims retrogradatz selbst sind nach dem Schema ababcbbc / cbbcbaba gebaute Reimpalindrome.[21] Doch verzichtet der Schreiber ausdrücklich auf Gedichte aus Buchstaben- und Silbenpalindromen, da sie zu schwer seien.[22] Für die französische Literatur finden sich die ersten Krebse in einzelnen Versen des Lyoner Ysopet,[23] des „Dit des trois mors et des trois

---

[15] Laborintus (Faral 361 ff.) V. 771 ff.; versweise: V. 802 ff.; vgl. auch Analecta hymnica XXXVI 70 Nr. 4 Str. 78 und VIII 46 Str. 5; Du Méril 152a Anm. Allgemein: Reallexikon II 382 a (K. Strecker).
[16] Meyer Mlat Ryth I 94 Nr. VI.5.
[17] z. B. Lanzinus Curtius, J. H. Risius, Johannes a Lasco; erwähnt beim Sonetttheoretiker Antonio da Tempo, *Summa artis rithmici (1332): nach Mönch 25; allgemein: Lalanne 25 f.; Gerbert II 360 f.
[18] z. B. im 13. Jahrhundert: Wackernagel Kirchenlied II 182, 224, 311 u. ö.
[19] Weis Bella Bulla 53 f.; Weis Curiosa 40; Weis Jocosa 41 f. (als versus diabolici).
[20] Gerber II 360. Weitere lateinische Beispiele: ABC cum notis I 317 ff.; Canel I 42 ff.; Buxtorf 123.
[21] Leys d'Amors I 180 ff.; vgl. Lote II 161; Bartsch Reimkunst 194 f.
[22] Leys d'Amors I 196. Einzige coblas retrogradas per diccios außerhalb der Leys d'Amors: Jean de Castelnou, Lied abgedruckt in: Annales du Midi 26 (1914) 465 Nr. 8; Reimpalindrome dagegen sind ziemlich häufig, vgl. Frank II 58 f.
[23] Lyoner Ysopet ed. Wendelin Förster, Heilbronn 1882, V. 1973 ff.

vis"[24], und vor allem bei Baudoin und Jean de Condé.[25] Jean de Condé macht aus drei Versen durch wortweise Umkehr sechs:

> Amours est vie glorieuse,
> Tenir fait ordre graciouse,
> Maintenir veut courtoises mours.
> Mours courtoises veut maintenir,
> Graciouse ordre fait tenir,
> Glorieuse vie est amours.[26]

Ähnlich versucht sich Christine de Pisan im wortweisen Palindrom.[27] Bei den Rhétoriquers wird das Spiel zum Rätsel: in der Poetik Fabris steht neben der buchstabenweisen Umkehrung „A mesure ma dame rusé m'a" der Satz „Esse son soulas, saluos nos esse"; der französische Anfang „Est-ce son soulas" ist „latinisiert", um den Leser irrezuführen.[28] Die Rhétoriqueurs schätzen besonders buchstabenweise umkehrbare Sätze: „Elle difama ma fidelle", „A reveler mon nom, mon nom relevera".[29] Daneben begegnen wir auch Wortpalindromen, die von rückwärts den Sinn ins Gegenteil verkehren, so in Jean Molinets Lobgedicht auf Frankreich:

> France est gratieuse, non fiere
> Caritable, non envieuse ...,[30]

was umgedreht bedeutet:

> Fiere, non gratieuse est France,
> Envieuse, non caritable ...

und sofort von Jean Bouchet in einem Gedicht auf die „Poitevins" nachgeahmt wird.[31] Das französische Palindrom blüht im fünfzehnten und sechzehnten Jahrhundert.[32] Auch die niederländischen Kamers van Rhetorika beschäftigen sich mit den „retrograden" und „letterkreftdichten".[33]

[24] abgedruckt bei Anatole de Montaiglon, L'Alphabet de la Mort de Hans Holbein, Paris Edwin Tross 1856, a 5 Bl. 4 ff. (wortweise Palindrome in der Fassung von Nicholas de Marginal) und a 8 Bl. 2 ff. (anonyme Fassung).
[25] Vier Retrograde d'Amours: Dits et Contes de Baudouin de Condé et de son fils Jean de Condé ed. Auguste Scheler, Paris Devaux 1866-67, III 143 f.
[26] ebda.; vgl. auch Gotthold Naetebus, Die nicht-lyrischen Strophenformen des Altfranzösischen, Leipzig 1891, 19 f.
[27] Christine de Pisan, Oeuvres poétiques ed. Maurice Roy, Paris SATF 1886-96, I 119 f. (Balade retrograde).
[28] Fabri II 46 ff.; Palindrome von Versen (chapelet renversé): II 74 ff.
[29] ebda.; auch bei *Gracien Du Pont, L'Art et Science de rhetorique metrifiee, Toulouse 1539, XLII ff.
[30] Molinet 848; vgl. auch 846 ff.; wortweises Palindrom: 494 V. 106 ff.; Dupire 332 f.; allgemein vgl. auch Tabourot 83 ff.; Pasquier I 747.
[31] Auguste Hamon, Jean Bouchet, Thèse Paris 1901, 33, 235.
[32] z. B. Jardin de Plaisance VIIIvof. Wortweise Palindrome als „vers retrogrades latins et françoys" noch bei Court 88; Palindrommonstrum von 43 umgekehrten Versen abgedruckt bei Canel I 65 ff. Ein seltsames Palindromspiel spielen die Poeten am Hofe der Marguerite d'Autriche: Aus rätselhaften Sätzen wie „Vlednora truopa zamo nemady" muß der erste und letzte Buchstabe jedes Wortes gestrichen und der Rest umgekehrt werden, also „Rondel pour ma dame", nach Francisque Thibaut, Marguerite d'Autriche et Jehan Lemaire de Belges, Paris Ernest Leroux 1888, 118.
[33] wort- und buchstabenweises Palindrom: Geschiedenis II 223.

Die Geschichte des *deutschen* Palindroms könnte man eigentlich mit altnordischen Beispielen beginnen, da die versweise Umkehr in der Edda nicht allzu selten auftritt.[34] Das erste mir bekannte deutsche versweise Palindrom ist jedoch erst in den Carmina Burana aufgezeichnet:

> Chume, chume, geselle min,
> ich enbite harte din!
> ich enbite harte din,
> chum, chum, geselle min!
>
> Sûzer roservarwer munt,
> chum vnde mache mich gesunt!
> chum vnde mache mich gesunt,
> sûzer roservarwer munt![35]

Ein solches Lied kann Walther von der Vogelweide beim versweisen Krebs der Jugendlehren vorgeschwebt haben:

> Nieman kan mit gerten
> kindes zuht beherten:
> den man zêren bringen mac,
> dem ist ein wort als ein slac.
> dem ist ein wort als ein slac,
> den man zêren bringen mac:
> kindes zuht beherten
> nieman kan mit gerten ...[36]

Für Burdach ist diese Art aus der volkstümlichen Poesie entlehnt,[37] nach Wilmanns-Michels stammt sie aus der gelehrten Kloster- und Schulpoesie, sei aber dorthin aus der Form des vor- und rückwärts schreitenden Reigens der alten Tanzpoesie gelangt.[38] Dies stimmt nach der Geschichte des Palindroms zweifellos nicht. Sind das Lied der Carmina Burana und das Walthers Reigentexte — was trotzdem denkbar wäre —, dann stehen sie in keinem Zusammenhang mit dem Palindrom der Klosterpoesie.

Eindeutig literarischen Ursprungs ist die umkehrende Wiederholung der Reimwörter bei Gottfried von Strassburg und andern,[39] vor allem aber die Rede „Der froind sin" des österreichischen Wappendichters Peter Suchenwirt aus dem vierzehnten Jahrhundert. Suchenwirt schließt die Verse mit einsilbigen Wörtern, die dann als rims retrogradatz per letras mit ihren Palindromen „reimen", und das in

---

[34] Meyer Agerm Poesie 311 f.; Neckel 15 ff.
[35] CB 174a.
[36] Walther von der Vogelweide 87, 1; vgl. Carl von Kraus, Walther von der Vogelweise, Untersuchungen, Berlin-Leipzig 1935, 341 f.; W. H. Moll, Über den Einfluß der lateinischen Vagantendichtung auf die Lyrik Walthers und die seiner Epigonen im 13. Jahrhundert, Amsterdam 1925, 73 ff.; Hennig Brinkmann, Zu Wesen und Form der mittelalterlichen Dichtung, Halle 1928, 156.
[37] Konrad Burdach, Reinmar der Alte und Walther von der Vogelweide, 2. Aufl. Halle 1928, 169.
[38] Wilmanns II 318 ff., erwähnt CB 136, 136a; Neckel 18: „volksmäßige Reimpaare", vgl. Liederhort 1491.
[39] Gottfried von Straßburg Tristan V. 233 ff., 1751 ff., 1791 ff., 1865 ff.

achtundsechzig Versen von insgesamt dreiundsiebzig. Der Inhalt leidet freilich unter dem Zwang.

Der Spruch beginnt:

> Ich suecht gedicht in sinnes chor
> Und sprach: got mir gelükch geb.
> Mich daucht, ich trüg der frewden roch,
> Do ich chom auf der chunste beg.
> Den eylt ich nach für einen tan,
> Do vand ich ein tzerprochen sib,
> Daz hefft ich tzü mit einer nat
> Und scheibt ez von mir auf ein bis ...

und endet:

> Die ticht ich Peter Suechenbiert,
> Ob si geval den chluegen bol;
> Mein chunst ich recht und redleich treib
> Und sag den milten preis und lob.
> Die red ist mit vercherten worten,
> Daz merckt ye an der festen silben,
> Die antwurt irm genozzen hinder sich
> Und für sich und ist gedicht chrewtz weis.[40]

Suchenwirts Versuch hat keine Nachahmer gefunden. Dem spielfreudigen Barock fällt offenbar sogar das einfache Palindrom schwer. Die Poetiker erwähnen es nur als Kuriosität. Zesen beschreibt es:

> Die Krebs-gedichte seind zweierlei / erstlich / die von worte zu worte rük- oder krebsgängig seind / darnach die es von buchstaben zu buchstaben seind / diese letzte / werden aus lautern dergleichen krebsgängigen worten / die man zurük lesen kan / gemacht. ... [Es folgt ein lateinisches wortweises und ein niederländisches buchstabenweises Palindrom] ... Auf solche weise kan ich auch zurükke lesen / esel heran / red' an; na! der narre lese. Auf das h sihet man so gnaue nicht. Wie auch / fort hinaus Anna; Anna sau nih trof. ie leser lauf; fauler esel ei! Wer nicht viel zutuhn hat / der kan dergleichen aufsuchen / und was daraus machen / eh er die zeit sonst un-nützlich durch-bringt.[41]

Die Beispiele müssen Zesen manchen Schweißtropfen gekostet haben! Dafür besitzt er in seinem Schüler, dem Helmstedter Studenten Alhard Moller einen Spezialisten für Buchstabenkrebse und Kehrreime wie „gewiss sie rette, reiss sie weg".[42] Schottel kennt nur „Wiederkehre" und „Wiedertritte oder Gegentritte", bei denen die einzelnen Wörter oder Verse von der Mitte eines Gedichts umgedreht wiederkehren.[43] Der Wiedertritt ist die Kurzform mit nur zwei wiederkehrenden Sätzen oder Reimwörtern:

---

[40] Peter Suchenwirts Werke ed. Alois Primisser, Wien 1827, 145 f. Nr. 53. Ein ähnliches Gedicht enthält nach Otfried Weber, Peter Suchenwirt, Greifswald 1937, 170, die Handschrift Cgm 717 (122rb). Allreim als Palindrom beim Dürinc vgl. unten S. 123 ff.
[41] Zesen Helikon T6f. Ein Carmen retrogradiens Zesens zitiert nach *Helikon 1640, 262, in ABC cum notis II 296.
[42] *Alhard Moller, Tyrocinium Poeseos Teutonicae..., Helmstedt 1656, 2. Aufl. 1675.
[43] Schottel Verskunst 196 ff.

Die literarischen, gesellschaftlichen und gelehrten Spiele 109

> Nun hat recht die Sünderin
> Abgelegt den Sünden-Sinn:
> Ja es hat den Sünden Sinn
> Abgelegt die Sünderin ...[44]

Ein Wiederkehr wäre dann länger:

> Lass mich meinen Weg verlassen /
> In der Welt den Weltweg hassen /
> Lauffen auf des Glaubens Strassen /
> Dich / du Weg des Lebens / fassen!
> Bester Weg / dich / Herr / recht fassen /
> Lauffen auf des Himmels Strassen,
> Eitles Wesens Wege hassen /
> Seinen Weg nur weg seyn lassen.[45]

„In geistlichen Gedichten und zu Reitzung der Andacht" scheint ihm die Form „nicht wenig Nachdruk" zu haben; sie soll also ähnlich wie das „Goldene Abc" wirken. Ein letzter Ausläufer des Palindroms ist Schottels „Wandelreim" mit dem Reimschema abcdefghhgfedcba.[46] Wohl nach dessen Vorbild kehrt Hofmannswaldau in einem „Verkehrten Sonnet der Schreibefeder" die Reime abba abba cdc dee der vorangehenden „Rede der Schreibe-feder" zu eed cdc abba abba um.[47] Mehr in der volkstümlichen Tradition liegen die umgekehrten Akrosticha und Wortkomplexe eines Matthias Abele[48] und die häufigen, bunten Palindrome von Abraham a Sancta Clara. Dieser liebt vor allem Krebswörter wie Esel-lese, Beit (Beute)-Tieb (Dieb), Leben-Nebel, Soldat-tad(el)los.[49] Bei Gottsched landen die Wiedertritte bei den Stücken, „die mehrenteils läppisch sind", zwei nach Morhof und Omeis zitierten Reimpalindromen fügt er bei: „Mich dünkt, nach diesen Beyspielen wird sich niemand darein verlieben: und es ist ein Wunder, daß gelehrte Männer sich zu solchen Kinderspielen haben herunter lassen wollen."[50] Damit verschwindet die Gattung bis zu Rückert, der sie in der morgenländischen Dichtung neu entdeckt und zuerst in den „Östlichen Rosen" verwendet:

> Jugend, Rausch und Liebe sind
> Gleich drei schönen Frühlingstagen;
> Statt um ihre Flucht zu klagen,

[44] Schottel Hauptsprache 939; vgl. Verskunst 200.
[45] Schottel Hauptsprache 937; vgl. Verskunst 197, besonders künstlich ist „das Wiederkehr", wenn es „aus einem Letterwechsel kan genommen werden", Hauptsprache 937 f. Ein Wiederkehr Romplers von Löwenhalt: Harsdörffer Gespsp VIII Ehrengedicht Nr. 10 am Anfang des Werks. Reimpalindrom als „Wiederkehr": Harsdörffer Gespsp VIII 97; vgl. auch Morhof 722 f.
[46] Schottel Verskunst 235; Hauptsprache 969.
[47] Neukirchs Sammlung I 301 f. (fälschlicherweise mit den Initialen Heinrich Mühlpforts versehen, vgl. Arthur Hübscher, Die Dichter der Neukirch'schen Sammlung — In: Euphorion 24 [1922] 1 ff., 259 ff., Mühlpfort 20).
[48] Matthias Abele, Vivat Unordnung..., Nürnberg Endter 1670-75, III 280 ff.; IV 418 ff.: um „eine hurtige Antwort mit verkehrten Buchstaben doch gleichmäßigen Inhalts" zu geben.
[49] Strigl 281 f.
[50] Gottsched 793 f.

> Herz, genieße sie geschwind!
> Herz, genieße sie geschwind,
> Statt um ihre Flucht zu klagen!
> Gleich drei schönen Frühlingstagen
> Jugend, Rausch und Liebe sind,[51]

aber auch sonst benützt:

> Wenn ich mir selbst gefalle,
> Gefallen die Lieder mir alle,
> Wie meiner Kinder Gelalle.
> Wie meiner Kinder Gelalle
> Mißfallen die Lieder mir alle,
> Wenn ich mir selbst mißfalle.[52]

Unsere Übersicht endet bei Trakls „Rondel":

> Verflossen ist das Gold der Tage,
> Des Abends braun und blaue Farben:
> Des Hirten sanfte Flöten starben,
> Des Abends braun und blaue Farben;
> Verflossen ist das Gold der Tage.[53]

Ob Emil Staiger wohl recht hat, wenn er dieses kunstvolle Spiel mit seiner langen „unlyrischen" Vorgeschichte als typisches Beispiel für seinen Begriff des Lyrischen verwendet?[54] Wir wissen freilich nicht, wo Trakl diese Form fand, ob er von sich aus das Rondel — wie der Titel vermuten läßt — zu einem wirklichen „Rundum" umformte, indem er die beiden wiederholten Verse um nur eine einzige unwiederholte Zeile — statt der sonst üblichen zweimal vier — gruppierte. Vielleicht unter dem Einfluß dieses Gedichts sprießen nun heute aus allen Formen konkreter und grammatischer Poesie Palindrome hervor. Eugen Gomringer spielt etwa typographisch:

> Das schwarze Geheimnis
> ist   hier
> hier   ist
> das schwarze Geheimnis[55]

Außerhalb der Lyrik rollt Ludwig Tieck in seinem „Prinz Zerbino oder die Reise nach dem guten Geschmack"[56] ein ganzes Theaterstück zurück; Strindbergs „Nach Damaskus" dreht die Bühnenbilder um. Im reizenden Sketch mit Musik „Hin und zurück" Paul Hindemiths von 1927 (Text von Marcellus Schiffer) läßt ein Deus ex machina den tragischen, in einen Mord mündenden Ablauf der Liebesgeschichte in umgekehrter Folge wiederholen, so daß das Stück vom Schluß her

---

[51] Die drei Frühlingstage: Rückert V 323.
[52] Das Gelalle: Rückert VII 125.
[53] Georg Trakl, Gesamtausgabe ed. Wolfgang Schneditz, Salzburg o. J., I 49.
[54] Emil Staiger, Grundbegriffe der Poetik, 4. Aufl. Zürich 1959, 33.
[55] zitiert nach Wolfgang Weyrauch, Expeditionen, München 1959, 83; vgl. etwa auch Eugen Gomringer, 33 Konstellationen, St. Gallen 1960, passim, und unten Anm. 34 zu S. 166.
[56] Tieck X 329 ff.

wieder zum Anfang zurückkehrt. Dabei krebsen Text *und* Musik. Musikalische Palindrome bauen schon die französisch-niederländischen Kontrapunktisten des fünfzehnten und sechzehnten Jahrhunderts im Krebskanon.[57] Palindrome gehören ohnehin zur musikalischen Formensprache, man denke nur an Bachs Kunst der Fuge oder an zahlreiche zeitgenössische Experimente. Mozart komponiert ein Violinduett, in dem die erste Violine die Melodie von vorne, die zweite sie von hinten spielt, was neben andern auch Cölestin Molcsan in seinem „Kunst-Duett" von 1949 versucht.[58]

Nur nebenbei weisen wir auf den häufigen und wirksamen Gebrauch des Palindroms als rhetorischer Stilfigur (Epanodos, Antimetabole, Commutatio) hin, die sich in allen Literaturen und zu allen Zeiten feststellen läßt,[59] in der Antike, in der altgermanischen Poesie, im Mittelalter — mit berühmten Beispielen wie Bernhards von Clairvaux „Deformis formositas, formosa deformitas" oder Gottfrieds „ein man ein wip, ein wip ein man / Tristan Isolt, Isolt Tristan"[60] —, häufig bei Rabelais und Fischart,[61] im Barock — z. B. Spees „O Süßigkeit in Schmerzen! / O Schmerz in Süßigkeit"[62] — und bis zur Gegenwart in Sentenzen („Einer für alle, alle für einen"), in Buchtiteln („Schiller für alle, alle für Schiller"[63]) und Kinoinseraten („Ein aufregender Kampf zwischen einer tigerhaften Riesenschlange und einem schlangenklugen Tiger"). Der Kanzelredner Abraham a Sancta Clara steigert: „[St. Georg] stirbt glaubend und glaubt sterbend wie ein Abel; stirbt liebend und liebt sterbend wie ein Moses; stirbt hoffend und hofft sterbend wie ein Abraham."[64]

Am intensivsten spielen das Kind und das Volk mit dem Palindrom, auch wenn, ja besonders wenn die Umkehrung völlig sinnlos ist; Namen und Vornamen wer-

---

[57] Hugo Riemann, Handbuch der Musikgeschichte, 2. Aufl. Leipzig 1930, II.1 59 S. 85 ff.; derselbe, Musiklexikon, 11. Aufl. v. Alfred Einstein, Berlin 1929, I 592: Kanon, bei dem die imitierende Stimme die von der Schlußnote an rückwärts gelesene Hauptstimme ist. Ältester Krebskanon im Roman de Fauvel (um 1300) und bei Machaut.

[58] Cölestin Molcsan, Kunst-Duett, Wien 1949; vgl. etwa auch Ernst Křenek, Kette, Kreis und Spiegel, Sinfonische Zeichnung 1957: wiederholt Anfangsthema (Takt 1-10) dreimal: als Umkehrung (124-132), rückläufig und umgekehrt (292-300), einfach rückläufig (402 bis Schluß); Luigi Nono, Varianti: 1. und 2. Satz als notengetreue Rückläufe im 3. und 4. Satz usw.

[59] z. B. Spanien: Fernando de Herrera nach Pfandl 139 f.

[60] Gottfried von Straßburg Tristan V. 129 f.; auch V. 62 f., 147 f. u. ö.; bei Walther von der Vogelweide „manlîchiu wîp, wîplîche man: pfaflîche ritter, ritterlîche pfaffen" (80, 20 f.).

[61] Fischart Geschichtklitterung z. B. 20 Z. 34; 21 Z. 3; 28 Z. 17; 29 Z. 6; 31 Z. 5 usw.; vgl. Galle 57 f.; bei Rabelais und Fischart: Zitzmann 87; Schneegans 410.

[62] Trutznachtigall 3 ed. Alfons Weinrich, Freiburg i. Br. 1908, 45 Z. 30 f.; Opitz: „Du bist tod lebendig, ich bin lebendig tod": Opera Geist- und Weltlicher Gedichte, Breslau Jesajas Fellgibel 1689, II 128 (Poet. Wälder III, Über den Abschied einer Edelen Jungfrauen).

[63] Julius Lasker, Schiller für alle, alle für Schiller, Festspiel Berlin 1859.

[64] Strigl 290. Die Beispiele ließen sich beliebig vermehren, z. B. aus der Altwiener Volkskomödie: Raimund I 353 Z. 15 f., 367 Z. 5 f.; Nestroy I 116; III 94 Z. 4, 135 Z. 14, 178 Z. 16, 184 Z. 10 usw.; aber auch aus der modernen Lyrik, vgl. Heinz Otto Burger und Reinhold Grimm, Montierte Lyrik, Göttingen 1961, 56 f., 70.

den umgedreht,[65] in einzelnen unserer Landesgegenden werden zuweilen an Spinnstubenabenden ganze Kirchenlieder Buchstabe für Buchstabe rückwärts gesungen; Wörter und Sätze werden gesucht, die von vorn und hinten gelesen werden können, zu welchem Spiel bekanntlich Schopenhauer den „Reliefpfeiler", den „Marktkram" und den Satz „Ein Neger mit Gazelle zagt im Regen nie" beigesteuert hat.[66] Ferner sind die Verspaare des volkstümlichen Kettenreims „Ais, zwai, drey, / alt ischt nit ney, / ney ischt nit alt ..." beinahe Palindrome, ebenso die Schwellkehrreime vieler Zählgeschichten.[67] Wiederum finden sich in der Freude am gleichen Spiel Kinder, Gelehrte, Dichter und, wie wir noch sehen werden, Magier und Mystiker.

h) Der Schüttelreim

Werden zwei sich reimende Wörter umgekehrt wiederholt, etwa: „Kleine meine, meine Kleine", so wirken sie wie ein Schüttelreim, der meist bloß die Anfangsbuchstaben eines erweiterten oder verdoppelten Reims vertauscht ("Sonne winkt" — „Wonne sinkt"). Diese Vorstufe taucht in der deutschen Literatur schon in dem meist Walther von der Vogelweide (aber auch Reinmar) zugeschriebenen Gedicht auf:

> Ich minne, sinne, lange zît:
> versinne Minne sich,
> wie si schône lône mîner tage.
> nû lône schône: dêst mîn strît:
> vil kleine meine mich,
> niene meine kleine mîne klage ...[1]

Eine ähnliche anonyme Strophe ist uns im Anhang zum Heidelberger Freidank überliefert:

> Got herre, verre mane ich dich
> niht verre, herre, mir
> dîne hulde. schulde hân ich vil:
> nâch schulde hulde die suoch ich ...[2]

Später verschreibt sich erst Rückert wieder solchen „Klanggeistern":

> Herbst, nicht raube die Weintraube,
> Eh' ich raube der Traube Wein!

---

[65] Lewalter-Schläger 389.

[66] eine Liste bei Reimann 293 ff.; Reimann zitiert u. a. einen Palindromwettbewerb der BZ am Mittag, Berlin 1. April 1926; einen gleichen Wettbewerb veranstaltete die französische satirische Wochenschrift „Le Canard enchaîné" im Oktober 1961, Resultate im Dictionnaire du Canard enchaîné, Paris 1962, 95 f.; ein „Art du Palindrome" von Luc Etienne kündigte J. J. Pauvert Paris für 1962 an (noch nicht ersch.).

[67] vgl. auch Lewalter-Schläger 545 ff., Simrock 447, Rochholz 107; zum Kettenreim s. unten S. 151 ff.

[1] Walther von der Vogelweide 47, 16; Walther nach den Hss. BC, Reinmar nach A. Ziemlich überzeugend vermutet J. A. Huisman, daß Walther mit dem Kunststück Reimars Ton MF 160, 6 überbieten und parodieren wollte: J. A. Husman, Neue Wege zur dichterischen und musikalischen Technik Walthers von der Vogelweide, Utrecht Kemink 1950, 36.

[2] Liederdichter 271 Nr. 23.

Die literarischen, gesellschaftlichen und gelehrten Spiele 113

Mich umlaube die Weinlaube,
Der Prophet mir erlaube Wein! . . .³

Die heutige Form des Schüttelreims⁴ ist nicht viel jünger als die Verse Walthers, denn Konrad von Würzburg verbindet deren Umstellung mit einer Art grammatischen Reims:

Jârlanc vrîjet sich diu grüene linde
loubes unde blüete guot;
wunder güete bluot des meien ê der werlte bar.
gerner ich dur liehte bluomen linde
hiure in touwes flüete wuot,
danne ich wüete fluot des rîfen nû mit füezen bar.
mir tuont wê die küelen scharphen winde.
swint, vertânez winterleit!
durch daz mînem muote sorge swinde.
wint mîn herze ie kûme leit,
wande er kleiner vogellîne fröude nider leit.

Owê! daz diu liebe mir niht dicke
heilet mîner wunden funt!
ich bin funden wunt von ir: nu mache si mich heil.
sendez trûren lanc breit unde dicke
wird mir zallen stunden kunt:
wil mir kunden stunt gelückes, sô vind ich daz heil,
daz si mich in spilnde fröude cleidet.
leit an mir niht lange wert:
ir gewant ⟨mir⟩ ungemüete leidet.
cleit nie wart sô rehte wert
sô diu wât der mich diu herzeliebe danne wert.

Werlt, wilt dû nu zieren dich vil schône,
sô gib dînen kinden wint,
der niht winden kint zunêren müge: dêst mîn rât.
swer mit stæte diene dir, des schône;
hilf im sorge binden. vint
die dich vinden; bint si zuo dir, gib in hordes rât,
reiniu wîp: den rât mein ich ze guote.
muot und zuht ist in gewant:
swen si cleident mit ir reinen muote,
guot und edel daz gewant
ist, darumbe ich ûz ir dienste mich noch nie gewant.⁵

Ob Konrad wohl die Schwierigkeiten erhöhte, um Walther zu übertreffen? Auf alle Fälle ist diese Verwendung des Schüttelreims als künstlerischer Verzierung eines gehobenen Gedichts einzig, wenn man von Rückerts halborientalischen Versuchen absieht.⁶ Erst in neuester Zeit gelang Anton Kippenberg unter dem anagramma-

---

³ Rückert VII 139.
⁴ Literatur zum Schüttelreim: Richard M. Meyer, Vom Schüttelreim — In: Deutsche Dichtung 21 (1896/97) 78 ff.; Heusler Versgeschichte 954. Während des Druckes erschien: Franz Rolf Schröder, Zur Geschichte des Schüttelreims — In: GRM 53 (1962) 302 ff.
⁵ Konrad von Würzburg Dichtungen III 29 f. Nr. 13.
⁶ Rückert VII 138 f. Mehr zufällig auch in Heines Waldeinsamkeit: „Sie tragen Rotmäntelchen, lang und bauschig, / Die Miene ist ehrlich, doch bang und lauschig": Heine III 85.

8 Liede, Dichtung 2

tischen Pseudonym Benno Papentrigk der Schüttelreim so leicht, daß er mit ihm ein Kirchenlied schmücken durfte, ohne geschmacklos zu wirken:

> Es nahet jetzt der Morgen sich,
> Bewahr', o HErr, vor Sorgen mich,
> Wenn Deine Gnaden-Sonne winckt,
> Mein Seel' und Mund vor Wonne singt ...[7]

Dieses „Neue Liedlein im alten Ton" zeigt, wie eine Jahrhunderte lang im Volkstümlich-Komischen verschüttete Gattung wieder in die Sphäre künstlerischer Spielfreude gehoben werden kann. Seit dem neunzehnten Jahrhundert ist der Schüttelreim ja eine Witzblattmode.[8] Doch nehmen besonders geistig hochstehende Männer immer wieder regen Anteil an ihr; für sie mag die Devise gelten:

> Gönn' mir den Spaß, daß ich aufzwinge Dingen
> Den Willen, statt daß mich die Dinge zwingen.
> Ein starres Wort mit seinem stillen Weigern
> Soll meinen Überwindungswillen steigern.[9]

Jede Generation hat ihre bekannten Schüttler, angefangen im neunzehnten Jahrhundert beim Juristen Karl Ludwig Wilhelm von Grolmann[10] über den Dichter Heinrich Seidel und seinen Kreis des „Allgemeinen Deutschen Reimvereins"[11] ins zwanzigste zum Marburger Philosophen und Pädagogen Paul Natorp, dem Bohême- und Arbeiterdichter Erich Mühsam und Anton Kippenberg, dessen köstlicher Eckermannvers noch zitiert sei:

> Auf Winsen sich die Ruhe legt,
> Kein Windeshauch die Luhe regt.
> Da hebt Gemuh, Gemecker an:
> Die Herde heim treibt Eckermann.[12]

Aus Helmut de Boors geschütteltem Preisgedicht auf Andreas Heusler stammen die Verse:

> Als Heusler dann vom Norden hörte,
> Daß er nur rohe Horden nährte,
> Die hingestreckt auf Bärenfellen
> Mit einem ungefähren Bellen
> Der Sprache edles Gut ersetzen
> Und sich an starkem Sud ergetzen,
> Dabei sich unentwegt vermehren,
> Rief er: „Ob ihr mir's mögt verwehren,

---

[7] Benno Papentrigk's Schüttelreime, 3. Aufl. Leipzig 1942, 52 f.
[8] Wendelin Überzwerch [Pseudonym von Karl Fuss], Aus dem Ärmel geschüttelt, Stuttgart 1935; derselbe, Reimchen, Reimchen, schüttle dich, Stuttgart 1936; derselbe, Frisch geschüttelt, Giersleben 1937; Emil Harms-Kutusov, Wer schüttelreimt, hat mehr vom Leben, Frankfurt/M 1956 (banal).
[9] Werner Sutermeister, Der fröhliche Apfelbaum, Bern 1932, 9.
[10] ADB IX 713 f. (Teichmann).
[11] Seidel XI 273 ff.
[12] Papentrigk aaO 31 mit der Anmerkung: „Eckermann begann seine Laufbahn in Winsen an der Luhe als Hirtenjunge."

Die literarischen, gesellschaftlichen und gelehrten Spiele 115

> Bei Thorr! Ich wags zu sagen: Nein!
> Solch Trug muß Lokis Nagen sein.
> Ich will den Ruhm der Ahnen mehren
> Und streite für Germanenehren!"[13]

„Für mich ist das Schütteln weder eine Spielerei noch blasser Ästhetizismus, sondern ein kräftiges, quellendes Behagen am Material unserer Sprache, eine Reiterlust, die Sprache durch sanften Schenkeldruck zu zwingen", schreibt ein Philologe,[14] und in einem Nekrolog auf den Pianisten Arthur Schnabel kann man lesen: „Er war in seinem Bekannten- und Freundeskreis als Verfertiger erstaunlicher Schüttelreime berühmt und beinahe gefürchtet. Sein Stolz, als wir ihm das letzte Mal in Basel im engsten Freundeskreis begegnen durften, war, daß er auch im Englischen seine Kunst der Schüttelreime zur Anwendung hatte bringen lernen."[15] Virtuosen des Schüttelreims bringen es auf doppelte und öftere Vertauschung in denselben Wörtern, wobei allerdings meist der Sinn zu wanken beginnt:

> Den Arm um sie geschlungen zag,
> Fragt er mit sanftem Zungenschlag:
> Was war das für ein Schlangenzug,
> Der mich in deine Zangen schlug...[16]

Zwar ist mir kein antikes Metathesenspiel bekannt,[17] aber das antike Wortspiel kommt ihm oft sehr nahe.[18] Letztlich ist die Quelle des Schüttelreims das menschliche Versprechen, dessen Metathesen systematisch auf einen neuen Sinn untersucht werden. In Frankreich benützt schon Rabelais die Contrepèterie, nur lassen sich seine Beispiele kaum zitieren, da sie meist Panurge in den Mund gelegt sind.[19]

B. Silbenspiele

Wir haben die Gattungen des vorhergehenden Abschnitts nach dem Träger des Kunststücks Buchstabenspiele genannt, nur beim Palindrom haben wir auch die wort- und versweise Umkehr eingeschlossen. Silbenspiele sind seltener, wir können uns auf zwei Fälle beschränken: auf das Spiel mit der Silbenzahl und mit der Trennung des Wortes in Silben oder Silbengruppen.

[13] Johann Wolfgang Goethe-Stiftung: Der Erwin von Steinbach-Preis 1938, Zur Erinnerung an die Verleihung an Andreas Heusler, Basel, 24 ff.
[14] Überzwerch, Reimchen aaO 15.
[15] O[tto] M[aag] in Basler National-Zeitung 18. 11. 1951. Nach Friedrich von der Leyen, Leben und Freiheit der Hochschule, Köln 1960, ist auch Werner Bergengruen ein Meister des Schüttelreims (231).
[16] Überzwerch, Ärmel aaO 12.
[17] Die versus quassati bei Weis Curiosa 11 f. sind wohl jüngeren Datums.
[18] ein Beispiel von etwa 1200 „Dic cara raritas, dic rara caritas" ohne Quellenangabe im Reallexikon III 506 b (P. Beyer, Wortspiel); vgl. auch Werner 7 Nr. 10 a.
[19] z. B. Pantagruel II.16 und 21. Allgemein französische Schüttelreime: Canel I 297; Lalanne 32 f.; Tabourot 69 ff.; Louis Perceau, La Redoute des Contrepèteries, Paris C. Briffaut 1955; Luc Etienne, L'Art du Contrepet, Paris J. J. Pauvert 1957 (mit Bibliographie).

a) Einsilbige Verse und andere Verse von bestimmter Silbenzahl

„Einsilbige Verse" werden eigentlich nur in festen Gedichtformen wie dem Rondeau oder dem Sonett sichtbar, bezeichnet man jedoch mit „Vers" auch den Reimklang, dann sind auch einige der später besprochenen Allreime Einsilber.

Einsilbige Verse verwenden in auffallender Übereinstimmung die sich entsprechenden Bewegungen der französischen Rhétorique und des deutschen Meistersangs.[1] Fabri vermag im Rondeau diese Silbe sogar auf einen Buchstaben zu reduzieren:

g und c
m   y
o   b
g   c
t   t
r   i
g   c
m   y[2]

Der „Jardin de Plaisance" vom Anfang des sechzehnten Jahrhunderts enthält vier Rondeaus von der Art:

Foy
Doit
Loy
Foy
Roy
Foit
Foy
Doit[3]

Bekannter sind die Passionsverse:

De
Ce
Lieu
Dieu
Sort
Mort;
Sort
Fort
Dur,
Mais
Très
Sur,[4]

die einige Nachahmer gefunden haben.[5]

---

[1] allgemein: Canel II 247 ff.; Lalanne 63 f.

[2] Fabri II 3; den Sinn vermag auch der Herausgeber Héron nicht zu erraten (ebda. III 30).

[3] Jardin de Plaisance VIIIvo; vgl. Fabri II 3; weitere Beispiele bei Langlois 62, 202, 227, 262, 285; Lote II 62. In Prosa als „lettre en monosyllabe" auf Grund einer Wette noch bei Court 377 ff.

[4] nach Canel II 248 f.

[5] ebda. 249 ff.

Der deutsche Meistersang bringt es in seinen überkurzen Tönen zwar selten bis zu durchgehender Einsilbigkeit, doch neigt er ihr zu. In der „Irrgängigen Labyrinthweise" Ambrosius Metzgers sind dreißig von zweiundsechzig Versen einsilbig,[6] in einem Lied aus dem sechzehnten Jahrhundert gar achtzehn von einundzwanzig:

>Fein
>ein
>dat
>hat
>Goltwurm bekendt
>gar
>klar
>
>Im
>grim
>wart
>hart
>Agnes verbrendt
>doch
>hoch
>
>Sie
>die
>not
>got
>klaget ellendt
>gar
>klar.[7]

Erst im neunzehnten Jahrhundert schreibt nachher in Frankreich der Verskünstler Amédée Pommier eine Ekloge von 226 einsilbigen Versen;[8] in Deutschland begnügt sich der Jurist und Dante-Forscher Karl Witte mit einem vierzehnsilbigen Sonett „Gardinenpredigt".[9] Im Sonettenkrieg schließt Johann Heinrich Voß seinen Aufsatz „Über Bürgers Sonette" mit einer dreisonettigen „überkünstlichen Klingsonate", von der das „Grave" einsilbig ist:

>Mit
>Prall-
>Hall

---

[6] Nagel 56; allg. 53 ff.; vgl. auch Sixt Beckmessers Neujahrsgedicht auf die Heilige Jungfrau, abgedruckt bei: Hellmut Rosenfeld, Der historische Meistersinger Sixt Beckmesser und der Meistergesang — In: Euphorion 47 (1953) 271 ff., Gedicht 275 ff.
[7] Nagel 55.
[8] Stengel 37.
[9] Deutsche Blätter für Poesie, Litteratur, Kunst und Theater ed. C. Schall, Holtei und Barth, 1823, 12.

Sprüht
Süd
Tral-
Lall-
Lied.
Kling-
Klang
Singt;
Sing-
Sang
Klingt.[10]

Die Kunst der Rhétoriqueurs und Meistersinger endet so in dem komischen Effekt, den die Einsilbigkeit schon bei Rabelais im Kapitel „Comment Panurge interroguant un frere Fredon, n'eust response de luy qu'en monosillabes" hervorruft.[11] Der Frère Fredon könnte sich auf Ausonius berufen, der in einer Art gelehrten Gesellschaftsspiels Fragen stellt, die durch einsilbige Schlußworte beantwortet werden müssen, wobei er sogar mehrsilbige Wörter zu einsilbigen zusammenhackt, etwa „tau" für taurus. Ausonius zählt in Gedichten auch einsilbige Körperteile, Gottheiten, Speisen auf und resümiert mythologische Geschichten in einsilbig endenden Versen. Überdies verbindet er die Einsilbigkeit mit Kettenreim:

> *Res* hominum fragiles alit, et regit, et perimit *fors.*
> *Fors* dubia, aeternumque labans, quam blanda fovet *spes.*
> *Spes* ...[12]

Im lateinischen Mittelalter wird er nachgeahmt. Bernowin eignet sich ein Gedicht Angilberts an, dessen Verse je mit dem gleichen einsilbigen Wort beginnen und enden: „*Rex,* requiem Bernowino da pater atque pius *rex* ..."[13] Auffallend häufig bevorzugen monosyllabischen Ausgang Arnulfs „Delicie cleri"[14] und der satirische

---

[10] Johann Heinrich Voß, G. A. Bürgers Sonette ... — In: Jenaische Allg. Literaturzeitung 1808 Nr. 128/131; wiederholt in: J. H. Voß, Kritische Blätter ..., Stuttgart 1928, I 502 ff.; die Klingsonate auch in: Johann Heinrich Voß, Sämtliche poetische Werke ed. Abraham Voß, Leipzig 1835, 278.

[11] Pantagruel V. 28; von Harsdörffer als Gesellschaftsspiel verwendet: Gespsp II 210 ff. Alexandre Dumas dagegen läßt Athos' Diener Grimaud in den „Drei Musketieren" nur deshalb in Einsilbern sprechen, weil er pro Zeile bezahlt wird, vgl. Henri Clouard, Alexandre Dumas, Paris Albin Michel 1955, 348. Jedem gebildeten Franzosen ist auch bekannt, daß der folgende Vers aus Racines Phèdre (IV. 2) aus lauter Einsilbern besteht: „Le jour n'est pas plus pur que le fond de mon coeur".

[12] Ausonius Technopaegnion III, Opuscula ed. Rudolf Peiper, Leipzig 1886, 157; tau für taurus in XIV, ebda. 167 f.; vgl. auch Technopaegnion V—XIV, ebda. 159 ff. und unten S. 152; ferner Raginald von Canterbury: Manitius III 843; Werner 93 Nr. 216.

[13] Poetae I 420 Nr. 21.

[14] Manitius II 588 ff.

Dichter Amarcius.[15] Deutsche Verse aus lauter einsilbigen Wörtern[16] treffen wir nur in den später besprochenen Proteusversen an.

Absichtlich mit Versen von zwei oder drei Silben spielen einzig die Rhétorique und der Meistersang, sonst gehören sie zu den kurzen Schlagreimen, die wie der Allreim freilich auch schon bei den einsilbigen Versen mitwirken.[17]

Verse mit besonders langen, vielsilbigen Wörtern wie das bekannte Distichon

> Conturbabantur Constantinopolitani
> Innumerabilibus sollicitudinibus[18]

verwendet nur die Rhétorique in Rondeaus wie

> Dissimulacion
> Entremondanise
> Communicacion
> Dissimulacion
> Prenosticacion
> Reparalogise
> Dissumilacion
> Entremondanise.[19]

Sonst sind sie mehr zufällige Spiele[20] oder stilistische Versuche wie in Victor Hugos „Djinns", in denen die Strophen vom zweisilbigen bis zum zehnsilbigen Vers anwachsen, um das Wachsen und Erlöschen des durch die bösen Geister heraufgeführten Sturms darzustellen.[21]

In den „Versos de cabo roto" der spanischen Literatur wird die letzte Silbe jeder Verszeile abgeschnitten, was das Reimen spielerisch erleichtert. Berühmt ist das Sonett vor dem ersten Teil von Cervantes' Don Quijote,[22] das Oehlenschläger in der Widmung seiner Übersetzung von Holbergs Lustspielen an Tieck nachahmt:

> Mein Freund und Holberg's Freund, erlau-,
> Daß heut' ich diese Übersetz-,
> Die ich geschrieben mit Ergetz-,

---

[15] ebda. II 569 ff., bes. 591 Anm.
[16] allgemein: Canel II 245 f. Französisch: Tabourot 146 ff.; englische Prosa: *A Literary Curiosity, A Sermon in Words of One Syllable Only by a Manchester Layman, Manchester 1860; ähnlich bei Optatianus Porfyrius Verse aus nur zwei-, drei-, vier- und fünfsilbigen Wörtern: Optatianus Porfyrius 15 V. 1—4.
[17] Lote II 62; Langlois 203, 227 ff. (Molinet), 262 f., 285 f.; Nagel 55 ff. Ein Gedicht aus lauter Zweisilbern und eines aus Viersilbern noch bei Laurentius Albertus, Teutsche Grammatick, Augsburg 1573 ed. Carl Müller-Fraureuth, Straßburg 1895, 153; ein niederländischer Ein- und ein Zweisilber bei Morhof 555 f.
[18] der erste Vers schon bei Georg Fabricius, De re poetica, Leipzig Steinmann 1574, 807; allgemein: Weis Jocosa 83, Weis Bella Bulla 90.
[19] Jardin de Plaisance VIIIvo.
[20] allgemein: Canel II 264 ff.; Lalanne 64.
[21] Oeuvres complètes, Paris Ollendorf 1909 ff., Poésie I 709 ff.
[22] versos de cabo roto auch in *Andrea Perez' (Ps. Francisco Lopez de Ubeda), La picara Justina 1650, nach Otto Jörder, Die Formen des Sonetts bei Lope de Vega, Berlin 1936, 136 f. William James Entwistle, Cervantes, Oxford UP 1940, führt das Spiel auf die Sevillaner Gaunersprache zurück (36, 45), vgl. Curtius 289 Anm. 1.

Dir decidire zur Erbau-!
Zwar wäre besser sie gera-,
Wenn von dir selber es gescheh-;
Weil aber du verstehst nicht Dä-,
So konntest du es auch nicht ma-.
. . .
Fragst *Du*, warum ich solche Rei-
Geschrieben, die nicht sehr bekan-?
So schrieb auch Holberg's Freund: *Cervan-*
An *seinen* Gönner, wie *Du* wei-.
Und weil als *Dän'* ich doch gebo-,
Ist immer in der deutschen Sty-
Die Endigung ein wenig schwie-
Und der entgeh' ich so zur No-.[23]

Bei den „Versus rhopalici",[24] den Keulenversen (nach der Form), nehmen die Wörter fortschreitend um eine Silbe zu oder ab. Servius zitiert: „Rem tibi confeci, doctissime dulcisonoram".[25] Diomedes nennt sie versus fistulares;[26] auch Porfyrius[27] und Ausonius[28] haben welche verfertigt. Abgesehen von einigen für französische Sammlungen gedichteten Beispielen,[29] bleiben sie auf die lateinische Literatur beschränkt, wo sie bis ins siebzehnte Jahrhundert weiterleben.

b) Die Tmesis

In der Tmesis werden Wörter um des Metrums willen in Silben oder Silbengruppen zerlegt.[1] Sie ist eigentlich kein Spiel, sondern eine aus metrischer Not geborene Figur. Schon Ennius soll einen Versschluß „saxo cere comminuit brum"[2] gebildet haben. Bei Bischof Eugen III. von Toledo und den karolingischen Dichtern[3]

---

[23] Holberg's Lustspiele übersetzt von Adam Oehlenschläger, Leipzig 1822-23, I S. VII ff. (68 Verse); vgl. auch den Schluß von Eichendorffs „Incognito": Eichendorff NG I 974.
[24] allgemein: Canel I 332; Gerber II 366.
[25] Servius, De centum metris IX 26: Keil Grammatici Latini IV 467; Anthologia Latina ed. Franciscus Buecheler et Alexander Riese, I.2, 2. Aufl. Leipzig 1906, 232 Nr. 749 (Laus Martis).
[26] Diomedes, Ars Grammatica: Keil Grammatici Latini I 499; fistulares etwa auch bei Georg Fabricius aaO 808.
[27] Optatianus Porfyrius 15 V. 5; V. 1—4 je um eine Silbe ansteigend.
[28] Ausonius, Oratio versibus rhopalicis: Domestica III, Opuscula ed. Rudolf Peiper, Leipzig 1886, 19 ff.
[29] vgl. Canel II 333 (versus rhopalici von 1561). In ein eigenartiges Spiel mit der Vers*zahl* mündet Hartmanns von Aue Klage (Büchlein), indem von den letzten fünfzehn Strophen (V. 1645 ff.) jede gegenüber der vorhergehenden um zwei Verse abnimmt.
[1] allgemein: Curtius 288 Anm. 7 (Quintilian, Institutio oratoria lib. X cap. 1 § 29 usw.); Gerber II 368 Anm. Ungeklärte altnordische Beispiele: Vries Anord Litgesch 45.
[2] Ennius ed. Joh. Vahlen, 2. Aufl. Leipzig 1903, Nr. 609; Nr. 610 ein zweites Beispiel; beide von Friedrich Leo dem Ennius abgesprochen (Geschichte der römischen Literatur I, Berlin 1913, 182 Anm. 2).
[3] zur Häufigkeit bei den Karolingern vgl. Sachregister zu Poetae I—IV.

wird sie jedoch zu einem Kunststück; Eugen verwendet sie in zehn Versen als eine Art Akro-Telestich:

> O IO- versiculos nexos quia despicis -HANNES,
> excipe DI- sollers si nosti iungere -VISOS.
> cerne CA- pascentes dumoso in litore -MELOS ...[4]

Nur die Provenzalen trennen noch in der „cobla sillabicada" die Wörter innerhalb des Verses,[5] sonst ist die Tmesis als Spiel nicht in die volkssprachlichen Literaturen eingedrungen.

Ähnlich wie die Tmesis verfahren übrigens im Satzzusammenhang die rhetorische Figur des Hyperbatons, bei dem das grammatisch Zusammengehörige durch ellenlange Einschiebsel getrennt wird,[6] sowie die sophistischen Kniffe der Diäresis (Trennung von Wörtern durch Einschiebsel usw., die eine falsche Interpretation herausfordern, entsprechend etwa unsern Interpunktionsscherzen, aber auch Trennungen wie „spirito di vino" für „spirito divino") und der Synthesis (Zusammenziehung von Wörtern, die nicht zusammengehören, also „spirito divino" für „spirito di vino" etc.).[7]

C. REIMSPIELE

Das Ordnen der Sprache nach Rhythmus und Reim ist gewiß das verbreitetste Spiel. Als Takt- und Klangspiel unterscheidet es sich von unsern übrigen Gattungen darin, daß ihm die Tradition trotz gewissen Freiheiten feste Grenzen gibt. Eine hochentwickelte Dichtkunst zwingt jedoch den Künstler, nach immer neuen virtuosen Reimklangspielen zu suchen, so etwa im deutschen Minnesang besonders nach Walther von der Vogelweide. Zwar hat man darauf hingewiesen, daß die Reimspiele dieser Zeit reine Konzertstücke seien und ohne Kenntnis des musikalischen Vortrags nicht verstanden werden könnten.[1] Eine Pause oder ein Korn sei gewiß durch die Musik sinnfällig hervorgehoben worden, sonst hätte man sie überhaupt nicht gehört; Schlag- und Binnenreime hingen wahrscheinlich mit den musikalischen Sätzen zusammen, was schon Lachmann mit dem Abgesang des Chorals „Wie schön leuchtet der Morgenstern" illustriert, der nach der Melodie

---

[4] Carmen 70, ed. Vollmer — In: MGH AA XIV, Berlin 1905, 262. Weiteres bei Karl Strecker, Einführung in das Mittellatein, 3. Aufl. Berlin 1939, 29. Scherzhaft bei den Pennälern: „Deficiente pecu-, deficit omne, -nia": Rochholz 106.

[5] Leys d'Amors I 280; Bartsch Reimkunst 195; ähnlich Canel II 70 ff.; vers farcis mit Trennung einzelner Wörter wie alleluia usw. durch Strophen, bes. im 17. Jahrhundert.

[6] Curtius 278 ff., häufig bei Gongora.

[7] vgl. Ohlert 6 ff. Ähnliche Spiele im Kindervers: Lewalter-Schläger 543 ff.; Betonungsscherze ebda. 494 ff. usw.

[1] Wilmanns I 39 f.; Kurt Plenio, Über deutsche Strophik — In: PBB 42 (1917) 280 ff.; derselbe, Bausteine zur altdeutschen Strophik — In: PBB 42 (1917) 411 ff., 43 (1918) 56 ff. Dagegen: Carl von Kraus, Über einige Meisterlieder der Kolmarer Handschrift — In: SB d. Bayer. Akad. d. Wiss. Philos.-philol. und hist. Klasse 1929 Heft 4, 24 f.

Lieblich-,
Freundlich-,
Schön und herrlich-, groß und ehrlich-, reich von Gaben-,
Hoch und sehr prächtig erhaben

geschrieben werden müßte.[2] Diese an sich einleuchtende Erklärung übersieht aber, daß die meisten virtuosen Kunststücke des späten Minnesanges schon in der mittellateinischen Literatur und früher an Orten verwendet wurden, wo eine musikalische Begleitung ausgeschlossen war.

Bedauerlicherweise besteht übrigens noch heute keine feste wissenschaftliche Terminologie für die Reimklangspiele. In jeder Poetik und in jeder Metrik verschiebt sich die Bedeutung der Bezeichnungen, wenn auch nicht mehr so stark wie in älterer Zeit, wo derselbe Ausdruck bei verschiedenen Autoren ganz Verschiedenes bedeutet.

Wir trennen die Reimspiele im folgenden in solche, die eine möglichst große Vielfalt der Reime herzustellen wünschen, in solche, die mit möglichst wenigen Reimen oder Reimwörtern auskommen wollen, und in solche, denen der Reim auch zur Verkettung der Verse dient. Allerdings geht es dabei nicht immer ohne eine gewisse Gewaltsamkeit ab.

a) Reimreichtum

Das konsequenteste Reimspiel ist ohne Zweifel der A l l r e i m , bei dem alle Wörter eines Verses oder gar eines ganzen Gedichts reimen. Die Bezeichnung haben wir dem „aldicht" der niederländischen Rederijkers nachgebildet. In der deutschen Dichtung stattet Konrad von Würzburg als erster gleich zwei Gedichte so aus. Das erste besteht zur Hauptsache aus Schlagreimen, im zweiten reimen sich Wörter einer Zeile auf die der übernächsten:

Gar   bar   lît   wît   walt,
kalt   snê   wê   tuot: gluot   sî   bî   mir.
gras   was   ê,   clê   spranc
blanc, bluot guot schein; ein   hac   pflac ir.
schœne dœne   clungen jungen liuten,
triuten inne minne mêrte:
sunder wunder- bære swære wilden
bilden heide weide rêrte,
dô   frô   sâzen die,
der   ger   lâzen spil   wil   hie.

Trût, brût, sich   mich   an!
man   hât   rât   dâ   swâ   dû   nû   bist.
dîn   schîn wît   gît   muot
guot   dem   swem   sîn   pîn   arc   starc ist.
süeze büeze trûren! sûren smerzen
⟨herzen⟩ reine cleine mache!

[2] Lachmann zu Walther von der Vogelweide 111, 32 (W. Grimm, Kleinere Schriften ed. Gustav Hinrichs, Berlin 1881-87, IV 195 ff.).

cluogen   fuogen   schœne   lœne   mêre
sêre!   niuwe   riuwe   swache!
lîch   rîch   lêhen   mir,
wîp!   lîp   vlêhen   sol   wol   dir.[1]

*

Swâ   tac   er-   schînen   sol   zwein   liuten,
die   ver-   borgen   inne   liebe   stunde   müezen   tragen,
dâ   mac   ver-   swînen   wol   ein   triuten:
nie   der   morgen   minne-   diebe   kunde   büezen   clagen.
er   lêret   ougen   weinen   trîben;
sinnen   wil   er   wünne   selten   borgen.
swer   mêret   tougen   reinen   wîben
minnen   spil,   der   künne   schelten   morgen.[2]

So schwierig dieses Kunststück ist, Konrad wird vom Dürinc[3] weit übertroffen. Dieser baut ein ganzes Gedicht aus Körnern auf, die sich im Palindrom finden. Das Reimschema ist so kompliziert, daß das Gedicht auf den ersten Blick ungereimt erscheint:

Spil   minnin wundir volbringin man gît
î wîvin, der drûwin deil prîsin ir êre
schône: ich spê dâ hô sterke,
dî mich hân virladin.

Schadin   irgân ich hî merke.
sô lâ mê dich krône, hêre,
dir, wîsin, heil nûwin. wer lîvin î rît
an ringin wol sundir sinnin vil?

War   quam giwin der vil wîsin schar zi mâle
dî Vênus virschrît?

Si rît   ê sus î: Parzifâle
intrîsinden sin si nam gar,
Adam,   Sampsône in ir zîdin
bouch wirde sünde zir schœne.
si seldin gein wîvin virvîng,

Irgîng   lîvin ein meldin zir hœne.
künde girde drouch Dâvîdin,
Salmônin dâ sam.[4]

---

[1] Konrad von Würzburg Dichtungen III 47 f. Nr. 26.
[2] ebda. III 50 Nr. 30.
[3] Verfasserlexikon I 462 f. (Halbach).
[4] Liederdichter 54 Nr. 1; Übersetzungsversuch ebda. II 58; Karl Bartsch, Der innere Reim in der höfischen Lyrik — In: Germania 12 (1867) 129 ff., Dürinc 163.

Die Gattungen der Unsinnspoesie

Der Text geht von „Spil" ungereimt durch bis „hân virladin", dann folgen die Reimwörter für diesen Teil, und zwar rückwärts bis an den Anfang, also „schadin: ladin, ir-: vir-, gân: hân" usw., bis sich „vil" auf das erste Wort des Gedichts, „spil", reimt; dann beginnt mit „war" eine neue Reihe, die mit „(vir)schrît" endet und von „(si) rît" bis „gar" rückwärts schreitend reimt; mit „Adam" setzt eine dritte Reihe bis „virvîng" ein und reimt von „Irgîng" bis „dâ sam":

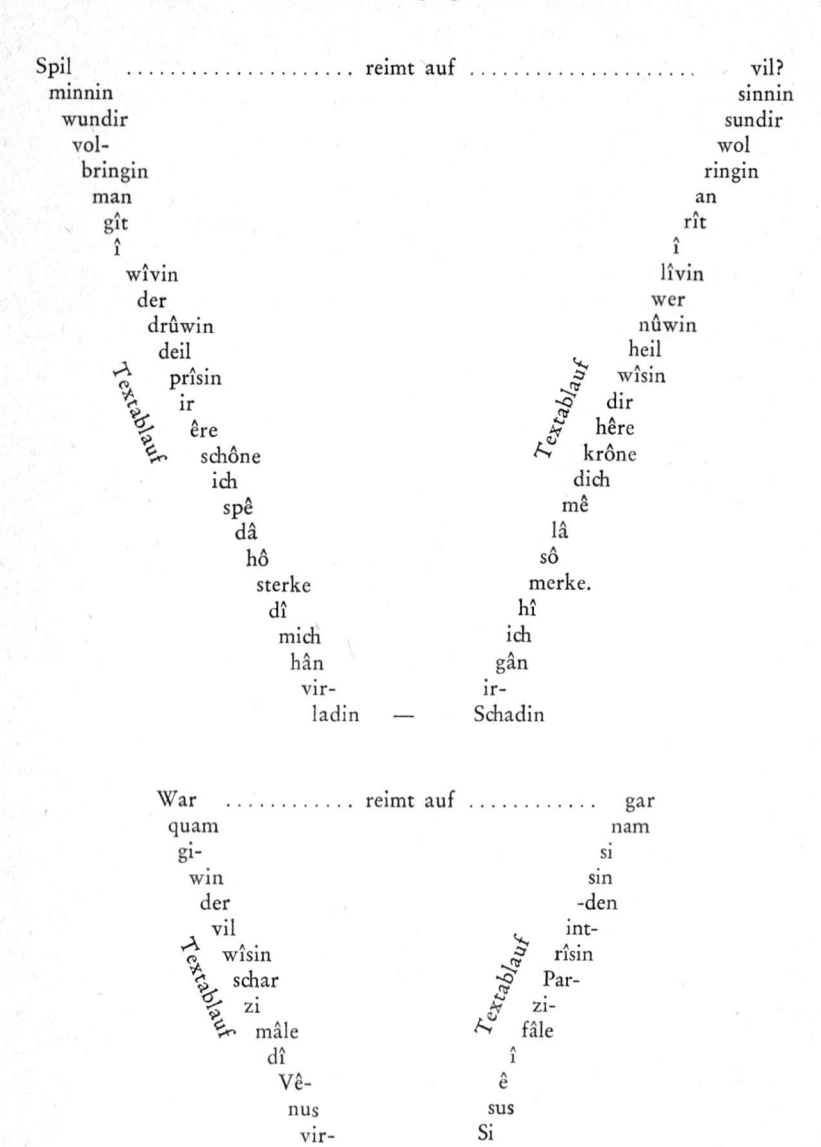

```
Spil  .................. reimt auf ..................  vil?
   minnin                                              sinnin
   wundir                                              sundir
   vol-                                                  wol
   bringin                                             ringin
     man                                                 an
     gît                                                 rît
      î                                                   î
      wîvin                                           lîvin
       der                                            wer
       drûwin                                         nûwin
       deil                                           heil
  ⸴    prîsin                                ⸴        wîsin
 Textablauf ir                              Textablauf  dir
        êre                                              hêre
        schône                                          krône
        ich                                             dich
        spê                                              mê
        dâ                                              lâ
        hô                                              sô
        sterke                                         merke.
        dî                                              hî
        mich                                           ich
        hân                                            gân
        vir-                                           ir-
         ladin  —                                     Schadin


       War ........... reimt auf ...........  gar
        quam                                   nam
        gi-                                    si
        win                                    sin
        der                                   -den
        vil                                    int-
   ⸴    wîsin                          ⸴       rîsin
 Textablauf schar                    Textablauf Par-
         zi                                    zi-
          mâle                                 fâle
         dî                                     î
         Vê-                                    ê
         nus                                    sus
         vir-                                   Si
          schrît  —                            rît
```

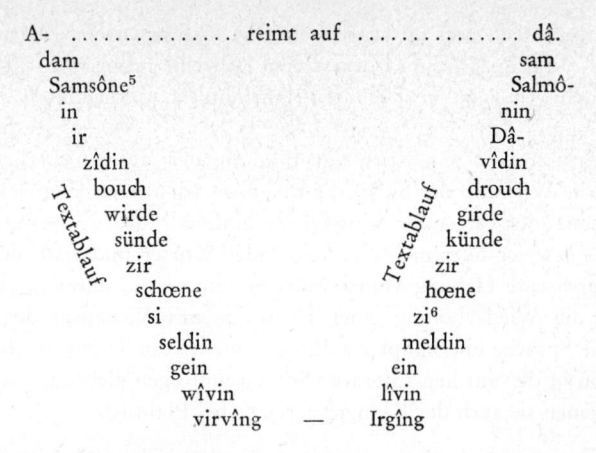

Die literarischen, gesellschaftlichen und gelehrten Spiele

```
         A- ............ reimt auf ............ dâ.
        dam                                     sam
      Samsône[5]                              Salmô-
        in                                      nin
        ir                                      Dâ-
      zîdin                                    vîdin
      bouch                                    drouch
      wirde                                    girde
      sünde                                    künde
       zir                                      zir
     schœne                                    hœne
       si                                      zi[6]
      seldin                                   meldin
       gein                                     ein
      wîvin                                    lîvin
     virvîng         —                        Irgîng
```
(Textablauf / Textablauf)

Selbstverständlich kann ein solches Spiel nicht durch Musik hervorgerufen sein, eine Hervorhebung der sich reimenden Teile durch eine Melodie ist undenkbar. Als rein literarisches Kunststück muß es uns vor einer Überschätzung des Anteils der Musik bei andern Reimarten des späten Minnesangs bewahren.

Ein Allreim von dieser Künstlichkeit findet sich in der Dichtung sonst nirgends. Sowohl die provenzalischen „rims serpentis" bzw. „coblas serpentinas"[7] wie die Versuche der Rhétoriqueurs und Rederijkers beschränken sich darauf, jede Verssilbe mit der entsprechenden des folgenden Verses reimen zu lassen, also etwa

> Voort zyt niet moe, wilt mi saen versinnen
> Hoort, zwijt siet toe: stildt, wij gaen beginnen.[8]

oder

> Tournay, en tour sa folle oultrecuidance,
> Tournoye en tour, se affolle oultre qui dance.[9]

Die einsilbigen Gedichte des deutschen Meistersangs[10], einzelne versus rapportati wie die folgenden aus den Carmina Burana

> Flete perhorrete lugete pavete dolete
> Flenda perhorrenda lugenda pavenda dolenda,[11]

---

[5] Liederdichter II 56 Z. 13; im Textband „Sampsône".

[6] nach ebda. II 56 Z. 18; fehlt im Textband.

[7] Leys d'Amors I 172, 250. Allreim bei Cerveri de Girona: M. de Riquer, Obras completas del trovator Cerveri de Girona, Barcelona 1947, 154 Nr. 54. Auch die altnordische Dichtung besitzt eine Art Allreim („in minni alhenda"): Snorra Edda Strophenverzeichnis 43.

[8] nach Kayser Klangmalerei 257; vgl. Geschiedenis I 223.

[9] Guillaume Crétin, Oeuvres poétiques ed. Kathleen Chesney, Paris Firmin-Didot 1932, 276 Nr. 62 V. 23 f. Ein entsprechender Allreim des 19. Jahrhunderts (von Marc Monnier) zitiert von Gaston Paris in Romania 6 (1877) 623 (Rezension Léon Bellenger, Etudes sur la rime).

[10] vgl. oben S. 117 f. und Nagel 54 ff.

[11] CB 5; einzelne lateinische Allreime: Canel II 130 ff.

oder starke Häufungen von Binnenreimen usw.[12] kommen dem Allreim nur nahe oder sind gar zufällig Allreime; der strenge Allreim reicht nicht über das späte Mittelalter hinaus, nur im neunzehnten Jahrhundert tauchen noch einige scherzhafte Versuche auf.[13]

Selbst Literaturen, die den Reim zur Bindung der Verse nicht kennen, wissen die eindringliche Wirkung des S c h l a g r e i m e s (d. h. zweier oder mehrerer unmittelbar aufeinander folgender Reimwörter innerhalb des Verses) und des B i n n e n r e i m e s (zweier oder mehrerer reimender Wörter innerhalb des Verses, die mindestens durch *eine* Hebung voneinander getrennt sind) auszunützen. Der Kindervers liebt die Wiederholung einer Lautfolge mit Variation des Anlauts als Klangspiel, die Sprache überhaupt Zwillingsformeln vom Typus „Saus und Braus". So treten schon in der antiken Literatur Schlagreimfolgen gleichsam von selbst auf. Hie und da dienen sie auch der Klangmalerei, so bei Plautus:

> Ita erae meae hodie contigit: nam ubi parturit deos [sibi] invocat,
> Strepitus, crepitus, sonitus, tonitrus: ut subito, ut propere, ut valide tonuit.[14]

Als reine Kunstformen ohne lautmalerische Absicht sind beide Reimarten der mittellateinischen, der altnordischen Dichtung, dem späten Minnesang und dem Meistersang vorbehalten. Die mittellateinische Literatur besitzt eine Vielzahl von Schlag- und Binnenreim-Möglichkeiten, besonders im Hexameter.[15] Sie unterscheidet Arten von zwei, drei und vier Schlag- oder Binnenreimen, von denen jede wieder in Unterarten aufgeteilt ist. Nur zwei Beispiele seien zitiert: ein doppelter Schlagreim, der sich als Mittelreim mit dem Endreim verbindet, welche Verse bei Eberhard Alemannus „dactylici concordantes et immediate" heißen:

> Fac, pia, flagito, regia, clamito, stirpe puella,
> Hostica caelica spernere cernere, splendida stella...[16]

und ein doppelter Binnenreim mit Endreim, von Eberhard „dactylici dupliciter concordantes, alternatim et mediate" genannt:

> Fac, pia, flagito, regia, clamito, stirpe puella,
> Hostica spernere, caelica cernere, splendida stella.[17]

Auch die jüngere Edda führt verschiedene Arten, besonders des Schlagreims an, etwa die „Teure Weise" (dýri háttr),[18] die „Ganzgekürzte" (alhneptr)[19] und die „Neue Weise" (nýi háttr), welch letztere zudem noch Viersilbigkeit des Verses verlangt:

---

[12] Harsdörffer Gespsp VIII 453, vgl. unten S. 131.
[13] z. B. Maurice Stern, Ausgewählte Gedichte, Dresden-Leipzig 1891, 86 f. (Friede).
[14] Plautus Amphitruo V. 1061 f.
[15] eine Übersicht über die Arten bei Meyer Mlat Ryth I 85 ff.; vgl. auch CB 54; Serlo von Wilton, De diversis modis versificandi nach Manitius III 905 ff.; bei den Iren: Meyer Mlat Ryth III 315 ff.
[16] Laborintus (Faral 361 ff.) V. 788 f.; vgl. auch V. 800 f.
[17] ebda. V. 786 f.; vgl. auch V. 777 ff., 790 f.
[18] Snorra Edda Strophenverzeichnis 38.
[19] ebda. 78.

Die literarischen, gesellschaftlichen und gelehrten Spiele

Ræsir glæsir	Schild' er, Milder,
Rökkva stökkva	Schicht't auf, Licht auf
hvítum rítum	Dockes — Bockes
hreina reina;	Dunkel — funkel
skreytir hreytir	Woll' des Goldes
skafna stafna	Wüster düster
hringa stringa	Ellen hellen
hjörtum svörtum.	Altes Pfades.[20]

Im spätern Minnesang fallen die Schlag- und Binnenreimspiele Konrads von Würzburg,[21] Ulrichs von Winterstetten,[22] des Kanzlers[23] und Oswalds von Wolkenstein auf. Oswald freut sich in seinem Wortüberschwang am dreifachen Binnenreim und verbindet ihn mit übergehendem und mit Anfangsreim:

Herz,   prich!   rich!   sich:
scherz,   smerz,   hie dringt,
ser zwingt   und pringt
natürlich lieb in immer...
ach,   rach   ich grimmikleichen schrei.
ei   frei,   gesell,
wenn   kenn   dein treu bedenken.

Hort   mein,   dein   ein
wort   mort   mir gail.
unhail   das sail
ich schreiben tuen an wage schilt
wilt   milt   mein herz begriffen hat,
quat   mat.   nu snell,
glück,   rück   mir lieb verrenken!

Tot,   lait,   mait,   schait
not!   rot   dein munt
trost wunt   die hunt,
der stimm mir nie wolt lauffen suess.
puess   muess   mir freuden werden an,
wann   man,   gesell,
nie   lie   plasen auff schrenken.[24]

Dieser Reimreichtum geht in den Meistersang und in das Volks- und Gesell-

---

[20] ebda. 73; Snorra Edda Übers. 320; vgl. auch Friedrich Kluge, Zur Geschichte des Reims im Altgermanischen — In: PBB 9 (1884) 422 ff.; Heusler Versgeschichte 396, 401 ff., 426; Vries Anord. Litgesch 39; Meyer Agerm Poesie 308.

[21] z. B. Konrad von Würzburg Dichtungen III 33 f. Nr. 16.

[22] Liederdichter 495 ff., besonders in den Leichen, vor allem in Nr. 3; vgl. auch Emil Dickhoff, Das zweigliedrige Wortasyndeton in der älteren deutschen Sprache, Berlin 1906, 124 f.

[23] Der Kanzler: Liederdichter 205 Nr. 14; ebda. Namenlos n: 279; vgl. auch Der Taler: Schweizer Minnesänger 66 ff. Nr. 1.

[24] Oswald von Wolkenstein 92 f. Nr. 22; ähnlich Nr. 18, 37, 68, 99. Auch die provenzalische Dichtung kennt natürlich die Technik: In den Leys d'Amors fallen die Schlag- und Binnenreime unter die rims bzw. coblas reforsatz (I 184); beinahe zum Allreim bringt es das für die cobla multiplicativa tensonada o enterogativa zitierte Muster (I 246).

schaftslied des fünfzehnten und sechzehnten Jahrhunderts über.[25] Ähnlich häufen sich bei den Rhétoriquers, bei Lemaire de Belges und Clément Marot, aber auch bei Ronsard die Binnenreime, ebenso bei den Rederijkers. In Italien preßt Luigi Groto zweiundfünfzig Reime in die Verse:

> A un tempo temo e ardisco, ed ardo e ghiaccio,
> Quando a l'aspetto del mio amor mi fermo,
> E stando al suo cospetto al' hor poi fermo
> Godo, gemo, languisco, guardo, e taccio;
>
> Al gel m'apprendo, e al gran foco mi sfaccio.
> Nasco, e mi scorgo morto sano, e infermo;
> Casco, e risorgo: mi do in mano, e schermo;
> Al Cielo ascendo, e in humil loco giaccio.
>
> Per la mia donna hor merto, hor vil mi trovo
> La speme casso, e spero; offro, e ritoglio:
> Ho pene, e gioie, ho pianto, e riso alterno.
>
> Per madonna stato erto, ed humil provo;
> Vo basso e altero, hor soffro hora mi doglio;
> Ho bene, noia; Paradiso, e inferno.[26]

Der neueren Dichtung dienen Schlag- und Binnenreim hauptsächlich für Lautmalereien; da dabei der Reim nicht mehr reines Klangspiel, sondern nur noch Mittel ist, bestimmte Geräusche nachzuahmen, können wir darauf verzichten, in unserm Zusammenhang mehr als Brentanos bekannte Verse anzuführen:

> Es brauset und sauset das Tambourin,
> Es prasseln und rasseln die Schellen darin ...[27]

Arnim freilich streift die Grenzen der Sprache, wenn er „die Sprache eines tiefgekränkten Herzens" mit Sätzen wiedergeben will wie „Und wenn von den spielenden Lüften bleibt kühlender Schauer der Trauer des harrenden starrenden greisenden Reisenden".[28]

Trotz ihrer erschreckenden Freude an Lautmalereien stehen der Nürnberger Barock und Zesen eher dem reinen Klangspiel des Minnesangs nahe; denn im Grunde geht es ihnen weniger um die Nachahmung eines Naturlautes als um die virtuose Füllung des Verses mit Klängen, um die Auflösung der Sprache in ein Formspiel. So dichtet Zesen:

---

[25] vgl. etwa das Liederbuch des Arnt von Aich ed. Eduard Bernoulli und Hans Joachim Moser, Kassel 1930, 21; über den Zusammenhang mit der Musik: Christoph Petzsch, Hofweisen — In: DVjs 33 (1959) 414 ff., bes. 418 ff.; ferner Arthur Kopp, Volks- und Gesellschaftslieder des XV. und XVI. Jahrhunderts I, Berlin 1905, 105 ff. Nr. 99; Goedeke II 26 f.; frühneuhochdeutsche Beispiele: Dickhoff aaO 176 f.
[26] Luigi Groto, Cieco d'Adria, Rime, Ausgabe Vinegia 1605, 64.
[27] Clemens Brentano, Ges. Schriften ed. Christian Brentano, Frankfurt/M 1852, II 333 ff.
[28] Arnim's Sämtliche Werke ed. Wilhelm Grimm, Berlin 1839-48, VIII 58 (Gräfin Dolores); auch sonst bei Arnim, etwa in Ariel's Offenbarungen ed. Jacob Minor, Weimar 1912, 76 Z. 18 ff.

> Es gischen die gläser, es zischet der zukker:
> man schwenkt sie und schenkt sie euch allen vol ein.
> Es klukkert verzukkert dem schlukker fein lukker,
> fein munter hinunter der Rheinische wein.
> So klinkern und flinkern und blinkern die flöhten,
> so können die sinnen entrinnen aus nöhten.[29]

Selbst wo der Zusammenhang mit der Lautmalerei noch zu erkennen ist, wird das Reimspiel systematisiert und verabsolutiert, die lautmalerischen Schöpfungen verlieren ihren eigentlichen Sinn und verflüchtigen sich in Reimbildungen. So im „Frühlings-Wechselgesang" zwischen Helianthus (Johann Georg Volkamer) und Montano (Johann Helwig):

> Hel.: Es klappern / und plappern / und pappern
>   Mont.: in Nestern die Störche.
> Es tiriliret / tiliret / umschwüret /
>   Hel.: in Lüften die Lerche.
> Es kittert / und flittert / sich wittert /
>   Mont.: der Stiglitz bey Tag.
> Es zwitzert / und wizert / und zizert /
>   Hel.: das Zeislein im Haag'.
> Es schlürffet / und schürffet / sich würffet /
>   Mont.: der Nachtigal Stimme.
> Es kirret / und girret / verwirret /
>   Hel.: der Tauber im Grimme.
> Es lisplet / und wisplet / und fisplet
>   Mont.: der Sperling am Dach'.
> Es schnattert / und dattert / und flattert
>   Hel.: der Andrecht[30] im Bach.
> Es binkert / und zwinkert / und flinkert /
>   Mont.: der Fink bei den Schatten.
> Es pfeiffet / umschweiffet / beleuffet /
>   Hel.: die Wachtel die Matten.
> Es gottert / und klottert / und schlottert /
>   Mont.: der Piphan für Stoltz.
> Es mäulet / und heulet / sich weilet
>   Hel.: die Eul in dem Holtz.
> Es gaket / und quaket / kroaket /
>   Mont.: das Rabengespane.
> Es krehet / sich blehet / und nähet /
>   Hel.: zum Weibe der Hahne.
> Es klukket / und bukket / und dukket /
>   Mont.: die Henne sich sehr.
> Es bikket / und klikket / bezwikket /
>   Hel.: die Tannen der Hehr.
> Was singet / sich schwinget / und springet /
>   Mont.: wil frölich sich machen.
> Was lebet / und schwebet / sich hebet /
>   Hel.: die Luften belachen.
> Es schallen / durchhallen / durchwallen /
>   Mont.: die Vögel die Büsch'.

---

[29] zitiert nach Heusler Versgeschichte 1042.
[30] Andrecht = Enterich.

> Und legen / und hegen / und regen /
> Hel.: im Grünen sich risch.
> Sie sausen / zerzausen / durchlausen /
> Mont.: das mosicht Gestäude.
> Sie hupfen / berupfen / zerzupfen /
> Hel.: das Laube mit Freude.
> Sie gatten / im Schatten / an Matten /
> Mont.: die fliegende Schaar.
> Sie mieten / sich nieten / und brüten /
> Hel.: die Jungen aufs Jahr.[31]

Daß Schlag- und Binnenreime bei allerlei Wortspielen mithelfen, sei nur am Rand erwähnt und mit Tiecks „Ein nett honett Sonett so nett zu drechseln ..." belegt.[32] Ebenso verführt die Reim- und Wortwut Fischart zu langen Schlag- und Binnenreimfolgen, vor allem in den Wortlisten.[33]

Zu den Spielen mit dem Reimreichtum dürfen wir auch den Mittelreim rechnen, der den Binnenreim insofern systematisiert, als er ein in der Zeile stehendes Wort mit dem Ende der selben Zeile reimt, wobei beide Reimwörter mindestens durch eine Hebung getrennt sind; ebenso den Inreim, bei welchem eines oder mehrere Reimwörter in einer Verszeile nicht aufeinander oder mit dem Schluß des Verses, sondern mit entsprechenden Wörtern in den folgenden Versen reimen. Beim Anfangsreim schließlich reimen die Anfangswörter der Verse aufeinander.

Die Trennung des Mittelreims vom Endreim, das heißt das Erkennen der Langzeile, bildet eine schwierige und umstrittene Frage bei der Wiederherstellung mittelhochdeutscher Gedichte, da die Anordnung der Handschriften oft zu Irrtümern verleitet.[34] Der Mittelreim hat von den drei Formen die längste Geschichte. Als häufigster gereimter Hexameter, als leoninischer Vers, tritt er schon beabsichtigt oder unbeabsichtigt in der römischen Literatur auf, später von Orientius im fünften Jahrhundert bis zu Alkuin, Hrabanus Maurus, Walahfrid Strabo usw. In der Hymnenpoesie ist er seit etwa 800 obligatorisch, so daß im elften und zwölften Jahrhundert reimlose Hexameter seltener sind als die gereimten.[35] In der deutschen

---

[31] Aus *Johann Helwigs Nymphe Noris, Nürnberg Dümler 1690, zitiert nach DL Barocklyrik ed. H. Cysarz, Leipzig 1937, II 155 f.; vgl. auch ebda. II 135 Joh. Klajs Freudenfeuerwerk (aus: *Geburtstag des Friedens, Nürnberg Endter 1650). Für Harsdörffer etwa Gespsp IV 81; V 134; VII 242; VIII 453.

[32] 4. Sonett der Kunst der Sonette: Gedichte, Neue Ausgabe Berlin 1841, 535; vgl. auch das bekannte Lied von Lebrecht Dreves „Auf den Bergen die Burgen, im Tale die Saale" (Vor Jena, 1812); zu parodistischen Zwecken: Hanns Wolfgang Rath, Mörikes muskalische Sendung — In: ZfBfr 10 (1906/07) 208 ff. (Richard-Wagner-Parodie aus dem Mörike-Kreis).

[33] Fischart Geschichtklitterung 60 Z. 22; 72 Z. 2; 98 Z. 30; 104 Z. 40; 122 Z. 5; 129 Z. 9; 131 Z. 36; 169 Z. 28; 170 Z. 23; 394 Z. 36; 453 Z. 29; vgl. Hauffen II 276; Zitzmann 80 ff. (bei Rabelais seltener); Eberhard Goldemann, Der Barockstil bei Fischart, Diss. Tübingen 1934, 63.

[34] vgl. Karl Bartsch, Der innere Reim in der höfischen Lyrik — In: Germania 12 (1867) 129 ff.; Lote I 280 ff.

[35] Eberhard Alemannus, Laborintus (Faral 361 ff.) V. 705 ff.; doppelter Mittelreim:

Literatur wird der Mittelreim beinahe nur vom späten Minnesang, von Konrad von Würzburg[36], Oswald von Wolkenstein[37] und andern als Formkunststück verwendet, dann aber in den Meisterliedern[38] wie in den entsprechenden Poesien der Nachbarländer[39] recht häufig nachgeahmt. Heimisch ist der Mittelreim jedoch in der deutschen Dichtung auch bei den Formvirtuosen nie geworden, selbst die Barockdichter, die sonst das Wort Opitzens „Es sol kein reim gemacht werden, als da wo er hin gehöret"[40] kaum befolgen, lieben ihn nicht.

Auch der Anfangsreim muß sich nach Konrad von Würzburg[41] und seinen Zeitgenossen mit Erwähnungen in barocken Poetiken, mit für diese gedichteten Beispielen[42] und vereinzeltem Auftreten, etwa bei Goethe und Rückert, begnügen.

Dagegen hat der Inreim nach der mittellateinischen Dichtung,[43] nach dem späten Minne-[44] und dem Meistersang[45] im Barock nochmals eine Scheinblüte erlebt, zu der Opitzens „Liedt, im thon: Ma belle je vous prie" den Anstoß gegeben haben mag.[46] So dichtet Harsdörffer:

> Der Frieden gezieret mit Freudenoliven
> hat ieden geführet die Treue zu prüfen.
> Er heilet die schädlich geschlagenen Wunden /
> und pfeilet mit schiedlich behagenden Stunden, ...[47]

wobei sich die letzten beiden Verse sogar dem Allreim nähern. Georg Neumark wiederholt in seinem „Pindarischen Klinggedicht" das Sonettschema auch im Inreim, beide Vershälften lassen sich überdies getrennt lesen (Spaltvers):

Satz

Ihr Phönix uns'rer Zeit	Könnt nimmer stille sitzen,
Euch treibt der tapfre Sinn,	Der göttlich hohe Geist
Zu seinem Ursprung hin,	Sieht, wo die Sonne gleißt,
Des Himmels Herrlichkeit;	Ihr wollt uns immer nützen.

ebda. V. 794 f.; dreifacher: V. 796 f.; vgl. Meyer Mlat Ryth I 79 ff., III 95 f.: meist Zäsurreim, aber auch mehrfache Mittelreime; Ebert II 167; Strecker Studien bes. 213 ff.; vgl. auch Sachregister zu Manitius III.

[36] Konrad von Würzburg Dichtungen z. B. III 40 ff. Nr. 23 u. ö.
[37] z. B. Oswald von Wolkenstein 46 V. 3; vgl. auch Heusler Versgeschichte 450, 951.
[38] vgl. etwa Meisterlieder 6, 142 ff., 188, 522, 590, 919; auch bei Fischart: Hauffen II 276.
[39] französ. Mittelreime: Lote I 265 f.; Stengel 58; Canel II 121 ff.
[40] Opitz Poeterei 42. Für Gottsched sind die leoninischen Hexameter „Leckerbissen unwissender Mönche", er läßt sie den alten Mönchen mit Lachen laufen, „die es vielleicht nicht besser wußten". Sie schicken sich nur für Scherze, und Gottsched kritisiert Balde, weil er lateinische Verse im Ernste reimt (800).
[41] etwa Konrad von Würzburg Dichtungen III 25 ff. Nr. 9 u. ö.
[42] z. B. bei Schottel, Verskunst 232; Hauptsprache 963 ff. als „Vornreim".
[43] caudati ventrini: Eberhard Alemannus, Laborintus (Faral 361 ff.) V. 717 ff., doppelter Inreim: V. 792 f.; unisoni (Inreim = Endreim, leonini caudati simul): V. 722 ff.; vgl. Meyer Mlat Ryth I 84.
[44] Konrad von Würzburg Dichtungen III 9 ff. bes. Nr. 6, 20, 28, aber auch sonst.
[45] Meisterlieder 44, 46 f., 50 f., 96, 129, 154, 818; Fischart: Hauffen II 276. Rhétoriqueurs: Langlois 237 f., 258 f., 282, 299 f., 318; Zschalig 60.
[46] Opitz Poemata 143.
[47] Harsdörffer Gespsp VIII 453.

Gegensatz

Ihr suchet für und für
Der Seelen Ehrenkrohn',
Erhitzet von Begier,
Des Herrn Passion,

Den Glauben zu beschützen,
Und was sonst himmlisch heißt.
Ihr rühmt, ihr singt und preist,
Worauf man sich kann stützen.

Beysatz

Weg Weltlust, die nur Last!
Weg was uns setzt in Noth.
Durch meines JESU Tod
Genieß' ich Seelen-Rast,
Hier klingt ein neues Lied,
Der Andacht Feuer glüht,

Weicht fern, ihr eitle Freuden!
Man soll euch billich meiden!
Wie dieß Buch kund gethan.
Es wallt zum Sternenplan,
Herr Rist ehrt Christi Leiden,
Ihr ist der Lohn beschieden.[48]

Eine weitere Möglichkeit der Reimhäufung ergibt sich, wenn man den Endreim erweitert. Man kann ihn über die letzte Hebung hinaus ins Versinnere hineinwachsen lassen oder ihn um einen Nachklang vermehren. *Die Erweiterung des Gleichklangs ins Versinnere* spielt in der deutschen Metrik nur eine unbedeutende Rolle. Zwar kommt sie schon im Minnesang vor,[49] doch häufen sich die Versuche erst unter dem Einfluß orientalischer Dichtung, vor allem bei Rückert. Dort verbindet der Ghaselenreim einen gewöhnlichen mit einem identischen Reim:

O welche Werkstatt hegst du mir im Herzen!
O welche Tempel trägst du mir im Herzen!

Mit konsonantisch ungenauen und gespaltenen Reimen dichtet Rückert:

Heute kamen die Klanggeister
Meiner persischen Sangmeister,
Die mich hatten geflohn lange,
Wie vor'm ernsten Ton bange,
Oder mich nur besucht hatten
Ähnlich streifenden Flugschatten
Über sommernden Fruchtmatten . . .[50]

Im Deutschen sind solche Formen zu ungewohnt und wirken meist unfreiwillig komisch, deshalb parodiert sie Vossens „Schwergereimte Ode an Reimbold" mit Reimen wie „Reimsucht: Honigseimsucht, Harzwald: schwarz wallt".[51]

Wichtiger ist die *Erweiterung des Endreims durch einen Nachhall*. Oft sehr zierlich, ist sie überdies sehr verbreitet, denn zu ihr gehört vor allem der Echoreim, dem alle Schäferdichtung verfällt.

Die einfachste Form der Erweiterung vertritt der e n d s c h a l l e n d e R e i m, wie ihn Schottel nennt,[52] oder nach dem französischen Namen: der v e r s c o u-

---

[48] *Georg Neumark, Poetische Tafeln..., Jena 1667, 143, vgl. Anm. zu Tafel 10 S. 246, zitiert nach Welti 231, vgl. ebda. 114. Heusler Versgeschichte nennt Schlag-, Binnen-, Mittel- und Inreime allgemein „Innenreime" (439, 656, 663, 778 usw.).

[49] „erweiterter Reim", vgl. Grimm Reim 80 ff.

[50] Die Klanggeister: Rückert VII 137; vereinzelt auch in Goethes West-östlichem Divan (z. B. Dreistigkeit) und bei Tieck (z. B. X 164).

[51] Joh. Heinr. Voß, Sämtliche poet. Werke ed. Abraham Voß, Leipzig 1835, 254 f.

[52] Schottel Verskunst 204 ff.; Hauptsprache 944 ff.

Die literarischen, gesellschaftlichen und gelehrten Spiele 133

r o n n é. Er wiederholt die letzte Silbe oder die letzten Silben des Reimwortes wo möglich mit einem andern Wortsinn. In der zweiten Hälfte des vierten Jahrhunderts schreibt Servius einen endschallenden Vers (als metrum echoicum) auf:

> Exercet mentes fraternas grata ma*lis lis*.[53]

Auch die „elegi echoici", von denen Sidonius Apollinaris spricht,[54] waren wohl endschallend. Als „versus decisi" (auch „praecisi") notiert sich Eberhard Alemannus:

> Sordibus im*mundos mundos* fac esse re*gentes*
> *Gentes*, o Do*mina, mina;* prece da bene*dicta*
> *Dicta*, remor*dentes dentes* vitare re*bellis*
> *Bellis*, tor*mentis mentis* qui gaudent: a*desto,*
> *Esto*, non *rosa rosa*, solamen miserorum.[55]

Verbunden mit übergehendem Reim wie hier, wirken sie auch als Kettenreime. Einzelne endschallende Verse finden sich im deutschen Minnesang,[56] ihre eigentliche Heimat sind jedoch die romanischen Länder. Schon am Ende des dreizehnten Jahrhunderts dichtet Giles Le Vinier:

> Amors ki le me co*mande,*   *Mande*
> Par moi tos *amans.*   *Mant*
> Plaisans et sans boi*dies*   *Die*
> Chascuns cest de*port*   *Port*
> Chascuns ceste nov*elle:*   *Ele*
> Est belle et avenans.[57]

Dann sind sie das auffallendste Spiel der Rhétoriqueurs. Zitiert seien ein doppelter einsilbiger vers couronné verbunden mit In- und Mittelreim, ein zweisilbiger und schließlich auch noch ein dreifacher einsilbiger:

> Par dis*cors cors*   je pris en re*cordz corps,*
> Creux gar*niz nidz*,   ou as mes a*mys mys,*
> En con*sors sortz*   tant qu[e] en res*sors sors*
> Hors jo*liz lictz,*   non sentans de*lictz lis* . . .[58]

> Par guerre n'ont les pu*pilles plus pilles,*
> Vefves ont perte, aux tours *des roys desroys,*
> Bourgs sont pillez, aus*si villes si viles*
> Que c'est pitié, on met sur*crois sur croix;*
> Dieu de lassus nous gard *des trois destroictz*
> De nations in*fidelles, fy d'elles;*
> Sermentz tortuz causent douleurs mortelles.[59]

---

[53] Servius, De centum metris IX 23: Keil Grammatici Latini IV 467.
[54] Sidonius Apollinaris lib. VIII epist. 11 § 5, ed. Luetjohann 141 Z. 9.
[55] Eberhard Alemannus, Laborintus (Faral 361 ff.) V. 806 ff.; vgl. Meyer Mlat Ryth I 92.
[56] vgl. Grimm Reim 69.
[57] Lote II 61 ff.; Zitat aus Johannes Bolte, Das Echo in Volksglaube und Dichtung — In: SB d. Preuß. Akad. d. Wiss., Phil.-hist. Kl. 1935, 266.
[58] Langlois 319; vgl. Jardin de Plaisance XIIIvo.
[59] Guillaume Crétin, Oeuvres poétiques ed. Kathleen Chesney, Paris Firmin-Didot 1932, 269 f. Nr. 59 V. 71 ff. Bei Molinet etwa 12 V. 41 ff.; 43 V. 153 ff.; 71 V. 169 ff.; 118; 120; 338 V. 89 ff.; 415 V. 153 ff.; 576 V. 203 ff.; 838.

> Quant du gay bruyt d'Amours souv*ent vent vente*,
> Et l'amant, qui son cueur sçav*ant vend, vante*
> S'amour, lors font telz cas, ven*uz nudz, nue*,
> Trouble, doncq en plaisir Ven*us n'euz nue*,
> Car elle trop ceulx tels gous*tans temps tempte*.
>
> O folle amour, qui sans con*temptz tendz tente*
> De travaulx plaine, ou vont pas*sans sans sente*
> Droicte, faulse es en tes ad*veuz veuz veue*,
> Quant d'obfusquer des folz res*veux veulx veue*;
> Dont fault que maulx, eulx tresp*assans, sans sente*.[60]

Dieser doppelte Nachhall wird auch „rime empérière" genannt.[61] In der Nachfolge der Rhétoriqueurs liebt Clément Marot Verse wie:

> La blanche colom*belle belle*
> Souvent je voys pri*ant, criant*:
> Mais dessoubz la cor*delle d'elle*
> Me jecte un œil fri*ant, riant*,
> En me consom*mant et sommant*
> A douleur qui ma *face efface*,
> Dont suis le recl*amant amant*,
> Qui pour l'oult*repasse trespasse*.[62]

Auch Spanien ist durch einige vers couronnés-Dichter vertreten, so durch Garcia de Corral, Benito Quixano, Melchor Orta, Manuel de Faria und Diego de Silva, berühmt ist ein beim Tod der Anna-Maria von Österreich an Philipp II. gerichtetes anonymes Sonett.[63]

Die deutsche Literatur hingegen kennt kaum den strengen endschallenden Reim, der die letzte Silbe — wenn möglich mit neuem Wortsinn — wiederholt. Doch tönt der Doppelreim des Minnesangs ähnlich, wenn er das Reimwort im andern Vers repetiert, also etwa „er: was er er; ich: ich dich", aber auch „sprach: ach ach".[64] Die gleiche Wirkung rufen im Barock die Häufungen von Schlag- und Binnenreimen am Vers-Ende hervor, Schottels endschallende Reime[65]:

> Es hat das höchste Glükk /
> Tükk' und fallende Strikk:
> ihm baut der Pövel Schaar Altar' /
> in großer Gefahr.
> Wer das / was ihn betrübt / liebt /
> und heimlich verübt /
> der hasset mehr und mehr Ehr /
> und heilsame Lehr ...[66]

---

[60] Langlois 320.

[61] zum erstenmal bei *Gracien Du Pont, L'Art et Science de rhetorique metrifiee, Toulouse 1539, XLVIvo, rime couronné allgemein XLVIvo; Sebillet 200; Fabri II 45 f.

[62] Marot V 174 f. (Chanson III, Zitat: 2. Str.); vgl. auch Sebillet 199 f. Rimes couronnées allgemein: Canel I 326 ff.; II 18 ff.

[63] Gauthier II 1 ff.

[64] Grimm Reim 69.

[65] Schottel Verskunst 205 ff.; Hauptsprache 944 ff.

[66] von Harsdörffer, vgl. Gespsp V 392; zitiert von Schottel Verskunst 205; Hauptsprache 946.

oder: Obschon Wiederstand und so schwere Noht
Täglich mich anficht / doch wilich auf Gott
Recht von Herzen grund unabsetzlich schauen /
schauen / trauen / bauen ...

Gott der du hast diese Nacht
Mich so gnädiglich bewacht /
Dein Lob wil ich machen kund
Kund / aus grund mit Mund.[67]

Erst Rückerts und seiner Nachahmer Kenntnis der orientalischen Dichtung schafft nach dem Barock wieder vers couronnés:

Sei huldig, wenn du einen *Gast hast,*
Geduldig, wenn du eine *Last hast,*
Sei rastig nie, auch wo du *Rast hast*
Und hastig nie, auch wo du *Hast hast,*
Denn seine Ruhe liebt, wer *Hast haßt.*[68]

Mach' nicht sorgen*blaß das*
Antlitz, reuena*ß das*
Auge, sondern *laß das!*
Was du hassest, *haß' das;*
Was du liebest, *faß das;*
Was du brauchst, er*paß' das;*
Was du hast, ver*praß' das!*[69]

An endschallenden Wortspielen erreicht Rückert die Rhétoriqueurs:

Die Ernt' ist wie die Saat, drum, was ihr *sä't, seht!*
Ein Tor, wer früh versäumt hat, und zu *spät späht,*
Wie wer den Braten wegwirft und das *Bret brät.*
Wer nie dem Rater folgt, der, was mißrät, *rät,*
Und nie, was er gebaut, zerstört, der *steht stät,*
Auf dieser ird'schen Welt, die selbst nicht *stät steht.*[70]

Wohl als Parodie auf ihn dichtet Heinrich Seidel die reinsten deutschen endschallenden Verse:

Begnüge Dich, Liebste!
An Eveline.
Motto: Wohl kann ich Dich zum Chokoladenladen laden,
Doch nicht mit Dir in Baden-Baden baden.

Ich kann dir nicht, was andre schenken, schenken
Und nicht die Welt aus den Gelenken lenken,
Du darfst dich nicht auf Schmuck und Spitzen spitzen,
Wirst nicht mit mir auf goldnen Sitzen sitzen.
Jedoch, der ich des Dichters Habe habe,
Vermag es, daß dich and're Labe labe:
Schon fühl' ich es von Liederkeimen keimen,
Ich will sie dir in gold'nen Reimen reimen,

---

[67] Schottel Verskunst 206.
[68] 14. Makame des Hariri: Rückert XI 326 f.
[69] ebda. 328.
[70] ebda. 327.

> Daß dir gar lieblich ihr Getöne töne,
> Und dich der Verse Schmuck verschöne, Schöne![71]

Wo er nicht zum Wortspiel benützt wird, verbindet sich der vers couronné von allen Reimspielen am engsten mit Musik, mit ausklingenden Wiederholungen wie „Die Lieb' bringt mich um, um, um/Ich werd' ganz dumm, dumm, dumm" usw.[72] in unzähligen Liedern.

Der eigentliche E c h o r e i m wiederholt nicht nur wie der endschallende das letzte Wort oder dessen letzte Silben, sondern antwortet in dieser Wiederholung zugleich auf eine im Vers gestellte Frage, auf einen Ausruf usw. Oft wird dabei der Lautbestand verändert und kaum auf die physikalischen Gesetze des Echos Rücksicht genommen. Ein- und zweisilbige Echos nebeneinander können nur im Gedicht vorkommen, in der Natur ist ein ein- und zweisilbiger Widerhall vom selben Ort aus unmöglich. Logau läßt sogar das Echo auf „Veröden" antworten: „Den Schweden".[73] Als einen Übergang vom endschallenden zum Echoreim darf man Eichendorffs Waldhornecho betrachten:

> Es tönet der Wälder Mund — und,
> Wie das Getöne verhallt — hallt
> Wieder Herz, Höhe und Grund — rund,
> Ja, tust mir grüne Gewalt — Wald![74]

Da seit der Antike das Echo im Volksglauben eine bedeutende Rolle spielt, wird es auch in der Literatur häufig angewendet.[75] Eine Bibliographie der Echoliteratur, vornehmlich des sechzehnten und siebzehnten Jahrhunderts, weist über dreihundert Nummern auf, obwohl sie nur mehr oder weniger zufällig aus den wichtigsten europäischen Literaturen auswählt, das Echo aber in den außereuropäischen, etwa in der indischen, mindestens ebenso häufig ist.

Als Muster für die unliterarische Verwendung seien Stichelreden zwischen jesuitischen und protestantischen Schülern aus Schnabels „Insel Felsenburg" zitiert:

> Quid est Lutheranus? ... Anus.
> Quid est Lutheri aemulus? ... Mulus.
> Quomodo vocatur Lutheranorum studiosus? ... o sus!
> Quid est Jesuitulus? ... Vitulus.
> Nonne nequam est Jesuita? ... Ita.[76]

Echoreime als metrische Spielform sind dagegen viel seltener. In der Anthologie des Planudes ist uns ein Dialog zwischen dem verliebten Pan und dem Echo von

---

[71] Seidel VII 338.
[72] Nestroy I 608 Z. 23 ff.; vgl. III 15 Z. 16 ff. Französisch: Les Comptines de langue française ed. Jean Beaucomont etc., Paris Seghers 1961, 259 f.
[73] Der deutsche Friede: Logau II.2.87.
[74] In: Krieg den Philistern: Eichendorff NG I 566.
[75] Johannes Bolte, Das Echo in Volksglaube und Dichtung 262 ff., Nachträge 852 ff. Allgemein auch: Tabourot 116 ff.; Canel II 7 ff.
[76] Johann Gottfried Schnabel, Die Insel Felsenburg, zitiert nach der Ausgabe von Ludwig Tieck, Breslau 1840, II 234 f. Echo im Volkslied: z. B. Des Knaben Wunderhorn, I, 2. Aufl. Heidelberg 1819, 351 f.

einem sonst unbekannten, dem Namen nach wohl byzantinischen Dichter Gauradas erhalten.[77]

In die volkssprachlichen Literaturen scheint erst gegen Ende des fünfzehnten Jahrhunderts Angelo Poliziano den Echovers eingeführt zu haben, wobei er sich für seine verlorenen italienischen Echolieder und seinen Dialog zwischen Pan und Echo ausdrücklich auf Gauradas beruft.[78] Leise Ansätze zu einem Widerhall finden wir zwar schon im Minnesang, im provenzalischen mit Jaufre Rudels „valra a a",[79] im deutschen mit Wizlavs von Rügen „daz vinde ich aber alda a a".[80] Rabelais parodiert mit seinem Kapitel „Comment Panurge se conseille à Pantagruel pour sçavoir s'il se doibt marier"[81] die Mode der neulateinischen Echodialoge in der Art des griechisch-lateinischen „Juvenis et Echo" des Erasmus von Rotterdam. Du Bellay dichtet einen Dialog zwischen einem Liebenden und dem Echo.[82] Verschiedene anonyme Gedichte führen in der französischen Literatur das Spiel durch das sechzehnte und siebzehnte Jahrhundert weiter,[83] mehrere werden etwa zu Ehren Ludwigs XIV. fabriziert. Im achtzehnten Jahrhundert benützt Charles-François Panard, der „Vater des Vaudeville", die Form in seinen Couplets, meist sind es freilich wie bei Victor Hugos zweihundert „Echoreimen" der „Chasse du Burgrave"[84] nur endschallende Reime oder Häufungen von Schlagreimen, nicht eigentliche Antworten des Echos. In spanischen Dichterwettkämpfen des siebzehnten Jahrhunderts werden die Preisgewinner der Konkurrenz für Echoreime mit dem eigens dafür geschaffenen ehrenvollen Titel „ingenio agudo" ausgezeichnet;[85] Francisco de Sâ de Miranda und Baltasar del Alcazar stechen als Echoreimer besonders hervor.[86]

Der Barock führt das Spiel auch in Deutschland ein. Opitz dichtet zwei Echogedichte[87] nach den Vorbildern einer Anthologie aus dem Kreis der Rederijkers. Er behandelt die Gattung im Buch von der deutschen Poeterey[88] und beruft sich dabei auf die Lateiner Dousa (Jan van der Does) und Secundus (Janus Secundus oder Petrus Lotichius Secundus), auf die Franzosen und auf seine eigenen Versuche. Obwohl einzelne deutsche Gedichte, wie drei im „Blum und Ausbund" Pauls van der

---

[77] Anthologia Graeca XVI (Appendix Planudea) 152. Neulatein. Echos: Georg Ellinger, Geschichte der neulatein. Literatur Deutschlands, Berlin 1929-33, II 351; Scaliger II 29; III 126; Janus Caecilius Frey: Nicéron XXXIX 50, 55.
[78] Bolte aaO 266 f., Dialog abgedruckt 267.
[79] Jaufré Rudel, Chansons ed. Alfred Jeanroy, Paris Champion 1924, 6.
[80] MSH III 84 b.
[81] Pantagruel III.9.
[82] Joachim Du Bellay, Oeuvres poétiques ed. Henri Chamard, Paris Cornély 1908, III 148; vgl. etwa auch Sebillet 201 f.
[83] z. B. Sonett mit Echo in *Diversitez curieuses, Amsterdam 1599.
[84] Oeuvres complètes, Paris Ollendorff 1909 ff., Poésie I 335 ff.
[85] Pfandl 238 f.; Otto Jörder, Die Formen des Sonetts bei Lope de Vega, Berlin 1936, 200.
[86] abgedruckt bei Gauthier II 45 ff. Italienische Echogedichte bei Serafino dall'Aquila, Giovanni Battista Amalteo u. a.: Mönch 108.
[87] Opitz Poemata 36 f. Nr. 11; 139 Nr. 135; Hoffmann von Fallersleben, Liederbuch Pauls van der Aelst — In: Weim.Jb 2 (1855) 320 ff.
[88] Opitz Poeterei 24.

Aelst,[89] älter sind, bricht die Echoepidemie erst mit Opitz aus. Die meisten barocken Poetiker beteiligen sich auch am Streit um seine Gesetze. Schottel unterscheidet ein reines und ein reimendes Echo:

> Ein rechtes Echo oder reiner Wiederhall ist / welcher also gegenschallend und wiederhallend antworten muß / daß keine Enderung der Letteren / vielweniger des Gethönes vermerket werde ... Die natürliche Gegenprallung ... ist nicht anders / als das letzte Wiedergethön der Stimme oder Wörter und an sich von den Reimen gantz unterschieden: Derhalben ist es kein Echo wan man setzet: Ohren — hören Muh — Kuh sparen — fahren etc. ... sonderen bloße Reime / und ist demnach ein anders ein *Reines Echo* und ein anders ein *Reimendes Echo*.[90]

„Narren:Harren" ist reines Echo „wegen des Nachklangs und Nachpralles solcher fließender Hauchung", das reine Echo wirft keine Konsonanten, höchstens Halbkonsonanten zurück. Zesen, dessen Verdeutschungen „Schallînne" und „Thalmunde"[91] viel Gelächter und Spott erregen und der „mit seinen Kunststücken fast jeder metrischen Form die Glieder ausrenkt",[92] behandelt im „Helikon" das Echo viel freier und erlaubt, den Nachhall ziemlich stark zu verändern; er weiß aber um dessen Gesetze[93] und bemüht sich in einem jambisch-echonischen Sonett um möglichst große Reinheit:

Ach! könt' ich doch den busch erreichen!   W.: eichen.
da wo mein Liebster innen sitzt!   W.: itzt.
mein hertz for lieb' ist auf-geritzt   W.: ritzt.
und wil for angst fast gar verbleichen.   W.: leichen.
Ich ruff euch an/ihr schönsten eichen.   W.: eichen.
die ihr die wälder zieret itzt/
doch hör ich nichts/als wie da blitzt   W.: itzt.
der wider-ruf auf mich mit keichen.
Ich komme zu den klüften auch   W.: lüften auch.
Und schrey nach meinem alten brauch.
da ist auch gäntzlich nichts zu hoffen/   W.: zu hoffen.
als nuhr der bloße wider-schal,   W.: hal.
der ich ereiget überal,
Mein mund steht mier ohn' ablaß offen   W.: laß hoffen.[94]

Als tändelnde Naturerscheinung das Prunkstück aller Schäferpoesie, blüht das Echo im Nürnberger Barock.[94a] Das „Pegnesische Schäfergedicht" von 1644 beginnt

---

[89] vgl. Hoffmann von Fallersleben aaO 331 f., 345.
[90] Schottel Verskunst 207; vgl. Hauptsprache 946 ff.
[91] Zesen Helikon II.2 G3, B1. Zur Echoreinheit vgl. etwa auch Enoch Hanmann, Anmerckungen In die Teutsche Prosodie ... (Frankfurt 1658), im Anhang zu Martini Opitii ... Opera Geist- und Weltlicher Gedichte, Breslau Jesajas Fellgibel 1689, II 77 ff, Echo 197 ff.
[92] Vossler Madrigal 114.
[93] Zesen Helikon II.2 G1vof.
[94] Zesen Helikon S2 ff. (Druckfehler berichtigt nach Text der Ausgabe von 1641, abgedruckt bei Welti 235). Madrigal mit Nachhall: Vossler Madrigal 114 f.
[94a] Harsdörffer Trichter II 41 ff. und III 86 ff. mit Diskussion der Reinheit; Trichter II 101 Echo besonders empfohlen für das Schäferspiel; Trichter III 86 ff. entschuldigt Harsdörffer mit einer kuriosen physikalischen Erklärung das unreine Echo eines Gedichts aus der Trutznachtigall. Für das Echo bei den Nürnbergern vgl. auch Pegnesis I 5 f., 179, 402 f., 448 f.; Siegmund v. Birken, Guelfis, Nürnberg Hoffmann 1669, 124 ff. und sonst.

Die literarischen, gesellschaftlichen und gelehrten Spiele 139

mit einem Widerhall Klajs; das Echo tröstet diesen über die Schrecken des Krieges und sagt ihm viel Glück in seiner Kunst voraus. Harsdörffer erfindet für seine Frauenzimmer ein eigenes Echo-Gesellschaftsspiel.[95] In Nürnberg spürt man auch den italienischen Einfluß, vor allem den Guarinis; die Pegnitzschäfer sind keine Rigoristen, sie schieben oft andere Konsonanten ein und wechseln zwischen ein- und zweisilbigen Reimen.

Im achtzehnten Jahrhundert dient der Widerhall nur noch dem irdischen Vergnügen der Gelegenheitsdichter.[96] Gottscheds etwas banal rationalistische Ablehnung bzw. Zustimmung entspricht dem Gefühl der Zeit:

> Wiederhallslieder.
>
> Man versteht durch dieselben solche Lieder, die an Örtern gesungen werden können, wo das Echo die letzten Sylben jeder Strophe wiederholet; dieses aber dem Dichter Gelegenheit zu einem neuen Gedanken giebt, dem er in der folgenden Strophe weiter nachdenkt. Denn ob wohl einige auch andere Arten von wiederhallenden Versen zu machen gelehrt, die nicht gesungen werden können, und wo das Echo an keinen gewissen Stellen etwas wiederholet: so kommen mir doch dieselben viel unnatürlicher und abgeschmackter vor. Denn wer wird in einen Wald hintreten, um einen fertigen Vers so laut abzulesen, daß ihm das Echo antworten könne. Hingegen ein Lied, kann man schon so laut singen, daß der Wiederhall ertönen kann: und da Verliebte die Einsamkeit in Wäldern suchen; so ist es so ungereimt nicht, daß man ihnen auch solche Lieder mache, die zu guten Gedanken Anlass geben.[97]

Erst die Romantik entdeckt die Möglichkeiten dieser Spielform wieder. Tieck versucht sich in ihr;[98] das formvollendetste deutsche Echogedicht dichtet August Wilhelm Schlegel mit seinem „Waldgespräch":

> Hier bin ich einsam, keiner hört die Klage. Klage!
> Niemand vertrau' ich mein verzagtes Stöhnen. Tönen.
> Soll ich stets ungeliebt der Spröden fröhnen? höhnen.
> Wie lang harr' ich umsonst, daß es mir tage? Tage.
>
> Mich findet Gunst zu leicht auf ihrer Wage. wage!
> Wem liegt wohl dran, mein Leben zu verschönen? Schönen.
> So wird das holde Glück mich endlich krönen? Krönen.
> Wer gibt mir frohe Kund' auf jede Frage? frage!
>
> Was ist dein Thun dort in den Felsenhallen? hallen.
> Und was ist Schuld, daß du nur Laut geblieben? lieben.
> So fühlst du etwas bei Verliebter Schmerzen? schmerzen.
>
> Glaubst du, dein Spiel könn' irgend wem gefallen? allen.
> Wem wird es denn zu lieb mit uns getrieben? Trieben.
> Wer sehnt sich leeren Widerhall zu herzen? Herzen.[99]

---

[95] Echospiele Harsdörffers: Gespsp II 38 ff.; IV 115 ff., 135 ff.; V 44 ff. Echo bei Abraham a Sancta Clara: Strigl 237 Anm. 4, 239 Anm. 9, 249 f.; bei Abele: Halm 65.
[96] vgl. Chr. Val. Fleischhauer: Weim.Jb 3 (1855) 435 Anm. 15; Buxtorf 125.
[97] Gottsched 706 f.; vgl. auch 794. Spott in Addisons Spectator Nr. 59 (8. 5. 1711).
[98] im Kaiser Octavianus: Tieck I 8, 124 f. und sonst.
[99] August Wilhelm Schlegel I 347. Zum englischen Echo vgl. Hugo Kaltenpoth, Das Echo in der englischen Romantik, Diss. Marburg 1947.

Was auf Schlegel bei Rückert und andern noch folgt, ist vereinzeltes Experiment.[100]

In der Musik gilt übrigens der Echo-Chor als originellste Erscheinung des klassischen A capella-Gesangs. Echomotetten, -madrigale, -kantaten mit verschiedenen Chören und bis zu zehn Stimmen verraten in der zweiten Hälfte des sechzehnten und in der ersten des achtzehnten Jahrhunderts unerhörte Möglichkeiten technischer Raffinesse im musikalischen Spiel.[101] Echoszenen leben in Oper, Oratorium und Singspiel vom Barock bis in die Gegenwart weiter, dringen sogar ins Wiener Vorstadttheater ein.[102] Neueste Formen dieser alten Freude am musikalischen Nachhall sind Schlager wie „Mr. Echo", die für die Echowirkung keine poetisch nachklingenden Reime mehr benötigen, sondern eine ausgeklügelte Schallplattenaufnahmetechnik verwenden können.

b) Reimarmut

Nicht nur Vielfalt und Vielzahl, auch die Beschränkung auf möglichst wenige oder möglichst gleichartige Reime und Reimklänge dient dem Spiel. Einen Verzicht bedeutet der T i r a d e n r e i m , Reihen-, Haufen- oder Einreim (monorime), der Versreihen, Strophen oder ganze Gedichte auf dieselbe Endung reimen läßt. Mit ihm beginnt die gereimte lateinische Dichtung. Ob ihn Commodian[1] und Augustin, dessen 267 Langzeilen des Psalms gegen die Donatisten alle auf -e enden,[2] von Ansätzen bei den Hebräern und Syrern oder von unbekannten afrikanischen Mustern gelernt haben, ist nicht festzustellen. Auf alle Fälle beherrscht er die lateinische Dichtung der Völker, die den Reim besonders pflegen, also der Spanier, Iren und Franzosen. Gottschalk und seine Genossen fallen durch einen besonders häufigen Gebrauch auf.[3] Seltener findet er sich im deutschen Gebiet; die in den Carmina Burana überlieferten Beispiele könnten auch in Frankreich entstanden sein.[4] In der frühen volkssprachlichen Dichtung der romanischen Völker sind die Tiraden vor allem im Epos so beliebt, daß sie kein Spiel, sondern eine feste „primitive" Reimform darstellen.[5] Das ändert sich bei den Rhétoriqueurs, für die ein-

---

[100] Rückert in den Kindertotenliedern und sonst; dann bei Chamisso und Uhland, vgl. Bolte aaO. Echo als Improvisatorenkunststück: Jahrbuch der Grillparzer-Gesellschaft 9 (1899) 292 Anm. 1: Doppelsonett mit Nachhall.

[101] Theodor Kroyer, Dialog und Echo in der alten Chormusik — In: Jahrbuch der Musikbibliothek Peters 16 (1909) 13 ff.; vgl. auch Alfred Einstein, The Italian Madrigal, Princeton UP 1949.

[102] z. B. Bäuerle, Lindane II.12: DL Barocktradition im österreich.-bayr. Volkstheater ed. Otto Rommel, Leipzig 1935-39, III 244 Z. 21 ff.

[1] Commodian, Instructiones II 8, 27, 39; vgl. Meyer Mlat Ryth I 5 f., 191, 193 f.; II 39 ff.; zu den Ursprüngen des Reims ebda. II 1 ff. und — Meyers Vermutungen bestätigend und präzisierend — unter Herleitung aus den Gebeten der jüdischen Synagoge des 1. Jahrhunderts: Karl Georg Kuhn, Zur Geschichte des Reims — In: DVjs 23 (1949) 217ff.

[2] vgl. Du Méril 120; Meyer Mlat Ryth I 191, 193; II 18 ff.

[3] Meyer Mlat Ryth I 193 f.; II 123 ff.; Strecker Studien 237; Manitius I 155; II 256, 440, 690, 770 f.; III 297, 407, 409, 666, 670, 833 f., 836, 843, 861, 982 f., 1002.

[4] Meyer Mlat Ryth II 124; vgl. etwa auch die Gedichte des Archipoeta ed. Heinrich Watenphul und Heinrich Krefeld, Heidelberg 1958, 54 ff. Nr. 2 und sonst.

[5] allgemein: Stengel 72 ff.; Lote II 12 ff.; Canel II 215 ff.; Frank I 1 ff.

Die literarischen, gesellschaftlichen und gelehrten Spiele 141

reimige Reihen besonders mit selteneren Reimklängen ein Virtuosenspiel bedeuten,[6] das aber auch in Frankreich später nur noch wenig nachgeahmt wird, etwa in einreimigen Sonetten des sechzehnten und siebzehnten Jahrhunderts.

In der deutschen Dichtung[7] ist die Tirade überhaupt nie heimisch geworden, so daß sie immer als seltenes Spiel gelten muß. Im Minnesang steht Ulrich von Lichtenstein mit seinen zwei siebenzeiligen Tiradenstrophen beinahe allein.[8] Dagegen stürzen sich die Meistersinger wie die Rhétoriqueurs mit wahrer Wollust auf diese Spielform; Beheims „Gekrönte Weise" hat neunzehnfachen Einreim (aaaaab/aaaaab/ /aaaaaaaaab), Folz dichtet eine neunundzwanzigfache Tirade in drei Strophen, die freilich nach der Überschrift aus einer Wette hervorgegangen ist.[9] Hans Sachs verwendet die Tirade ziemlich häufig, ebenso später Fischart mit zehn-, siebzehn- und einundzwanzigfachen Einreimen.[10] Auch der barocken Spielfreude kommt der Einreim entgegen. Zesen spricht von „Einreimigen" und beruft sich ausdrücklich auf die Hebräer, bei denen „dergleichen Gedichte sehr gemein" seien, wenn er dichtet:

> Laßet die reichen
> ihren gebräuchen
> warten / und weichen /
> weichen und streichen /
> streichen und gleichen /
> denen / die schleichen /
> wan sie verbleichen /
> wan sie die seuchen /
> tödliche zeichen /
> seuchen / und leichen /
> jagen und scheuchen /
> daß sie gar keuchen /
> keuchen und preichen.[11]

Ein besonderer Liebhaber ist der ekstatische Spieler Quirinus Kuhlmann; er dichtet „reingereimte" Sonette und Sextinen, bringt es also auf sechsunddreißigfachen Einreim.[12]

In neuerer Zeit wirkt der Einreim (im Gegensatz zu den nur seltsam fremd klingenden Assonanzenreihen der Romantik) komisch. In der Altwiener Volkskomödie dichtet etwa Nestroy:

---

[6] Langlois passim; vgl. Fabri II 30 ff.; Molinet etwa 408 V. 27 ff.; 437 ff. und sonst.
[7] allgemein: Grimm Reim 169 ff.; Heusler Versgeschichte 442, 595, 812, 861, 1020, 1042.
[8] Liederdichter 465 Nr. 33 Str. 1, 3.
[9] Die Meisterlieder des Hans Folz ed. August L. Mayer, Berlin 1908, 2, vgl. auch 3.
[10] Fischart Geschichtklitterung 52 Z. 21 ff.: 21fache Tirade plus Mittel- und Schlagreime; zehnfach: Aufruf im Reveille Matin; siebzehnfach im Epilog zur Flöhhaz; vgl. Galle 51 f.; Hauffen II 278 f.
[11] Zesen Helikon R1.
[12] Sonette: Quirinus Kuhlmann, Himmlische Libes-Küsse..., Jena Samuel Adolph Müller 1671, Nr. 21, 29; Kuhlmann, Grabe-Schrifften..., 2. Auflage Jena S. A. Müller 1671, 45 f. Nr. 17. Sextine: Kuhlmann, Grabe-Schrifften 46 f. Nr. 18. Tiraden-Madrigale von Daniel und Christoff Klasch: Vossler Madrigal 116 f.; vgl. auch Harsdörffer Gespsp VIII 57 f.

O Knute, o Knute!
Die schwingen man tute,
Machst Wirkung sehr gute
Bei frevelndem Mute.
Was dem Kindlein die Rute,
Ist dem Volke die Knute;
Du stillest die Wute
Rebellischem Blute.
Das alles, das tute
Die Knute, die Knute!
Weshalb ich mich spute,
In einer Minute
Poetischer Glute
Schrieb ich an die Knute
Dies Gedichtchen, dies gute.[13]

In Frankreich benützt den Tiradenreim schon Cyrano de Bergerac auf diese Weise;[14] später tändeln Voltaire, Le Franc de Pompignan, Stanislas de Boufflers und andere mit ihm.[15]

Der r ü h r e n d e R e i m spielt mit der Gleichheit der Reimwörter. Er verwendet das gleiche Wort als Reimwort, aber mit einem anderen Sinn, deshalb neigt er stark zum Wortspiel. Wie der Tiradenreim ist auch er vor allem in Frankreich verbreitet.[16] Der „rime équivoque" (der Name soll von Gautier de Coinci stammen) wird schon in der altprovenzalischen Dichtung kunstmäßig angewendet;[17] Peire Cardenal dichtet ein Lied „Bel m'es qui bastis" in lauter rührenden Reimen.[18] Seither gehören diese zur romanischen Poetik, wobei sie sich in der französischen (im Gegensatz zur italienischen) mit dem i d e n t i s c h e n R e i m vermischen, der die Verwendung des gleichen Reimworts auch ohne Verschiedenheit der Bedeutung erlaubt. Im fünfzehnten Jahrhundert sind die Equivoques Mode; Michaut Taillevant schreibt kurz vor 1440 ein langes Gedicht „Passe-Temps" mit nur equivoken Reimen, Pierre Chastelain antwortet ihm ebenso in „Contre passe Temps ou Temps perdu".[19] Die Rhétoriqueurs führen in ihren Poetiken ganze

---

[13] Nestroy V 171 Z. 1 ff., aber auch sonst häufig; ebenso bei Raimund (z. B. Verschwender II.30) oder Meisl (z. B. Frau Ahndl I.2).

[14] Cyrano de Bergerac, Le Pédant joué I.1 (73fach, Parodie auf Scarrons Tiraden).

[15] Jean-Jacques Lefranc de Pompignan, Le Voyage de Languedoc et de Provence, Seconde lettre: 27fache Tirade auf -if: Voyages imaginaires, songes, visions et romans cabalistiques XVIII, Amsterdam-Paris 1788, 344. Stanislas de Boufflers, Oeuvres, Paris Briand 1813, z. B. I 75. Häufig auch beim Abbé Louis de Court: Court 204 ff., 237 ff., 240 ff., 328 ff.; bei Jean-Joseph Vadé eine 26fache Tirade auf -if: Poésies et Lettres facétieuses, Paris A. Quantin 1879, 60 f.; vgl. allgemein Lalanne 54 ff.

[16] allgemein: Lote II 151 ff.; Stengel 66 f.; Canel I 44 ff.; Tabourot 24 ff.; Adolf Tobler, Vom französischen Versbau alter und neuer Zeit, 5. Aufl. Leipzig 1910, 160 f.; Gotthold Naetebus, Die nicht-lyrischen Strophenformen des Altfranzösischen, Leipzig 1891, 15 f.

[17] Leys d'Amors I 188, 278. Zu den rührenden Reimen bei Gautier de Coinci vgl. etwa Dichtungen Gautier's von Coinsy ed. Robert Reinsch — In: ASNS 67 (1882) 73 ff., 233 ff., Equivoques: 76 f.; 97 V. 829 ff.; 98 V. 931 ff.; allgemein: Bartsch Reimkunst 188 ff.

[18] Poésies complètes ed. René Lavaud, Toulouse Privat 1955, 268 Nr. 45.

[19] Lote II 136. Lauter rührende abecedarische Reimwörter verwendet auch Guillaume Alexis' ABC des doubles von 1451: Guillaume Alexis, Oeuvres poétiques ed. Arthur Piaget

Reimlexika und Wortlisten für rührende Reime auf.[20] Wegen seiner Equivoken wird Guillaume Crétin von Clément Marot „le bon Cretin au vers équivoqué" genannt.[21] Crétin gelangt oft beinahe bis zum Allreim:

> Quant cessera maultemps? incontinent
> Qu'en cepz sera desir incontinent:
> Desir entends cueur de vain et lasche homme,
> Desirant temps que heur revienne, et la chomme;
> Delaisse aller ces propoz, et que j'oye
> De les saller pour ung temps quelque joye.[22]

Bis tief ins sechzehnte Jahrhundert ist der rührende Reim noch in Frankreich anzutreffen,[23] dann erlischt er allmählich.

Deutsche rührende Reime[24] sind in der Blütezeit des Minnesangs nicht selten, es sei nur an das als Vorstufe zum Schüttelreim zitierte Gedicht Walthers „Ich minne, sinne, lange zît" erinnert;[25] im späten Minnesang häufen sie sich. Gottfried von Neifen dichtet zwei Lieder, die überhaupt nur rührend reimen,[26] eines davon hat zudem rührendes Korn:

> Ich wolde niht erwinden,
> ich rit ûz mit winden
> hiure in küelen winden
> gein der stat ze Winden.
> ich wolt überwinden
> ein maget sach ich winden,
> wol si gárn wànt.
>
> „Ir sunt iuch erlouben
> ringens ûf der louben.

et Emile Picot, Paris SATF 1896-1908, I 9 ff.; vgl. auch II 101 ff.; ebda. I 2 f. kurze Geschichte. Zu den früheren Equivoques vgl. auch Gervais du Bus, Le Roman de Fauvel ed. Arthur Långfors, Paris SATF 1914-19, S. XLVIII ff., und die verschiedenen Fassungen des „Dit des trois mors et des trois vis" (u. a. von Baudouin de Condé) abgedruckt bei Anatole de Montaiglon, L'Alphabet de la mort de Hans Holbein, Paris Edwin Tross 1856, a4 ff.; ferner Rutebeuf, Oeuvres complètes ed. Edmond Faral et Julia Bastin, Paris Picard 1959-60, I 212 f. Selbst ein weit verbreiteter Kinderreim „Il était une fois / Une marchande de foie..." reimt durchgehend rührend: Les Comptines de langue française ed. Jean Beaucomont etc., Paris Seghers 1961, 299 f.

[20] allgemein: Zschalig 30; Langlois 3, 11, 20 f., 196 f., 200, 249, 252, 318 etc.; Guy 127 ff.; vgl. auch Jardin de Plaisance V, VIIIvo; Fabri II 17 ff.
[21] Marot IV 409 (Complaincte V V. 44).
[22] Guillaume Crétin, Oeuvres poétiques ed. Kathleen Chesney, Paris Firmin-Didot 1932, 281 Nr. 63 V. 93 ff.; ausschließlich aus rührenden Reimen (bis hundert Verse) bestehen die Gedichte Nr. 28, 46, 54, 60, 62 (Anfangs- und Endreime), 68; übergehende rührende Reime in Nr. 78; vgl. auch Molinet 13 V. 49 ff.; 32 f. V. 155 ff.; 41 V. 94 ff.; 126; 221 V. 351 ff.; 355 V. 81 ff. usw., vgl. Dupire 362 ff.; s. a. Sebillet 62 f.
[23] vereinzelt z. B. noch bei Estienne Jodelle, vgl. Liste bei Hermann Fehse, Estienne Jodelle's Lyrik, Diss. Leipzig 1880, 27 f.
[24] allgemein: Grimm Reim 1 ff.; Heusler Versgeschichte 119, 444, 447, 477, 853, 951.
[25] Walther von der Vogelweide 47, 16; vgl. oben S. 112. Recht häufig treten gleiche Reimpaare bei Hartmann von Aue auf, z. B. Iwein V. 1879 ff., 2905 ff., 7017 ff., 7037 ff.; Erec 5857 ff. usw.
[26] Liederdichter 100 f. Nr. 18; 111 f. Nr. 27.

> lânt die linden louben.
> ir sunt mir gelouben,
> hânt ir den gelouben,
> ir brechent Botenlouben
> lîhter die steinwant."
>
> Dô sprach ich „sældebære,
> dû bist mir gebære
> stille und offenbære.
> dû bist fröidebære,
> kûme ich dich verbære.
> diu dich ie gebære,
> got der gebe ir guot.
>
> Dû solt mir bescheiden:
> ist der kriec gescheiden
> den du soltest scheiden?"
> „dû bist sô bescheiden,
> diu welt muoz ê verscheiden,
> ê daz wir uns scheiden,
> trutgeselle guot."[27]

Im vierzehnten Jahrhundert hält Peter Suchenwirt eine Rede in hundertachtzehn rührenden Reimen „Die red ist Equivocum".[28] Dann erlischt diese Kunstfertigkeit allmählich; im sechzehnten Jahrhundert ist sie noch üblich,[29] in der barocken Poetik ist sie bloßes Kuriosum. Harsdörffer erwähnt den rührenden Reim in den Frauenzimmergesprächsspielen im Zusammenhang mit den Meistersingern;[30] Schottel nennt ihn einen „Reimreim" und dichtet als Muster:

> Tugend nim stets wol in acht /
> Laster treib weg in die acht ...[31]

Für unser modernes Empfinden klingt er unangenehm; ein Sprachvirtuose wie Josef Weinheber freilich glaubt ihn sich als Wortspiel noch leisten zu können:

> Hab Ehrfurcht vor dem Laib,
> er spendet dir das Leben
> und ist als zweiter Leib
> zu Lehen dir gegeben.[32]

---

[27] Liederdichter 111 f. Nr. 27; vgl. auch Der Wilde Alexander: ebda. 6 Str. 6; Namenlos h 38, 35 V. 39 ff.: ebda. 275 und allgemein: Carl von Kraus, Der rührende Reim im Mittelhochdeutschen — In: ZfdA 56 (1919) 1 ff.; Otfried Weber, Suchenwirt, Greifswald 1937, 170.

[28] Peter Suchenwirts Werke ed. Alois Primisser, Wien 1827, 146 ff. Nr. 44.

[29] z. B. bei Hans Sachs und Fischart: Hauffen II 275.

[30] Harsdörffer Gespsp IV 13. Zwei Sonette aus lauter rührenden Reimen dichtet Harsdörffer in: Diana. Von H. J. De Monte-Major... geteutschet... Durch G. P. H., Nürnberg Michael Endter 1646, III 137 f.; gegen den identischen bzw. rührenden Reim: Trichter III 77 f. Rührende Reime bei Hofmannswaldau: Wilhelm Schuster, Metrische Untersuchungen zu Chr. Hofmann von Hofmannswaldau, Diss. Kiel 1913, 68 f.

[31] Schottel Verskunst 234; vgl. Hauptsprache 967 f. Spott in Addisons Spectator Nr. 60 (9. 5. 1711).

[32] Inkarnation der Sprache: Weinheber II 418.

Sonst lebt er nur noch in der komischen Dichtung:

> Im leisen und im lauten Spiel
> Ertöne süß mein Lautenspiel,
> Und muß ich um was Liebes leiden,
> Verkläre du mein Liebesleiden
> Und laß dein holdes Saitenklingen
> Wie Gold nach allen Seiten klingen,
> Daß niemand ahnt beim Liederklang,
> Wie nur aus Schmerz mein Lied erklang![33]

Ein besonderes Spiel mit dem identischen Reim sind die in der Altwiener Volkskomödie,[34] aber auch sonst in volkstümlicher Poesie beliebten „Sagt er"- und „Sagt sie"-Lieder, das heißt Lieder, in denen jeder Vers mit „Sagt er" oder „Sagt sie" endet. Diese Form könnte aus Skandinavien stammen, wo am Ende des sechzehnten Jahrhunderts Scherzlieder mit Kehrreimen aus „sagte" und einem folgenden Namen verbreitet sind.[35] Bei Nestroy heißt es:

> Beim Theater, sagt er,
> Ist's fatal, sagt er,
> G'schichten gibt's, sagt er,
> Alleweil, sagt er,
> Es vergeht mir, sagt er,
> Sehn und Hör'n, sagt er,
> Man möcht' grad, sagt er,
> 's Teufels wer'n, ...[36]

Mit hübschem Vokalspiel tönt eine Variation dieser Art:

> Als hochbeglückt er sah sie,
> Da wandelt an der See sie,
> Da redet' an er „Sie" sie,
> Doch es gefiel ihm so sie,
> Daß er sie nahm, die Susi.[37]

Kunstvoll verbrämte Reimarmut bietet der grammatische Reim, der ein Reimwort durch die verschiedenen Formen der Flexion oder durch Ableitungen abwandelt,[38] eine Vereinigung des rührenden Reims mit der Figur des Polyptotons,

---

[33] Seidel VII 339; allg. VII 335 ff.; etwa auch Johann Diederich Gries, Gedichte und poetische Übersetzungen, Stuttgart 1829 (*2. Aufl. 1859), II 47 (Bibulus).

[34] Raimund III 145 ff., 221; Nestroy I 206 Z. 21 ff.; IX 456 Z. 4 ff.; DL Barocktradition im österreich.-bayr. Volkstheater ed. Otto Rommel, Leipzig 1935-39, III 328 Z. 1 ff. Sonst in Schnadahüpfln und sogen. „Sagga"-Liedern: Dunkel war's 105 und Anm. 140; vgl. auch das Volkslied vom grimmen Bruder mit dem Refrain „Sagt man. Ei!"

[35] Erich Seemann, „Is all got", seggt Bierlala — In: Volkskundliche Gaben, John Meier zum 70. Geburtstag dargebracht, Berlin-Leipzig 1934, 187 ff.

[36] Nestroy IX 456 Z. 4 ff.

[37] Am Strande (anonym): Fliegende Blätter 97 (1892) 134; ähnlich ohne Vokalspiel: F. Müller, Unser Magister — In: Fliegende Blätter 74 (1881) 149; einen entsprechenden Schlager aus den 1920er Jahren hat Karl Kraus der Nachwelt erhalten: Unsterblicher Witz (Werke IX) ed. Heinrich Fischer, München 1961, 215 f.

[38] Spanke 179 f.; Hennig Brinkmann, Entstehungsgeschichte des Minnesangs, Halle 1926, 50.

wobei die Nebeneinanderstellung im Reim zugleich eine Annominatio hervorruft. Schon Sedulius Scottus bildet Reihen wie

> Bonus vir est *Robertus,*
> Laudes gliscunt *Roberti,*
> Christe, fave *Roberto,*
> Longaevum fac *Robertum,*
>
> Amen salve, *Roberte,*
> Christus sit cum *Roberto* —[39]

Im mittelalterlichen lateinischen Lied ist das Polyptoton mit Flexionsformen eines Worts als Strophenanfängen (also eine Art grammatischer Anfangsreim) ziemlich beliebt, während durch ein ganzes Gedicht durchgeführte grammatische Reime eher selten auftreten. Erwähnt sei die Notre-Dame-Lamentatio „Cum animadverterem", in der als einzige Reime die fünf Verbalformen von animadverto: -erem, -ero, -ere und -itur figurieren.[40] Vereinzelt finden sie sich in den Carmina Burana und sonst.[41]

Häufiger in ganzen Gedichten durchgeführt werden sie dagegen im provenzalisch-französischen und im deutschen Minnesang. In der Provence wenden Bernart de Ventadorn[42], Guilhem de Saint-Didier[43], Paulet de Marseille[44], in Frankreich Thibaut (IV) de Champagne, Gautier de Coinci und Rutebeuf dieser Form besondere Aufmerksamkeit zu.[45] Später treffen wir sie noch in den Poetiken der Rhétoriqueurs[46] und bei Estienne Jodelle.[47]

In Deutschland[48] sind die grammatischen Reime nach kleineren Folgen bei Reinmar[49] und Hartmann von Aue[50] die Glanznummern Gottfrieds von Neifen. Zwei Gedichte baut er ganz auf ihnen auf; eines davon möge die Gattung vertreten:

---

[39] Poetae III 215 Nr. 58.
[40] Spanke 179.
[41] etwa CB 3; Wilhelm Meyer, Die Arundel Sammlung mittellateinischer Lieder, Berlin 1908, 11.
[42] Carl Appel, Bernart de Ventadorn, Halle 1915, 38, 55.
[43] Aimo Sakari, Les Poésies du troubadour Guillem de Saint-Didier, Helsinki 1956, Nr. 4 (gekörnter grammatischer Reim mit Reimpalindrom); Nr. 13.
[44] E. Levy, Der Troubadour Paulet de Marseille — In: Revue des langues romanes 21 (1882) 261 ff., Nr. 5 (276). In den Leys d'Amors sind es verschiedene Arten von „rims derivatius": I 184 ff., 274 ff.; allgemein vgl. Liste bei Frank II 61 f.; Bartsch Reimkunst 190 ff.
[45] Lote II 87 ff., 148 ff.; Naetebus aaO 15 f.; Tobler aaO 161 f.
[46] Guy 145 f.; Langlois 29, 57, 195 f., 223, 320 f.; vgl. etwa auch Molinet 228 V. 105 ff.; 355 V. 81 ff.; 481 V. 155 ff.; 518 V. 153 ff.
[47] Liste bei Hermann Fehse, Estienne Jodelle's Lyrik, Diss. Leipzig 1880, 27 f.
[48] Karl Bartsch, Der Strophenbau der deutschen Lyrik — In: Germania 2 (1857) 129 ff., 257 ff., grammat. Reim 257; Grimm Reim 67; Bertha Schwarz, Grammatischer Reim — In: ZfdPh 59 (1935) 253 ff.
[49] MF 198, 4 (von Burdach, Carl von Kraus usw. Reinmar abgesprochen, vielleicht von Gottfried von Neifen?), gelegentliche grammatische Reime: MF 164, 12 ff.; Ansätze dazu: MF 171, 35; 176, 16.
[50] Hartmann von Aue verwendet verhältnismäßig häufig grammatische Reime, bekannt sind V. 1785 ff. der Klage (Büchlein), ferner etwa ebda. V. 1691 ff.; Iwein V. 7151 ff.

Nûst diu heide wol bekleidet
mit vil wunnenclîchen kleiden:
rôsen sint ir besten kleit.
dâ von ir vil sorgen leidet,
wan si was in mangen leiden.
gar verswunden ist ir leit
von des liehten meien blüete,
der hât manger hande bluot.
noch fröit baz der wîbe güete,
wan die sint für sendiu leit sô guot.

Swaz ich ie gesanc von wîben,
daz geschach von einem wîbe,
diust mir liep für elliu wîp.
von ir mac ich frô belîben.
wil si daz ich frô belîbe,
Daz si spræche „frô belîp",
sô wold ich in fröiden singen
alse ich her in fröiden sanc.
sie mac mir wol swære ringen,
nâch der ie mîn sendez herze ranc.

Süeze Minne, maht du binden
die von der ich bin gebunden,
diu mîn sendez herze bant?
lât si mich genâde vinden,
die ich doch hân selten funden
sît ichs mit dem herzen vant
alse rehte minnenclîchen,
sost si rehte minnenclîch:
ich wil sie dar zuo gelîchen,
siest den lieben wîben gar gelîch.[51]

Nach dem Meistersang stirbt der grammatische Reim ab, bis ihn Rückert aus dem Orient neu importiert und mit Anfangsreim verbindet:

Gelungen ist mir, was noch Keinem je gelang;
Daß jedem Wünscher nun sein Wunsch gelinge!
Verdungen hatt' ich mich um Lohn, den ich bedang,
Allein die Liebste hielt nicht die Bedinge.
Gedrungen war ihr nicht an's Herz, was mich durchdrang;
Wer hofft, daß einen Stein ein Ach durchdringe? ...[52]

Übrigens besaß auch die altnordische Dichtung nach Snorri Sturlusons Strophenverzeichnis im „iđurmælt", „Wiederholungsgesätz", eine wohl aus rhetorischem Klanggefühl erwachsene Art grammatischen Stabreims.[53]

Eine Zeitlang sieht es in der altprovenzalischen, altfranzösischen und altdeutschen Dichtung so aus, als ob der gebrochene Reim, die Trennung eines Worts in zwei Teile um des Reimes willen,[54] mit dem heute jedes Witzblatt den Dilettanten

---

[51] Liederdichter 110 f. Nr. 26; daneben 88 f. Nr. 6; ferner etwa Heinrich von der Muore: ebda. 157 Nr. 1.
[52] 39. Makame des Hariri: Rückert XI 522.
[53] Snorra Edda Strophenverzeichnis Nr. 47; Übers. 305.
[54] Leys d'Amors I 196, 278; allgemein: Grimm Reim 68; Bartsch, Strophenbau aaO 128; Bartsch Reimkunst 194; Lote I 186 ff.; Canel II 23 ff., bes. 25 ff. (vers enjambés).

verspottet, zu einer Kunstform würde. Seine (freilich seltene) Verwendung etwa bei Gottfried von Neifen[55], Konrad von Würzburg[56] oder Oswald von Wolkenstein[57] ist ein Glied in der Kette der Formspiele.

Dagegen bleibt die W a i s e , der reimlose Vers innerhalb gereimter Verse,[58] ihrer Natur nach immer auf gewisse Stellen des Reimgebäudes beschränkt und wird nie zu einem selbständigen Spiel der Reimarmut.

Eine eigenartige Tändelei nennt Schottel R e i m w e t z e l e r oder Reimschleiffer. Mit Absicht werden falsche Reime „so lange, bis ein guter Reim daraus gewetzet und geschlieffen wird" zusammengestellt:

> Wil sich nicht reimen denn dein Reim?
> Beknag den Finger und den Daum /
> Zerkratz den Kopf / es komt der Laun /
> Es wechst im sitzen dir der Stain /
> Zerkratz die Zähn' und sprütze Schleim /
> Nichts wil sich finden angenehm:
> Du armer Gek / bleib nur daheim /
> Du machest keinen guten Reim.[59]

c) Reimverkettung

Die Reimklänge verbinden normalerweise die Verse in verschiedenen Arten von Endreimpaarungen miteinander, doch kennen wir auch spielerischere Verkettungsformen.

So finden beim K o r n einzelne Reimwörter ihren Klangpartner erst an der gleichen Stelle der folgenden Strophe.[1] Als rims estramps, rims dissolutz[2], palavres perdudas und chiavi leben die Körner in den romanischen Literaturen bis weit in die Neuzeit hinein. Recht eigentlich zum kunstvollen Formspiel werden sie aber erst, wo ganze Strophen oder Gedichte ausschließlich aus Körnern bestehen, so bei Arnaut Daniel[3] und andern Troubadours[4], bei Ulrich von Lichtenstein[5] und

---

[55] Liederdichter 119 Nr. 38 V. 5.
[56] Konrad von Würzburg Dichtungen III 40 Nr. 22 V. 9 ff.
[57] Oskar von Wolkenstein 71 Nr. 8.
[58] Heusler Versgeschichte 441, 751 ff., 810 ff., 856, 867, 945, 1031 ff.; Reallexikon III 498 (P. Habermann).
[59] Schottel Verskunst 255; Hauptsprache 981.
[1] Grimm Reim 66; Karl Bartsch, Der Strophenbau der deutschen Lyrik — In: Germania 2 (1857) 129 ff., 257 ff., Korn 288; Heusler Versgeschichte 829 (vgl. auch 811); Heinrich Giske, Über Körner und verwante metrische Erscheinungen in der mhd. Lyrik — In: ZfdPh 18 (1886) 57 ff.; Wilmanns I 40 Anm. 84 (Walther von der Vogelweide 110, 13; 19, 17); Reallexikon III 498 (P. Habermann); Lote II 91; Bartsch Reimkunst 175 ff.; Langlois 101 ff.
[2] Leys d'Amors I 150, 164, 208 ff., 212 ff.
[3] René Lavaud, Les Poésies d'Arnaut Daniel — In: Annales du Midi 22 (1910) 17 ff., 162 ff., 300 ff., 446 ff.; 23 (1911) 5 ff., Lieder aus Körnern: Nr. 10, 12 f., 15 ff.
[4] Aus Franks Répertoire lassen sich ganzgekörnte Lieder von folgenden Dichtern herauslesen: Aimeric de Belenoi, Arnaut de Maroil, Bertran de Born, Bonifaci Calvo, Cerveri de Girona, Gaucelm Faidit, Gavaudan, Grimoart Gausmar, Guilhem de Durfort, Guilhem de Saint-Didier, Guilhem de Saint-Grégoire, Guiraut Riquier, Marcabrun, Peire Milon, Peire Ramon de Toulouse, Peire Vidal, Raimbaut d'Aurenga, Uc de Saint-Circ.
[5] Liederdichter 465 f. Nr. 33.

Die literarischen, gesellschaftlichen und gelehrten Spiele

Gottfried von Neifen. Ein Gedicht Gottfrieds von Neifen überspringt sogar eine Strophe; erst nach vierzehn Versen reimt sich das Endwort des ersten Verses; die Verse scheinen ungereimt und enthüllen nur bei näherem Zusehen ihr Raffinement; ein solches Schema dürfte nur dem Leser, nicht dem Hörer erkennbar gewesen sein:

> Wer gesach ie wunneclîcher mê den süezen meien?
> wer gesach ie baz bekleit den walt und ouch die wunneclîchen heide?
> wer gehôrte ie baz diu kleine vogellîn gesingen
> gein der wunneclîchen wunne in manger süezer wunneclîcher wîse?
> dâ gein fröit sich manic herze, wan daz mîne aleine.
> daz muoz iemer trûric sîn, ez wende ir wîplîch güete,
> diu mich senden mit gewalde lange her betwungen hât.
>
> Owê, triutelehter lîp, sol ich alsus verderben!
> owê, spilnder ougen schîn! hei munt gevar nâch wunneclîchen rôsen!
> herzen trût, ir wüestet an mir iuwer frîgez eigen.
> wie zimt wîbes güete daz, ob ich in senden sorgen sus verdirbe?
> liebiu frouwe, ich hân iu lange her gedient von kinde:
> des lât mich geniezen; seht, sô wirde ich fröiderîche.
> obe des niht geschiht, sô muoz mîn spilndiu fröide ein ende hân.
>
> Ir vil wunnenclîchen wîp, ir wolgemuoten leien,
> wünschet das mîs herzen trût mich von den senelîchen sorgen scheide:
> sô bit ich die guoten daz si lâze mir gelingen.
> süeziu Minne, ob daz geschiht, dar umbe ich dîne werden tugende prîse,
> Minne, du weist wol, ez ist diu liebe diech dâ meine.
> Minne, hilf daz mir diu hêre trœste mîn gemüete.
> obe des niht geschiht, sô wirt mir sender sorgen niemer rât.
>
> Owê, Minne, sol ich niht den rôten kus erwerben
> und den süezen umbevanc, dar zuo ir minneclîchen lîp den lôsen!
> süeziu Minne, maht du herzeliep an mir erzeigen?
> nu waz treit dich für, ob ich nâch der vil herzelieben lieben stirbe?
> Minne, ich muoz verderben, obe ich niht die fröide vinde.
> ach dur got, viel sælic wîp, noch helfet helfeclîche!
> süeziu Minne, frâge sie dur got waz ich ir habe getân.[6]

Ein noch größeres Versteckspiel treiben die Kornbinnenreime, die hie und da im späten Minnesang, etwa bei Oswald von Wolkenstein[7], auftreten. Nach einer letzten Blüte im Meistersang erlischt das Korn, doch rufen die I r r e i m e des Barock, bei denen die Reime willkürlich verteilt werden, eine ähnliche Wirkung hervor. So zitiert Schottel ein Gedicht mit dem Reimschema abccdebfadfe:

> Wir armen Menschen hie im Leben
> Wir irren hier und dort herum /
> Durch Glük und Unglük mancherley:
> Wir suchen ob wo Ruhe sey
> In dieser trüben Zeit zufinden;
> Wir werden immer mehr und mehr
> Bald in die läng' und in die krümm'
> Und hie und dort herümgeschmiessen.

[6] ebda. 89 f. Nr. 7.
[7] Oswald von Wolkenstein z. B. 72 Nr. 9.

> Wer hie nach steter Ruh wil streben /
> Wil eine Kett aus Sande binden:
> Man wird vom Winde weggerissen
> Wir schweben in dem wüsten Meer.[8]

Die P a u s e verbindet durch Reim Anfang und Ende eines oder mehrerer Verse, einer Strophe oder eines Gedichts. Vorläuferin ist die Figur der Epanalepsis, die den Anfang eines Satzes an dessen Ende wiederholt. In den versus reciproci, paracterici (peracterii), echoici, serpentini, repercussivi, catenati — die Namen wechseln in den Poetiken und werden auf verschiedene Spiele angewendet — erscheint der Anfang des Verses wieder an dessen Ende, in Distichen werden die Worte des Hexameters bis zur Penthemimeres meist in der zweiten Hälfte des Pentameters wiederholt. Die Griechen begnügen sich noch damit, als Gesellschaftsspiel Verse Homers herauszufinden, die mit demselben Buchstaben beginnen und enden;[9] in der lateinischen Dichtung, bei Ovid und vor allem bei Martial, sind die versus reciproci ausgebildet.[10] Auch zum lateinischen Mittelalter gehören sie, größere und kleinere Geister versuchen sich an ihnen, so Sedulius Scottus, Venantius Fortunatus, Eugenius (III.) von Toledo, Paulus Diaconus, Hrotsvit von Gandersheim, Marbod von Rennes.[11] Als Muster diene das von Eberhard Alemannus zitierte Beispiel:

> *Filia flecte patrem* natum materque precare
> Pro natis Evae, *filia flecte patrem.*
> *Praevia stella maris* de mundi redde procella
> Tutos; succurre, *praevia stella maris.*[12]

Als cobla recordativa (auch: cobla retrograda per dictios) von der Art:

> *Vengutz* del cel es Dieus *vengutz,*
> *Rezemutz* nos ha *rezemutz* ...[13]

tritt die Epanalepsis nicht selten in der provenzalischen Dichtung auf und geistert durch die Poetiken der Rhétoriqueurs noch mit den Versen

> *A l'aussault,* gallans, *a l'aussault,*
> *Armez* vous tost, saillez *armez* ...[14]

Im Deutschen sind es mehr zufällige rhetorische Blüten. Schottel kennt als besondere Art von Ringelreimen:

> Glük-Unglük hat die zeit / gefasst steh und bereit
> Wans Glüke lacht / dieweil Glük-Unglük hat die Zeit.[15]

---

[8] Schottel Verskunst 235; Hauptsprache 968 f.
[9] Schadewaldt Legende von Homer 66.
[10] Ovid Am. III 2 27 f.; I 9 1 f.; Martial Epigr. IX 97; XI 70 V. 1 f.
[11] allgemein: Manitius passim; Manitius Poesie 22, 310 f., 428, 459, 500; Meyer Mlat Ryth I 94; Du Méril 150 b und Anm.; Hennig Brinkmann, Entstehungsgeschichte des Minnesangs, Halle 1926, 49; Sachregister zu Poetae I—IV.
[12] Eberhard Alemannus Laborintus (Faral 361 ff.) V. 765 ff. Bei Georg Fabricius, De re poetica, Leipzig Steinmann 1574, versus serpentini (808).
[13] Leys d'Amors I 262, 284; Bartsch Reimkunst 180.
[14] Fabri II 42 f., aber „pou en usage".
[15] Schottel Verskunst 209 ff.

Gottsched zitiert eine Stelle von Opitz[16], und bei Klopstock heißt es:

> Abdiel, mein Bruder, du willst dich mir ewig entziehen!
> Ewig willst du mich ferne von dir in der Einsamkeit lassen!
> Weinet um mich, ihr Kinder des Lichts: Er liebt mich nicht wieder,
> Ewig nicht wieder, ach, weinet um mich! . . .[17]

Rückert dagegen verwendet die versus reciproci wieder in der alten spielerischen Pracht, womöglich verbindet er sie mit einem Wortspiel:

> *Mein Eid* ist pures Gold und gilt dir wenig;
> Doch gültig meiner Lieb' ist selbst der *Meineid.*
> *Mein Neid* allein ist nicht des Mundes Lächeln,
> Auf diese Knosp' empfindet selbst der *Mai Neid.*[18]

Eigentliche Pausen finden sich im ganzen Minnesang[19], so bei Walther von der Vogelweide[20] oder Ulrich von Lichtenstein[21], am häufigsten — besonders zur Bindung der Strophen — bei Gottfried von Neifen.[22] Bei Schottel heißen sie dann „Klappreime" mit dem Muster:

> *Schlecht* und einsam in der Welt lebt ein Gottes *Knecht:*
> *Schlegt* schon Noht und Tod ihm zu / er hat Gottes *Recht.*[23]

Da dieser Reim zugleich das Ende eines Verses mit dem Anfang des folgenden verbindet, gehört er auch zu den übergehenden Reimen und damit zur Gruppe der eigentlichen K e t t e n r e i m e. Der eigentliche Kettenreim (der nicht mit äußern Reimverkettungen wie aba bcb cdc verwechselt werden darf, die oft Kettenreime genannt werden) besitzt eine unliterarische und eine literarische Seite. Im volkstümlichen Kettenreim, besonders in Kinderversen aller Sprachen, werden endlose Aufzählungen (vor allem von Gegensätzen) im zweiten Vers eines Paares als Palindrom in umgekehrter Reihenfolge wiederholt:[24]

> Ais, zwai, drei,
> alt isch nit nei,
> nei isch nit alt,
> warm isch nit kalt,
> kalt isch nit warm,
> rych isch nit arm,
> arm isch nit rych . . .[25]

---

[16] Gottsched 324; als Spiel der Gelegenheitsdichter: Weim.Jb 3 (1855) 433 f. (Chr. Val. Fleischhauer).

[17] F. G. Klopstock, Messias II V. 764 ff.; Erster, zweiter und dritter Gesang ed. Franz Muncker, Heilbronn 1883, 52.

[18] 39. Makame des Hariri: Rückert XI 522; vgl. auch ebda. 518 ff., 525 f.

[19] Grimm Reim 63 ff.; Karl Bartsch, Der innere Reim in der höfischen Lyrik — In: Germania 12 (1867) 129 ff., Pause 130, 185 ff.; Wilmanns I 39, 350, 405 Anm. 83; Kurt Plenio, Bausteine zur altdeutschen Strophik — In: PBB 42 (1917) 411 ff.; 43 (1918) 56 ff., Pause: 433.

[20] Walther von der Vogelweide 62, 6; 66, 21; 62, 20/25/30; 63, 7.

[21] Liederdichter 469 f. Nr. 37.

[22] besonders der Reim von Strophenanfang auf Strophenende, vgl. etwa Liederdichter 87 ff., Nr. 5 f. usw.

[23] Schottel Verskunst 253 f.; Hauptsprache 980 f.

[24] Groos 43 f.

[25] Züricher 2527, vgl. 2522 ff.

Der Ursprung ist nicht klar. Singer vermutet als Archetypus einen Memorialvers der lateinischen Klosterschulgrammatik für Ähnlichkeit oder Synonyme.[26] Sollte dies zutreffen, dann hat sich dieser bald mit Produkten kindlicher Fabulierlust gefüllt, zitiert doch Zingerle schon aus dem vierzehnten Jahrhundert:

>   Es reit ein hêrre
>   Sîn schilt was ein gêre;
>   Ein gêre was sîn schilt
>   Und ein hagel sîn wint.
>   Sîn wint was ein hagel ...[27]

Heute werden auf diese Art vor allem der Auszählreim, die Kinderpredigt, das Kniereiter- und Wiegenlied verkettet. Heterogenes wird so aneinandergereiht, daß Schläger mit Recht von „echt kindlicher Gedankenflucht" spricht.[28] Diese mottet freilich auch im Erwachsenen. Nestroy parodiert:

> So fang' ich zum Laufen an, und wie ich zum Laufen anfang', so lauf' ich in ein' fort bis daher, und wie ich in ein' fort bis daher lauf', so bin ich da, und wie ich da bin, so weiß ich nicht, was ich anfang', und wie ich nicht weiß, was ich anfang', so sag' ich: „Ritti, i bitt' di!"[29]

In gebundener Form wäre das ein **u n v o l l s t ä n d i g e r K e t t e n r e i m**, weil nur ein Teil des Verses, meist sogar nur ein Wort, am Anfang des folgenden Verses wiederholt wird. Dies ist eine Urform der Poesie aller Völker. Der Figur der Anadiplosis entsprechend,[30] findet sie sich als literarisches Spiel schon in den versus serpentini des Technopaegnions von Ausonius, der sich überdies die Schwierigkeit auferlegt, nur einsilbige Ketten zu bilden:

>   Res hominum fragiles alit, et regit, et perimit *fors*.
>   *Fors* dubia, aeternumque labans, quam blanda fovet *spes*,
>   *Spes* nullo finita aevo, cui terminus est *mors*,
>   *Mors* avida, inferna mergit caligine quam *nox*,
>   *Nox* obitura vicem, remeaverit aurea quam lux ...[31]

Im ganzen lateinischen Mittelalter wird die Form von den meisten Poetikern registriert, aber auch zu einer Variation der versus reciproci erweitert, welche eine Vershälfte zu Beginn des nächsten Verses wiederholt, so bei Hildebert:

>   Hildebertus adest Cenomanus, perlege, lector,
>   hos opus ingenio, *moribus eximium*.
>   *moribus eximium* deerat meminisse libellum ...[32]

oder bei Balderich von Bourgueil und dem Primas von Orléans.[33]

---

[26] Samuel Singer, Kettenreime — In: SAfVk 19 (1915) 110 ff.; vgl. auch W. Götze, Die Volkspoesie und das Kind — In: Jahrbuch d. Vereins f. wiss. Pädagogik 4 (1872) 172 ff., Kettenreim 274 ff.; literarisch verwendet in Goethes Freibeuter: WA I.3 57.

[27] J. v. Zingerle, Das deutsche Kinderspiel, 2. Aufl. Innsbruck 1873, 62.

[28] Schläger II 201 Anm. 4.

[29] Nestroy III 189 Z. 19 ff.

[30] vgl. etwa Matthaeus von Vendôme: Faral 168.

[31] Ausonius Technopaegnion III: Opuscula ed. Rudolf Peiper, Leipzig 1886, 157; vgl. auch Sidonius Apollinaris lib. VIII ep. 11 § 5 ed. Luetjohann 141 Z. 9 u. oben S. 118.

[32] nach Meyer Mlat Ryth I 94.

[33] Manitius III 895 f. und Anm. 6; vgl. auch Poetae IV 1088 und Du Méril 152 a.

Die literarischen, gesellschaftlichen und gelehrten Spiele 153

In der altnordischen Dichtung sind Versverknüpfungen

<blockquote>

ef þú øðlaz vill   ástir mínar
ástir mínar   alla hylli.[34]

</blockquote>

nicht selten, in der Schallreimstrophe (dunhenda)[35] werden sie zum systematischen Reimspiel. Ebenso verwendet sie Otfried hie und da. Schließlich sei auch der altsächsische Wurmzauber nicht vergessen:

<blockquote>

ût fana themo marge an that bên,   fan themo bêne an that flêsg,
ût fan themo flêsge an thia hûd,   ût fan thera hûd an thesa strâla.[36]

</blockquote>

Der späte Minnesang, der solche Verkettungen zum erstenmal in der deutschen Dichtung benützt, hat freilich nicht an diese Beispiele angeknüpft, sondern die Kunstform aus der altfranzösischen und altprovenzalischen Dichtung übernommen, deren coblas capfinidas sich genau nach dem lateinischen Vorbild richten:

<blockquote>

Verges sendiers verays e *pons*.
Pons de salut e clara *fons*.
Fons de purtat e viva *dotz*
Dotz quels peccatz deneia totz
Vos nos guidatz Verges Maria
E mostratz nos del cel la via.[37]

</blockquote>

Häufig werden nur die Strophen so verkettet, diese Form hat Rudolf von Fenis in die deutsche Dichtung importiert; ihm folgt Rudolf von Rotenburg, während ein anderer Schweizer Minnesinger, Ulrich von Singenberg, als einziger versweise verbindet:

<blockquote>

Wie gern ich mit vröiden *wære*,
wære   unvröide niht sô wert!
nust den rîchen vreude un*mære*:
mære   ist swer ir niht engert ...[38]

</blockquote>

Frankreich dagegen wird vom vierzehnten bis zum Beginn des sechzehnten Jahrhunderts von Kettenreimen überschwemmt, was sich auch (vor allem bei den Rhétoriqueurs) an der Einteilung in verschiedene Arten erkennen läßt.[39] Neben der einfachen Form, dem vers enchaîné:

<blockquote>

Ainsi se font enchainez *vers*
Vers les vifz engins comme *sens*,
Sens ont, itieulx agens bien *clers*
Clers et luysans de sciens gens ...[40]

</blockquote>

---

[34] Edda þrymskviða 29 V. 8 f.: Edda ed. Gustav Neckel, 3. Aufl. v. Hans Kuhn, Heidelberg 1962, I 155. Allgemein: Neckel Beiträge 15 ff.; Meyer Agerm Poesie 227 ff.

[35] Snorra Edda Strophenverzeichnis 24; ebda. 16 (afleiðing).

[36] MSD 17 Nr. IV 5A.

[37] Leys d'Amors I 280; Frank II 61; Lote II 87.

[38] Schweizer Minnesänger 28 f. Nr. 13.

[39] z. B. bei Christine de Pisan: Balade a rimes reprises: Oeuvres poétiques ed. Maurice Roy, Paris SATF 1886-93, I 120 f.; nur noch selten bei Jodelle: Hermann Fehse, Estienne Jodelle's Lyrik, Diss. Leipzig 1880, 30. Allgemein: Zschalig 35 f.; Lote II 167 ff.; Guy 143; Canel I 136 ff.; II 97 ff. (vers gradués).

[40] Jardin de Plaisance XIIIvo; vgl. auch Fabri II 41 ff.; *Gracien Du Pont, L'Art et Science de rhetorique metrifiee, Toulouse 1539, XL f.; Sebillet 197 (hier rime fratrisée).

gibt es den vers entrelacé, der nur die letzten Silben des letzten Worts am Anfang des folgenden Verses wiederholt, einen übergehenden endschallenden Reim:

> D'entrelassez vers plaisans graci*eux*,
> *Eulx* se forment ...[41]

Dieser geht auf den versus decisus — auch praecisus oder serpentinus — der mittellateinischen Literatur zurück, der besonders häufig in der Zäsur zwei Kurzzeilen zu einer Langzeile verbindet:

> Martinus, mirus *more,*   *ore* laudavit deum; ...[42]

Vielleicht ist dies der Ursprung von Versen wie:

> Morum crede *scholae, cole* doctos, iunctos hon*esto*
> *Esto* petens *comites mites,* nec cum paras*ito,*
> *Ito,* nec ad *scurras curras,* nec crimine p*lenas*
> *Lenas* scurrites *vites,* nec Thaida quaere ...[43]

Der vers annexé schließlich wandelt als übergehender grammatischer Reim das letzte Wort ab:

> Ainsi se fait ritme *annexee,*
> *Annexant* vers a aultre en*vers*
> *Versifiee* et *composee,*
> *Compassant* telz motz ou divers ...[44]

Dichter solcher Reime sind etwa Jean Molinet[45] und Clément Marot.[46]

Im deutschen Barock nennt Schottel die Kettenreime mit dem Meistersingerausdruck „anhangende Reime".[47] Harsdörffer macht sie zum Gesellschaftsspiel; jeder Teilnehmer muß ein Sprichwort oder eine Erzählung mit der Silbe oder dem Wort beginnen, mit dem sein Vorgänger aufgehört hat, also etwa:

> J: Ohne die Demut / sind alle Tugenden *Laster.*
> D: *Laster* wird billich also von dem Last genennet ...[48]

Quirinus Kuhlmann aber bleibt es vorbehalten, mit seinem 53. Kühlpsalm einen grammatischen Kettenreim in deutscher Sprache zu versuchen:

> Liebquelle Jesus Liebe lieber,
> Je mehr sie quillet ewigst über,
> Je mehr sie ewigst Dich *liebküßt,*
> *Liebküssend* ewigst Dich *durchsüßt,*

---

[41] Jardin de Plaisance XIIIvo. In Eustache Deschamps' Art de Dictier heißt diese Art noch „equivoque retrograde et leonime": Oeuvres complètes ed. Marquis de Queux de Saint-Hilaire et Gaston Raynaud, Paris SATF 1878-1901, VII 277.
[42] Meyer Mlat Ryth III 317.
[43] Eberhard Alemannus, Laborintus III 320 der von Leyser edierten Helmstedter Handschrift (nicht in der Pariser Handschrift Farals): Polycarp Leyser, Historia poetarum et poematum medii aevi, Halle-Magdeburg 1721, 836.
[44] Jardin de Plaisance XIII; vgl. Fabri II 44 f.; *Gracien Du Pont, L'Art et Science de rhetorique metrifiee, Toulouse 1539, XLf.; Sebillet 198 (hier auch rime enchaînée).
[45] z. B. Molinet 12 f. V. 41 ff.; 152 V. 120 ff.; 849 f.; vgl. Dupire 300.
[46] Marot V 174 f. (Chanson III Str. 3).
[47] Schottel Verskunst 254 f.; Hauptsprache 981; vgl. auch Pegnesis I 87.
[48] Harsdörffer Gespsp VIII 54 ff.

Durchsüßend ewigst Dich *umherzet*,
Umherzend ewigst in Dich sterzet . . .[49]

Trotz weiterer Erwähnung in den Poetiken[50] verschwinden aber dann die Ketten schnell; nur bei Rückert erscheinen sie, verbunden mit Pause und Wortspiel, als östliche Künste wieder:

An Stand ist sie Hirtenkind, doch eine Königin von *Anstand.*
Anstand es lange Zeit, bis ich eröffnet ihr, wie sie mir *anstand,*
Anstand sie mit Gespielen einst zum Tanz, da stand ich auf dem *Anstand;*
Anstand ich nicht, bot ihr die Hand, und ihre gab sie mir ohn' *Anstand.*[51]

Auch die spanische Literatur kennt übrigens vom vierzehnten bis ins sechzehnte Jahrhundert den Kettenreim in allen seinen Formen: als bloße Wiederholung des letzten Verses am Anfang der folgenden Strophe bei Alfonso Alvarez de Villasandino und andern, als eigentlichen Kettenreim bei Juan del Enzina und Juan Lopez de Ubeda, als grammatischen Kettenreim in einem Camões zugeschriebenen Sonett und schließlich als endschallenden übergehenden Reim bei Juan del Enzina, Juan Blanco de Villagarcía und Matos Fragoso.[52] Weniger häufig finden wir ihn in der italienischen Dichtung.

Daß Formen wie Triolett, Virelay, Rondel[53] und Voltanelle mit ihren Verswiederholungen auch Formen der Verkettung sind, versteht sich von selbst.

Wenn sich das erste Wort eines Verses und das letzte des vorhergehenden nicht mehr entsprechen, sondern nur noch aufeinander reimen, haben wir die verbreitetste Form der Verkettung vor uns: den ü b e r g e h e n d e n R e i m. In der volkssprachlichen Literatur des Mittelalters ist er bei Romanen[54] und Germanen[55] gang und gäbe. Eine Vorstufe wäre der beim unvollständigen Kettenreim besprochene vers entrelacé und seine lateinischen Vorbilder. Unter den Deutschen fällt Gottfried von Neifen durch häufigen und systematischen Gebrauch auf:

Sumer, nû wil dîn   *gewalt*
walt   den anger und die *heide*
beide   kleiden: dast dien kleinen vogeln nôt.
man siht bluomen manic*valt,*
valt   an manger stolzer *meide:*
reide   löcke tragents unde mündel rôt.
seht, der fröide was vil nâch zergangen.

---

[49] Quirinus Kuhlmann, Kühlpsalter, Amsterdam 1684, 156 ff.
[50] so bei *Theodor Kornfeld, Selbstlehrende Alt-Neue Poesie, Bremen 1686; *Andreas Köhler, Deutliche und gründliche Einleitung zu der reinen deutschen Poesie, Halle 1734; Gottsched 795 f., 323 f. Für Gelegenheitsdichter s. Chr. Val. Fleischhauer: Weim.Jb 3 (1855) 433 f.
[51] 31. Makame des Hariri: Rückert XI 525. In modernster Form wieder bei Georg Kreisler, Zwei alte Tanten tanzen Tango... und andere Lieder, Zürich 1961, 63 ff.
[52] Gauthier II 1 ff.
[53] Ähnlich gehört das Rondeau zur Pause.
[54] Bartsch Reimkunst 179 ff.
[55] allgemein: Grimm Reim 59; Bartsch, Der innere Reim aaO 130, 181 ff.

ach mîs herzen! jâ muoz mich belangen
nâch dem triutelehten lîbe, owê wan wære er mîn! ...[56]

Gegen Ende des fünfzehnten Jahrhunderts zeichnet die Hätzlerin ein übergehend gereimtes Liebes- und Neujahrslied auf;[57] die Meistersinger[58] lieben die Form wie die Rhétoriqueurs[59] und die Rederijkers (ketendichten).[60] Bei Hans Sachs kann der Reim vom Ende des Verses sogar auf den Anfang des übernächsten springen (überspringender Reim). Später tritt er nur noch vereinzelt auf.[61]

Sonderfälle des übergehenden Reims sind der i n s   I n n e r e   ü b e r g e h e n d e und der a u s   d e m   I n n e r n   ü b e r g e h e n d e   R e i m. Bei diesem reimt sich ein Wort im Innern eines Verses — häufig das der Versmitte — mit dem Ende des folgenden Verses, bei jenem das Versende mit einem Wort im Innern des folgenden Verses. Meist werden beide mißverständlich „Kettenreime im Innern" genannt. Bei Eberhard Alemannus heißen sie versus serpentini:

>   Hoc moneo: *nefas*   fore credas, optima *rerum*
>   Ut carpas, *verum*   prodigiale *nefas*.
>   Est Domini *donum*   devotio puri *cordis*:
>   Contemptus *sordis*   initiale *bonum*.[62]

Johannes Hadlaub dichtet:

>   Swem sîn *muot*   stêt ûf minne *gar*,
>   und er get*ar*   dik frouwen *guot*
>   den *muot*   getuon wol *bî*,
>   und *sî*   daz wol enp*fâhent*,
>   dem *nâhent*   süeziu heil:
>   des wirt sîn *muot*   sô geil.
>   Sô wol *tuot*   im, swann er dar *kumt*,
>   ob ez in *frumt*,   und doch anders *nicht*
>   wan g*sicht*   an schœne *wîp*
>   (sîn *lîp*   fröit sich ir *wunnen*),
>   die *kunnen*   geben heil
>   und fröiden vollen teil ...[63]

Wirklich geliebt werden diese Spielformen nur in den romanischen Ländern, als

---

[56] Liederdichter 115 f. Nr. 32; vgl. etwa auch Walther von Klingen: Schweizer Minnesänger 112 Nr. 1.

[57] Hätzlerin 57 f. Nr. 64.

[58] Meisterlieder passim. Bekannt ist etwa auch Zwinglis Lied „Herr, nun heb den wagen *selb | Schelb* wirt sust all unser fart": DL Reformation ed. Arnold E. Berger, Leipzig 1931 ff., IV 161 Nr. 87.

[59] Langlois 97, 99, 224 f., 255.

[60] Geschiedenis I 223; Ferd. Hellwald und L. Schneider, Geschichte der niederländischen Literatur, Leipzig 1887, 281.

[61] z. B. bei Fischart: Galle 50; bei Harsdörffer: Trichter I 100; aber auch noch bei Arnim: Ariel's Offenbarungen ed. Jacob Minor, Weimar 1912, 14 Z. 17 ff.; 69 Z. 24 ff.

[62] Eberhard Alemannus, Laborintus (Faral 361 ff.) V. 728 ff.

[63] Schweizer Minnesänger 351 ff. Nr. 52.

vers batelés und vers entés etwa von den Rhétoriqueurs[64] und von Clément Marot.[65]
Als Muster mögen Jean Molinets Verse dienen:

> Dieu de lassus, qui me fourmas de *cendre,*
> Voeulle *descendre* es basses regions,
> Vieng conforter ma fragilité *tendre,*
> Fais le ciel *fendre* et venir, sans *attendre,*
> Pour moy *deffendre,* angeles par *legions;*
> Viennent *lyons* par mille *millions*
> Et toutz li homs qui sont de mere *nez,*
> Pour rembarrer *ces* faulx Turcqz foursenés.[66]

Von dort wird sie Friedrich Schlegel[67] für seinen „Wasserfall", das einzige bekanntere Gedicht dieser Art, übernommen haben:

> Wenn langsam Welle sich an Welle schließet,
> Im breiten Bette fließet still das Leben,
> Wird jeder Wunsch verschweben in den einen:
> Nichts soll des Daseins reinen Fluß Dir stören.
> Läßt Du Dein Herz bethören durch die Liebe,
> So werden alle Triebe, losgelassen,
> Der Kraft in vollen Massen sich entladen,
> Daß unten tief sich baden die Gefühle,
> Im buntesten Gewühle wilder rauschen,
> Bis ferne Männer lauschen und voll Bangen
> Das nah' zu seh'n verlangen, was mit Grausen
> Die Seel' erfüllt im Sausen solcher Wogen,
> Die manchen schon betrogen, und nicht ruhten,
> Bis tiefer in die Fluthen ew'ger Leiden
> Verschlungen sie die Beiden, die vereinet
> Im Silberschaum den süßen Tod beweinet.[68]

Abschließend sei auf die altnordischen Reimverkettungen hingewiesen: bei der „beigestählten" (hjástælt) und der „Anlage"-Strophe (álagsháttr) beginnen Verse mit einsilbigen Wörtern, die syntaktisch noch zum vorhergehenden Vers gehören.[69]

d) Seltene Reime

Ein letztes Reimspiel verwenden die Virtuosen, wenn sie, um die Vollendung ihrer Reimkunst zu beweisen, sehr seltene und schwierige Reime wählen. Von der provenzalischen Lyrik, von Raimbaut d'Aurenga, Giraut de Borneil und von anderen, besonders aber von Arnaut Daniel werden die rims cars, die schweren Reime, geschätzt,[1] seltener vom späten Minne- und im Meistersang. Bei den Rhétori-

---

[64] auch schon Leys d'Amors I 124; allgemein: Stengel 68; Lote I 269; II 165 f.; Langlois 222, 237 f.; Canel I 146 ff.; Borinski 169.
[65] Marot V 70 f. (Ballade VII); vgl. Sebillet 202.
[66] aus der „Complainte de Grèce": Molinet 11 V. 61 ff.
[67] möglicherweise von August Wilhelm Schlegel (vgl. Sämtliche Werke I 33).
[68] Friedrich Schlegel IX 144; vgl. auch „Der Wellenkranz" ebda. 94 f. und die Virtuosenstücke von Karl Witte: Welti 229.
[69] Snorra Edda Strophenverzeichnis 13, 27.
[1] allgemein: Frank passim; Bartsch Reimkunst 195 ff.; Lote II 171 ff.

queurs wollen die rimes rauques[2] mit ihrer „cacaphonie préméditée" einen ähnlichen Effekt erzielen:

> Qu'y vault le songer? Pas le truc.
> Tant au soir, la nuyt, qu'au desjuc,
> Prompt, prest, preux d'attendre le choc,
> Bon pied, bon oeil, fres comme ung suc, ...[3]

Oft erhöht der seltene Reim die Schwierigkeit des Spiels mit aufgegebenen Endreimen. Sonst aber gehört er, systematisch durchgeführt, in die komische Dichtung, wo dann Heine „Uhland, Tieck" auf „Romantik" reimt.[4]

D. Versfigurenspiele

Versfigurenspiele nennen wir die Formen, bei denen das Spiel nicht von Buchstaben, Silbenzahl oder Reimwort, sondern von der Anordnung der Wörter innerhalb des Verses abhängt.

a) Versus rapportati

Die versus rapportati gehen auf eine Redefigur zurück, die gleichgebaute Sätze zu einer einheitlichen Folge verschmilzt, indem sie die einzelnen Satzteile nebeneinanderstellt, also zuerst die Subjekte, dann die Praedikate, die Objekte usw. Als Versgattung wird die Figur unter vielen Namen, versus rapportati, correlativi, trutannici, paralleli, applicati usw., aufgeführt.[1] Bekannt ist das spätlateinische sogenannte Epitaph auf Vergil:

> Pastor arator eques pavi colui superavi
> Capras rus hostes fronde ligone manu.[2]

Ähnliches findet sich auch in der altindischen Poesie.[3] Die Griechische Anthologie enthält einige solche Verse[4], aus der mittel- bzw. neulateinischen Dichtung seien die Namen Hildebert von Lavardin, Eberhard von Bethune, Marbod von Rennes, Matthaeus von Vendôme, Eberhard Alemannus, Petrus Riga und Erasmus von Rotterdam genannt;[5] versus trutannici, Verse von Landstreichern und Vaganten, heißen die rapportati in den Carmina Burana. Gern werden die einzelnen Parallel-

---

[2] Guy 138.
[3] Roger de Collerye, Oeuvres ed. Ch. d'Héricault, Paris Jannet 1855, 89 f.
[4] unfreiwillig und absichtlich komische Reime: Erich Schmidt, Deutsche Reimstudien I — In: SB d. Kgl. Preuß. Akad. d. Wiss. 23 (1900) 430 ff. Peregrinus Syntax (Pseudonym von F. F. Hempel), Allgemeines deutsches Reimlexikon, Leipzig 1826, bietet ein „Verzeichnis der deutschen Wörter und in der Conversation vorkommenden Fremdwörter, auf welche keine oder doch nur unreine Reime gefunden werden" (819 ff.).

[1] allgemein: Curtius 290; Gerber II 363; Canel II 315; Lalanne 33 f.
[2] Anthologia Latina ed. Franciscus Buecheler et Alexander Riese, I.2, 2. Aufl. Leipzig 1906, 276 Nr. 800.
[3] Johannes Bolte, Die indische Redefigur Yathâ-samkhya in der europäischen Dichtung — In: ASNS 112 (1904) 265 ff.; 159 (1931) 11 ff.
[4] Anthologia Graeca IX 48.
[5] vgl. Bolte aaO; Curtius 290 Anm. 3; im einzelnen ferner etwa Eberhard Alemannus, Laborintus (Faral 361 ff.) V. 699 f.: versus applicati; CB 5 Kommentar.

Die literarischen, gesellschaftlichen und gelehrten Spiele

sätze untereinander geschrieben, so daß sie bequem von oben nach unten gelesen werden können:

Virtus	ecclesia	clerus	Mammon	simonia
cessat	calcatur	ambit	regnat	dominatur.[6]

In lateinischen Stammbuchversen sind sie noch im achtzehnten Jahrhundert gebräuchlich.[7] Wo sie zuerst in die volkssprachlichen Literaturen eingedrungen sind, läßt sich nicht feststellen.[8] Dagegen wandern sie ziemlich sicher aus der französischen in die deutsche und die englische Dichtung, in der spanischen und italienischen kommen sie ebenfalls häufig vor. In Frankreich tauchten sie um 1540 auf und werden bis zum Ende des Jahrhunderts gepflegt.[9] Beinahe die ganze Pléiade, Ronsard, Du Bellay, Jodelle, Baïf, Belleau, Pontus de Tyard und andere, huldigen dieser Mode.[10] Jodelle dichtet ein „Epitaphe de Clément Marot":

> Quercy, la Cour, le Piémont, l'Univers,
> Me fit, me tint, m'enterra, me connut;
> Quercy mon los, la Cour tout mon tems eut,
> Piémont mes os, et l'Univers mes vers.[11]

Obwohl die lateinische Poetik Deutschlands die Gattung schon im sechzehnten Jahrhundert beschreibt, wird sie in der deutschen Dichtung erst unter dem Einfluß der französischen Renaissancelyrik heimisch, dafür muß sie dann jeder Barockdichter einmal ausprobieren. Opitz fabriziert:

> Die Sonn, der Pfeil, der Wind, verbrent, verwundt, weht hin,
> Mit Fewer, schärfe, sturm, mein Augen, Hertze, Sinn.[12]

Schottel nennt sie „Trittreime",[13] was Borinski zu dem Wortspiel verführt: „Die Trittreime kann nur eine Philolog erfunden haben, der in classischen Gedichten nach Parallelismen spürte. Er wurde leider durch seine Entdeckungen angeregt, die Poesie mit Füßen zu ‚treten'."[14] Zesen spricht von „Verführungsgedichten".[15] Schottel und er zitieren:

---

[6] CB 5 Str. 3.
[7] Keil Stammbücher 20 Nr. 19; 81 Nr. 238; 126 Nr. 529; 196 Nr. 1020; 210 Nr. 1148; Buxtorf 124.
[8] Scaliger II.30 und Georg Fabricius, De re poetica, Leipzig Steinmann 1574, 813 f., warnen vor dem Gebrauch.
[9] Bruno Berger, Vers rapportés, Diss. Freiburg i. Br. 1930, 11 (nach einer Auskunft von H. Heiss, ohne Beleg); Curtius zitiert ein Beispiel von Lope de Vega (290 Anm. 3).
[10] Berger aaO 2 f.; z. T. sechs (Belleau) bis neun (Jodelle) Reihen: ebda. 59 f.; erste Erwähnung in einer Poetik: Tabourot (1582) Ausgabe 1616: 105 ff.; vgl. auch Mönch 67, 127.
[11] Estienne Jodelle, Oeuvres et Meslanges poétiques ed. Ch. Marty-Laveaux, Paris Lemerre 1868-70, II 338; vgl. auch ebda. I 286, 288, 300; II 103, 184, 333 f, 336 u. sonst.
[12] Opitz Poemata 52 Nr. 25; daneben auch in der Verdeutschung der Arcadia: Arcadia Der Gräffin Pembrock ... Ausgabe Leyden Franz Hegner 1642, II 983 f.
[13] Schottel Verskunst 220 f.; Hauptsprache 956 ff.
[14] Borinski 168.
[15] Zesen Helikon T7 als „Verführungsgedichte oder zweilesrige Reime".

> Der Tod, die Höll, und Lieb, ins Grab, Qual, süße Schmerzen;
> versetzet, bringt, erregt; den Leib, die Seel', im Hertzen.

Weckherlin,[16] Harsdörffer, Logau, Neumark, Hofmannswaldau, Lohenstein und andere huldigen dieser Vers-Art,[17] gegen Ende des Jahrhunderts hat man sie satt. Kaspar Stieler urteilt in der Dichtkunst des Spaten von 1685:

> Der Leib, das Gelt, und Guht, der Seelen Seeligkeit,
> Verstand und das Gerücht, der Tugend schönes Kleid
> wird swach, wird aufgezehrt, wird mehrmals übergangen,
> wird Unverstand, betreugt, verleuret Glanz und Prangen.
> Zwar dieser *Trittreim* ist den Ohren eine Last
> und wegen Tunkelheit und Mislaut fast verhasst.
> Viel besser klingts: Mein Leyb ist lauter Eys und Hitze,
> Eys ihr gefrornes Herz, Glut ihrer Augen Blitze.[18]

Als Stilfigur siecht das Spiel bis auf unsere Tage dahin; bekannt ist Lessings: „Die Karossen, die Nachtwächter, die Trommeln, die Katzen, die Korporals — das hört nicht auf zu rasseln, zu schreyen, zu wirbeln, zu mauen, zu fluchen."[19]

b) Der Proteusvers

Eines der eigenartigsten Spiele ist der W e c h s e l s a t z , in gebundener Form Proteusvers. Die einzelnen Glieder eines solchen Verses lassen sich in der Reihenfolge beliebig verstellen, ohne daß sich (wenigstens im Idealfall) der Sinn des Ganzen ändert.

Der wohl älteste Wechselsatz steht in den „Deipnosophisten" des Athenaios, der ein Proteusgedicht des Kastorion von Soloi nach Klearch teilweise zitiert.[1] Erst Optatianus Porfyrius stellt dann aus vieren gleich zweiundsiebzig neue, „eine Art Sinn gebende" — wie Teuffel sagt — Hexameter her.[2] Er findet in dem Iren Dicuil, wahrscheinlich einem Lehrer der Grammatik (vielleicht am Hof Karls des Großen und Ludwigs des Frommen),[3] einen eifrigen Imitator, der ihn noch zu überbieten sucht. Neben der Nachahmung der Permutation von vieren zu zweiundsiebzig Hexametern[4] versetzt er nämlich in seinem titellosen astronomisch-kompu-

---

[16] Weckherlin I 310, 315, 319; II 409 und sonst; vgl. Gustav Zeller, Die Syntax des Nomens bei G. R. Weckherlin, Diss. Tübingen 1905, 76 ff.: Yathâ-Sankhyâ bei Weckherlin (mit Liste).

[17] Bolte aaO; vgl. etwa auch Harsdörffer Gespsp IV 211. Fritz Strich, Der lyrische Stil des 17. Jahrhunderts — In: Abhandlungen zur deutschen Literaturgeschichte, Franz Muncker zum 60. Geburtstage dargebracht, München 1916, 21 ff., nennt irrtümlicherweise alle versus rapportati Wechselsätze (38).

[18] V. 3583 ff., zitiert nach Bolte aaO 12; die ersten Verse etwas anders auch bei Schottel (Verskunst 220 f.) als Beispiel; vgl. auch Pegnesis I 387. Englische Muster bei Bolte aaO.

[19] Lessing, Sämtliche Schriften ed. Karl Lachmann, 3. Aufl. v. Franz Muncker, Leipzig 1886-1924, II 189. Beispiele von Victor Hugo und Balzac bei Berger aaO 1.

[1] Athenaios Deipnosophistai X 81 (454 f/455 b); übers. Schultz Rätsel I 14.

[2] Optatianus Porfyrius 25.

[3] nach Manitius I 647 ff.

[4] lib. 1 cap. 8 nach Manitius I 650.

Die literarischen, gesellschaftlichen und gelehrten Spiele 161

tistischen Werk[5] die gleichen vier Hexameter zu zweihundertsechzehn Versen[6] und schließt:

> Hic ludus finit, felix Auguste valeto;
> Rustica ne scribant has membra caveto loquelas.[7]

Das vierte Buch des Werkes besteht fast ausschließlich aus Verspermutationen.

Nicht gerade eigentliche Proteusverse, aber doch ihnen ähnelnde Spiele finden sich in dem Hildebert von Le Mans zugeschriebenen Gedicht „De oppositis"[8] und in Marbods von Rennes „Nugae poeticae", die überdies — wie die meisten Proteusverse — aus lauter ein- und zweisilbigen Wörtern gebaut sind.[9] Kompliziertere Permutationen ergeben die v e r s u s   r e t i c u l a t i , die Netzverse, die Eberhard Alemannus anführt:

> Lumen sanctorum, spes mitis, regia mater,
> Sanctorum requies, trepidi dux, vitis honorum.
> Spes trepidi, miseri reparatrix, semita pacis,
> Mitis dux, reparatrix mundi, juris origo,
> Regia vitis, semita juris, gloria dulcis,
> Mater honorum, pacis origo dulcis aveto.[10]

Die fünf letzten Wörter des ersten Verses erscheinen als die ersten Wörter der fünf folgenden Verse; die vier letzten des zweiten als die zweiten der vier folgenden usw.; ohne Entsprechung sind das erste Wort des ersten, das zweite des zweiten Verses usw.; diese ergeben zusammen den Satz: „Lumen requies miseri mundi gloria aveto." Die lateinische Tradition solcher Proteusverse bricht nie ganz ab; sie belebt sich in den ersten Jahrzehnten des siebzehntes Jahrhunderts.[11] Thomas Lansius druckt in der Vorrede zu seinen Orationes die beiden Verse ab: „Lex, Rex, Grex, Res, Spes, Ius, Thus, Sal, Sol, (bona) Lux, Laus" und „Mars, Mors, Sors, Fraus, Fex, Styx, Nox, Crux, Pus, (mala) Vis, Lis".[12] Bernhard von Bauhuysen dichtet für Maria: „Tot tibi sunt dotes, virgo, quot sidera caelo" und für Christus: „Rex, dux, sol, lex, fons, spes, pax, mons, petra, Christus."[13] 1617 permutiert ein Georg Kleppisius bei kaiserlich-königlich-erzherzoglichem Besuch in Dresden den Vers „Dant tria jam Dresdae, ceu sol dat lumina lucem" der Jahreszahl entsprechend

---

[5] erhalten in Cod. Valentinian. 386 s. IX fol. 66-119; Teilausgaben vgl. Manitius I 647ff.
[6] lib. 2 cap. 13 (fol. 86a ff.) nach Manitius I 650.
[7] ebda. fol. 90 a zitiert nach Manitius I 650.
[8] Migne PL CLXXI 1446 Nr. 12, vgl. Euling Priamel 116.
[9] Migne PL CLXXI 1685 Nr. 58; vgl. auch Nr. 59; Meyer Mlat Ryth I 95; Euling Priamel 116 f.
[10] Eberhard Alemannus, Laborintus (Faral 361 ff.) V. 811 ff.
[11] neulateinisch allgemein: Joh. Ulrich König, Untersuchung von der Beschaffenheit der eynsilbigen Wörter in der Teutschen Dichtkunst — In: Des Herrn von Besser Schrifften, Leipzig 1732, II 833 ff.
[12] Thomas Lansius, Orationes seu Consultatio de principatu inter provincias Europae; Praefatio ad lectorem, zitiert nach der Ausgabe Tübingen Eberhard Wild 1620, 2vo (nicht in Erstausgabe von 1613).
[13] Bernardi Bauhusii... Epigrammata, Ausgabe Antwerpen Moreti 1634, 39; beide Verse sind im Druck besonders hervorgehoben; Nachahmung von Peter P. Winstrup: König aaO 847 Anm.; Spott in Addisons Spectator Nr. 60 (9. 5. 1711).

11 Liede, Dichtung 2

1617mal, ein Carl Goldstein antwortet ihm im Jahr darauf mit 1618 Variationen von „Ars non est, tales bene structos scribere versus". 1654 folgt ein Christian Keimann mit 1654 Permutationen.[14] Vielleicht verdanken wir diese Renaissance der Gattung Scaliger, der in seiner Poetik den Vers „Perfide sperasti divos te fallere Proteu" durchspielt;[15] doch kennen die Rhétoriqueurs den Proteusvers schon gegen Ende des fünfzehnten Jahrhunderts.[16] Jean Meschinot schreibt einen Achtzeiler, von dem er behauptet: „Les huit vers ci-dessus se peuvent lire et retourner en trente-huit manières", und ein kurzes Mariengedicht mit der Bemerkung: „Ceste oraison se peult dire par huit ou par seize vers, tant en retrogradant qu'aultrement, tellement qu'elle se peult lire en trente-deux manières differentes et plus, et à chascune y aura sens et rime, et commencera tousjours par motz differentz qui veult."[17] 1519 dichtet Nicole Dupuy ein Rondeau, das mindestens zwölf Wechsel ermöglicht;[18] eine Ballade von Eustache Deschamps läßt sich dagegen „nur" auf acht verschiedene Arten lesen.[19]

Deutsche Proteusverse bringt erst der Barock hervor, und mit einer bedeutenden Ausnahme beinahe nur in Poetiken. Harsdörffer bespricht sie wiederholt als versus vertumnales.[20] Stanislaus Mink von Weinsheim (Johann Justus Winkelmann) widmet dieser „unglaublich lustigen Lehrart in gar kurzer Zeit durch Versetzung der einsylbigen Wörter ohne Mühe teutsche und lateinische Verse zu machen" 1653 ein ganzes Werk mit dem Titel „Proteus".[21] Für beide sind die Proteusverse ein Gesellschaftsspiel und daneben für mnemotechnische Zwecke geeignet. Einen ganz andern Sinn verfolgt dagegen der einzige bedeutendere deutsche Proteusvers: *Quirin Kuhlmanns „41. Liebeskuß"*. Schon durch eine große Widmung an den Gönner Georg von Schöbel und Rosenfeld ist er aus den übrigen Sonetten der Sammlung

---

[14] König aaO 846 f.; die meisten Wechselsätze auch abgedruckt bei Johann Valentin Merbitz, De varietate faciei humanae, Dresden Mart. Gabr. Hübner 1676, 33 ff. Natürlich haben die Proteusverse auch immer wieder Mathematiker angezogen; nach Jacob Bernoullis postumer Ars coniectandi, Basel Thurneysen 1713, sollen sich die Verse des Lansius 39' 916' 800mal wechseln lassen, der erste Satz von Bauhuysen soll 3312 einwandfreie Verse ergeben (77 ff.); daneben existieren die verschiedensten Zahlenangaben, vgl. Canel II 291 ff.; Lalanne 62; König aaO 846.

[15] Scaliger II.30.

[16] Lote II 163; Lalanne 27.

[17] Arthur de la Borderie, Jean Meschinot — In: Bibliothèque de l'Ecole des Chartes 56 (1895) 99 ff., 274 ff., 601 ff., Proteusverse 626 f.

[18] Jos. André Guiot, Les trois siècles palinodiques ed. A. Tougard, Rouen A. Picard 1898, I 260.

[19] Eustache Deschamps, Oeuvres complètes ed. Marquis de Queux de Saint-Hilaire et Gaston Raynaud, Paris SATF 1878-1901, I 81 ff. (mit Anleitung zum Lesen); vgl. auch vers transportables: Canel I 63 ff.; Lalanne 63 f. Komische Verwendung des Wechselsatzes in Molières Bourgeois gentilhomme, wo der Philosophielehrer an Hand eines Satzes die verschiedenen Möglichkeiten der Liebeserklärung darstellt (II.6).

[20] z. B. Harsdörffer Trichter I 50 ff., ausdrücklich als Nachahmung des Lansius. Harsdörffer rechnet, daß ein Schreiber für alle Versetzungen seines Verses 91 Jahre und 49 Tage brauche; vgl. auch Morhof 488 ff.

[21] *Proteus, Oldenburg 1653; dann auch in der *„Dreifachen Kunstschnur", Frankfurt-Leipzig 1692, Nr. 2 und 3; Zitat: Kunstschnur 74 f. nach Borinski 290 Anm. 1 (291).

Die literarischen, gesellschaftlichen und gelehrten Spiele   163

als etwas Einmaliges herausgehoben. Auf den eigentlichen Titel „Der Wechsel Menschlicher Sachen" folgt als Motto eine Stelle aus den Orationes de pauperibus amandis des Gregor von Nazianz:

> Nihil est in rebus humanis Naturâ stabile, nihil aequabile, nihil sufficiens, nihil in eodem statu permanens: sed omnia quadam veluti rotâ circumvolvuntur, diversas saepe diebus singulis, atq; etiam horis vicissitudines afferente.

Der „Liebeskuß" selbst lautet:

Auf Nacht / Dunst / Schlacht / Frost / Wind / See / Hitz / Süd / Ost / West / Nord /
Sonn / Feur / und *Plagen* /
Folgt Tag / Glantz / Blutt / Schnee / Still / Land / Blitz / Wärmd / Hitz / Lust /
Kält / Licht / Brand / und *Noth*:
Auf Leid / Pein / Schmach / Angst / Krieg / Ach / Kreutz / Streit / Hohn / Schmertz /
Qual / Tükk / Schimpff / als *Spott* /
Wil Freud / Zir / Ehr / Trost / Sig / Rath / Nutz / Frid / Lohn / Schertz / Ruh /
Glükk / Glimpf / stets *tagen*.
Der Mond / Glunst / Rauch / Gems / Fisch / Gold / Perl / Baum / Flamm / Storch /
Frosch / Lam̄ / Ochs / und Magen
Libt Schein / Stroh / Dampf / Berg / Flutt / Glutt / Schaum / Frucht / Asch / Dach /
Teich / Feld / Wiss / und Brod:
Der Schütz / Mensch / Fleiß / Müh / Kunst / Spil / Schiff / Mund / Printz / Rach /
Sorg / Geitz / Treu / und *Gott* /
Suchts Zil / Schlaff / Preiß / Lob / Gunst / Zank / Port / Kuß / Thron / Mord /
Sarg / Geld / Hold / *Danksagen*
Was Gutt / stark / schwer / recht / lang / groß / weiß / eins / ja / Lufft / Feur /
hoch / weit / *genennt* /
Pflegt Bös / schwach / leicht / krum / breit / klein / schwartz / drei / Nein / Erd /
Flutt / tiff / nah / *zumeiden* /
Auch Mutt / lib / klug / Witz / Geist / Seel / Freund / Lust / Zir / Ruhm / Frid /
Schertz / Lob *muß scheiden* /
Wo Furcht / Haß / Trug / Wein / Fleisch / Leib / Feind / Weh / Schmach / Angst /
Streit / Schmertz / Hohn *schon rennt*.
Alles wechselt; alles libet; alles scheinet was zu hassen:
Wer nur disem nach wird denken / muß di Menschen Weißheit fassen.

Diesem Proteusvers fügt Kuhlmann eine Erklärung bei, die das „Gedicht" überhaupt erst verständlich macht:

> Himmels Verlibter! diser Libes-kuß ist ein volständiger Wechselsatz / in den ersten zwölf Versen; derer idweder sich / wann du nur das erste und di letzten zwei Wörter unverendert auf seiner Stelle behälst / in den andern dreizehen / sonder eintzige Verletzung des Reimmaßes und Inbegriffes / auff die 6'227'020'800 oder sechshundertzwei und zwanzig-tausendmahl tausend-sibenhundert-zwanzig-tausend-achthundertmahl versätzet werden. Zu welcher dem gemeinen Pöfel unbegreifflicher Verwechselung der allerfertiste Schreiber / der täglich über tausend Verwechselungszeilen abschribe / doch über ein gantzes Jahr hundert sattsam würde zu schaffen haben. Wann aber einer Beliben hegte / aus dem ersten vir-verse in funffzig Wörtern einen Wechselsatz zu volführen / so könten alle Menschen / wenn si solchen darzustellen gleich trachteten dises nicht ausmachen / weil es so vilmahl tausendmahl tausend verwechselt werden können / daß auch nur di Meer-sandkörner / welche dise Zahl beschlüsse / unser virgetheilter Kugelrund nicht begriffe. Denn funffzig Wörter nach Kircherus' Ausrechnung / lassen sich versätzen 1'273'726'838'815'420'399'851'343' 083'767'005'515'293'749'454'795'473'408'000'000'000'000 das ist ... [nun folgt die

11*

Zahl in Worten; Kuhlmann schreibt noch alles in Tausendern, also statt einer Million „tausend-mahl-tausend", was natürlich bei der Größe seiner Zahl eine endlose Liste ergibt] ... Im ersten Anblikke scheinet es unmöglich / was gesätzet; und so gewiß zweimahl drei sechs machet / so gewiß ist auch dises. Noch unmöglicher aber wird es vorkommen / wann ich mit den grösten Leuten anmerke / hir kürtzlich / anderswo ausführlicher / wi das gröste Theil der Menschen Weißheit in der Verwechselung verborgen. Kommet herzu ihr Weißkünstler! Was wollet ihr mit Verstandes leeren Gedanken ein nichtges Ansehen suchen? Forschet scharffsichtiger nach! Überleget das innere Wesen der Wunderversätzung! Glaubet / daß ihr werdet das Centrum aller Sprachen finden / und dasselbe / was die Welt mit Müh suchet / mit Schaden ermangelt / schertzend weisen. Ihr verwerfet die kostbahrsten Weißheit-perlen / und zanket euch um geringes Glaß / das zwar einen Pracht-Glantz gibet; doch wie es entstanden / also vergeht.

Betrachtet nur di Worte / ihr Weltweisen / des Platons / wann er in dem Timäus heraus bricht: *Verstehst du di Zahlen* (nehmlich ihr innerliches Wesen) *so verstehest du alles.* Im übrigen / wi hart obgesätzter Libes-kuß den Ohren so liblich wird er den Gemüttern vorkommen. Es sind in demselben / wi in einem Klumpen / di Samkörnchen der Schluß-Red-Sitten-Weiß-Rechen-Erdmessungs-Thon-Stern-Artznei-Natur-Recht-Schrifft-weißheit / verborgen / und wirst du imehr antreffen / imehr du suchest. Gegenwärtiger Ort verbitet mehr davon zuvermelden / weil es di eigene Größe verhindert / und wil ich kühnlich andeuten / welches eine unwarhafftige Warheit ist / *es würde ein großer Hauptband den Inbegriff unseres Libeskusses nicht umfassen / wann du dessen Vorhang wolltest abzihen / seine Schätze eröffnen und ihn zergildern.*

Auf solchen Grundsteine beruhet die gantze Vergleichungs-Kunst / und bemühet sich hirauf seine prächtige Sinnen-gebäude zuerbauen der Sinnreiche teutsche und durch den virgetheilten Weltkreis beruffene ATHANASIUS KIRCHERUS, wie ein genauer Leser in allen seinen Werken wird erfahren / und augenscheinlicher in dessen Lullischen Wissenskunst merken können. Wirst du Himmelsverlibter / mit Gunstaugen dises beleuchten / und mein dir dinstergeben Gemütte wol annehmen / so werden wir auch ni unterlassen bei reiferen Urtheile / und vollkommenerm Alter hirvon klärerern Nachricht mitzutheilen / wo Göttliche Gnade Leben und Gelegenheit schenken wird.[22]

Im „Lehrreichen Geschichtherold" kommt Kuhlmann nochmals ausführlich auf das Gedicht zu sprechen und nennt als Vorläufer: „Hieronymus Cardanus / Athanasius Kircherus / Johann Buteo / Nicolaus Tartalius / Thomas Lansius / Hieremias Drexelius / Daniel Schwenter / Christoph Clavius / George Henisch / Marin Mersenne / Hegias Olynthius / Hieronymus Jzqvierdo / u. v. a. welche aber alle den alten Fusstapffen nachgetreten." Inzwischen hat er auch ein Wechselrad erfunden, „durch das mein Reim / der in einem Jahrhunderte ni ausgewechselt [nämlich von einem Schreiber] / inner etlichen Tagen völlig ausgewechselt / und sahe mit höchster Bestürtzung / wi di Wandelung dreizehenfächtig auf einmal geschahe." Er ist überzeugt, „daß in diser Zusammenfügung des Wechselsatzes / der Anfang / Mittel und Ende aller Menschenweisheit verborgen".[23]

---

[22] Quirinus Kuhlmanns ... Himmlische Libes-Küsse ... Jena Samuel Adolph Müller 1671, 53 ff.

[23] Quirinus Kuhlmanns... Lehrreicher Geschichtherold... Jena Johann Meuer 1673, d6vo ff. (Abschnitt 19 ff.).

Kuhlmanns Wechselsatz soll also eine Denkmaschine sein, die aus der Zusammenstellung der Hauptbegriffe durch mechanische Permutation das Wesen der Dinge begreift, wie das schon vor ihm Raimundus Lullus, Kircher, Mersenne und die andern, auf die er sich beruft, versucht haben und wie es nach ihm z. B. Leibniz versuchen wird.[24] Noch bei Novalis spukt dieser Gedanke: „Vielleicht kann man mittelst eines dem Schachspiele ähnlichen Spiels Gedankenkonstruktionen zustande bringen",[25] dann könnte es „wohl kommen, daß man die Kunst erhielte Philosophien zu machen."[26] Daß der Wechselsatz Kuhlmanns von einem oberflächlichen Betrachter als „alberne Spielerei"[27] abgetan wird, ist nicht weiter erstaunlich, wohl aber daß ein Kenner des Dichters, Johannes Hoffmeister, urteilt: „Das alles ist reinster Barock. Nur nahm Kuhlmann in seiner Vorliebe für das Absurde solche Bilder-, Vorstellungs- und Sachenhäufungen verwunderlicherweise schwer ernst, während sie bei den meisten Schwulstpoeten ein bewußtes fahriges Spiel blieben."[28] Gewiß ist es reinster Barock, aber nur als klarste, wenn auch undichterischste Ausprägung des Proteus-Baldanders-Gedankens „vom Wechsel Menschlicher Sachen". Die Darstellungsform ist lateinische Tradition, nicht barocke Bilderhäufung.[29] Es ist auch nicht verwunderlich, daß Kuhlmann den Wechselsatz ernst nimmt; eher ist man erstaunt, daß Harsdörffer und Winkelmann den Proteusvers wie so manches andere magisch-mystische Spiel nur als Gesellschaftsspiel benützen, obwohl sie von einer „lullianischen Kunst" sprechen. Der Wechselsatz durchbricht bei Kuhlmann die hauchdünne Scheidewand zwischen spielerischer Unsinnspoesie und mystisch-kabbalistischem Tiefsinn.

Mit dem Barock erlischt der Proteusvers in der deutschen Dichtung. Hie und da klingt er zwar noch auf, so in Chamissos

> Das ist die schwere Zeit der Not,
> Das ist die Not der schweren Zeit,
> Das ist die schwere Not der Zeit,
> Das ist die Zeit der schweren Not,[30]

schließlich bleibt aber nur der Witzblattvers

---

[24] vgl. Richard M. Meyer, Künstliche Sprachen — In: IF 12 (1901) 33 ff., 242 ff., Denkmaschinen 271 ff.; verhöhnt werden die Denkmaschinen in Swifts Gulliver's Travels III A Voyage to Laputa chap. 5.

[25] Novalis Schriften ed. Richard Samuel und Paul Kluckhohn, Leipzig 1929, III 255 Nr. 1006.

[26] ebda. II 321 Nr. 15.

[27] Minor 492.

[28] Johannes Hoffmeister, Quirinus Kuhlmann — In: Euphorion 31 (1930) 591 ff., Zitat 604.

[29] ein Einfluß der französischen vers rapportés, den Welti 123 f. vermutet, ist unwahrscheinlich.

[30] Brief an J. Hitzig Juni 1813: Werke ed. Friedrich Palm, 5. Aufl. Berlin 1864, V 383; später: vierzeiliger Kanon im Berliner Musenalmanach für 1830, paraphrasiert von Fr. Weber.

Wenn der Mops mit der Wurst über'n Spucknapf springt
Und der Storch in der Luft den Frosch verschlingt[31]

mit seinen siebenhundertzwanzig Variationen.

Erst in jüngster Zeit wird wieder eifrig permutiert. Ein „poème perpétuel" von Tristan Tzara[32] ist auf Kreisscheiben gedruckt und nähert sich dem Wechselrad Kuhlmanns und den alten Kreiskanons.[33] In Raymonds Queneaus „Cent mille milliards de poèmes" sind zehn Sonette auf zehn Blättern verseweise in Streifen zerschnitten, so daß die Verse einzeln vertauscht werden können. Es werden also nur ganze Verse, nicht Einzelwörter permutiert. Trotzdem ergeben diese *Wechselverse* hunderttausend Milliarden Sonette, für die Queneau — wie einst Kuhlmann für seinen Liebeskuß — stolz die Zeit ausrechnet, die man zum Lesen benötigen würde: rechne man für ein Sonett fünfundvierzig Sekunden, für das Wechseln der Streifen fünfzehn, dann habe man bei einem Achtstundentag und bei zweihundert Tagen im Jahr Lesestoff für mehr als eine Million Jahrhunderte; lese man 365 Tage im Jahr je vierundzwanzig Stunden lang, dann brauche man etwa 190 258 751 Jahre.[34]

---

[31] Lewalter-Schläger 491; vgl. Anm. dazu; Dunkel war's 108 ff., 141; Arthur Kopp, Rezension von E. Marriage, Volkslieder aus der badischen Pfalz — In: ZfVk 14 (1904) 347 ff., Mops 352. Nach Kopp aus den Fliegenden Blättern, nach Behaghel Humor 189 aus den Münchner Bilderbogen. „Wenn der Hund mit de Wurst über'n Rinnstein springt" als Tanzlied für den Schottisch: A. Haas, Volkstümliche Tänze und Tanzlieder aus Pommern — In: Blätter für Pommersche Volkskunde 5 (1896/97) 135. Ein parodistisch-polemischer Wechselsatz etwa in Pfemferts Aktion 4 (1914) 583.

[32] Tristan Tzara, La rose et le chien, Alès P. A. B. 1958; abgebildet in: René Lacôte et Georges Haldas, Tristan Tzara, Nouvelle édition entièrement refondue, Paris Seghers 1960, bei S. 161. Einen Denk- und Reimring mit Scheiben hat schon Harsdörffer als Dichthilfe erfunden: Trichter III 82 ff.

[33] Kreiskanon vgl. unten S. 204.

[34] Raymond Queneau, Cent mille milliards de poèmes, Postface de François Le Lionnais, Paris nrf Gallimard 1961, Zitat: Préface [3]. Das Nachwort bezeichnet Harsdörffer als Erfinder der Wechselsätze! Queneau versucht auch sonst, alte Spiele zu neuer Geltung zu bringen, etwa mit seinen formvirtuosen Exercices de style, Paris nrf Gallimard 1947, oder mit den von seinem Kreis inspirierten Heften: Bizarre (nouvelle série) no. 4: Les Hétéroclites et les fous littéraires (Paris J. J. Pauvert avril 1956) und Cahiers du Collège de 'Pataphysique, Dossier 17: Exercices de littérature potentielle (Paris Collège de 'Pataphysique 1961), die zahlreiche unserer Spiele enthalten. Einen besonderen Hang zu (unsystematischen) Permutationen wie zu den später besprochenen Annominationen, Schriftfiguren usw. besitzen die konkreten und grammatischen Poesien der Gegenwart; zur Übersicht können dienen: Movens ed. Franz. Mon, Wiesbaden 1960; Konkrete Poesie ed. Eugen Gomringer, Frauenfeld o. J., Heft 1 ff.; Kleine Antologie konkreter Poesie ed. Eugen Gomringer — In: Spirale 8 (Bern Okt. 1960) 37 ff.; im einzelnen besonders: Eugen Gomringer, 33 Konstellationen, St. Gallen 1960; Helmut Heissenbüttel, Textbuch I—III, Olten-Freiburg i. Br. 1960-62; derselbe, Kombinationen, Eßlingen 1954; derselbe, Topographien, Eßlingen 1956; Franz Mon, Artikulationen, Pfullingen 1959. Natürlich spielen auch in der Musik Permutationen eine nicht unwesentliche Rolle; bis zur Gegenwart überblickt das Gebiet in großen Zügen: Fred K. Prieberg, Musica ex machina, Berlin usw. 1960; für die musikalischen Würfelspiele des 18. Jahrhunderts, die zum Teil Haydn und Mozart zugeschrieben werden, vgl. Paul Löwenstein, Mozart-Kuriosa — In: ZfMusikwissenschaft 12 (1929/30) 342 ff.; Otto Erich Deutsch, Miszelle ebda. 595; für die Gegenwart etwa noch: Kommentare zur Neuen Musik 1, Köln 1960.

Eine Art *Wechselreim* bietet die S e s t i n e, weil sie als Reime die Schluß-
wörter der Verse in bestimmter Reihenfolge wieder benützt:

I. Strophe	123456	oder noch schwieriger:	123456
II.	612345		615243
III.	561234		364125
IV.	456123		532614
V.	345612		451362
VI.	234561		246531

Daran schließt sich eine Halbstrophe an, ein dreizeiliges Geleit, das in der Mitte
und am Schluß der Zeilen die sechs Wörter in der Reihenfolge der ersten Strophe
enthält.[35] Als Erfinder gilt Arnaut Daniel[36], der einige provenzalische Nachahmer
besitzt.[37] Dante führt das Spiel unter Berufung auf ihn als „den ersten Sänger der
Liebe", in die italienische Dichtung ein. Er, Petrarca und ihre Schüler verschaffen
der Form einige Bedeutung. Wie er selbst mit Stolz betont, überbietet Dante in
seiner Canzone „Amor, tu vedi ben che questa donna" die gewöhnliche Sestine
noch mit dem fälschlich oft Doppelsestine genannten Schema:

I. Strophe	121131144155
II.	515525533544
III.	454414422433
	usw.,

das auch einmal von Petrarca nachgeahmt wird.[38] Nach Frankreich kehrt die Sestine
wieder durch Pontus de Tyard zurück; Salomon Certon ist dort ihr hervorstechend-
ster Liebhaber.[39] Die erste regelmäßige deutsche Sestine[40] dichtet Weckherlin[41]

[35] also (1) 2 (3) 4 (5) 6.
[36] René Lavaud, Les Poésies d'Arnaut Daniel — In: Annales du Midi 22 (1910) 17 ff.,
162 ff., 300 ff., 446 ff.; 23 (1911) 5 ff., Sextine: 460 Nr. 18; vgl. allgemein: F. J. A. Davidson, The Origin of the Sestina — In: Modern Language Notes 25 (1910) 18 ff.; Ferdinand
Comte de Gramont, Sextines précédés de l'histoire de la Sextine dans les langues déri-
vées du latin, Paris Lemerre 1872; Canel II 326 ff.
[37] Pons Fabre d'Uzes: Carl Appel, Provenzalische Inedita aus Pariser Handschriften,
Leipzig 1892, 254 ff.; Bertolome Zorzi: E. Levy, Der Troubadour Bertolome Zorzi,
Halle 1883, 68 Nr. 11; Guilhem de Saint-Grégoire: Sextine abgedruckt in Studi romanzi
13 (1917) 31. Eine sestinenähnliche Tirade eigener Prägung dichtet Guiraut Riquier: acht
Reimwörter kehren in fünf Strophen an derselben Stelle wieder und werden in der darauf
folgenden Tornada von drei Versen in der gleichen Reihenfolge wiederholt; Guiraut
Riquier, Las Cansos ed. Ulrich Mölk, Heidelberg 1962, Nr. 7, S. 44 ff.
[38] Dante, La Vita Nuova e il Canzoniere ed. Michele Scherillo, 3. Auflage Milano
Hoepli 1930, 329 ff., „Doppelsestine" 330 ff. Francesco Petrarca, Rime ed. Michele Mesti-
ca, Firenze Barbèra 1896, 23 ff., 51 ff., 96 ff., 125 ff., 215 ff., 306 ff., 330 ff., 333 ff.,
„Doppelsestine": 468 ff.; vgl. auch A. Jeanroy, La „Sestina doppia" de Dante et les ori-
gines de la Sextine — In: Romania 42 (1913) 481 ff.; *G. Mari, La sestina d'Arnaldo, la
terzina di Dante, Milano 1899.
[39] vgl. Canel II 326 ff.; Gramont aaO; auch Sebillet 193 f.
[40] Minor 483 ff.; Heusler Versgeschichte 1019; Reallexikon III 236 (P. Habermann);
C. Beyer, Deutsche Poetik, 4. Aufl. Berlin 1913, I 547 ff.; Verse meist elfsilbig, im deutschen Barock Alexandriner oder vers communs.
[41] Weckherlin z. B. II 304 f. (Sonett Nr. 298); Weckherlin nennt die Sestine Sechster
oder Stände (= Stanze!).

und versucht sich auch in dem neuen Schema Dantes.[42] Später huldigen ihr Opitz,[43] Zesen,[44] Schottel,[45] Harsdörffer,[46] Kuhlmann,[47] Heinrich Mühlpfort,[48] Assmann von Abschatz[49] und andere. Die Übersetzung romanischer Vorbilder erzeugt in der Romantik eine zweite Welle; Spätromantiker wie Zacharias Werner, Wilhelm von Schütz und Sophie Bernhardi verwenden sie im Drama, Fouqué und Graf Loeben im Dialog. Natürlich läßt sich auch Rückert dieses Formkunststück nicht entgehen.[50] Für Minor ist die Sestine „ein geistreiches Spiel mit denselben Worten, die in immer neuer Umgebung, wechselnd und sich verschlingend wiederkehren ... Sie erfordert mehr Witz als metrische Kunst. Ohne Schädigung des Inhalts der Dichtung wird es bei einem solchen Kunststück überhaupt nicht abgehen."[51] Borinski betont die Nähe des Wechselsatzes: „Die Poetik wird zur Permutationslehre."[52] Beider Kritik trifft aber jedes echte Spiel gesellschaftlicher und gelehrter Poesie.

c) Der Spaltvers

Der Spaltvers spielt mit dem Vers-Sinn. Ein Teil jedes Verses eines Gedichts, der gewöhnlich durch einen Inreim zusammengehalten wird, ergibt von oben nach unten gelesen einen andern, meist entgegengesetzten Sinn als das Ganze oder als ein anderer Teil. In der lateinischen Dichtung werden bei diesem Spiel, über dessen Alter wir nichts wissen,[1] die Verse Wort für Wort senkrecht aufgespalten:

[42] Weckherlin II 301 ff. (Sonette Nr. 297).
[43] Opitz, Schäfferey Von der Nimfen Hercinie, Breslau David Müller 1630, 57 f.
[44] Zesen Helikon S5 als „Sechsling oder besser Sechssatzgedicht"; ferner ebda. II C1vo Nr. 8.
[45] Schottel Verskunst 246 ff.; Hauptsprache 975 ff.
[46] Harsdörffer Trichter I 42 ff. (er schlägt auch „dreyinnen, vierinnen, fünfinnen" vor); ähnlich Gespsp VIII 97 f.; vgl. auch Diana, Von H. J. De Monte-Major ... geteutschet ... Durch G. P. H. ... Nürnberg Michael Endter 1646, I 198 f.; III 154 f.
[47] Quirinus Kuhlmann, Grabe-Schrifften, 2. Aufl. Jena Samuel Adolph Müller 1671, 46 ff.
[48] Neukirchs Sammlung III 303 ff.
[49] Hans Assmann Freiherr von Abschatz, Anemons und Adonis Blumen ed. Günther Müller, Halle 1929, 26 f. Nr. 44; *Poetische Übersetzungen und Gedichte, Leipzig und Breslau Bauch 1704, I 270; III 129 nach Wegener 78; vgl. auch Enoch Hanmann, Anmerckungen In die Teutsche Prosodie (Frankfurt 1658) — In: Martini Opitii Opera Geist- und Weltlicher Gedichte, Breslau Jesajas Fellgibel 1689, II 77 ff., Sestine 207 ff.; Morhof 727 f.
[50] Rückert V 58 f.; Sestine von Eichendorff: Joseph und Wilhelm v. Eichendorffs Jugendgedichte ed. Raimund Pissin, Berlin 1906, 53 Nr. 71.
[51] Minor 485.
[52] Borinski 169; schon Gottsched zählt die Sestine zu der „gezwungenen Art von Liedern" (707 ff.). Englische Sestinen: J. Schipper, Englische Metrik, Bonn 1888, 576 f. mit Abarten.
[1] Canel I 194 f. zitiert ein mit versus cancellati verbundenes Beispiel von 1592. Eine Sonderform, bei der das letzte Wort als Pointe den erwarteten Sinn des Verses ins Gegenteil verkehrt, führt Emanuele Tesauro vor; ein Gedicht auf Flavius Domitianus beginnt:

Die literarischen, gesellschaftlichen und gelehrten Spiele 169

>Dilige stultitiam, vitium cole, turpia quaere,
>Justitiam vita fuge sanctos mitte pudicos.²

Als Stammbuchverse und Schulscherze halten sich lateinische Spaltverse beinahe bis zur Gegenwart.³

Bei den französischen Rhétoriqueurs sind die oben erwähnten Proteusverse meistens auch vers brisés, so etwa Jean Molinets „Sept rondeaux sur un rondeau":

>Souffrons a point,   soions bons,   Bourguinons,
>Bourgois loiaux,   serviteurs,   de noblesse;
>Barons em point,   prosperons,   besongnons,
>Souffrons a point   soions bons,   Bourguinons,
>Oindons'on point,   Conquerons,   esparnons;
>Franchois sont faux,   soions seurs,   s'on nous blesse,
>Souffrons a point,   soions bons,   Bourguinons,
>Bourgeois leaux,   serviteurs,   de noblesse.⁴

Seit dieser Zeit fristen sie in der französischen Dichtung ein bescheidenes Dasein; nur ein Spaltvers ist berühmt geworden:

>Par les plus grands forfaits   j'ai vu troubler la terre.
>Sur le trône affermi,   le roi sait tout dompter.
>Dans la publique paix   l'amour seul fait guerre:
>C'est le seul ennemi   qui soit à redouter,

denn um ihn spinnt sich in Voltaires „Zadig"⁵ eine ganze Geschichte: Arimaz liest die eine Hälfte in Zadigs Garten auf und bringt sie dem König; erst kurz vor der Hinrichtung des angeblichen Majestätsbeleidigers wird die andere vom Papagei des Königs gefunden.

Aus Spanien zitiert Pfandl ein Sonett aus der Comedia „Amor y celos" von Tirso de Molina, dessen Sinn ins Gegenteil umschlägt, wenn man jeden Vers um die ersten drei Silben köpft:

>Mariscal   si sois cuerdo en esta empresa,
>amando   mucho vuestra dicha gana;
>estimad   los favores de mi hermana,
>pues que no   dan digusto a la duquesa ...⁶

Imperator, Caesar, Augustus, Pontifex Maximus, Patriae *Pestis*,
Clarissimo Genitori similis, ut Soli *Lutum* ...
und endet:
Maximum sui desiderium Romanis reliquit *canibus*.
Emanuele Tesauro, Il Cannocchiale Aristotelico ... zitiert nach der 5. Auflage Torino Bartolome Zavatta 1670, 480 f.

² Gerber II 367; weitere Beispiele: Canel I 194 f.; Weis Bella Bulla 95 f.; Weis Jocosa 75 f.
³ Keil Stammbücher 122 Nr. 503; 222 Nr. 1244.
⁴ Molinet 878; vgl. auch Langlois 100 f., 229; Lote II 163; Guy 153.
⁵ Voltaire Zadig chap. 4. Weitere französische Beispiele: Tabourot 127 ff. (vers couppez); Lalanne 59 ff.; Canel I 197 ff. Dasselbe Spiel in Prosa als lettres à double sens: Court 280 ff.
⁶ Pfandl 236.

Aus der deutschen Dichtung sind uns nur wenige Spaltverse bekannt. Zesen beschreibt ein eigenes „Irr- oder Verführungsgedicht":

> Fast auf diesen schlag [nämlich der versus rapportati] ist auch in meinem Für-schmakke der Dichterischen Rosen-wälder ein irr- oder verführungs-gedichte zu finden / welches die schönheit lobet / wan man die eine reihe zeilen ehrst nach einander herunter lieset / und dan die andere gegen-über; selbige aber wieder verspricht und häßlich ausmacht / wan man den ehrsten reim der ehrsten reihe mit dem der andern gegenüber stehenden / und so fort in einer zeile zusammen lieset.[7]

Die Verse selbst lauten:

Die schönheit ist ein Blitz /	die schönheit macht zu nichte
der Reinligkeiten Sitz,	ein böß' und falsch Gerüchte /
Ein Zunder zu den Günsten;	so feind der Tugend-Zier:
Reitzt an mit Liebes-künsten	Zur üppigen Begier /
Der Jugend schönste Zier /	zur Geilheit die beweget
und zihet mit manier	nicht einen / sondern pfleget
Gedancken Sinn und hertzen	gantz zu vergeistern nur
mit bitter-süßen schmertzen /	Sie zeiget keine spur
Auff stetig wohl-ergehn:	der hoffart schmach und schande /
muß auch zu dienste stehn	Sie legt an jhre bande
den Armen wie den Reichen /	List / Trug und Heucheley /
mit jhr kann sich vergleichen /	ist ohne falsche Treu /
mit nichten / wie man spricht /	Ihr zweg der ist genießen
der Hellen Gluth und Licht /	und seine Lust wohl büßen.[8]

Menantes (Christian Friedrich Hunold) dichtet am Anfang des achtzehnten Jahrhunderts:

Treu und Liebe soll mich krönen	Doris lebenslang bey dir.
Aber nur bey Lisimenen,	Geb ich falsches Schmäucheln für.
Meine Seele wird entzücket,	Wenn ich täglich bey dir bin;
So sie jenes Bild erblicket,	Sterb ich bald vor Grauen hin.[9]

Die Wortspaltungen lateinischer Schulscherze („magis ter")[10] und deutscher Schulkanons („Ei du sau — beres Mägdlein")[11] haben wir schon bei der Tmesis erwähnt.

d) Versus concordantes

Selten und beinahe nur in der lateinischen Dichtung zu Hause sind die versus concordantes. Sie ziehen als Schriftspiel[1] zwei Verszeilen in ihren gleichlautenden

---

[7] Zesen Helikon T7 f.

[8] Zesen, *Poetischer Rosenwälder Vorschmack..., Hamburg 1632, 36 zitiert nach DL Barocklyrik ed. H. Cysarz, Leipzig 1937, II 88; vgl. auch oben S. 131 f. Georg Neumarks „Pindarisches Klinggedicht".

[9] zitiert von Gottsched 793, der dazu erklärt: „Aber auch ohne mein Erinnern sieht man, was dergleichen Labyrinthe wert sind." Deutsche Spaltverse als Stammbuchverse: Keil Stammbücher 248 Nr. 1349; 317 Nr. 1779; 325 Nr. 1830; 327 Nr. 1843 (verbunden mit versus concordantes).

[10] Weis Bella Bulla 78 f.

[11] Commersbuch 483.

[1] oft vielleicht auch nur Schreibabkürzungen, vgl. CB 32. Beispiele: Emanuele Tesauro, Il Cannocchiale Aristotelico... 5. Auflage Torino Bartolome Zavatta 1670, 21; Lalanne 61; Canel I 207; Weis Bella Bulla 97 f.; Weis Curiosa 74 f.

Bestandteilen zu einer einzigen zusammen, sei es silbenweise wie im Stammbuchvers

> Qui pit orem, pit tem do rem
> ca ux ca li atque lo
> Qui ret ore, ret te do re[2]

oder wortweise wie in einer Handschrift des dreizehnten Jahrhunderts von St. Omer:

Eva		pietate		fert tristia	mundo
Virgo	parens	non prole	carens	dat gaudia	
Prima		sed amore		mortem dedit	orbi[3]
Sancta		sed felle		tulit abditam	

Noch komplizierter wagen es die Verse einer Bamberger Handschrift, wenn sie die gleichen Silben innerhalb der Verse zusammenziehen, so daß aus:

> Nuper percussus suscepi pila latenter
> Doctor torquetur turba baccante tenetur

wird:

> Nupercussuscepilatenter
> Doctorqueturbaccantenetur.[4]

In der deutschen Dichtung verwendet sie anscheinend nur ein Madrigal Johann Jakob Rambachs:

> Verwundrungs-werther Blick!
> Der Teufel auf dem Thron;
> Herodes
> Der Engel in dem Kerker
> Johannes
> usw.[5]

Doch meint Vossler, das Gedicht könnte auch für die Komposition in mehrstimmigem Gesang so eingerichtet sein.

e) Aufgegebene Reime und Ähnliches

Bei den meisten bisher besprochenen Spielen fußt der Dichter entweder fest auf einer bestimmten literarischen Tradition aus älterer oder neuerer Zeit, die er nach freiem Ermessen und seinen Neigungen entsprechend aufnimmt und weiterführt, um sozusagen zu beweisen, daß auch er als Virtuose mit dieser Form fertig wird, oder er will durch ein neues unerhörtes Spiel sein Können zur Schau stellen. In beiden Fällen gibt er sich selbst die Aufgabe, die er lösen will. Doch kann er sich

---

[2] Keil Stammbücher 335 Nr. 1279; vgl. auch 73 Nr. 175; 82 Nr. 250; 221 Nr. 1237; 231 Nr. 1256; 235 Nr. 1279; 327 Nr. 1843 (deutscher Spaltvers).

[3] Notices et extraits des manuscrits de la Bibliothèque Nationale et autres bibliothèques XXXI.1 (1884) 53.

[4] Karl Langosch, Hymnen und Vagantenlieder, Basel 1954, 293.

[5] *Geistliche Poesien, Halle 1720, Madrigal 13 nach Vossler Madrigal 82.

diese auch von der Gesellschaft, von seinem Fürsten, von seinem Publikum stellen lassen. Besteht sie bloß aus dem Thema, das die Dichter im Wettbewerb gestalten, so entsteht der urtümliche, in allen Ländern bekannte Sängerwettstreit. Hier interessiert es uns vor allem, wenn die Gesellschaft einzelne Teile eines Gedichts — etwa die Endreime oder die erste Zeile — gibt, die der Dichter zu einem sinnvollen Ganzen zusammenschmieden muß. Die Bouts-rimés, die aufgegebenen Endreime, sind eine ausgesprochen gesellschaftliche Gattung. Aus der ältesten Zeit ist der wunderbare Dichterwettstreit zwischen Homer und Hesiod zu nennen. Die beiden Dichter treffen nach einem zur Zeit Hadrians aufgezeichneten „Leben Homers" bei Wettspielen in Chalkis aufeinander und beginnen einen Wettkampf, wobei Hesiod dem Homer auch die Aufgabe stellt, kunstvoll ausgedachten Unsinn in Sinn zu verwandeln:

> Er sprach eine Reihe von Versen, die sich närrisch ausnahmen und verlangte, daß Homer stets so einfallen sollte, daß etwas Verständiges daraus wurde.
> Hesiod: Rindfleisch gab es zum Mahl und die dampfenden Hälse der Pferde —
> Homer: Lösten sich unter dem Joch; sie hatten sich müde gestritten.
> Hes.: Keiner ist so voll Eifers an Bord wie der Phryger, der Faulpelz —
> Hom.: Ruft man die Mannen am Strande zur Nacht das Essen zu fassen.
> Hes.: Der war tapfer vor allen im Kampf und immer in Ängsten —
> Hom.: Bangte die Mutter um ihn; ist Krieg doch hart für die Frauen.
> Hes.: Artemis, da sie in Liebe zu Zeus, ihrem Vater, verfallen —
> Hom.: Ihre Kallisto sah, so schoß sie die Treulose nieder.
> Hes.: Sie aber schmausten von früh bis spät, und hatten doch gar nichts —
> Hom.: Mitgebracht; Agamemnon gewährte es ihnen in Fülle.
> Hes.: Als sie nun wacker geschmaust und gezecht, so lasen sie sorgsam
>   Unter der Asche das bleiche Gebein des getöteten Gottes-
> Hom.: -Sohns Sarpedon, des Helden, den Zeus der Olympier zeugte.
> Hes.: Sitzen wir nutzlos hier am Strand, so verlassen wir lieber
>   Unsere Schiffe und gehn den Weg um die Schulter geschlungen —
> Hom.: Wehrgehäng, und Schwert und Spieß in den kräftigen Händen.
> Hes.: Rüstig packten sie an mit der Hand des brandenden Meeres —
> Hom.: Ohngeachtet das Schiff aufs Land ans Trockne zu bergen.
> Hes.: Iason führte die Kolcherin heim und den grausen Aietes —
> Hom.: Floh er, dieweil er gesehn, er verachtete Recht und Gesetze.
> Hes.: Als sie nun aber gespendet und ausgetrunken die Salzflut —
> Hom.: Abermals zu befahren bereit mit gebordeten Schiffen,
> Hes.: Rief Agamemnon laut zu den Göttern allen: Verderbt uns —
> Hom.: Nicht auf dem Meer!
> Hes.:   So betete er, und wieder begann er:
>   Laßt euchs schmecken ihr Männer und trinkt! Nicht einer der Unsern
>   Soll das ersehnte Gestade der Heimaterde erreichen —
> Hom.: Wund und siech, nein, heil und gesund kehrt jeder nach Hause![1]

Ein solches Einrenken unsinniger Verse ist das virtuoseste aller bouts-rimés-ähnlichen Spiele und läßt sich mit Schadewaldt nur erklären aus der „mühelosen Beherrschung der Dichtersprache, die das Gedicht aus dem Schatze der herkömmlichen

---

[1] Schadewaldt Legende von Homer 38 f. (Übersetzung nach der Ausgabe von U. v. Wilamowitz, Berlin 1916, unter Auslassung des unübersetzbaren 3. und 4. Verspaars); vgl. auch Konrad Heß, Der Agon zwischen Homer und Hesiod, Winterthur 1960.

Verse, Versteile, Motive so bildet wie die Sprache, die wir alle sprechen, aus Wörtern und Wendungen den Satz."[2]

Eine Geschichte der Bouts-rimés können wir nicht schreiben, weil wir wohl den größten Teil von ihr nicht kennen; wir beschränken uns hier auf wenige Fälle. Vorliebe für aufgegebene Reime zeigen alle Epochen, in denen der Dichtung noch eine gesellschaftliche Rolle zugedacht ist. So werden etwa die Sestinen Arnaut Daniels unter Beibehaltung ihrer Endwörter von verschiedenen provenzalischen Troubadours nachgeahmt; Reimklänge von Vorbildern beizubehalten, ist in der provenzalischen Dichtung sogar beinahe die Regel.[3] Seit dem siebzehnten Jahrhundert ist dann Frankreich eine Hochburg der Bouts-rimés.[4] Um 1648 soll der Poet Dulot sich beklagt haben, es seien ihm dreihundert Sonette gestohlen worden, wobei es sich herausstellte, daß er darunter die schon aufgeschriebenen Reimwörter verstand. Daraus sei die Mode der Bouts-rimés entstanden.[4a] 1682 forderte Mignon, Maître de musique de l'Eglise de Paris, alle Dichter des Königreichs auf, ein Lobgedicht auf den König zu schreiben mit den aufgegebenen Endreimen: „Pan, guenuche, Satan, peluche, Fan, ruche, Lan, autruche, hoc, troc, niche, par, friche, car". Um den ausgesetzten Preis — eine Medaille mit dem Bildnis Ludwigs XIV. — bewarben sich 192 Dichter vor der Jury der Herzöge von Nevers und Vivonne.[5] Die Dichtergesellschaft der „Lanternistes de Toulouse" veranstaltete jährlich Preisaufgaben von Bouts-rimés. Boileau benützte das Spiel in einem Gedicht gegen einen Feind Racines; unter Ludwig XVI. und im Empire ergötzte man sich daran, und noch 1806 setzte ein Sonderling in den Pariser Zeitungen zwei Preise für ein Gedicht mit sehr schwierigen aufgegebenen Endreimen aus.[6]

[2] Schadewaldt Legende von Homer 87. Das Spiel scheint in den „Kotzâkia"-Liedern auf Naxos weiterzuleben, bei denen ein Gegensänger jeweils zwei improvisierte Verse eines Sängers zu beantworten hat: nach Johannes Gaitanides, Das Brautbett des Dionysos — In: Der Monat 142 (12. Jg. Juli 1960) 42 ff., Kotzâkia 49.

[3] Frank passim.

[4] Canel I 166 f.; Lalanne 48 ff.; D'Israëli 107; Mönch 28, 45, 166 f., 288 f.

[4a] Die Geschichte ist vor allem bekannt durch das „heroische" Gedicht von Jean-François Sarasin „Dulot ou la defaite des Bouts-rimez: Oeuvres [ed. Gilles Ménage], Paris Sebastien Marbre-Cramoisy 1696, 459 ff.; von Dulot selbst ist nichts erhalten. 1649 erscheint auch eine Anthologie „L'Eslite des bouts-rimés de ce temps" von einem M. de Saint-Julien (Pseudonym?).

[5] Canel I 168 f.

[6] Canel I 170; vgl. auch die Rolle der Bouts-rimés-Sonette im Streit um Racines Phèdre: Félix Deltour, Les Ennemis de Racine au XVIIe siècle, 6. Aufl. Paris Hachette 1898, 294 f.; ferner etwa Bouts-rimés beim Abbé Louis de Court (92 ff., 224, 226, 233 ff.) oder im Recueil dit de Maurepas, Leyde 1865, etwa II 220 ff. und sonst. Für eine Bouts-rimés-Wette reimt Stanislas de Boufflers „ne fut onc le" und „donc le" auf „oncle": Oeuvres, Paris Briand 1813, I 59, vgl. auch II 367. Noch 1864/65 veranstaltet Alexandre Dumas père im „Petit Journal" einen Bouts-rimés-Wettbewerb, vgl. Henri Clouard, Alexandre Dumas, Paris Albin Michel 1955, 421. Ablehnung der Bouts-rimés-Mode durch Molière: Mönch 288 f. Anm. 182. Allgemein vgl. auch die italienischen Sonetti di riposta, Antwortsonette mit gleichen Reimwörtern, z.B. Tenzone fra Gonnella, Antelminelli, Bonagiunta e Bonodico: Rimatori siculo-toscani del Dugento I ed. Guido Zaccagnini e Amos Parducci, Bari Laterza 1915, 91 ff.

In der deutschen Dichtung verbreitet sich die Gattung im Barock. Der Art Hesiods nähern sich die Nürnberger. Durch irgendwelche Umstände ist ein Gedicht Strefon-Harsdörffers mit dem Titel „Einsamkeit" in der Mitte bei der Zäsur senkrecht entzwei gerissen worden. Klajus-Klaj findet die vordere (linke) Hälfte, Floridan-Birken die hintere (rechte). Beide ergänzen die ihnen fehlenden Teile durch eigene Erfindung, so daß wir am Schluß drei verschiedene Gedichte besitzen.[7] Eine besondere Mode ist die — wie Anderes — mit „*Satz*" und „*Gegensatz*" bezeichnete Art. Ein zweites Gedicht sagt unter Beibehaltung der gleichen Endreime das Gegenteil eines „Satz" genannten Gedichts aus.[8] So läßt Nathanael Schlott dem Satz „Der Tod ist kein Tanz" den Gegensatz „Der Tod ist ein Tanz" folgen,[9] Assmann von Abschatz der „Beschwer über den Bart" ein „Lob des Bartes" usw.[10] Birken verwendet die Reime eines „zweygereimten Blumensonnets" in umgekehrter Reihenfolge zu einem „Distelsonnet".[11] Diese Art klingt noch in Eichendorffs „Marmorbild" nach, wenn das Lied Fortunatos auf dem Fest in seiner zweiten Hälfte die erste, heidnische ins Geistliche parodiert.[12] Sie erinnert zugleich an die geistliche Kontrafaktur, die geistliche Umdichtung eines weltlichen Lieds, die in Deutschland vom dreizehnten bis zum siebzehnten Jahrhundert verbreitet ist und noch heute in den Liedern der Heilsarmee fortlebt. Die Umdichtung kann von der bloßen Übernahme der Melodie bis zur Verwendung des ursprünglichen Texts mit sparsamsten Änderungen gehen.[13] Das bekannteste Beispiel ist

---

[7] Pegnesis I 103 ff.; mit direkter Anspielung auf die Antike: ebda. 53 f. Bouts-rimés-Spiele Harsdörffers: Gespsp V 478 ff., 485 ff.; VII 303 ff.; 326 ff.; VIII 337 ff. und sonst; vgl. auch *Johann Georg Hamann, Poetisches Lexicon, Aurich Luschky 1765, 87 § 39 nach Mönch 288 Anm. 182.

[8] allgemein: Hübscher Barock 787.

[9] Christian Friedrich Weichmann, Poesie der Nieder-Sachsen..., Hamburg Joh. Christoph Kißner 1725-38, I 243 ff. (Schluß des Lübeckischen Totentanzes).

[10] *Poetische Übersetzungen und Gedichte, Leipzig-Breslau 1704, I 270 nach Wegener 78.

[11] *Fortsetzung der Pegnitz-Schäferey ... durch Floridan und Klajus, Nürnberg Endter 1645, Zuschrift: nach Welti 112. Sonett mit gleichen Reimen als Antwort auf ein anderes: Pegnesis I 500 f. Harsdörffer dichtet in Gespsp VI Zugabe 49 ff. ein Gedicht „Der Spiegel" „nach der spanischen Reimart", in dem alle drei Strophen die gleichen Reimwörter aufweisen, Satz und Gegensatz in der gleichen, Nachsatz in freier Reihenfolge, ebenso am (unpaginierten) Schluß der Vorrede zum 7. Teil „Über das Bildnis der Falschheit"; im Reimgespräch von dem Frieden zwischen Donau und Rhein, Gespsp VIII 462 ff., verwenden die beiden Ströme in ihren Strophen jeweils die gleichen Reime; Harsdörffer bekennt selbst: „Diese Gesprächreimen sind etwas gezwungen / weil die letzten Reimwort unverändert behalten / der Inhalt aber geändert werden muß" (466); vgl. auch Trichter II 34 ff., 43 f., 104 ff.; Magnus Daniel Omeis, Gründliche Anleitung zur Teutschen accuraten Reim- und Dicht-Kunst, 2. Auflage Nürnberg Wolfgang Michahelles 1712, 101 ff. (Parodie). Die sehr häufigen thematischen (nicht formalen) Satz-Gegensatzspiele, die sich fast bei jedem barocken Dichter finden, wachsen sich sogar zu ganzen Werken aus wie zu Ernst Stockmanns Lob des Landlebens (Jena 1681) und Lob des Stadtlebens (Jena 1683) und dringen selbst in Briefsteller wie den Teutschen Secretarius (Ausgabe Nürnberg Endter 1656, 97 ff.).

[12] Eichendorff NG II 311 ff.

[13] allgemein: Reallexikon II 129 f. (P. Beyer), 2. Aufl. II 882 f. (G. Reichert) und die dort angegebene Literatur; besonders: Kurt Hennig, Die geistliche Kontrafaktur im

Heinrich Knausts „O Welt, ich muß dich lassen"[14] als Umdichtung des Innsbrucklieds.[15] Noch Birken dichtet ein Zotenlied „Laß ab, laß ab, mein Cavalier" in ein „Gebet-lied" um und nennt dies „Parodia, Gefolglied".[16]

Aber auch eigentliche Bouts-rimés fehlen im Barock nicht, Kuhlmann verwendet im 13. und 29. Liebeskuß die Reime von Opitzens 20. Sonett „Was will ich über Püsch...", Assmann von Abschatz[17] und andere[18] benützen von Freunden „vorgegebene" Endreime. Im achtzehnten Jahrhundert bringt auch Gottscheds abschätziges Urteil — „Es ist eine elende Beschäftigung, wenn man seine Gedanken auf die Folter spannen muß, um die eigensinnigen Schlußtöne anzubringen"[19] — das Spiel nicht um.[20] Das in wenigen Augenblicken nach aufgegebenen Reimen zusammengestellte Gedicht gehört zu den Virtuosenstücken der Karschin.[21] Goethe beginnt nach dem Tagebuch „Den 15. Junius 1775. Donnerstags morgen aufm Zürchersee" ein Gedicht:

> Ohne Wein kan's uns auf Erden
> Nimmer wie dreyhundert werden
> Ohne Wein und ohne Weiber
> Hohl der Teufel unsre Leiber

und schreibt einem Begleiter die Reime „Affen, geschaffen, Laus, Schmaus" für die Fortsetzung vor. Dieser ergänzt zu den Versen:

> Wozu sind wohl Apollos Affen
> Als wie bouts rimés geschaffen
> Sie halten oft gleich einer Laus
> In Clios Haar u. Pomade Schmaus.

Er verlangt nun seinerseits vom nächsten Teilnehmer die Reime „Horn, Pinsel, Dorn, Gewinsel" usw.[22] Bekannt ist der poetische Wettstreit zwischen einem Oberförster, einem Bibliothekar und einem Freiherrn, über den bei Gottfried August Bürger und andern ein Gutachten eingeholt wird.[23] Zu Beginn des neunzehnten Jahrhunderts werden die aufgegebenen Endreime ausgesprochen beliebt. August Wilhelm Schlegel dichtet zwei Sonette mit gleichen Reimen „Unkunde und Zuver-

---

Jahrhundert der Reformation, Halle 1909; Luise Berthold, Beiträge zur hochdeutschen geistlichen Kontrafaktur vor 1500, Diss. Marburg 1920; ferner: Bernhard Kippenberg, Der Rhythmus im Minnesang, München 1962, 152 ff.

[14] Wackernagel Kirchenlied IV 1162.
[15] Liederhort 734 a.
[16] Borinski 227; vgl. Harsdörffer Trichter I 98 ff.
[17] *Poetische Übersetzungen und Gedichte, Leipzig-Breslau 1704, I 270 nach Wegener 78.
[18] zwei anonyme Arien auf vorgegebene Endreime: Neukirchs Sammlung III 74 ff.
[19] Gottsched 793; Spott in Addisons Spectator Nr. 6 (9. 5. 1711).
[20] vgl. etwa WeimJb 3 (1855) 449.
[21] Gedichte nach vorgeschriebenen Endreimen: Gedichte der Anna Louisa Karschin geb. Dürbach... ed. C. L. v. Klenke, 2. Aufl. Berlin Friedrich Maurer 1797, 309 ff.
[22] Goethe WA III.1 1 f.
[23] Aktenstücke über einen poetischen Wettstreit, Berlin 1793: Bürgers sämtliche Werke ed. Wolfgang v. Wurzbach, Leipzig o. J., III 71 ff.

sicht",[24] Eichendorff „In das Stammbuch der M. H., eine Sonett mit [Verfasser-] Akrostichon und aufgegebenen Endreimen",[25] und der antiromantische „Karfunkel- oder Klingelklingelalmanach" besteht aus lauter Sonetten bouts-rimés.[26] Besonders schwierige Endreime gibt man Rückert auf, aber er meistert sie:

> Auf dem Berg ein Baum steht astlos,
> Auf dem Meere ein Schiff geht mastlos.
> Zwischen Berg und Meere lieget
> Ein verlass'nes Gasthaus gastlos.
> Zwischen Gasthaus, Meer und Berge
> Schweift ein irrer Wandrer rastlos.
> Baum des Lebens, deine Krone
> Welke! denn dein Stamm ist bastlos.
> Ei, wenn du der Lust verlustig
> Gingest, bist du auch der Last los.[27]

Erzählungen und Schauspiele werden aus Stichworten geschrieben, so von Kotzebue „Die Geschichte meines Vaters"[28] und die auf Grund einer Wette in sechs- unddreißig Stunden verfertigten „Stricknadeln",[29] von Theodor Körner „Die Reise nach Wörlitz",[30] von E. T. A. Hoffmann „Die Folgen eines Sauschwanzes"[31] und von Clauren „Das Pfänderspiel".[32] Jean Paul wollte ursprünglich „Abc-bilder als bouts-rimés zu einer Geschichte" machen, aus diesem Plan ist das „Leben Fibels" herausgewachsen.[33] Der Lipogramm-Roman „Die Zwillinge" von Franz Rittler schlingt sich um sechzig aufgegebene schwierige Wörter wie „Stockhaus, Mennonit, Golkanda, Schafsgesicht, Hagebusch, Hyäne, Melancholie, Chaos, Maul- affe, Salmiak"; in der zweiten Auflage lädt der Verfasser die Subskribenten der Fortsetzung „Emma und Gustav von Falkenau" ein, ihm fünfzig von sechzig

---

[24] August Wilhelm Schlegel I 359 f.

[25] Joseph und Wilhelm v. Eichendorff, Jugendgedichte ed. Raimund Pissin, Berlin 1906, 1 Nr. 2.

[26] nach einem ungedruckten Brief von J. H. Voß an Conrector Wolff vom 23. 7. 1814 sind die Scherzsonette von Baggesen, Aloys Schreiber, Martens und Voß in acht Tagen zusammengeleimt worden, das Honorar wurde dem bedürftigen Baggesen überlassen: Wilhelm Herbst, Joh. Heinr. Voß, Leipzig 1872-76, II.2 315; vgl. auch Bouts-rimés- Sonette von Eugen Vaerst und dessen Freunden (u. a. Karl Witte) in: Deutsche Blätter für Poesie, Litteratur, Kunst und Theater 1823, 16, 88.

[27] Aufgegebene Reime: Rückert II 582.

[28] Reval und Leipzig 1788 (2. Aufl. 1792): Kotzebue, Kleine ges. Schriften, Reval und Leipzig 1787-91, III 131 ff.; Kotzebue bemerkt dazu: „So viel scheint mir indes gewiß, daß diese Beschäftigung des Witzes jungen, angehenden Schriftstellern sehr nützlich wer- den könnte, denn sie lehrt Ideen aneinander knüpfen, Verbindungen, Wahrscheinlich- keiten erschaffen und Dinge zusammenfügen, die beym ersten Anblick durch Berge und Thäler von einander getrennt schienen."

[29] Die Stricknadeln, Schauspiel in 4 Acten, Leipzig 1805.

[30] Theodor Körner, Werke, Berlin Hempel o. J., IV Anhang 297 ff.

[31] E. T. A. Hoffmann, Sämtliche Werke in 15 Bänden ed. Eduard Grisebach, Leipzig o. J., XV 202 ff. (nicht in den Ausgaben von Ellinger, Maaßen und Harich).

[32] Das Pfänderspiel, Dresden 1820, 2. Aufl. 1825.

[33] Jean Paul I.13 S. XCIII; sonst lehnt Jean Paul Bouts-rimés-Romane ab: z. B. I.16 422 Z. 23 ff.

Wörtern aufzugeben.[33a] In einer Frankfurter Gesellschaft erhält Ignaz Franz Castelli von fünfzig Gästen je zwei Endreime vorgeschrieben und hat nach einer halben Stunde eine Apologie auf die Gesellschaft fertig. Castellis Memoiren lassen erkennen, welche bedeutende Rolle diesem Spiel im gesellschaftlichen Leben der gebildeten Schichten seiner Zeit zukommt.[34] Heute sind eigentliche Bouts-rimés nur noch bei den immer seltener werdenden Improvisatoren auf der Variétébühne zu finden, die vom Publikum zugeworfene Wörter spielend zu Gedichten verarbeiten. Im „Cadavre exquis" hat zwar der Surrealismus eine Abart zu einem Pfeiler seiner Kunst gemacht, doch muß nun hier das Spiel des Zufalls die alte Kunstfertigkeit ersetzen.

Eine bestimmte Art aufgegebener Verse lebt als unliterarische volkstümliche Gattung bis in die jüngste Zeit: der L e b e r r e i m ,[35] ein Gesellschaftspiel bei Mahlzeiten. Jeder Tischgenosse hat, wenn ihm die Schüssel mit der Fischleber angeboten wird, schnell einen Zweizeiler zu dichten und muß dabei mit „Die Leber ist von einem Hecht und nicht von ..." beginnen. „Ich begreife es nicht, wie die Lebern der Hechte zu der Ehre gekommen sind, daß sie bereimet werden müssen, ehe man sie verzehret", schreibt Gottsched.[36] Tatsächlich ist der Ursprung dunkel; vielleicht stecken magische Vorstellungen hinter diesen Reimen — man denke etwa an die heilsame Fischleber in der Geschichte des Tobias oder an die antike Auffassung der Leber als Quelle des Bluts.[37] Die ältesten Leberreime finden sich in Johannes Juniors „Rhythmi mensales" von 1601;[38] doch scheinen sie schon im sechzehnten Jahrhundert verbreitet gewesen zu sein; ihre große Zeit ist das siebzehnte.[39] Gegen Ende des Jahrhunderts wird das Spiel heftig angegriffen — so in Frischs Schulspiel von 1700 — und gilt als Muster eines schlechten Reims.[40] Doch erzählt man sich Leberreim-Anekdoten von Gellert und Schiller; Hüffer berichtet von scherzhaften Streite-

---

[33a] Franz Rittler, Die Zwillinge, Leipzig 1813, 2. Aufl. Wien 1815; 3. Aufl. Wien 1820; derselbe, Emma und Gustav von Falkenau, Wien 1820.

[34] Castelli II 204; Bouts-rimés ebda. I 60, 104 und sonst. Nach Ernst Schulz-Besser, Deutsche Dichtungen ohne den Buchstaben R — In: ZfBfr NF 1 (1909/10) 385 ff., beteiligte sich Castelli auch an der Auswahl der aufgegebenen Wörter für Rittlers zweiten Roman (387). Für weitere Bouts-rimés-Spiele vgl. etwa Johann Diederich Gries, Endreime: Gedichte und poetische Übersetzungen, Stuttgart 1829 (*2. Aufl. 1859), II 24; die „Schattenkönige" der Bonner Maikäfer (Gottfried Kinkel, Selbstbiographie 1838-48 ed. Richard Sander, Bonn 1931, 165 und sonst) oder die Wettbewerbe in der Münchner Gesellschaft der Zwanglosen (Joh. Andreas Schmeller, Tagebücher 1801-52 ed. Paul Ruf, München 1954-57, bes. II 263 ff.).

[35] allgemein: Herman Brandes, Zur Geschichte der Leberreime — In: Niederdeutsches Jahrbuch 14 (1888) 92 ff.; Frisch Schulspiel 56 ff.; Dunkel war's 64 ff. und Anm. 135; Heusler Versgeschichte 1010 f. (Versmaß: Alexandriner); Reallexikon IV 57 f. (H. Meyer).

[36] Gottsched 791.

[37] HwbddA V 978 f.; Leberreime oft an Hochzeitsfesten mit Anspielung auf Liebesleben und Fruchtbarkeit; in Mecklenburg beliebt bei Zotenreißern.

[38] Johannes Junior, Rhythmi mensales, o. O. 1601 — Auswahl in: Niederdeutsches Jahrbuch 10 (1884) 59 ff. (Ad. Hofmeister).

[39] bekannt sind Georg Grefflingers „Jungfer Euphrosinen von Sittenbach, Züchtige Tisch- und Leber-Reime, An ihre Gespielinnen": *Ethica complementoria... Amsterdam 1665, 179 ff.; vgl. Liederhort 1750.

[40] Frisch Schulspiel 26 f.

reien in Leberreimen zwischen Clemens und Annette Droste, wenn diese zu spät zu Tische kam und zur Strafe ein Gedicht fabrizieren mußte.[41] In Norddeutschland scheint der Leberreim noch heute zu leben.[42] Fontane schildert in den Wanderungen durch die Mark Brandenburg den Besuch in einem Gasthaus im Spreewald, beginnt das Spreewalds-Mahl des Hechts mit:

> Die Leber ist von einem Hecht und nicht von einer Schleie,
> Der Fisch will trinken, gebt ihm was, daß er vor Durst nicht schreie.

und endet es:

> Die Leber ist von einem Hecht und nicht von einem Störe,
> Es lebe Lehrer Klingenstein, der Kantor der Kantöre.[43]

Groos kennt Herzreime,[44] und Fontane berichtet in „Cécile" von Reimen auf die Schmerle.[45] Als Improvisation können solche Reime nicht gerade vor Weisheit strahlen. Meist entstehen Toaste, gereimte Alltagsweisheiten und eine Menge freiwilligen und unfreiwilligen Unsinns. Selbst ein Zesen kann nur reimen:

> Die Leber ist vom Hecht, doch wäre sie vom Schwan
> So sollte Mohre sie viel lieber nehmen an.[46]

So fällt es Frisch leicht zu parodieren:

> Die Schul ist zu Berlin und nicht in Friedrichswerder,
> Ich reim' zwar dißmahl grob, doch mach' ichs künfftig zärter.[47]

Immerhin sagt Lichtenberg zu diesem Gesellschaftsspiel par excellence: „Ich glaube, daß sich Leberreime schreiben lassen, die, ohne den Regeln dieser erhabenen Dichtungs Art im geringsten zu nahe zu treten, den weisen selbst so viel Vergnügen machen könten, als eine Stelle aus dem Homer."[48]

f) Annominatio im Vers

Ein verhältnismäßig häufiges, angeblich barockes Spiel wiederholt so oft wie möglich dasselbe Wort, meist einmal in jedem Vers, aber auch mehrmals. Die griechisch-lateinische Poetik zählt es unter die Annominatio (Parechesis, Paranomasia, auch Polyptoton und — bei Umspringen des wiederholten Worts in andere Bedeutung — Antanaklasis), zu der auch der grammatische Reim zu rechnen ist. Die

---

[41] Hermann Hüffer, Annette von Droste-Hülshoff und ihre Werke, Gotha 1887, 99.
[42] nach Dunkel war's 66 um 1900 politisch-satirische Leberreime in der „Jugend".
[43] Wanderungen durch die Mark Brandenburg IV Spreeland: In dem Spreewalde Nr. 3: Die Leber ist von einem Hechte; Wohlf. Ausgabe 9.-10. Aufl. Stuttgart-Berlin 1910, 9 f.
[44] Groos 237.
[45] Fontane I.4 345 ff.
[46] *Filip Zesens Dichterische Jugend-Flammen, Hamburg 1651, 180.
[47] Frisch Schulspiel 27.
[48] G. Chr. Lichtenberg, Vermischte Schriften, Neue Ausgabe Göttingen 1844-53, II 21; Aphorismen ed. Albert Leitzmann, Berlin 1902-08, E 257 (III 75 f.).

Annominatio geht als Häufung desselben Worts in verschiedenen Flexionsformen und Ableitungen natürlich sehr oft ins Wortspiel über — etwa wenn Paul Fleming dichtet: „Wer eh' stirbt, als er stirbt, der stirbt nicht, wenn er stirbt"[1] —, so daß ein erweiterter Begriff der Annominatio auch dieses umfaßt; im folgenden wird aber der Akzent auf der Annominatio im engern Sinn liegen.

Als rhetorische Figur ist sie in diskreter Anwendung wohl bei allen Dichtern zu belegen;[2] ein Spiel wird sie erst bei bewußter Häufung. Das ist bei Sidonius Apollinaris[3] oder bei Alanus[4] der Fall. Walther von Châtillon dichtet:

> Tanto viro locuturi
> studeamus esse puri,
> set et loqui sobrie,
> carum care venerari
> et ut simus caro cari,
> careamus carie.[5]

In den mittellateinischen Poetiken, z. B. von Matthaeus von Vendôme und Eberhard Alemannus, wird nachdrücklich auf die Gattung hingewiesen.[6]

Ob von hier Wege zur altnordischen Dichtung führen, muß von berufenerer Seite entschieden werden; dort wird sie jedenfalls im Strophenverzeichnis der jüngern Edda als „eindringliche Weise" (klifat) gesondert aufgeführt;[7] man begegnet ihr auf Schritt und Tritt, wofür die folgende hübsche Geschichte aus Snorris Königsbuch zeugen möge:

> König Olaf schenkt seinem isländischen Skald ein Schwert; Hallfred aber möchte auch das Gehänge dazu haben. „Dann dichte ein Gesätze mit dem Wort *Schwert* in jedem der acht Verse", sagt der König, und Hallfred legt los: eine Hoftonstrophe im funkelnden Reimschmuck und mit drei kühnen sprachlichen Neubildungen:

> Ward durchs Schwert der Schwerter
> Schwertreich ohne gleichen.
> Schwerterschlags-Njörden[8]
> Schwerter in Fülle werden.
> Meinem Schwertschlag schwer ist's,
> Schwertherr, auch zu wehren,
> Wird die Scheide beschert mir:
> Schwerter drei ich wert bin.

[1] Paul Fleming, Deutsche Gedichte ed. J. M. Lappenberg, Stuttgart 1865, I 56.
[2] Ernst Robert Curtius, Neue Dante-Studien I — In: Roman. Forschungen 60 (1947) 237 ff.; Curtius, Europäische Literatur ... 282 ff.
[3] Sidonius Apollinaris, carmen II V. 3 ff., ed. Luetjohann 174.
[4] Thomas Wright, The Anglo-Latin Satirical Poets and Epigrammatists of the Twelfth Century, London 1872, II 278 f.
[5] Walter von Chatillon, Moralisch-satirische Gedichte ed. Karl Strecker, Heidelberg 1929, 2 Nr. 1.
[6] Matthaeus von Vendôme: Faral 171; weitere Beispiele ebda. 52, 93 ff.
[7] Snorra Edda Strophenverzeichnis 48.
[8] Kriegern (eigtl. Schwertgöttern).

Aber dem König entgeht nicht, daß die eine Zeile kein Schwert enthält. „Dafür steht das Wort zweimal in einer andern", sagt der Isländer.[9]

In der lateinischen Literatur pflanzt sich die Annominatio fort mit zahlreichen Schulscherzen wie

>Certe malum non est magnum malus male mala.
>at ego mala tamen malo mala mala malo.
>tu fortasse malis malum malis malam malis.[10]

und in Klosterweisheiten wie „Mors mortis morti mortem, mors, morte resolvit", einer Kasusfolge, die den Grundgedanken des Christentums enthalten soll: Der Tod des Todes (Christus) hat dem Tod zum Trotz den Tod, o Tod, durch seinen Tod besiegt.[11] Über das Alter solcher Sätze läßt sich meist nichts sagen. Einige sind schon in mittelalterlichen Handschriften aufgezeichnet und etwa dem Primas zugeschrieben.[12]

Aus der lateinischen Dichtung dringt die Annominatio zuerst in die provenzalische ein, wo sie ziemlich häufig verwendet und als cobla refrancha, replicativa usw. in den Leys d'Amors zum Beispiel mit folgenden Mustern belegt wird:

>Verges, vergiers verdejans vergenals,
>Dona donans donam dos divinals.
>Rogiers rugish ravial ravios . . .[13]

>Restauramens, restauram, restaurans
>Los peccadors per peccatz pecz peccans.[14]

>Corta y est cortz de tota cortezia.
>Quar de cortes descortes fas tot dia . . .[15]

Von da gelangt sie in die altitalienische Dichtung, wo sie bis zu Dante fortwirkt,[16] und in die altfranzösische, wo sie neben vereinzeltem Auftreten bei Chrétien de Troyes besonders Gautier de Coinci pflegt. Um die Wende zum vierzehnten Jahrhundert bringt Baudoin de Condé in den zwölf Versen des „Dis de la pomme" acht-

---

[9] die Geschichte zitiert nach Heusler Agerm Dichtung 101, das Gedicht nach der Übersetzung Felix Niedners: Snorris Königsbuch, Jena 1922-23 (Sammlung Thule 14-16), I 287; beides aus: Snorri Sturluson, Heimskringla ... ed. Finnur Jónsson, Kopenhagen 1893-1900, I 405 ff. Altgermanische Beispiele allgemein: Meyer Agerm Poesie 227 ff., 299 ff., 327 ff.; Neckel 15 ff.; Friedrich Kluge, Zur Geschichte des Reims im Altgermanischen — In: PBB 9 (1884) 422 ff., Annominatio 426.

[10] Weis Jocosa 51, Text verbessert nach einem Vorschlag von Harald Fuchs.

[11] ebda. 28 f.

[12] Werner 78 Nr. 163; vgl. auch Keil Stammbücher 22 Nr. 1051.

[13] Leys d'Amors III 57; allgemein III 53 ff.

[14] ebda.

[15] Leys d'Amors I 250; vgl. auch ebda. I 288, 292; Frank II 62 ff.

[16] Häufig ist sie schon bei Jacopone da Todi (besonders mit „amore"); vgl. etwa Laudi, Trattato e Detti ed. Franco Ageno, Firenze Felice Le Monnier 1953, Laude Nr. 90 V. 243 ff. und sonst; allgemein: Curtius, Neue Dante-Studien I aaO 275 ff.

zehnmal „mor" unter.[17] Von ihm hat dann wohl Rutebeuf die Annominatio übernommen. Im „Dit des Cordeliers" heißt es etwa:

> En la corde s'encordent cordee a trois cordons;
> A l'acorde s'acordent dont nos descordé sons;
> La descordance acordent des max que recordons;
> En lor lit se detordent, por ce que nos tortons.[18]

Auch die deutschen Minnesinger bemächtigen sich der Form. In Gottfrieds von Straßburg Folgen von „leben — tôt — brôt" am Schluß des Prologs, wo die Figur auf die Wichtigkeit dieses Abschlusses aufmerksam machen soll, sprengt die Annominatio dank ihrer allegorisch-symbolischen Verwendung das bloße Wort- und Versspiel.[19] Rein spielerisch dagegen dichtet angeblich Heinrich von Rugge — wohl nach dem Vorbild Heinrichs von Veldeke, der ebenfalls minne zusammen mit mîn usw. häuft[20]:

> Minne minnet stæten man.
> ob er ûf minne minnen wil,
> sô sol im minnen lôn geschehen.
> ich minne minne als ichs began.
> die minne ich gerne minne vil.
> der minne minne ich hân verjehen.
> die minne erzeige ich mit der minne,
> daz ich ûf minne minne minne.
> die minne meine ich an ein wîp.
> ich minne, wan ich minnen sol
>   dur minne ir minneclîchen lîp.[21]

Später spielen Reinmar von Zweter,[22] Ulrich von Singenberg,[23] Heinrich von Tettingen,[24] Konrad der Schenk von Landegg,[25] Johannes von Rinkenberg[26] und der Litschauer[27] mit dieser Form. Eine systematische Annominatio innerhalb des Verses bietet Hug von Werbenwag:

---

[17] Dits et Contes de Baudouin de Condé et de son fils Jean de Condé ed. Auguste Scheler, Paris Devaux 1866/67, I 181.
[18] Oeuvres complètes ed. Edmond Faral et Julia Bastin, Paris Picard 1959-60, I 231 ff. V. 17 ff.; vgl. auch Rutebeuf, Le Miracle de Théophile ed. Grace Frank, 2. Aufl. Paris Champion 1949, V. 404 f.
[19] Tristan 228 ff.; vgl. dazu Helmut de Boor, Die Grundauffassung von Gottfrieds Tristan — In: DVjs 18 (1940) 262 ff., Annominatio 272.
[20] MF 61, 33; 64, 34.
[21] MF 100, 34; in den neuesten Auflagen Heinrich von Rugge abgesprochen.
[22] Die Gedichte Reinmars von Zweter ed. Gustav Roethe, Leipzig 1887, 524 Nr. 230: in zwölf Versen 21mal wunder und Ableitungen davon (nach Roethe Verfasserschaft zweifelhaft).
[23] Schweizer Minnesänger 16 f. Nr. 5 V. 22 ff.: in sechs Versen vierzehnmal minne und Ableitungen davon.
[24] ebda. 163 Nr. 1 V. 1 ff. in sechs Versen vierzehnmal liep usw.
[25] ebda. 207 ff. Nr. 1 V. 65 ff. in sechzehn Versen 28mal liebe usw.
[26] ebda. 371 ff. Nr. 29 V. 170 ff., 188 ff., 196 ff.
[27] MSH III 46 f.; ferner etwa: Rumsland: Wackernagel Kirchenlied II 285, 288; Liederdichter 282 (Namenlos n).

> Der sumer sumerbernde kumt
> mit wunne wunneclîche,
> des loubes loubet manic walt, die bluomen blüment velt,
> diu zît enzît an fröiden frumt
> mit blüender blüete rîche,
> die süezen dœne dœnent vogel, ir singent sanges gelt.
> Mit schœner grüene grüenet tal, ûz rœte rôt dâ glestet,
> in brûner brûne purpervar der meie sich nu gestet,
> hie gelwer gel, dert blâwer blâ,
> dâ wîze wîzer liljen schîn:
>   got verwet var hie vil der werlt, die werlt baz anderswâ.[28]

Von der Rhétorique[29] und vom Meistersang[30] ließen sich zahlreiche Beispiele zitieren. Im fünfzehnten Jahrhundert tritt zum erstenmal der Spruch vom Manchermann auf, mit dem das Spiel in die volkstümliche Sphäre übergeht:

> Manchman meint, er sig ouch ein man.
> Wen aber manchman kumet, do manchman ist,
> Manchman weisset nüt, wer manchman ist,
> Wist manchman, wer manchman were,
> Manchman det manchman ere.
> Manchman wennet manchman sin
> Und trittet her mit großem schin.
> Und manchman kumet, do manchman ist,
> So endowet manchman mitt einem fist.[31]

Im sechzehnten Jahrhundert fällt der häufige Gebrauch der Annominatio bei Fischart auf.[32]

Ob dem Barock die deutschen Vorläufer bekannt waren, wissen wir nicht; überraschend kommen jedoch Konrad der Schenk von Landegg und Tscherning zu ähnlichen Formulierungen:

> Swâ liep lît bî liebe, lieplîch siu sich liebent.
> liep kan sich lieber machen
> gein liebe in lieben sachen:
> diu liebe birt
> daz liep mit liebe lieber wirt.
> . . .
>   diu lieb ir herze ir liep mit liebe gît:
>   sî hât ir liebes dur liebe alle zît.
>   wan sol nâch liebe ersterben
>   ald liep mit liebe erwerben:

---

[28] Liederdichter 184 Nr. 5; vgl. Kommentar ebda. II 243 f.
[29] z. B. Molinet 228 V. 105 ff.; 266 V. 29 ff.; 339; 396; 407; 518; 729 ff.; 732 ff.; 824 V. 1 ff.
[30] Frauenlob ed. Ludwig Ettmüller, Quedlinburg-Leipzig 1843, Sprüche 42; Meisterlieder Nr. 2, 9, 21, 49, 122 usw.
[31] Adolf Spamer, Wenn mancher Mann wüßte, wer mancher Mann wär...? — In: ZfVk 46 (1938) 134 ff., Zitat 137 nach St. Galler Handschrift; in Zürcher Handschrift sinnvollerer Schluß: „Do endauw manchman *nitt* ein fist"; weitere Fassungen ebda. 138 ff.
[32] Galle 55 ff.

Die literarischen, gesellschaftlichen und gelehrten Spiele

> diu liebe ist guot,
> liep liebet liebe lieben muot.[33]

*

> Liebet / die jhr sollet lieben /
> Liebe wer nur lieben kan,
> Wer zum lieben wird getrieben /
> Nehme sich des lieben an.
> Wird das lieben nicht getrieben /
> Wer wil leben ohne lieben?[34]

Hofmannswaldau geht noch weiter und systematisiert die Reihe zur Konjugation:

> Ich liebe, du liebest, er liebet das lieben,
> Was liebet, wird alles vom lieben getrieben,
> Wir lieben, ihr liebet, sie lieben zusammen,
> Drum kommet ihr Nymphen, und kühlet die flammen.[35]

Paul Fleming benützt die oben zitierte Mors-Folge in seinem Vers „Dein Tod hat meinen Tod, du Todes Todt, getödtet"[36] und webt fast in jede Zeile seiner „Gedanken über die Zeit" das Stichwort ein. Das Gedicht endet:

> Die Zeit ist, was ihr seid, und ihr seid, was die Zeit,
> nur daß ihr wenger noch, als was die Zeit ist, seid.
> Ach daß doch jene Zeit, die ohne Zeit ist, käme
> und uns aus dieser Zeit in ihre Zeiten nähme,
> und aus uns selbsten uns, daß wir gleich könten sein
> wie *der* itzt jener Zeit, die keine Zeit geht ein![37]

Offenbar ist das Spiel unter französischem Einfluß neu belebt worden, denn ein Sonett Joachim Du Bellays, dessen Reime zwischen „vie" und „mort" wechseln:

> Dieu, qui changeant avec' obscure mort
> Ta bienheureuse et immortelle vie,
> Fusaux pecheurs prodigue de ta vie,
> Pour les tirer de l'éternelle mort . . .[38]

steckt hinter Weckherlins „Die Lieb ist Leben und Tod", das jeden Vers auf Leben oder Tod reimt und überdies meist das nichtreimende Wort im Versinnern enthält.[39] Aber nicht nur in Frankreich,[40] auch in Italien[41] und Spanien — hier am sichtbarsten in Gongoras Romanze „Por una negra señora" mit ihrer

---

[33] Schweizer Minnesänger 207 ff. Nr. 1 V. 65 ff., 75 ff.
[34] Deutscher Getichte Früling, Ausgabe Rostock Richel 1646, 24.
[35] Neukirchs Sammlung IV 129; vgl. Ibel 432 ff., 442; Wilhelm Schuster, Metrische Untersuchungen zu Chr. Hofmann von Hofmannswaldau, Diss. Kiel 1913, 72 ff.
[36] Paul Fleming, Deutsche Gedichte ed. J. M. Lappenberg, Stuttgart 1865, 444.
[37] ebda. 30.
[38] Joachim Du Bellay, Oeuvres poétiques ed. Henri Chamard, Paris Cornély 1908, I 119 f.
[39] Weckherlin II 342 Nr. 317.
[40] vgl. auch Canel II 243 ff.; Hermann Fehse, Estienne Jodelle's Lyrik, Diss. Leipzig 1880, 29.
[41] vgl. Welti 70, 77; im 16. Jahrhundert bes. bei Luigi Groto.

zweiunddreißigfachen Wiederholung von negro in zweiunddreißig Versen[42] und bei Quevedo[43] — hat die Annominatio im Vers eine Wiederbelebung erfahren, so daß Einflüsse von da wahrscheinlicher sind als solche aus dem deutschen Mittelalter. In der Barockdichtung ist die Annominatio in Einzelformen wie „flammbeflammtes Herz" und als Versspiel so häufig, daß man die verbreitete Meinung versteht, es handle sich um ein typisch barockes Spiel. Berühmt ist der sich in jeder Beziehung an den Grenzen der Sprache bewegende Sonettzyklus „Krieg und Sieg Christi" von Diederich von dem Werder mit seinen dem Titel nach hundert, in Wirklichkeit sogar hundertzwei Sonetten, in denen jeder Vers die Worte Krieg und Sieg enthält.[44] Trotz der Ungunst der Zeit mußte das Buch nach zwei Jahren neu aufgelegt werden. Von den Nürnbergern dichtet Harsdörffer ein Sonett „An den Spielliebenden Leser",[45] in dem er in jedem Vers das Wort Spiel anwendet, Birken ahmt Diederich von dem Werder mit einer Krieg-Sieg-Folge nach.[46] Zu den Anhängern dieser Mode gehören neben Tscherning und Hofmannswaldau auch Zesen,[47] Catharina von Greiffenberg,[48] Andreas Scultetus[49] und ein Heer kleiner und kleinster Geister, dichtender Schulmeister und Professoren.[50] Quirinus Kuhlmann imitiert Diederich von dem Werders Sonett auf den Gekrönten (Opitz)[51] und versucht, es noch zu überbieten; er wendet die Annominatio mit „Krone" einmal auf Kaiser Leopold,[52] das andere Mal auf ein religiöses Thema an; Spiel und Religion überschneiden sich und heben sich bei ihm oft gegenseitig auf. Die „Ewige Lebens-Krone" ist kein ekstatisches Pfingstgelalle, sondern raffiniertes Spiel:

> Den dort die Krone sol der Lebens-krone krönen /
> Mit derer Kron umkrönt di Gottgekrönte Schaar /
> Di hir di Kron umkrönt / so Kron- und Thron-reich war /
> Der muß di Kronen-kron / di Beten krönt / entlehnen /

---

[42] Pfandl 235.
[43] Leo Spitzer, Zur Kunst Quevedos in seinem „Buscón" — In: Archivum Romanicum 11 (1927) 511 ff., Annominatio 572.
[44] *Krieg und Sieg Christi / Gesungen / In 100 Sonnetten / Da in jedem und jeglichem Verse die bey- / den Wörter KRIEG und SIEG auffs / wenigste einmahl, befindlich seyn. / Wittenberg 1631; 2. Aufl. Hall in Sachsen 1633; vgl. Georg Witkowski, Diederich von dem Werder, Leipzig 1887, bes. 117 ff.; einzelne Sonette abgedruckt ebda. 119 und in DL Barocklyrik ed. H. Cysarz, Leipzig 1937, I 178 f.
[45] Harsdörffer Gespsp VIII vor Vorrede (unpag.); vgl. auch die Spiele mit dem Wort „Spiel" in den Ehren- und Lobgedichten für Harsdörffer, z. B. Gespsp III 468 (Schottel); IV am Anfang Nr. 7 (Rist) und 433 ff.; V am Anfang Nr. 11 (Zesen); VI am Anfang Nr. 2 (Martin Milagius); VII am Anfang Nr. 2.
[46] Guelfis oder NiderSächsischer Lorbeerhayn, Nürnberg Joh. Hoffmann 1669, 10 f. (Über den Teutschen Krieg); vgl. auch Pegnesis I 203.
[47] Rudolf Ibel, Die Lyrik Philipp von Zesens, Diss. Kiel 1922, 38.
[48] *Der Teutschen Uranie... Kunst-Klang... Nürnberg 1662, Sonett 49 nach Welti 121.
[49] Karl Schindler, Der schlesische Barockdichter Andreas Scultetus, Breslau 1930, 112 ff.
[50] Welti 76 ff.; Witkowski aaO 121; Manheimer 116.
[51] Über des gekrönten Krone der Seligkeit: Witkowski aaO 44 Nr. 18; abgedruckt in Schottels Hauptsprache 1174 ff.
[52] Quirinus Kuhlmann, Lehrreicher Geschichtherold, Jena Joh. Meuer 1673, 499 (An die Gekrönten Österreichs), 29 (Das Lobwürdige Almosen).

Die literarischen, gesellschaftlichen und gelehrten Spiele 185

> Der muß di Kronen-kron der Kronen-welt verhöhnen:
> Wann dise Kron ihn krönt / krönt ihn zur Kron di Baar /
> Di Kron entkrönt sein Haupt / und krönt mit Kron-gefahr /
> Di Kron-treu krönt / bekrönt; kan Thron und Kron beschönen.
>
> Du krönst / o Kronen-printz / mit deiner Kronen-kron
> Di Kron und Sonn entkrönt. Gekrönte Treu krönt Prangen /
> Der Kronen-preiß krönt si mit Thron- und Kronen-Lohn.
>
> Hir dise Kron-sucht krönt. Dis Lebens Kron-verlangen
> Bekrönt entkrönte selbst: ja krönt mit Kron und Thron:
> Hir krön einst Thron und Kron / den Kron und Thron gefangen.[53]

Interessanterweise schimmert auch in Gryphius' „Über die geburt Jesu"[54] in der Wiederholung von „Nacht" der spielerische Ursprung der Annominatio durch.

Mit dem Ende der Barockzeit verschwindet diese aus der deutschen Dichtung; an ihre Stelle tritt die Wortwiederholung als stilistisches Kunstmittel,[55] die uns hier nicht weiter beschäftigt. Nur im Altwiener Volkstheater bleibt die Tradition so lebendig und vermischt sich mit volkstümlichen Elementen, daß auch die Annominatio als Spielform erhalten bleibt. Bei Nestroy etwa wird zu einem Diener namens Grund gesagt:

> Er erinnert mich zu stark an den Tod meiner Frau. Sie ist zu Grund gegangen, jetzt ruht sie in tiefem Grund, ihr Tod ist der Grund meines Unglücks, ein Unglück war der Grund ihres Todes, das Schiff meiner Freuden ist in den Grund gebohrt, ist das nicht Grund genug, dem Namen Grund von Grund aus feind zu sein? — — Grund (für sich): Er ist ein Narr im Grund.[56]

Was sonst noch an Annominationen zu nennen wäre, etwa Julius Langenbehns, des Rembrandtdeutschen, Gedicht „Der Spielmann", das beginnt:

> Ein Spielmann bin ich, Spielmannskind
>   Und Spielmannsvater auch;
> Und Spielmannsbruder nennt man mich
>   nach altem Spielmannsbrauch.
>
> Ein Spielmann will ich sein und euch
>   den Spielmannsdienst versehn;
> Aus Spielmannsliedern lernt ihr leicht
>   den Spielmannsmuth verstehn . . .[57]

gehört schon in das Gebiet des unfreiwilligen Humors. Höchstens bei Rilke vereinigen sich wieder beide Wiederholungsarten, Annominatio und Wortwiederholung als stilistisches Mittel. In seinem „Herbst" verschwinden die Grenzen von Wortmagie, Wortspiel und formvirtuosem Kunststück:

---

[53] Quirinus Kuhlmann, Himmlische Libes-Küsse, Jena Samuel Adolph Müller 1671, 51 f. (40. Liebeskuss); Motto: Joh. Apokal. 2 V. 10.
[54] Andreas Gryphius, Lyrische Gedichte ed. Hermann Palm, Tübingen 1884, 99 Nr. 3.
[55] vgl. Luise Thon, Wortwiederholung als Kunstmittel — In: GRM 19 (1931) 249 ff.
[56] Nestroy I 115 f. Z. 29 ff.; vgl. auch etwa I 493 Z. 25 ff.; II 244 f.; III 105 Z. 16 ff. und sonst; Joseph Kurz, Prinzessin Pumphia II.10 V. 813 ff., Neudruck Wien 1883, 47.
[57] 40 Lieder von einem Deutschen, Dresden 1891 [Bl. 44].

Die Blätter fallen, fallen wie von weit,
als welkten in den Himmeln ferne Gärten;
sie fallen mit verneinender Gebärde.

Und in den Nächten fällt die schwere Erde
aus allen Sternen in die Einsamkeit.

Wir alle fallen. Diese Hand da fällt.
Und sieh die andre an: es ist in allen.

Und doch ist Einer, welcher dieses Fallen
unendlich sanft in seinen Händen hält.[58]

Zu ähnlichen Wirkungen wie die Annominatio im Vers führt der reiche Gebrauch der **Anapher** am Versanfang, obwohl dieser stärker rhetorischen Motiven entspringt.[59] Auch bei der Anapher wäre nach vereinzelten spätantiken Ansätzen[60] mit der mittellateinischen Dichtung zu beginnen, die besonders sakrale Namen und Begriffe wie Christus, Lux usw. in dieser Stellung verwendet,[61] während in der altnordischen Dichtung die Neigung zur Anapher eher zu den Urformen der Zeilenverknüpfung gehört.[62] Nach der provenzalischen cobla capdenal[63] oder direkt nach lateinischem Vorbild tritt die Anapher später im deutschen Minne- und Meistersang auf; erwähnt seien nur Seifried Helbling, Freidank, Hugo von Trimberg, Reinmar von Zweter und Marner.[64] Der „Vergier d'honneur" des Rhétoriqueurs André de La Vigne mit seinen dreihundertachtzig Versen, die alle mit „chacun" beginnen,[65] Christine de Pisan[66] und Villon[67] lassen auch eine gewisse Beliebtheit in Frankreich erkennen. Im Barock aller europäischen Länder geht der Gebrauch weit über die rhetorische Funktion hinaus und wird zum Spiel, in Deutschland schon bei Opitz und seiner Schule,[68] dann bei den Nürnbergern,[69] bei Scultetus,[70]

---

[58] Rilke, Sämtliche Werke ed. Rilke-Archiv, Insel 1955 ff., I 400; für die Gegenwart vgl. oben S. 166 Anm. 34.

[59] vgl. Reallexikon I 43 f. (P. Beyer).

[60] Carl Weyman, Beiträge zur Geschichte der christlich-lateinischen Poesie, München 1926, 146 Anm. 2.

[61] Dracontius, De laudibus Dei I 199 ff.; Theodulf: Poetae I 576 V. 89 ff.; Ekkehart IV usw.: vgl. Curtius, Neue Dante-Studien I aaO 280; Matthaeus von Vendôme: Faral 168; ferner etwa Werner 28 f. Nr. 67. Allgemein: Eduard Norden, Die antike Kunstprosa vom VI. Jahrhundert bis in die Zeit der Renaissance, Leipzig 1898 u. ö.

[62] Neckel 3 ff., 15 ff.; Meyer Agerm Poesie 227 ff., 315 ff.

[63] Leys d'Amors I 282.

[64] Euling Priamel 440 ff., 469 ff., 478 ff.; Meisterlieder passim.

[65] Guy 143; ebda.: Jean Bouchet, Le Labyrinthe de Fortune, Paris-Poitiers Marnef 1567, mit 52mal péril.

[66] Christine de Pisan, Oeuvres poétiques ed. Maurice Roy, Paris SATF 1886-96, I 12.

[67] Villon, Je coignois bien mouches en let; vgl. auch Lote II 92.

[68] Manheimer 8 ff.

[69] vgl. etwa Pegnesis I 51 ff. (Klaj); Harsdörffer Trichter I 74; Gespsp I C3, 2. Aufl. 27 ff.; Teutscher Secretarius... Nürnberg Wolfgang Endter Ausgabe 1656, 131 f., 401.

[70] Schindler aaO 85.

vor allem aber bei Kuhlmann[71] und Hofmannswaldau. Von diesem sei wenigstens ein Beispiel zitiert:

Auff den Mund

Mund! der die seelen kan durch lust zusammen hetzen,
Mund! der viel süßer ist als starcker himmels-wein,
Mund! der du alikant des Lebens schenckest ein,
Mund! den ich vorziehn muß der Juden reichen schätzen,
Mund! dessen balsam uns kan stärcken und verletzen,
Mund! der vergnügter blüht, als aller rosen schein,
Mund! welchem kein rubin kan gleich und ähnlich seyn,
Mund! den die Gratien mit ihren quellen netzen;
Mund! Ach corallen-mund, mein eintziges ergetzen!
Mund! laß mich einen kuß auff deinen purpur setzen.[72]

E. Einzelne grössere Spiele

Schon das letzte der eben besprochenen Spiele ist nicht mehr auf den Vers beschränkt, sondern greift ebensosehr in die Prosa über. Da aber von den Dichtern, besonders im Barock, immer wieder betont wird, das gleiche Wort komme in jedem *Vers* vor, durften wir es noch zu den Versfigurenspielen rechnen. Die nun folgenden Arten jedoch spielen mit einem größern Sinnzusammenhang. Selbst das Figurengedicht, das auf den ersten Blick als Ausnahme erscheint, läßt nicht so sehr die Länge der Verse von dem zu formenden Bild bestimmen, sondern trägt meist von außen eine Figur an das fertige Gedicht heran.

Zuerst seien kurz einzelne Erscheinungen gestreift, die sich nicht zu eigentlichen Gattungen ausgewachsen haben, aber dennoch bei den Formvirtuosen eine bedeutende Rolle spielen. Schon das Wortspiel würde eine eigene Monographie erfordern, die bis heute noch nicht geschrieben ist.[1] Annominatio, Schüttelreim, rührender und grammatischer Reim gehören als gattungshafte Abarten in seine Sphäre, das Palindrom kann als Epanodos in es hinüber greifen („Mein Hund war für die Katze, meine Katze war auf den Hund gekommen") wie überhaupt alle Gattungen, sobald das bloße Formspiel auch zu einem Spiel mit der Bedeutung, die Formakrobatik auch zur Sinnakrobatik wird. Wenn statt der Silben und Reime die Bedeutungen tanzen, entsteht ein sprachliches Kunstwerk eigener Prägung (falls es nicht im Kalauer erstickt), so etwa im Barock[2] oder — fast bis zur Zerstörung der Sprache —

---

[71] vgl. etwa 6., 10., 23., 38. Liebeskuß und die „Triumf"-Gedichte des Kühlspalters, z. B. 15. Kühlpsalm.

[72] Neukirchs Sammlung I 39, vgl. Ibel 455 f.; Josef Ettlinger, Hofmannswaldau, Diss. Heidelberg 1891, 85 f.

[1] allgemein: Reallexikon III 505 ff. (P. Beyer); Julius Schultz, Psychologie des Wortspiels — In: ZfÄsth. u. allg. Kunstwiss. 21 (1927) 16 ff.; Eduard Eckhardt, Über Wortspiele — In: GRM 1 (1909) 674 ff.; Franz Heinrich Mautner, Das Wortspiel und seine Bedeutung — In: DVjs 9 (1931) 679 ff.; Eduard Wölfflin, Das Wortspiel im Lateinischen — In: SB d. Bayer. Akad. d. Wiss., Phil.-hist. Kl. 1887, II 187 ff.

[2] vgl. etwa Harsdörffer Trichter III 39 ff.; Gespsp III 142 ff. Ein eigentlicher Meister des Wortspiels im 18. Jahrhundert ist der Marquis de Bièvre, der in „Vercingentorixe" (Paris 1770, Neudruck Paris J. J. Pauvert 1961) eine Tragödie durch Kalauer ad absurdum führt.

in Brentanos „Ponce de Leon". In jedem Wortspiel — mit allen Abstufungen der Qualität — schwingt die Freude des Virtuosen mit, etwas Unsinniges zu einem Sinn einzurenken. Die gleiche Freude steckt auch hinter einer Reihe anderer Figuren, etwa hinter dem Paradoxon und dem Oxymoron. Wir haben am Anfang unserer Arbeit anhand des Paradoxons darauf hingewiesen, daß die äußere unsinnige Form noch nicht über Wesen und Wert einer Aussage zu urteilen gestattet, indem die gleichen Figuren für reinen Unsinn und höchsten Tiefsinn benützt werden können. Nun behaupten wir, daß jedes Paradoxon, auch das tiefsinnigste, das Unsagbares erreichen soll, immer auch ein Spiel, und zwar ein Spiel mit dem Gedanken durch die Formulierung bedeutet. Etwas Unsagbares kann überspitzt formuliert werden, in die Weisheit kann sich der geistreiche Witz einschleichen, so oft bei Angelus Silesius. Noch deutlicher wirkt die Spielfreude beim Oxymoron mit, an dem immer der Genuß der überraschenden Gegenüberstellung gegensätzlicher Begriffe, das witzige Operieren mit dem Sprachgut beteiligt ist. Schon die Poetik der jüngern Edda stellt in der Strophe refhvörf (Fuchsschliche) paarweise Wörter zusammen, die so bedeutungsungleich wie nur möglich sind, etwa „Seeglut" für Gold.[3] Auch die mittel-,[4] die neulateinische[4] und die mittelhochdeutsche[5] Dichtung kennen diesen Kunstgriff. Das muß uns davor bewahren, diese Form im siebzehnten Jahrhundert allzusehr als Ausdruck des antithetischen barocken Lebensgefühls zu betrachten.[6] Von Clément Marots Rondeau „par contradictions":

>   En esperant, espoir me desespere,
>   Tant que la mort m'est vie tresprospere,
>   Me tourmentant de ce qui me contente,
>   Me contentant de ce qui me tourmente,
>   Pour la douleur du soulas que j'espere,
>
>   Amour hayneuse en aigreur me tempere;
>   Puis temperance, aspre comme vipere,
>   Me refroidist soubz chaleur vehemente,
>   En esperant.
>
>   L'enfant aussi qui surmonte le pere
>   Bende ses yeulx pour veoir mon improvere;
>   De moy s'enfuyt et jamais ne s'absente;
>   Mais sans bouger va en obscure sente
>   Cacher mon dueil affin que mieulx appere,
>   En esperant.[7]

---

[3] Snorra Edda Strophenverzeichnis 17 ff.

[4] etwa bei Jakob Balde: Anton Henrich, Die lyrischen Dichtungen Jakob Baldes, Strassburg 1915, 192.

[5] z. B. Gottfried von Strassburg Tristan V. 60 ff.; vgl. Emil Dickhoff, Das zweigliedrige Wortasyndeton in der älteren deutschen Sprache, Berlin 1906, 119.

[6] so Hübscher Barock 791. Für barocke „Zwiderworte" vgl. Borinski 228; Josef Ettlinger, Hofmannswaldau, Diss. Heidelberg 1891, 55, 76 f.; Max Jellinek, Hofmannswaldaus Heldenbriefe — In: VjsfLitgs 4 (1891) 11 ff., bes. 36; für Fischart: Eberhard Goldemann, Der Barockstil bei Fischart, Diss. Tübingen 1934, 19 ff.

[7] Marot V 141 f. (29. Rondeau); vgl. auch Molinet 800 V. 52 ff.; Dupire 297 f.; vers par contradiction (predicatz contraires) auch bei Fabri II 124.

führt kein weiter Weg zu barocken Versen wie

> Ein Feuer / sonder Feuer / ein lebendiger Todt /
> Ein Zorn / doch ohne Gall / ein angenehme Noht /
> Ein Klagen außer Angst / ein uberwundner Sieg /
> Ein unbehertzter Muht / ein Frewden-voller Krieg;
> Ein Feder-leichtes Joch / ein nimmerkranckes Leid /
> Ein zweiffel-haffter Trost / und süße Bitterkeit /
> Ein unvergifftes Gifft / und kluge Narrethey /
> Ja kürtzlich: Liebe ist nur bloße Phantasey.[8]

aber auch zu Caroline von Günderrodes:

> O reiche Armuth! Gebend, seliges Empfangen!
> In Zagheit Muth! in Freiheit doch gefangen.
>   In Stummheit Sprache,
>   Schüchtern bei Tage,
> Siegend mit zaghaftem Bangen.
>
> Lebendiger Tod, im Einen sel'ges Leben
> Schwelgend in Noth, im Widerstand ergeben,
>   Genießend schmachten,
>   Nie satt betrachten
> Leben im Traum und doppelt Leben.[9]

Ebensowenig darf uns die geniale Verwendung der Worthäufung, des mehrgliedrigen Asyndetons, bei Gryphius — etwa in den Schreien der Höllenvision[10] — darüber hinwegtäuschen, daß doch in den meisten Fällen mit Wörtern — mit den Wörtern selbst und nicht mit ihrer Bedeutung — gespielt wird, zum Teil in lautmalerischer Absicht, zum Teil aber in eigentlichem Spiel mit der Häufung.[11] Am deutlichsten spüren wir dies bei Fischart, doch lassen sich Anzeichen schon in der mittellateinischen Literatur, etwa bei Dracontius[12] und in der Figur der Frequentatio,[13] bei Hugo von Trimberg,[14] in den Aufzählungen Boppes[15] und Rosenplüts,[16] in der Dichtung des sechzehnten Jahrhunderts, den Nasen-, Löffel- usw. -Liedern[17]

---

[8] von Ernst Christoph Homburg, zitiert nach Moscherosch Philander I 159; vgl. etwa auch Pegnesis I 366 (Feuer im Schneeballen). Harsdörffer zitiert ein solches Gedicht irrtümlich als Beispiel für den Coq-à-l'âne (oder wie er es nennt: Reim dich Bundschuh): Trichter II 61 ff.; Gespsp VIII 207 f. (vgl. unten S. 261).
[9] Karoline von Günderode, Gesammelte Dichtungen ed. Elisabeth Salomon, München 1923, 77; vgl. Hübscher Barock 531.
[10] Gryphius, Lyrische Gedichte ed. Hermann Palm, Tübingen 1884, 156 f. Nr. 48 (Die Hölle).
[11] als „typisch" barock bei Hans Pliester, Die Worthäufung im Barock, Diss. Bonn 1930, vgl. Curtius 290.
[12] Dracontius, De laudibus Dei I 6 ff., 13 ff., vgl. Curtius 289.
[13] Faral 67.
[14] Der Renner ed. Gustav Ehrismann, Tübingen 1908-11, V. 6759 ff., ähnlich V. 285 ff. u. ö.
[15] MSH II 377 ff.
[16] Euling Priamel 492 ff. Für die Rhétoriqueurs etwa Molinet 129 V. 49 ff.; 142 V. 65 ff.; 191 V. 321 ff. usw.; Guy 147.
[17] vgl. oben Anm. 79 zu S. 86.

erkennen. Der Wortrausch Fischarts bedeutet den Höhepunkt, ein auch von seinen Nachfolgern, Johann Beer, Matthias Abele,[18] Abraham a Santa Clara und — Arno Holz,[19] nicht mehr erreichtes Auftürmen von Worten ohne Sinn und Begrenzung.

Andere Spielfiguren wie die Bilder- und Metaphernhäufung, die Scherzkatachrese, die im Wippchen immerhin so etwas wie eine Gattung bildet,[20] seien übergangen.

a) Das Figurengedicht

„Es ist ein Zeichen überreizter Zivilisation, in Kunst und Natur den Dingen gerade in *dem* Reize abgewinnen zu wollen, was nicht in ihrem Wesen liegt — Reize der äußerlichen Form etwa auf Kosten des Inhalts", beginnt Max Zobel von Zabeltitz einen Aufsatz über das Figurengedicht[1] und verurteilt so die antike bukolische Poesie, einen großen Teil der Dichtung des Mittelalters und des Barock. Liebe zum Ornament und zur kunstvollen äußern Form ist keine Zerfallserscheinung, selbst das einfache Volk ergötzt sich am Spiel mit der Schrift. Überdies vergewaltigen — wenn wir von den versus cancellati absehen — die wenigsten Figurengedichte wirklich den Inhalt; denn sie verdanken ihre Formen nur selten der Kunst des Dichters, sondern meist derjenigen des Kalligraphen und später des Setzers.

Der Altphilologe nennt gewöhnlich nicht nur die eigentlichen Figurengedichte carmina figurata, sondern auch alle versus cancellati. Wir haben vorgezogen, diese beim Akro-, Meso- und Telestich zu erwähnen, da die meisten einfache Linien, höchstens noch das Monogramm Christi oder einzelne Wörter wie „Jesus" malen. Nur die wenigen, die eine Figur in den Text hineinweben, werden hier zur Sprache kommen.[2]

Wenn wir von den in einem spätern Kapitel berührten möglichen magischen Hintergründen absehen, dürfen wir den Ursprung der Gattung wohl in jenen meist nach unten spitz zulaufenden Figuren suchen, die zu allen Zeiten gern als Abschluß eines Kapitels oder eines Buches verwendet werden. Es muß die Dichter gereizt haben, einmal einem ganzen Gedicht als kunstvollen Schmuck eine dem Inhalt entsprechende äußere Form zu geben. Die ersten uns bekannten Figuren-

---

[18] Halm 79 ff.
[19] Holz Phantasus passim.
[20] zum Wippchen vgl. Wippchens sämtliche Berichte ed. Julius Stettenheim, Berlin 1878-1905 u. ö. — in Auswahl: Julius Stettenheim, Wippchens scharmante Scharmützel ed. Siegfried Lenz und Egon Schramm, Hamburg 1960; Fritz Mauthner, Beiträge zu einer Kritik der Sprache, 3. verm. Aufl. Leipzig 1923, II 497 ff.
[1] Max Zobel von Zabeltitz, Figurengedichte — In: ZfBfr NF 18 (1926) 21 ff., Zitat 21. Ferner allgemein: Max Zobel von Zabeltitz, Über Figurengedichte — In: Gutenberg-Festschrift ed. A. Ruppel, Mainz 1925, 182 ff.; Frisch Schulspiel 61 ff.; Gerber II 368 ff.; Lalanne 16 ff.; Canel II 81 ff.; Hellmut Rosenfeld, Das deutsche Bildgedicht [d. h. Bilderklärungsgedicht], Leipzig 1935, 87 ff.; Michel Seuphor, Histoire sommaire du tableaupoème — In: XXe siècle, nouvelle série no. 3, juin 1952, 21 ff.
[2] Das Zusammenwerfen von versus cancellati und carmina figurata führt immer wieder zu Irrtümern; so dichtet etwa Gustav Chmiel, Untersuchungen zu Publilius Optatianus Porfyrius, Diss. Würzburg 1930, den Bukolikern versus cancellati an (5).

Die literarischen, gesellschaftlichen und gelehrten Spiele

```
CASTALIDES DOMINOVIRTVTVMTRADITEPALMAM
CONSTANTINVSHABETBELLORVMIVRETROPAEVM
VINDICESVBDEXTRAREDDENSFELICITERORBEM
CONSILIISITERVMSVADENSETCVNCTAREFERRE
ROMATIBIBELLISCVMSAEVAINNECTEREPOSSIT
VINCLAIVGIVIRTVSMITISNONARMATINHOSTEM
SETMAGNOPATIENSDOCVITCERTAMINEPARCENS
QVIDPIETASDONETPOSTPILAMINACIACLEMENS
NVNCMIHIIAMTOTODOCILESHELICONOCAMENAE
MITTITECONPOSITASINTEMPORAMITIAPALMAS
NECTITEDEMETRISVIRTVTVMCARMINAETOMNES
CONCINITEVTFRVCTVFELIXETPRINCIPEDIGNA
DETSTIRPESGRATASTEXENSQVASPAGINAVERSV
HVICVOVEATTITVLOVOTORVMCARMINEPOLLENS
PIERIOSMIHIPHOEBETVODENVMINEPRAESTENT
FONTESCASTALIAETVASILICETIREPERAGRANS
MENSIVGACELSAPETETMECVMSIPANGEREVERSV
MVSAVELITTANTOIAMXVXCSVBPRINCIPELAETA
LAVDISDONAFERENSRESONANSINSIGNIARAMIS
VINCENTVMIVSTOSAVDAXMIHIFIDATRIVMPHOS
ETMERITVMIVSTISTOTREDDERENOBILEPALMAS
AONIDVMQVASVALLEFLVENSALITVNDARIGATAS
SANCTESALVSMVNDIARMISINSIGNIBVSARDENS
CRISPEAVISMELIORTECARMINELAETASECVNDO
CLIOMVSASONANSTVAFATVRPVLCHRAIVVENTAE
NOBILETVDECVSESPATRITVQVEALMEQVIRITVM
ETSPESORBISERISNOSMENTISCVLMINECAESAR
TVVINCENSPACISGRATISSIMAFOEDERASEMPER
INDVLGEETFACILISGENTESADIVNGEROGANTES
FACQVETVIIVRISGAVDENSVIRTVTIBVSAVCTIS
CONSTANTINVSITEMLAVSORBISGLORIASAECLI
ROMVLEVMSIDVSLVXCLEMENSINCLITAFRATRIS
NOBILITASPROAVISVERVMETMEMORABILEFAMA
RESTITVITVICTORCAESARNOMENQVEDECVSQVE
SANCTEPATERRECTORSVPERVMVICENNIALAETA
AVGVSTOETDECIESCRESCANTSOLLEMNIANATIS
```

3. PUBLILIUS OPTATIANUS PORFYRIUS, CARMEN CANCELLATUM

gedichte stammen aus der griechischen Hirtendichtung des dritten Jahrhunderts. Mit ihren dunkeln Bildern und seltenen Wörtern[3] sind diese carmina figurata sicher für literarische Kenner und Feinschmecker bestimmt. Die ältesten geben sich als Aufschriften auf den Gegenständen, nach denen sie heißen, möglicherweise waren sie das zuerst sogar unter Nachahmung der archaischen Inschriften, mit denen die Votivgaben bis auf die letzte Ecke ausgefüllt wurden.[4] Unter dem Namen des Simias von Rhodos, des Dosiadas von Kreta und des Theokrit sind uns Schalmeien, (Doppel-)Äxte, Flügel, Altäre und (Nachtigallen-)Eier überliefert.[5] Die Lektüre ist nicht nur wegen der dunkeln Bilder und seltenen Wörter schwer, die Gedichte wurden durch die Anordnung der Verse noch rätselhafter gemacht. So ist etwa im Nachtigallen-Ei des Simias nach dem ersten Vers der letzte, dann der zweite, der zweitletzte usw. zu lesen, damit sich ein Sinn ergibt.[6] In der lateinischen Dichtung scheint erst Publilius Optatianus Porfyrius auf das Spiel gestoßen zu sein. Eigentliche Figurengedichte dichtet er zwar nur drei, einen Altar, eine Schalmei und eine (für die Musikgeschichte interessante) Orgel,[7] doch webt er in seine versus cancellati auch Figuren, eine Palme und sogar ein Schiff mit Rudern und dem Monogramm Christi als Mast ein.[8] Damit begründet er die neue Gattung des Figurengedichts als carmen cancellatum.[9] Später malen in dieser Abart Venantius Fortunatus,[10] Bonifatius[11] und Alkuin[12] Kreuze, Josephus Scottus eine Kirche im Aufriß;[13] Theodulf von Orléans[14] und Gozbert von St. Gallen[15] begnügen sich mit Kreuz oder einfachem Ornament. Das bedeutendste Werk mittelalterlicher Figurenkunst ist „De

---

[3] gegen Ende des 4. Jahrhunderts besonderer Sinn für Sprachkunststücke: Wilhelm von Christ, Geschichte der griechischen Literatur, 6. Aufl. ed. Otto Stählin und Wilhelm Schmid, München 1920/24, II.1 116 § 408.

[4] Pauly-Wissowa II.9 103 f. (Paul Maas, Technopaignia); Ulrich von Wilamowitz-Möllendorff, Textgeschichte der griechischen Bukoliker, Berlin 1906, 343 ff.; Dornseiff 65 ff., 178.

[5] Christ aaO II.1 124 § 114; Carolus Haeberlin, Carmina Figurata Graeca, 2. Aufl. Hannover 1887, 67 ff. mit Abdruck einzelner Gedichte; Carolus Haeberlin, Epilegomena ad Figurata Carmina Graeca — In: Philologus 49 (1890) 271 ff., 649 ff.

[6] Erklärung des Bomos von Dosiadas und der Syrinx von Theokrit: Ohlert 197 ff., 202 ff.; vgl. auch Boissonade I 388 ff.; Canel II 81 ff.

[7] Optatianus Porfyrius 26 f., 30. Zu Leben und Nachleben vgl. Elsa Kluge, Studien zu Publilius Optatianus Porfyrius — In: Münchner Museum für Philologie des Mittelalters und der Renaissance 4 (1924) 323 ff., und (mir unzugänglich) Optatianus Porfyrius Carmina ed. Elsa Kluge, Leipzig 1926.

[8] Optatianus Porfyrius 9, 19; Sarkophaginschrift des 6. Jahrhunderts: Rudolf Egger, Ein Carmen figuratum aus Salona — In: Charisma, Festgabe zur 25jährigen Stiftungsfeier des Vereins klass. Philologen in Wien, Wien 1924, 12 ff.

[9] Schon Ennodius hatte in seiner Jugend Freude an „quadratischen Gedichten", wohl einem cancellatischen Spiel: Manitius Poesie 362.

[10] Wilhelm Meyer, Der Gelegenheitsdichter Venantius Fortunatus, Berlin 1901, 87.

[11] Bonifatius: Poetae I 16 f. Nr. 2.

[12] Alkuin: Poetae I 224 ff. Nr. 6 f.

[13] Josephus Scottus: Poetae I 152 ff. Nr. 3-5; Kirche: 6.

[14] Theodulf von Orléans: Poetae I 480 ff. Nr. 23.

[15] Gozbert: Poetae I 620 ff.

Die literarischen, gesellschaftlichen und gelehrten Spiele   193

```
PRODENTVRMINIOCAELESTIASIGNALEGENTI
CONSTANTINEDECVSMVNDILVXAVREASAECLI
QVISTVAMIXTACANATMIRAPIETATETROPAEA
EXVLTANSDVXSVMMENOVISMEAPAGINAVOTIS
AEMVLAQVAMCLARIIGENITORISCALLIOPEAE
COMPOSVITTALINVXCMENSPERFVSALIQVORE
VERSIFICASHELICONGAVDIAPROFLVATVNDAS
CLEMENTIQVENOVVMNVMENDEPECTOREVERSET
NAMQVEEGOMAGNANIMIDICAMNVMEROSACANENDO
SCEPTRADVCISGAZZAENOBISDATGRAECIADONA
SAECLAQVEBLEMMYICOSOCIALILIMITEFIRMAS
ROMVLALVXCONDIGNANOVISFLORENTIAVOTIS
VOTOSCRIPTACANOOALIMARSCARDINETECTO
IAMBELLISTOTVMMYSEVMPERPLECTERECIVEM
VTPATEATRVBICONPARILIPETITAETHERALVRE
NVNCFELIXPROPRIOSPACISMESCRVPEAVISVS
IAMSTIMVLATSIGNISEXVLTANSMVSANOTARE
GAVDIALAETVSNVNCPERMENOTATAVIAPHOEBVS
RETITOQVOQVETEXTANOVOCANELAVREAPLECTRO
ARTENOTISPICTAFELICIASAECVLAPLAVDENS
SICAESTVSVATISFIDODVCEPYTHIECARPENS
NVNCTVTVSCONTEMNATSVMMEPROCAXEGOVERO
NVNCMARESIGAEVMVALEAMBENEFRANGERREMO
CARBASANOCTIFERVMTOTVMSISCRVPEATENDO
PVLPITADEPORTANSVISAMCONTEXERENAVEM
MVSASINITCONIVNCTATVOSPESINCLITAVOTO
MENTEMPERTORTVMFESSAMNONFRANGATHIVLCO
LAVSMEAFICTAPEDESTANSMAGNAMOLEDOCENDI
SIGNAPALAMDICAMLAETISSIMAFLVMINESANCTO
MENTEBONACONTEMNATSVMMISCVMSIBIAGONEM
VOTISPOSTFRACTVMMARTEMCLEMENTIAREDDET
SICNOBISLECTOQVOCRESCVNTAVREASAECLA
MOXLATIOVINCENSIAMBISVICENNIAREDDES
CARMINEQVAEPIETASMIRODENOMINEFORMET
FLORENOTANSVOTVMVARIODATPAGINAFELIX
AVGVSTAESOBOLISMEMORANSINSIGNIAFATA
IVDICETEVELTESTEPIOCONDIGNAPARENTIS
IVNGENTVRTITVLISFELICIAFACTANEPOTVM
```

4. PUBLILIUS OPTATIANUS PORFYRIUS, CARMEN CANCELLATUM

13 Liede, Dichtung 2

laudibus Sanctae Crucis" des Hrabanus Maurus, achtundzwanzig Figurengedichte in prächtigster Ausstattung.[16] Von diesem Buch sagt Georg Baesecke: „Es ist vielleicht das größte Sprach- und obendrein Verskunststück, das ein Deutscher und obendrein in fremder Sprache zuwegegebracht hat. Ein Jahre verbrauchendes Geduldspiel mit Buchstabensteinchen, deren jedes an bestimmten Stellen zu zwei und drei Worten, Sätzen und Inhalten unerläßlich ist, und dies ohne Möglichkeit des Vertauschens, Verschiebens oder nur Drückens in einem vollbesetzten Kästchen, nur mit der schwächlichen Möglichkeit, der Schreibung, der Grammatik, der Versmessung ein kleines bißchen abzumarkten. Freilich hat der Sturz jener unsinnigen Auslegungsart, in der schließlich jedes zugleich alles andre bedeuten konnte, auch dies kunststarrende Prachtgebäude entleert und zum Spott gemacht."[17] Hrabanus Maurus läßt die eingewebten Figuren (wohl von Hatto-Bonosus) ausmalen, so kann er bessere und kompliziertere Gegenstände darstellen als die andern Dichter. Er malt Kaiser Ludwig den Frommen mit Krone, Kreuz und Schild als Adressaten des Werks,[18] Christus am Kreuz,[19] Cherubim und Seraphim,[20] die Evangelistensymbole,[21] Blumen[22] und schließlich sich selbst unter dem Kreuz kniend.[23] Trotz beinahe völliger Inhaltslosigkeit wurde das Werk von den Zeitgenossen als das bedeutendste des Fuldaer Abts betrachtet.[24] Neben dieser Spielkunst verblassen alle übrigen Versuche, die Milos von St. Amand[25] oder des Presbyters Eugenius Vulgarius, auch wenn dieser die Schalmeiform des Porfyrius aufnimmt, noch eine Pyramide als eigentliches Figurengedicht baut und es mit einer mathematischen Erklärung aus der Arithmetik des Boethius versieht.[26] Nach der Zahl der erhaltenen Gedichte — es finden sich auch einzelne in den Sammlungen von St. Gallen und der Reichenau[27] — haben offensichtlich die Figuren der karolingischen Zeit besonders gefallen.

Wie sie in die deutsche Dichtung gekommen sind, läßt sich nicht mit Bestimmtheit sagen. Die ersten deutschen Werkchen finden sich unseres Wissens erst im Barock,

---

[16] Hrabanus Maurus, De Laudibus Sanctae Crucis ed. Adolf Heinze, Leipzig 1847; vgl. Julius von Schlosser, Eine Fulder Miniaturhandschrift der k. k. Hofbibliothek — In: Jahrbuch der Kunsthist. Sammlungen d. allerh. Kaiserhauses 13 (1892) 1 ff. (mit Abbildungen). Ein Figurengedicht ist auch „Ad Judith Augustam": Poetae II 165 f. Nr. VI.1 und IV 928 f.

[17] Georg Baesecke, Die Karlische Renaissance und das deutsche Schrifttum — In: DVjs 23 (1949) 143 ff., Zitat 175.

[18] De Laudibus Sanctae Crucis 4.

[19] ebda. 8.

[20] ebda. 14.

[21] ebda. 36.

[22] ebda. 38.

[23] ebda. 62.

[24] Manitius I 289, 295. Ganz wurde das Werk nie vergessen; 1503 druckt es Th. Anshelmus in Pforzheim; immer wieder wird es erwähnt, so etwa von Hieronymus Cardanus (De subtiliate, lib. 15) und noch 1676 hängt Johann Valentin Merbitz seinem De varietate faciei humanae..., Dresden Mart. Gabr. Hübner, eine Auswahl aus dem Werk an [70 ff.].

[25] Milo von St. Amand: Poetae III 562 ff. Nr. 2 f.

[26] Eugenius Vulgarius: Poetae IV 422 ff. Nr. 14; 436 ff. Nr. 16 f.

[27] St. Gallen: Poetae II 478 Nr. 5; Reichenau: Poetae IV 1114 f. Nr. 4.

so daß wir vorab ein Eindringen aus fremden zeitgenössischen Literaturen annehmen dürfen.[28] Entscheidender als die Übersetzung der griechischen Beispiele ins Lateinische durch Eobanus Hessus[29] wird die Beschreibung des Spiels durch Scaliger[30] gewesen sein. Der Barock ist die Glanzzeit des deutschen Figurengedichts, beinahe alle Dichter huldigen ihm einmal, nimmt es doch die Devise „Poema est loquens pictura, pictura est tacitum poema" wörtlich. Von Scaliger wandert die Gattung in die „Teutsche Grammatick" des Laurentius Albertus.[31] Um die Mitte des siebzehnten Jahrhunderts bricht eine wahre Flut über die deutsche Literatur herein. Von den größern Dichtern sinkt das Spiel zu den kleinern hinunter, bis sich schließlich Hochzeits- und Leichenbitter gegenseitig an Künstlichkeit zu übertreffen suchen und die Gattung auf Stammbuchblättern endet.[32]

Bei den Nürnbergern vollzieht sich die Übernahme der antiken Vorbilder am natürlichsten, denn sie ziehen ja auch das Hirtenkostüm an; überdies kommt das Spiel ihrem Sinn für das Dekorative entgegen, ihrem Streben nach einem Gesamtkunstwerk, durch das alle Sinne des Menschen ergötzt werden sollen. „Die Reimkunst ist ein Gemälde / das Gemälde eine ebenstimmende Music / und diese gleichsam eine beseelte Reimkunst", sagt Harsdörffer.[33] Im Pegnesischen Schäfergedicht dichtet Strefon-Harsdörffer einen Amboß, es werden — wie wenn die Nürnberger einen möglichen Ursprung der Gattung gekannt hätten — allerlei Buchstaben und ganze Verse in die Schalen von Kürbissen eingeschnitten.[34] In den Gesprächsspielen bekämpft Harsdörffer den Durst mit einer gedichteten Flasche, wie das schon Rabelais für Panurge getan hat.[35] Klaj begnügt sich mit einer „Denkseul" des Friedens,[36] Birken malt etwa in der Fortsetzung der Pegnitzschäferei Amboß, Szepter, Buch, Kranz und Waage[36a], in „Sylvius" einen Doktorhut[37] und in „Guelfis" Herzen, Becher und ein geöffnetes Buch.[38] In seiner Poetik preist er das Spiel unter Berufung auf Theokrit, wobei er Äxte, Flügel, Altäre und für geistliche Dichter

[28] Symbolische Carmina figutara, in denen sich Teile von Versen innerlich zum Kreuz Christi ordnen, wobei die Waisen die Löcher der Nägel sind usw., kennt freilich der Meistersang: Carl von Kraus, Über einige Meisterlieder der Kolmarer Handschrift — In: SB d. Bayer. Akad. d. Wiss., Phil.-hist. Kl. 1929 Heft 4, 14 ff. Ein Nachruf von Rumsland auf den Marner in Kreuzform: MSH III 53 a.
[29] Zabeltitz, Gutenberg-Festschrift aaO 182.
[30] Scaliger II.25.
[31] Teutsche Grammatick, Augsburg 1573, ed. Carl Müller-Fraureuth, Straßburg 1895, 152.
[32] Keil Stammbücher 102 Nr. 332.
[33] Harsdörffer Gespsp III 242; ähnlich II 304; IV 157; V 26; Trichter III 101. *Johann Christoph Männling, Europäischer Parnassus, Wittenberg 1685, meint, daß die Figuren „recht die Mahlerey der Poeten können heissen", nach Zabeltitz, Gutenberg-Festschrift aaO 182; vgl. auch *J. Chr. Männling, Der Europäische Helicon...,Alten Stettin 1705, 130 ff.
[34] nach Pegnesis I 20.
[35] Harsdörffer Gespsp V 454.
[36] *Johann Klaj, Geburtstag des Friedens..., Nürnberg Endter 1650.
[36a] *Fortsetzung der Pegnitz-Schäferey... Nürnberg Endter 1645, 75, 222, 250 f.
[37] Pegnesis I 393.
[38] Guelfis, Nürnberg Joh. Hoffmann 1669, 23, 35 ff.

Kreuz, Dornenkrone, Geißelsäule und anderes „Passionszeug" empfiehlt.[39] Ganz den Kopf verdreht haben die Figurengedichte Johannes Helwig (Montano), dessen „Nymphe Noris" von phantastischen Gebilden überschäumt. Er malt ein Herz, eine Pyramide, einen zweispitzigen Parnaß (das Wappen Harsdörffers; überhaupt sind die Figuren für Widmungen beliebt), einen hohen Turm mit zwei Nebentürmen, einen Baum, einen Reichsapfel, eine Orgel, eine Schalmei, eine Laute, einen „springenden Röhrbrunnen", eine Sanduhr und ein Monument.[40] Nur Theodor Kornfeld übertrifft ihn, da er gar Häuser und Klöster mit Gedichten malen kann.[41] Schottel dichtet für seine „Teutsche Vers- oder Reimkunst" Ei, Säule, Pyramide, Kreuz, Pokal und weist zudem auf Herz und Flügel als andere Möglichkeiten hin.[42] Zesen will nach der „Scala Heliconis Teutonici" ein Technopaegnium poeticum mit Figurengedichten schreiben,[43] begnügt sich dann aber im „Hochdeutschen Helikon" mit zwei Bechern, einem Herzen und einem Palmbaum.[44] Als weitere barocke Figurendichter wären etwa noch Johann Peter Titz,[45] Enoch Hanman,[46] Nikolaus Peucker,[47] Matthias Abele[48] und zahlreiche Poetikenschreiber zu erwähnen.

Auch die erste Hälfte des achtzehnten Jahrhunderts ist noch reich an carmina figurata der kleinen, die barocke Tradition fortsetzenden Gelegenheitsreimer von Magnus Daniel Omeis, der die Nürnberger Poesie vor dem drohenden Untergang zu retten sucht,[49] über Johannes Grüvel,[50] Menantes (Christian Friedrich Hunold),[51]

---

[39] *Teutsche Rede-bind- und Dicht-Kunst, Nürnberg Riegel 1679, 144.

[40] *Die Nymphe Noris, Nürnberg Dümler 1650, 7 f., 83 ff.

[41] *Selbstlehrende Alt-Neue Poesie..., Bremen 1686, 72 ff., auch Kreuze, Säulen, Eier, Büsche, Berge, Sanduhren.

[42] Schottel, Verskunst 214 ff.; Hauptsprache 951 ff.

[43] Zesen, Helikon, *Ausgabe Amsterdam 1643, 23.

[44] Zesen, Helikon, Ausgabe Wittenberg 1649, I R3vo f.; II H7 ff.; III E7.

[45] *Johann Peter Titz, Zwey Bücher Von der Kunst Hochdeutsche Verse und Lieder zu machen, Danzig Hünefeld 1642, I 16.

[46] Enoch Hanmann, Anmerckungen In die Teutsche Prosodie... (Frankfurt 1658) — In: Martini Opitii Opera Geist- und Weltlicher Gedichte, Breslau Jesajas Fellgibel 1689, II 77 ff., Figurengedichte (Pyramide, Ei, Säule, Kreuz, Pokal) 210, 259 ff.

[47] Nikolaus Peucker, Wolklingende, lustige Paucke von hundert Schertz-Gedichten, Berlin Otto Christian Pfeffer 1702, 106/07.

[48] Matthias Abele, Vivat Unordnung... Nürnberg Endter 1670-75, IV 465; V 105; vgl. auch *Martin Kempe, Poetische Lust-Gedanken Erster Theil, Jena 1665, 22, 137 ff. und derselbe in *Georg Neumark, Poetische Tafeln, Jena 1667, 266.

[49] Omeis warnt jedoch: „Man muß aber nicht zu viel Zeit auf dergleichen Schul-Galanterien wenden" und zählt sie zu den Sachen, „die man vor die lange Weile ansiehet und lieset; darinnen aber offt einen schlechten Geist und genöhtigte Kunst antrifft": Magnus Daniel Omeis, Gründliche Anleitung zur Teutschen accuraten Reim- und Dicht-Kunst, 2. Aufl. Nürnberg Wolffgang Michahelles 1712, 128.

[50] *Joh. Grüvel, Hochteutsche... Vers-, Reim- und Dichtkunst, Neuen Ruppin 1709, 143 ff.

[51] *Menantes [Christian Friedrich Hunold], Die Allerneueste Art zur Reinen und Galanten Poesie zu gelangen, Hamburg Joh. Wolfg. Fickweiler 1707, 266.

Kan Berlin
in diesem Land forthin
Sich mit vielen Dingen
Höher als vorhero schwingen?
Ey so sagt man, wie von seinem Rom Virgil,
Daß Sie sich auch so hoch erheben wil,
Als Cypressen übersteigen
Büsche, so zur Erd sich neigen.

Ja, dieweil des Bären Bild Füllet ihren Wappen-Schild,
Als ein Zeichen, das zugleich Viel der Edlen in dem Reich
Auch viel hoh- und grosse Fürsten-Häuser führen,
Wird diß Gleichniß auch dem Bären wol gebühren.
Wie sich dessen Krafft über andre Thier erhebt,
Daß das stärckste Rind von desselben Klauen bebt,
Wie der Bär auch geht auf zweyen Füssen,
Da viel andre Thier viere brauchen müssen,
Wie er seine Brust erhöht,
Wann er wie die Menschen steht,
So hebt sich Berlin empor
Unter aller Städte Chor.
Wie nun jeder Stand der Stadt
Theil an diesem Bären hat,
Welcher nicht ein einig Glied
Ohne starcke Nerven zieht,
So verbleibt das eine Theil,
Welches als ein veste Säul
Den Cörper richtig trägt,
Wann er den Gang so regt,
Und wird zu diesen Stand, Dem Lehrer-Stand,
So wird auch unsre Schul gehöret, Dessen Knie
auch wolgebührend vielesband Spat und früh
durch den Sand
Ohn Verdruß
Waden muß,
Auch damit
Seinen Feind,
An den Füssen Eh ers meynt,
Bleiben müssen. Zu Boden tritt.

5. JOHANN LEONHARD FRISCH, FIGURENGEDICHT

In nen schlagen Glut u Flammen

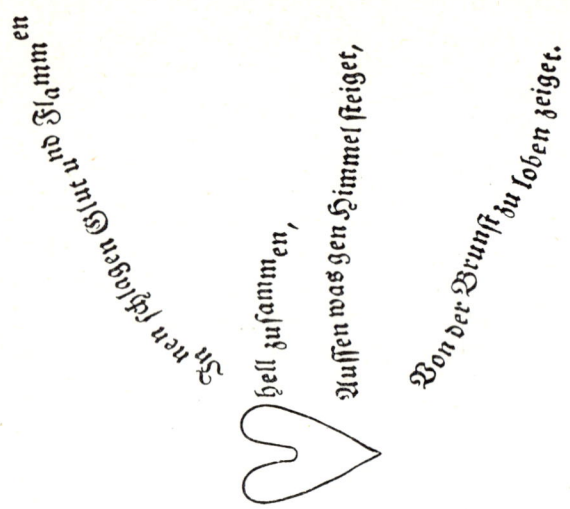

hell zusammen,

Ruffen was gen Himmel steiget,

Von der Brunst du loben zeiget.

Man wil ja dieser Schul' heut einen Tempel bauen,
Und viele suchen sie in ihrer Zierd' zu schauen;
Da sol dann meine Pflicht auch nicht die letzte seyn,
Sie setzet Demuts-voll dis klein Altärchen drein,
Und wann ich darff von einem Opffer sagen,
So sol der Bau mein danckbar Hertze tragen,
Das von der Lieb' zu vollem Lob entzündet
Und dis zu erst der Himmels-Höh' verkündet,
Alsdann auff Erd' auch suchet so zu riechen,
Daß sein Geruch in alle Wänd' mögt kriechen.
Sezt nun der andern Kunst gleich etwas schöners drein,
So wird doch auch ein Platz für dis Altärchen seyn.
Solt man im Tempel gleich viel höhern Zierrath schauen,
So wird doch keine Hand, was vestern Grund hat, bauen.

6. JOHANN LEONHARD FRISCH, FIGURENGEDICHT

Johann Joachim Statius.[52] Friedrich Redtel,[53] Erdmann Uhse[54] bis zu Christian Valentin Fleischhauer.[55] Die bekannteren Dichter freilich wagen das Spiel nicht mehr. Schon 1682 spricht Daniel George Morhof von „armseeligen Erfindungen",[56] zehn Jahre später verhöhnt Christian Weise die „Affen- und Meerkatzen"-Gedichte.[57] Im Jahre 1700 parodiert Frisch in seinem Schulspiel aufs köstlichste „allerhand kindische Bilderreime" mit Krone, Säule, Bär (als Stadtwappen Berlins), mit Glocke und einem Altar, auf dem ein Herz brennt; seine parodistischen Verse unterbieten den Gehalt mancher ernsthafter Figuren kaum.[58] Auch er spricht noch von der Poesie als Malerei in Worten:

> Wer Dicht- und Mahler-Kunst so nah vereinigt findet
> Und nennt sie Leib und Seel, der hat nicht weit gefehlt.
> Sonst sind sie, wann man sie zu einer Gleichheit bindet,
> Ein schweigendes Gedicht, ein redendes Gemähld ...",[59]

beschreibt dann aber die richtige Malkunst des Dichters und schließt:

> Ein solches Mahlen muß ein rechter Dichter können,
> Nicht eine Verß-Figur von Schreiber-Hand gemacht ...[60]

1703 beklagt sich der anonyme Verfasser des „ABC cum notis variorum", er habe eine Piep-Kanne und einen ostfriesischen Käse als Glückwunsch-Figurengedichte erhalten und wiederholt Morhofs Ablehnung.[61] Gottsched spricht von Tändeleien.[62] In den meisten volkssprachlichen Literaturen treten übrigens die Figurengedichte ähnlich zeitlich beschränkt auf, in Spanien etwa bei Juan Diaz Rengifo,[63] in England bei George Puttenham[64] und George Herbert.[65]

[52] *Johann Joachim Statius, Wohl-gebahnter Weg zur teutschen Poesie, Bremen 1717.
[53] *Friedrich Redtel, Nothwendiger Unterricht von der Teutschen Verskunst, Stettin 1704.
[54] *Erdmann Uhse, Wohlinformirter Poet, Ausgabe Leipzig Jacob Schuster 1726, 84.
[55] u. a. Wappen Erfurts und Ehrenpforte: Weim Jb 3 (1855) 433.
[56] Morhof 581 f. (aber mit leiser Bewunderung für Hrabanus Maurus).
[57] *Christian Weise, Curieuse Gedanken von Deutschen Versen, Leipzig 1691, 109. Ob Weise dabei tatsächlich an hebräische Handschriften mit Kommentaren zu heiligen Büchern denkt, wie Zabeltitz (Gutenberg-Festschrift aaO 186 Anm. 2) meint, und nicht eher einfach die Figuren satirisch übertreibt wie der Verfasser des ABC cum notis?
[58] Frisch Schulspiel 31 ff. Rodigast verspricht überdies: „Ich will den Pegasum machen mit Sattel und Zeug. Alle Härlein am Schweiff soll man sehen können; dann will ich auch zwey Personen dazu machen, die ihn auff die Reitschul führen."
[59] ebda. 36.
[60] ebda. 37.
[61] ABC cum notis II 223.
[62] Gottsched 682; Spott in Addisons Spectator Nr. 58 (7. 5. 1711).
[63] *Juan Diaz Rengifo, Arte poetica española, Madrid 1592 u. ö., Abbildung bei Zabeltitz ZfBfr aaO 21.
[64] [George oder Richard Puttenham] The Arte of English Prose 1589 ed. Edward Arber, London Murray 1869, II.11: Of Proportion in Figure.
[65] George Herbert, English Works ed. George Herbert Palmer, Boston-New York Houghton Mifflin 1915, II 334 ff. (Easter Wings). Ein englischer Anonymus vom Anfang des 17. Jahrhunderts erwähnt von Addison: Spectator Nr. 58 (7. 5. 1711); allgemein: D'Israëli 106.

Immerhin sind sie nie ganz ausgestorben. Immer wieder spielen bekannte und unbekannte Dichter mit dem Schriftsatz ihrer Werke, in Deutschland zuletzt etwa Christian Morgenstern mit seinen „Trichtern".[66] Ja, die reizendsten Gebilde dieser Art entstanden in der jüngsten Vergangenheit: Guillaume Apollinaires „Calligrammes".[67] Apollinaire hat sicher seine französischen Vorläufer gekannt, etwa Rabelais' Flasche und Glas,[68] vielleicht auch Mellin de Saint-Gelays' Flügel[69] oder Charles François Panards Rhomben,[70] mit dessen Zeit er sich eingehend beschäftigt hat.[71] Er übertrifft jedoch an Leichtigkeit und Eleganz nicht nur die wenigen französischen und die zahlreicheren deutschen Figurata, er vollendet im Grunde erst, was dem Barock vorschwebte: das freie Zusammenklingen von Vers und Bild. Vielleicht mußten erst Welten zusammenbrechen und Traditionen sterben, damit diese Befreiung gelang. Denn nicht der „Aberwitz", mit Versen Bilder zu malen, läßt uns die barocken Gebilde nicht mehr recht genießen, sondern ein Rest von Zwang. Auch für das Figurengedicht verlangt die barocke Poetik wohlgeordnete waagrechte und vollständige Verszeilen, so daß eben der Drucker helfen mußte, wenn die Länge des Verses nicht zum Bild passen wollte. Apollinaire dagegen pinselt frei jede Zeile einzeln aufs Blatt, wie es ihm gefällt; nicht mehr der Vers*block* als Ganzes ergibt das Bild, sondern jeder einzelne Vers.[72] Deshalb sind den Spiellaunen des Dichters keine Grenzen gesetzt; er malt „La cravate et la montre", „Coeur, couronne et miroir", „La mandoline, l'oeillet et le bambou", „La colombe poignardée et le jet d'eau", „Paysage" (avec maison, amants, arbrisseau, cigare allumé qui fume), „Il pleut" usw. Wie der Barock denkt er an ein Gesamtkunstwerk:

---

[66] vgl. auch Adolf Bäuerle: *Wiener Allg. Theaterzeitung 1818 Nr. 137: Becher; 1823 Nr. 89: Vase; 1845 Nr. 20: Männchen als Neujahrsgratulant. Ein Neujahrsgedicht aus dem „Augsburger Erzähler" abgebildet bei Zabeltitz, Gutenberg-Festschrift aaO Tafel 16. Zu den deutschen Figurengedichten vgl. auch Albert Becker, Gestalt und Gehalt in Wort und Ton — In: GRM 34 (1953) 13 ff., Figuren 21 ff.: Becker glaubt verschiedene Figuren bei Luther und in barocken Kirchenliedern zu erkennen.

[67] Guillaume Apollinaire: erste Calligrammes als „Idéogrammes lyriques" in seiner Zeitschrift „Les Soirées de Paris" (no. 26/27, juillet/août 1914), dann 1918 im Mercure de France und nrf Gallimard 1925 u. ö. Guillaume Apollinaire, Oeuvres poétiques ed. Marcel Adéma et Michel Decaudin, Paris Gallimard 1956, 163 ff. und sonst.

[68] Rabelais Pantagruel V.44 (Flasche); V.46 (Glas).

[69] „Aelles": Melin de Sainct-Gelays, Oeuvres complètes ed. Prosper Blanchemain, Paris 1873, II 130; vgl. ferner Kreuzgrabinschrift von Jean Antoine de Baïf: Oeuvres en rime ed. Charles Marty-Laveaux, Paris Lemerre 1882-90, V 383; weitere französische Beispiele: Canel II 89, Lalanne 6.

[70] vgl. Canel II 89 ff.; ähnliche Bilder ergeben die zu- und abnehmenden Verse in Victor Hugos Djinns: Oeuvres complètes, Paris Ollendorff 1909 ff., Poésie I 709 ff.

[71] Jean Cocteau nennt ihn nicht zu Unrecht einen „exilé du dix-huitième siècle": Oeuvres complètes, Lausanne Marguerat 1946-51, IX 211.

[72] Auf Frischs Altar (34) sind die Flammen des brennenden Herzens aus einzelnen Versen gebildet, was Apollinaires Art entspricht, aber doch wohl die Figurengedichte nur noch lächerlicher machen soll; Ähnliches dagegen bei de Baïf, Rengifo und in jüdisch-kabbalistischen Figuren.

Die literarischen, gesellschaftlichen und gelehrten Spiele 201

7. GUILLAUME APOLLINAIRE, CALLIGRAMME

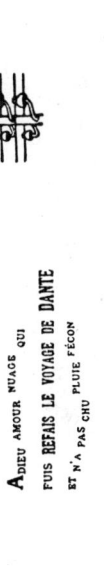

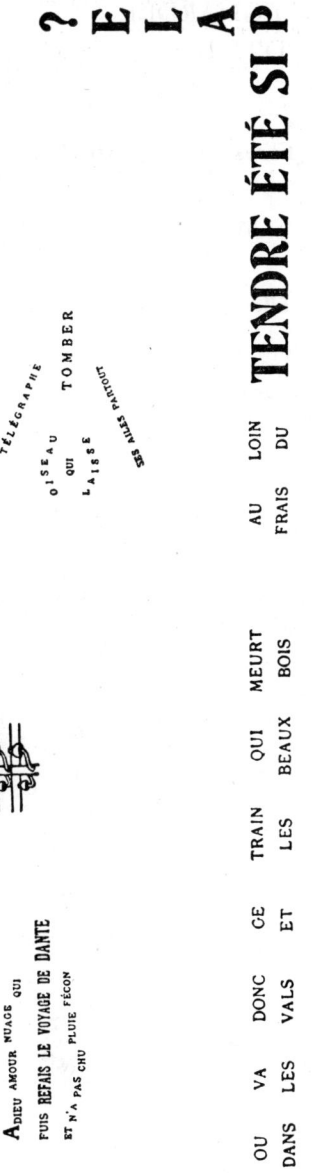

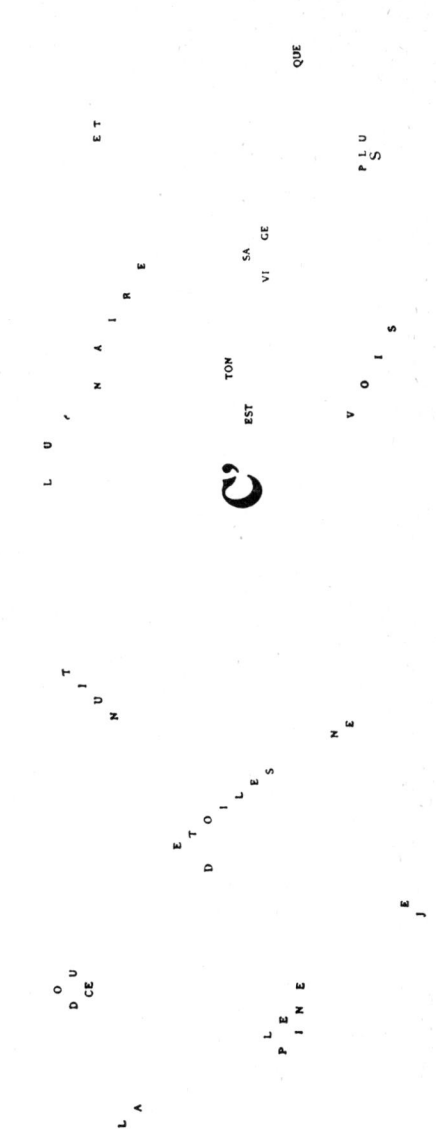

LA COLOMBE POIGNARDÉE
ET LE JET D'EAU

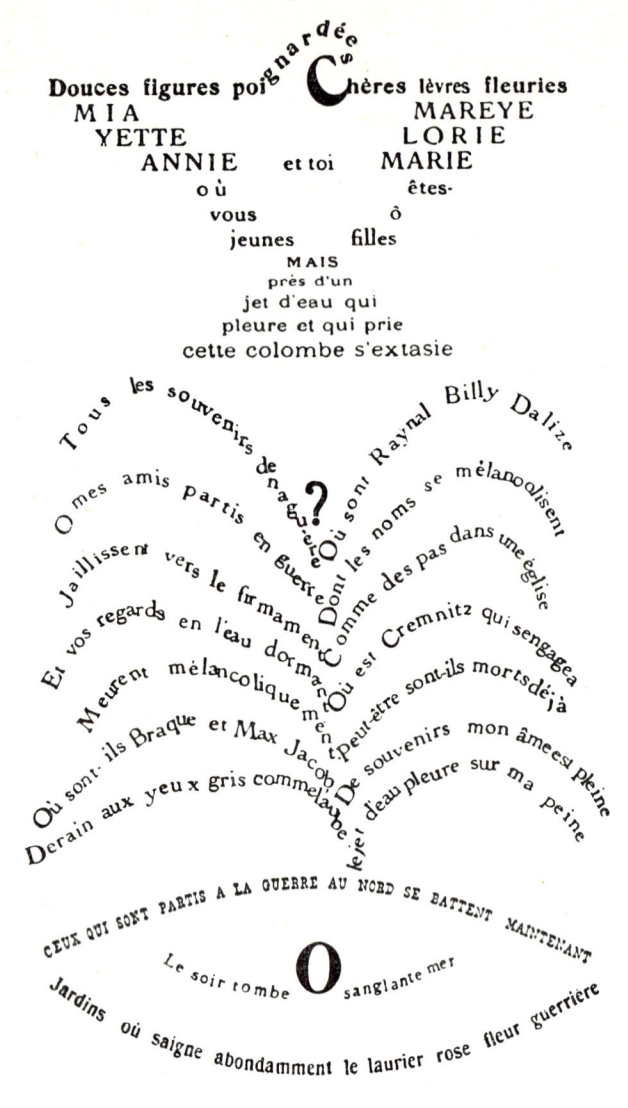

Douces figures poignardées Chères lèvres fleuries
MIA   MAREYE
YETTE   LORIE
ANNIE et toi MARIE
où   êtes-
vous   ô
jeunes   filles
MAIS
près d'un
jet d'eau qui
pleure et qui prie
cette colombe s'extasie

Tous les souvenirs de naguère Où sont Raynal Billy Dalize
O mes amis partis en guerre Dont les noms se mélancolisent
Jaillissent vers le firmament Comme des pas dans une église
Et vos regards en l'eau dormant Où est Cremnitz qui s'engagea
Meurent mélancoliquement Peut-être sont-ils morts déjà
Où sont-ils Braque et Max Jacob De souvenirs mon âme est pleine
Derain aux yeux gris comme l'aube Le jet d'eau pleure sur ma peine

CEUX QUI SONT PARTIS A LA GUERRE AU NORD SE BATTENT MAINTENANT

Le soir tombe O sanglante mer
Jardins où saigne abondamment le laurier rose fleur guerrière

8. GUILLAUME APOLLINAIRE, CALLIGRAMME

Les artifices typographiques poussés très loin, avec une grande audace, ont l'avantage de faire naître un lyrisme visuel qui était presque inconnu avant notre époque. Ces artifices peuvent aller très loin encore et consommer la synthèse des arts, de la musique, de la peinture et de la littérature.[73]

Wie der barocke Virtuose will er einen erlesenen Kreis als Publikum:

Il eût été étrange qu'à une époque où l'art populaire par excellence, le cinéma, est un livre d'images, les poètes n'eussent pas essayé de composer des images pour les esprits méditatifs et plus raffinés qui ne se contentent point des imaginations grossières des fabricants de films. Ceux-ci se raffineront et l'on peut prévoir le jour où, le phonographe et le cinéma étant devenus les seules formes d'expression en usage, les poètes auront une liberté inconnue jusqu'à présent. Qu'on ne s'étonne point si, avec les seuls moyens dont ils disposent encore, ils s'efforcent de se préparer à cet art nouveau, plus vaste que l'art simple des paroles, où, chefs d'un orchestre d'une étendue inouïe, ils auront à leur disposition le monde entier, ses rumeurs et ses apparences, la pensée et le langage humain, le chant, la danse, tous les arts et tous les artifices, plus de mirages que ceux que pouvait faire surgir Morgane sur le Mont Gibel, pour composer le livre vu et entendu de l'avenir.[74]

Über Apollinaires Figurengedichten liegt in Form und Inhalt der Hauch einer Verzauberung, einer Befreiung von allen literarischen Traditionen und Gesetzen, einer echten Freude am leicht dahinschwebenden Spiel. „Les dessins plaisants et nostalgiques des Calligrammes sont des exemples du jeu littéraire le plus gratuit."[75] Aus der Grazie der Bilder, aus „La colombe poignardée et le jet d'eau" etwa, leuchtet der Geist der persischen Bäume und Sonnenschirme.

Am Rande sei auf einige dem Figurengedicht verwandte Spiele hingewiesen. Seit der Frühzeit ihrer Kunst benützen die Schreiber, später die Drucker figurale Schriftflächen und -formen als Schmuck;[76] vor allem Kapitel- oder Buchschlüsse werden zu Keilen, in Gesangbüchern zu Kreuzen und andern Figuren verarbeitet, ebenso die Überschriften.[77] Zu dieser Gattung gehört auch der berühmte Mausschwanz in Lewis Carrolls „Alice's Adventures in Wonderland". Die moderne Graphik hat die Tradition bewahrt. Eine Erweiterung zur Allegorie versuchen die figuralen Schriftflächen in Mallarmés Spätwerk „Un Coup de Dés jamais n'abolira le Hasard", mit denen nach des Dichters Intention der gestirnte Himmel auf das Papier übertragen werden sollte. Im Futurismus und Dadaismus dienen die gleichen Mittel zur Abstufung vom lauten Schrei bis zum leisen Flüstern. Aber auch sonst wird gern die Schrift zum Bild geformt. Eine Art Unterhaltungsspiel sind Wortpyramiden von der Art:

---

[73] Guillaume Apollinaire, L'Esprit nouveau et les Poètes — In: Mercure de France no. 491 (1. Dez. 1918), dann *Paris Jacques Haumont 1946; hier zitiert nach André Billy, Guillaume Apollinaire, Paris Seghers 1947, 36.

[74] ebda.

[75] Marcel Raymond, De Baudelaire au Surréalisme, 2. Aufl. Paris José Corti 1947, 231.

[76] Paul Lehmann, Figurale Schriftflächen: Erforschung des Mittelalters, Stuttgart 1941 ff., III 60 ff.

[77] vgl. etwa Fischart Geschichtklitterung 52 Z. 21 ff.

```
            s
           i s
          v i s
         a v i s
        n a v i s
       g n a v i s
      i g n a v i s⁷⁸
```

Der mittelalterliche Mönch malt hie und da die Initiale zu einem Bild aus; vom fünfzehnten Jahrhundert bis zur Gegenwart kennen wir eine ganze Reihe von zu Figuren umgebildeten Abc-Folgen. Aus geschriebenen Texten geformte Bilder, Schriftlabyrinthe und -alphabete sind ein reizendes Gebiet der Volkskunde.[79] Der Barock ist die Blütezeit der mikrographischen Darstellungen; doch existieren figurierte Masoren und Pentateuchhandschriften mit Ornamenten, Tieren, Pflanzen und menschlichen Gestalten in Miniaturschrift seit dem achten Jahrhundert, bekannt sind die Andachtsbilder von Hieronymus Wiericx aus dem sechzehnten. Auf ein solches geschriebenes Bild baut der Raritätensammler Jean Paul seine „Erklärung der Holzschnitte unter den zehen Geboten des Katechismus" auf: ein Gemälde des unbekannten Verfertigers Krönlein ist in Schriftzeichen gemalt und enthält dessen Lebensgeschichte, die Jean Paul aus „Gesichtslängen" und Gliedern auszieht.[80] Schließlich erproben Max Ernst und andere im zwanzigsten Jahrhundert das „Tableau-Poème", eine neue Einheit der Künste, die das Gemälde aus der Schrift von Gedichten herauswachsen läßt.[81]

In der Musikgeschichte finden sich schon bei Baude Cordier im vierzehnten Jahrhundert Kanons in Herz- und Kreisform.[82] Diese eignet sich besonders für den endlosen Zirkelkanon, in dem jede Stimme am Schluß wieder mit dem Anfang beginnt. Der Kreis wird allegorisch, so um 1700 auf einem Einblattdruck des württembergischen Musikers Johann Georg Keuerleber mit einem „Perpetuum mobile oder immerwehrnder Gnadenlohn", einem ewigen Lob Gottes, das an die tibetanische Gebetsmühle erinnert.[83] In neuerer Zeit hat Erik Satie solche Formen wieder aufgenommen und etwa „Trois morceaux en forme de poire" komponiert.

---

[78] Weis Jocosa 26; Weis Bella Bulla 77 f.; Weis Curiosa 26; vgl. etwa Emanuele Tesauro, Il Cannocchiale Aristotelico..., 5. Aufl. Torino Bartolome Zavatta 1670, 20.

[79] vgl. etwa Die deutsche Volkskunde ed. Ad. Spamer, Leipzig-Berlin 1934, II 65, 374 f.; Zabeltitz ZfBfr aaO 23. Heute werden sogar Bilder auf der Schreibmaschine geschrieben.

[80] Jean Paul I.7 65 ff.; ebenda. 72 erwähnt Jean Paul verschiedene geschriebene Bilder, S. XV ergänzt der Herausgeber diese Liste; vgl. auch Spott in Addisons Spectator Nr. 58 (7. 5. 1711).

[81] Patrick Waldberg, Max Ernst, Paris J. J. Pauvert 1958, 138 f.; vgl. auch *Alain Bosquet, Paroles peintes, Paris Galerie Diderot 1959; bekannt sind ferner die „Schriftblätter" des Kalligraphen Rudo Speman; für die Gegenwart vgl. auch oben S. 166 Anm. 34.

[82] Baude Cordier in: Johannes Wolf, Musikalische Schrifttafeln, Bückeburg-Leipzig 1922-23, X 100; Pierre Aubry, Les plus anciens monuments de la musique française, Paris Welter 1905, Tafel 22; Zabeltitz, Gutenberg-Festschrift aaO 186; Hugo Riemann, Musiklexikon, 11. Aufl. v. Alfred Einstein, Berlin 1929, II 2083.

[83] o. O. o. J. (um 1700): Zabeltitz, Gutenberg-Festschrift aaO Tafel 17; vgl. auch Tzaras Poème perpétuel oben S. 166.

b) Die maccaronische Poesie und andere Arten der Sprachmischung

Die eigene Sprache mit fremdländischen Brocken zu schmücken oder eine fremde Sprache nachzuahmen, indem man der eigenen deren Endungen anhängt, ist eines der einfachsten und volkstümlichsten Sprachspiele.[1] Jedes Kind versucht sich darin, wenn es mit einer neuen Sprache Bekanntschaft macht, sei es auch nur, um den fremden Klang zu verspotten:

> In des Waldes tiefsten Gründen
> ist ein großer Bär zu finden.
> In des Waldus tiefstus Gründus
> Ist ein großus Bärus findus.
> In des Waldchim tiefstchim Gründchim
> Ist ein großchim Bärchim findchim.
> In des Waldoli tiefstoli Gründoli
> Ist ein großoli Bäroli findoli.
> In des Waldlatsch tiefstlatsch Gründlatsch
> Ist ein großlatsch Bärlatsch findlatsch.[2]

Im Kinderreim geht eine Art Merkvers nebenher, die fremdsprachige Wörter mit deren Übersetzung vereinigt:

> Le boeuf der Ochs
> La vache die Kuh
> Fermez la porte die Türe zu.[3]

Der Lateinschüler kennt solche Verse seit Jahrhunderten:

> Es ging ein Bauer Rusticus
> Mit seinem Sohn Filius
> Über die Brücke Pons

---

[1] allgemeine Literatur: Carl Blümlein, Die Floia und andere deutsche maccaronische Gedichte, Strassburg 1900 (Rezension Johannes Bolte in: Alemannia 29 [1901] 9); Johannes Bolte, In dulci iubilo, Festgabe an Karl Weinhold, Leipzig 1896; Canel II 167 ff.; Jürgen Dahl, Maccaronisches Poetikum, Ebenhausen b. München 1962; Octave Delepierre, Macaronéana ou Mélanges de littérature macaronique des différents peuples de l'Europe, Brighton-Paris 1852; Octave Delepierre, Macaronéana andra ovverum, Nouveaux Mélanges de littérature macaronique, London 1855; DL Realistik des Spätmittelalters VI: Lyrik des Spätmittelalters ed. Hermann Maschek, Leipzig 1939, 203 ff.; F. W. Genthe, Geschichte der maccaronischen Poesie, Halle-Leipzig 1829; Goedeke II 511, *Emil Henrici, Barbarolexis, Berlin 1913/14; Heinrich August Hoffmann von Fallersleben, In dulci iubilo, nun singet und seid froh, Hannover 1854 (*2. Aufl. 1861); derselbe, In dulci iubilo — In: Weim.Jb 6 (1857) 43 ff.; Gustav Kawerau, Eine maccaronische Dichtung vom Jahre 1548 — In: Archiv f. Litgesch 10 (1881) 435 ff.; Lalanne 74 ff.; Reallexikon II 324 ff. (Georg Ellinger), 2. Aufl. II 259 ff. (Brigitte Ristow); *[William Sandys] Specimens of Maccaronic Poetry, London 1831; Oskar Schade, Über die maccaronische Poesie in Deutschland — In: Weim.Jb 2 (1855) 385 ff.; Karlernst Schmidt, Vorstudien zu einer Geschichte des komischen Epos, Halle 1953, 197 f.; Schneegans passim, bes. 119 ff., 436 ff., 445 ff.; Weis Bella Bulla 102 ff.; Weis Jocosa 87 f.

[2] lateinisch-hebräisch-italienisch-lettisch: Pan, Ein lustiges Liederbuch für Gymnasiasten ed. Friedrich Polle, Dresden 1877, 173.

[3] Lewalter-Schläger 553 f.; vgl. Otto Schütte, Braunschweigische Abzählverse — In: ZfVk 11 (1901) 461.

> Nach dem Berge Mons
> Und schnitt mit dem Messer Culter
> Die Wurzel Radix runter.[4]

Als cobla constructiva führen die Leys d'Amors unter den Strophenarten an:

> *Deus* Dieus *largitur* dona.
> *Per te* per te *matrem* mayre.
> *Creatoris* del creayre.
> *Diadema* la corona.
> *Paratum* aparelhada.
> *In exelsis* en los cels.
> *Quod* loquals *datur* es dada.
> *Fidelibus* als fizels.[5]

Solche Reime sind eine Vorstufe zu jenen Schülerversen und Bücherflüchen, welche die Sprachen selbst mischen, wobei das Reimwort meist deutsch bleibt:

> Surge, puer, mane früh,
> Quando pastor pellit Küh.
> Quando pastor pellit Schwein
> Debes iam in schola sein.[6]

> Hic liber est mein
> ideo nomen scripsi drein.
> Si vis hunc librum stehlen,
> pendebis an der kehlen.
> Tunc veniunt die raben
> et volunt tibi oculos ausgraben.
> Tunc clamabis ach, ach, ach,
> ubique tibi recte geschah.[7]

Eine naive Freude am Spiel mit der Fremdsprache im Spott über ihren seltsamen Klang und im Prunken mit Sprachkenntnissen schwebt auch über den kompliziertesten literarischen Gebilden, selbst über jenen aus älterer Zeit, von deren Entstehung wir nichts Genaueres wissen.

---

[4] Lewalter-Schläger 555; Weis Jocosa 7; Weis Bella Bulla 9. Ähnlich schon in einem um 1600 überlieferten Volkslied „Ein mutter hat ein filium" und im seit 1506 bekannten Studentenlied „Pertransibat clericus, / Durch einen grünen Wald": Johannes Bolte, In dulci iubilo aaO 126; Arthur Kopp, Deutsches Volks- und Studenten-Lied in vorklassischer Zeit, Berlin 1899, 227; ein deutsch-französisches Gegenstück seit 1743: ebda. 274; Weiteres aus dem 17. und 18. Jahrhundert: Hermann Kretzschmar, Geschichte des neueren deutschen Liedes I, Leipzig 1911, 149, 171 ff.; aus dem 14. und 15. Jahrhundert: Hoffmann von Fallersleben, In dulci iubilo aaO 20.

[5] Leys d'Amors I 336; vgl. auch Fabri II 117 f.

[6] Wilhelm Wattenbach, Das Schriftwesen im Mittelalter, 3. Aufl Leipzig 1896, 534; vgl. auch die Sprachmischung in Merkversen für grammatische Regeln: Weis Bella Bulla 16 f.; Weis Jocosa 17 ff.

[7] zu Bücherflüchen und Schreiberversen vgl. Wattenbach aaO 491 ff.; H. Meißner, Der Bücherfluch — In: ZfBfr 1 (1897/98) 101 f.; G. A. Crüwell, Der Bücherfluch — In: Mitteilungen d. österr. Vereins f. Bibliothekswesen 8 (1904) und 9 (1905); G. A. Crüwell, Die Verfluchung der Bücherdiebe — In: Archiv für Kulturgeschichte 4 (1906) 197 ff.; Gerhard Eis, Verfluchung des Buchdiebs — In: Neophilologus 46 (1962) 283 ff.; Georg Witkowski, Bücherflüche englischer Schuljungen — In: ZfBfr NF 7 (1915/16) 386 ff.; Lewalter-Schläger 551 ff.; Rochholz 188 ff.; Weis Jocosa 7 ff.; Weis Bella Bulla 10; Weis Curiosa 81 ff.

Horaz kennt Ansätze zu griechisch-lateinischer Sprachmischung bei Pitholeon und Lucilius,[8] Quintilian bei Ovid,[9] bekannter sind die Mischungen von M. Cornelius Fronto und Ausonius.[10] Meist werden die Wörter beider Sprachen nebeneinander gesetzt, zum Teil aber auch schon — so bei Ausonius — lateinische Wörter mit griechischen Endungen versehen und umgekehrt, also die Prinzipien der maccaronischen Poesie vorweggenommen.[11]

Eine eigenartige Mischung entwickelt sich im Mittelalter: lateinische Wörter wechseln mit volkssprachlichen und reimen unter- oder miteinander. Das älteste deutsche Beispiel ist offenbar ein Leich auf die Versöhnung Ottos I. mit seinem Bruder Heinrich von 941, „De Heinrico", in dem von jedem Vers die erste Halbzeile lateinisch, die zweite deutsch ist.[12] Das Gedicht ist sicher nicht als Sprachscherz gedacht; ob ein Versuch zu Volkstümlichkeit vorliegt, läßt sich schwer beurteilen. Offenbar handelt es sich einfach um ein gelehrtes Kunststück wie beim zweiten Werkchen aus der gleichen Zeit, dem Liebesantrag eines Klerikers an eine Nonne.[13] Gelehrte Spielerei ohne komische Absicht ist wohl schon der abecedarische Hymnus aus dem sechsten (?) Jahrhundert, irischen oder bretonischen Ursprungs, der den römischen Vulgärdialekt mit griechischen, semitischen und keltischen Wörtern vermischt, vielleicht auch zu einer Art Geheimsprache.[14]

Oswalds von Wolkenstein zwei gemischte Gedichte sind ebenfalls „gelehrte" Spielerei. Der Dichter will seine Sprachkenntnisse herausstreichen, doch wird er dabei auch heimlich gelacht haben. In sieben Sprachen, „teutsch, wälchisch, franzoisch, ungrisch, windisch[15], flemming, latein", redet er seine Greth an, zum Glück ist in den Handschriften eine Übersetzung beigefügt:

[8] Sat. I 10 V. 22; zu Lucilius vgl. etwa das Register der griechischen Wörter in Carminum reliquiae ed. Friedrich Marx, Leipzig 1904-05, I 156 ff.
[9] VIII 6 §§ 31—33; vgl. Wilhelm Heräus, Ein maccaronisches Ovidfragment bei Quintilian: Kleine Schriften, Heidelberg 1937, 236 ff.
[10] Epist VIII: Opuscula ed. Rudolf Peiper, Leipzig 1886, 232 ff.; vgl. Reinhold Köhler, Ausonius und die maccaronische Poesie — In: RhM 12 (1857) 434 ff.
[11] weitere Literatur: Carl Blümlein, Zur Geschichte der maccaronischen Poesie — In: Berichte des Freien Deutschen Hochstiftes NF 13 (1897) 215 ff.; B. W. Mitchell, Ancient Maccaronic Verse: a Correction — In: Classical Weekly 24 (1930/31) 184; Ulrich von Wilamowitz-Möllendorff, Kleine Schriften, Berlin 1935 ff., II 246 ff.; Gerber II 370; Teuffel 355.7; 421.2m.
[12] vgl. Marie-Luise-Dittrich, De Heinrico — In: ZfdA 84 (1952/53) 274 ff.
[13] Gustav Ehrismann, Geschichte der deutschen Literatur bis zum Ausgang des Mittelalters, München 1918-35, I 232 ff. § 40. Dazu gehört eigentlich auch noch der deutsche Liebesgruß im Ruodlieb: Fragm. XVII 12 f., Ruodlieb ed. Edwin H. Zeydel, Chapel Hill University of North Carolina Press 1959, 134.
[14] vgl. Bethmann, Alte Glossen an Herrn Prof. Wilhelm Grimm — In: ZfdA 5 (1845) 193 ff., Abecedarius 206 f.; Joseph M. Stowasser, Stolones latini, Wien 1889, 3 ff., Abdruck 6 ff.; Manitius Poesie 485 mit ähnlichen Beispielen aus derselben Zeit. Bethmann 207 vergleicht den Hymnus mit dem künstlichen Latein des Abbo von St. Germain-des-Prés; vgl. auch Sprachmischungen bei Virgilius Maro, in den Hisperica Famina und im südbrit. Rhetorenlatein um 500: Meyer Mlat Ryth III 53.
[15] stark mit deutschen Wörtern durchsetzter Dialekt der Kärntner Slowenen.

Do frayg amors	franczoß	Ach wars mein lieb
adiuva me!	lateinsch	Hilf mir zwar
ma lot, min ors	vngrisch, flemmsch	mein pherd, mein ross
nai moi serce,	windisch	darczu mein hercz
rent mit gedank,	tewczsch	rent mit gedankh
frau, pur a ti.	welsch	fraw newr zu dir
eck lop, eck slap,	flemmsch	ich loff, ich slaff
vel quo vado,	lateinsch	oder wo ich ker
wesegg mein krap	vngrisch, tewzsch	werlich, mein kraph
ne dirs dobro.	windisch	der halt nicht vast
iu sglaf e frank	welsch	ich aigen vnd frey
mersch vois gri	franzoß	dir denklich schry

> Teutsch, wälchisch mach!
> franzoisch lach!
> ungrischen wach;
> prot windisch pach!
> flemming so krach!
> latein die sibend sprach ...[16]

Schon vorher hatte Raimbaut de Vaqueiras ein Lied in fünf Sprachen gedichtet, je eine Strophe und ein Geleit provenzalisch, toscanisch, französisch, gasconisch und castilianisch.[17] Ein mehrsprachiges Sirventes ist uns auch von Bonifaci Calvo überliefert.[18] Die Leys d'Amors führen als coblas partidas und meytadadas verschiedene Arten der Mischung in Mustern vor.[19] Bekannt ist der dreisprachige Descort Dantes:

> Aï fals ris! per que traitz avetz
> Oculos meos, et quid tibi feci,
> Che fatto m'hai così spietata fraude? ...[20]

Bei den zahlreichen italienischen Mischdichtungen des fünfzehnten bis siebzehnten Jahrhunderts bereichern auch noch Spanisch und Hebräisch das Sprachenkonzert.[21] In Spanien dichtet Melchor Orta aus Valencia ein halb kastilianisches, halb katalanisches Sonett.[22] In Frankreich ist diese Art Mischdichtung als **vers entrelardé** (gespickter Vers), vers hybride, épître farcie, Kyrie farci, Alleluja farci bekannt. Scherzhaft wird sie vor allem an den kirchlichen Narrenfesten ver-

---

[16] Oswald von Wolkenstein 77; das zweite Lied: 27. Wernher der Gartenære läßt Helmbrecht bei der Rückkehr ins Vaterhaus den Freiknecht und dessen Frau sassisch, die Schwester lateinisch, den Vater welsch und die Mutter böhmisch begrüßen: ed. Panzer, 6. Aufl. v. Kurt Ruh, Tübingen 1960, V. 717 ff.; vgl. auch Weckherlin I 508 ff. Nr. 235.

[17] abgedruckt bei Carl Appel, Provenzalische Chrestomathie, 6. Aufl. Leipzig 1930, Nr. 37; ebda. Nr. 92 zweisprachige Tenzone.

[18] abgedruckt ebda. Nr. 71.

[19] Leys d'Amors I 334 ff.

[20] La Vita Nuova e il Canzoniere ed. Michele Scherillo, 3. Aufl. Milano Hoepli 1930, 386 ff. (Verfasserschaft zweifelhaft).

[21] Genthe aaO 19 ff.; Antonio da Tempo nennt solche vers entrelardés „semilitterati", mit klassischen lateinischen Versen „metrici" und kennt daneben auch bilingues: Mönch 26.

[22] Gauthier II 24.

Die literarischen, gesellschaftlichen und gelehrten Spiele 209

wendet.[23] Die Vollendung der Sprachmischung suchen die Rhétoriqueurs, indem sie Gedichte schreiben, die zugleich lateinisch *und* französisch gelesen werden können. Für Jean d'Auton heißt

>Ora per duces consors ter regens et posses Syon
>Ludo vicia fui de milana Germaniae ...

zugleich auch

>Or a perdu ces consors, terre, gens et possession
>Ludovic ja fui de Milan a Germanie ...,

was Guy zu dem Stoßseufzer veranlaßt: „Surprenant effort! Il y a lieu seulement de regretter que le français n'ait guère de sens, que le latin n'en ait point du tout."[24] Dabei gelangt hier der Versuch zu höchstem sprachlichem Raffinement genau an den Punkt, von dem das Kinderspiel und der Schülervers ausgehen: zu jenen „Sauerkrautsprachen", die Sätze der eigenen Sprache durch Wortwahl und Änderung der Betonung in fremdsprachige verwandeln, „griechisch"-deutsch etwa: „Mäh'n Äbte Heu? Ob Äbte Heu mäh'n? Äbte mäh'n nie Heu, Äbte mäh'n Gras."

Vom zwölften Jahrhundert an bis fast zur Gegenwart lassen sich die vers entrelardés auch in der deutschen Literatur verfolgen. Da Hoffmann von Fallersleben sie gesammelt hat und seine Sammlung verschiedentlich ergänzt worden ist, erübrigt es sich, Beispiele aufzuzählen; als Dichter seien nur Muskatplüt, Heinrich von Laufenberg und Johannes Fabri genannt.[25] Im Laufe der Zeit wandeln sich diese Dichtungen — vielleicht unter dem Einfluß der fahrenden Schüler — aus dem gelehrten Kunststück immer stärker zum Scherz.[26] Im vierzehnten und fünfzehnten Jahrhundert blüht freilich auch die ernste Art und bringt etwa das noch heute beliebte Weihnachtslied „In dulci jubilo" hervor. Deutsche und lateinische Verse oder Bruchstücke wechseln allmählich immer willkürlicher. Sogar ins Jesuitendrama dringt später dieses Spiel ein, so in den „Threnus" des „Carnisprivium"

[23] Canel II 29 ff., z. B. Couplet der Hörnerträger von Evreux und Rouen 32.
[24] Bibliothèque Nationale fr. 5089, 53 nach Guy 151; vgl. ferner Molinet 191 V. 331 ff.; gewöhnliche Sprachmischung (meist mit „zweisprachigen" Reimen) ebda. 371 ff., 399 f., 752 ff., 775 ff., 812 f., 817 f.; vgl. auch Fabri II 117 f. Zugleich hebräisch und deutsch bzw. italienisch können Sätze gelesen werden, die Johann Christoph Wagenseil, Sota..., Altdorf Endter 1674, 49 f. zitiert, freilich kommt als Deutsch nur heraus: „Jaacob is jo so vvol eben heraus auf eina"; erwähnt auch von Morhof 529 ff.; andere Beispiele: Tabourot 34 ff.; Pasquier I 747 f.
[25] So ist Hoffmanns von Fallersleben In dulci iubilo keine Sammlung maccaronischer Dichtungen, als die sie immer zitiert wird, sondern lateinisch-deutscher Mischdichtungen vom Typ der vers entrelardés; vgl. auch Morhof 527 ff. Zu Fabri vgl. Verfasserlexikon I 599 Nr. 2 (Ludwig Denecke).
[26] vgl. etwa CB 149, 177, 184 (lateinisch-deutsch); 94 f., 185 (lateinisch-französisch); 195, 218 (lateinisch-französisch-deutsch); CB Schm. CXCII, 174; der Inhalt ist zum Teil schlüpfrig; ferner etwa Lyrik des späten Mittelalters aaO 202 ff. (mit Erstdrucken); Valentin Schumann, Nachtbüchlein ed. Johannes Bolte, Tübingen 1893, II Nr. 41; Fischart, Geschichtklitterung 139 Z. 30; Wackernagel Kirchenlied II 433, 640 ff., 777 ff.; V 1513; Johannes Bolte, Ein Lied auf die Bernauer Wolfsjagd (1609) — In: Archiv f. Litgesch. 15 (1887) 225 ff. Lateinisch-englische Mischgedichte: Meyer Mlat Ryth III 347 ff. Als Stammbuchverse: Keil Stammbücher passim, etwa 109 Nr. 379. Gottsched 797 ff. spricht von „poetischem Kehricht", er kennt offenbar nur vers entrelardés.

14 Liede, Dichtung 2

Johann Baptist Adolphs.[27] In Trunkenen Metten, Parodien und vor allem im Studentenlied ist sie gang und gäbe; Wilhelm Wackernagel und Hoffmann von Fallersleben dichten noch im neunzehnten Jahrhundert nach dieser Manier.

Eine andere Mischdichtung flicht seit dem Ende des fünfzehnten Jahrhunderts in den lateinischen Text Wörter der Volkssprache ein, versieht diese jedoch mit lateinischen Endungen und flektiert sie lateinisch: die maccaronische Poesie. Meist wird jede Mischung zweier Sprachen in der beschriebenen Art maccaronisch genannt, doch wiegt das Latein als Grundsprache vor. Nicht zu verwechseln ist das Maccaronische mit dem Küchenlatein, welches aus der Muttersprache wörtlich statt dem Sinn nach übersetzt.[28]

Auch die maccaronische Poesie ist verhältnismäßig gut bearbeitet, so können wir uns hier mit dem Allernotwendigsten begnügen.[29] Die Herkunft des Namens ist noch ungeklärt; die meisten beziehen ihn auf die Maccaroni und können sich dabei auf Folengo und auf Fischart berufen, der von „Nuttelversen" spricht.[30] Im allgemeinen vermutet man als Beginn die Satire auf die pedantische, ciceronianisch-vergilische Sprache der italienischen Humanisten. Doch kommt ein italienischer Einfluß für die Anfänge in Deutschland kaum in Betracht.[31] Kleine, von fremden Einflüssen sicher unabhängige maccaronische Fragmente zeugen mehr für ein freies Spiel mit der Sprache als für die Satire. Fischart, der Folengos Nuttelverse schätzt, ist in seinen eigenen Bildungen wie „Mistelinum gabelinum, treib den Son auß dem stalino hinab das Stiglinum, speckorum Kelberdantzen"[32] nicht von den Italienern, sondern vom volkstümlichen Spiel abhängig, liebt er doch auch das Sauerkrautlatein der Schüler: „Kurant zum vich, virlam enten, ku klee aß, kräh sand aß."[33] Diese Nachahmung fremder Sprachen durch Anhängen ihrer Endungen an einheimische Wörter ist ein volkstümlicher Spaß; als literarische Gattung setzt diese Art von Sprachmischung jedoch eine genauere Kenntnis der Fremdsprache, hier des Lateins, voraus, wie wir

---

[27] Rommel 122 f., 994; vgl. auch Adel 153 f.; Harsdörffer Trichter I 112 f. Ein lateinisch-deutsches Mischgedicht von Laurentius von Schnifis teilweise abgedruckt in: Laurentius von Schnifis, Nun zeige mir dein Angesicht ed. Eugen Thurnher, Graz-Wien 1961, 24 f.

[28] Der küchenlateinische Satz „Nam bonae mulieres et virgines sunt etiam in inspectionem dorsi trahenda" würde maccaronisch vielleicht heißen: „Nam bonae weibae et virgines ziehendae sunt ..." (Genthe aaO 63). Doch vermischen sich auch in den Dunkelmännerbriefen mit una zecha, unum brillum beide Arten.

[29] Die Geschichte Genthes bedarf freilich dringend einer sorgfältigen und kritischen Neubearbeitung.

[30] Fischart Geschichtklitterung 31 Z. 27.

[31] Reallexikon II 324 ff. §§ 3, 6.

[32] Fischart Geschichtklitterung 220 Z. 1; vgl. auch passim bes. 8., 17. und 22. Kap.; allgemein: Zitzmann 76 f.

[33] Geschichtklitterung 219 Z. 35. Ellinger, Reallexikon II 325 § 3, sagt dagegen ausgerechnet: „Bei ihm läßt sich der Einfluß der gleichartigen italienischen Dichtung nicht verkennen." Die Wendungen Fischarts stammen jedoch, sofern sie nicht direkt aus Rabelais übernommen sind wie die Rede des Meisters Janoti von Pragmardo (z. B. Geschichtklitterung 242 Z. 27), eindeutig aus dem volkstümlichen Spiel wie das zitierte Muster oder aus der Studentensphäre wie etwa „[Sie gingen] gassatum, Hipenspilatum, Mummatum, dummatum, fenstratum, Raupenjagatum" (ebda. 217 Z. 7). In den anderen Werken Fischarts ist Maccaronisches äußerst selten, Galle 17 kennt nur drei Stellen.

sie nur von studentischen Kreisen erwarten können.[34] So stammen die meisten maccaronischen Gedichte aus der Umgebung der Universität, es sind oft akademische Scherzreden, die dann — wie das Quodlibet — im siebzehnten und achtzehnten Jahrhundert in Hochzeitsgedichte, etwa in die „Rhapsodia ad Brautsuppam", übergehen. Die Studentensprache hat bis heute maccaronische Wendungen bewahrt,[35] die Wiener Vorstadtbühne besitzt sie seit dem Jesuitendrama.[36] Das beste Werk auf deutschem Boden ist zweifellos das niederdeutsch-maccaronische Hexametergedicht „Floia" von 1593, ein gelungener Beitrag zu der damals beliebten Flohliteratur, der auch Fischart und andere gehuldigt haben.

Ein besonderes Gesicht erhält die maccaronische Poesie in Italien.[37] Aus dem freien Spiel wird die schon erwähnte Satire auf die vergilisch-ciceronianische Poesie der Humanisten und verbreitet sich wie in keinem andern Land als literarische Gattung. Aus einer ganzen Reihe von Namen wie Tifi degli Odassi, Giovan-Giorgio Alione, Cesare Orsini, Zanclaio sticht Teofilo Folengo hervor. Als Merlin Cocai (Merlinus Cocajus) dichtet dieser einzig- und eigenartige Dichter in der ersten Hälfte des sechzehnten Jahrhunderts zahlreiche maccaronische Werke, vor allem das Ritterepos „Baldus", die „Moscheis" — den Krieg der Mücken gegen die Ameisen in der Art der Batrachomyomachia — und eine Parodie auf die Liebescanzonieren „Zanitonella".[38] Folengo ist der größte maccaronische Dichter und hat mit seinen Motiven fast mehr noch als mit seiner Sprache in alle Länder gewirkt. Auf Rabelais war sein Einfluß so deutlich, daß 1606 eine erweiterte und Folengo übersteigernde französische Übersetzung des Baldus unter dem Titel „Histoire maccaronique de Merlin Coccaïe, prototype de Rabelais" erschien.[39] Rabelais verwendet das Maccaronische vor allem in der Rede des Janotus de Bragmardo und im Katalog der Bibliothek von St. Victor. Größere maccaronische Dichtungen gibt es in Frankreich wie in Deutschland nur wenige,[40] an Dichtern wären etwa Antonius

[34] einzelne maccaronische Verse schon bei Brant, Murner, Hans Sachs, Lindener (z. B. Rastbüchlein und Katzipori ed. Franz Lichtenstein, Tübingen 1883, 132 ff. Katzipori Nr. 78), in Kirchhoffs Wendunmut usw.; später bei Moscherosch (z. B. Philander I 95), Joh. Friedrich Rottmann (*Lustiger Poete..., o. O. 1718), Odilo Schreger (Studiosus jovialis, München 1749 u. ö.), Matthias Abele (*Seltzame GerichtHändel..., Nürnberg Endter 1668, I 67); auch in Stammbüchern: Keil Stammbücher 130 Nr. 560; 199 Nr. 1040.
[35] Friedrich Kluge, Deutsche Studentensprache, Straßburg 1895, 31 ff.
[36] Stranitzky: Fritz Homeyer, Stranitzkys Dramen, Berlin 1907, 130 Anm.; Nestroy passim, z. B. IX 454 Z. 25; XIII 492.
[37] Literatur: Ugo Enrico Paoli, Il latino maccheronico, Firenze Felice Le Monnier 1959 (grundlegend); ferner etwa: G. Zannoni, I precursori di Merlin Coccai, Città di Castellio 1888; Maccheronee di cinque poeti italiani del seculo XV, Milano G. Daelli 1864; Amusus cuccagnae innamoratus, poemetto maccheronico ed. Ugo Fritelli — In: Memorie Valdarnesi II.10, Montevarchi 1903.
[38] zu Folengo vgl. oben Bd. 1 S. 435 f. und die dort angegebene Literatur; ferner etwa noch: Carlo Cordié, Il linguaggio maccheronico e l'arte del Baldus — In: Archivum Romanicum 21 (1937) 1 ff.; Schneegans 131 ff.
[39] Histoire Maccaronique de Merlin Coccaïe, Prototype de Rabelais... nouv. ed. P.-L. Jacob, Paris Garnier 1876.
[40] Canel II 167 ff.

de Arena, Remy Belleau aus dem sechzehnten Jahrhundert und der französisch-maccaronisierende Schweizer Janus Caecilius Frey aus dem siebzehnten zu nennen, an Werken vor allem das dritte Zwischenspiel von Molières „Malade imaginaire". In Spanien und England findet sich das Maccaronische nur in Spuren.[41]

Ein Überblick über die Sprachmischung außerhalb der beiden besprochenen Typen geriete bald ins Uferlose. Die Sprachmengerei beherrscht die Karikatur. Die Vortäuschung fremder Idiome durch verwegenes Kauderwelsch ist überdies ein alter Theatertrick von Aristophanes[42] über das Jesuitendrama,[43] Molière,[44] die Commedia dell'arte bis zur Altwiener Volkskomödie.[45] Sie gehört zu bestimmten Typen des Lustspiels, zum Aufschneider — etwa zu Gryphius' Horribilicribrifax, der sieben Sprachen vermengt, während es Holbergs Jacob von Tyboe auf deren zehn bringt —,[46] zum Modetoren, der sich mit unverdauten fremden Brocken schmückt (wie in Holbergs „Jean de France" oder „Erasmus Montanus"), zum listigen Liebhaber oder zu dessen Diener, die sich (wie in Holbergs „Kilde-Reysen") als Doktoren, (wie in dessen „Pernilles korte Frøyken-Stand") als Mönche und (wie in dessen „Don Ranudo") als fremde Prinzen verkleiden, ebenso zu verkleideten Betrügern (so in Holbergs „Det Arabiske Pulver" und „Henrich og Pernille"). Holberg, der das Kauderwelsch besonders liebt, geht bis zur rein spielerisch zwecklosen Spracherfindung („Ulysses von Ithacia"). Als Mittel der Posse sind Sprachmengung und -karikatur unverwüstlich,[47] vom „Maître Pathelin", der im Fieber ein Gemisch von Limousinisch, Picardisch, Flämischisch (Deutsch und Französisch), Normannisch, Bretonisch und Küchenlatein spricht, über das Wiener Vorstadttheater (Nestroys „Müller, Kohlenbrenner und Sesselträger", „Umsonst", „Eisenbahnheiraten" usw.[48]) bis zur Gegenwart. Mit Lessings Riccaut de la Marlinière sind sie auch ins hohe Lustspiel eingedrungen, ebenso treten sie in der literarischen Polemik auf. Der deutsche Barock benützt sie gegen die Fremdwörtersucht, gegen die „maccaronische Sprache", wie es Harsdörffer nennt,[49] die französische und italienische Renaissance gegen ein latinisiertes Französisch bzw. Italienisch der pedanteskischen oder fidenzianischen Poesie.[50] Als freies Spiel

---

[41] ebda. II 198 f. (portugiesisch).
[42] Acharner: falsche Persergesandte; Vögel: falscher Triballergott.
[43] z. B. Bidermann, Belisar 1607 (gedruckt München 1666): Kauderwelsch der Numider.
[44] z. B. Le Bourgeois gentilhomme IV.5 ff., V und sonst.
[45] Rommel 437 Anm. 15; 751 (bes. Bäuerle).
[46] Jacob von Tyboe II.2. Noch weiter geht Nestroy, wenn er sagt: „Dieser Zwerg spricht siebzehn Sprachen. Schade, daß er stumm geboren und daher außerstande ist, dieses seltene Talent zu produzieren" (IX 263 Z. 13 ff.).
[47] etwa schon Valentin Boltz, Weltspiegel, Basel 1550-51, V. 4817 ff. mit radebrechender Rede des „klein welsch betterlins": Schweizer. Schauspiele des 16. Jahrhunderts ed. Jacob Bächtold, Zürich 1890-93, II 300 f.
[48] vgl. auch Rommel 321; polyglotte Spielereien; ebda. 357, 995 ff.; in Stammbuchversen: Keil Stammbücher 102; bei Fischart: Geschichtklitterung 240 Z. 30.
[49] Harsdörffer Gespsp II 28 ff.; V. 360 ff.; Trichter I 111 ff.; Pegnesis I 109 ff. (Der maccaronisirende Mopsius).
[50] Genthe aaO 83 ff.; Canel II 115 ff.

der Komik kennen wir sie etwa aus Gotthelfs „Wie ein Welsch Wein verkauft".[51] Der „Lustige Rat" am Hofe Augusts III. von Polen, der Sachse Johann Christian Trömer, erzeugt eine eigentliche Mode mit seinem deutsch-französischen Kauderwelsch, das er unter dem Namen Jean Chrêtien Toucement oder Deutsch-Françoş verbreitet und das auch Lessing als Muster gedient haben soll.[52] Seither ist die Flut der deutschen Sprachkarikaturen, etwa auch des Jiddischen, Ungarischen und Russischen, nicht zurückgegangen.[53]

Dem Milieukolorit dient die Sprachmischung mit Rotwelsch, Gauner-, Zigeunersprache und Argot, die sich von Sebastian Brant, Beheim, Bebel, Gengenbach, Wickram, Fischart über Moscherosch, Grimmelshausen[54] bis zu Eichendorff[55] und Liliencron[56] belegen läßt; von einer eigentlich dichterischen Verwendung kann aber nur bei François Villons Balladen im Jargon oder Jobelin der Zeit gesprochen werden.[57] Einen großen Abschluß und zugleich einen Neubeginn bedeutet James Joyces „Finnegans Wake" mit seinem eigenen Idiom, das sich aus Wörtern vieler Sprachen zusammensetzt.

Wir wollen diesen Abschnitt nicht beschließen, ohne wenigstens darauf hinzuweisen, daß die Sprachmischung auch ein linguistisches Problem bildet.[58] Man denke nur an die Doppelsprachigkeit vieler Menschen[59] — die man sich leicht als Quelle der vers entrelardés vorstellen kann —, an die Mode eines französisierenden oder

[51] Gotthelf, Sämtliche Werke ed. Rudolf Hunziker und Hans Bloesch, Erlenbach-Zürich 1921 ff., XXIV 83 ff.; auch im Volkslied: Liederhort 1286 (sinnlose Italienisch-Imitation).
[52] Goedeke IV.1 24 f.; ADB XXXVIII 636 ff. (Erich Schmidt); weitere Beispiele und Nachahmungen: Johannes Bolte, Ein Reimgespräch zwischen Prinz Eugen und Villeroi (1702) — In: ZfVk 19 (1909) 194 ff.; Gustav Kohlfeldt, Gelegenheitsdichtungen à la „Deutsch-Franzos" — In: ZfBfr NF 3 (1911/12) 181 ff.
[53] vgl. etwa J. R. Sigmund Holzschuher (Ps.: Ignaz Feitel Stern): ZfBfr NF 20 (1928) 114 ff. (Ludwig Göhring); Georg Hochstetter, Maruschka Braut gelibbtes! Briefe aus Debberitz von Iwan Kosak gefangenes, Berlin o. J. [ca. 1916] usw.
[54] zu allen vgl. Friedrich Kluge, Rotwelsch I: Rotwelsches Quellenbuch, Straßburg 1901.
[55] Gedicht „Die Glücksritter": Eichendorff I.1 129 und gleichnamige Novelle: Eichendorff NG II 889 ff.
[56] Die Falschmünzer: Detlev von Liliencron, Ges. Werke ed. Richard Dehmel, Berlin 1921, III 280 ff.; vgl. auch Liederhort 1587 (nach Moscherosch Philander II 661 f., vgl. ebda. II 633 ff. Verzeichnis der Feld-Sprach).
[57] Oeuvres de François Villon: Le jargon et le jobelin... ed. Auguste Vitu, Paris Ollendorff 1889.
[58] Paul Prinzipien Kap. 22; Lutz Mackensen, Sprachmischung als Wortbildungsprinzip — In: ZfdPh 51 (1926) 406 ff.
[59] vgl. etwa Theodor W. Elwert, Das zweisprachige Individuum, Mainz 1959 und die dort angegebene Literatur; M. Grünbaum, Mischsprachen und Sprachmischungen, Berlin 1886. Besonders häufig auch englisch-deutsche Bildungen in Amerika, spielerisch vgl. etwa K. M. S., Die allerschönste Lengevitch, New York Crown 1953; über das Pennsilfaanisch vgl. etwa Ralph C. Wood in: Deutsche Philologie im Aufriß ed. W. Stammler, Berlin 1952-57, I 785 ff.; ferner Erich Fausel, Die deutsch-brasilianische Sprachmischung, Berlin 1959 usw.

latinisierenden Deutsches zu verschiedenen Zeiten und schließlich an die Freude an der Verballhornung fremder Wörter überhaupt,[60] die uns wieder an den Anfang dieses Abschnitts zurückführt.

c) Der Cento

Der Cento[1] — so benannt nach der aus bunten Flicken zusammengesetzten Jacke des Harlekins — benützt Verse und Versteile bekannter Werke, um aus ihnen ein neues Gedicht zusammenzustoppeln. Dies hat nur einen Sinn, wenn der Hörer oder Leser mit den verwendeten Dichtungen vertraut ist; deshalb sind Centonen in der griechischen und lateinischen Dichtung aller Zeiten häufig, in der deutschen dagegen äußerst selten.

Die griechische und lateinische Centonenpoesie, die in späthellenistischer Zeit beginnt und erst im neunzehnten Jahrhundert endet, benützt vor allem Homer und Vergil als „Quellen". Besonders beliebt sind solche Centonen im vierten/fünften und im siebzehnten Jahrhundert. Aus der Fülle der Beispiele seien nur der Cento nuptialis des Ausonius und die Darstellung des Alten und des Neuen Testaments durch Proba Falconia genannt; beide verwenden Vergilverse.

In den volkssprachlichen Literaturen ist kein Dichter so zum allgemeinen Bildungsgut und Vorbild geworden, daß ein Cento sogleich als aus seinen Versen zusammengesetzt erkannt würde; überdies hemmen die verschiedenen Versmaße die Verbindung. Die italienische Literatur wird freilich im sechzehnten Jahrhundert so stark von Petrarca beherrscht, daß tatsächlich Petrarca-Centonen auftauchen.[2] Die deutsche Barockdichtung[3] ist von Opitz abhängig, deshalb dichtet Birken einen Cento aus Opitzversen. Dies ist neben Wenzel Scherffers Opitz-Cento[4] der einzige uns bekannte deutsche Vertreter dieser Gattung,[5] wenn man von dem für persönliche Zwecke gedichteten Hafis-Cento Goethes in den Noten und Abhandlungen zum West-östlichen Divan[6] und von Weinhebers „Saar" absieht, die Bibelstellen

---

[60] etwa Dickens in seinen Briefen.
[1] Literatur: Octave Delepierre, Tableau de littérature du centon chez les anciens et chez les modernes, London 1874-75; derselbe, Ouvrages écrits en centons depuis les temps anciens jusqu'au XIXe siècle, London 1868; Frisch 63 f.; Lalanne 12 ff.; Canel I 251 ff.; Gerber II 369 ff.; D'Israëli 108; Buxtorf 51 ff. Antike: Pauly-Wissowa III.2 1929 ff. (Crusius); Teuffel 41; Cento Nuptialis des Ausonius: Opuscula ed. Rudolf Peiper, Leipzig 1886, 206 ff.; Mittelalter: Poetae IV 310 ff.; Manitius Poesie 11 f., 123 ff., 341, 472, 478, 493; Manitius I 184 ff., 597, 606, 618 f., 685; III 684; Wilhelm Meyer, Die Berliner Centones der Laudes Dei des Dracontius — In: SB d. Kgl. Preuß. Akad. d. Wiss. 1890 Nr. 15, 257 ff; Proba Falconia: Manitius I 66, 471, 704.
[2] Delepierre Tableau aaO I 159 ff. (Pietro), 324 ff. (Bidelli).
[3] Vorbild der Poetiker wohl Scaliger I.42.
[4] *Wenzel Scherffer von Scherffenstein, Geist- und weltliche Gedichte, Brieg 1663, 572 ff.: Hochzeitsgedichte aus opitianischen halben und gantzen Reimen, nach Adel 47.
[5] *Teutsche Rede-bind- und Tichtkunst, Nürnberg Riegel 1679, 158 ff. Birken hat in der *Fried-erfreueten Teutonie", Nürnberg Dümler 1652, auch einen lateinischen Virgilcento gedichtet.
[6] Goethe WA I.7 131.

zu großdeutscher Propaganda mißbraucht.[7] Doch muß es noch mehr gegeben haben, sonst hätte Frisch dem Cento in seinem Schulspiel nicht einen ganzen Auftritt gewidmet und eine Parodie aus Versen Harsdörffers, Kanitz', Hofmannswaldaus, Knorr von Rosenroths und Lohensteins gedichtet.[8] Für die englische Dichtung verzeichnet Delepierre einen Shakespeare-Cento aus dem achtzehnten Jahrhundert,[9] für die französische einen Rabelais-Cento aus der gleichen Zeit, ferner eine Parodie in Cento-Form auf Chateaubriand und Madame de Staël von 1807 und zwei politische Centonen aus der Restaurationszeit.[10] Cento-ähnlich sind die altprovenzalische und altitalienische Spielerei, die Strophen eines Liedes mit den Anfangsversen berühmter Canzonen beginnen zu lassen,[11] und die der Rhétoriqueurs, aus galanten Versen in einer Art geistlicher Kontrafaktur fromme Gedichte zu fabrizieren, so etwa in Molinets „Dictier qui se poeult adreschier soit a la vierge Marie ou pour un amant a sa dame".[12] Nur in der spanischen Dichtung haben sich große Dichter an diesem Spiel ergötzt. Ein Sonett von Lope de Vega setzt sich aus Versen von Horaz, Ariost, Petrarca, Tasso, Camões und Garcilaso zusammen, ist also zugleich viersprachig. Ein ähnliches Gebilde verfaßt Gongora, der selbst wieder das Opfer eines Cento-Dichters wird.[13]

Faßt man den Begriff des Cento weiter als Ausschreiben literarischer Vorbilder, dann werden große Perioden der Literaturgeschichte von ihm beherrscht, so der Späthellenismus, die orientalischen Literaturen, die neulateinische Dichtung und der deutsche Barock.[14] Unbedenklich schreibt Opitz für sein „Buch von der deutschen Poeterey" Scaliger und Ronsard aus, unbedenklich verherrlicht Harsdörffer den literarischen Diebstahl, es sei ein „rühmlicher Diebstal bey den Schülern / wann sie die Sache recht anzubringen wissen / wie Virgilius deß Theocriti und Homeri, Horatius deß Pindari Gedichte benutzet hat: ja deßwegen liset man anderer Sprachen Bücher / aus ihnen etwas zu lernen / und nach Gelegenheit abzuborgen / hiervon sagt

---

[7] Weinheber II 246 f. Im Barock sind Bibelcentonen verhältnismäßig häufig; vgl. Harsdörffer Trichter III 23 f.; Adel 47: Bibelcentonen aus Wiener Codices; vgl. auch Georg Friedrich Händel, Funeral Anthem on the Death of Queen Caroline 1737. Einen Sonderfall bildet der Cento als Stilmittel bei Hamann, der nicht auf den Spielcento der Antike, sondern auf den sakralen Cento der Bibel zurückgeht; vgl. Josef Nadler, J. G. Hamann, Salzburg 1949, 463 f.

[8] Frisch 37 f.

[9] Delepierre Tableau aaO II 129 ff.

[10] ebda. II 207 ff., 222 ff., 237 ff., 257 ff.; eine „Comédie des Comédies", Paris Nicolas La Coste 1629, aus Zitaten von Guez de Balzac abgedruckt in: Ancien Théâtre Français, Paris Jannet 1854-57, IX 231 ff.; von Harsdörffer verwendet für seine „Melisa": Gespsp III 350 ff. Zugabe.

[11] Friedrich Diez, Die Poesie der Troubadours, 2. Aufl. v. Karl Bartsch, Leipzig 1883, 81.

[12] Molinet 531 ff.; vgl. Guy 149.

[13] Pfandl 235: Lope de Vega „Le done i cabalier, le arme, gli amori...", Gongora „Las tablas del bajel despedeza das..."; dazu Garcilaso- und Gongora-Centonen aus dem 17. Jahrhundert: Delepierre Tableau aaO II 49 ff., 57 ff. Die italienische Musik des 18. Jahrhunderts kennt auch eine Flickoper, die aus Stücken mehrerer älterer Werke zusammengesetzt oder von mehreren Komponisten gemeinsam komponiert ist.

[14] Ich greife hier nur eine neuere Periode heraus; ähnlich wären etwa im 14. Jahrhundert zahlreiche Freidank- und Rennercentonen zu verzeichnen.

jener / daß die Schüler aus ihrer Lehrmeister Mäntel Kleider machen / und so statlich mit Silber und Gold überbremen / daß sie nicht erkäntlich sind."[15] Der letzte Vergleich stammt gewiß direkt aus der Wortbedeutung von Cento. Eine barocke Poetik ist meist ein Cento aus den Werken bekannter Autoren, barocke Dichtung meist verbrämter Cento aus vorbildlichen Poesien aller Sprachen. Der barocke Dichter ist stolz auf seine Belesenheit, auf seine Exzerpte, mit denen er neue Dichtung zu schaffen vermag. Der Cento ist zutiefst in jenem Ideal der Dichtung verwurzelt, in dem sich Dichter und Leser im Genießen des Spiels mit übernommenen Vorlagen finden.

Seit der Antike steht der Cento auch im Dienst der Satire. Jede Parodie wird von centonenhaften Zusammenstoppelungen genährt; aus Hunderten von Beispielen sei nur an Kotzebues „Der hyperboreische Esel oder Die heutige Bildung" erinnert, ein „drastisches Drama", dessen Held aus Zitaten des „Athenaeum" und der „Lucinde" besteht.[16] Ein heiterer Cento ist das Quodlibet, sofern es aus Teilen bekannter Lieder und Arien zusammengesetzt ist.[17] Als deutsches Beispiel sei Bormanns „Goethe-Quintessenz" zitiert — „allen citatenbedürftigen Gemüthern gewidmet" — ein Goethe-Cento, der freilich aus den Zitaten nur gereimten Unsinn formt. Ähnlich tauchen hie und da Schiller-Centonen auf; Goethe und Schiller sind die einzigen deutschen Dichter, die mit ihrer schulmäßigen Verbreitung für ein solches Spiel in Frage kommen.

> Ihr naht euch wieder? In die Ecke, Besen!
> Luft! Luft! Klavigo! Meine Ruh' ist hin.
> Der König rief: Ich bin ein Mensch gewesen;
> Das Ewig-Weibliche, das war mein Sinn.
> Ein deutscher Mann mag keinen Franzen leiden,
> Der and're hört von allem nur das Nein.
> Ich weiß nicht, nur die Lumpe sind bescheiden,
> Ein Werdender wird immer dankbar sein.
>
> Mir graut's vor dir, der Kasus macht mich lachen,
> Und Marmorbilder steh'n und seh'n mich an;
> Wer fertig ist, dem ist nichts recht zu machen,
> Der Morgen kam, kühl bis an's Herz hinan.
> Prophete rechts — mein Herz, was soll das geben?
> Du sprichst ein großes Wort gelassen aus;
> Das Wasser rauscht in's volle Menschenleben,
> Ich denke dein, so oft er trank daraus.

---

[15] Harsdörffer Trichter I 102 f.; III 41 f.; vgl. auch Trichter III 36 ff. (Von der Nachahmung). Auch der Cento selbst wird hie und da als „Stoppelvers" in barocken Poetiken erwähnt, so in Andreas Köhlers *Deutlicher und Gründlicher Einleitung zur reinen deutschen Poesie, Halle 1734. Literarischer Diebstahl ist auch in der österreichischen Barocktradition durchaus erlaubt; Stranitzkys Neujahrsgaben, z. B. die „Olla patrida", Wien 1711, sind reine Centonen der Literatur des 17. Jahrhunderts: Rommel 194. Eine ähnliche Auffassung liegt auch dem Pasticcio oder Pastiche zugrunde, der Nachahmung eines bestimmten Künstlers mit betrügerischer Absicht (heute auch Ausdruck für Parodie).

[16] Leipzig 1799, ed. Franz Blei Leipzig 1907.

[17] ein quodlibethafter Prosacento in Bäuerles Lindane: DL Barocktradition im österreich.-bayr. Volkstheater ed. Otto Rommel, Leipzig 1935-39, III 247 Z. 6 ff.

Wenn ihr's nicht fühlt, ihr werdet's nicht erjagen;
Der Page lief, man sieht doch wo und wie.
Was hör' ich draußen? Fräulein, darf ich's wagen?
Grau, theurer Freund, ist alle Theorie.
Heißt mich nicht reden, schwankende Gestalten!
Man merkt die Absicht, dunkler Ehrenmann!
Durch Feld und Wald laßt mir herein den Alten;
Ich kenne dich, du siehst mich lächelnd an.

Er sah ihn stürzen, himmlisches Behagen!
Der Knabe kam und ward nicht mehr geseh'n.
Die Sonne sinkt, du mußt es dreimal sagen —
Dies ist die Art, mit Hexen umzugeh'n.
Der Geist der Medizin ist leicht zu fassen,
Von Zeit zu Zeit seh' ich den Alten gern ...
Es muß sich dabei doch was denken lassen?!
Ergo bibamus! ist des Pudels Kern.[18]

Eine Abart des Cento bildet das Sprichwortspiel. Die Gewohnheit, Sprichwörter mehr oder weniger sinnvoll zu Gedichten zusammenzuhängen, ist verhältnismäßig alt; erwähnt seien die cobla proverbial der Leys d'Amors,[19] Gedichte von Jacopone da Todi und der niederdeutsche „Koker" Hermann Botes. Das eigentliche Sprichwortspiel ist ein Theaterstück, dessen Dialoge zur Hauptsache aus Sprichwörtern bestehen. Es scheint eine französische Erfindung des siebzehnten Jahrhunderts zu sein.[20] Adrien de Montluc, Prinz von Chabanais, Graf von Carmain oder von Cramail, erzählt in seiner unter dem Pseudonym De Vaux veröffentlichten Sammlung „Jeux de l'Inconnu" ein älteres Spiel „Courtisan grotesque" nach und schreibt eine „Comédie des Proverbes".[21] 1640 erscheint eine „Comédie des Chansons".[22] Die „Comédie des Proverbes" übersetzt Harsdörffer als Zugabe zum zweiten Band der Frauenzimmergesprächsspiele, wobei er die Zahl der Sprichwörter noch erhöht.[23] Schon im ersten Teil der Gesprächsspiele sind ein Liebesbrief und die

---

[18] Fliegende Blätter 83 (1885) 190; ein entsprechendes „Schiller-Potpourri": Die Weltwoche 21 (1953) Nr. 1004 (6. Februar). Ein Scherzcento mit Versen von Carl Busse u. a. im Aeolsharfen-Almanach III, Berlin 1896, 113; ein solcher von Shirley Brooks mit sechzehn Versen von sechzehn verschiedenen Autoren in: Nonsense Verses ed. Langford Reed, London Jarrolds o. J., 33; ferner etwa Kurt Tucholsky „Weltbild nach intensiver Zeitungslektüre": Ges. Werke ed. Mary Gerold-Tucholsky und Fritz J. Raddatz, Hamburg 1960-61, III 834 f.

[19] Leys d'Amors I 318. Allgemein ist natürlich auch das Quodlibet oft ein Sprichwörter- und Liedcento, so daß etwa Wilhelm Wackernagel ein solches unter dem Titel „Altdeutscher Cento" in ZfdA 3 (1843) 40 f. veröffentlichte; zum Quodlibet vgl. oben S. 48 ff.

[20] vgl. aber auch unten S. 260 (Menus propos). Allgemein: Georg Adolf Narciss, Studien zu den Frauenzimmergesprächspielen Georg Philipp Harsdörffers, Diss. Greifswald 1927/Leipzig 1928, 133 ff.

[21] Neuausgabe: Ancien Théâtre Français, Paris Jannet 1854-57, IX 5 ff.

[22] Comédie des Chansons, Paris Toussaint Quinet 1640, Neudruck: Ancien Théâtre Français IX 99 ff.

[23] Harsdörffer Gespsp II 264 ff. (Schau-Spiel Teutscher Sprich-Wörter). Eine Synopse der ersten zwei Szenen von Original und Übersetzung bei Narciss aaO 136 ff.

Antwort darauf aus lauter Sprichwörtern gebildet, ein „Spiel sonderlich bei Spaniern, Italienern und Franzosen zu finden":

> Liebe-vermeinte Jungfer / etc.
> Ob ihr zwar für einen Articul des Glaubens haltet / ich habe den Narren an euch gefressen / so wisset doch / daß es noch um ein gantzen Baurnschuch fehlt. Ich will mir kein Blat fürs Maul nemen / und mit euch das Spiel der unzeitigen Warheit spielen: Ich will euch weisen / wo der Hund im Pfeffer lieget: Mit der Bitte / ingedenk zu seyn / daß ein Freund / der sauer sihet / besser ist / als ein lachender Feind...[24]

Erst am Beginn des neunzehnten Jahrhunderts scheint sich das Spiel etwas auszubreiten, wenn wir Otto Rommel glauben dürfen, der Adolf Bäuerles „Kinder und Narren reden die Wahrheit" „eines der üblichen Proverbe-Lustspiele französischen Stils" nennt, „wie sie auf allen deutschen Theatern zu finden waren".[25] Von Bäuerle kennen wir noch zwei weitere Sprichwortspiele: „Weiber und Wolken und Männer und Wind" und „Schuster bleib bei deinem Leisten oder Der Brief aus Aachen".[26]

d) Parodie und Travestie

Parodie und Travestie rühren sehr oft an die Grenzen der Sprache und sind häufig literarisches Gesellschaftsspiel. Da das Material allein in der deutschen Dichtung sehr umfangreich, die geistige Haltung der Parodisten sehr verschieden ist, müssen wir hier auf die Behandlung dieser Gattungen verzichten.

e) Der Niemand

Der Gedanke, ein Wort zur Person zu erheben und diese für alles verantwortlich zu machen, was der grammatische Gebrauch ihr zuzuschreiben vermag, wird in den Niemand-Geschichten so konsequent durchgeführt, daß man den streng logischen Unsinn kaum mehr Unsinn nennen kann.[1] Es ist „Unsinn mit System", der immer sehr leicht zur Allegorie wird. Das bezeugen die zahlreichen bildlichen Darstellungen, so von Hans Holbein d. J. und andern.[2] Ein verdrehter Sonderling nach Jo-

---

[24] Harsdörffer Gespsp I K6 ff., zitiert in der Schreibung der 2. Aufl. 195 ff., Zitat 197 f., Antwort 202 ff.; vgl. auch „Des Frauenzimmers Sprichwörter" (anonym) in Neukirchs Sammlung III 338 ff.

[25] Rommel 660, 1055 (Bäuerle Nr. 1).

[26] ebda. 1057 f. (Bäuerle Nr. 40, 51). Französische Sprichwortstrophen (vers proverbialisés oder proverbes versifiés), Sprichwortspiele, -briefe und -romane: Canel II 296 ff. Sprichwortstrophen seit dem 12. Jahrhundert, u. a. von Villon „Tant grate chèvre que mal gist..."; vgl. auch aus dem 18. Jahrhundert „Le Sermon en proverbes", abgedruckt bei Claude Roy, Trésor de la poésie populaire française, Lausanne Guilde du Livre 1954, 460 ff.; ferner die in verschiedenen Sprachen verbreiteten Nachahmungen des Dialogs Salomon et Marcolfus; vgl. etwa Verfasserlexikon IV 4 ff. (H.-F. Rosenfeld).

[1] Literatur: Johannes Bolte, Die Legende vom Heiligen Niemand — In: Alemannia 16 (1888) 193 ff.; derselbe, Von S. Niemand — In: Alemannia 17 (1889) 131 ff.; Adolf Spamer, Wenn mancher Mann wüßte, wer mancher Mann wär...? — In: ZfVk 46 (1938) 134 ff. und die dort angegebene Literatur; Blümlein Floia 36 ff.; Bienenfeld 115 f.

[2] Hans Holbein d. J., Die Gemälde, Gesamtausgabe ed. Paul Ganz, Phaidon Köln Ausgabe 1955, Kat. Nr. 152, Tafel 192 ff.: bemalte Tischplatte für Hans Baer. Pieter Brueghel d. Ä.: Abbildung in: Deutsches Leben der Vergangenheit ed. Eugen Diederichs, Jena 1908, II 1012; vgl. Erich Meyer-Heysig, „Vom Herrn Niemand" — In: Zwischen Kunst-

hannes Bolte, ein witziger Spaßmacher nach Paul Lehmann,[3] auf alle Fälle der Mönch Radulfus hat um 1290 den Nemo, den wir aus der Polyphemsage kennen, als Heiligen Niemand anhand von Bibelstellen, Zitaten aus den Kirchenvätern und klassischen Schriftstellern in seinem „Sermo de Nemine" zu neuem Leben erweckt und einer Secta Neminiana zur Verehrung empfohlen. Er darf als der Erfinder der Unsinnsinterpretation gelten, die heute noch im Volksmund fortlebt.[4] Erstaunlich bleibt, daß sein Sermon eine erbitterte Gegenschrift von Stephanus de S. Georgio hervorrief. Seit Radulfus ist die Kette der Nemolegenden und Nemopredigten nicht mehr abgebrochen. Im Humanismus erhält die Gattung — besonders durch Huttens Scherzgedicht „Nemo"[5] — neuen Auftrieb; das sechzehnte und siebzehnte Jahrhundert sind reich an Nemopoesien, auch an deutschen.[6] Hingewiesen sei nur auf das Ende von Grimmelshausens Vorwort zum zweiten Teil des „Wunderbarlichen Vogelnests":

> So geben unter eygenhändiger Unter-Schrift deß offtmalig ermeldten großen Königs, de dato in der Haupt- und Residenz-Stadt Invisibilis, den 33. Monatstag Inauditä, Anno post nihil 00000
> Nullander Rex Selenititiae
> Nemonius Secretar.[7]

Neben Niemandschauspielen und Niemandbilderbogen[8] kennen wir auch ein volkstümliches Niemandgesellschaftslied, das in der Fassung Wolfgang Schmeltzls von 1544 als Muster für die ganze Gattung dienen mag:

Der Nemo
Hört zu! hört zu! und secht euch für,
hie kombt ein verachte creatur,
die vil schaden hat getan,
und sein nam heißt Niemant.
Er ist behender als der wind,
an allen orten man in findt,
er ist auch alzeit fertig zu weg,
man sing, man sag, man frag,
was an allen orten geschicht,
hat Niemant getan, ist ausgericht.
Alles unglück er anfacht:
in einer stund hat er gemacht
unglük an tausend enden.
Man findt nit als ein bhenden,
hader und zank zu machen,

geschichte und Volkskunde, Festschrift für Wilhelm Fraenger ed. Reinhard Peesch, Berlin 1960, 60 ff. (zur Hauptsache über bildliche Darstellungen).

[3] Paul Lehmann, Die Parodie im Mittelalter, München 1922, 240 ff.
[4] im Kinderspiel usw.; vgl. Rochholz 721; Böhme 235 ff.
[5] Schriften ed. Eduard Böcking, Leipzig 1859-70, III 110.
[6] vgl. etwa auch Max Meier, Das Liederbuch Ludwig Iselins, Diss. Basel 1913, 93 f. Nr. 56 (16. Jahrhundert).
[7] Simplicianische Schriften ed. F. Riederer, Leipzig 1939, II 223. *An Niemand* schreibt dagegen Hamann, beginnen doch die Sokratischen Denkwürdigkeiten: „An das Publicum oder an Niemand, den Kundbaren..."
[8] selbstverständlich auch in anderen Sprachen; vgl. Spamer aaO., Bolte aaO.

und wo etwas zu brechen wer,
da ist er vorgewesen,
nichts mag vor im genesen.
Was ganz ist, zerbricht er,
macht krausen und kandel her;
es ist kein hausmagd vor im frei,
bei der nit der Niemant sei.
Niemant ist ein solcher man:
Wenn man fragt, wer hats getan?
So spricht er: Niemant.
Er ist auch alweg vornen dran:
Wer bricht schüssel unt teller?
   Niemant.
Wer tregt wein aus dem keller?
   Niemant.
Wer stehet gern früh auf?
   Niemant.
Wer bricht hefen und krüg?
   Niemant.
Wer bricht öfen, fenster, krausen?
   Niemant.
Wer geht zu nachts umb mausen?
   Niemant.
Wer bricht stül, spiegel, glas?
Wer macht neid und haß?
   Niemant.
Wer bricht messer und schwert?
Wer verderbt manchs pferd?
   Niemant.
Wer bricht kessel, rost, pfannen,
kluppen, dreifuß, kannen?
Wer hat alle ding getan?
anders dann der Niemant.
Wer kan baß dann wir?
   Niemant.
Wen schelten wir? Niemant.
Wen verachten wir? Niemant.
Wer treibt unglimpf?
Wem gefelt der schimpf?
   Niemant.
Wer hat alles unrecht tan?
   Niemant.
Es wil froh sein jedermann,
niemant hat das alles tan,
   Nun last red für oren gan,
jedermann ist zu Niemant worden;
so sein wir al in dem orden
und wil niemant unrecht han,
darum so wöllen wir fürbaß gan.
   Nun habt für gut und nembt für gut
und zürnet nit, was Niemant tut.[9]

---

[9] Schmeltzl Nr. 13: Bienenfeld 116. Von einem „Viel anders" erzählt ein anonymes Gedicht aus dem 14. Jahrhundert (LiederSaal ed. Reichsfreiherr von Lassberg, St. Gallen

Nur in den aussterbenden Stammbuchversen, in Hausinschriften und in Hebels Spielform „Kannitverstan" lebt der Niemand heute noch fort, im Gegensatz zur weiten Verbreitung seines nichtunsinnigen Bruders Jedermann.

f) Die Lautdichtung

Lautdichtung ist ein moderner Begriff, gebildet an den Versuchen, im Gedicht auf das Wort als Sinnträger zugunsten des „reinen" Lauts zu verzichten. Lautdichtung ist jedoch undenkbar ohne die *Lautdeutung*, die den Laut überhaupt erst aus dem Wort heraushebt und zum Träger des eigentlichen Sinns macht, undenkbar auch ohne *Lautmalerei*, die den Laut als Klang, das Wort nur als Träger einer Melodie verwendet, undenkbar schließlich ohne den Gedanken einer *künstlichen Sprache*, welche die überlieferten Sprachen an Ausdrucksmöglichkeiten überragt. Drei völlig verschiedene Elemente fließen so in den modernen Versuchen zusammen, alle drei müssen wir kurz überblicken.

Die L a u t d e u t u n g hat eine umfangreiche Geschichte.[1] Das ist nicht verwunderlich: Da das Wort ein oft vielschichtiges Symbol ist, liegt es nahe, seine einzelnen Laute für die Träger der Symbolik zu halten. Denker und Dichter von Platon (Kratylos)[2] bis zur Gegenwart hat diese Idee angezogen, spekulative und rationalistische Geister haben versucht, über den Laut in das Geheimnis der Sprache einzudringen, zumal die Lautdeutung einen Weg zur Ursprache bedeuten konnte.

Über die wissenschaftlichen Versuche und ihre Gefahren haben wir hier nicht zu diskutieren. Die vorsichtig formulierten Thesen Debrunners beleuchten die heutige Stellung der Wissenschaft:

> Lautsymbolische Elemente kommen auch in der ungezwungenen Sprache vor und haben bei der Entstehung und Auswahl der Wörter eine gewisse Rolle gespielt.
> Was heute in einer Sprache als lautsymbolisch allgemein empfunden wird oder von Sprechkünstlern hineingelegt werden kann, braucht nicht von Natur so gemeint gewesen zu sein, braucht nicht als Lautsymbolik geschaffen oder entstanden zu sein.
> Lautsymbolik war in der Ursprache des Menschen wahrscheinlich wichtiger als in den modernen Kultursprachen.
> Wichtiger als die Symbolik einzelner Laute ist für die Sprache die allgemeine Symbolik, die ihr Wesen ausmacht.

und Konstanz 1846, I 387 ff.); Niemand, Jemand und Garnichts benützt Arnims Trauerspiel „Jemand und Niemand": Sämtliche Werke ed. Wilhelm Grimm, Berlin 1839-48, VI 107 ff.

[1] Aus der umfangreichen Literatur zur Lautdeutung (eine Bibliographie wäre dringend erwünscht) seien hier nur einige allgemeine Übersichten genannt: Albert Debrunner, Lautsymbolik in alter und neuester Zeit — In: GRM 14 (1926) 321 ff.; Egon Fenz, Laut, Wort, Sprache und ihre Deutung, Wien 1940, 69 ff. (vgl. auch Friedrich Ranke, Rezension in SAfVk 41 [1944] 44 ff.); Kayser, Klangmalerei 114 ff.; Dornseiff; Gerber I 197 ff.; Reallexikon 2. Aufl. II 4 ff. (Gustav Bebermeyer); moderne Versuche: Erich Brock, Der heutige Stand der Lautbedeutungslehre — In: Trivium 2 (1944) 199 ff.; ferner etwa Friedrich Kainz, Psychologie der Sprache, II, 2. umgearb. Aufl. Stuttgart 1960, 204 ff.; Hermann Müller, Experimenteller Beitrag zur Analyse des Verhältnisses von Laut und Sinn, Berlin 1935 usw.; daneben natürlich auch zahlreiche dilettantische Sprachspintisierereien.

[2] meist als Ablehnung der Lautsymbolik gedeutet; vgl. Debrunner aaO 323 f. und Anm.

Träger der Lautsymbolik ist die Lautäußerung, die einlautig oder mehrlautig sein kann.[3]

Wichtig für uns sind die barocken und romantischen Theorien, die barocken, weil sie auf die romantischen, die romantischen, weil sie auf die Lautdichtung der neuesten Zeit eingewirkt haben.

Barock sind Jacob Böhmes magisch-mystische Lautdeutungen. Ähnlich dem indischen Tantrismus[4] bedeutet ihm das Erzeugen eines Lautes ein Abbilden der kosmischen Schöpfung, die Vokale A, E, I, O, U sind je eine Stufe und Haltung in der ewigen Selbstgeburt Gottes. Diese Auffassung mag Böhme auch zur Natursprache, zur Ursprache Adams geführt haben, mittels der er alle Sprachen verstanden haben soll.[5] In Böhme verbindet sich das ursprüngliche Staunen über das unheimliche Mysterium der Sprache mit dem Glauben an die Symbolhaftigkeit der ganzen Welt, für den alles Chiffre, Sinnbild und Zeichen ist.[6] Neben solchen Lehren kennt der Barock aber auch eine rhetorische Lautsymbolik, die den Gebrauch des richtigen Lautes am richtigen Ort regelt. R und L sind für Opitz fließende Buchstaben, die zur Beschreibung von Bächen und Gewässern benutzt werden sollen.[7] Diese Lautsymbolik mag schon in der Bezeichnung Liquidae als Übersetzung von griechisch ὑγρός (flüssig, feucht) stecken. Sie will meist eine Bewegung durch klangnahe Wörter darstellen und ist der Schallnachahmung verwandt. Im Volk tief verwurzelt,[8] kann sie zur lautlichen Gestalt vieler Wörter beigetragen haben, wenn auch ihr Anteil umstritten ist.

In der Romantik fließen diese beiden Ströme der Lautsymbolik zusammen. Ansätze dazu finden sich schon bei Goethe, wenn er von Karl Philipp Moritz berichtet:

> Er hat ein Verstandes- und Empfindungsalphabet erfunden, wodurch er zeigt, daß die Buchstaben nicht willkürlich, sondern in der menschlichen Natur gegründet sind und alle gewissen Regionen des innern Sinns angehören, welchen sie denn auch, ausgesprochen, ausdrücken. Nun lassen sich nach diesem Alphabete die Sprachen beurtheilen, und da findet sich, daß alle Völker versucht haben, sich dem innern Sinn gemäß auszudrücken, alle sind aber durch Willkür und Zufall vom rechten Weg abgeleitet worden. Dem zufolge suchen wir in den Sprachen die Worte auf, die am glücklichsten getroffen sind, bald hat's die eine, bald die andre; dann verändern wir die Worte bis sie uns recht dünken, machen neue u. s. w. Ja wenn wir recht spielen wollen, machen wir Namen für Menschen, untersuchen, ob diesem oder jenem sein Name gehöre etc. etc.
>
> Das etymologische Spiel beschäftigt schon so viele Menschen, und so gibt es auch uns auf diese heitere Weise viel zu thun. Sobald wir zusammenkommen, wird es wie ein

---

[3] ebda. 337.

[4] vgl. Alfred Bertholet, Wortanklang und Volksetymologie in ihrer Wirkung auf religiösen Glauben und Brauch, Abhandlungen d. Preuß. Akad. d. Wiss. 1940, Phil.-hist. Kl. Nr. 6, 22 Anm. 4.

[5] Paul Hankamer, Die Sprache, ihr Begriff und ihre Deutung im 16. und 17. Jarhundert, Bonn 1927, 157 ff.; Will-Erich Peuckert, Das Leben Jacob Böhmes, 2. verb. Aufl. Stuttgart 1961 (Jacob Böhme, Sämtl. Schriften X.2) 87 f., 145 f.

[6] vgl. Dornseiff 1 f.

[7] Opitz Poeterei 31 Kap. 6; vgl. dazu auch Leibniz, Nouveaux essais sur l'entendement humain, livre 2 chap. 2: Philosophische Schriften ed. Wolf v. Engelhard und Hans Heinz Holz, Darmstadt 1959 ff., III.2.

[8] vgl. Friedrich Polle, Wie denkt das Volk über die Sprache? 2. Aufl. Leipzig 1898, 67ff.

Schachspiel vorgenommen und hunderterlei Combinationen werden versucht, so daß wer uns zufällig behorchte uns für wahnsinnig halten müßte. Auch möchte ich es nur den allernächsten Freunden vertrauen. Genug, es ist das witzigste Spiel von der Welt und übt den Sprachsinn unglaublich.[9]

Die Romantik gibt zahlreiche Lautcharakteristiken, die etwa den Vokalen den Ausdruck der Empfindung, den Konsonanten den des Verstandes zuweisen,[10] daneben deutet sie die Alphabetzeichen mystisch-symbolisch, was sich bei Novalis mit der Idee einer magisch-mathematischen Abstraktion der Sprache verbindet. Eigenartig und für die neuere Dichtung belangvoll sind die Versuche, mit *Vokalfarbenleitern* die Laute der Sprache in Farben darzustellen. Dieser Umsetzung der Laute in Farben steht der Ton, der musikalische Wert des Lautes zu Gevatter.[11] Die romantische Deutung ist also nicht — wie bei Böhme — Buchstaben-,[12] sondern *Klangdeutung*. Im Ton vollzieht sich Deutung und Wertung. August Wilhelm Schlegel nimmt bei seiner Vokalfarbenleiter ausdrücklich auf die Musik bezug: „Man hat wohl Tonleitern der Vokale gegeben, und bei der Bezeichnung der wirklichen musikalischen Tonleiter ihre Verschiedenheit benützt: ut, re, mi, fa, sol, la."[13] Diese musikalische Lautbetrachtung verbindet Schlegel mit der Vorstellung, die Musik sei eine der geistigsten, unsinnlichsten Künste, freilich werde sie darin noch von der Malerei übertroffen.[14] Ton und Farbe hätten außerdem denselben Ursprung, sie seien beide geformte Bewegung und Schwingung; deshalb könne der Laut, in Klang umgesetzt, ohne weiteres als Farbe gedeutet werden. Für Schlegel sind das allerdings „Tändeleien der Phantasie". Er beginnt mit einer „groben" Deutung und betrachtet das A als weiß, U als schwarz und E als grau, unterscheidet also helle und dunkle Vokale. Dann verfeinert er: „Ä könne man gelb nennen und Ö spielt ins Bräunliche". A sei rot oder lichthell, es drücke Jugend, Freude, Glanz aus. O sieht er purpurn, es „hat viel Adel und Würde — oft wiederholt, fällt es ins Prächtige". I sei himmelblau, „ist der Vokal der Innigkeit und Liebe", Ü „violett, Beschwerde, Genuß, sanfte Klage", U „dunkelblau, melancholische Ruhe", bei öfte-

---

[9] Italiänische Reise III: Moritz als Etymolog, WA I.32 184 f. Deutende Lautspiele Goethes: Faust II V. 7092 ff.; Etymologie WA I.5 47. Zur Erfindung neuer Alphabete vgl. etwa auch Jean Paul I.13 364 Z. 36 ff.; II.4 90 Z. 25 ff.

[10] „männlich" und „weiblich" vom Reim anscheinend zum erstenmal bei Opitz Poeterei 39 ff. Kap. 7; sonst etwa Friedrich Schlegel VIII 38 ff.; August Ferdinand Bernhardi, Sprachlehre, Berlin 1801-03, I 63, 73, 77, 127; II 262 ff., 392 ff.; vgl. allgemein: Eva Fiesel, Die Sprachphilosophie der Romantik, Tübingen 1927, 23 ff., 90 ff.

[11] Deutung der Zeichen auch bei Brentano: Sämtliche Werke ed. Carl Schüddekopf, München-Leipzig 1909 ff., IV 142 (10. Romanze vom Rosenkranz Str. 80 f.: Deutung des Aleph usw.).

[12] Über die psychologische Seite des Umsetzens von Tönen in Farben orientiert am besten: E. Bleuler, Zur Theorie der Sekundärempfindungen — In: ZfPsychologie 65 (1913) 1 ff. Bleuler ist selbst Photosmatiker; für ihn verändern sich die Farben der Laute je nach Aussprache: das A erscheint ihm zürichdeutsch blau-schwarz, glarnerisch bläulich-grün und schaffhauserisch grau usw.; Bibliographie: S. Skard, The Use of Colour in Literature — In: Proceedings of the American Philosophical Society 90 (1946) 1183 ff.

[13] August Wilhelm Schlegel VII 175 f.; zur Lautsymbolik allgemein ebda. VII 168 f., 216 ff., 222.

[14] Fiesel aaO 26 ff.

rer Wiederholung werde seine Farbe sehr dunkel, doch seien die Werte in den verschiedenen Sprachen ungleich. Das graue E besitze keinen weitern Ausdruck, „als daß es offen oder gedehnt und mit dem Tone etwan Ernst und Nachdenken bezeichnet ... Geschlossen aber, und hauptsächlich ohne den Ton ... sagt es gar nichts, sondern ist das treffendste Bild der Gleichgültigkeit". Man erkennt sofort, wie stark der musikalische Klangwert die Deutung und damit die Zuordnung einer bestimmten Farbe beeinflußt. Ob Jacob Grimm bei der Abfassung des ersten Teils der dritten Ausgabe seiner Deutschen Grammatik die Leiter Schlegels gekannt hat, läßt sich kaum feststellen, Eduard Böcking nennt 1846 Schlegels „Betrachtungen über Metrik" bisher ungedruckt. Grimm stellt ebenfalls eine Vokalfarbenleiter auf. Für ihn sind „A weiß, I roth, U schwarz, E gelb, O blau, orange und violet scheinen prächtige diphthongen (ei, iu); ái wäre rosa, áu himmelblau".[15] Abgesehen vom Gegensatz Hell — Dunkel (A = weiß, U = schwarz) gehen die Deutungen Schlegels und Grimms auseinander. Wenn bei diesem zudem A der edelste, ursprünglichste aller Laute, „gleichsam die mutter aller laute" ist,[16] aus dem zunächst I und U hervorgegangen sind, wenn I den Gipfel und U den Abgrund des Vokalismus bedeuten, wenn E unursprünglich, darum auch unbestimmt ist und in unserer Sprache allzusehr um sich gegriffen, ihren Wohllaut beeinträchtigt hat,[17] wenn L das Linde, R das Rauhe bezeichnet,[18] wie Grimm an verschiedenen Stellen ausführt, so entwickelt er Ansätze zu einem ganzen System der Lautsymbolik. Schlegels Vokalfarbenleiter und seine lautsymbolischen Versuche sind ohne Einfluß auf die Dichtung geblieben; sie sind nur Beispiele für das Streben der Romantik nach Zusammenfassung und magisch-mystischer Durchdringung aller Künste. Grimms wenige Andeutungen aber lassen erkennen, wie sehr seine Sprachforschung von musikalischer, letztlich von mystischer Klangsymbolik getragen wird. Die göttliche Offenbarung der Sprache wird sichtbar in ihrem geheimnisvoll farbigen Klang. Hinter den noch heute geltenden Lautgesetzen verbirgt sich der Glaube *eines* Mannes an das Geheimnis der Laute. Grimms Charakterisierung von L und R dagegen weist wieder auf die praktisch-rhetorische Lautdeutung hin, die noch heute hie und da durch die Poetiken geistert.[19]

Geheimnisvoll aber ist der Laut vor allem dem Dichter. Daher bleibt seine Deutung meist dunkel. Die ersten Versuche, etwa Hugos von Trimberg

>   A hebt und endet des mannes leben,
>   E den wîbesnamen ist geben,
>   I tratzes und ouch wunders pfliget,

---

[15] Jacob Grimm, Deutsche Grammatik, I, 3. Ausgabe Göttingen 1840, 33 Anm. 2; ebenso DWb unter A usw.
[16] „Vor einem urvocal a schwindelt mir aber": Jacob Grimm aaO 579.
[17] ebda. 32 ff.; dazu noch andere Stellen.
[18] DWb III; Jacob Grimm, Kleinere Schriften, Berlin bzw. Gütersloh 1864-90, I 284; vgl. dazu Walter Muschg, Das Dichterische im Werke Jacob Grimms — In: Dichtung und Forschung, Festschrift für Emil Ermatinger ed. Walter Muschg und Rudolf Hunziker, Frauenfeld-Leipzig 1933, 114 ff.
[19] vgl. C. Beyer, Deutsche Poetik, 4. Aufl. Berlin 1913, I 119 ff.

Die literarischen, gesellschaftlichen und gelehrten Spiele

        U von im selber niht vil wiget,
        O schricket, rüefet, wünschet, wundert[20]

oder Logaus

        A. ist derer, die nicht wollen.
        E. ist derer, die nicht sollen.
        I. ist derer, die da zagen.
        O. ist derer, die da klagen.
        U. ist derer, die da plagen.[21]

gehen vom unmittelbaren Ausdruck des Vokals als Einzellaut im Ausruf usw. aus, soweit sie überhaupt noch verständlich sind. Zu dieser Art von Deutung bekennt sich noch Heinse:

> Für alles, was aus unserm Innern unmittelbar selbst kommt, ist der Vokal der wesentliche Laut. Der Wilde sieht etwas Schönes von weitem, und ruft: A! Er nähert sich, erkennt es deutlich, und ruft: E! Er berührt es, wird von ihm berührt, und beyde rufen: I! Eins will sich des andern bemächtigen, und, das welches Verlust befürchtet, ruft: O! Es unterliegt, leidet Schmerz, und ruft: U![22]

Freilich ist solcher Rationalismus ein Ausnahmefall; die rätselhaften Deutungen überwiegen. Geheimnisvoll wirkt Brentanos „Ehegeheimnis der Diphthonge":

> Des Vokals belebend Wunder,
> Ehgeheimnis der Diphtonge
> Und der Konsonanten Hunger
> Lernt er draus zu Worten kochen.
> In dem A den Schall zu suchen,
> In dem E der Rede Wonne,
> In dem I der Stimme Wurzel,
> In dem O des Todes Odem,
> In dem U des Mutes Fluchen
> hat er aus dem Buch geholet
> Gottes Gnad in ihn gegossen.[23]

Noch dunkler wirkt das berühmteste Beispiel aus der modernen Zeit, Rimbauds „Voyelles", das wohl am meisten zu einer eigentlichen Renaissance dichterischer Lautdeutung beigetragen hat. Rimbaud greift wie Schlegel und Grimm auf die

---

[20] Hugo von Trimberg, Der Renner ed. Gustav Ehrismann, Tübingen 1908-11, V. 22'237 ff., Zitat V. 22'243 ff.

[21] Logau I.7.57.

[22] Sämtliche Werke ed. Carl Schüddekopf, Leipzig 1903-25, V 244; vgl. dazu auch Fontane I.9 10 (Effi Briest): „Irgend was [Trauriges singen]; es ist ganz gleich, es muß nur einen Reim auf ‚u' haben; ‚u' ist immer Trauervokal. Also singen wir ‚Flut, Flut/ Mach' alles wieder gut ...'"; scherzhaft: Liliencron „Ballade in U-dur": Ges. Werke ed. Richard Dehmel, Berlin 1921, III 215 ff.

[23] Sämtliche Werke ed. Carl Schüddekopf, München-Leipzig 1909 ff., IV 183 (11. Romanze vom Rosenkranz Str. 42 ff.).

15 Liede, Dichtung 2

Farben zurück: „A noir, E blanc, I rouge, U vert, O bleu: voyelles..."[24] Nur die Farben von I und O stimmen mit denen Jacob Grimms überein; denn nicht nur die Sprache, auch Auge und Ohr der beiden Deuter sind verschieden. Wohl im Gefolge Rimbauds sind literarisch-ästhetische Deutungsversuche auch in der deutschen Literatur der neuesten Zeit etwas Mode geworden, wie die Essays von Rudolf G. Binding[25] und Ernst Jünger[26] bezeugen. Bei Josef Weinheber, der nach Hermann Stuppäck von Egon Fenz' Lautdeutungslehre tief beeindruckt war,[27] mischen sich Buchstaben- und Klangmalerei zu einem bunten Durcheinander. Das Gedicht „Auf den Buchstaben S" deutet die Buchstabenform als „Urweltbuchstab, Midgardschlangenleib";[28] der lautsymbolische Versuch „Licht-Nicht-Gedicht" ist reines Wortspiel, höchstens noch unfreiwillige Parodie auf einen zeitgenössischen Philosophen;[29] die teutonische E-Verachtung in „Ohne e" haben wir bereits beim Lipogramm zitiert.[30] In der „Ode an die Buchstaben" überblickt Weinheber das ganze Alphabet, doch wird — wie wohl auch bei Brentano — mit dem Anlaut bedeutungsvoller oder zufällig ausgewählter Wörter oder mit der Lautmalerei gespielt.[31] Die „Intarsia aus Vokalen" führt schließlich völlig zu einer lautsymbolischen Malerei:

> Alabasterhaft Geranke strahlt
> über Gründen kühlen Grüns und führt
> Blatt und Blüte zart und süß gemalt
> an den Rand, wo Band um Band sie schnürt.

[24] Poésies ed. Henri de Bouillane de Lacoste, Paris Mercure de France 1939, 157 f.; vgl. dazu René Etiemble, Le Sonnet des voyelles — In: Revue de la littérature comparée 19 (1939) 235 ff. (mit Bibliographie und Hinweise auf andere, ähnliche Versuche); Bertrand Barrère, Rimbaud l'apprenti sorcier, En rêvant aux „Voyelles" — In: Revue d'Histoire littéraire de France 56 (1956) 50 ff. Eine neue (sexualsymbolische) Theorie entwickelt Robert Faurisson, A-t-on lu Rimbaud? — In: Bizarre 21/22 (1961) 1 ff., vgl. auch Echo: L'Affaire Rimbaud — In: Bizarre 23 (1962) 1 ff. Rimbaud selbst bemerkte zum Gedicht: „J'inventai la couleur des voyelles! A noir, E blanc, I rouge, O bleu, U vert. Je réglais la forme et le mouvement de chaque consonne, et, avec des rythmes instinctifs, je me flattais d'inventer un verbe poétique accessible, un jour ou l'autre, à tous les sens" (Barrère aaO 60); Verlaine erklärte: „Moi, qui ai connu Rimbaud, je sais qu'il se foutait pas mal si A était rouge ou vert. Il voyait comme ça, mais c'est tout. Du reste, il faut bien un peu de fumisterie" (Barrère aaO 51). Mallarmé sah A zinnober, U blaugrün, O schwarz (zu Valéry, Okt. 1891); Victor Hugo nannte A und I weißleuchtend, U schwarz, O rot, EU blau, vgl. Figaro Littéraire 26. 8. 1950. Eine „wissenschaftliche" Erklärung der Vokalfarbenleitern versuchte der Instrumentisme René Ghils, zu dessen Traité du Verbe (Paris Giraud 1886) Mallarmé das Vorwort schrieb.
[25] Rudolf G. Binding, Von der Kraft des deutschen Wortes als Ausdruck der Nation, Mainz 1936.
[26] Ernst Jünger, Lob der Vokale, z. B. in: Geheimnisse der Sprache, Zwei Essays, 30. Taus. Hamburg o. J., 5 ff.
[27] Hermann Stuppäck, Kunst und Ruhm [Erinnerungen an Weinheber] — In: Rhein. Merkur 9. 9. 1960 Nr. 37 S. 7 f.; vgl. Weinheber V 497 ff. Fenz: vgl. oben S. 221 Anm. 1.
[28] Weinheber II 426 f.
[29] ebda. II 426.
[30] ebda. II 425 f.
[31] ebda. II 93 ff.; vgl. dazu den Vortrag „Buchstabenmystik und Lautsymbolik", ebda. IV 192 ff.

Gegen jede Ecke drängen zween
Schnörkelbögen, köstlich schön gewählt.
Jene Wölbung läßt uns Vögel sehn,
jene Reb und Ähre, engst vermählt.

In der Mitte zieht sich im Türkis,
fein die Zeichnung, Stein an Stein gereiht,
eine Glypte hin, ein reicher Fries:
Priam zeigt Achill sein bittend Leid.

Wohlform hoher Ordnung, holder Hort,
treu das Treue deutend, scheu Geleucht!
Leuchte Trost ins morsche Heute fort,
wo uns Gott vom großen Borne scheucht.

Nun dich, stummes Wunder, zuchtvoll sucht
Laut um Laut, die Schau so *bauend* auch,
tu sich auf die bruderblaue Bucht
aus der Stunde Rauch![32]

Man wird Weinheber die Bewunderung für dieses Sprachkunstwerk nicht versagen können. Jede Strophe setzt mit einem der Vokale A, E, I, O, U ein und geht in den Umlaut oder Diphthong über. Das Gedicht ist aber auch eine Vorstufe zum reinen Lautgedicht, der Gehalt verblaßt zugunsten einer schönen Klang-, vielleicht sogar symbolischen Lautfolge und reiner Lautmalerei.

Die L a u t m a l e r e i [33] läßt sich in lautsymbolische und lautnachahmende Malerei trennen, je nachdem ein tatsächlich existierendes Geräusch nachgeahmt oder ein anderer — etwa optischer — Eindruck in Klang übertragen wird. Doch ist diese Trennung für uns nicht von Belang, denn in beiden Arten verliert das Wort mehr oder weniger seinen eigentlichen Sinn und wird Träger eines Klangeindrucks. Das Spiel mit Klangschönheit, Wohllaut und Schallnachahmung gehört zu den selbstverständlichen poetischen Mitteln,[34] wird in jeder Poetik behandelt und je nach dem vorherrschenden Geschmack verwendet oder verpönt.[35] Von Homer an ließen sich zahllose Beispiele aufzählen;[36] die mittellateinische Poetik etwa führt die Lautmalerei unter der Nominatio auf,[37] geht aber nie über vereinzelte Verwendung hinaus. Erst im sechzehnten und siebzehnten Jahrhundert wird sie so gehäuft, daß sie sich allmählich einer Art Lautgedicht nähert. In Frankreich sind in dieser Zeit „vers imitatifs" von der Art

---

[32] ebda. II 78.
[33] Einen größeren Versuch, die Onomatopöie im Experiment zu erforschen, unternimmt Heinz Wissemann, Untersuchungen zur Onomatopoiie I: Die sprachpsychologischen Versuche, Heidelberg 1954; vgl. auch G. Kahlo, Der Irrtum der Onomatopoetiker — In: Phonetica 5 (1960) 35 ff.
[34] Literatur zur Lautmalerei in der neueren deutschen Dichtung: Reallexikon II 91 f. (P. Beyer).
[35] z. B. C. Beyer, Deutsche Poetik, 4. Aufl. Berlin 1913, I 119 ff., 202 ff.
[36] vgl. etwa Weis Curiosa 30 ff.; Weis Bella Bulla 111 f.
[37] Faral 53.

> La gentile alouette avec son tire-lire
> Tire l'ire à l'iré, et tire-lirant tire
> Vers la voute du ciel; puis son vol vers ce lieu
> Vire, et desire dire: adieu Dieu, adieu Dieu[38]

weit verbreitet. Französische Vorbilder haben die deutsche Mode im siebzehnten Jahrhundert hervorgerufen; denn frühere Ansätze bei Oswald von Wolkenstein[39], Fischart[40] und im Volkslied bleiben vereinzelt. Erst dem Barock blieb es vorbehalten, dem deutschen Wort um der Klangwirkung willen den Sinn zu nehmen und es als leeren Schallkörper zu gebrauchen. Die Poetiker tüfteln die mannigfachsten Variationen heraus, alle schon besprochenen Spiele, besonders Schlag- und Binnenreime, helfen kräftig mit. Tierstimmen, Wasser-, Wald-, Windesrauschen und Schlachtenlärm sind die beliebtesten Motive solchen Wortfeuerwerks. Als unerreichte Virtuosen glänzen die Nürnberger. Harsdörffer, Birken und vor allem Klaj begeistern sich an diesen neuentdeckten Möglichkeiten der deutschen Sprache, die zugleich beweisen sollen, daß diese nicht ärmer, sondern reicher als andere Sprachen ist.[41] So rührt das beim Schlag- und Binnenreim zitierte Gedicht „Frühlings-Wechselgesang" von Helianthus und Montano an die Grenzen der Sprache; die Worte sind nur noch „kunstschickliche Wortfarben", mit denen das „natürliche Gemähld" der Poeterei angestrichen wird, damit die allerprächtigsten Effekte entstehen.[42] Eine solche Klangabstraktion wird lange nicht mehr erreicht, weder von Brockes' kuriosem Versuch das Riechen nachzuahmen[43] noch von Brentanos „Lustigen Musikanten",[44] einzelnen Versen Tiecks oder Liliencrons „Die Musik kommt",[45] höchstens von Richard Wagners „Wagalaweia":

> Weia! Waga!
> Woge, du Welle,
> Walle zur Wiege!
> Wagalaweia!
> Wallala weiala weia![46]

[38] The Works of Guillaume De Salluste Sieur Du Bartas ed. Urban Tigner Holmes Jr., John Coriden Lyons, Robert White Linker, Chapel Hill University of North Carolina Press 1935-40, II 360; allgemein: Canel II 101 ff.

[39] Oswald von Wolkenstein 45.

[40] Hauffen II 279 ff. Auch Trunkenlitaneien sind voll Tonmalereien; vgl. etwa die Lustitudo Studentica, o. O. 1627, V. 86 ff., 191 ff., 123 ff., 242 ff., 274 ff., 326 ff. usw. (abgedruckt in Blümlein Floia 54 ff.).

[41] Albin Franz, Johann Klaj, Marburg 1908, 209 ff.; Julius Tittmann, Die Nürnberger Dichterschule, Göttingen 1847, 228 ff.; Kayser Klangmalerei passim; Borinski 202.

[42] Harsdörffer Gespsp I 2. Aufl. Schutzschrift 11 ff.; IV 91; vgl. IV 273; Trichter I Vorrede, 4 ff., 101 f. Weitere Beispiele: Gespsp III 290 ff.; Pegnesis I 92 ff.; David Schirmer: Vossler Madrigal 39; Matthias Abele: Halm 75. Über die Tonmalerei in der Musik, die seit dem 17. Jahrhundert und besonders am Ende des 18. Jahrhunderts Sturm, Gewitter und Vogelstimmen nachahmt: Eduard Wöfflin, Zur Geschichte der Tonmalerei — In: SB d. Kgl. Bayr. Akad. d. Wiss. München 1897, Phil.-hist. Kl. II 221 ff.

[43] Vernünftiger Geruch: Irdisches Vergnügen in Gott, VII, Hamburg Herold 1743, 139.

[44] Ges. Schriften ed. Christian Brentano, Frankfurt/M 1852, II 333 ff.

[45] Liliencron, Ges. Werke ed. Richard Dehmel, Berlin 1921, II 49 f.

[46] Richard Wagner, Ges. Schriften und Dichtungen ed. Wolfgang Golther, Berlin-Leipzig Bong o. J., V 200 Z. 13 ff.; vgl. ebda V 203 Z. 1 ff.

Erst Josef Weinheber fühlt wieder ähnlich. Er baut ganze Gedichte symphonisch auf, so in der „Symphonischen Beichte"[47] und in verschiedenen Teilen der „Kammermusik", und schafft in der „Klarinette" das Virtuosenstück deutscher Klangmalerei:

>Gicks und Gacks,
>Gacks und Gicks,
>ohne Holz
>ise nix.
>Klapperl auf,
>Löchel zu,
>Gluh, glululu.
>
>Eins, zwei, drei
>vier, fünf, sechs,
>Röhrl meins
>is was Keck's,
>Schusterpapp,
>Fensterschwitz
>bringt mich in Hitz.
>
>Haut mich der
>Böhm ins G'nack,
>trag ich mein'
>Frnack — prack! —
>alleweil
>hoch in Höh,
>Ce oder Be.
>
>Spiel ich bei
>Blech und Streich,
>holn s'mich zu
>Tauf und Leich;
>spiel ich für
>scheene Braut,
>aber schon laut!
>
>František
>auf Hradschin
>sagt, daß ich
>Luder bin,
>weil ich Tri-
>olen blas,
>auswendig, was?

---

[47] Weinheber II 473 ff. Die „Symphonische Beichte" ist als Versuch einer wortmusikalisch-rhythmischen Komposition (ohne direkte Lautmalerei) ein entfernter Verwandter von Ludwig Tiecks Zwischenaktmusik der „Verkehrten Welt" (Tieck V 283 ff.) und kann sich auf dessen Wort berufen: „Wie, es wäre nicht erlaubt und möglich, in Tönen zu denken und in Worten und Gedanken zu musizieren?" (ebda. 286). In allerjüngster Zeit hat Jean Tardieu mit seinen Kammerspielen „La Sonate et les trois Messieurs ou Comment parler Musique" (Théâtre de chambre I, Paris nrf Gallimard 1955, 117 ff.) und „Conversation-Sinfonietta" (ebda. 241 ff.) dieser Gattung beachtliche Wirkungen abgewonnen. Ein Gegenstück von der Musik her wären Wladimir Vogels Versuche, Gedichte und Erzählungen — freilich unter häufiger Benützung lautmalerischer Effekte — für Sprechchöre durchzukomponieren (vgl. etwa Das Lied von der Glocke für Solosprecher und Doppelsprechchor 1959).

Blas schon seit
Waisenhaus,
Smetana,
Nebdal, Strauß.
Eins, zwei, drei
vier, fünf, sechs:
Ob und wo —
Schmecks![48]

Hier gelingt es Weinheber, Ton- und Rhythmusmalerei der Klarinette durch einen salopp frechen und witzigen Text vor der Isolierung zu bewahren — deshalb ist das Gedicht ein kleines Meisterwerk —, gewöhnlich führt jedoch die Lautnachahmung zu Gedichten, „die nur schön klingen, ohne allen Sinn und Zusammenhang".[49] Am Ende der Lautmalerei steht die reine Lautdichtung.

Eine letzte Quelle für diese sind die k ü n s t l i c h e n   S p r a c h e n. Sie hat Richard M. Meyer in einem Aufsatz zusammengestellt,[50] so daß wir uns auf einige für uns wichtige beschränken können. Eine Reihe künstlicher Sprachen kommt für uns nicht in Betracht, weil sie bloß in das Gefüge einer bestehenden Sprache eingreifen, indem sie bestimmten Sprachstoff bewahren oder abstoßen, sich einer bestimmten Metaphernwelt bedienen, den gegebenen Sprachstoff in andere Sprachen oder innerhalb der eigenen Sprache in andere Begriffe übersetzen (so besonders die Sonder- und Berufssprachen) oder indem sie — wie die „Weltsprachen" — Einzelsprachen kontaminieren und kombinieren. Immerhin gehören die Metaphernsprachen als soziale Sprachspiele wesentlich zu den literarischen Gesellschaften und Kreisen, von denen noch zu sprechen sein wird. So nennt schon die Nürnberger Schäferzunft die Bücher „Schafe", die Gedichte „Wolle" und ihre „von wicht'gen Studirn müßge Stunden" „Hunde".[51] Ähnlich verwendet der Kreis um Hebel Metaphern aus dem gemeinsamen Belchen-Erlebnis, etwa „belchisch" für wesentlich oder „Öchslein" für den Gegenstand eines Wunsches, „weil die Belchenfreunde gelegentlich für einkaufende Metzger gehalten wurden".[52] Auch Morgensterns Galgenbrüder besaßen eine solche Sprache.[53] Künstliche Geheimsprachen, die den gegebenen Sprachstoff — besonders den Laut — verändern, wollen zwar nur den Sinn der Rede verstecken, doch entwickeln einige von ihnen ein eigentliches Klangspiel, so die „Erbsen"- usw. -Sprachen des Kindes, die den Wortsinn durch Silbeneinschub unkenntlich machen, etwa für „Komm herein" „Konetomm henefer reinefein" sagen. Ringelnatz spielt:

Ibich habibebi dibich,
Lobittebi, sobi liebib.
Habist aubich dubi mibich
Liebib? Neibin, vebirgibib.

---

[48] Weinheber II 394 ff.
[49] Novalis Schriften ed. Richard Samuel und Paul Kluckhohn, Leipzig 1929, III 323 Nr. 286.
[50] Richard M. Meyer, Künstliche Sprachen — In: IF 12 (1901) 33 ff., 242 ff.
[51] Pegnesis I 2.
[52] Wilhelm Altwegg, J. P. Hebel, Frauenfeld-Leipzig 1935, 55.
[53] Michael Bauer, Christian Morgenstern, München 1933, 182.

> Nabih obidebir febirn,
> Gobitt seibi dibir gubit.
> Meibin Hebirz habit gebirn
> Abin dibir gebirubiht.[54]

Diese Sprachen sind alt, die verbreitetste, die B- oder P-Sprache, taucht schon in der ersten Hälfte des fünfzehnten Jahrhunderts bei Bruder Gallus Kemly von St. Gallen mit Formen wie „Abavebe Mabaribiaba" für „Ave Maria" und in einer Helmstedter Handschrift der Bibliothek zu Wolfenbüttel auf.[55] Wahrscheinlich sind sie von Erwachsenen erfunden und leben auch als Geheimsprachen Erwachsener weiter. Dafür gibt es genügend Zeugnisse,[56] selbst die Maori Neuseelands kennen dieses System.[57]

Die künstlichen Sprachen Erwachsener gehen nicht auf ein einziges Bedürfnis des menschlichen Geistes zurück, obwohl sie fast immer gleich aussehen. Dies zeigt übrigens die Grenzen der Ausdrucksmöglichkeit des Einzellauts.

Kinder können in freier Schöpfung eine eigene künstliche und geheime Sprache schaffen. Von zwei dreizehnjährigen Mädchen besitzen wir ein Wörterbuch mit über zweihundert neuen Wörtern.[58] Mit solch spielerischer künstlicher Sprache beginnt die spielerische Lautdichtung.[59] Von der Freude des Kindes und des Volkes am Klang, besonders in den sinnlosen Auszählreimen bzw. im sinnlosen Refrain, haben wir schon gesprochen. Wenn wir aber der Bemerkung eines Kenners trauen dürfen, spielt das Kind nicht nur mit dem Klang, sondern dieser entlädt in ihm auch innere Kräfte, weckt Empfindungen und Anschauungen:

> [Das Kind] schafft sich neue Wörter, die uns sinnlos und albern klingen, dem Kinde machen sie Freude schon um ihres Klanges willen, und solcher krauser Klingklang erweckt in ihnen Anschauungen und Empfindungen so gut, wie in den Erwachsenen eine wohlgesetzte Rede.[60]

[54] Übersetzung: „Ich hab dich, / Lotte, so lieb. / Hast auch du mich / Lieb? Nein, vergib, / Nah oder fern, / Gott sei dir gut. / Mein Herz hat gern / An dir geruht": Joachim Ringelnatz, Und auf einmal steht es neben dir, Gesammelte Gedichte, Berlin 1950, 233. B-, H-, Bei- usw.-Sprachen bei Lewalter-Schläger 474 ff.; Hanns Bächtold, Geheimsprachen — In: Schweizer Volkskunde 4 (1914) 9 ff., Ergänzungen: 22 f., 38; Richard M. Meyer, Künstliche Sprachen aaO 63 ff.; ZfdVk 8 (1898) 321 f. (R. F. Kaindl, ...allerlei Kunterbunt aus der Kinderwelt...), 458 f. (E. Hoffmann-Krayer, Geheimsprachen); Heinrich Schroeder, Streckformen, Heidelberg 1906, 256 f.; Friedrich Kluge, Rotwelsch I, Straßburg 1901, 111 f.; derselbe, Unser Deutsch, 5. Aufl. ed. Alfred Götze, Leipzig 1929, 81; Otto Jespersen, Die Sprache, Heidelberg 1925, 130 ff.
[55] Werner 163; vgl. E. Hoffmann-Krayer in Schweizer Volkskunde 4 (1914) 22 f.
[56] vgl. etwa Alfred Niceforo, Le génie de l'Argot, Paris Mercure de France 1912; Kluge, Rotwelsch aaO 111 f., 134 ff., 160 ff.; Rud. Kapff, Nachträge zu Kluge, Rotwelsch — In: ZfdWf 10 (1908/09) 212 ff.; A. Rollier, Berner Mattenenglisch — In: ZfdWf 2 (1902) 51 ff.; Erich Bischoff, Wörterbuch der wichtigsten Geheim- und Berufssprachen, Leipzig 1916.
[57] Jespersen aaO 131.
[58] *Alexander Francis Chamberlain, The Child and Childhood in Folkthought, London-New York MacMillan 1896, 263, zitiert nach Groos 442.
[59] Auch wenn die Freude am Geheimnisvollen und Geheimen oder die Nachahmung von Fremdsprachen mitgewirkt haben mag.
[60] Böhme S. VII.

Das ist ein Ansatzpunkt für die Möglichkeiten und die Berechtigung der reinen Lautdichtung. Offenbar wohnen dem Laut auslösende Momente inne; das Gedicht bedarf möglicherweise gar nicht der Worte, um Empfindungen und Anschauungen zu wecken.

Der Erwachsene kann sich ebenfalls noch ganz dem reinen Lautspiel hingeben; freilich muß er stärkere innere Hemmungen überwinden. Ein achtjähriges Mädchen lernt die Lautfolge „Orotscheswensiforrestowskiofurchtbariwucharisumaniusambaripipileikakamankabudibabalutschistaneilemamimittararakandara" in wenigen Stunden auswendig, ein Erwachsener braucht trotz den Anklängen an „furchtbar, Wucher, Pipi, Kaka, Baba, Beludschistan, Eile, Mammi" usw. dazu Tage.[61] Ein Spiel zwischen Erwachsenen in der folgenden Art ist schon äußerst selten:

> In dieses tänzelnde Auge [eines Zeitungsverkäufers] hatte sich, gleich bei der ersten Begegnung, der Vater lange und belustigt versenkt. „Brrdiakoltschuitschampa?" fragte er dann jäh ... „Ketschia filimpihottentottu", hatte der andere, ohne auch nur einen Augenblick ins Stutzen zu kommen, geantwortet; und unter beiderseitigem, verkniffenem Grinsen war die Freundschaft geschlossen worden, die sich nun täglich in ähnlichem Kauderwelsch erging, was den verdutzten Zeitungskäufern als tibetanisch, rackerlateinisch oder als französisch-rückwärts erklärt wurde. „Was, um Himmels willen, sollte denn das verpuchte Gelabere wieder bedeuten?" fragte die Mutter hernach. „Wenn ich das selber wüßte ...", grübelte der Vater. „Wie kann man denn bloß und man spricht was aus, was man selber nich versteht!" „Man spricht noch viel mehr aus, *was* man versteht, und es wird größerer Mist daraus", entgegnete der Vater. „Doch zu sonderbar: wo mir das ein ganz wildfremder Mensch is, und er begreift mich und lacht und freut sich drüber —."[62]

Meist wird die künstliche Sprache als Fremdsprache getarnt, so in den Schallnachahmungen des Volkslieds[63] oder in der studentischen „Kameruner Nationalhymne":

> Hode wide wode
> wideweia kasseia hä!
> hode wide wode
> widewatsch watsch witschā![64]

Getarnte künstliche Sprachen sind in der Dichtung nicht selten. Sie treten vor allem im Lustspiel auf, etwa in Holbergs „Ulysses von Ithacia", wo der Diener des Ulysses „Mesopotamisch" spricht,[65] oder in der Altwiener Volkskomödie als „Hottentottisch":

> Rax si so halladara
> mox mix max pumpadada.[66]

Bekannt ist Claudius' Japanisch, das er von seiner Audienz beim Kaiser von Japan mitbringt:

---

[61] Joachim Ringelnatz, Mein Leben bis zum Kriege, Berlin 1951, 391.
[62] Alfons Teuber, Es kommt ein goldner Wagen, Zürich 1950, 65 f.
[63] vgl. Italienisch-Imitation im Landsknechtmarsch (um 1509): Liederhort 1286.
[64] vgl. darüber Schläger II 16 Anm.
[65] Ulysses von Ithacia I.14.
[66] Rommel 437 Anm. 15.

ʿLimaNeli ʿHaschmu ʿWaNschbok.
ʿTame ʿHaschmu.: ʿPortolabi ʿPaehu
ʿMui ʿPiaNeti
ʿTamiba ʿTemibo
ʿTemibaNu ʿKaruzu
ʿHaifatuNeti
ʿHaifatusolum ʿRofuNo.
ʿHoi ʿKirwimme. ʿKatosta ʿHealobe ʿKepipi
ʿSchamfusu ...[67]

Ähnlich tönt die Sprache der Seherin von Prevorst in Immermanns Parodie:

Schnuckli buckli koramsi quitsch, dendrosto perialta bump, firdeisinu mimfeistragon und hauk lauk schnapropäp? — Fressaudinum schlinglausibeest, pimple, timple, simple, feriauke, meriaukemau.[68]

Schließlich sei an Lewis Carrolls spielerisches „Jabberwocky"-Englisch erinnert, das der Verfasser und Humpty-Dumpty als Zusammenziehungen aus dem gegebenen Sprachstoff deuten.[69]

Erst zu Beginn des zwanzigsten Jahrhunderts entsteht in Deutschland eine reine spielerische Lautdichtung, die an den sinnlosen Auszählreim anknüpft. In „Ich liebe Dich!", dem Eisenbahnroman mit 66 Intermezzos, erzählt Paul Scheerbart:

Müller bestellte hiernach Grog von Arac — auch für die zehn Kosaken.
Und beim siebten Glas wollte er etwas ganz Besonderes.
   Ich machte meinen Freund mit meiner ekoralápsischen Richtung bekannt, die das Verstandenwerdenwollen bekanntlich längst überwunden hat — — —
   Ich las gleich eine interessante Geschichte, die der erwähnten Richtung „voll und ganz" angehört:

---

[67] Matthias Claudius, Werke ed. C. Redlich, 12. Aufl. Gotha 1882, I 154 ff. Claudius steht ziemlich sicher unter dem Einfluß von Swifts Gulliver's Travels, bes. III A Voyage to Laputa chap. 9; aber durch die Art der Silbenfolgen und durch Halbverständliches (WaNschbok, Schamfusu usw.) wird alles stärker ins Komische gedreht. Natürlich verzeichnet die deutsche Literaturgeschichte auch sonst einzelne Spracherfindungen, vgl. dazu Richard M. Meyer, Künstliche Sprachen aaO 264 ff., oder Mörikes Wispel- und Orplidspiel mit Ludwig Bauer.

[68] Poltergeister in und um Weinsberg: Münchhausen IV.4; zitiert nach Werke ed. Harry Maync, Leipzig und Wien o. J., I 420.

[69] Through the Looking-Glass chap. 1; Erklärung Humpty-Dumptys ebda. chap. 6: Lewis Carroll, The Complete Works, London Nonesuch Press 1939, 140 ff., 197 ff.; weitere Erklärung im Vorwort zu The Hunting of the Snark, ebda. 677 f., und Stuart Dodgson Collingwood, The Lewis Carroll Picture Book, London T. Fisher Unwin 1899, 365 ff.; vgl. dazu auch Elizabeth Sewell, The Field of Nonsense, London Chatto and Windus 1952, 115 ff.; *Eric Partridge, The Nonsense Words of Edward Lear and Lewis Caroll: Here, There and Everywhere, Essays upon Language, London MacMillan 1950; The Lewis Carroll Handbook ... by Sidney Herbert Williams and Falconer Madan ... Revised ... by Roger Lancelyn Green, London Oxford UP 1962, 278 ff. und oben Bd. 1 S. 188 ff. Carroll versucht auch, die Musik durch Worte nachzuahmen, vgl. Diaries 12. 3. 1857 ed. Roger Lancelyn Green, London Cassell 1953, I 206. Eine „Lautdichtung" Edward Lears abgedruckt bei Angus Davidson, Edward Lear, London John Murray 1938, 146.

Kikakokú!
Ekoraláps!

Wîso kollipánda opolôsa.
Ipasátta, îh fûo.
Kikakokú, proklínthe petêh.
Nikifilí mopaléxio intipáschi benakáffro — própsa
pî! propsa pî!
Jasóllu nosaréssa flípsei.
Aukarótto passakrússar Kikakokú.
Núpsa púsch?
Kikakokú bulurú?
Futupúkke — própsa pî!
Jasollu ...

Hernach wurd's ganz gemüthlich. Ich wetterte gegen den Rationalismus, der Alles verstehen will — und Müller schimpfte mit.[70]

„Na prost!" enthält den Zauberspruch:

Osimânu! Asimênu!
Heterâpa kisolê.
Osimânu! Irawîra:
Lisikéte kisolê.
    Osimânu!

*

Luriwêpa selakárri,
Monosô! Monosô!
Luriwêpa kurirássu!
Monosô! Monosô!
   Kurirássu![71]

In „Immer mutig!" wiederholt der Dichter das Spiel als Monolog des verrückten Mastodons:

Zépke! Zépke!
Mekkimápsi — muschibróps.
Okosôni! Mamimûne ...
  Epakróllu róndima sêka, inti ... win-
di ...nakki; pakki salône hepperéppe —
hepperéppe!!
  Lakku — Zakku — Wakku — Quakku
— — — muschibróps.
  Mamimûne — lesebesebímbera — roxróx
— roxróx!!!
— — — — — — —
  Quilliwaûke?
  Lesebesebímbera — surû — huhû ...[72]

---

[70] Paul Scheerbart, Ich liebe Dich! Berlin 1897, 248 f.
[71] Paul Scheerbart, Na prost! Berlin und Leipzig 1898, 56 und 59.
[72] Paul Scheerbart, Immer mutig! Minden i. W. 1902, II 85 f.

Wenn man auch hie und da noch bestehende Wörter (Karotte, caro, Salon, Mammi, lese) heraushört, sind doch die Gedichte reine Lautdichtungen. Besonders das erste verzichtet überdies auf die Stilmittel der Unsinnspoesie des Abzählreims und des sinnlosen Refrains, mit Ausnahme einiger Anlautvariationen und der Vokalvariation Kikakoku. Neben Scheerbarts Versuchen wirkt Christian Morgensterns „Großes Lalulā" bedeutend gröber:

> Kroklokwafzi? Semememi!
> Seiokrontro — prafriplo:
> Bifzi, bafzi, hulalemi:
> quasti basti bo ...
> Lalu, lalu lalu lalu la!
>
> Hontraruru miromente
> zasku zes rü rü?
> Ente pente, leiolente
> klekwapufzi lü?
> Lalu lalu lalu lalu la!
>
> Simarar kos malzipempu
> silzuzankunkrei (;) !
> Marjomar dos: Quempu Lempu
> Siri Suri Sei [] !
> Lalu lalu lalu lalu la![73]

Möglicherweise entstand das Gedicht unter dem Einfluß Scheerbarts, da Morgenstern gerade in den Jahren vor Erscheinen von dessen Roman im Klub der Mitarbeiter der Täglichen Rundschau öfters mit ihm zusammenkam.[74] Morgenstern benützt die Variation des Anlauts in der Wiederholung (ente pente, quempu lempu, quasti basti) und die Vokalvariation (siri suri, bifzi bafzi) eifriger als Scheerbart. Lalula ist vokalvariiertes Lalala des studentischen „Bier-Pierlalas".[75] Solche Lautfolgen machen das große Lalula ungleich populärer als Scheerbarts „Kikakokú", es nähert sich einem durch das Spiel mit den gehäuften Satzzeichen vergröberten Kinderreim und der Kindersprache. Scheerbarts feinere, weil reinere Scherzdichtung arbeitet mit „höheren" Lautgebilden als der Kindervers.

Das Scherzspiel mit der Sprache ist nicht die einzige Quelle der Lautdichtungen. Noch wichtiger ist für ihren Ursprung die Götter- und Geistersprache. In der heiligen Begeisterung, der Ekstase und der mystischen Inspiration lallt der Mensch in

---

[73] Christian Morgenstern, Galgenlieder, Berlin 1905, 9. In „Über die Galgenlieder", Berlin 1921, 26 f., gibt Morgenstern dem Lalula eine ähnlich unsinnige Erklärung, wie sie Carrol Humpty-Dumpty für „Jabberwocky" in den Mund legt; er deutet es als Schach-Endspiel und imitiert so Carrolls Einleitung zu Through the Looking-Glass.

[74] Michael Bauer, Christian Morgenstern, München 1933, 62 ff.

[75] Das älteste Pierlala stammt von 1675; vgl. E. Mincoff-Marriage, Einige niederländische Lieder mit fremdländischen Beziehungen — In: Volkskundliche Gaben, John Meier zum 70. Geburtstag dargebracht, Berlin-Leipzig 1934, 138 ff. 1910 wird in der Basler Studentensprache „'s grossi Dralula" für Delirium verwendet, vgl. [John Meier] Basler Studentensprache, Basel 1910, 17. Zu den spielerischen Lautgebilden vgl. auch die Wortbildungen des Münchner Komikers Karl Valentin wie „Wrdlbrmpfd", Ges. Werke, München 1961, 110.

einer fremdartigen Sprache, die nur er oder der Priester versteht. Mit ihrer Hilfe setzt er sich mit den überirdischen Mächten in Verbindung; Reden der Göttersprache gehen zuweilen in den Kult einer Religion ein. Aber auch Scharlatane und Gaukler benützen solche Worte, die sie über die irdisch-menschliche Sphäre emporheben. Ob es sich um absichtlich dunkel gemachte, möglichst phantastisch und fremdartig klingende Worte handelt, ob es absichtliche oder unwillkürliche Neubildungen sind, spielt für uns keine Rolle. Bei den berühmtesten deutschen Beispielen, der Sprache der göttlichen Eingebung der Hl. Hildegard von Bingen („ignota lingua per hominem hildegardem prolata")[76] und der „innern Sprache" der Seherin von Prevorst,[77] vermischt sich beides. Hildegard liebt, wie schon ihr „unbekanntes Alphabet" zeigt, mehr die Verschnörkelung, und der Einfluß des Lateinischen wie des Deutschen ist unverkennbar. Die Seherin von Prevorst verkündet rein phantastische Lautreihen, die sie nur in halbwachem Zustand spricht und schreibt. Hildegard ist vielleicht das beste Beispiel dafür, daß auch eine ekstatische Sprache ins Spielerische umschlagen kann. Denn viele ihrer neunhundert Glossen sind „nicht etwa gefühlsdurchtränkte Lautgebilde als Ausdruck eines übermächtigen seelischen Erlebnisses und verzückten Schauens, sondern ... spielerische Verdrehungen deutscher und lateinischer Worte".[78]

> Im freien Spiel ihrer Phantasie ebenso wie in Anlehnung an bekannte Worte hat Hildegard ihre „unbekannte Sprache" geschaffen. Daß sie selbst bei Darstellung der Geheimsprache „unter dem Einfluß übernatürlicher Erleuchtung" zu stehen glaubt, ändert an dieser Tatsache nichts. Im übrigen hatten schon die Kluniazenser, wie später die Zisterzienser, eine ausgebildete Zeichensprache ... Nicht ganz so, aber ähnlich wird auch der Zweck der Rupertsberger Geheimsprache gewesen sein. Zunächst mußte es auf die Zuhörer einen feierlichen tiefen Eindruck machen, wenn der Konvent in einer noch nie gehörten Sprache verkehrte oder deren Worte in frommen Liedern gebrauchte. Sodann konnte es immerhin von Wert sein, in einer politisch und religiös aufgewühlten Zeit ein Verständigungsmittel zu besitzen, das nur eingeweihten Kreisen geläufig war.[79]

Wie vom Sprachspiel des Kindes ein Weg zur spielerischen Lautdichtung führt, so gelangen wir hier vom Zungenreden zu spielerischen Formen; die Wurzeln sind verschieden, das sprachliche Ergebnis ist dasselbe.

Das ekstatische Sprachspiel und ähnliche Erscheinungen wirken durch die unerhörte Anziehungskraft des Unverständlichen auf den Menschen.[80] Der geheimnisvolle Klang reizt besonders stark, selbst wenn er sehr einfach ist; ein Jacob Grimm war von der Folge „Bimbambum" als etwas Geheimnisvollem, Bewundernswertem

---

[76] im Wiesbader Großen Hildegardiskodex Bl. 910 ff.; vgl. Wilhelm Grimm, Wiesbader Glossen — In: ZfdA 6 (1848) 321 ff., ignota lingua 334 ff.; Johannes May, Die heilige Hildegard von Bingen, Kempten und München 1911, hier zitiert nach der 2. [postum] neubearb. Aufl. [ohne wiss. Apparat], München 1929, 129 ff.

[77] Justinus Kerner, Sämtliche Werke ed. W. Heichen, Berlin 1903, II 203, 229.

[78] Hermann Güntert, Von der Sprache der Götter und Geister, Halle 1921, 80; allgemein ebda. 78 ff.; vgl. auch HwbddA III 553 ff. (Mengis), 962 ff. (K. Beth).

[79] May aaO 131 f.

[80] über die Empfänglichkeit für Unverständliches vgl. Richard M. Meyer, Künstliche Sprachen aaO 258 ff.

fasziniert. Daher gehört der unverständliche Klang zur Beschwörungsformel und zum Zauberspruch im alten Ägypten wie in Indien, in der griechisch-römischen Antike wie im Mittelalter oder in der Gegenwart.

Die Götter- und Geistersprache stammt also teils aus der Lust am Geheimnisvollen und Wunderbaren, teils direkt aus der Ekstase; beides werden wir in den modernen Lautdichtungen wiederfinden.

In der Dichtung geht die Begeisterung nur selten in den stammelnden Rausch über. Das einzige uns bekannte Beispiel ist der Refrain von Dehmels „Trinklied":

> ... Singt mir das Lied vom Tode und vom Leben,
> djagloni gleia glühlala!
> Klingklang, seht: schon welken die Reben.
> Aber die haben uns Trauben gegeben!
> Hei! —
>
> ... Singt mir das Lied vom Tode und vom Leben,
> djagloni, Scherben, klirrlala!
> Klingklang: neues Glas! Trinkt, wir schweben
> *über* dem Leben, an dem wir kleben!
> Hoch![81]

Immerhin schimmert im „glühlala" noch das „glühen" der nächsten Strophe durch und entspricht dem verständlichen „klirrlala".

Dagegen hat der Klang des unverständlichen Worts einer Reihe von Geheimsprachen zu Gevatter gestanden. Während man bei der Sprache Hildegards von Bingen noch ekstatischen Ursprung vermuten kann, ist der Abbo Parisiensis (Abbo von St. Germain-des-Prés) völlig vom Drang nach dem Geheimnisvollen beherrscht. Das kurze dritte Buch seiner „Bella Parisiacae urbis" besteht aus „Lebensregeln für den Geistlichen, und die Sprache ist ein fast unverständliches Latein, das Abbo mühsam aus den entlegensten Glossaren zusammensuchte."[82] Innerhalb der alten keltischen Sprachgrenze taucht schon im sechsten Jahrhundert eine merkwürdige Geheimsprache auf, die den römischen Vulgärdialekt mit griechischen, semitischen und keltischen Wörtern verbindet; es werden sogar Hymnen in dieser Sprache gedichtet.[83] Schließlich hat aber schon in der Antike ein Lehrer der Rhetorik das geflügelte Wort „σκότισον" (Mach's dunkel)[84] geprägt. Zu allen Zeiten war die „glossomatische" Ausdrucksweise weit verbreitet, „welche ‚abstruse, sinnlose', d. h. seltene, entlegene lateinische oder fremdsprachige Wörter für diesen Zweck zusammenklaubte, um damit ‚unwissenden oder neugkeitslüsternen Ohren zu imponieren', Adepten für geheime Wissenschaften in esoterischen Geheimsprachen zu werben, vielleicht auch gelegentlich unbewußt das Material für heilige ‚Zungenreden' zu stellen."[85] Deshalb wirft Gottfried von Straßburg Wolfram von Eschen-

---

[81] Mein Trinklied: Richard Dehmel, Ges. Werke in drei Bänden, Berlin 1919, I 216 ff.
[82] Manitius I 585 ff.
[83] Joseph M. Stowasser, Stolones latini, Wien 1889, 3 ff., Abdruck 6 ff.; Bethmann, Alte Glossen an Herrn Prof. Wilhelm Grimm — In: ZfdA 5 (1845) 193 ff., Hymnus 206 f.; Manitius Poesie 485; Manitius II 660, 663.27.
[84] erwähnt von Quintilian, Institutio oratoria lib. VIII cap. 2 § 12.
[85] Karl Borinski, Die Antike in Poetik und Kunsttheorie..., Leipzig 1914-24, I 42 f.

bach seine „glôsen" (trobar clus) als eine der Magie verdächtige Geheimsprache vor.[86] Noch die Worte des Baldanders in Grimmelshausens Siplicissimus stehen in der Tradition der magischen Geheimsprachen voll seltsamer Klänge, auch wenn sie sich schließlich als Akro- oder Telestich entpuppt haben:

> Manoha, gilos, timad, isaser, sale, lacob, salet, enni nacob idil dadele neuavv ide eges Eli neme meodi eledid emonatan desi negogag editor goga naneg eriden, hohe ritatan auilac, hohe ilamen eriden diledi sisac usur sodaled auar, amu salif onoror macheli retoran; Vlidon dad amu ossoson, Gedal amu bede neuavv, alijs, dilede ronoavv agnoh regnoh eni tatae hyn lamini celotah, isis tolostabas oronatah assis tobulu, VViera saladid egrivi nanon aegar rimini sisac, heliosole Ramelu onoror vvindelishi timinitutz, bagoge gagoe hananor elimitat.[87]

Bei den Dichtern neuerer Zeit[88] fallen uns vor allem zwei Sprachen ekstatisch-magischen Ursprungs in die Augen. Stefan George schuf sich schon früh eine eigene Sprache und nahm einen Überrest von ihr in das Gedicht „Ursprünge" des „Siebenten Rings" auf:

> Doch an dem flusse im schilfpalaste
> Trieb uns der wollust erhabenster schwall:
> In einem sang den keiner erfaßte
> Waren wir heischer und herrscher vom All.
> Süß und befeuernd wie Attikas choros
> Über die hügel und inseln klang:
> CO BESOSO PASOJE PTOROS
> CO ES ON HAMA PASOJE BOAÑ.[89]

Gundolf bemerkt dazu, George habe den „dunkeln, dichterischen Urtrieb nach einem ganz unentweihten erst von ihm zu weihenden, ganz ungestalten erst von ihm zu gestaltenden Ausdrucksmittel schon als achtjähriger Knabe betätigt, also noch bevor er sich in irgendeinem Gegensatz gegen die Zeit fühlte."

> Jahre lang hat er immer wieder sich Geheimsprachen mit eigenem Laut- und Wortschatz eigener Grammatik und eigener Schrift ausgesonnen. Dieser Drang hinunterzutauchen in die vorgedankliche Sprache, in das Blut und das dunkle Meer „Sprache", ehrt er neben der Antike und der Kirche als einen seiner „Ursprünge" im Siebenten Ring... Wörtlich und tatsächlich zu nehmen sind die Verse:

---

[86] Erich Köhler, Zum „Trobar clus" der Trobadors — In: Romanische Forschungen 64 (1952) 71 ff. Über mittelalterliche Geheimsprachen: Georg Götz, Über Dunkel- und Geheimsprachen im späten und mittelalterlichen Latein — In: Berichte ü. d. Verhandlungen d. Kgl. Sächs. Ges. d. Wiss. Leipzig 48 (1896) 62 ff.

[87] Magst dir selbst einbilden, wie es einem jeden ding ergangen, hernach einen discurs daraus formirn und davon glauben, was der wahrheit aehnlich ist, so hast du, was dein naerrischer vorwitz begehret": Grimmelshausen, Continuatio des abentheurlichen Simplicissimi oder Schluß desselben (1669) ed. J. H. Scholte, Halle 1939, 41 Z. 5 ff.

[88] Natürlich spielt etwa auch in der Proteus-Sprache Hebels die Freude am geheimnisvollen Klang eine Rolle, doch bestehen die geheimnisvollen Wörter meist nur aus Buchstabenversetzungen, vgl. etwa Briefe an Hitzig Anf. Sept. 1802, 3. 2. 1804; Briefe, Gesamtausgabe ed. Wilhelm Zehntner, 2. Aufl. Karlsruhe 1957, 74, 120 usw.

[89] Stefan George, Gesamtausgabe der Werke, Endgültige Fassung, Berlin 1927-34, VI/VII 127 ff.

Die literarischen, gesellschaftlichen und gelehrten Spiele 239

> Schon als die ersten kühnen wünsche kamen
> In einem seltnen reiche ernst und einsam
> Erfand er für die dinge eigne namen.

Also nicht aus einem Gegensatz, sondern aus einem Urtrieb kam Georges Schöpfertum. Freilich konnte erst eine völlig entweste, mit Ableitungen begnügte, stoff-fremde Zeit dies Sprachschöpfertum so deutlich, so leidenschaftlich und einsam machen.[90]

Damit wird ein ungeheurer Anspruch in ein einfaches Kinderspiel hineingetragen. Er zerfällt freilich sofort, wenn man Robert Louis Stevenson zur gleichen Erscheinung sprechen läßt:

> Kinder ... ziehen den Schein dem Wesen vor. Wenn sie untereinander verständlich sprechen könnten, plappern sie durch Stunden sinnloses Kauderwelsch und sind ganz glücklich, weil sie glauben machen, französisch zu reden.[91]

George spielte mit dem geheimnisvollen Klang später in der Lingua Romana der „Fibel" weiter, einem dunklen Sprachgemisch reiner Abstraktion aus lateinischen und spanischen Elementen.[92] Drei seiner Jünger vernichteten bei der Sichtung seines Nachlasses ein dünnes blaues Oktavheft, in dem der erste Gesang der Odyssee in die Geheimsprache der „Ursprünge" übersetzt war: „Wir waren zu dritt, und der Jüngste von uns wollte, daß dieses Heft verbrannt werde, weil man sonst daraus die beiden Zeilen erschließen könne."[93] Die Mystifikation sollte unter allen Umständen aufrechterhalten werden, was den Verdacht aufkommen läßt, der Inhalt jener Zeilen könnte peinlich trivial sein.

Die Sprache von James Joyces „Finnegans Wake" läßt sich unmittelbar an das mühsam aus entlegensten Glossaren zusammengesuchte, fast unverständliche Latein des Abbo Parisiensis und an die merkwürdigen Geheimsprachen des Mittelalters anschließen. Sie ist ein aus den verschiedensten Sprachen zusammengesetztes Idiom voller Buchstabenverstellungen, Kontaminationen usw., ein Gebilde aus geheimnisvollen Wortklängen — auch das Englische wird oft phonetisch geschrieben —, das sich dem angelsächsischen Leser nur nach langer Arbeit etwas öffnet, dem fremdsprachigen aber kaum zugänglich ist.

Bei den **modernen Lautdichtungen** des Dadaismus und verwandter Bewegungen gehen wir am besten von einer Schilderung Hugo Balls aus:

> Ich habe eine neue Gattung von Versen erfunden, „Verse ohne Worte" oder Lautgedichte, in denen das Balancement der Vokale nur nach dem Werte der Ansatzreihe erwogen und ausgeteilt wird. Die ersten dieser Verse habe ich heute abend vorgelesen. Ich hatte mir dazu ein eigenes Kostüm konstruiert. Meine Beine standen in einem Säulenrund aus blauglänzendem Karton, der mir schlank bis zur Hüfte reichte, so daß ich bis dahin wie ein Obelisk aussah. Darüber trug ich einen riesigen, aus Pappe geschnittenen Mantelkragen, der innen mit Scharlach und außen mit Gold beklebt, am Halse derart zusammengehalten war, daß ich ihn durch ein Heben und Senken der

---

[90] Friedrich Gundolf, George, 3. erw. Aufl. Berlin 1930, 66.
[91] Robert Louis Stevenson, Child's Play: Virginibus puerisque, Ausgabe London T. Nelson 1925, 242.
[92] Gesamtausgabe I 136 f.
[93] Robert Boehringer, Mein Bild von Stefan George, München-Düsseldorf 1951, 19.

Ellbogen flügelartig bewegen konnte. Dazu einen zylinderartigen hohen, weiß und blau gestreiften Schamanenhut.[94]

Ich hatte an allen drei Seiten des Podiums gegen das Publikum Notenständer errichtet und stellte darauf mein mit Rotstift gemaltes Manuskript, bald am einen, bald am andern Notenständer zelebrierend. Da Tzara von meinen Vorbereitungen wußte, gab es eine richtige kleine Premiere. Alle waren neugierig. Also ließ ich mich, da ich als Säule nicht gehen konnte, in der Verfinsterung auf das Podest tragen und begann langsam und feierlich:

> gadji beri bimba
> glandridi lauli lonni cadori
> gadjama bim beri glassala
> glandridi glassala tuffm i zimbrabim
> blassa galassasa tuffm i zimbrabim ...

Die Akzente wurden schwerer, der Ausdruck steigerte sich in der Verschärfung der Konsonanten. Ich merkte sehr bald, daß meine Ausdrucksmittel, wenn ich ernst bleiben wollte (und das wollte ich um jeden Preis) dem Pomp meiner Inszenierung nicht würde gewachsen sein. Im Publikum sah ich Brupbacher, Jelmoli, Laban, Frau Wiegmann. Ich fürchtete eine Blamage und nahm mich zusammen. Ich hatte jetzt rechts am Notenständer „Labadas Gesang an die Wolken" und links die „Elefantenkarawane"[95] absolviert und wandte mich wieder zur mittleren Staffelei, fleißig mit den Flügeln schlagend. Die schweren Vokalreihen und der schleppende Rhythmus der Elefanten hatten mir eben noch eine letzte Steigerung erlaubt. Wie sollte ich's aber zu Ende führen? Da bemerkte ich, daß meine Stimme, der kein anderer Weg mehr blieb, die uralte Kadenz der priesterlichen Lamentation annahm, jenen Stil des Messgesangs, wie er durch die katholischen Kirchen des Morgen- und Abendlandes wehklagt.

Ich weiß nicht, was mir diese Musik eingab. Aber ich begann meine Vokalreihen rezitativartig im Kirchenstile zu singen und versuchte es, nicht nur ernst zu bleiben, sondern mir auch den Ernst zu erzwingen. Einen Moment lang schien mir, als tauche in meiner kubistischen Maske ein bleiches, verstörtes Jungengesicht auf, jenes halb erschrockene, halb neugierige Gesicht eines zehnjährigen Knaben, der in den Totenmessen und Hochmessen seiner Heimatpfarrei zitternd und gierig am Munde der Priester hängt. Da erlosch, wie ich es bestellt hatte, das elektrische Licht, und ich wurde vom Podium schweißbedeckt als ein magischer Bischof in die Versenkung getragen.

---

[94] in diesem Kostüm abgebildet: Eugen Egger, Hugo Ball, Olten 1951, bei 49.
[95] Text der „Karawane" nach Dada Almanach ed. Richard Hülsenbeck, Berlin 1920, 53:
> jolifanto bambla ô falli bambla
> grossiga m'pfa habla horem
> égiga goramen
> higo bloika russula huju
> hollaka hollala
> anlogo bung
> blago bung
> blago bung
> bosso fataka
> ü üü ü
> schampa wulla wussa ólobo
> hej tatta gôrem
> eschige zunbada
> wulubu ssubudu uluw ssubudu
> tumba ba-umf
> kusagauma
> ba-umf

Vor den Versen hatte ich einige programmatische Worte verlesen. Man verzichte in dieser Art Klanggedichte in Bausch und Bogen auf die durch den Journalismus verdorbene und unmöglich gewordene Sprache. Man ziehe sich in die innerste Alchimie des Wortes zurück, man gebe auch noch das Wort preis, und bewahre so der Dichtung ihren letzten und heiligsten Bezirk. Man verzichte darauf, aus zweiter Hand zu dichten: nämlich Worte zu übernehmen (von Sätzen ganz zu schweigen), die man nicht funkelnagelneu für den eigenen Gebrauch erfunden habe. Man wolle den poetischen Effekt nicht länger durch Maßnahmen erzielen, die schließlich nichts weiter seien als reflektierte Eingebungen oder Arrangements verstohlen angebotener Geist-, nein Bildreichigkeiten.[96]

Dieses Zitat dürfte uns darin recht geben, daß wir Lautdeutung, Lautmalerei, Klangfolgen, künstliche Sprachen des Spiels und der Magie zur Erklärung der Lautdichtung herangezogen haben; denn alle diese Elemente vereinigen sich hier. Ball erwägt das „Balancement der Vokale" nur nach dem „Werte der Ansatzreihe", seine Lautgedichte sind also reine *Klangfolgen*, deren Ausdruck er nur in der „Verschärfung der Konsonanten" steigern kann. Wenn bei einer „Elefantenkarawane" Vokalreihen und Rhythmus schwer und schleppend sind, so arbeitet der Dichter mit *Klangmalerei*. Damit folgt er dem „Concert bruitiste"[97] und dem „Poème simultan", zwei in Balls Cabaret Voltaire nach Vorbildern des Kreises um die Pariser Zeitschrift „Poème et Drame" mit Henri Barzun[98] und Fernand Divoire[99] und der Futuristen gepflegten Spielen, letztlich poetischen Interpretationen von Bergsons „Elan vital" und in ihrer Verbindung von Lärm und Wort ebenfalls Klangmalereien:

Das ist ein kontrapunktliches Rezitativ, in dem drei oder mehrere Stimmen gleichzeitig sprechen, singen, pfeifen oder dergleichen, so zwar, daß ihre Begegnungen den elegischen, lustigen oder bizarren Gehalt der Sache ausmachen. Der Eigensinn eines Organons kommt in einem solchen Simultangedichte drastisch zum Ausdruck, und ebenso seine Bedingtheit durch die Begleitung. Die Geräusche (ein minutenlang gezogenes rrrrr, oder Polterstöße oder Sirenengeheul und dergleichen), haben eine der Menschenstimme an Energie überlegene Existenz.
Das „Poème simultan" handelt vom Wert der Stimme. Das menschliche Organ vertritt die Seele, die Individualität in ihrer Irrfahrt zwischen dämonischen Begleitern. Die Geräusche stellen den Hintergrund dar; das Unartikulierte, Fatale, Bestimmende. Das Gedicht will die Verschlungenheit des Menschen in den mechanistischen Prozeß verdeutlichen. In typischer Verkürzung zeigt es den Widerstreit der vox humana mit einer sie bedrohenden, verstrickenden und zerstörenden Welt, deren Takt und Geräuschablauf unentrinnbar sind.[100]

---

[96] Hugo Ball, Die Flucht aus der Zeit, Ausgabe Luzern 1946, 98 ff.
[97] Das „Concert bruitiste" begleitet allerdings bei Ball mit seinen Geräuschen einen „normalen" Text: „Das ‚Krippenspiel' Concert bruitiste, den Evangelientext begleitend, wirkte in seiner leisen Schlichtheit überraschend und zart. Die Ironien hatten die Luft gereinigt. Niemand wagte zu lachen. In einem Kabarett und gerade in diesem hätte man das kaum erwartet" (Ball ebda. 91). Dagegen schreibt Hülsenbeck im Dada Almanach: „Das bruitistische Gedicht schildert eine Trambahn, wie sie ist, die Essenz einer Trambahn mit dem Gähnen des Rentners Schulze und dem Schrei der Bremsen" (aaO 39).
[98] *Henri Barzun, Voix, Rythmes et Chants simultanés (mir nicht zugänglich).
[99] *Fernand Divoire, Naissance du Poème, Prose symphonique, Paris 1919 (mir nicht zugänglich).
[100] Ball aaO 79 f.

16 Liede, Dichtung 2

L'amiral cherche

Poème simultan par R. Huelsenbeck, M. Janko, Tr. Tzara

HUELSENBECK	Ahoi	ahoi	Des	Admirals	gwirktes	Beinkleid	schnell
JANKO, chant			Where	the honny	suckle	wine twines	ilself
TZARA	Boum	boum boum ll		déshabilla	sa chair	quand les	grenouilles

HUELSENBECK	und	der	Conciergenbäuche	Klapperschlangengrün	sind	milde	ach
JANKO, chant	can	hear	the weopour	will arround	arround	the	hill
TZARA	serpent	à	Bucarest on	dépendra	mes amis	dorénavant	et

HUELSENBECK	prrrza	chrrrza	prrrza	Wer	suchet	dem	wird
JANKO, chant	mine	admirabily	confortabily	Grandmother	said		
TZARA				Dimanche:		deux	éléphants

Intermède rythmique

HUELSENBECK	hihi	Yabomm	hihi	Yabomm	hihi	hihi	hihiiiii
	ff		p	cresc ff		cresc	ff f
TZARA	rouge bleu	rouge bleu	rouge bleu	rouge bleu rouge bleu
	p		f cresc	ff cresc	fff
SIFFLET (Janko)	.	.	.	.	.
	p	cresc	f	ff	fff
CLIQUETTE (TZ)	rrrrrrrrrr	rrrrrrrrr	rrrrrrrrr	rrrrrrrrr	rrrrrrrrr	rrrrrrrrr
	f decrsc	f	cresc	ff	fff	uniform
GROSSE CAISE (Huels.)	O O O	O O O O O	O O O O O	O O O O	O O
	ff	p	f	fff	f

HUELSENBECK	im	Kloset	zumeistens	was	er	nötig	hätt	ahoi iuché	ahoi iuché
JANKO (chant)	I	love the	ladies	I love	to	be	among	the	girls
TZARA	la	concierge	qui m'a	trompé elle	a vendu	l'appartement	que j'avais loué

HUELSENBECK	hätt'	O süss gequollnes	Stelldichein des	Admirals	im Abendschein	uru uru
JANKO (chant)	o'clock	and tea is set	I like to have	my tea	with some brunet	shai shai
TZARA		Le train	traine la fumée	comme	la fuite de l'animal	blessé aux

HUELSENBECK	Der Affe	brüllt	die Seekuh	bellt im Lindenbaum	der Schräg	zerschellt	tara-
JANKO (chant)	doing it	doing	it see	that ragtime	couppte	over there	see
TZARA	Autour du	phare	tourne l'auréole	des oiseaux bleuilis	en moitiés	de lumière	vis-

HUELSENBECK		Peitschen um die Lenden	Im Schlafsack gröhlt der
JANKO (chant)		oh yes yes yes yes yes yes yes	yes yes
TZARA	cher c'est si difficile	La rue s'enfuit avec mon bagage	à traves la ville Un métro mêle

NOTE POUR LES BOURGEOIS   Les essays sur la transmutation des objets et des couleurs des premiers peintres cubistes (1917) Picasso, Braque, Picabia, Duchamp-Villon, Delaunay, suscitaient l'envie d'appliquer en poésie les mêmes principes simultans
     Villiers de l'Isle Adam eût des intentions pareilles dans le théâtre, où l'on remarque les tendances vers un simultanéisme schématique; Mallarmé essaya une reforme typographique dans son poème: Un coup de dés n'abolira jamais le hazard; Marinetti qui popularisa cette subordination par ses „Paroles en liberté"; les intentions de Blaise Cendrars et de Jules Romains, dernièrement, ammenèrent Mr Apollinaire aux idées qu'il développa en 1912 au „Sturm" dans une conférence.
     Mais l'idée première, en son essence, fut exteriorisée par Mr H. Barzun dans un livre théoretique „Voix, Rythmes et chants Simultanés" où il cherchait une rélation plus étroite entre la symphonie polyrythmique et le poème. Il opposait aux principes successifs de la poésie lyrique une idée vaste et parallèle. Mais les intentions de compliquer en profondeur cette technique (avec le Drame Universel) en éxagerant sa valeur au point de lui donner une idéologie nouvelle et de la cloitrer dans l'exclusivisme d'une école, — echouèrent.

9. RICHARD HÜLSENBECK — MARCEL JANCO — TRISTAN TZARA,
POÈME SIMULTAN

Die literarischen, gesellschaftlichen und gelehrten Spiele

une maison à louer

zerfällt		Teerpappe macht Rawagen	in der Nacht
arround	the door a swetheart	mine is waiting patiently	for me l
humides	commancèrent à bruler	j'ai mis le cheval	dans l'âme du

verzerrt in der Natur   chrza   prrrza   chrrrza
c'est très intéressant les griffes des morsures équatoriales   my great room is

aufgetan   Der Ceylonlöve ist kein Schwan   Wer Wasser braucht find
                                                           l love the ladies
       Journal de Genève   au restaurant   Le télégraphiste assassine

                                                           Find was er nötig
                                                           And when it's five
Dans l'église après la messe le pêcheur dit à la comtesse: Adieu Mathilde

uro   uru   uru   uro   uru   uru   uru   uro pataclan   patablan   pataplan   uri   uri   uro
shai   shai   shai   shai   shai   shai   Every body is doing it   doing it   doing it   Every body is
intestins ecrasés

tata   taratata   tatatata   In Joschiwara dröhnt der Brand und knallt mit schnellen
that throw there shoulders in the air She said the raising her heart oh   dwelling   oh
sant la distance des batteaux Tandis que les archanges chient et les oiseaux   tombent   Oh! mon

alte Oberpriester und zeigt der Schenkel volle Tastatur   L'Amiral n'a rien trouvé
yes   oh yes oh yes   oh yes   oh yes   yes yes   oh yes   sir   L'Amiral n'a rien trouvé
   son cinéma la prore de je vous adore était au casino du sycomore   L'Amiral n'a rien trouvé

         En même temps Mr Apollinaire essayait un nouveau genre de poème visuel, qui est plus intéressant encore par son manque de système et par sa fantaisie tourmentée. Il accentue les images centrales, typographiquement, et donne la possibilité de commancer à lire un poème de tous les côtés à la fois. Les poèmes de Mrs Barzun et Divoire sont purement formels. Ils cherchent un éffort musical, qu'on peut imaginer en faisant les mêmes abstractions que sur une partiture d'orchestre.

                         * * *

         Je voulais réaliser un poème basé sur d'autres principes. Qui consistent dans la possibilité que je donne à chaque écoutant de lier les associations convenables. Il retient les éléments caractéristiques pour sa personalité, les entremèle, les fragmente ou, restant tout-de-même dans la direction que l'auteur a canalsé.
         Le poème que j'ai arrangé (avec Huelsenbeck et Janko) ne donne pas une description musicale mais tente à individualiser l'impression du poème simultan auquel nous donnons par là une nouvelle portée.
         La lecture parallèle que nous avons fait le 31 mars 1916, Huelsenbeck, Janko et moi, était la première réalisation scénique de cette estéthique moderne.

TRISTAN TZARA

Solche vereinzelten Versuche hat in jüngster Zeit der Lettrismus Isidore Isous systematisiert und damit eigentlich Jahrhunderte alte Ansätze konsequent zu Ende geführt. Das Manifest der lettristischen Dichtung fordert „Destruction des mots pour les lettres", wobei „lettre" Buchstabe und Laut bedeutet:

> Isidore Isou
> > Croit en l'élévation possible au delà des MOTS;
> > Veut l'épanouissement des transmissions sans leurs pertes;
> > Offre un verbe égal à un choc.
> > Par la surcharge d'expansion les formes bondissent d'elles-mêmes.
>
> Isidore Isou
> > Commence la destruction des mots pour les lettres.
>
> Isidore Isou
> > Veut que les lettres captent entre elles toute sollicitation.
>
> Isidore Isou
> > Fait qu'on n'emploie plus les mesures aprioriques, les mots.
>
> Isidore Isou
> > Montre une autre issue entre LE MOT et LA RENONCIATION:
> > LA LETTRE.
> > Il créera des émotions contre le langage, pour le plaisir de la langue.
> > *Il s'agit de faire comprendre que les lettres
> > ont une autre destination que les mots.*
>
> Isou
> > Défera les mots en leurs lettres.
> > Chaque poète intégrera tout en Tout.
> > Il faut révéler le tout par les lettres.[101]

Als „germes lettriques" sieht Isou neben den „mots sans sens" und den „paroles à signification cachée prises pour leurs lettres"[102] auch die „onomatopées". In seinem Schema der „évolution du matériel poétique" seit Baudelaire empfindet er sich als Ziel einer schon im Gange befindlichen Entwicklung:

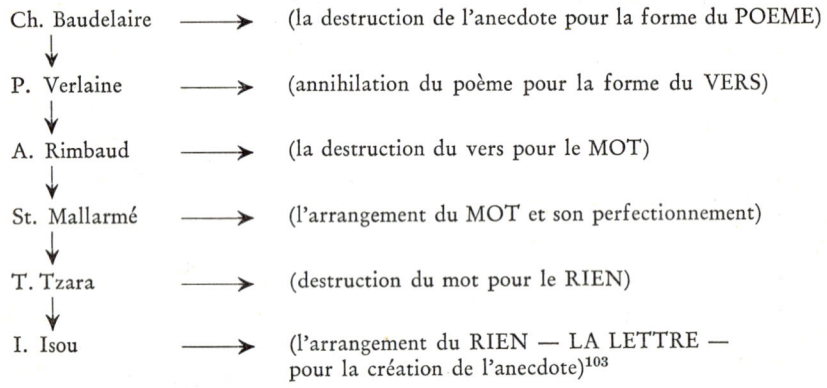

Ch. Baudelaire ⟶ (la destruction de l'anecdote pour la forme du POEME)

↓

P. Verlaine ⟶ (annihilation du poème pour la forme du VERS)

↓

A. Rimbaud ⟶ (la destruction du vers pour le MOT)

↓

St. Mallarmé ⟶ (l'arrangement du MOT et son perfectionnement)

↓

T. Tzara ⟶ (destruction du mot pour le RIEN)

↓

I. Isou ⟶ (l'arrangement du RIEN — LA LETTRE — pour la création de l'anecdote)[103]

---

[101] Isidore Isou [Ps. für Isaac Goldstein], Introduction à une nouvelle poésie et une nouvelle musique, 4. Aufl. Paris nrf Gallimard 1947, 15 ff.; vgl. auch Maurice Lemaître, Qu'est-ce que le lettrisme, Paris Fischbacher 1954; derselbe, Carnets d'un fanatique, Dix ans de lettrisme, Paris Grassin 1959; ferner die Zeitschrift „Poésie nouvelle" 1958 ff. und die dort verzeichnete Literatur.

[102] Isou aaO 18.

[103] ebda. 43.

Im Laufe des Manifests stellt sich schnell heraus, daß der Lettrismus als reine Lautmusik gemeint ist, hinter der aber augenscheinlich auch eine nicht weiter ausgeführte Lautdeutung stehen soll. Dichtung und Musik[104] sollen sich im Lettrismus zu einer neuen Kunst vereinigen, wie sie sich die Romantik erträumte.[105] Der Lettrismus soll „nouvelle poésie et nouvelle musique" sein, „une poésie devenue musique".

Isou versucht sogar, Gesetze für die Reihenfolge der Laute aufzustellen,[106] wobei in Folgen wie

>Ferg, Fier, Foug, Fobergue
>Jar, jointe, joug, jobergue,
>Gagoal, gagînt, gogal
>Pîgînne, Rîngînne, Ingîne
>Roîgall
>Calméliodaal
>Calméliodaal[107]

alle tautogrammatischen Spiele des Rhétoriqueurs wieder erscheinen. Einer solchen Lautmusik genügen auch die herkömmlichen Buchstaben des Alphabets nicht mehr; Isou greift zu griechischen Lettern, um neunzehn weitere Laute zu bezeichnen:

Α	aspiration (forte)
Β	expiration (forte)
Γ	zézaiement (sifflement entre les dents comme un son de serpent)
Δ	râle
Ε	grognement (comme un chien prêt à aboyer)
Η	ahanner (son rauque) fait avec le gosier en gonflant le ventre
Θ	soupir (fait simultanément avec le gosier, la bouche, le nez)
Κ	ronflement
Λ	gargariser (avec l'air qui se débat entre la langue et le palais)
Μ	gémissement
Ν	hoquet
Ο	toux, toussotement
Π	éternuement
Ρ	claquement de langue
Σ	pètement (avec les lèvres)
Τ	crépitement (comme imiter le bruit d'une auto)
Υ	le son du crachat (une sorte de peuh-pouah-ptiou ensemble)
Φ	baiser (bruyant)
Ψ	sifflement (simple, non mélodique)[108]

Soweit die Theorie. Betrachtet man freilich die „Vingt récitations graves et joyeuses" und „La guerre (première symphonie lettrique)", die Isou und seine Freunde der Programmschrift als Muster beigeben,[109] so findet man verwunderlicherweise nur ganz wenige reine Lautgedichte; die meisten Gebilde wecken doch mit Hilfe von Wortbrocken, Sprachnachahmungen usw. Sinnassoziationen. Wo diese

---

[104] ebda. 196.
[105] vgl. Titel von Isous Buch.
[106] ebda. 199 ff.
[107] ebda. 299.
[108] ebda. 314.
[109] ebda. 321 ff.

fehlen, wird die Mitteilungsfunktion der Sprache von den neuen Zeichen (soupir, gémissement usw.) übernommen:

Larmes de jeune fille
— poème clos —

M dngoun, m diahl Θhna îou
hsn îoun înhlianhl M pna iou
vgaîn set i ouf! saî iaf
fln plt i clouf! mglaî vaf
Λ o là îhî cnn vîi
snoubidi î pnn mîi
A gohà îhîhî gnn gî
klnbidi Δ blîglîhlî
H mami chou a sprl
scami Bgou cla ctrl
gue! el înhî nî K grîn
Khlogbidi Σ vî bîncî crîn
cncn ff vsch gln iééé . . .
gué rgn ss ouch clen dééé . . .
chaîg gna pca hi
Θ snca grd kr di.[110]

Isous Gedichte sind Lärmkonzerte, denen nur noch die Überschriften einen Sinn geben. Auf diese verzichtet er inkonsequenterweise nicht, denn er braucht sie als letzten eindeutigen Sinnträger. Damit sind die Grenzen der Sprache überschritten.

In Balls Beschreibung der Lautdichtung wird nicht nur der musikalisch-spielerische Ursprung sichtbar, sondern auch der magische. Damit die Lautfolgen, die er „zelebriert", nicht lächerlich wirken, nimmt er, wenn er seine feierlichen Ausdrucksmittel nicht mehr steigern kann, unwillkürlich die Kadenz der priesterlichen Lamentation an. Er greift — etwas übertrieben ausgedrückt — zur magischen Beschwörung mit sinnlosen Lauten und zieht sich in die „innerste Alchimie des Wortes" zurück. Der sinnlose Laut wird der „letzte heiligste Bezirk" der Dichtung. Ball spricht auch sonst gern vom Zusammenhang zwischen seiner Dichtung und Zaubertexten:

> Ich sitze, fremde Vokabeln und Assoziationen abwehrend, auf der Fensterbank, kritzle und schaue dem Schreiner zu, der unten im Hof mit seinen Särgen hantiert. Wenn man genau sein wollte: zwei Drittel der wunderbar klagenden Worte, denen kein Menschengemüt widerstehen mag, stammen aus uralten Zaubertexten. Die Verwendung von „Sigeln", von magisch erfüllten fliegenden Worten und Klangfarben kennzeichnet unsere gemeinsame Art zu dichten.[111]

Die „Totenklage" geht ihrem Titel nach sicher von der Vorstellung exotischer magischer Riten aus:

---

[110] ebda. 334; vgl. auch die Anthologie *Iliazd, Poésie des mots inconnus, Paris Le Degré 1949; Iliazd erfand um 1923 eine eigene Lautsprache „Zaoum". Sprachmischung verbunden mit Phonetischem treibt Hans G. Helms, Fa:m' Ahniesgwow, Köln 1959.
[111] Ball aaO 93 f.

Die literarischen, gesellschaftlichen und gelehrten Spiele

ombula
take
biti
solunkola
tabla tokta takabla
taka tak
tabubu m'balam
tak tru-ü
wo-um
biba bimbel
o kla o auw
kla o auwa
kla-auma
o kla o ü
kla o auma
klinga-o-e-auwa
ome o-auwa
klinga inga M ao-Auwa
omba dij omuff pomo-auwa
tru-ü
tro-u-ü o-a-o-ü
mo-auwa
gomum guma zangaga gago blagaga
szagaglugi m ba-o-auma
szaga szago
szaga la m'blama.[112]

Aber auch „Katzen und Pfauen"[113] als magisch-exotische Tiere und die „Elefantenkarawane" gehören in diese Welt. Mit Hilfe eines Afrikakenners werden im Cabaret Voltaire in exotischem Kostüm Negergesänge ausgeführt[114] und noch im Dada-Almanach finden sich — wenn auch wohl fingierte — Gesänge der „Primitiven".[115] Ball wird freilich bald gegen diese magische Negerlyrik skeptisch:

> Auch von den Negern nehmen wir nur die magisch-liturgischen Stücke, und nur die Antithese macht sie interessant. Wir drapieren uns als Medizinmänner mit ihren Abzeichen und ihren Extrakten, erlassen uns aber gerne den Weg, auf dem sie zu diesen ihren Kult- und Paradestücken gekommen sind.[116]

Aber er nimmt diese Dinge doch ernst und notiert kurz nach der Rezitation in sein Tagebuch:

> Mein Bischofkostüm und mein lamentabler Ausbruch bei der letzten Soirée beschäftigten mich. Der Voltaire'sche Rahmen, in dem das stattfand, war dafür wenig geeignet und mein Inneres nicht darauf vorbereitet. Das Memento mori der katholischen Kirche gewinnt in dieser Zeit eine neue Bedeutung. Der Tod ist die Antithese des irdischen Wirrwarrs und Plunders. Das steckt einem tiefer, als man weiß.[117]

---

[112] zitiert nach Egger aaO 53 f.
[113] abgedruckt ebda.; alle Lautgedichte nun auch in: Hans Arp — Richard Hülsenbeck — Tristan Tzara, Die Geburt des Dada, Zürich 1957, 50 ff.
[114] Ball aaO 93 f.
[115] Dada Almanach aaO 51, 142 f.
[116] Ball aaO 159 f.
[117] zitiert nach Emmy Ball-Hennings, Ruf und Echo, Mein Leben mit Hugo Ball, Einsiedeln 1953, 106.

248 *Die Gattungen der Unsinnspoesie*

Man geht wohl nicht fehl, wenn man annimmt, daß gerade die magischen Experimente seine religiöse Krise beschleunigten. Selbst Richard Hülsenbeck empfindet eine Krankheit als „Strafe für die dadaistische Hybris".[118]

Für die meisten Dadaisten bleibt jedoch die magisch-exotische Lautdichtung ein Spiel mit der Lust am Geheimnisvollen, Verblüffenden und zugleich ein Spiel mit dem Publikum. Dafür zeugen auch die blasphemischen Vergleiche Isous:

> Comme le christianisme a été à ses commencements une secte de la religion, pour devenir une religion véritable, seule, indépendante. Jouer dans la poésie le rôle joué par Jésus dans le judaïsme, c'est l'intention d'Isou, c'est-à-dire rompre une branche et la faire arbre. Isouisme, forme chrétienne du judaïsme poétique.[119]

Mancher erhob Anspruch darauf, ernstgenommen zu werden, oder wollte wenigstens auch in Lauten dichten.[120] Bei Kurt Schwitters' „Altem Lautgedicht":

> HHH   HH   HH   HHH
>   HHH
>   HHH HHH
>   AAA
>   Olalala OA OA lala
>   Plinius (i. J. 1847)[121]

ist durch die Zuschreibung der Witz klar. In der „Ursonate" aber will derselbe Schwitters den „Urlaut" suchen. Doch belehrt uns ihr Scherzo, daß hier Anspruch und Leistung völlig auseinanderfallen:

> *Lanke tr gl*
> skerzo aus meiner soonate in uurlauten
>
> lanke tr gl
> pe pe pe pe pe
> ooka ooka ooka ooka
> lanke tr gl
> pii pii üii pii pii
> züüka züüka züüka züüka
> lanke tr gl
> rmp
> rnf
> lanke tr gl
> ziiuu lentri
> lümpf tümpf tri
> lanke tr gl
> rumpf tilf too
> lanke tr gl
> ziiuu lentri

---

[118] Ball aaO 116.
[119] Isou aaO 262 Anm. 1.
[120] etwa Richard Hülsenbeck, Phantastische Gebete, Zürich 1960, 16 ff., 20 f., 27 ff., 40 f.; Raoul Hausmann, Courrier Dada, Paris Le Terrain Vague 1958, 51 ff. (Hausmann scheint einer der Erfinder des Lautgedichts zu sein).
[121] Merz 4: Banalitäten, Hannover Juli 1923, 37.

Die literarischen, gesellschaftlichen und gelehrten Spiele

              lümpf tümpf tri
              lanke tr gl
              pe pe pe pe pe
              ooka ooka ooka ooka
              lanke tr gl
              pii pii pii pii pii
              züüka züüka züüka züüka
              lanke tr gl
              rmp
              rnf
              lanke tr gl?[122]

Nur der magische Anspruch trennt dieses Gebilde vom reinen Spiel, aber er wird zur Pose. Übrig bleibt Klangmalerei, auf die auch schon die Bezeichnung „Sonate" hinweist.

  Bei der magischen Beschwörung des Lautes als des innersten, heiligsten Bezirks der Sprache entladen sich nach Hugo Balls Überzeugung die innersten Kräfte der Seele unmittelbar im Laut. Das ist eine urromantische Vorstellung, die wir auch hinter dem Vokalspiel des jungen Cocteau vermuten:

        Au fil du bol
            éol
        ien   oé ié
        mon doigt mouillé
                 éveille
                   un astre
      éo ié iu   ié
      é é   ié   io   ié
      ui   ui   io   ié
      aéoé   iaoé
      a u i a   ou   a o é
      io io   io iu
      aéiouiu
      iuiaé   ui ui   io ué
      o é o
      a é o é
      oé aé iéoa
      ieiaoaoa   ieua   ieua
      oa   oa   ieua
      ié ié   é
                    é   coute
    la musique des étoiles[123]

Dasselbe gilt für Teile des „Esperanto lyrique" von Henri Michaux.[124] Der Jurist

---

[122] *Ursonate, Hannover 1922; Skerzo zitiert nach Anthologie der Abseitigen ed. Carola Giedion-Welcker, Bern-Bümpliz 1946, 183; vgl. nun auch die Platte *Kurt Schwitters An Anna Blume, gesprochen von Kurt Schwitters — Die Sonate in Urlauten, gesprochen von Ernst Schwitters, London 1958.
[123] Tentative d'évasion aus: Le Cap de Bonne-Espérance: Oeuvres complètes, Lausanne Marguerat 1946-51, III 29 ff., Zitat 36 f.
[124] René Bertelé, Henri Michaux, Paris Seghers 1946, 18, 85, 113 usw.

und Schauspieler Rudolf Blümner[125] dagegen reiht in einem freien geistigen Spiel der Abstraktion die Laute nach Klangwerten rhythmisch aneinander. Er sucht eine absolute, von Zeit, Raum, Sinn und auch von unbewußten Seelenkräften losgelöste Dichtung, die nichts mehr mit der Wirklichkeit des Menschen gemein hat. „Wie der Maler Farbformen nach Belieben, also unabhängig von einer Bedeutung, zur Gestaltung zusammensetzt, der Komponist Töne rhythmisch nach vollkommener Freiheit aneinanderreiht, so stelle ich Konsonanten und Vokale nach *künstlerischen Gesetzen* zusammen."[126] Nur eine rhythmisierte Melodie ohne Wort und Bedeutung soll übrig bleiben, eine reine Sprechmelodie, welche die Druckzeichen nur unvollkommen wiedergeben können. Novalis' Traum von Gedichten, die „bloß wohlklingend und voll schöner Worte, aber ohne allen Sinn und Zusammenhang" seien, und Balls Prophezeiung „Der Entschluß der Poesie ... die Sprache fallen zu lassen, steht nahe bevor"[127] haben sich erfüllt. Schon Theodor Däubler wandte freilich gegen Blümners Lautdichtung „Ango laïna" ein, das Wort sei nicht nur eine verabredete Form der Mitteilung, die man willkürlich zerschlagen könne, sondern die Lautentsprechung einer geistigen Realität, der auch ein mit dem Verstand begreifbarer Bildinhalt zukomme; ja mit der Zerstörung dieses Inhalts sei auch die geistige Realität verlassen und lediglich eine Scheinwirklichkeit aus rhythmischen Wortklängen, ein Phantasma aufgebaut.[128] Wie sehr Däubler recht hat, zeigt sich nicht zuletzt darin, daß sich Blümners Abstraktion höchstens im Fehlen verständnisfördernder Satz- oder anderer Zeichen unterscheidet. Ohne das erklärende Vorwort und ohne den Untertitel wäre sie mit jeder andern Art von Lautdichtung auszuwechseln. Da das „Sturm"-Heft mit Blümners Dichtung kaum mehr aufzutreiben ist, geben wir den ganzen Text wieder:

ANGO LAÏNA
Eine absolute Dichtung

Erste Stimme
Zweite Stimme

Oiaí laéla oía ssísialu
Ensúdio trésa súdio míschnumi
Ia lon stuáz
Brorr schjatt
Oiázo tsuígulu
Ua sésa masuó tülü
Ua sésa maschiató toró
Oi séngu gádse ándola
Oi ándo séngu
Séngu ándola
Oi séngu
Gádse

---

[125] vgl. Lothar Schreyer, Erinnerungen an Sturm und Bauhaus, München 1956, 78 ff. Blümner verhungerte 1945 in Berlin.
[126] Hugo Blümner, Die absolute Dichtung — In: Der Sturm 12 (1921) 121 f., Zitat 122; vgl. auch Hugo Blümner, Der Geist des Kubismus und die Künste, Berlin 1921, 43 ff.
[127] Ball aaO 76 f.
[128] Schreyer aaO 40 f.

Ina
Leíola
Kbaó
Sagór
Kadó

Kadó mai tiúsi
Suíjo ángola

Schui mai sitá la lío séngu

Ia péndo ála
Péndu síolo

Toró toró
Mengádse gádse se

Ullái tiotúlo
Zíalu nía myó
Sésa sésa
Lu snégan lílulei
To kárta tor
To lásra sísafan
To bálan fásan édomir
To trésa trésa trésa míschnumi

Uiagó

Ia lon schtazúmatu
Ia lon laschór
Lilíte móe sagór
Lilíte moé
Kja ha hü hía-i

Niólo zágan elra-

Híotoro
Eo tánja tánja
Molái hýsialo
Eo zísu fíjo émba ü téviolo
Ua ssívo uá
Laína uá
Toliatór sagún
Ia kárta tor
Ia lásra sísafan
Ia bálan fásan édomir
Ia trésa trésa trésa-

Uíja sagór
Tailá tailá
Schi oblaímono
Gbomoloé oé oé oé
Ango laína bobandó jo-ó
Ango laína sjujuló jo-ó
Ango laína dschastjadschást jo-ó
Tailá tailá
Sía ényo énya
Lu líalo lu leíula
Lu léja léja lioleíulu

Ango laína kbámyo
Ango laína nýome
Ango laina édue
Ango laina ángola
Laína na
Laina la
Laó

Laó aliósa ssírio séngu loé
Ai tschírio tréva tschírio nýome
Aliósa lüíja bobandó jo-ó
Aliósa lüíja sjujuló jo-ó
Aliósa lüíja dschastjadschást jo-ó
Tailá tailá
Sía ényo énya
Aliósa lüíja kbámyo
Aliósa lüíja nýome
Aliósa lüíja édue
Aliósa ála
Liósa la
Laó.

Laó tülü
J schénschun míschnumi
Ai zúgim ai tará ai brui huó
Masuó tsagarátsa tsuígulu
Moijamé sagún ia lon schtazúmato
Ia lon laschór
Ai tülü séngu moíja míschnumi

Oíazo oíazo
Tülü tülü
Stuáz brorr schjatt
Tülü tülü

Oáli nýdo
Zíalu nía mýo

Lu líalo lu leíula
Lu léja léja lioleíulu

Arriatór

Saijú hialót
Ui soá soá rre uíja hiyíjimini
Ia hijaíjimini

Oiaí laéla oía sísialu

Chualá uadé ui sésa sésala
Uialó uiagá uirrá
Franfrá riará cadó
Cadó cadó ia lon cadó
Ssussíja schlújim

Mojamé tiutí
Aliósa ála
Ala moi tiutí

Die literarischen, gesellschaftlichen und gelehrten Spiele 253

Tiutí tiutí tailá tiutí tiutí
Mui ábba híalo mui ábba séngu
Abba mengádse ábba míschnumi
Ensúdio válo embamýolo
Tuálo mýo
Tuálo séndo
Tuálo fújo
Tuálo schíjo haíra zíu ísa muól
Schu mai sitá ka lío séngu
Uáse

To kárta tor

Ahüíja loé

To lásra sísafan

Ahüíja loé

To bálan fásan édomir

Ahüíja loé

To trésa trésa míschnumi

Lasío tótoro
Hüíja moé

Ango laína kbámyo
Schualó suadé kbaó

— — —

Kbaó ángo laína ter kbaó
Lu líalo lu leíula léja léja le-
Schottá taró

Suíjo ángola

Ssigím ssisségim
Ssóra schaóra tor
Sadaím ochroóz
Kronkróst
Holratúst

Ai ájulo

Arrúro árruo ruó uó oúo

Ja hyía lyó
Hýa éja luá

I kúlja ssam

Ui ála sió — —

Niólo zágan elratúst schubaló
Niólo zágan elratúst kronkróst
Niólo zágan — — —
Aliázo híjan híalot
Hiaýio toliatór schaó

Schaó aliósa ssísio séngu loé

Mui ábbaséngu ábba nýome

Aliósa luíjo nýo moé
Luíjo válo chualá
Ensúdio válo
Súdio toliatór
Hiaýio toliatór schaó
Schaó aliázo híjim híalot
— — — —
Mojamé soiagú o-ía ésa- mejamyni-
— — —
Uáo-uaó-uó-oúo
Hía ssísiala
Orré schiílja rro
Lu líalo leíula léja-
Lasío tótoro
Mosiátan éjo
Maschíato lóo
Moliáno úo
Tiádan o
Lusía fu
E e e
Stýan
Hýat
Élja
Rúof
Ma
Mýa
Schtóa
Húa húalo
Huáo-huaó-huó-hu-huoó-o
Schu mai sitá ka lío séngu
— — —
I éja
Alo
Mýo
Ssírio
Ssa
Schuá
Ará
Niíja
Stuáz
Brorr
Schjatt
Ui ai laéla — oía ssísialu
To trésa trésa trésa mischnumi
Ia lon schtazúmato
Ango laína la
Lu liálo lu léiula

Die literarischen, gesellschaftlichen und gelehrten Spiele   255

        Lu léja léja lioleíolu
        A túalo mýo
        Mýo túalo
        My ángo ína
        Ango gádse la
        Schía séngu ína
        Séngu ína la
        My ángo séngu
        Séngu ángola
        Megádse
        Séngu
        Ína
        Leíola
        Kbaó
        Sagór
        Kadó[129]

---

[129] Hugo Blümner, Ango laïna — In: Der Sturm 12 (1921) 123 ff. Für die Gegenwart vgl. auch oben S. 166 Anm. 34.

3. IN DER DEUTSCHEN LITERATUR FEHLENDE GATTUNGEN

Einzelne Spiele fehlen in der deutschen Dichtung, weil der Sprache die technischen Möglichkeiten mangeln. Andere Gattungen haben die Sprachgrenze nicht überschritten, weil Ähnliches schon in der deutschen Dichtung vorhanden war. Wir beschränken uns auf einige europäische Spiele, eine Kostprobe der außereuropäischen haben wir in der Einleitung zu den literarischen und gesellschaftlichen Spielen gegeben.

Antike und altgermanische Spiele

Die antiken v e r s u s   i s o p s e p h o i kann unsere Sprache nicht nachahmen, denn die Buchstaben eines Gedichts werden hier als Ziffern betrachtet und einzelne Worte oder Distichen, welche die gleiche Summe ergeben, zueinander in Beziehung gesetzt. Die Zahlwerte der Buchstaben werden wie in der kabbalistischen Gematria mit Hilfe einfacher (A = 1, B = 2, Γ = 3 usw.) oder sehr komplizierter Systeme ermittelt. Die griechische Anthologie überliefert eine Anzahl solcher Gedichte, die meisten von Leonidas von Alexandrien.[1] Daß damit auch allerlei Zahlenspekulationen über einzelne Verse, vor allem Homers, Tor und Tür geöffnet wird, versteht sich von selbst. Da in der deutschen Sprache selten versucht wurde, normative Zahlenwerte für die einzelnen Buchstaben festzusetzen,[1a] kommt das Spiel hier auch nicht vor.

Die K e n n i n g, das hervorstechendste Stilspiel der nordischen Dichtung, ist der zwei- oder mehrgliedrige Ersatz für ein Substantiv der gewöhnlichen Rede oder die poetische Benennung durch ein Nomen und eines oder mehrere Glieder, die dieses näher bestimmen. Man könnte sich freilich darüber streiten, ob dieses Spiel in der deutschen Dichtung ganz fehle.[2] Wer etwa, wenn auch nur im Scherz, „Stratosphärenpingpong" für „Hornussen" oder „Geröllhaldensaxophon" für „Alphorn" sagt, benützt die Kenningform; doch sind solche Einzelfälle mit dem unerhört virtuosen Ornament der Skaldendichtung und seinen sechs- bis achtgliedrigen Kenningen kaum zu vergleichen.[3] Dort wird etwa für „Ich werde lange an sie denken" gesagt: „Der Werfer des Bernsteins der Kaltwiese des Ebers des Bergriesen der Salzflut wird lange denken an die Salweide des Bodens des Riemens des Röhrichts."[4] Die Kenninge sind keine zusammengedrängten Gleichnisse mehr, sondern „Gleichniskeime, die sich

---

[1] Anthologia Graeca VI 327, IX 344-356 (alle von Leonidas von Alexandrien), ferner XII 6 (Straton) und XI 334; vgl. allgemein Schultz Rätsel I S. VI ff., 132 f. Nr. 287 ff.; aus neuerer Zeit: ABC cum notis I 332 ff. (Paragramme).
[1a] In der barocken Poetik freilich fehlen solche Versuche nicht; im Trichter schlägt Harsdörffer als Zahlwerte a = 1, b = 2 usw. vor (III 72); vgl. auch Gespsp III 332 ff.
[2] Wolfgang Mohr, Kenningstudien, Stuttgart 1933, 15.
[3] Heusler Agerm Dichtung 136 ff.; vgl. auch Vries Anord Litgesch 40 ff.; Rud. Meissner, Die Kenningar der Skalden, Bonn-Leipzig 1927.
[4] zitiert nach Heusler Agerm Dichtung 138.

nicht entfaltet haben."[5] Wie diese Metaphern-usw.-Rätsel[6] von den Hörern aufgelöst werden konnten, ist uns heute unbegreiflich. „Vermöge einer Ähnlichkeitsassoziation taucht aus dem Unbewußten eine Vorstellung auf, die den Flug der Gedanken (der Erfahrungs- oder Berührungsassoziationen) von der Seite her kreuzt."[7]

Nur in gewissen Erscheinungen des Barock, die man je nach der Spielart in Frankreich Preziosentum, in Spanien Kultismus und Konzeptismus, in Italien Marinismus zu nennen pflegt und die früher in Deutschland Schwulstbarock hieß, existiert etwas Vergleichbares. Selbst bei Gryphius,[8] vor allem aber bei Hofmannswaldau und andern löst sich das metaphorische Bild völlig aus dem Zusammenhang mit der Sache. Wenn Hofmannswaldau dichtet: „Es schickt sich Aloë zu Bisamkugeln nicht",[9] so bedarf es der Erklärung, daß Trauer sich nicht zur Freude schicke. Nur ein Kenner vermag die Bitten eines unerhörten Liebhabers:

> Drum thu auch deinen himmel auff,
> Und laß der tauben saiten lauff
> Mich und mein opffer nicht verzehren![10]

so auszulegen:

> Die Geliebte ist der Himmel, dessen Welt voll göttlicher Klänge ist; aber der Liebhaber hört nichts von dieser überirdischen Musik. Trotz seiner Bitten schwingt der „saiten lauff" nicht für sein Ohr, die göttlichen Instrumente im Himmel der Geliebten erscheinen seinen Bitten gegenüber „taub" und hart, das Opfer seines Herzens wird nicht angenommen, es ist umsonst, und so wird auch er selbst der Verzweiflung überliefert, er und sein Opfer werden „verzehrt".[11]

Französische Spiele

Neben den üblichen Formen mittelalterlicher Unsinnspoesie, wie sie in der cobla reversa der Leys d'Amors,[1] in Richarts „Bestourné",[2] dem „Dit des Traverces"[3] und

---

[5] ebda. 137.
[6] Freilich machen die Metaphern nur einen Teil der Kenninge aus, vgl. Mohr aaO 132.
[7] Gustav Neckel, Die kriegerische Kultur der heidnischen Germanen. — In: GRM 7 (1915) 17 ff., Zitat 36.
[8] Manheimer 96, 112 ff., 115 f.
[9] Hofmannswaldau, Heldenbriefe, Ausgabe Leipzig-Breslau Fellgibel 1691, 76 (Judith an Balduin).
[10] Neukirchs Sammlung I 317.
[11] Ibel 461. Harsdörffer schreibt: „Das Fichtenpferd [Schiff] schwebet auf offener See": Gespsp I 2. Aufl. Schutzschrift 49.
[1] Leys d'Amors I 296; vgl. auch das Unsinnslied von Raimbaut de Vaqueiras, abgedruckt bei Carl Appel, Provenzalische Chrestomathie, 6. Aufl. Leipzig 1930, 82 Nr. 41.
[2] abgedruckt bei Edmund Stengel, Codex Digby 86, Halle 1871, 118 ff.
[3] abgedruckt bei Achille Jubinal, Lettres à M. le Comte de Salvandy sur quelques-uns des manuscrits de la Bibliothèque Royale de La Haye, Paris Didron 1846, 249 ff.; vgl. auch Canel I 311. Für die französische Unsinnspoesie blieb mir unzugänglich: L. E. Arnaud, French Nonsense Literature in the Middle Ages, New York UP 1942; nicht mehr berücksichtigt wurde: Robert Benayoun, Anthologie du Nonsense, Paris J. J. Pauvert 1957 (zur Hauptsache Sammlung französischer und englischer Unsinnspoesien).

17 Liede, Dichtung 2

allerlei Resverien sichtbar werden, besitzt die französische Literatur in der Fatrasie der zweiten Hälfte des dreizehnten Jahrhunderts eine eigene Gattung.[4] Von andern Arten — etwa von den deutschen Quodlibets — unterscheidet diese die feste Form, elf Verse nach dem Schema aabaab[5]babab[7], die sich auch mit ihrer Zweiteiligkeit auf den durchaus systematischen Aufbau des unsinnigen Inhalts auswirkt.[5] Während sich für frühere Betrachter die einzelnen Strophen der Handschriften zu längeren Folgen zusammenschlossen, hält man heute die Fatrasie für ein einstrophiges Gebilde.[6] Bekannt sind eine anonyme Sammlung aus Arras und die Fatrasien von Philippe de Beaumanoir, der daneben auch die „Oiseuses" dichtet, ein längeres und weniger durchgeformtes Versgebilde. Aus den Fatrasien von Arras seien einige Beispiele zitiert:

> Jaler sans froidure
> Prestoit a usure
> Auques por noient;
> Nule creature
> Metoit em presure
> Safirs d'Oriant.
> Biau tans de pluie et de vent
> Et cler jor par nuit oscure
> Firent un tornoyement;
> Sor plain poing de neste ordure
> Fondoient coyvre a Dynant.

* * *

> Fourmage de laine
> Porte une semaine
> A la Saint Remi,
> Et une quintaine
> Couroit parmi Saine
> Sor pet et demi;
> Li siecles parti parmi.
> Uns suirons sainiez de vaine
> Leur dit: „Par l'ame de mi,
> J'ai repost un mui d'avaine
> Dedenz le cul d'un fremi."

* * *

> Uns giex de nipole
> Chante une jaiole
> De loial amour;
> Uns chastiaus qui vole
> D'une poire mole
> Recousoit un four;
> Ja cheïssent de lor tour

---

[4] grundlegend und mit vollständiger Textsammlung: Lambert C. Porter, La Fatrasie et le Fatras, Genève E. Droz-Paris Minard 1960. Damit sind alle älteren Arbeiten überholt; genannt seien immerhin: Langlois passim; Deux Recueils de sottes chansons ed. Arthur Långfors, Helsinki 1945, 4 ff.; Receuil général des sotties ed. Emile Picot, Paris SATF 1902-12, I S. IV ff.

[5] Untersuchung der Art des Unsinns, des Aufbaus usw.: Porter aaO bes. 31 ff.

[6] Porter aaO 22, aber ohne endgültigen Beweis.

Ne fust une palevole
Qui s'arma devant le jour
Por le gieu de la grimole,
Qui minoit la maistre tour.
      * * *
Andoille de voirre
Aprestoit son oyrre
Por aler nuleu;
Uns Flamens d'Auçuerre
Vessoit por miex poirre
De latin en grieu,
Et uns pez fait en ebrieu
I faisoit hanas de Juerre;
Mout em faisoit grant aleu
Qant uns petiz faiz de fuerre
Commença un noviau geu.
      * * *
Dui rat usierer
Voloient songier
Por faire un descort;
Troi faucons lanier
Ont fait plain panier
Des Vers de la Mort.
Uns muiaus dit qu'il ont tort,
Por l'ombre d'un viez cuvier
Qui por miex villier s'endort,
Qui cria: „Alez lacier
Por tornoier sanz acort."[7]

Im ersten Drittel des vierzehnten Jahrhunderts wird die Fatrasie abgelöst vom Fatras impossible, einem Couplet von ebenfalls elf, aber nun gleich langen Versen, dessen erste und letzte Zeile jedoch aus einem aufgegebenen Distichon gebildet werden, so daß sich das Schema AB AabaabbabaB ergibt; daneben existieren auch doppelte Fatras. Der Fatras ist offensichtlich ein höfisches Gesellschaftsspiel. Von den ältesten — wie dem folgenden von Watriquet — wird ausdrücklich gesagt, sie seien zur Unterhaltung des Königs gedichtet worden:

Aprenez a mengier joute
Vous qui ne goustés de pois.

Aprenez a mengier joute,
Qu'en son cul ne vous engloute
La marrastre des trois rois,
Qui a l'entrepete route
Pour une culaine goute
Qui la tient ou trou brenois,
Si n'i puet aidier tremois,
Ne nulle riens c'on i boute,
Qu'ades ne soille li prois;
Vous en sucherez la goute,
Vous qui ne goustez de pois.[8]

[7] ebda. 121 f.
[8] ebda. 149.

Vermutlich stammen die aufgegebenen Distichen aus bekannten Liedern oder Gedichten — Beweise fehlen —, die der unsinnige Fatras parodiert. Der Unsinn selbst ist ausgeglichener, gegenüber der Fatrasie abgeschwächt. Allmählich kreist er um bestimmte Themen, schließlich wird die Form auch für ernsthafte Gedichte verwendet, so daß zwischen einem Fatras impossible und einem Fatras possible unterschieden werden muß. Der Fatras impossible verschwindet am Ende des fünfzehnten Jahrhunderts, der Fatras possible hält sich — vor allem in Poetiken — noch bis zur Mitte des siebzehnten Jahrhunderts.

Gegen Ende des fünfzehnten enthält die Sottie, das satirische Narrenspiel, oft ziemlich viel Unsinn, so besonders im Menus propos, dem auf drei Narren verteilten Sprichwortspiel.[9] Als ungereimte unsinnige Gedichtart beschreiben Fabri und Molinet ferner anhand von Mustern die Baguenaude.[10] Im sechzehnten Jahrhundert erscheint als neue Unsinnsgattung der Coq-à-l'âne. Der Name bedeutet offenbar, daß jemand von seinem Hahn erzählt und plötzlich von seinem Esel zu reden beginnt, also ein unzusammenhängendes Durcheinander von sich gibt. Der Coq-à-l'âne hält sich mit zahlreichen Belegen bis in die Mitte des siebzehnten Jahrhunderts; neu an ihm sind versteckte politische Ausfälle und satirische Anspielungen, oft ist er nur Deckname für die politische Satire.[11] Die französische Literaturwissenschaft hat allerdings lange (unter dem Einfluß der alten Poetiken) die Bedeutung des satirischen Elements überschätzt und hinter allem, was nicht gerade verständlich war, eine heute nicht mehr verständliche politische Anspielung gesehen, wie wenn Unsinn um des Unsinns willen erst eine Erfindung des neunzehnten oder zwanzigsten Jahrhunderts wäre. Die bekanntesten Beispiele für den Coq-à-l'âne sind vier Briefe Clément Marots an Lyon Jamet, von denen der zweite beginnt:

> Puis que respondre ne me veulx,
> Ie ne te prendray aux cheveulx,
> Lyon, mais, sans plus te semondre,
> Moy mesmes ie me veulx respondre,
> Et serayle prebstre Martin.
>
> Ce grec, cest hebreu, ce latin
> Ont descouvert le pot aux roses.
> Mon Dieu! que nous voirrons de choses
> Si nous vivons l'aage d'un veau!
> Et puis que dit on de nouveau?
> Quand part le Roy? Aurons nous guerre?
> O la belle pièce de terre!
> Il la fault ioindre avec la mienne.
> Mais pourtant la Bohemienne
> Porte tousiours un chapperon.

[9] Receuil général des sotties aaO I 47 ff.; zur Sottie allgemein vgl. auch Eugénie Droz, Le Recueil Trepperel: Les Sotties, Paris E. Droz 1935; Philipp August Becker, Die Narrenspiele des neuentdeckten Mischbands von Treppereldrucken, Leipzig 1936.
[10] Langlois 248; Fabri II 119 f.
[11] eine Liste bei Canel I 314 ff.

> Ne donnez iamais l'esperon
> A cheval qui voluntiers trotte.
> Dond vient cela que ie me frotte
> Aux coursiers et suy tousiours rat?
> Ilz escument comme un verrat,
> En pleine chaire, ces cagots,
> Et ne preschent que des fagots
> Contre ces paovres heretiques.
>
> Non pas que i'oste les practiques
> Des vieilles qui ont si bon cueur,
> Car, comme dit le grand mocqueur,
> Elles tiennent bien leur partie.
>
> C'est une dure departie
> D'une teste et d'un eschaffault:
> Et grand pitié, quand beaulté fault
> A cul de bonne volunté.
>
> Puis vous sçavez, Pater sancte,
> Que vostre grand pouvoir s'efface.
> Mais que voulez vous que i'y face?
> Mes financiers sont touts peris:
> Et n'est bourreau que de Paris,
> Ny long proces que dudict lieu ...[12]

Den Coq-à-l'âne kennt Harsdörffer als Belustigung an gegensätzlichen Bildern und übersetzt ihn mit „Reim dich Bundschuch", „weil vielleicht der Alten Schuhe mit Riemen pflegten gebunden und gegürtet zu werden" (?).[13]

Das siebzehnte Jahrhundert verwendet für das im Grunde gleiche Spiel den Begriff Galimatias. Natürlich hat sich seit dem dreizehnten Jahrhundert die Art bedeutend verfeinert, der unzusammenhängende Zusammenhang aber ist geblieben, nur stehen beim Galimatias mehr die *schönen* Worte ohne Sinn im Vordergrund. Die Tragikomödie „Le Galimatias" eines sonst unbekannten Deroziers-Beaulieu (Pseudonym?) von 1639 beginnt mit folgendem Monolog Floridans:

> Depuis que le torrent d'un deluge obscurcy
> Me fist naistre habitant de ce village icy,
> Que je fus possesseur de ce morceau de terre

---

[12] Marot III 327 ff. (Epistre 50); die andern Briefe ebda. 206 ff. (35), 428 ff. (55), 451 ff. (56); vgl. auch die Antworten Lyon Jamets ebda. 244 ff. (37), 514 ff. (57), 692 ff. (80). Eine kritische Ausgabe der satirischen Werke plant C. A. Mayer; über die komplizierten Echtheitsfragen vgl. dessen Einleitung zu: Clément Marot, Les Epîtres ed. C. A. Mayer, London Athlone Press 1958. Allgemein: Henri Meylan, Epîtres du Coq à l'âne, Genève E. Droz 1956; Charles E. Kinch, La poésie satirique de Clément Marot, Thèse Paris 1940; Joachim Du Bellay, La Deffence et Illustration de la langue françoyse II chap. 4, ed. Henri Chamard, Paris Fontemoing 1904, 218 ff. Anm. Beispiele des Gaultier-Garguille, aus dem Beginn des 17. Jahrhunderts: Gautier-Garguille, Chansons ed. Edouard Fournier, nouv. éd. Paris Jannet 1858, 82 f. Nr. 41; 90 ff. Nr. 51.

[13] Harsdörffer Trichter II 61 ff., er beruft sich dabei auf Pasquiers Recherches de la France; aus den Beispielen zu schließen (vgl. oben S. 189 Anm. 8), hat er das Spiel offensichtlich nicht recht begriffen.

> Que la Fortune tient et que Neptune enserre,
> J'ay gousté les faveurs dedans chaque saison,
> Et les ay, grace aux dieux, toutes dans ma maison.
> Sans sortir douze pas, je voy les hyperbolles
> Qui font pour m'agreer dix milles capriolles;
> L'organe du cahos, pour chasser mon esmoy,
> En forme de lutin va tousjours devant moy.
> Les cinq sens de nature, obligez à me suivre,
> Esloignez d'un moment, ne cherchent plus de vivre;
> Enfin, je suis le père où se faict le bon temps.
> Ceux qui ont du soucy me voyant sont contens,
> Et, sans preambuler sur l'Ource pantagonne,
> Ne disent point nanny de tout ce que j'ordonne.
> Je tiens le firmament soubs l'ordre du compas:
> C'est pourquoy bien souvent je ne me trompe pas
> Quand je dis qu'il est vray, et c'est sans repartie,
> Car on ne peut forcer ce qu'il faut que je die.
> La règle de l'espoir, qui borne le desir,
> Nous fait tous aspirer à prendre le plaisir
> De l'esclipse du sort: aussi, tout au contraire,
> Il arrive souvent ce que moins on espère,
> Tesmoin ce que Cyrus dit estant aux abois.
> Echo en fut touchée et respondit trois fois:
> O trompeuse esperance, où portes-tu nos ames?
> Tu tire les mortels au goufre de tes flames!
> Ingrate cruauté! Mais, suivant mon dessein,
> Je veux faire glisser ce discours en sa fin.
> En revassant tout seul, j'ecarte le vilage:
> Il faut aller songer à croistre mon lignage.
> Orante veut pourvoir sa fille à son souhait,
> Et je crois que mon fils pourroit estre son fait;
> Enfin sur ce suject il faut que je le sonde
> Paravant que le jour se soit caché soubs l'onde. [14]

Auch hier beruft man sich gern auf den Traum; Jean Auvray beginnt „Les Visions de Polidor, en la cité de Nisance, pays Armorique":

> Hécate était au bout de sa nocturne borne.
> La Nuit désattelait ses pénibles moreaux.
> Lorsque le dieu Morphé, par la porte de corne,
> Me fit voir, en songeant, ces prodiges nouveaux.[15]

Möglicherweise waren auch die Leipziger Quodlibetisten (Menantes, Philander von der Linde, Amaranthes und Picander) von französischen Vorbildern beeinflußt. Das achtzehnte Jahrhundert schließlich spricht vom A m p h i g o u r i als einem

---

[14] Le Galimatias du Sieur Deroziers-Beaulieu, Paris Toussaint Quinet 1639, zitiert nach Neudruck: Ancien Théâtre Français, Paris Jannet 1854-57, IX 427 ff., Zitat 433 f. Weiterer Galimatias: Canel I 321 f. Ein Hinweis Harsdörffers auf den Galimatias als „ungereimbte und übelzusammenklappende Reden": Gespsp I L3 (fehlt in 2. Aufl.).
[15] zitiert nach Albert-Marie Schmitt, Constantes baroques dans la littérature française — In: Trivium 7 (1949) 309 ff., Zitat 312.

„galimatias richement rimé".[16] Von Charles-François Panard und Charles Collé[16a] in Mode gebracht, sind Amphigouris „pièces en vers ou en prose, qui ne renferment que des idées sans ordre et d'un sens vague et indéterminé".[17] Der Unsinn ist hier geglättet und täuscht oft, wie im folgenden Beispiel von Jean-Joseph Vadé, Sinn vor:

>   Josaphat
>   Est un fat
>   Très-aride,
> Qui croit être fort savant
> Parce qu'il va souvent
> Sous la zône Torride,
>   Critiquant
>   Et piquant
>   Agrippine,
> Pour avoir fait lire à Prau
> Les ouvrages de Pro-
>   Serpine.
> Si le public lui pardonne
> Tous les travers qu'il se donne,
>   Il faut donc
>   Que Didon
>   Ait pour elle
> Le droit d'aller dans le parc,
> Qu'on destinoit à Marc-
>   Aurele:
>   En ce cas,
>   Le fracas
>   D'abord cesse,
> Chacun pourra sans respect
>   Persifler à l'aspect
> D'une auguste princesse;
>   Et malgré
>   Le congé
>   Ariane,
> Pourra vendre au plus offrant
> Une tourte de fran-
>   Chipanne.[18]

Spanische Spiele

Was für Frankreich die Fatrasie, ist für Spanien der Disparate:[1] „Les Disparates ou Disbarates sont une suite d'incohérences dont l'impossibilité ou l'absurdité doivent produire l'étonnement puis le rire."[2] Die ältesten Disparates stam-

---

[16] Canel I 324.
[16a] vgl. dessen Théâtre de Société, Nouvelle édition La Haye-Paris Gueffier 1777, etwa III 173 ff. „Cocatrix, Tragédie amphigouristique".
[17] Lalanne 68; vgl. E. Littré, Dictionnaire de la langue française, Paris Hachette 1863-77, I 136.
[18] Jean-Joseph Vadé, Oeuvres complètes, Genève 1777, IV 226 f.
[1] Gauthier I 385 ff.; vgl. auch Pfandl 236.
[2] Gauthier I 386.

men von Juan del Enzina am Ende des 15. Jahrhunderts und sind zugleich die populärsten.[3] Sie unterscheiden sich kaum von den französischen Fatrasies. Als Seltsamkeit sei eine Disparate-Novelle vom „Caballero invisibile" aus der Mitte des siebzehnten Jahrhunderts erwähnt.[4] Erst im neunzehnten Jahrhundert erlischt das Spiel,[5] dessen Name durch Goyas letzte Folge von Radierungen in die ganze Welt gedrungen ist.

Italienische Spiele

Eigenartigerweise findet sich in Italien keine Gattung,[1] die der Fatrasie entspricht. Am nächsten kommt ihr neben einzelnen unsinnigen F r o t t o l e n die m a n i e r a   b u r c h i e l l e s c a. Doch sagt schon deren Name, daß sie trotz Vorläufern mit dem Dichter Burchiello verknüpft ist. Die r i m e   b o s c a r e c c i e des Mariano Buonincontro aus dem sechzehnten Jahrhundert könnte man dem Galimatias oder dem Amphigouri gleichsetzen; doch läßt sich auch hier kaum von einer Gattung sprechen.

Englische Spiele

Unter dem Namen R i g m a r o l e[1] — „a succession of incoherent statements; an unconnected or rambling discourse; a long winded harangue of little meaning or importance"[2] — ist etwas Fatrasie-Ähnliches auch im englischen Sprachgebiet bekannt, tritt aber doch verhältnismäßig selten auf.[3] Seit dem neunzehnten Jahrhundert besitzt die englische Literatur dafür im L i m e r i c k eine Gattung, die zur volkstümlichen Nonsense Poetry gehört wie der Klapphornvers zur deutschen Unsinnspoesie. Diese Strophe mit fest gegebenem Bau umfaßt alle möglichen Spielformen, vom Zungenspiel und Sprachscherz

> There was a young lady of Crewe
> Who wanted to catch the 2.2.
>   Said a porter, 'Don't worry,
>   Or flurry, or scurry,
> It's a minute or 2 2 2.2'[4]

---

[3] ebda., abgedruckt I 388 ff., 391 ff.
[4] Pfandl 364.
[5] Disparates abgedruckt bei Gauthier I 388 ff.
[1] allgemein, besonders volkstümliche Spiele: Pietro Micheli, Letteratura che non ha senso, Livorno Raffaelo Giusti 1900, und die dort 61 Anm. angegebene Literatur; vgl. auch Le Frottole nell'edizione principe di Ottaviani Petrucci — In: Instituta & Monumenta I. Serie vol. I.1, Cremona 1957; zu Burchiello vgl. oben Bd. 1 S. 432 ff.
[1] vgl. auch Gauthier I 387.
[2] A New English Dictionary on Historical Principles ed. James A. H. Murray, Oxford 1888-1933, VIII.1 681 c.
[3] das bekannteste Beispiel von Samuel Foote abgedruckt in Book of Nonsense, Everyman's Library 806, Auflage 1948, 239; zitiert oben Bd. 1 S. 160.
[4] von Bishop T. H. Foss, Anglican Bishop of Osaca, Japan, nach: The Complete Limerick Book by Langford Reed, 2. Aufl. London Jarrolds 1927, 95.

bis zum eigentlichen Witz, vor allem auch bis zur Zote. Der berühmteste Limerickvers lautet in einer seiner zahllosen Variationen:

> There was a young lady of Riga,
> Who smiled as she rode on a tiger;
> They returned from the ride
> With the lady inside,
> And a smile on the face of the tiger.[5]

Weder die Herkunft des Namens noch die der Gattung sind geklärt. Edward Lear, der das Spiel volkstümlich machte, wurde anscheinend von den Versen

> There was a sick man of Tobago,
> Liv'd long on rice-gruel and sago,
> But at last, to his bliss,
> The physician said this — — —
> 'To a roast leg of mutton you may go'[6]

aus den „Anecdotes und Adventures of Fifteen Gentlemen" von etwa 1822 angeregt. Die metrische Form scheint aus kindlichen Auszählreimen vom Typ

> Hickory, dickory dock,
> The mouse ran up the clock.
> The clock struck one,
> The mouse ran down,
> Hickory, dickory, dock,[7]

zu stammen, die über ganz Europa verbreitet sind und auf ältere — selbst mittellateinische — literarische Spottverse zurückgehen könnten. Rätselhaft ist der Name, der erst in den 1890er Jahren, also rund fünfzig Jahre nach Erscheinen von Lears Sammlung, belegt ist. Die einen glauben, er sei einem Gesellschaftsspiel entnommen, dessen Refrain „Will you come up to Limerick" lautet. Langford Reed vermutet, eine irische Brigade, deren Sammelplatz Limerick war, habe die Versform am Ende des siebzehnten Jahrhunderts aus Frankreich herübergebracht;[8] andere halten den Namen für eine Spielform von „learic" (nach dem „Erfinder" Lear), die eine Verwechslung mit „lyric" ausschließen sollte.[9]

Der Limerick ist noch heute die lebendigste Unsinnsgattung, weil er immer in die Witzsphäre hinüberspielt. Unter den englischen Limerickianern figurieren neben Lear und Carroll Dante Gabriel Rossetti, Bret Harte, W. S. Gilbert, Swinburne, Kipling, Tennyson, Galsworthy und andere. 1907/08 kam es zu einem „Great Limerick Boom", der mit einem großen Limerick-Wettbewerb des „London Opinion" begann, bei dem etwa zu gegebenen Limericks die letzte, pointierende Zeile zu finden

---

[5] ebda. 144.
[6] Opie Tafel 19; vgl. Nr. 507.
[7] ebda. Nr. 217; vgl. auch Angus Davidson, Edward Lear, London John Murray 1938, 18 ff.
[8] Complete Limerick Book aaO 18 ff.
[9] Opie 507 Kommentar; vgl. Evan Esar, The Humor of Humor, The Art and Techniques of Popular Comedy, London Phoenix 1954, 243; zu Lear vgl. oben Bd. 1 S. 165 ff., über Bentleys „Clerihew" vgl. oben Bd. 1 S. 163.

war.[10] Heute dient das Spiel auch der Reklame, ferner erscheinen Limerick-Kalender usw.[11] Versuche, die Gattung mit Übersetzungen von der Art

> Ein alter Mann aus Peru,
> Der träumte, er äß' seine Schuh',
> Voll Grausen erwacht,
> Fuhr er auf in der Nacht
> Und fand, es traf buchstäblich zu,[12]

auch im deutschen Sprachgebiet einzubürgern, sind bis jetzt gescheitert.

---

[10] vgl. Complete Limerick Book aaO 27 ff.

[11] z. B. Another Limerick Calendar, London Delgado 1950; The Limerick Calendar 1951, London Delgado 1951; The Limerick Calendar 1952, London Delgado 1952; ferner etwa: The World's Best Limericks, Mount Vernon Peter Pauper Press 1951; Bennett Cerf, Out on a Limerick, London Cassell 1961; Lots of Limericks ed. Louis Untermeyer, London W. H. Allen 1962. Laszive Limericks: The Limerick [ed. G. Legman], Paris Les Hautes Etudes 1953; Count Palmiro, Vicarion's Book of Limericks, Paris Olympia Press 1956.

[12] Dunkel war's 10 (erwähnt auch Limerick-Wettbewerbe von Curt Peiser im „Uhu" 1925-27); vgl. allgemein: 99 Limericks mit dem allernötigsten Kommentar für Nicht-Engländer von Jürgen Dahl, Ebenhausen b. München 1958; 111 Limericks ed. Jürgen Dahl, Ebenhausen b. München 1961; Eine schüchterne Jungfrau aus Füssen ed. Kurt Halbritter u. a., Frankfurt/M 1961; Ernst Fabian, 112 feine Limericks, Feldafing o. J.; Carola von Wedekind, Limericks d'Alsace, Bad Godesberg 1955; Wilson F. Leonard, Volksdichtung der Intellektuellen — In: Akzente 1960, 82 ff., mit dem F. W. Stokoe zugeschriebenen Vers: „Frau von Stein / Went to bed at nine; / If Goethe went too / Nobody knew" (95).

4. DIE SPIELE IN MAGIE UND MYSTIK

Magie und Spiel haben wohl einmal zusammengehört. Die absolute Macht, welche die Magie über die Dinge verleiht, ist die Quelle einer unheimlichen Spielfreude des Magiers, die Dinge völlig zwecklos zu verwandeln. Mit einem Lachen vollbringt Merlin seine Zaubertaten.

Spiel und Magie verbinden sich auch in unsern Gattungen; diese kommen oft in beiden Bereichen vor, und niemand vermag mehr zu ergründen, wo sie zuerst auftraten. Wer die wechselseitigen Beeinflussungen untersuchen möchte, stößt an die Schranke, daß magische Zaubersprüche und Spielreime nur sporadisch aufgezeichnet sind. In ihrer Frühzeit neigte die Volkskunde dazu, aus den sinnlosesten Kinderreimen Überbleibsel alten magischen Brauchtums zu machen — Rochholz ist ein abschreckendes Beispiel dafür —,[1] heute gesteht sie ihr Nichtwissen ein. Nur in den seltensten Fällen — etwa in den Neckversen — können wir noch den magischen Hintergrund erkennen. Aber selbst wo uns die Einsicht in den Zusammenhang fehlt oder wo ein solcher gar ausgeschlossen ist, bricht plötzlich die magische Welt auf. So spielt Justinus Kerner mit der Klecksographie. Wie er jedoch Typen längst vergangener Zeiten aus der Kindheit alter Völker — Götzenbilder, Mumien, Urnen, Hexen — in den Gebilden zu erkennen glaubt, bekommt das Spiel für ihn eine unheimliche dämonische Tiefe.[2]

Die Bedeutung der Sprache für die Magie ist bekannt. Mit dem Wort wird gezaubert; das richtige Wort kann den Gegenstand verändern. „Noch stärkere macht als in kraut und stein liegt in dem wort", sagt Jacob Grimm[3] in Anlehnung an Paracelsus' Definition der Magie als der Kunst, den Himmel wie in die Kräuter und Steine, so auch in die Wörter zu ziehen.[4] Noch heute heißt im Französischen „le mot" auch die Lösung eines Rätsels, denn das Wesen der Sache steckt im Wort. Als Beweis genügt die mythenbildende Wirkung sprachlicher Irrtümer: aus der Göttergeschichte Ragnarök wird die Götterdämmerung, aus Johannes ein Prediger in der Wüste, Moses bekommt Hörner, elftausend Jungfern erleiden den Märtyrertod.[5] „Eine durch Wortanklang und Etymologie beeinflußte Fassung des Übersinnlichen wirkt auf das menschliche Verhalten ihm gegenüber bestimmend ein."[6]

---

[1] weniger krass etwa auch bei C. Clemen, Der Ursprung einiger Kinderspiele — In: Zeitschrift d. Vereins f. rhein. u. westfäl. Volkskunde 13 (1916) 161 ff.

[2] Justinus Kerner, Sämtliche poetische Werke ed. Josef Gaismaier, Leipzig o. J., II 19 ff.

[3] Jacob Grimm, Deutsche Mythologie, 3. Ausgabe Göttingen 1854, II 1173.

[4] nach Paul Hankamer, Die Sprache, ihr Begriff und ihre Deutung im 16. und 17. Jahrhundert, Bonn 1927, 156; die Originalstelle bei Paracelsus konnten mir auch Kenner nicht finden.

[5] vgl. dazu etwa Alfred Bertholet, Wortanklang und Volksetymologie in ihrer Wirkung auf religiösen Glauben und Brauch, Abh. d. Preus. Akad. d. Wiss. 1940, Phil.-hist. Kl. Nr. 6, 3 ff.

[6] ebda. 15.

Die Magie interessiert nicht, ob das Zauberwort sinnvoll oder sinnlos ist; im Gegenteil: das sinnlose Wort wirkt eher stärker, wie der Erfolg der lateinischen oder französischen Kreuzzugspredigten Bernhards von Clairvaux auf die ihn kaum verstehenden Deutschen zeigt. Unwesentlich ist auch, ob das Wort gesprochen oder geschrieben wird; das Geschriebene besitzt in der älteren Zeit noch den zusätzlichen unheimlichen Zauber der Schreibkunst.

Mit der gleichen Gliederung und mit den gleichen Begriffen wie beim Spiel können wir die Gattungen auch in der Magie überblicken.

Als **semantisch unsinniges Zeichen** ensteht das sinnloseste Zauberwort durch die Überzeugung, man erhalte die wirksamste Gestalt des Namens des verborgenen Urgottes, wenn man sinnlose Buchstabenzusammenstellungen — besonders Vokalreihen — niederschreibe.[7] Diese Methode hat anscheinend im alten Ägypten geherrscht und sich in der Folge über das ganze östliche Mittelmeergebiet ausgebreitet.

Die *Variation des Anlauts in der Wiederholung*, die wir besonders im Kinderreim angetroffen haben, ist die häufigste sprachliche Erscheinung der Magie. Zum Typus Hokuspokus[8] lassen sich zahllose Beispiele aufzählen, von indischen Zauberworten wie chhindhî: bhindhî[9] über griechische wie σαρα — φαρα,[10] lateinische wie ista — pista — sista[11] bis zu den noch heute gebräuchlichen assa bassa wassa,[12] Matz Datz, Saga Maga Baga,[13] Ante Parante Suparante,[14] Abek Wabek Fabek[15] und vor allem hax pax max,[16] das in zahlreichen Variationen wiederkehrt. Wahrscheinlich gehören die häufigen Dämonennamenpaare wie griech. Μαῖα — Γαῖα, aisl. Fenja — Menja, arab. Hārūt — Mārūt, deutsch Schurle — Murle, Hipel — Pipel ebenfalls dazu.[17]

---

[7] Dornseiff 52 f. (nach Eduard Meyer, Geschichte des alten Ägyptens, Berlin 1887, 275); HwbddA IX Nachträge 323 f. (Tiemann).

[8] Kluge Etym Wb 313; die Vermutung der älteren Auflagen „Hoc est corpus?" nun ausdrücklich abgelehnt, weil die Zauberkünstler eine solche Lästerung nicht hätten öffentlich wagen dürfen (?, kaum stichhaltig).

[9] Hermann Güntert, Von der Sprache der Götter und Geister, Halle 1921, 66.

[10] Carl Wessely, Ephesia Grammata — In: Jahresbericht d. Franz Josef-Gymnasiums Wien 1886, Nr. 30; Ergänzungen: O. Crusius, Rezension in Wochenschrift für class. Philologie 5 (1888) 1092 ff.

[11] Wessely aaO Nr. 447 (Cato).

[12] HwbddA I 626.

[13] ZfVk 24 (1914) 242, 251.25, 259 (Robert Lehmann-Nitzsche, Zur Volkskunde Argentiniens); vgl. auch allgemein: Herm. Sökeland, Zwei Himmelsbriefe von 1815 und 1915 — In: ZfVk 25 (1915) 241 ff., Variationen bes. 251 ff.

[14] HwbddA I 460.

[15] ebda. I 21; ferner Abia dabia fabia: ebda. I 89.

[16] HwbddA III 1587 f. (Jacoby), Zusammenhang mit Pax tecum usw.?; Hux fux filius öber döber lapsale: Otto Schütte, Der Schimmelreiter, Ein braunschweigisches Hochzeitsspiel — In: ZfVk 20 (1910) 79 ff. V. 145 (81).

[17] Güntert aaO 67 f.; Schläger II 214 f.

Diese Bildung ist so häufig, daß sie auch den Parodien auf Zaubersprüche dient, so in Gryphius' „Dornrose" als „hax fax max stracks unde backs"[18] oder bei Nestroy als „Jastim plastim gummielastim".[19]

Die *Vokalvariation* gehört ebenso zur Magie wie zum Kindervers. „Βαρβερβιρ" lautet eine griechische Formel,[20] „Pix nix nox" eine mittelalterliche,[21] „Ara Ira Ora" eine neuzeitliche[22] und „Sangela singela singsing" die eines Zungenredners.[23] Wie eine Zauberformel tönt der Kinderreim:

> klibister klabaster
> horribilikribrifax.[24]

Auch Parodien und Zaubersprüche greifen, wie in Raimunds „Pitschili Putschili ... Kästerle Kasterle ...",[25] zu diesem Mittel. Bei den Neckversen auf Namen vom Typus „Christinchen Bibelinchen" ist die Verbindung mit der Magie augenscheinlich;[26] denn die Verdrehung des Namens ist eine der einfachsten magischen Handlungen, um eine Person zu treffen. Dafür ist auch uns die Empfindung nicht ganz verlorengegangen, was Goethes Reaktion auf Herders Spottvers mit Goethe-Götter-Goten-Kot bezeugt:

> Es war freilich nicht fein, daß er sich mit meinem Namen diesen Spaß erlaubte; denn der Eigenname eines Menschen ist nicht etwa wie ein Mantel, der bloß um ihn her hängt und an dem man allenfalls noch zupfen und zerren kann, sondern ein vollkommen passendes Kleid, ja wie die Haut selbst, ihm über und über angewachsen, an der man nicht schaben und schinden darf ohne ihn selbst zu verletzen.[27]

Von **Lügendichtung** und **Verkehrter Welt** als möglichen Verschlüsselungen eines Geheimwissens haben wir schon gesprochen, ebenso von der Bedeutung der Lügendichtung für die Mythologie.[28] Schon im Altertum kann man sich auch von schädigenden Einflüssen befreien, indem man sich auf unmögliche Vorgänge beruft (Adynaton):

---

[18] Gryphius, Lustspiele ed. Hermann Palm, Tübingen 1878, 308.
[19] Nestroy III 126 Z. 25; auch bei Michael Lindener, Rastbüchlein und Katzipori ed. Franz Lichtenstein, Tübingen 1883, Katzipori 25: „Leck speck dreck".
[20] Wessely aaO Nr. 445. Im indischen Zauber: Albert Dieterich, Kleine Schriften, Leipzig-Berlin 1911, 215.
[21] Caesarius von Heisterbach, Dialogus miraculorum XII.1 ed. Joseph Strange, Köln usw. 1851-57, II 315.
[22] HwbddA I 567.
[23] Güntert aaO 30.
[24] Rochholz 102.
[25] Raimund I 201.
[26] ebenso bei den kindlichen Besegnungen vom Typ „Haile, haile Säge...": Züricher 373 ff.; oft sprechen auch Geister wie Kinder: Schläger II 213 ff.; Güntert aaO 87.
[27] Dichtung und Wahrheit X: WA I.27 311; vgl. auch Friedrich Polle, Wie denkt das Volk über die Sprache? 2. Aufl. Leipzig 1898, 152 ff.
[28] Schultz Rätsel II 132.

Wenn sich ein Vich verfacht, Ain krütz an stürn †, uff den Rucken †, uff den Schwantz †: Brot gestarb nie Hunger, Wasser nie durst, für nie frost, als war da ist, so bieth ich dier Hut gefangen ist.[29]

Dem Quodlibet entspricht die Häufung unzusammenhängender Dinge in vielen Zaubersprüchen, und das Priamel wird oft direkt als magische Formel verwendet:

> Ein alter Scheerenschopf,
> ein alter Leibrock,
> ein Glas voll rauten Wein:
> Bärmutter, laß dein Grimmen sein.[30]

Daß der Leberreim an Analogiezauber denken läßt, haben wir ebenfalls schon erwähnt.[31]

Umstritten ist, wie weit das Rätsel magische oder mindestens religiöse Bedeutung haben kann. Heusler verneint dies grundsätzlich,[32] de Vries bejaht es im Anschluß an Jolles und betrachtet die Verrätselung mythischer Weisheit als einen Teil des Einweihungsritus in die Mysterien; auch von der Leyen betont die magische Bedeutung.[33]

Die Magie der Buchstaben, das magische Pendant zu den Buchstabenspielen, gehört zu der Zauberei, die vom geschriebenen Wort ausgeht. Die wichtigste Quelle dafür ist die Kabbala.[34] Reuchlin und Agrippa von Nettesheim wecken in Deutschland das Interesse für diese jüdische Geheimwissenschaft des Mittelalters; der Barock benützt sie für seine Spiele.[35] Harsdörffer begründet das Anagramm mit dem Hinweis auf kabbalistische Methoden, besonders auf das Albam und Athbasch,[36] und kleinere Geister wie Theodor Kornfeld[37] folgen ihm darin. Harsdörffer wird die Kabbala zur Rechtfertigung des Anagramms willkommen gewesen sein; daß er selbst an sie geglaubt habe, wird man ihm kaum zutrauen. Wirklichen Einfluß findet man dagegen bei Knorr von Rosenroth oder Athanasius Kircher, ernsthaft

---

[29] aus dem 16. Jahrhundert; Alemannia 22 (1894) 122; vgl. Friedrich Hauser, Der Zauberspruch bei den Germanen bis um die Mitte des 16. Jahrhunderts, Diss. Leipzig 1910, 105 f.; HwbddA I 673 (Friedrich Ranke, Unlösbare Aufgaben); Handwörterbuch des deutschen Märchens ed. Lutz Mackensen, Berlin-Leipzig 1930 ff., I 136 ff. (K. Herold, Unlösbare Aufgaben).
[30] gegen Grimmen (Kolik): Euling Priamel 249; ebda. 249 ff. weitere Beispiele.
[31] HwbddA V 981.
[32] Heusler Agerm Dichtung 77.
[33] Vries Anord Litgesch 13; André Jolles, Einfache Formen, 2. Aufl. Darmstadt 1958, 126 ff.; Friedrich von der Leyen, Volkstum und Dichtung, Jena 1933, 111 ff., Zauberspruch allgemein 93 ff.
[34] allgemein zur Kabbala: Erich Bischoff, Die Kabbalah, 2. Aufl. Leipzig 1917; derselbe, Die Elemente der Kabbalah, Berlin 1913-14; Gershom Scholem, Die jüdische Mystik in ihren Hauptströmungen, Zürich 1957; derselbe, Zur Kabbala und ihrer Symbolik, Zürich 1960 und die dort verzeichnete Literatur.
[35] Kabbala und Barock: Karl Viëtor, Probleme der deutschen Barockliteratur, Leipzig 1928, 58 ff.
[36] Harsdörffer Gespsp III 322 ff., Albam und Athbasch 330; IV 182 ff.; V 10 ff.
[37] nach Borinski 261.

beschäftigen sich mit ihr auch Grimmelshausen und Gryphius. Grimmelshausen beruft sich besonders in der Polemik gegen die Orthographiereformer im „Teutschen Michel" auf sie; er kennt sie aus Garzonius' „Piazza Universale":[38]

> Wann nun dem also / und es gewiß ist, daß die aigne Namen und Wörter der heiligen Schrift auff dise Weise [z. B. durch Umsetzung in Zahlen] voller Geheimnussen stecken / zumahlen jeder Buchstaben seine sonderbare Bedeutung hat; wer macht euch naßweise Spätling dann so kühn / das ein oder andere zuverändern?[39] . . . Wann ihr Herren nun die Namen dergestalt / wie ihr angefangen / radbrechen / verstümplen / verkehren und verketzeren wolt; so entziehet ihr nicht allein GOTT selbst seine Ehr / und verdunckelt dardurch wiederumb die Verwunderungs-würdige Geheimnussen / welche heilige / gelehrte und sonst fromme Leuth GOtt zu Lob und Preiß / den Andächtigen aber zum Trost und ihres Glaubens Stärckung auß den allerheiligsten GOttes- und sonst Namen die zulässige *Cabalam* eröffnet; sonder ihr werdet auch verursachen / daß man ins künfftig an der Namens-Zahl / die abscheuliche *Bestia*, darvor uns die H. Schrifft so treulich warnet / nit erkennen: noch die vorgesagt 666. wird finden können.[40]

Von Gryphius wissen wir, daß er in einem eifrigen Briefwechsel mit Athanasius Kircher dessen Interesse für die Kabbala teilt.[41] Deren Einfluß auf Jacob Böhme ist selbstverständlich.[42]

Eines der wichtigsten Elemente der Kabbala ist das Anagramm in der Form der Temurâh. Durch die Umstellung der Buchstaben eines bedeutsamen oder erläuterungsbedürftigen Worts wird ein anderes, es erklärendes Wort hervorgebracht.[43] Die Praxis an sich, durch Buchstabenversetzung den eigentlichen Sinn eines Worts herauszulesen, ist schon bedeutend älter; die ältesten Anagramme, die Lykophrons, sollen auf solche des Wahrsagers Alexanders des Großen, Aristandros, zurückgehen.[44]

In der Alchimie spielt das Anagramm eine bedeutende Rolle. So notiert Roger Bacon das Rezept eines Schießpulvers in Anagrammform,[45] und noch in Johann Gottfried Schnabels „Insel Felsenburg" läßt sich aus Hiob 28 V. 3 („Es wird ie des finstern etwa ein Ende, und iemand findet ja zuletzt den Schiefer tief verborgen") per anagramma purissimum die alchimistische Formel herauslesen: „Diamant, Weinstein, Federweiß, nuzzen Gold, vierfach Feuer bereitet, der Feind findet den Stein."[46]

---

[38] vgl. Jan Hendrik Scholte, Zonagri Discurs von Waarsagern — In: Verhandelingen der Koninkl. Akad. van Wetenschappen, Afd. Letterkunde NR 22 (Amsterdam 1921) Nr. 3, S. 9.
[39] Simpliciana in Auswahl ed. J. H. Scholte, Halle 1943, 170.
[40] ebda. 173; zur Bedeutung der Zahl vgl. Siegfried Streller, Grimmelshausens Simplicianische Schriften, Berlin 1957, bes. 77 ff., 117 ff., 223 f.
[41] Manheimer 243 f.; Viëtor aaO 21.
[42] Will-Erich Peuckert, Das Leben Jacob Böhmes, 2. Auflage Stuttgart 1961 (Jacob Böhme, Sämtliche Schriften X.2) 138 f., 235.
[43] Bischoff Kabbalah aaO 28.
[44] Pauly-Wissowa XII.2 2323 (Ziegler).
[45] Epistola de secretis operibus artis et naturae et de nullilitate magiae cap. 11, Ausgabe Hamburg Froben 1618, 68 ff.
[46] Die Insel Felsenburg, Neuausgabe ed. Ludwig Tieck, Breslau 1840, III 139.

Dafür daß die Verbindung des Anagramms mit der Kabbala im Barock doch nicht ganz fehlt, spricht die Warnung des Hallenser Professors Nikolaus Hieronymus Gundling in seinen „Otia" vor dem anagrammatischen Aberglauben und den anagrammatischen Omina.[47]

Eine weitere kabbalistische Methode ist die Gematria, die Erklärung eines bedeutsamen oder schwer deutbaren Wortes durch ein anderes mit demselben Zahlwert der jüdischen Buchstaben oder durch einen Begriff, mit dem die entsprechende Zahl verbunden ist.[48] Dieser Deutungsform nähern sich das Chronogramm, das Chronostich und die isopsephischen Verse.[49] Als Bezeichnung für die Deutung erklärungsbedürftiger Wörter durch deren Auflösung in Anfangsbuchstaben anderer Wörter haben wir schon bei den Spielgattungen den kabbalistischen Ausdruck Notarikon[50] benützt. Die dortigen Beispiele ließen sich beliebig vermehren,[51] so ist die Satorformel schon als Notarikon gedeutet worden.[52]

Das Akrostichon ist ein wichtiges Element der religiösen Geheimliteratur, weil es den heiligen Text vor Einschüben bewahrt und damit die Echtheit der Überlieferung gewährleistet.[53] Besondere Bedeutung kommt dabei dem Abecedarius zu, so daß man geradezu von Abc-Denkmälern spricht.[54] Das Hersagen des Alphabets hilft noch heute gegen Schluckauf und Jähzorn. Verhexen kann es zu essen gegeben werden. Dabei mag der Gedanke mitspielen, den Moscherosch einem Kroaten in den Mund legt:

> Wann ich Morgens auffstehe ... so spreche ich ein gantz A. B. C., darin sind alle Gebett begriffen, unser HErr Gott mag sich darnach die Buchstaben selbst zusamen lesen und Gebette drauß machen, wie er will / ich könts so wol nicht / er kan es noch besser.[55]

Schon in der Antike werden Alphabete in Vasen und Töpfe eingeritzt; griechische Papyri enthalten Abc-Reihen von der Art:

αβαγαδαζαθακα
εβεγεδεζεθεκε
usw.[56]

---

[47] *Nicolaus Hieronymus Gundling, Otia, Frankfurt/M-Leipzig 1706-07, nach Borinski 244; zum anagrammatischen Aberglauben auch Lalanne 9 (Pierre de Saint-Louis).

[48] Bischoff, Kabbalah aaO 23. Zur Gematria allgemein vgl. Encyclopaedia Judaica, Berlin 1928-34, VII 170 ff. (S. A. Horodezky). Die Satorformel mit Gematria gedeutet: Harald Fuchs, Die Herkunft der Satorformel — In: SAfVk 47 (1951) 35 Anm. 15.

[49] HwbddA IX Nachträge 329.

[50] Bischoff Kabbalah aaO 24.

[51] HwbddA I 395; IX Nachträge 327 f.

[52] Harald Fuchs aaO 35 Anm. 13.

[53] Alfred Bertholet, Die Macht der Schrift in Glauben und Aberglauben, Abhandlungen d. Deutschen Akad. d. Wiss. Berlin 1948, Phil.-hist. Kl. Nr. 1, Berlin 1949, 35 f.; Reallexikon für Antike und Christentum I 235, 237 (A. Kurfeß, Th. Klauser).

[54] Albrecht Dieterich, Kleine Schriften, Leipzig-Berlin 1911, 202 ff.: Abc-Denkmäler. Alphabet in Magie allgemein: Dornseiff; HwbddA I 14 ff. (Dornseiff); eigentliche Abecedarien: Dieterich aaO 217 ff.

[55] Moscherosch Philander II 672.

[56] Dieterich aaO 213 f.

Die Spiele in Magie und Mystik 273

neben Vokalreihen wie αεηιυω in mannigfachen Variationen.[57] Auch in Glockeninschriften kehrt das Alphabet wieder, und noch heute schreibt der römisch-katholische Bischof bei der Weihung einer Kirche in Kreuzform auf einen Aschenstreifen:

[58]

Das geläufigste Zauberwort „Abracadabra" ist eine Abfolge des Alphabetbeginns. Beim güldenen Abc schließlich dürfte seit seinen Ursprüngen im semitischen Orient die Abc-Folge nicht gleichgültig sein; es tritt sehr oft in Zauberbüchern auf.[59] Der Abecedarius „Allein auf Gott setz dein Vertraun" soll noch heute als Losorakel verwendet werden,[60] und viele kindliche Besegnungen beginnen mit „Abc..."[61] Eine altnordische Parallele zu den magischen Abecedarien sind die vier Helminge einer Stegreifstrophe Egill Skallagrímssons, die — in Runen geschrieben — je zweiundsiebzig Zeichen enthalten, also dreimal die Zahl der Runenbuchstaben, und deshalb mit magischer Kraft geladen sein sollen.[62] Ebenso besteht — wie schon erwähnt — das jüdische Morgengebet aus zweiundzwanzig alphabetisch angeordneten Worten, mit denen gleichsam alles gesagt ist.

Lipogramme sind dagegen in Mystik und Magie selten; immerhin sollen im Mittelalter Mönchsnamen, die mit R begannen, vermieden worden sein, weil solche Mönche mißrieten. Bekanntlich soll man auch die Krebse in den Monaten ohne R, die Muscheln und Karpfen in denen mit R essen. Demjenigen, der diese Regel ausgetüftelt hat, dürfte die Buchstabenmagie nicht ganz gleichgültig gewesen sein, der Hinweis auf die Jahreszeiten wäre doch gewiß näher gelegen.[63]

[57] ebda. 212, 220.
[58] ebda. 227.
[59] Sökeland aaO 255; Olafur Davidson, Isländische Zauberzeichen und Zauberbücher — In: ZfVk 13 (1903) 150 ff., 267 ff.
[60] HwbddA I 16. Nach dem Alphabet waren schon die griechischen Orakelsprüche geordnet und wurden dann wohl mit Würfeln ausgelost; vgl. Franz Heinevetter, Würfel- und Buchstabenorakel in Griechenland und Kleinasien, Diss. Breslau 1912, 33 ff.; Ohlert 238. Pachomius soll seine Mönche nach den Buchstaben des Alphabets eingeteilt haben, wobei die Einteilung zugleich auch eine charakterliche nach der mystischen Bedeutung der Buchstaben war; vgl. Dieterich aaO 224, Dornseiff 25.
[61] Rochholz 938 ff.
[62] Magnus Olsen, Om Troldruner — In: Edda 5 (1916) 235 ff.; vgl. derselbe, Rúnar er ristu rynastir menn — In: Norsk tidsskrift for Sprogvidenskap 5 (1932) 167 ff., bes. 173 f.; Vries Anord Litgesch 72.
[63] Diese Einteilungsidee wurde in das französische Rationierungssystem während des Zweiten Weltkriegs übernommen. Vgl. auch Grässe III.1 98.

18 Liede, Dichtung 2

Tautogramme finden sich ebenfalls kaum, wenn man von Buchstabenfolgen wie πεπερπρεπεμπ absieht.[64] Doch waren die Orakel Keplers für Kaiser Matthias und Wallenstein, von denen Goethe Schiller abriet, je ein tautogrammatisches Notarikon: M M M M M M M und F F F F F.[65] Gegen Schluckauf hilft der tautogrammatische Spruch:

Hixi-Häxi hinterm Hag!
Nimmer 's Hixi-Häxi ab![66]

Sehr beliebt ist dagegen das Palindrom. Schon in den griechischen Zauberpapyri erscheinen Folgen wie βαινωωωχωωωνιαβ.[67] Da sie einige Male als Sonnengottnamen auftreten, hat man sie schon als das Abbild der schwanzbeißenden Sonnenschlange erklärt;[68] doch sind kleinste Palindrome überliefert, für die diese Deutung nicht befriedigt. Auch das Abc wird mit rückläufiger Wiederholung geschrieben.[69] Vielleicht sollte das Palindrom verhindern, daß eine Formel durch Rückwärtslesen unwirksam gemacht werden konnte.[70] Das verbreitetste magische Palindrom ist die *Satorformel*, zugleich ein magisches Quadrat, also dem Figurengedicht oder dem versus cancellatus ähnlich:

```
S A T O R
A R E P O
T E N E T
O P E R A
R O T A S
```
[71]

Über diese Formel hat in jüngster Zeit Harald Fuchs so erschöpfend Auskunft gegeben, daß wir uns mit einem kurzen Hinweis begnügen können.[72] Fuchs vermutet für das Quadrat, das schon in der Mitte des ersten christlichen Jahrhunderts bestanden hat und dessen erste Form war:

---

[64] Wessely aaO Nr. 98.

[65] vgl. oben S. 102.

[66] Züricher 388; Rochholz 956.

[67] Wessely aaO Nr. 173; vgl. Pauly-Wissowa XVIII.3 133 ff. (Karl Preisendanz); Dieterich aaO 214; bis zu 59 Buchstaben! Vgl. auch Albrecht Dieterich, Abraxas, Leipzig 1891, 183.

[68] *A. Delatte in: Musée Belge 18 (1924) 12, 28, nach Pauly-Wissowa XVIII.3 136.

[69] Dieterich, Kleine Schriften aaO 209; Crusius, Rezension Wessely aaO 1094; vgl. auch Wilhelm Schwartz, Indogermanischer Volksglauben, Berlin 1885, 257 ff.: Der Zauber des „rückwärts" Singens und Spielens; ferner Hess. Blätter f. Volkskunde 13 (1914) 154; ZfVk 27 (1917) 269 (Johannes Bolte). Ein rückwärts geschriebener Satz als scherzhafter Zauberspruch in Holbergs „Arabiske Pulver", 6. Szene.

[70] Sökeland aaO 246; HwbddA I 880 (Bannbüchlein).

[71] Die Satorformel hilft gegen alle nur erdenklichen Schäden an Menschen und Sachen.

[72] Harald Fuchs, Die Herkunft der Satorformel — In: SAfVk 47 (1951) 28 ff. mit reichsten Literaturangaben. Vgl. auch Die deutsche Volkskunde ed. Ad. Spamer, Leipzig-Berlin 1934, II 6 f.; Pauly-Wissowa XVIII.3 138; Dornseiff 79 ff., 179 f. Übersicht über das Vorkommen der Formel: Reinhold Köhler, Kleine Schriften, Weimar bzw. Berlin 1898-1900, III 564 ff.

Die Spiele in Magie und Mystik

```
ROTAS
OPERA
TENET
AREPO
SATOR
```

jüdischen Ursprung, nachdem als Gegenstand der Verschlüsselung schon früher der Anruf: „PATER NOSTER" erkannt worden war:

```
        P
        A
        T
  A     E     O
        R
   PATERNOSTER
        O
        S
  A     T     O
        E
        R
```

Fuchs verzeichnet auch alle frühern Erklärungen, so die zeilenweisen Übersetzungen (Sator arepo tenet opera rotas), Lesungen im Rösselsprung (Oro te pater, sanas), mit Anagramm, Notarikon oder Gematria.[73]

Das Echo gilt im Norden als die Sprache der Zwerge. Möglicherweise wiederholen deshalb die Geister der isländischen Sagen das letzte Wort eines jeden Satzes, sprechen also gleichsam in Echoversen.[74] Sonst sind Reimfiguren in den Zaubersprüchen selten, abgesehen von den schlagreimenden Anlautvariationen und den dem Kettenreim sich nähernden Zauberketten des Typs:

> Gang ût nesso, mid nigun nessiklînon
> ût fana themo marge   an that bên
> fan themo bêne   an that flêsg,
> ût fan themo flêsge   an thia hûd,
> ût fan themo flêsge   an thia hûd,
> drohtîn, uuerthe sô![75]

denen das jüdische Osterlied vom Zicklein und die zahlreichen deutschen Kettenlieder (Joggeli wott go Birli schüttle) entsprechen.[76]

Für die magische und mystische Bedeutung des Proteusverses und des Wechselsatzes genügt der Hinweis auf den schon zitierten 41. Liebeskuß Quirinus

---

[73] vgl. Sökeland aaO 254; Franz Carl Endres, Mystik und Magie der Zahlen, 3. Aufl. Zürich 1951, 56; Weis Bella Bulla 57 ff.; Weis Jocosa 44 ff.

[74] Güntert aaO 59 ff. mit Belegen. Altgermanische Wortdoppelungen in Zaubersprüchen usw.: Vries Anord Litgesch 15; Meyer Agerm Poesie 228.

[75] MSD 17 Nr. IV 5A, Wurmsegen; vgl. Heusler Agerm Dichtung 58; Meyer Agerm Poesie 235. Daß der Reim des frühen Mittelalters im Dienste der Magie stand, vermutet Hennig Brinkmann, Der Reim im frühen Mittelalter — In: Britannica, Festschrift für Hermann Flasdieck ed. Wolfgang Iser und Hans Schabram, Heidelberg 1960, 62 ff., bes. 69.

[76] Liederhort 2133; vgl. auch Joh. Caspar Ulrich, Sammlung jüdischer Geschichten... in der Schweiz, Basel 1768, Neudruck Berlin 1922, 131; entsprechende deutsche Lieder: Liederhort 2130.

Kuhlmanns und dessen Berufung auf Athanasius Kircher und die Lullianische Kunst.

Das Wortspiel ist — wie schon angedeutet — einer der Anfänge der Magie, Veränderung des Worts bedeutet Veränderung der Sache.[77]

Ob die altnordische Kenning magischen Bedürfnissen entsprungen ist, wissen wir nicht. Jedenfalls wird sie bei der Darstellung von Zauberhandlungen besonders in der Edda gehäuft, zudem dient sie auch gern als Sprache der Götter und Geister.[78]

Das Paradoxon wird — etwa bei Sebastian Franck,[79] aber auch noch bei Jacob Böhme — dazu verwendet, über das äußere Wort hinaus den Geist Gottes, den Sinn hinter den Wörtern zu beschwören.

Dem Figurengedicht entsprechen in der Magie verschiedene Formen, so das magische Quadrat[80] und das Schwundschema,[81] das wir bereits in den antiken Zauberpapyri antreffen. Ein Zauberwort oder eine Vokalreihe wird so untereinander geschrieben, daß auf jeder Zeile ein Buchstabe oder deren zwei verschwinden. Je nachdem, ob rechts oder links oder auf beiden Seiten Buchstaben ausfallen, entstehen Figuren wie Flügel und Trauben:

$$\alpha\eta\iota o\upsilon\omega$$
$$\epsilon\eta\iota o\upsilon\omega$$
$$\eta\iota o\upsilon\omega$$
$$\iota o\upsilon\omega$$
$$o\upsilon\omega$$
$$\upsilon\omega$$
$$\omega$$
$$\omega o\upsilon\iota\eta\epsilon\alpha$$
$$o\upsilon\iota\eta\epsilon\alpha$$
$$\upsilon\iota\eta\epsilon\alpha$$
$$\iota\eta\epsilon\alpha$$
$$\eta\epsilon\alpha$$
$$\epsilon\alpha$$
$$\alpha^{82}$$

```
Amacha borum
 macha boru
  acha bor
   cha bo
    ha b
     a  [83]
```

[77] vgl. Julius Schultz, Psychologie des Wortspiels — In: ZfAesth. u. allg. Kunstwiss. 21 (1927) 16 ff., bes. 20; magischer Doppelsinn der Wörter: Dieterich, Kleine Schriften aaO 24.

[78] Vries Anord Litgesch 41; Wolfgang Mohr, Kenningstudien, Stuttgart 1933, 50 ff., 137 ff.

[79] *Seb. Franck, Paradoxa ducenta octoginta [1535], 221 ff.; *derselbe, Das verbüthschiert mit siben Sigeln verschlossen Buch... [1539], 382 ff.; dagegen sind des Angelus Silesius Paradoxa mehr geistreiches Spiel; vgl. Paul Hamkamer, Sprache aaO 40 ff.

[80] magische Quadrate: Satorformel vgl. oben S. 274 f.; andere: HwbddA I 567 (Ara Ira Ora); IX Nachträge 326, 328; auch Kreise und Dreiecke.

[81] Schwundschema: Bertholet, Macht der Schrift aaO 7.

[82] Dieterich, Abraxas aaO 185.

[83] HwbddA I 357 (gegen Zahnschmerzen und Fieber); weitere Schwundschemen ebda. I 577 (Arebrodas); Dornseiff 63 ff.; Crusius, Rezension Wessely aaO 1095.

Die Spiele in Magie und Mystik

Dornseiff führt diese Klimata auf die Vorstellung zurück, daß nur so jeder zauberkräftige Buchstabe eines Wortes ganz zur Geltung komme.[84] Andere schließen aus neueren Beispielen auf einen Analogiezauber: wie das Wort abnimmt, soll auch die Krankheit abnehmen,[85] so bei:

Abraham Julita	oder	Abracadabra
Abraham Julit		Abracadabr
Abraham Juli		Abracadab
Abraham Jul		Abracada
Abraham Ju		Abracad
Abraham J		Abraca
Abraham		Abrac
Abraha		Abra
Abrah		Abr
Abra		Ab
Abr		A[86]
Ab		
A		

Doch sind auch aufsteigende Reihen nicht selten, ohne daß die Absicht einer gegenteiligen Wirkung gewiß wäre:

α	oder	I R A H
ε ε		R I R A H
η η η		R A I R A H
ι ι ι ι		M A K I R A H[88]
o o o o o		
v v v v v		
ω ω ω ω ω ω[87]		

Die Kabbala kennt dieses System ebenfalls. Verbreitet ist ein Teufelsbannvers, der bis in die neueste Zeit verwendet wurde:

[hebräisches Schwundschema] 89

---

[84] Dornseiff 65.
[85] HwbddA I 390 (Analogiezauber C).
[86] Das Abracadabra als aramäisches Abbadâ kedabrâ (Nimm ab — Krankheit — wie dieses Wort), also als reines Schwundschema deutet: Bischoff, Kabbalah aaO 50.
[87] Dieterich, Abraxas aaO 199.
[88] HwbddA IX Nachträge 326; andere Formen: Dieterich, Abraxas aaO 201.
[89] Ulrich aaO 140; Bischoff Kabbalah aaO 50; Bischoff, Elemente aaO II 129 ff. („Schebriri").

In der Kabbala treten aber auch eigentliche Figuren auf, etwa ein siebenarmiger Leuchter als Loblied auf die Thora oder eine sternförmige Darstellung der Sephirot, der Sphären.[90] Solche Figuren kennen wir auch aus der allegorischen Zeichnung einer menschlichen Figur aus kosmisch bedeutsamen Buchstaben beim Gnostiker Markos[91] oder bescheidener aus den Kreuzesformen der aufgelösten Satorformel und des Zachariassegens.[92] Der Zirkelkanon wird nicht zufällig in Kreisform geschrieben; Johann Georg Keuerlebers Titel „Perpetuum mobile oder immerwehrender Gnadenlohn" weist auf den Gedanken einer Gebetsmühle zum ewigen Lob Gottes.[93]

Die Rolle der Geheimsprachen, der Lautdeutung und der Sprachmischung in der Götter- und Geistersprache, damit auch in Mystik und Magie, haben wir im Zusammenhang mit der Lautdichtung angedeutet. Hier sei noch auf die kabbalistische Methode des Zeruph hingewiesen, des Buchstabenersatzes, mit den drei Unterarten: dem *Athbasch* (Ersatz des ersten Buchstabens des Alphabets durch den letzten, des zweiten durch den zweitletzten usw.), dem *Albam* (Ersatz des ersten Buchstabens durch den zwölften, des zweiten durch den dreizehnten usw.) und dem *Atbach* (einem sehr komplizierten System).[94] Das Zeruph benützt Harsdörffer zur Rechtfertigung seiner Anagramme.[95]

---

[90] Bischoff Kabbalah aaO 34 Fig. 5; 97 Fig. 21; Bischoff Elemente aaO I 123.

[91] Hans Leisegang, Die Gnosis, 2. Aufl. Leipzig 1924, 329 f.

[92] Zachariassegen: HwbddA IX 875 f. (Eduard Hoffmann-Krayer); Deutsche Volkskunde aaO II 13.

[93] vgl. oben S. 204; Magie des Kanons allgemein: Hermann Reichenbach, Einleitung zu: Der Kanon, Ein Singbuch für alle ed. Fritz Jöde, 9.—10. Tausend d. Ges.ausg. Wolfenbüttel-Berlin 1932, 7 ff.

[94] Bischoff, Kabbalah aaO 29 ff. War mit allen diesen Mutationen nichts zu erreichen, so konnten die Buchstaben noch mit denen der Zeilen darunter oder darüber ausgetauscht werden; vgl. Dornseiff 137; Geheimschrift des Augustin mit B für A usw.: HwbddA IX Nachträge 305; Geheimschriften allgemein: HwbddA III 453 ff. (Jacoby); IX Nachträge 304 ff. (Tiemann); Niederschreiben des Zaubers in fremden Buchstaben: HwbddA IX Nachträge 325; Geisterworte aus fremden Sprachen: Güntert aaO 87.

[95] vgl. S. 270 Anm. 36.

C. Gesellschaften und Sammlungen

Von den Zirkeln der Dichter, Kenner und Liebhaber, die sich von der Masse abschließen wollen, wobei leicht ein formales Virtuosentum entsteht,[1] haben wir in der Einleitung zu den literarischen Spielen gesprochen. Hier interessieren uns vor allem die Kreise, die zusammenkommen, um Unsinn zu treiben; an ihnen sind vor allem Künstler, Gelehrte und Studenten beteiligt; sie erholen sich anscheinend am besten von geistiger Anstrengung, wenn sie sich mehr oder weniger geistreichem Unsinn hingeben. Selbstverständlich ist der Trieb zum Unsinn nicht auf einzelne Stände beschränkt; doch begnügen wir uns hier vorab mit den literarischen Gesellschaften und verzichten auf alle Arten von „Orden" spielerischen volkstümlichen Unsinns im Stil der Karnevalsgesellschaften.

Eine Geschichte der unsinntreibenden Künstlergesellschaften müßte bei denen der florentinischen Renaissance beginnen, von deren Tollheiten Vasari und andere berichten. Sie müßte die italienischen Akademien daraufhin untersuchen, ob sich hinter ihren komischen Namen (Assorditi, Fantastici, Umoristi, Stravaganti, Intronati, Insensati, Obstinati usw.) ernsthafte oder zum Zeitvertreib gegründete Vereinigungen verbergen,[2] sie müßte überhaupt die Gesellschaften des Auslands untersuchen,[3] eine Arbeit, die wir hier nicht leisten können. Immerhin sei aus der Vielzahl der italienischen Akademien wenigstens die um 1740 in Venedig gegründete „Società degli Granelleschi" herausgegriffen, deren Sitzungen mit der Verlesung des neuesten Unsinns begannen und die bald zu ihrem Präsidenten und Erznarren (Arcigranellone) eine Art männliche Friederike Kempner wählte.[4]

In der deutschen Literatur würde man gern mit den barocken Sprachgesellschaften anfangen, wenn sich auch nur der geringste Ansatz zu einem Spaß nachweisen ließe. Doch ist außer einigen Namen wie „der Abtreibende, der Blähende, der Einschläfernde" gar nichts dergleichen festzustellen.[5] Die Bildungsaufgabe und der vornehme Ton unter dem Einfluß der Fürsten schloß offenbar den geringsten Scherz über die Bildung aus.

Erst Hebels aus dem Lörracher Kreis herausgewachsener **Bund der Proteuser**,

---

[1] vgl. etwa die Rolle solcher Zirkel bei Mallarmé: Kurt Wais, Mallarmé, 2. Aufl. München 1952, passim.
[2] eine kurze Übersicht bei Lalanne 343 f.
[3] vgl. Flögel-Ebeling 319 ff.; Lalanne 367 ff.
[4] Lalanne 377 ff.
[5] Der Fruchtbringenden Gesellschaft ältester Ertzschrein ed. G. Krause, Leipzig 1855, 490 ff. (Namenlisten); Borinski 118 f.

später der „Belchisten", ist eine deutlich erfaßbare unsinntreibende Gesellschaft.[6] Die Proteisten verehrten das μὴ ὄν, das Nichts, und den Gott Proteus, dem sie mit Trinken und Verachtung des Geldes huldigten. Sie besaßen eine eigene Zeitrechnung mit eigener Jahreszählung und -einteilung, ein Lehrsystem, eine Sprache und eigene Symbole. Sie verachteten den gewöhnlichen Menschen, den Schwabenhammel, und ernannten Verehrer des Nichts zu Proteologen, so Parmenides, Diogenes und Horaz, aber auch den ewigen Juden, Cagliostro und ein zeitgenössisches Basler Original. Der Belchismus, anscheinend ein lockerer Nachfolger des Proteismus, weihte dann den Belchen dem Proteus; seine Sprache bestand mehr aus Buchstabenversetzungen und belchischen Metaphern. Natürlich steckte hinter Proteusertum und Belchismus auch ein Körnchen Ernst, wie Hebels Fragment „Ekstase"[7] erkennen läßt; im Kreis selbst wird jedoch, nach den Proteologen zu schließen, der Spaß und Unsinn überwogen haben.

Mit Hebel stehen wir an der Schwelle zum neunzehnten Jahrhundert, dem Jahrhundert der spaßigen Künstler- und Gelehrtenvereine. Für deren Aufblühen ist man versucht, die Restauration verantwortlich zu machen, die jede öffentliche politische Tätigkeit so einengte, daß neben dem biedermeierlichen Familienleben zwangsläufig auch ein bürgerliches Klubleben entstand; doch dauert der Hang zu gemeinsamem Unsinn bis zur Gegenwart an. Freilich wird auch der mit den romantischen Teekränzchen beginnende Literatur*betrieb* das Klubleben gefördert haben, wie das neunzehnte Jahrhundert ohnehin das Zeitalter der geselligen Vereine war. Dafür spricht, daß Wien als die einzige deutschsprachige Großstadt der Zeit den Anfang machte. Das Wiener Kaffeehaus war ja bis zum ersten Weltkrieg ein Zentrum literarischen Treibens.

> In Wien bestand seit mehreren Jahren eine lustige Gesellschaft, die sich und ihren Versammlungsort die Ludlamshöhle nannte. Anfangs höchst zufällig durch das Zusammenkommen einzelner Literatoren in einem Gasthofe gegründet, fanden sich bald ohne Wahl Gesellschafter aller Art ein, so daß das Ganze den Charakter von niedriger, ja obszöner Spaßmacherei bekam. Die Bessern darunter änderten ihr Lokal, schlossen die räudigen Schafe aus und verfaßten sogenannte Statuten, die nichts als die Abhaltung der Unanständigkeit bezweckten. Die neue Gesellschaft fand großen Anklang und bald gehörten alle besseren Maler, Musiker und Literaten der Residenz ihr an. Die Leute besaßen auch, teils durch natürliche Anlage, teils durch lange Gewohnheit, eine Virtuosität im nicht unanständigen Spaß, daß es etwas Ähnliches, wenigstens in Deutschland, nie gegeben hat. Vorlesungen, improvisierte Parodien am nämlichen Abend im Theater neuaufgeführter Stücke, Gesang, Musik, unschuldiger Spott, ließen die Stunden im Flug vorüber gehen. Durchreisende Künstler und Literatoren suchten und fanden Zutritt, und haben noch lange später gestanden, gleich vergnügte Abende niemals und nirgends zugebracht zu haben. Mein Altersgenosse Baron Zedlitz . . . hatte sich gleichfalls aufnehmen lassen und nun drang alles so sehr in mich ein Gleiches zu tun, daß die Weigerung beinahe zur Unhöflichkeit geworden wäre. Ich ging einmal hin, mir die Sache anzusehen, wurde durch Akklamazion zum Mitgliede aufgenommen und brachte von da einige vergnügte Abende dort zu.

---

[6] Wilhelm Altwegg, J. P. Hebel, Frauenfeld-Leipzig 1935, 46 ff., 53 ff., 258 f.; vgl. auch die Briefe ed. Wilhelm Zehntner, 2. Aufl. Karlsruhe 1957, bes. 74 (An Hitzig Anf. Sept. 1802).

[7] Werke ed. Wilhelm Altwegg, Zürich-Berlin 1943, III 20 ff.

So schildert Grillparzers Selbstbiographie die am 15. Dezember 1817 gegründete „Ludlamshöhle".[8] Diese ist die erste bekannte lustige Gesellschaft literarischen Charakters und erhielt ihren Namen von Oehlenschlägers Stück „Ludlams Höhle", das am selben Abend im Theater an der Wien aufgeführt worden war. Mutter Ludlam ist da ein äußerst freigebiger Geist, aber ein entsetzlich strenger Gläubiger, und anders denn als eine Höhle konnte man das Lokal beim Wirt Haidvogel kaum bezeichnen. Die Gesellschaft hatte zwar Vorläufer, wie auch Grillparzer berichtet, aber erst unter dem neuen Namen bekam sie ihre eigentliche Gestalt. Künstler und Liebhaber aller Art vereinigten sich zu unerschöpflich fröhlichem Unsinn. Da gab es allerlei geheimnisvolle Bräuche, eine Aufnahmeprüfung in Ludlamsgeschichte, Ludlamsfinanzen und Frivolitätswissenschaft, Weihestufen, welche die Mitglieder in „Schatten" und „Körper" teilten, und Spitznamen. Grillparzer wurde zum „Saphokles der Istrianer" umgetauft als „Erinnerung an sein vorzügliches Werk ‚Sappho' und als echter Österreicher, welcher am Ister geboren ist",[9] Carl Maria von Weber hieß „Agathus der Zieltreffer, Edler von Samiel", Friedrich Rückert „Voran, der Geharnischte". Oberhaupt, „Kalif", war der Burgschauspieler Karl Schwarz als — wie der Erznarr von Granelleschi — Dümmster der Runde. Es gab fünf eigene geschriebene Zeitungen: die „Trattnerhof-Zeitung" als Regierungsorgan (benannt nach dem Wohnhaus des Kalifen), den „Wächter", den „Kellersitzer", den „Wischer" und die „Fliegenden Blätter für Magen und Herz".[10] Man veranstaltete Dichterwettbewerbe, so um ein Drama „Wahnsinn oder Stockfischfang" oder „Die Titel in Lebensgefahr".[11] Devise war in Castellis vorsichtiger Umschreibung: „Erleichterung des Magens ist das Höchste".[12] Man besaß auch einen eigenen Kalender mit Monatsnamen wie „Mutter" und „Punschaffendi", mit Tagesnamen wie „Eiergreis" und „Kalbsfüßl".[13] Der Ruhm der Ludlamshöhle zog die Fremden an, so daß Castelli mit Stolz schreiben kann:

> Die „Ludlamshöhle" hatte ihre Mitglieder in aller Herren Länder; alle Berühmtheiten wendeten ihren ganzen Witz auf, um darin Aufnahme zu finden. Manchem galten Sitz und Stimme in dieser lustigen Gesellschaft mehr als das Fauteuil einer langweiligen Akademie.[14]

Eines der schönsten Zeugnisse stammt von Grillparzer, indem dieser in sein Tagebuch notiert:

> Gestern Abends die Ludlam besucht. Was man da Spaß macht, wie viel ich da gelacht habe, und immer dabei des marternden Seelenzustandes bewußt. Als ich mich in derlei

---

[8] Selbstbiographie 1835: Sämtliche Werke, Hist.-krit. Ausg. ed. August Sauer und Reinhold Backmann, Wien 1909-48, I.16 207 ff. und Anm. 372 ff.; vgl. auch Tagebuch April 1826: ebda. II.8 Nr. 1415. Zur Ludlamshöhle allgemein: Otto Zausmer, Der Ludlamshöhle Glück und Ende — In: Jahrbuch der Grillparzer-Gesellschaft 33 (1934) 86 ff.; Castelli II 1 ff., 483 ff.; Flögel-Ebeling 348 ff.
[9] Castelli II 25 f.
[10] ebda. II 16.
[11] ebda. II 13.
[12] ebda. II 21.
[13] ebda. II 22 f.
[14] ebda. II 1 Anm.

Zerstreuungen begab, schwebten mir dabei Göthe, Shakespeare, Mozart vor, alles Menschen, die das tiefste künstlerische Sinnen und Schaffen mit dem Erfrischenden einer bewegten, frohen Umgebung zu vereinigen wußten, aber: Quod licet Iovi —.[15]

Welch schönes Kompliment für den Geist der Höhle, wenn Grillparzer beim Höhlenspiel Goethe, Shakespeare und Mozart einfallen und er, der sich von solcher Geselligkeit ausgeschlossen fühlt, hier von ganzem Herzen lachen muß. Er hat auch den Satz aufgezeichnet: „Da der Mensch nur die Wahl hat zwischen Bedlam [dem Londoner Irrenhaus] und Ludlam, d. h. zwischen unbewußter und bewußter Narrheit, so entscheide ich mich für Ludlam."[16] Grillparzer wurde auch vom lächerlichen, echt vormärzlichen Ende der Höhle mitbetroffen. Ein schurkischer Polizeidirektor behandelte die Gesellschaft als gefährlichen Geheimbund, überfiel nächtlicherweise am 18./19. April 1826 in einer Razzia das Versammlungslokal und die Wohnungen der schriftstellernden Mitglieder. Er beschlagnahmte alle Papiere, setzte die Mitglieder zeitweise unter Hausarrest und beantragte schließlich seinen Vorgesetzten Konfiskation von Papieren und Vermögen der Gesellschaft und Verurteilung der Mitglieder zu Geld- und Arreststrafen.[17] Nach Castellis Schilderung trug sich schon bei der Razzia einer solchen Gesellschaft würdiger Unsinn zu. Vorsichtig wurde eine Tafel mit der geheimnisvollen Kreideaufschrift „Diesmal ist der Samstag an einem Sonntag" (d. h. die Sitzung wird verschoben) von zwei Polizeibeamten weggetragen; Geheimschriften entpuppten sich als hebräische Korrespondenz, Gift war Hustenpulver; ein ehemaliger Offizier warf die Polizei hinaus und verlangte, vor Militärgericht gestellt zu werden, usw. Über die beschlagnahmten Papiere sollen sich die Untersuchenden und die Räte der k. k. Landesregierung königlich amüsiert haben.[18] Die Regierung verzichtete denn auch auf Konfiskation und Verurteilung, verbot aber die Höhle! Schon vor diesem Entscheid waren die Ludlamiten — unter ihnen auch Grillparzer — in den „Untergrund" gegangen und hatten sich im Gartenhaus eines ehemaligen gräflichen Sekretärs etabliert, worüber jedoch ebenfalls ein Polizeibericht existiert.[19] Grillparzer steuerte in dieser denkwürdigen Zeit mindestens ein Werkchen[20] zum Gesellschaftsleben bei: die „Rede des Bischof Proklus an die ersten Christen, gehalten in den Katakomben zu Rom im Jahre 27[21] der christlichen Zeitrechnung", welche beginnt:

> Durch die Verfolgungen unserer Feinde an diesem abscheulichen Orte zusammengebracht; wahrscheinlich der Wohnung eines wilden Tieres — eines Tigerkaters mit

---

[15] Grillparzer Sämtliche Werke aaO II.8 195 Nr. 1422.
[16] ebda. III.1 Nr. 276.
[17] ebda. I.16 208 f.; vgl. Tagebuch ebda. II.8 Nr. 1435. Schon 1822 existierte ein Geheimakt der Polizei über die Ludlamshöhle: Zausmer aaO 97. Anlaß zur Polizeiaktion könnte ein Unsinns-Paß gegeben haben, wie ihn die Ludlamiten auf Speisekarten auszustellen und mit Pfeffer und Salz zu trocknen pflegten; ein solcher wurde einem Verschwörer in Petersburg abgenommen.
[18] Castelli II 53 ff.
[19] Zausmer aaO 107 f.
[20] Wahrscheinlich stammt auch das „Schreiben des jungen Tomes Dikson an seinen Vater in Philadelphia" aus dieser Zeit: Grillparzer, Sämtliche Werke aaO I.13 105 f.
[21] also 1827.

langen Barthaaren, eines Luxes, der unversehens auf die Leute springt, eines Wolfes, der im Dunkeln seine räuberischen Kurse macht, einer Spezies der lang-, kurz- oder ungeschwänzten Affenart, eines Waschbären, eines Moschus- und Bisam-, eines Beutel-, oder gleich den Meisten von uns, — ausgebeuteten Tieres, — in der Höhle eines Ungeheuers sage ich, das vielleicht mit seinen unmündigen Jungen bereits die Zähne nach unserm Fleische wetzt, hierher, bis hierher gebracht durch die Verfolgungen unserer Feinde, liegt es mir ob, das letzte, was noch an euch stand, euren Mut aufzurichten und euch zu trösten in dieser Nacht der Betrübnis . . ."[22]

Unter Grillparzers Papieren befindet sich auch der Entwurf zu einer Verteidigungsschrift nach der Aufhebung der Höhle.[23] Trotzdem hat die Ludlamshöhle das Verbot nicht überlebt, ja Grillparzer berichtet: „Für die Ängstlichen und Schwarzseher blieb aber immer eine Makel auf denjenigen kleben, die der Gesellschaft angehört hatten."[24] Der Dichter täuscht sich nicht, noch 1827 wurden die Mitglieder der Höhle polizeilich überwacht.[25] Castelli behauptet, eine Stelle nicht bekommen zu haben, weil er Höhlengenosse gewesen sei.[26] Die ernsthaftesten Folgen hatte diese Farce für Grillparzer selbst: die Ängstlichkeit seines Vorgesetzten verhinderte nun die Auszahlung von Gehaltszulagen, so daß der Dichter sich in seiner Not um die Archivdirektorstelle bewarb, die ihn endgültig in den Aktenstaub zwang.

Zu den Vorläufern der Ludlamshöhle gehörten Castellis „**Brinler Gesellschaft**", so benannt nach einem Wirt Brin, das Ordenskapitel des „**Rostbratel-Ordens**" und der „**Kreis im Blumenstöckl**", welche ebenfalls schon den Verdacht der Polizei erregten.[27] Als Nachfolgerin wäre das auf Anregung Karl Holteis 1841/42 gegründete „**Soupiritum**" zu nennen, das seinen Namen vom gemeinsamen Souper der Gesellschafter herleitete.[28] Neben vielen ehemaligen Ludlamiten gehörten ihm jüngere Künstler wie Eduard von Bauernfeld an. Auch das Soupiritum besaß seine eigenen unsinnigen Satzungen, Bräuche und Zeitungen wie das „P. T. Blatt" und den „Soupiritischen Beobachter". Es übte sich vor allem in unsinnigen Parodien. Ob Grillparzer daran teilnahm, ist ungewiß. In den Märztagen von 1848 ging diese Gesellschaft unter, wurde doch eines der bekannteren Mitglieder, der Advokat und Musikprofessor Albert Julius Becher, standrechtlich erschossen.

Ein weiterer Kreis war die „**Baumannshöhle**" oder „Mittwochgesellschaft". Schon die „Höhle" deutet auf das Vorbild. Spiritus rector war Alexander Baumann, Archivdirektor, Dialektdichter, Lustspielschreiber und Komponist in einer Person, vor allem aber glänzender Improvisator und als solcher das Ideal eines unsinntreibenden Gesellschafters. Seine Spezialität waren ungarische Reden:

---

[22] Sämtliche Werke aaO I.13 107.
[23] ebda. I.13 161; vgl. II.8 209 Nr. 1442.
[24] ebda. I.16 209.
[25] Zausmer aaO 109.
[26] Castelli I 290.
[27] ebda. II 1 ff., 483 f.; Anfänge der Höhlen möglicherweise schon in der Kongreßzeit, vgl. Zausmer aaO 87.
[28] Castelli II 63 ff. Die „Konkordia", eine andere Nachfolgerin, scheint nach Castelli schnell eine ernsthafte und langweilige Dichtergesellschaft geworden zu sein (II 61 f.).

Obwohl er kein Wort ungarisch konnte, wußte er den Tonfall und Akzent der Sprache, sowie das feurige, sich im Zorn immer mehr steigernde Temperament eines ungarischen Redners mit seiner drastischen Mimik so überzeugend nachzuahmen, daß die Zuhörer vollkommen getäuscht wurden und sogar den Sinn zu erraten glaubten, obwohl sie natürlich nichts von dem Kauderwelsch verstanden als einzelne Brocken, wie „Hogenottoknak", „Meyerbeerhazy" z. B. bei einer Rede zu Ehren des Komponisten Meyerbeer; Castelli erzählt, daß bei einer solchen Rede einmal ein Ungar unter den Zuhörern ausgerufen habe: „Teremtete! Der Mann spricht ungarisch, aber ich versteh' ihn nicht!"[29] Ein andermal, bei einem Grillparzerfest, wurde ihm die Aufgabe gestellt, zu beweisen, daß Kisfaludy ein bei weitem größerer Dichter sei als Grillparzer, und nie, erzählt Kaiser, habe er den tragischen Dichter so aus vollem Herzen lachen gesehen, als während dieses Vortrags, in welchem sein eigener Name mitten unter dem ungarisch klingenden Galimathias nur im wegwerfendsten Tone als „Schwab-Grillparzer" genannt wurde.[30]

Bei Baumann im Passauerhof traf man sich: „Dies war der denkwürdige Schauplatz, wo allwöchentlich am Mittwochabend bedeutende Männer zu möglichst unbedeutenden Taten zusammenkamen, denn sie hatten keine höhere Absicht, als Unsinn zu treiben oder mit sich treiben zu lassen, wo Baumann als ‚König der Gnomen' seine Untertanen empfing und bewirtete."[31] Unter den rund vierzig Mitgliedern finden wir wiederum alte Ludlamiten wie Castelli, Dichter wie Bauernfeld und Hebbel, Musiker, Maler, Bildhauer, Schauspieler, Professoren, Beamte und Industrielle; als Gäste wurden Liszt, Anastasius Grün, Moritz von Schwind und andere empfangen. Die Baumanns- oder Gnomenhöhle hatte ebenfalls Satzungen und Bräuche; auch sie gab mehrere geschriebene Journale heraus: das „Mittwochblatt", ein Regierungsorgan, den „Zuschauer", ein Oppositionsblatt, eine „Passauer Hofzeitung" und eine „Jugendzeitung". Neben literarischen und musikalischen Parodien, Bänkelsängereien und komischen Grabschriften gehörten zum Programm „Kunst- und Industrieausstellungen", die schon die dadaistischen Ausstellungen vorwegnahmen, wenn sie auch bedeutend harmloser gewesen sein werden. Mit dem Tod des Gründers löste sich die Höhle 1857 auf.[32]

Eine letzte fröhliche Wiener Gesellschaft war die 1855 von Friedrich Kaiser gegründete „Grüne Insel", grün als Symbol der Fröhlichkeit und Insel nach der Leopoldstadt als Tagungsort, „weil diese Vorstadt eigentlich eine Insel ist".[33] Wie die 1790 vom Montanisten David Steiger gegründete „Wildensteiner Ritterschaft zur blauen Erde auf Burg Sebenstein" nach strengem Zeremoniell schwärmerisch mittelalterliches Ritterleben nachahmte — sie wurde 1823 polizeilich aufgelöst, obwohl ihr Erzherzog Johann angehörte —,[34] so parodierte die „Grüne Insel" in Zeremonien, Statuten usw. das Rittertum. Doch scheint sie mehr allgemeiner Fröh-

---

[29] ebda. II 289 ff.
[30] Walter Jaffé, Alexander Baumann, Weimar 1913, 23 f.; vgl. Castelli II 63 ff.
[31] Jaffé aaO 26.
[32] zur Baumannshöhle allgemein: Jaffé aaO 26 ff.; Castelli II 65 ff.; Eduard von Bauernfeld, Erinnerungen aus Alt-Wien ed. Josef Bindtner, Wien 1923, bes. 239 ff. (sonst auch zu den andern Wiener Gesellschaften).
[33] zur Grünen Insel: Castelli II 67 ff., 495 f.; nach ebda. Anm. 71 hat die Insel noch 1914 geblüht; Flögel-Ebeling 359 ff.
[34] Friedrich Anton von Schönholz, Traditionen zur Charakteristik Österreichs ed.

lichkeit als wirklichem Unsinn geweiht gewesen zu sein. Vorbild zu solchen Rittertafelrunden war die Runde Goethes in Wetzlar mit ihren Graden und Riten.[35]

Auch die 1859 in Prag gegründete Schlaraffia (Allschlaraffia) „zur Pflege von Humor und Kunst" entnimmt das ganze Brauchtum der Ritterzeit. Da gibt es Pilger, Knappen, Junker und Ritter als Stände; Kantzler, Reychsmarschall usw. als Ämter; Orden und Ahnen, ein Schlaraffenlatein und eine eigene Zeitrechnung, anno uhui (a. u.) 1 (1859) usw. Der Schlaraffenspiegel von a. u. 65 (1924) umfaßte neunundachtzig Paragraphen, das Ceremoniale deren siebenundzwanzig. Nach ersten Seitentrieben in Berlin (1865) und Leipzig (1872) breitete sich dieser Bund bis nach Amerika und Asien aus, so daß er mit seinen 14 000 Mitgliedern von 1933 aus unserm Rahmen herausfällt. Er ist keine Gesellschaft mehr, die zusammenkommt, um im kleinen Kreis Unsinn zu treiben, sondern ein Riesenverband organisierter Fröhlichkeit, der 1924 die Gründung von „Colonien" erschweren mußte, um Geist und Form des Bundes zu bewahren.[36] Fröhliche Ritterparodien waren in der zweiten Hälfte des neunzehnten Jahrhunderts außerordentlich beliebt und noch 1935 existierten allein in Deutschland etwa siebzig Einzelbünde.[37] Die „Pankgrafschaft" in Berlin „bei Wedding an der Panke" will mit ihren heiteren Ritterfehden sogar schon 1381 gegründet worden sein.[38]

Ein direkter Ableger der Ludlamshöhle war neben einer Zweighöhle in Graz[39] die bekannteste deutsche literarische Gesellschaft: der „Tunnel über der Spree".[40] 1825 mußte der Journalist und Schriftsteller Moritz Gottlieb Saphir dreißigjährig wegen eines Wortwitzes Wien verlassen. Er siedelte nach Berlin über, wo er mit seiner „Schnellpost für Literatur, Theater und Geselligkeit", vor allem mit deren bösen Theaterkritiken, bald berühmt und berüchtigt wurde. Ob Saphir Mitglied der Ludlamshöhle war, ist nicht ganz klar. Der Burgschauspieler und hervorragende Ludlamite Heinrich Anschütz berichtet in seinen Erinnerungen, die Höhle sei Saphir verschlossen gewesen,[41] ihm folgt der Historiker des Tunnels Fritz

---

Gustav Gugitz, München 1914, I 130 ff., 305 ff.; Karl August Schimmer, Geschichte der Wildensteiner Ritterschaft zur blauen Erde auf Burg Sebenstein, Wien 1851.

[35] Dichtung und Wahrheit XII: WA I.28 135 ff. Bei Goethe vergleiche auch das Verzeichnis der „Unnamen" aus Italien: Tagebücher und Briefe Goethes aus Italien an Frau von Stein und Herder ed. Erich Schmidt, Weimar 1886 (Schriften der Goethe-Gesellschaft 2), 471.

[36] Schlaraffen-Spiegel und Ceremoniale a. U. 65, Leipzig 1924, 2; allgemein: Chronik des Verbandes Allschlaraffia zur Hundertjahrfeier in Norimberga A. U. 100 (1959), Landshut 1959-60.

[37] Chronik Allschlaraffia I 35; vgl. auch allg. I 25 ff.

[38] Flögel-Bauer II 361.

[39] Castelli II 36.

[40] Literatur zum Tunnel über der Spree: Fritz Behrend, Der Tunnel über der Spree, I. Kinder- und Flegeljahre 1827-1840, Berlin 1919; Fritz Behrend, Geschichte des Tunnels über der Spree, Berlin 1938; Reallexikon III 389 f. (F. Behrend); Joachim Krüger, Neues vom Tunnel über der Spree — In: Marginalien, Blätter der Pirckheimer-Gesellschaft Berlin, Heft 7 (1960) 13 ff.; Fontane II.3 5 ff., 327 ff.; Seidel XIII 262 ff.

[41] Heinrich Anschütz, Erinnerungen aus dessen Leben und Wirken ed. Roderich Anschütz, Wien 1866, 313 ff.

Behrend.[42] Doch glauben wir eher Castelli trauen zu dürfen, weil dieser der einzige bleibende Freund des sonst verhaßten Saphir war. Nach ihm war dieser als „Witzbold der Rebeller, Ludlams lapis infernalis" nicht nur Mitglied der Höhle, sondern auch zusammen mit Ignaz Jeitteles Redakteur der Höhlenzeitschriften „Wächter" und „Kellersitzer".[43] Behrend scheint dieses Zeugnis nicht gekannt zu haben; bei Anschütz mag eine Verwechslung mit der „Konkordia" vorliegen, in die Saphir tatsächlich keinen Einlaß fand.[44] Saphir, den Castelli „ein ungeheures Talent, ja ein Genie" nennt,[45] wollte in Berlin eine eigene Ludlamshöhle schaffen. Zwar gab es schon gesellige Vereine wie den „Monatsclubb" von 1749, die „Gesellschaft herodotliebender Freunde", später „Gesetzlose Gesellschaft" oder „Gesellschaft der Zwanglosen" mit dem Altphilologen Philipp (Karl) Buttmann und schließlich die „Mittwochsgesellschaft", den „offiziellen" literarischen Verein der Literaturgrößen wie Chamisso, Raupach, Alexis, doch keine von der Prägung der Ludlamshöhle.[46] So gründete Saphir am 3. Dezember 1827 zusammen mit Freunden, schriftstellernden Dilettanten und Schauspielern — unter ihnen der Ludlamite Don Lemnos Santos y Templos (Friedrich Wilhelm Lemm) —[47] „den Sonntagsgesellschaft". *Der* Sonntagsgesellschaft wurde sie ausdrücklich genannt, angeblich damit sie nicht für eine Gesellschaft der Verehrer der Sängerin Henriette Sontag galt. Trotzdem hielt sich die Legende, sie sei für die Sontag gegründet worden, bis in die Gegenwart; aber nur die Veränderung des Geschlechtsworts verdankt sie ihr. Die Satzungen des Gesellschafts von 1828 lauten:

Gesetze des Tunnels
1. Die Gesellschaft nennt sich einer Gesellschaft, und zwar: der Sonntags-Gesellschaft.
2. Der Ort der Zusammenkunft heißt Im Tunnel über der Spree.
3. Das Haupt des Gesellschafts ist der durch Votierung erwählte Aristophanes.
4. Das rechte Ohr des Haupts heißt das Alcidohr und wird durch Ödip den Aufgelösten repräsentiert.
5. Der Sekretär ist ein Sekretär, heißt aber nicht Sekretär, sondern Gsillllschawffter, welches Wort seiner ungemeinen Kürze und Deutlichkeit wegen aus den Anfangsbuchstaben sämtlicher Mitglieder zusammengesetzt ist. Campe der Caraibe ist der Gsillllschawffter des Jahres 1828.
6. Der Gesellschaft hat folgende Tendenzen:
    1. Gar keine Tendenz.
    2. Eine Kaffee-Tendenz.
    3. Eine gegenseitige Lobhudelei-Tendenz.
    4. Eine heitere und humoristisch-literarische Tendenz.

[42] Behrend Kinderjahre 14 f.
[43] Castelli II 16 f., 23, 31.
[44] ebda. II 63 Anm. 1.
[45] ebda. II 272; allg. ebda. II 271 ff.
[46] Behrend Kinderjahre 14; aber selbst Arnims romantisch-ernste „Christlich-deutsche Tischgesellschaft" parodierte im zweiten Teil ihrer Zusammenkünfte den ernsthaften ersten; vgl. auch Fritz Behrend, Saphir als Begründer des Tunnels über der Spree — In: Literarisches Echo 20 (1917/18) 1064 ff.; zu Montagsclubb, Griechischer und Gesetzloser Gesellschaft usw. vgl. Martin Hertz, Karl Lachmann, Berlin 1851, 207 ff.
[47] Castelli II 29.

7. Die Mitglieder werden eingeteilt in Makulatur, aus sich herausarbeitende, und in Klassiker, in sich hineinarbeitende Mitglieder.
8. Die neu aufzunehmenden Mitglieder heißen erst *Ideen*, dann *Entwürfe* und gehen als *Manuskripte* entweder zu der Makulatur — oder Klassikern über.
9. Die literarischen Beiträge, welche vorgetragen werden, heißen *Späne*.
10. Die Späne, welche einmal vorgelesen sind, werden im Tunnel entweder in originali oder in copia deponiert.
11. Eine Idee wird sowohl bei ihrem Eintritt in den Tunnel, als auch bei dem Aufenthalt in demselben völlig ignoriert, man spricht durch sie durch, setzt sich auf sie, antwortet ihr nie, unterbricht sie, wenn sie es wagen sollte, mitzusprechen, und nimmt überhaupt gar keine Notiz von ihr.
12. Das Urteil über jeden Span oder Witz wird jedesmal im Gegensatz gegeben, weil ungeheure Ironie und unendliche Wehmut das Motto des Gesellschafts ist.

. . .

So gegeben im Tunnel über der Spree, im sechshundert und neunten Jahre Till Eulenspiegels Geburt.[48]

Man sieht: die Anfänge des Tunnels standen ganz im Zeichen des Unsinns, der wie bei der Ludlamshöhle der Polizei verdächtig gewesen sein wird. Angebetetes Haupt, Vorsitzender, war Saphir, „Aristophanes der Eckensteher oder AEIOU, A. ein junger ordentlicher Unsterblicher". Die Bezeichnung „das Alcidohr" für seinen Stellvertreter stammt aus Spontinis Zauberoper „Alcidor". Tunnel hieß anfänglich nur der Tagungsort, nach dem eben im Bau begriffenen Tunnel unter der Themse, dessen Erbauer die Ehrenmitgliedschaft gebührend verdankte, wohl ohne zu wissen, um was für eine Gesellschaft es sich dabei handelte.[49] Das Siegel des Tunnels zeigt eine Eule, die in der einen Klaue einen Spiegel, in der andern einen Stiefelknecht hält, dessen Zinken in einen Schafskopf und ein Ziegenohr auslaufen. Auch die Tunnelbräuche waren damals noch dem Geist Eulenspiegels geweiht; man begrüßte sich mit einer langen Nase, im Urteil hieß gut „schlecht" und schlecht „gut"; man stellte Pässe und Diplome aus wie in der Ludlamshöhle. Mitglieder waren Künstler, Beamte, Ärzte, Lehrer, Juristen und vor allem auch, wie es sich für Berlin gebührte, dichtende Offiziere.

Als Saphir nach allerlei Streitigkeiten Berlin 1829 verließ, verschwanden mit ihm auch fast alle Tollheiten und Späße. Der Tunnel wurde mehr und mehr zu einer ernsthaften literarischen Gesellschaft, zur „Kleindichterbewahranstalt", wie ihn Geibel spöttisch nannte, weshalb sich wohl auch Keller mit einem einmaligen Besuch begnügte. Die Rolle des Tunnels in der deutschen Dichtung zwischen 1840 und 1860 ist bekannt. Vom alten Tunnelgeist war nur wenig übrig geblieben, schon die Statuten vom 8. April 1835 mit ihren hundertdreißig Paragraphen waren ein wahres Monstrum literaturbeflissener Ernsthaftigkeit.[50] Nur die Titel des Vorstands, der Tunneljargon und die Übernamen der Mitglieder — Lafontaine (Fontane), Tannhäuser (Storm), Frauenlob (Heinrich Seidel) — erinnerten an die Anfänge. Als Castelli 1839 den Tunnel besuchte, merkte er, wie sich aus der Schilderung in seinen Memoiren ergibt, überhaupt nicht, daß dieser ein Ableger der Ludlamshöhle

---

[48] Behrend Kinderjahre 118 f.
[49] ebda. 17.
[50] abgedruckt bei Behrend Kinderjahre 120 ff.

war.[51] Nach 1860 zerfiel die Gesellschaft allmählich und näherte sich insofern wieder dem Geiste ihrer Kinderjahre, als man mehr um des Schlemmens als um des Dichtens willen zusammenkam.[52] Das fünfzigste Stiftungsfest vom 3. Dezember 1877 mit den vielen teilnehmenden literarischen und andern Größen mochte zwar äußerlich glanzvoll gewesen sein, den Tunnel konnte es nicht mehr beleben. „Wenn das Lama altersschwach geworden ist, geht es in eine dunkle Höhle", kommentierte Heinrich Seidel die Spätzeit der Gesellschaft.[53] Der letzte, kauzige Sekretär des Tunnels, ein Hofphotograph, starb erst in diesem Jahrhundert; der Nachlaß der Gesellschaft ging in den Besitz der Universitätsbibliothek Berlin über.[54]

Saphir hatte 1828 in Leipzig einen Sohnestunnel, „Den Sonntagsgesellschaft des Peter im Tunnel über der Pleisse" gegründet, der aber offenbar bald zu einer bloß geselligen Vereinigung wurde.[55] Unter den Mitgliedern, die sich aus den gleichen Schichten wie in Berlin rekrutierten, nur daß Offiziere fehlten, fällt vor allem der Name des Schriftstellers Karl Herloßsohn auf, Faust der Auerbachhöfling genannt, der uns im Zusammenhang mit der bekanntesten Sammlung von Unsinnspoesien wieder begegnen wird. Herloßsohn vertrat den Sohnestunnel in einer feierlichen Festsitzung des Berliner Vaters.[56]

Zeitweise bildeten sich innerhalb des Berliner Tunnels Gruppen. Die „Ellora", benannt nach dem bekannten ostindischen Grottenheiligtum, von dem bei der Gründung zufällig die Rede war, hatte ihre Mitgliederzahl selbst auf sechs beschränkt, unter ihnen Fontane, und besaß ebenfalls ein kleines unsinniges Zeremoniell. Die Seele des Kreises war der Kunsthistoriker Friedrich Eggers.[57] Das „Rytli" mit seinen unsinnigen Satzungen bildete sich um den Kunsthistoriker Franz Kugler.[58] Auch hier war Fontane dabei. Neben allerlei Unsinn und Amüsement ging es aber Elloristen wie Rytlionen um ernsthaftes literarisches Bemühen. Sie gaben seit 1854 das literarische Jahrbuch „Argo" heraus, so daß aus der alten Höhle auch hier ein literarisches Teekränzchen wurde, zumal bei den Rytlionen die Gattinnen der Mitglieder als Rytli-Schwestern dabei waren. Von Franz Kugler führen Fäden zu älteren geselligen Vereinigungen Berlins. Seine Gattin war eine Tochter des Kammergerichtsrats Eduard Hitzig, des Freunds von E. T. A. Hoffmann, Adalbert von Chamisso und Zacharias Werner. Das erinnert an den losen Kreis der Serapionsbrüder um Hitzig und seinen Vorgänger, „Kreislers musikalisch-poetischen Klub", von deren Gesprächen wir uns aus den Rahmenunterhaltungen von Hoffmanns Novellensammlung ein ungefähres Bild machen können.[59]

[51] Castelli II 165 f.
[52] Behrend Tunnel 72.
[53] Behrend Kinderjahre S. V.
[54] Behrend schildert einen persönlichen Besuch bei ihm: Kinderjahre S. V.
[55] ebda. 20; Mitgliederliste ebda. 148; kurze Schilderung auch bei Castelli II 135 ff.
[56] Behrend Kinderjahre 20.
[57] Behrend Tunnel 43.
[58] ebda. 44 ff.
[59] vgl. Walter Harich, E. T. A. Hoffmann, 3. Aufl. Berlin 1920, II 183 ff.

Gesellschaften und Sammlungen

Wie der „Nordsternbund" im ersten Jahrzehnt des neunzehnten Jahrhunderts, an dem Hitzig ebenfalls beteiligt war, bildete die „Mittwochsgesellschaft", die er 1824 gründete, eine eigentliche literarische Gesellschaft, der — vom jungen Tunnel aus gesehen — alles angehörte, was in Berlin literarischen Rang und Namen besaß. Daher fallen diese Kreise für uns außer Betracht, wenn sie auch hie und da Scherze gestatteten. Castelli zitiert die Behauptung Lewalds, daß im Ludlam „an einem Abende mehr Weisheit im Narrengewand zu Markte gebracht wurde, als die Berliner Mittwochs-Gesellschaft in einem Jahr zu Markte bringt".[60] Pate von Kuglers Kind, der späteren Gattin Paul Heyses, war Eichendorff, der Kugler als Vertreter der schönen Künste ins Ministerium berufen hatte. Und im Kreis der Mittwochsgesellschaft ist „bei Gelegenheit einer verlorenen Wette", wie es im Untertitel heißt, wohl Eichendorffs bitter wahrer Mandelkern-Unsinn entstanden,[61] der hier als Zeugnis aller dieser geselligen Unsinnspoesien zitiert sei:

Mandelkerngedicht

Zwischen Akten, dunkeln Wänden
Bannt mich Freiheitbegeh*renden,*
Nun des Lebens strenge Pflicht,
Und aus Schränken, Aktenschichten
Lachen mir die beleid*igten*
Musen in das Amtsgesicht.

Als an Lenz und Morgenröte
Noch das Herz sich erlab*ete,*
O du stilles, heitres Glück!
Wie ich nun auch heiß mich sehne,
Ach, aus dieser Sandeb*ene*
Führt kein Weg dahin zurück.

Als der letzte Balkentreter[62]
Steh' ich armer Enterb*eter*
In des Staates Symphonie,
Ach, in diesem Schwall von Tönen
Wo fänd' ich da des eig*enen*
Herzens süße Melodie?

Ein Gedicht soll ich euch spenden:
Nun, so geht mit dem Leid*enden*
Nicht zu strenge ins Gericht!
Nehmt den Willen für Gewährung,
Kühnen Reim für Begeist*erung,*
Diesen Unsinn als Gedicht.[63]

[60] Castelli II 9; vgl. allgemein: Rudolf Wackernagel, Wilhelm Wackernagels Jugendjahre 1806-33, Basel 1885, 156 ff.
[61] Eichendorff I.2 665; Kosch datiert das Gedicht zwar auf die zweite Hälfte 1820 (also vor die Gründung der Mittwochsgesellschaft); doch ist seine Begründung, daß Vers 13 nur für die Zeit gelten könne, wo der Dichter noch Hilfsarbeiter und somit wirklich *letzter* Balkentreter im Kultusministerium gewesen sei, gewiß nicht stichhaltig.
[62] Balkentreter = Balgtreter.
[63] Eichendorff I.1 73.

19 Liede, Dichtung 2

Einen ähnlichen, wenn auch gröbern Scherz lieferte Bernhard von Lepel, der Freund Fontanes, zum 25. Stiftungsfest des Tunnels; er beginnt:

> Zu Berlin ward er geboren,
> Wo so viel Lit'raten sein zu sehn;
> : , : Diesen Mord hat er sich auserkoren
> An ziemlichen deutschen Gédichtén. : , :[64]

Zwei andere Betonungsscherze finden sich in den „Musenklängen aus Deutschlands Leierkasten".[65]

Im Hause Franz Kuglers verkehrten Emanuel Geibel und Paul Heyse.[66] Sie leiten zur Münchner „Gesellschaft der Krokodile" über, die Heyse nach der Tunnelidee im Winter 1856/57 gründete.[67] Den Namen bekam sie von Hermann Linggs Gedicht:

> *Das Krokodil*
>
> Im heil'gen Teich zu Singapur
> Da liegt ein altes Krokodil
> Von äußerst grämlicher Natur
> Und kaut an einem Lotosstiel.
>
> Es ist ganz alt und völlig blind,
> Und wenn es einmal friert des Nachts,
> So weint es wie ein kleines Kind,
> Doch, wenn ein schöner Tag ist, lacht's.[68]

Mit diesen Versen als Devise, mit Spitznamen wie Urkrokodil (Geibel), Teichkrokodil (Lingg), Eidechs (Heyse), mit dem „heiligen Teich" als Versammlungsort und witzigen Gedichten wie Geibels „Krokodilromanze"

> Ich bin ein altes Krokodil
> Und sah schon die Osirisfeier;
> Bei Tage sonn' ich mich im Nil,
> Bei Nacht am Strande leg' ich Eier.
>
> Ich weiß mit list'gem Wehgekreisch
> Mir stets die Mahlzeit zu erwürken;
> Gewöhnlich freß' ich Mohrenfleisch
> Und Sonntags manchmal einen Türken.
>
> Und wenn im gelben Mondlicht rings
> Der Strand liegt und die Felsenbrüche,
> Tanz' ich vor einer alten Sphinx
> Und lausch' auf ihrer Weisheit Sprüche.

---

[64] abgedruckt bei Behrend Kinderjahre 12 f.

[65] Das Mädchen am See: Musenklänge I 44; Verrückte Akzente: Musenklänge Neudruck Bern 1949, 9; vgl. unten S. 298.

[66] vgl. Paul Heyse, Jugenderinnerungen und Bekenntnisse, Berlin 1901, 76.

[67] Gesellschaft der Krokodile allgemein: Karl Hanns Hofer, Des Krokodils Glanz und Ende — In: Velhagen und Klasings Monatshefte 1901/02, 627 ff.; Reallexikon II 415 ff. (E. Petzet), 2. Aufl. II 432 ff. (erg. v. W. Kohlschmidt); DL Formkunst ed. Eduard Stemplinger, Leipzig 1933 ff., I 5 ff.

[68] DL Formkunst aaO III 243 f.

Gesellschaften und Sammlungen

> Die Klauen in den Sand gepflanzt,
> Tiefsinnig spricht sie: Tochter Thebens,
> Friß nur was du verdauen kannst!
> Das ist das Rätsel deines Lebens.[69]

möchte man den Kreis gern zu den unsinntreibenden Gesellschaften zählen. Doch war das Krokodil, das in den 1860er Jahren blühte und 1883 erlosch, von Anfang an eine ernste Gesellschaft mit Vorlesungen von Neuerscheinungen und anschließender Aussprache. „Frostig und gezwungen" nennt Felix Dahn den Humor der Krokodile.[70] Man wird ihm zustimmen, wenn man erfährt, daß die Mitglieder immer früh nach Hause gingen.

Das Krokodil war ein norddeutsches Importprodukt; denn in ihm versammelten sich meist die vom König nach München berufenen Norddeutschen. Die Bayern zeigten sich den „Nordlichtern" gegenüber äußerst zugeknöpft und voll Mißtrauen. Sie trafen sich in der 1837 gegründeten Gesellschaft der „Z w a n g l o s e n" oder im „A l t - E n g l a n d", und hier strahlt noch einmal der ganze heitere Glanz der Ludlamshöhle auf. Das bezeugt sogar der kritische Ludlamite Castelli:

> Die allergrößte Freude machte es mir, hier in München eine Gesellschaft zu finden, welche alle drei Gesellschaften in Wien, in denen ich die frohesten Stunden meines Lebens zubrachte, nämlich die Ludlamshöhle, das Soupiritum und die Baumannshöhle in sich vereinigte. Es ist dies die Gesellschaft „Old England". Sie besteht schon, ich glaube 20 Jahre und führt ihren Namen, weil sie im englischen Kaffeehaus ihren Sitz hat. Sie besteht aus hohen Beamten, Militärs und Künstlern, ja sogar eine höchste Person, den Vater unserer allgeliebten Kaiserin, zählt sie zu ihren Mitgliedern. Es sind meist schon bejahrte Männer, aber sie sind alle noch lebenslustiger als unsere jetzige Jugend, sie machen Spaß und verstehen Spaß.[71]

Die Seele beider Kreise war Graf Franz von Pocci, dieser verspätete, innerlich und äußerlich aristokratische Rokokomensch, Illustrator, Karikaturist, Dichter von Kasperlestücken, Lyriker, Übersetzer und Komponist, ein herrliches Gesellschaftsgenie und wahrer Homo ludens, die Verkörperung jenes Münchens, das auch Gottfried Keller bezaubert hat.[72]

Kleinere Gesellschaften bildeten sich an manch andern Orten. Hoffmann von Fallersleben gründete 1826 in Breslau eine „Z w e c k l o s e G e s e l l s c h a f t";[73] Castelli erwähnt lobend auch den Frankfurter Bund der „S e c h z e h n e r",[74] die

---

[69] Geibel, Gesammelte Werke, 4. Aufl. Stuttgart-Berlin 1906, IV 86.
[70] Behrend Tunnel 49.
[71] Castelli II 327; allgemein II 327 ff. Über die 1837 von Franz von Elsholtz gegründete Zwanglose Gesellschaft: *Gustav Rohmer, Die Zwanglose Gesellschaft in München 1837-1937, München 1937; ferner etwa Johann Andreas Schmeller, Tagebücher 1801-52 ed. Paul Ruf, München 1954-57, I 74*f.; II 263 ff. Zu der 1873 gegründeten Münchner Künstlergesellschaft „Allotria" vgl. Ein halbes Jahrhundert Münchner Kulturgeschichte, erlebt mit der Künstlergesellschaft Allotria, München 1959.
[72] vgl. Aloys Dreyer, Franz Pocci, München 1907.
[73] vgl. Rudolf Wackernagel aaO 31, 41 ff., 62, 87 ff. Eine Namenlose Gesellschaft gründete Wilhelm Wackernagel 1828 in Berlin: ebda. 17ff.; vgl. auch Goedeke XIV 815ff.
[74] Castelli II 203 f.

„Raitenden" in Salzburg, genannt nach einem Weinhaus Raith,[75] und die Meraner „Gesellschaft von Stehwein" um den Schriftsteller Joseph Friedrich Lentner.[76] Erwähnenswert ist auch der 1840 in Bonn gegründete Bund der Maikäfer[77] um Gottfried Kinkel und Johanna Matthieux, dessen späterer Gattin, an dem Karl Simrock und Jacob Burckhardt, vielleicht auch Emanuel Geibel, beteiligt waren. Das Ordenszeichen, ein Maikäfer an grünseidenem Band, Spitznamen wie Urmau (Gottfried Kinkel), Directrix, Regina, Papissa (Johanna Kinkel), Simson, Timur, Balder und einzelne Scherzgedichte, worunter ein Figurengedicht Kinkels in der Form eines Pokals,[78] deuten bei aller schwärmerischen Ernsthaftigkeit des Kreises doch auch auf fröhlichen Scherz, der auch vor kleinen Derbheiten nicht halt machte; so füllte Jacob Burckhardt einmal einen Brief mit Locuspapier.[79] Bettina von Arnim, die mütterliche Freundin der Maikäfer, machte ihren Schützlingen das Kompliment:

> Ich habe schon viele große Werke gesehen von zähem Inhalt in schweinslédernem Einband; ich habe Gelehrte brummen hören und ich habe immer gedacht, eine einzige Blume müsse das beschämen und ein einziger Maikäfer müsse durch einen Schneller, den er einem Philosophen an die Nase gibt, sein ganzes System umpurzeln.[80]

1847 scheint sich dieser Kreis aufgelöst zu haben. Ob Beziehungen zum Leipziger Maikäferverein um Georg Wigand, von dem bald zu sprechen sein wird, führen, vermögen wir nicht festzustellen, da ein Mitgliederverzeichnis fehlt.[81]

Jede literarische Persönlichkeit des neunzehnten Jahrhunderts ist in irgendeiner Form einmal mit einem unsinntreibenden Klub in Berührung gekommen. So schildert Raabe, der uns als Beispiel dienen möge, im „Hungerpastor" eine Lügen-Tafelrunde ausgedienter Offiziere um den Obersten von Bollau, deren achter Paragraph bestimmt, daß nicht mehr als neun Leichen pro Abend erlogen werden dürfen. In Wolfenbüttel war der fünfundzwanzigjährige Dichter Mitglied des „Namenlosen Clubs" der Honoratioren[82] und des „Kaffees" ehemaliger Schul-

---

[75] ebda. II 342, 473.

[76] ebda. II 434.

[77] Bund der Maikäfer allgemein: M. Pahncke, Aus dem Maikäfer — In: Euphorion 19 (1912) 662 ff.; Gottfried Kinkel, Selbstbiographie 1838-48 ed. Richard Sander, Bonn 1931, bes. 97 ff. und die dort angegebene Literatur (ebda. 20 ff. auch ein Verein Chamöcia und 185 ff. ein Schwanenorden); Adolph Strodtmann, Gottfried Kinkel, Wahrheit ohne Dichtung, Hamburg 1850-51, bes. I 209 ff., 253 ff.; II 24 ff.; Werner Kaegi, Jacob Burckhardt, Basel o. J., II 126 ff.; ein Verzeichnis von Burckhardts Beiträgen für die Maikäfer in: Briefe Jacob Burckhardts an Gottfried (und Johanna) Kinkel ed. Rudolf Meyer-Kraemer — In: Basler Zeitschrift für Geschichte und Altertumskunde 19 (1921) 195 ff., Verzeichnis 343 ff.

[78] Pahncke aaO 667.

[79] Jacob Burckhardt, Briefe, Krit. Ausg. v. Max Burckhardt, Basel 1949 ff., I 203; allgemein vgl. auch ebda. Anm. zu 55, 59.

[80] Pahncke aaO 663.

[81] Einzelne Aufsätze in entlegenen Zeitungen und Zeitschriften waren mir nicht zugänglich; die Maikäferpapiere scheinen nach Kaegi aaO II 127 Anm. 128 mit Ausnahme des letzten Bandes verschollen zu sein.

[82] Wilhelm Fehse, Wilhelm Raabe, Braunschweig 1937, 76, 645 ff.; Hermann Pongs, Wilhelm Raabe, Heidelberg 1958, 101, 187, 409 ff., 412.

freunde;[83] in Stuttgart nahm er von 1862 bis 1870 am „Bergwerk" Friedrich Wilhelm Hackländers, das seine Symbole und seinen Jargon aus dem Bergbau bezog,[84] und an einem „Sonntagskränzchen" teil, wo wir als Gäste auch Hermann Lingg, Heinrich Leuthold und Friedrich Theodor Vischer antreffen.[85] In Braunschweig nahmen Raabe gefangen: der „Klub der Buern im Kreienfelde"[86] mit seinem „barocken" Humor und dem Motto „Immer mit dem Zaunpfahl",[87] die „Ehrlichen Kleiderseller von Braunschweig", ursprünglich ein ernsthafter Museumsverein, dann mit scheffelschem Gaudeamuseinschlag,[88] der „Dreierklub", ein Familien-, Tanz- und Vergnügungsklub, benannt nach den Anfangsbuchstaben der drei Mitglieder (drei R-Klub),[89] und der „Feuchte Pinsel", ein Künstlerklub.[90]

Zwei Gesellschaften dürfen wir nicht übergehen, weil sie Sammlungen herausgebracht haben, die all das enthalten, was seit Ludlam die Höhlenpoesie kennzeichnet. Die Sammlungen haben überdies den Kreis der Gesellschaften gesprengt und sind in das ganze deutsche Sprachgebiet eingedrungen. Beide verkörpern den Geist einer Generation bürgerlicher „Kleinmeister", welche die Namen Schillers und Goethes schon mit Ehrfurcht aussprachen, denen die „Großen" der Dichtung schon Bildungsgut geworden waren, denen es aber doch viel wohler war, wenn sie sich aus dem Schatten der Titanen wegstehlen und sich in einer kleinen Bier- oder Weinstube von den Anforderungen der Bildung mit harmlosem Unsinn erholen konnten. Im Grunde war dieser Biedermeierunsinn — wie schon früher dargelegt — eine harmlose Reaktion auf das Bildungsstreben der Zeit, ein Spiel mit der Bildung. Die eigene Bildungsgläubigkeit wurde davon nicht berührt; Gebilde wie der Tunnel konnten leicht zu ernsthaften literarischen Gesellschaften werden und Dichterwettbewerbe veranstalten. Biedermeierunsinn ist Unsinn des Gebildeten, der seinen Schiller und Goethe kennt und sie sogar bei Wein und Zigarre nicht vergessen kann.

1849[91] erschien beim Leipziger Verleger Georg Wigand ein kleines, reich illustriertes Bändchen mit dem Titel „Musenklänge aus Deutschlands Leierkasten", das als Muster biedermeierlicher Unsinnspoesie legendär wurde und bis zur Gegenwart zahlreiche Auflagen erlebte.[92] Das Bildungsmäßige wird bei dieser

---

[83] Fehse aaO 77 f.
[84] ebda. 203 f.
[85] ebda. 204 f.
[86] ebda. 367 f.
[87] ebda.
[88] ebda. 368 f., 472 ff., 481, 505 f., 534, 547 ff., 550, 558, 603, 617; Franz Hahne, Kleidersellerbüchlein, Wolfenbüttel 1939; Wilhelm Brandes, Wilhelm Raabe und die Kleiderseller, 2. Aufl. Hildesheim 1931, 15 ff.
[89] Fehse aaO 474 f.
[90] ebda. 506 f.; weitere heitere Gesellschaften des 19. Jahrhunderts: Chronik Allschlaraffia aaO 15 ff.
[91] 1849 ist als Erscheinungsjahr nicht völlig gesichert, aber sehr wahrscheinlich.
[92] Otto Deneke zählt bis 1884 sechzehn Auflagen: Otto Deneke, Die Musenklänge aus Deutschlands Leierkasten, Sammelfreuden Heft 2 (Okt. 1927) / Sonderdruck der Grätzel-Gesellschaft Göttingen 1927, 4.

Sammlung schon darin sichtbar, daß ihre Entstehung mit den Namen Otto Jahn, Moriz Haupt und Theodor Mommsen verknüpft ist. Zwar hat Adolf Thimme,[93] der einzige ernsthafte Erforscher der Musenklänge, alles daran gesetzt, mindestens den Namen Theodor Mommsens aus dem Dreigestirn zu entfernen, doch ist auch durch ihn die Legende, die diesen drei die Herausgabe des Bändchens zuschreibt, nicht widerlegt. Ihre einzige Quelle scheint freilich eine Erinnerung des Germanisten Rochus von Liliencron zu sein, dem sich die drei als Verfasser zu erkennen gegeben haben.[94] Thimme versucht, dieses Zeugnis zu entkräften, indem er die falsche Zitierung des Titels bei Liliencron und eine chronologische Unstimmigkeit hervorhebt;[95] er glaubt, daß sich Jahn, Mommsen und Haupt mit dem gelehrten Freund einen Scherz erlaubt hätten, indem sie die Redaktion für sich in Anspruch nahmen.[96] Doch überzeugt seine Beweisführung nicht. Eine andere Überlieferung, die Mommsen als Verfasser der „Faldinella mistica" in den Musenklängen bezeichnet,[97] möchte Thimme mit dem Dementi Wilamowitz-Möllendorfs erledigen; doch hat dieser wohl für den guten Ruf seines Schwiegervaters gefürchtet.[98] Jahn und Mommsen wohnten im Haus des Verlegers der Musenklänge. Warum sollten sie sich also nicht an der Zusammenstellung des Büchleins beteiligt haben? Erinnert nicht die Bemerkung der Musenklänge, daß die „Faldinella mistica" „drei Göttinger Studenten" zu verdanken sei,[99] an das „Liederbuch dreier Freunde" der Brüder Mommsen und Theodor Storms?[100] Thimme will die „Faldinella mistica" Herloß-

---

[93] Adolf Thimme, Georg Wigand und die Musenklänge aus Deutschlands Leierkasten, Göttingen 1935.
[94] Rochus von Liliencron, Lebenserinnerungen — In: Deutsche Rundschau 154 (1913) 381 ff.; 155 (1913) 31 ff., 192 ff.; 193: „Liederbuch aus dem Leierkasten deutscher Nation".
[95] Liliencron scheint erst 1852 in Leipzig gewesen zu sein, während die Musenklänge wohl 1849 entstanden.
[96] Thimme aaO 13 f.
[97] vgl. auch Klaus Zangemeister und Emil Jacobs, Theodor Mommsen als Schriftsteller, Ein Verzeichnis, Berlin 1905, zu Nr. 127: „An der Zusammenstellung der Musenklänge war Theodor Mommsen mitbeteiligt: Tradition der Familie und Mitteilung von Adolf Michaelis"; vgl. ferner Thimme aaO 14.
[98] Thimme aaO 14 f.
[99] Musenklänge I 41.
[100] über Mommsen als Dichter nun ausführlich: Lothar Wickert, Theodor Mommsen, Frankfurt/M 1959 ff., I bes. 199 ff. Neben den zahlreichen hier zum erstenmal abgedruckten Scherzpoesien würden die Gedichte aus den Musenklängen keineswegs stören. Wickert vermutet sogar — wohl mit Recht —, daß ein 1899 Mommsens Schwiegertochter Clara geb. Weber „mit dem Musenalmanach" zugedachtes Gedicht sich auf die Musenklänge beziehe (531 f. Anm. 151):

> An diesem Büchlein manches Stück
> Half ich vor Jahren machen;
> Mir kommt die alte Zeit zurück,
> Der Übermut und das Lachen.
>
> Nun ist vorbei der Übermut,
> Das Lachen ist zu Ende;
> Da geb' ich dann [denn?] der jungen Brut
> Das Büchlein in die Hände.

sohn zuschreiben, obwohl dessen Gedichte ganz anders klingen; für die Erwähnung Solothurns nimmt er sogar Gotthelf in Anspruch: der Name sei eine Anspielung auf dessen erste Schriften, die in Solothurn erschienen, oder deute eine Jugendaffäre „desselben in dortiger Gegend" an.[101] Gotthelf habe mit dem Verleger Wigand als Mitarbeiter am Nieritzkalender in regem Briefwechsel gestanden. Der erste Brief Wigands an Gotthelf ist aber vom 30. Oktober 1849 datiert.[102] Viel eher kann man für „Solothurn" Otto Jahn verantwortlich machen, der im Sommer 1838 Baggesen in Bern besuchte und die Bibliotheken von Bern, Zürich, St. Gallen, Einsiedeln und vielleicht auch von Solothurn durchforschte.[103] Diese kritischen Bemerkungen wollen die Verdienste Thimmes um die Erhellung der Autorschaft der einzelnen Gedichte nicht schmälern. Im Grunde geht er nur von der falschen Voraussetzung aus, es müsse ein „literarhistorischer Witz" sein, „daß bei der Redaktion eines so kleinen burlesken Buches drei so große Gelehrte tätig gewesen seien".[104] Er sucht einen andern Redaktor und findet ihn in Karl Reginald Herloßsohn, der treibenden Kraft des Leipziger Tunnels,[105] dem er auch einige Gedichte der ersten Auflage zuschreibt. Aber die Suche nach *einem* Redaktor und Herausgeber ist überflüssig, denn die Musenklänge sind sicher in einem geselligen Kreis entstanden. Es kann auch keine Rede davon sein, daß Mommsen, Haupt und Jahn aus „innern Gründen" nicht in Frage kommen,[106] ein solcher geselliger Kreis kennt keine innern Gründe. Die Musenklänge sind in den Zirkeln um Wigand[107] entstanden. Wenn überdies einer dieser Kreise neben den Buchhändlern Reimer, Hirzel, Härtel und Wigand die Gelehrten Haupt, Mommsen, Klee, Danzel und Jahn umfaßte, zu denen sich noch Gustav Freytag und Julian Schmidt gesellten, darf man der Entstehungslegende glauben. Nach Jahns Zeugnis war sich die Gesellschaft auch einig „im Behagen an Witz und Necken, und die Kunst, seinen Nächsten zu schrauben, wurde mit ebenso großer Meisterschaft ausgeübt, als die sich schrauben zu lassen".[108] „Es ging mitunter sehr lustig zu", schreibt Julian Schmidt über diese Zeit,[109] in der Haupt, Mommsen und Jahn wegen Teilnahme am Deutschen Verein ihres Amtes

---

        Den schweren Ernst des Lebens macht
        Die Narrheit nur erträglich;
        Sorgt, daß ihr miteinander lacht,
        Die Dummen tun nur kläglich.

[101] Thimme aaO 14 f. Anm.
[102] Gotthelf, Sämtliche Werke ed. Rudolf Hunziker und Hans Bloesch, Erlenbach-Zürich 1921 ff., Erg.Bd. VII 247 f. Nr. 157. Eine frühere Beziehung zum Leipziger Kreis ergäbe sich höchstens über Carl Baggesen, den Sohn Jens Baggesens, eines Freundes von Otto Jahn.
[103] ADB XIII 668 ff. (Ad. Michaelis), Reise 670.
[104] Thimme aaO 13 f.
[105] vgl. etwa ADB XII 118 ff. (Kelchner); Castelli II 135 ff.
[106] Thimme aaO 14.
[107] vgl. ebda. 15 ff.
[108] Otto Jahn, Biographische Aufsätze, Leipzig 1866, 210 f.
[109] Julian Schmidt, Bilder aus dem geistigen Leben unserer Zeit, Leipzig 1870-75, IV 364; vgl. auch Gustav Freytag, Erinnerungen aus meinem Leben: Gesammelte Werke, Neue wohlfeile Ausgabe Leipzig-Berlin o. J., II.8 573 ff.

enthoben worden waren. Ihr Klub gab auch eine Reihe scherzhaft gelehrter Privatdrucke heraus, so einen Neudruck der alten Predigtparodie vom Doktor Schmoßmann[110] und die von Deneke aufgezählten Drucke:

> [Georg Wigand] Scarabaeus melolontha orator od. Toast- und Trostbüchlein derer Genossen. Von verschiedenen Lägern gezogen durch IHN. Preis 1 Flasche Wein. Marienvorstadt, bei ihm.[111]
> Fiv un twintig Sprekwörder voer Moriz Haupt. 27. Juli 1850
> Tröst-Einsamkeit. 1851. 52 Sprekwörd ... 1850
> Kleine Schriften von J. L. Klee, genannt Beserich. 1. Bd. Leipzig; 14. Aug. 1853. Druck und Verlag v. Härtel, Haupt, Hirzel, Jahn, Reimer und Wigand.[112]
> Auch ich war in Paris. Fragment aus der noch ungedruckten Familienchronik d. G. Wigand. Leipzig 1856
> [Karl Mathy] Der Schullehrer von Grenchen. Abschieds-Ausgabe dem lieben Herrn Autor zum Angedenken veranstaltet von N. N. Leipzig, Weihnachten 1862.[113]

In diese Liste fügen sich die Musenklänge ausgezeichnet ein.

Ein anderer vom Verleger der Musenklänge gegründeter Zirkel ist der **Verein der Maikäfer**, den wir mindestens von 1846 bis 1856 verfolgen können, ein echter unsinntreibender Klub mit entsprechenden Statuten und Bräuchen.[114] Wenn nach Chroniken und Protokollen ihm auch nur Buchhändler, Advokaten, Redaktoren — unter diesen Auerbach — angehörten, so heißt das keineswegs, daß die Gelehrten nicht durch Wigand mit ihm in Verbindung gestanden hätten. In der zweiten Auflage der Musenklänge (wohl 1850) tritt die Beteiligung der Maikäfer oder wenigstens ihres Vereinsdichters Woldemar Wenck stärker in Erscheinung als in der ersten.[115]

Was steht nun in den Musenklängen aus Deutschlands Leierkasten, die übrigens ihren Erfolg auch den zahlreichen Illustrationen (darunter solchen von Richter und Hosemann) verdanken? Schon der Titel deutet an, daß der Hauptakzent auf dem

---

[110] *Eine kurtzweilige / Predig / die unns beschreybet / Doctor Schmoßmann am vier/ und zwentzigsten Kappen / Zipfel..., Leipziger Neudruck besorgt von Moriz Haupt, O. Jahn, J. Th. Mommsen und anderen vom Jahre 1849: so nach Friedrich Lehr, Studien über den komischen Einzelvortrag in der älteren deutschen Literatur, I. Die parodistische Predigt, Diss. Marburg 1907, 9 Nr. 36 a; Theodor Georg von Karajan widmet seine Ausgabe der „Faßnacht-Predig vom Doctor Schwarmen..." (Wien 9. Juli 1851) Haupt und Hirzel als den Herausgebern des „Schmoßmann".

[111] Der Titel erinnert in der Verfasserangabe an „Entsetzlich, Eine Ballade in zwei Theilen von Mir": Musenklänge I 103; diese könnte also möglicherweise von Wigand selbst stammen.

[112] Julius Ludwig Klee ist der Herausgeber des Schelmuffsky (1848), dessen Neudruck wohl auch im Kreis um Wigand angeregt worden sein dürfte.

[113] Deneke aaO 3. Karl Mathy, 1859 bis 1862 Direktor der Leipziger Kreditgesellschaft, war von 1838 bis 1840 Lehrer in Grenchen. Die Beziehungen des Leipziger Kreises, die das geheimnisvolle „Solothurn" hervorrufen konnten, waren also ziemlich vielfältig. Welche Verbindungen zwischen Mathy und dem Leipziger Kreis vor 1859 bestanden haben, weiß ich nicht; Gustav Freytag jedenfalls kennt Mathy schon früher; vgl. Gustav Freytag aaO II.8 651 ff.; zu Mathy vgl. etwa ebda. II.8 1 ff.; ADB XX 595 ff. (v. Weech).

[114] Thimme aaO 28 f.

[115] ebda.

Bänkelsang liegt, obwohl nur sieben der sechsundzwanzig Gedichte der ersten Auflage eigentliche Bänkelsangparodien sind. Die Nachahmung des Bänkelsangs ist das beliebteste Spiel der biedermeierlichen Unsinnsgesellschaften. Auch in der Ludlamshöhle und im Tunnel wurde in seinem Ton gesungen.[116] Diese Kurzweil geht bis auf die Romanzen Gleims und seiner Nachfolger zurück. Gleim meinte freilich seine „Marianne" noch ernst,[117] er hielt den Bänkelsang für urtümliche Volksdichtung und wollte dessen Niveau heben; nur wurde schon bei ihm sehr bald das Gesellschaftsspiel des Salonbänkelsangs daraus. Heinrich Gottfried von Bretschneider dichtete aber noch für den Bänkelsänger Martin König seine „Entsetzliche Mordgeschichte von dem jungen Werther, wie sich derselbe den 21. Dez. durch einen Pistolenschuß eigenmächtig ums Leben gebracht. Allen jungen Leuten zur Warnung, in ein Lied gebracht, auch den Alten fast nützlich zu lesen. Im Ton: Hört zu, ihr lieben Christen. 1776".[118] Jetzt geriet das Lied als Parodie in die Musenklänge.[119] Das Interesse der Romantik an der Volksdichtung lenkte den Blick wieder auf die Gattung, so daß Arnim und Brentano auf Schloß Laufen am Rheinfall eine Bänkelsängerschule zu gründen planten, um durch Bänkellieder mit Mozart als Komponisten und Goethe als Textdichter für die politische Einheit Deutschlands zu werben.[120] Davon ist in den biedermeierlichen Moritaten nichts mehr zu spüren, sie sollen einfach komisch wirken. In den durchwegs anonymen Gedichten der Musenklänge fällt es schwer, das echte vom nachgeahmten Bänkellied zu unterscheiden; höchstens die Länge deutet in Zweifelsfällen auf Nachahmung hin, da das eigentliche Lied beim echten Bänkelsänger gegenüber dem gesprochenen Prosatext eher kurz ist. Nur für wenige Lieder steht der Verfasser fest, so Friedrich Theodor Vischer für „Leben und Tod des Joseph Brehm", einen der Gesänge Philipp Ulrich Schartenmayers,[121] der anscheinend auch als echtes Bänkellied verkauft wurde.[122]

[116] Ludlam: Castelli II 46; Tunnel: Behrend Kinderjahre 12.
[117] neben „Marianne" noch „Cornelius van der Tyt" und „Damon und Ismene": Gleim, Sämtliche Werke ed. Wilhelm Körte, Halberstadt 1811-13, 88 ff.; zum Bänkelsang vgl. oben Bd. 1 S. 404 f. Anm. 18.
[118] Hans Naumann, Studien über den Bänkelgesang: Primitive Gemeinschaftskultur, Jena 1921, 179 ff.; Wertherlied 180.
[119] Musenklänge I 123 ff.
[120] Reinhold Steig, Achim von Arnim und Clemens Brentano, Stuttgart-Berlin 1894, 37 f., 40, 42, 44, 69. Naumann aaO 181 f. verweist auch auf die Möglichkeit, von hier aus trotz Wetzel die Verfasserschaft der Nachtwachen des Bonaventura nochmals zu überprüfen, da auch Bonaventura in der 7. Nachtwache von der Laufbahn des politischen Nachtwächters erzählt.
[121] Musenklänge I 65 ff.; vgl. auch Friedrich Theodor Vischer, Dichterische Werke, Leipzig 1917, V 292 ff., Schartenmayer's Gesänge ebda. V 277 ff. Schon 1825 bedichtete Vischer u. a. das Leben des Mörders Joh. Georg Datpheus (ebda. V 279 ff.); später etwa noch den „Deutschen Krieg 1870/71" (ebda. V 309 ff.).
[122] Thimme aaO 3 f.; über die anderen Verfasser nur Vermutungen; Thimme ändert sogar die Verfasserangabe in seinem Faksimiledruck gegenüber der Abhandlung, so bei Musenklänge I 42, 86; bei 86 ist die Änderung völlig unbegreiflich, da Rudolf Löwenstein als Verfasser durch das Zeugnis Fontanes (vgl. unten Anm. 132) gesichert ist; Löwenstein mußte wohl als Jude weichen!

Neben Leierkastenliedern enthält der „epische" Teil der Sammlung einige Balladenparodien.

Der erste, „lyrische" Teil der Musenklänge beginnt mit Eichrodts bekannter „Wanderlust", der wohl wie dem „Anclamer" echte „Volkslieder" zu Gevatter gestanden haben. Schon Hebel zitiert 1812 als abschreckendes Muster eines schlechten Volkslieds:

> Zu Amsterdam in Holland,
> Schöne Farben sind uns allda bekannt,
> Grün und blau,
> Schwarz und grau,
> Wie auch die schöne Karmosine.
>
> Zu Moskau in Rußland,
> Schöne Ledern sind uns allda bekannt,
> Juchten, Korduan,
> Zucker, Marzipan
> Ißt man allda zum Frühstücke.[123]

Es folgen Parodien auf Volkslieder — dem „Räuberlied" dürfte das noch um 1830 gesungene und besonders vom „roten" August Becker geliebte „Straßenräuberlied" zugrunde liegen —,[124] Parodien auf Schiller und die Schillernachahmer, die „Faldinella mistica" und andere Verspottungen mystisch-theosophischer Zeitströmungen. Stoff und Gestaltung reichen im ganzen nicht über den harmlosen Scherz geselliger Unterhaltung hinaus, der zufrieden ist, wenn er unrein reimt („Wanderlust" und „Anclamer"[125]), Wörter um des Reimes willen systematisch verdreht („Entsetzlich" und „Fürchterliche Ballade"[126]), die Betonung um des Reimes willen ändert („Mädchen am See"[127]), die mundartlich gefärbte Aussprache verspottet („Schwäbische Ballade"[128]) oder einen Stoff durch travestierende Vergleiche parodiert („An die Geliebte" und „Die Hussiten vor Naumburg"[129]). Es ist der Humor der ersten Jahrgänge der „Fliegenden Blätter", denen auch einige Lieder entnommen sind,[130] und der Kommersbücher, aus denen ebenfalls Einiges stammt oder in die es später übergeht.[131] Das einzig bissigere Gedicht, Rudolf Löwensteins Ballade von der Freifrau von Droste-Vischering, entstanden zur Ausstellung des Heiligen Rockes in Trier von 1844, stammt aus dem Tunnel.[132] Ludwig Richters „Eduard und Kunigunde", das nur aus

---

[123] J. P. Hebel, Gutachten über die Frage, wie dem Gebrauch anstößiger Volkslieder am sichersten vorzubeugen sein möchte (1812): Werke ed. Wilhelm Altwegg, Zürich-Berlin 1943, III 246.
[124] Liederhort 1589.
[125] Musenklänge I 5, 47.
[126] ebda. I 103, 117.
[127] ebda. I 44. Seit der 14. Auflage auch „Verrückte Akzente": Musenklänge Neudruck Bern 1945, 9.
[128] Musenklänge I 42.
[129] ebda. I 57, 80.
[130] ebda. I 5, 29, 65, 89, 91.
[131] ebda. I 44, 80, 143.
[132] Fontane II.3 20.

Eduard und Kunigunde
Kunigunde Eduard
Eduard und Kunigunde
Kunigunde Eduard[133]

besteht, ist offenbar ein volkstümlicher Scherz, Nestroy verwendet ihn schon 1833 im Lumpazivagabundus.[134] Ein anderer volkstümlicher Scherz, der auch von Riesenschlangen und Hunden erzählt wird,[135] möge die ganze Sammlung repräsentieren, weil er in biedermeierlichem Gewand Morgensterns Spiele vorwegnimmt:

Der Spaziergang im Walde
Zwei Löwen gingen einst selband
In einem Wald spazoren,
Und haben da von Wuth entbrannt
Einander aufgezohren.

Da kamen eines Tags daher
Des Wegs, zwei Leute, edel,
Die fanden von dem Kampf nichts mehr,
Als beider Löwen Wedel.

Daraus geht nun für Groß und Klein
Die weise Lehr' hervor:
‚Selbst mit dem besten Freunde dein
Im Walde nie spazor!'[136]

Was in den spätern Auflagen hinzukam,[137] veränderte den Charakter der Musenklänge nicht, obwohl nun bekanntere Namen wie Fontane (mit seiner Tunnelproduktion „Liebchen, komm"[138]) oder Geibel (mit dem Krokodillied „Lob der edlen Musica"[139]) auftauchten. Ganz von selbst mündete die Sammlung in die Gaudeamuspoesie Scheffels ein, aus der sie zwei Lieder in die sechzehnte Auflage von 1884 aufnahm.[140]

Erwartungsgemäß rief ein so erfolgreiches Büchlein zahlreiche Nachahmungen hervor. 1858 gab ein Düsseldorfer Buchhändler A. Bläsing „D ä m m e r l i n g e, Eine Sammlung überschwänglicher, kosmopolitisch-satyrisch-humoristischer Gedichte" heraus;[141] 1867 entstanden in Berlin „B a r d e n k l ä n g e a u s D e u t s c h l a n d s W e h m u t s s c h a c h t e l",[142] „genialisch-komisch-hyperbolische Poesien" unter dem Motto:

---

[133] Musenklänge I 132.
[134] Nestroy II 17 f.
[135] Thimme aaO 21.
[136] Musenklänge I 89 f.
[137] vgl. Thimme aaO 28 ff.
[138] Musenklänge II 27: „Freiligrathiana" seit der 3. Aufl.; vgl. Fontane II.3 21 f.
[139] Musenklänge II 23: seit der 4. Aufl.; von Geibel nicht in die Gesammelten Werke aufgenommen; vgl. Thimme aaO 34.
[140] Thimme aaO 36 f.
[141] vgl. ebda. 38; angeblich dritte Auflage, die erste und zweite während des Druckes vergriffen.
[142] Berlin F. G. Conrad 1867.

Stunden, wo der Unsinn waltet,
Sind so selten — stört sie nie!
Schöner Unsinn, glaubt mir, Kinder,
Er gehört zur Poesie,

und 1878 erschienen „Musenklänge deutschen Humors".[143] Aus den 1855 von Martin Drucker und Adolf Zander anonym herausgegebenen „Blüthen aus dem Treibhause der Lyrik"[144] ist der Bänkelsang völlig verschwunden; sie enthalten anonyme Parodien auf Heine, die Spätromantiker und die Goldschnittlyrik der Zeit mit Titeln wie „Lorelei CCCLXVI. (Am Schalttage zu singen)",[145] „Kriegslyrik. Aus den Liedern des heimgebliebenen Dichters. 19. Juli 1870. (Als es ihm zu lange dauerte)".[146] Wir wissen nicht, ob auch hinter diesen Publikationen gesellige Kreise standen.

Parodie der Goldschnitt- und Butzenscheibenlyrik bezweckte auch der Allgemeine Deutsche Reimverein. Unter der Devise „Reimen muß die Nationalbeschäftigung der deutschen Nation werden"[147] vereinigte sich am Tegeler See bei Berlin um Heinrich Seidel als „Johannes Köhnke" eine Tafelrunde mit dem Chemiker Emil Jacobsen (Hunold Müller von der Havel), mit Johannes Trojan (Theodor Janzen), Julius Stinde (Theophil Ballheim), Julius Lohmeyer (Heinrich Janke-Weimar) und andern, um die Mode der Dilettantendichtung ad absurdum zu führen.[148] Der Name des Kreises parodiert offensichtlich den 1885 gegründeten „Allgemeinen Deutschen Sprachverein". Zuerst erschien die achtseitige Zeitschrift „Die Aeolsharfe, Organ des Deutschen Reimvereins, herausgegeben von Hunold Müller von der Havel", angeblich Nummer 8 des dritten Jahrgangs, Seite 65—72,[149] mit Parodien auf die Philologen, über deren Entdeckungen „Karl Göhdike" berichtet,[150] einem Bericht über die letzte Generalversammlung des Vereins, der 3721 Mitglieder zählt (zwölf sind ausgetreten, weil ihre Gedichte nicht oder nicht rasch genug in der „Aeolsharfe" erschienen),[151] mit „Poetischen Unterrichtsbriefen" von Theophil Ballheim und „Blüthen und Früchten aus dem Füllhorn des A. D. R."[152] Theodor Janzen fordert die Einrichtung einer „Reimbörse";[153] ein Ausschnitt aus dem „Allgemeinen Deutschen Reimlexikon" beweist deren Notwendigkeit.[154] Ein umfangreicher Briefkasten, in dem sich der Redaktor etwa dagegen wehrt, daß Abkürzungen wie

---

[143] Leipzig 1878.
[144] Ich kenne nur die zweite, veränderte Auflage, Leipzig Ambrosius Barth 1877; Herausgeber nach ZfBfr NF 15 (1923) 80.
[145] Blüthen aus dem Treibhause der Lyrik aaO 2. Aufl. 41.
[146] ebda. 73.
[147] Aeolsharfenkalender für 1886, Berlin A. Haack 1886, 86.
[148] Dabei wurde Heinrich Seidel schon als Schüler von den Musenklängen beeinflußt: Seidel XIII 89 f., 148 f., 152 ff.; vgl. ferner allgemein: Dunkel war's 42.
[149] ohne Jahr.
[150] Aeolsharfe Nr. 8 S. 66 f.
[151] ebda. 66.
[152] ebda. 68 f.
[153] ebda. 67 f.
[154] ebda. 70.

> Er blickte träumend in die Höh',
> Vor Liebe seufzend u. s. w.
> Ein Blümlein auf des Ackers Mergel,
> Das stand unter Unkraut und dergl.[155]

reimen könnten, poetische Rätsel und ein Inseratenteil, in dem Unterricht in der Reimkunst, Themata zu Dichtungen, Verleger angeboten und gesucht werden, beschließen die Nummer. „Der Aeolsharfenkalender für 1886. Herausgegeben im Auftrage des Allgemeinen Deutschen Reimvereins von Hunold Müller von der Havel, Redakteur der Aeolsharfe" war die nächste Publikation;[156] 1888 folgte „Der Aeolsharfenalmanach Band 2" (angeblich in dritter Auflage)[157] und 1896 „Der Aeolsharfenalmanach Band 3".[158] Kalender und Almanache bieten ungefähr das gleiche Bild wie die „Aeolsharfe", nur erscheinen im Kalender Dichtungen Friederike Kempners.[159] Man wird deshalb den Verdacht nicht los, daß der Redaktion bald auch ernstgemeinte Dichtungen voll unfreiwilligen Humors eingesandt wurden. Daneben stehen im Kalender wieder Blüten und Früchte aus dem A. D. R. Ein Enkel des Chirurgen, der Goethe die Hühneraugen schnitt, berichtet von den Erlebnissen seines Großvaters.[160] Theodor Janzen schreibt über das Dichten „mit besonderer Berücksichtigung des Rechtes auf Arbeit".[161] Eine Betrachtung über die „Reimkunstblumen", d. h. Schüttelreime und Figurengedichte,[162] parodiert die Reimspiele Rückerts und seiner Nachahmer:

> *An Eveline*
> Im Thal, wo sich durch Uferwände winden,
> Und lieblich sich des Baches Bogen biegen,
> Wo sich die sanften Silberwogen wiegen,
> Da blühen duftend am Gelände Linden.
>
> Ach könnt' ich dort, was ich gern fände, finden!
> Doch Hoffnungen, einmal entflogen, fliegen
> Hinab, wo alle, die gelogen, liegen,
> Und Niemand kann, wer sie gern bände, binden.
>
> Dort, Eveline, war's, wo Liebe logen
> Mir Deine Augen, die in blauster Bläue
> Mich in dem süßesten der Triebe trogen.
>
> Dort durft' ich Dich an meinem Herzen herzen!
> Doch weh o Seele, wenn Du traust der Treue
> Und fühlen mußt, wie Höllenschmerzen schmerzen!
>
> > Kuno von Waldenburg
> > (Isidor Rogenstein)[163]

[155] ebda. 71.
[156] Berlin A. Haack 1886.
[157] Berlin Freund & Jeckel 1888.
[158] Berlin Freund & Jeckel 1896.
[159] Aeolsharfenkalender 28 f., 88.
[160] ebda. 35 ff.
[161] ebda. 52 ff.
[162] ebda. 56 f.
[163] ebda. 56 f., von Heinrich Seidel; vgl. Seidel VII 335 f. (2. Strophe V. 3 statt Hinab: Dahin).

Dichterbiographien und freundschaftliche Rezensionen treiben den Scherz systematisch weiter. Mit der Zitatensammlung „Perlen und Edelgestein, einem poetischen Blumenstrauß, gewunden aus den jüngsten Jahresringen der Deutschen Dichterhallen"[164] gehen Kalender und der erste Band des Almanachs zur direkten Satire über. Sie zitieren unfreiwilligen Unsinn aus den literarischen Neuerscheinungen und räumen Friederike als dem „Null plus ultra der Reimerinnen"[165] einen Ehrenplatz ein. Der dritte Band bietet eine „Kopfleisten-Anthologie enthaltend Perlen aus den Werken der berühmtesten jetzt lebenden Dichter Deutschlands".[166] Um den Kritikern das Handwerk zu legen, fordert Johannes Köhnke einen „allgemeinen Dichterstreik", damit sie wegen Stoffmangel verhungerten;[167] als Hilfe für die Dichter wäre eine „Internationale Rhyme-Association" zu schaffen.[168] Der Almanach schlägt nun nach allen Seiten aus, neben der Goldschnittlyrik werden mit einem Schauspiel „Der Familientopf" auch der Naturalismus, mit Parodien und Zitaten Dehmel, Dauthendey und das „Gründeutschland" aufs Korn genommen.[169] Kein anderer Klub hat sich so über Jahrzehnte in den Dienst des Unsinns gestellt und zielbewußt jede seiner Publikationen zu einer köstlichen Sammlung zusammengeschmelzt.

Obwohl die Bildungsgläubigkeit seit dem Beginn des zwanzigsten Jahrhunderts schwindet, sind die unsinntreibenden Gesellschaften nicht so schnell erloschen. Aus der Zeit der Jahrhundertwende wäre die Leipziger Gesellschaft der „S t a l a k t i t e n" zu nennen, eine Gruppe von Künstlern, Schauspielern, Sängern, Professoren um die Schriftsteller Edwin Bormann und Georg Bötticher, den Vater Ringelnatzens.[170] Den 1895 gegründeten „G a l g e n b e r g" haben wir bei Morgenstern geschildert.[171] 1911 scheint der Berliner SCghM, der S c h w i m m - C l u b g e i s t i g h o c h s t e h e n d e r M ä n n e r, entstanden zu sein, den ich freilich nur aus einer Rezension kenne.[172] Er soll als Zweig den V e r e i n d e r F r e u n d e d e s D a m p f s c h i f f a h r t s p o r t e s besessen und den Mitgliedern seine Scherze in bibliophilen Drucken überreicht haben.[173]

[164] Aeolsharfenalmanach II 36 ff.; ebenso III 50 ff.
[165] ebda. III 51.
[166] ebda. III Titelblatt.
[167] ebda. III 10.
[168] ebda. III 128.
[169] z. B. ebda. III 86 ff., 94 ff., 101 ff., 105 ff.; II 105 ff. und sonst.
[170] nach Anton Kippenberg, Reden und Schriften, Wiesbaden Insel 1952, 27.
[171] Michael Bauer, Christian Morgenstern, München 1933, 179 ff.
[172] *Reisen man so, Vom Schwimm-Club ghM seinen Freunden zum 20. Stiftungstage 1931 überreicht; vgl. Alfred Richard Meyer, Rezension in ZfBfr 36 / 3. Folge 1 (1932) 68 f. Meyer erwähnt auch eine zweite Publikation: *Vierzeiler zum 15. Stiftebier des Schwimm-Clubs ghM am 16. August 1926, 22. Erasmusdruck Heinrich Eduard Linck-Walther zum 58. Geburtstag dargebracht. Verfasser von „Reisen man so" ist Carl Bulcke, vgl. Wilhelm Kosch, Deutsches Literaturlexikon, 2. Aufl. Bern 1949-58, I 250. Über den ScghM nach Meyer: *Peter Bamm, Wochenend — In: Deutsche Allgemeine Zeitung 30. Oktober 1926.
[173] so nach Dunkel war's 9. Der Klub scheint noch 1942 existiert zu haben, verzeichnete doch kürzlich ein Antiquariatskatalog: *Alfred Richard Meyer, Kleines im Großen, Großes im Kleinen, 111. Druck der Munkepunke-Gesellschaft und des Schwimm-Clubs geistig hochstehender Männer, Alfred Richard Meyer zum 60. Geburtstag, Leipzig 1942.

Gesellschaften und Sammlungen

Langsam hebt sich heute der Schleier von der geheimnisvollen S t a d e l m a n n -
G e s e l l s c h a f t , den „Apologeten der Goethischen Hausangestelltenschaft",[174]
benannt nach Goethes Diener Carl Stadelmann.

> [Sie] ist eine — freilich produktive — Parodie der „Goethe-Gesellschaft", ja wie sie
> in Stunden geistiger Überheblichkeit glaubt, dem Urbild nicht unebenbürtig und an
> freier Heiterkeit möglicherweise überlegen. Entsprechend den „Schriften der Goethe-
> Gesellschaft" veröffentlicht sie ihre „Schriften der Stadelmann-Gesellschaft": „für ihre
> ordentlichen und außerordentlichen und korrespondierenden Mitglieder und für die
> mit ihr im Kartell vereinigten Institute"; und ihre Jahresversammlung pflegte jeweils
> im rechten Seitenzimmer des Hotels „Zum Elephanten" in Weimar stattzufinden, mit
> Punsch und in den Stunden der Dämmerung, am Abend vor Beginn oder am ersten
> Tag der feierlichen Versammlung der Goethe-Gesellschaft. Zuweilen war auch deren
> Festredner geladen und hatte die Ehre, das Thema seiner Ansprache vom Vormittag
> durch die Anwendung auf Stadelmann in die Sphäre des Bedeutenden gehoben zu
> sehen.[175]

Diese „Gesellschaft" — die im strengen Sinne keine war — umfaßte einen kleinen
Freundeskreis, dessen Mittelpunkt Anton Kippenberg war. Der Gesellschaftscharakter
wurde parodistisch hergestellt durch gewisse Attribute derart, daß es neben einem
„Vorstand und Geschäftsführenden Ausschuß" nicht nur ordentliche, sondern auch
korrespondierende Mitglieder, einen Generalsekretär, einen Protektor, einen künstlerischen Beirat und ähnliche Ämter und Würden gab, die zu nichts verpflichteten, sondern allein dazu beitrugen, das Impressum der Drucke zu schmücken. Es sind in den
Jahren 1912 bis 1941 einundzwanzig Drucke erschienen, in zehn, zwölf, zwanzig,
ganz selten mehr als dreißig Exemplaren. Den Inhalt bildeten neben Dokumenten
über Goethesche Hausangestellte oft bedeutsame „Funde", zumeist aus der Sammlung
Kippenberg; Anlaß zur Veröffentlichung war zuweilen der Geburtstag eines der Mitglieder. So erschien der zweite Druck zum sechzigsten Geburtstag von Professor Dr.
Julius Wahle im Jahre 1921 mit dem Druckvermerk: Gedruckt in 20 Exemplaren
für den Protektor der Stadelmann-Gesellschaft Julius Wahle, ihre ordentlichen Mit-
glieder Werner Deetjen, Hans Gerhard Gräf, Max Hecker, Anton Kippenberg, Hans
Wahl, ihre korrespondierenden Mitglieder Max Friedländer, Fritz Adolf Hünich,
Albert Köster, Albert Leitzmann, Victor Michels, Julius Petersen, Otto Pniower,
Gustav Roethe, Georg Witkowski und die mit ihr im Kartell vereinigten Institute,
das Goethe- und Schiller-Archiv, die Weimarische Landesbibliothek, die Deutsche
Bücherei, das Freie Deutsche Hochstift, die Sammlungen des Palazzo Chippi [Haus
Kippenberg].[176]

Veröffentlicht wurden reizvolle Faksimilereproduktionen Goethescher Seltenhei-
ten,[177] Dokumente zu Stadelmanns Leben, darunter auch Scherze, so „Wie Goethe
seine Honorare vertrank", eine Faksimilereproduktion der Weinrechnung vom
Handelshaus Schwabe für Wein und Englisch Bier, und das Menubuch der Goethe-
schen Haushaltung „Tägliche Tafel vom 25. Dezember 1831 bis März 1832".[178] Die
Stadelmann-Gesellschaft scheint eine der geistvollsten und feinsten scherzhaften
Gesellschaften gewesen zu sein. Wie wenig andere verbreitet sie den Duft bieder-

---

[174] Kippenberg aaO 205.
[175] Ernst Beutler, Essays um Goethe, 6. Aufl. Bremen 1962, 630 f.
[176] anonyme Anmerkung zu Kippenberg aaO 313 f.; vgl. auch ebda. 201 ff.
[177] vgl. Beutler aaO 639 ff.; Kippenberg aaO 341, 346 ff.
[178] nach Beutler aaO 640; eine Publikation war mir leider nicht zugänglich.

meierlichen Gelehrtenspiels um sich, das immer bedeutende Köpfe anzog und noch anzieht.

Nicht so anspruchsvoll waren die Münchener Kreise vor dem Ersten Weltkrieg, deren unsinniges Treiben dem alten Höhlenunsinn nahestand. Die Mitglieder des „Krokodils" hätten sich im Grab umgedreht, wenn sie von den ausgelassenen Zusammenkünften des „Jungen Krokodils" im Münchner Ratskeller erfahren hätten, dem Männer wie Frank Wedekind, Artur Kutscher, Max Halbe, Karl Henkell, Erich Mühsam, Carl Georg von Maaßen, zeitweise auch Kurt Martens, Hanns von Weber, Gustav Meyrink und Roda Roda angehörten.[179] Um den Bibliophilen Carl Georg von Maaßen gruppierten sich der „Verein süddeutscher Bühnenkünstler" und die „Hermetische Gesellschaft". Der „Verein süddeutscher Bühnenkünstler", zu dessen Eigenheiten es gehörte, daß ihm keine Süddeutschen und keine Bühnenkünstler angehören sollten, versuchte eine Theaterreform mit fünfminutigen Blitzdramen, die in zwei Minuten fabriziert werden mußten, schrieb einen Preis für Dramtitel aus, den der Titel „Im Nachthemd durchs Leben" gewann, und ließ das in zwei Alkoholnächten dazu verfaßte Drama bibliophil auf van Gelder-Bütten drucken.[180] Hans Pfitzner durfte als Gast eine Nacht lang die rauhen Gesänge am Klavier begleiten. Erich Mühsam erzählt in dankbarer Erinnerung:

> Es war der lustigste und dabei gescheiteste Kreis, den man hätte zusammenstellen können und den man, seit der Krieg alle fröhliche Kameradschaft zwischen Menschen unmöglich gemacht hat, die nach Meinung und geistiger Art weit auseinander gehen, auch nicht wieder wird zusammenbringen können. Da waren Gelehrte wie Maaßen, Hanns Floerke, Walter Foitzik, Graf Karl Klinckowström, die Maler Unold, Weisgerber, Hoerschelmann, Körting, die Schriftsteller und Dichter Ziersch, Bötticher (Ringelnatz), Arthur Hörhammer, der im Kriege fiel, und noch viele, die der Krieg, wenn nicht erschlagen, so doch verschlagen hat.[181]

Die „Hermetische Gesellschaft" entstand kurz vor dem Ersten Weltkrieg im gleichen Kreis, parodistisch mit feierlichen Riten geheimer Adeptenlogen den Hermes Trismegistos beschwörend.[182]

Mit dem Ersten Weltkrieg muß auch unsere Betrachtung schließen. Er bedeutete das Ende dieser Art von Geselligkeit, den Untergang einer „Bohême dorée", die immer die Wiege der unsinnigen Gesellschaften gewesen war.[183] Erich Mühsam schreibt darüber:

---

[179] vgl. dazu Erich Mühsam, Namen und Menschen ed. Fritz Adolf Hünich, Leipzig 1949, 185 ff.; Artur Kutscher, Der Theaterprofessor, München 1960, 67 ff.

[180] *Im Nachthemd durchs Leben, Ein süddeutsches Weihebühnen-Festspiel..., München 1914.

[181] Mühsam aaO 199 f.; allgemein ebda. 197 ff.; Joachim Ringelnatz, Mein Leben bis zum Kriege, Berlin 1951, 424; Carl Graf von Klinckowstroem, Bibliophile Erinnerungsstreiflichter — In: Der Münchener Antiquarus 1959, Antiquariatsanzeiger Nr. 20, Mitteilungen aus dem Buch- und Kunstantiquariat Robert Wölfle München [2 ff.].

[182] Mühsam aaO 200; Ringelnatz aaO 425 ff.; Reinhard Koester, Die Hermetische Gesellschaft — In: Berliner Hefte für geistiges Leben 4 (1949) I 441 ff.

[183] zur Bohême dorée vgl. etwa Kurt Martens, Schonungslose Lebenschronik, Berlin 1921-24, z. B. I 139 ff.

Die Erscheinung selbst aber ist sinnfällig, daß der Geist, wo er auf Ulk gestimmt wird, sich heutzutage verkrümelt, auf sich selbst verzichtet oder doch mit Gerissenheit auf geistfremdes Bedürfnis niedergebogen wird. Ausgelassenheit gibt es sicherlich, aber ich habe die Pflegstätten unbefangenen Blödsinns noch nicht wiedergefunden, wo in den Blödsinn lebendiger Geist ausgelassen würde ... nirgendwo geistreiche Selbstkritik, robuste Ironisierung der eigenen Gebarung, übertreibende Herauskehrung des Lächerlichen in dem, was man liebt, Erprobung seiner Ideale im Reagenzglas der Groteske. ... Mit meinen Münchener Freunden verband mich zwar nicht die Einheit der Weltanschauung, wie sie sich aus gedanklicher Kritik entwickelt, wohl aber in weitem Maße ein mindestens engverwandtes Weltgefühl, das, wenn auch in verschiedener Deutung, von Freiheit und Verbundenheit, von Schönheit und seelischer Kraft weiß. Man konnte am Tage miteinander an kulturellen Gütern arbeiten, daher konnte man am Abend miteinander lustig sein. Wir waren lustig, indem wir uns lustig machten, wohl auch mit Hilfe von viel Getränk, aber viel mehr mit Hilfe unbändiger Freude am Loslassen der Strippen, an denen die gesetzte Logik die Gedanken bewegt, am Freilauf der Phantasie, und wir machten uns lustig über die Kunst, die wir alle mit Inbrunst liebten, über die Ehrpusseligkeit der Künstlergesellschaften, deren Wesensart wir doch selbst bestimmend beeinflußten, über die Persönlichkeiten, deren Wert wir am höchsten schätzten, und über ihr Werk, das wir nicht müde wurden, begeistert zu preisen. Wir machten uns lustig über unser eigenes Dasein und unser eigenes Schaffen und Mühen und Ernstsein und Lustigsein. Was wir aber haßten, weil es uns haßte, weil es den Geist in seiner freien Heiterkeit in die Ödigkeit vertrockneter Moral bannen wollte, darüber schütteten wir unser Lachen aus, daß es selber nichts mehr zu lachen hatte. Wahrhaftig, wir waren gewaltig respektlos; ... uns war zu viel Lebendiges heilig, das wir dennoch von keinem Witz verschonten, als daß wir dem Tode unter allen Umständen ein Ausnahmerecht hätten gewähren sollen.[184]

Eine unsinntreibende Institution war auch das K a b a r e t t in seinen Jugendjahren, obwohl es keinen allgemein verbindlichen Unsinn mit Sitten und Bräuchen schuf, sondern meist das Sprachrohr individuellen Unsinns blieb.[185] Bis in die zwanziger Jahre unseres Jahrhunderts waren einzelne Kabaretts nicht nur ein Podium für Künstler, sondern als Produkt eines Kaffeehauses oder einer Wirtschaft und ihrer Gäste auch der Ort, wo man zusammenkam, um Unsinn zu vollführen. Das gilt für das „Neopathetische Cabaret" und das „Gnu" des literarischen Vereins „Der neue Club" um Kurt Hiller und Ernst Blass,[186] für den „Hungrigen Pegasus", die „Silberne Punschterrine",[187] für „Schall und Rauch", in dem Ernst Wolzogen und Max Reinhardt einzelne Galgenlieder und Grotesken Morgensterns an die Öffentlichkeit brachten, nachdem andere schon in Wolzogens „Überbrettl" verwendet worden waren,[188] für Max Reinhardts „Brille", die „Bösen Buben",[189] für Hyazinth Lehmanns und Alfred Richard Meyers „Klub Kartoffelsalat",[190] für Kathi Kobus' und

[184] Mühsam aaO 192 ff.
[185] allgemein etwa Meyer maer 6, 29 f. und sonst.
[186] Kurt Hiller, Die Weisheit der Langeweile, Leipzig 1913, I 235 ff.
[187] Meyer maer 26.
[188] Bänkel und Brettl ed. Hyazinth Lehmann, Wiesbaden 1953, 365 ff.; *Ernst König, Ernst v. Wolzogen und die Berliner Überbrettl-Bewegung, Diss. Kiel 1956 (Masch.).
[189] Flögel-Bauer II 292 ff.
[190] Meyer maer 94 ff.; Bänkel und Brettl aaO 365 ff.

20 Liede, Dichtung 2

Joachim Ringelnatz' berühmten „*Simplicissimus*",[191] für die „*Elf Scharfrichter*"[192] und ihre Nachfolger, die „*Sieben Tantenmörder*",[193] ja selbst noch für das „*Cabaret Voltaire*", die Geburtsstätte des Dadaismus. Bei einigen waren Unsinn und gesellschaftlicher Zusammenschluß geringer, bei andern größer.

Und doch: die Unsinnspoesie des zwanzigsten Jahrhunderts ist Unsinn des Individuums; Gattungen und Gesellschaften sind seit dem Ende des neunzehnten zu einer Schattenexistenz verurteilt. Mit ihnen vermindert sich aber auch das Verständnis der gebildeten Schichten für den Unsinn, und damit geht oft jeder Wertmaßstab für die individuelle Unsinnspoesie verloren.

---

[191] Ringelnatz aaO 304 ff.
[192] Mühsam aaO passim.
[193] ebda. 127.

Sigel und Abkürzungen des Anhangs

Römische Zahlen geben zur Hauptsache die Band- bzw. Abteilungsnummer, arabische das hervorstechendste Ordnungsmittel des Bandes; wo immer möglich wurden andere römische Numerierungen in arabische umgesetzt.

* bedeutet, daß das betreffende Werk mir nicht zugänglich, d. h. zumindest im interurbanen Leihverkehr der schweizerischen Bibliotheken nicht erhältlich war.

aaO verweist auf eine ausführlichere Titelangabe im gleichen Kapitel.

ed. steht für alle Formen von „herausgegeben von" usw.

AA	s. MGH AA.
ABC cum notis	Das ABC cum notis variorum herausgegeben von einem, dessen Nahmen im ABC stehet, Leipzig-Dresden 1703.
Abraham a Sancta Clara	Abraham a Sancta Clara, Werke in Auslese ed. Hans Strigl, Wien 1904-07.
ADB	Allgemeine Deutsche Biographie, Leipzig 1875-1912.
Adel	Kurt Adel, Das Wiener Jesuitentheater und die europäische Barockdramatik, Wien 1960.
Analecta hymnica	Analecta hymnica ed. G. M. Dreves, Cl. Blume, H. M. Bannister, Leipzig 1886-1922.
Anthologia Graeca	Anthologia Graeca epigrammatum Palatina cum Planudea; zitiert, soweit erschienen, nach der Ausgabe von Hugo Stadtmüller, Leipzig 1894-1906, für den Rest Ausgabe Friedrich Dübner und E. Cogny, Paris Didot 1864-90.
ASNS	Archiv für das Studium der neueren Sprachen.
Athenaios Deipnosophistai	Athenaios Deipnosophistai ed. Georg Kaibel, Leipzig 1887-90.
AzfdA	Anzeiger für deutsches Altertum und deutsche Literatur.
Bartsch Reimkunst	Karl Bartsch, Die Reimkunst der Troubadours — In: Jahrbuch für romanische und englische Literatur 1 (1859) 171 ff.
Behaghel Geschichte	Otto Behaghel, Geschichte der deutschen Sprache, 5. Auflage Berlin-Leipzig 1928.
Behaghel Humor	Otto Behaghel, Humor und Spieltrieb in der deutschen Sprache — In: Neophilologus 8 (1922) 180 ff.
Behrend Kinderjahre	Fritz Behrend, Der Tunnel über der Spree, I. Kinder- und Flegeljahre 1827-1840, Berlin 1919.
Behrend Tunnel	Fritz Behrend, Geschichte des Tunnels über der Spree, Berlin 1938.
Bienenfeld	Elsa Bienenfeld, Wolffgang Schmeltzl, sein Liederbuch (1544) und das Quodlibet des XVI. Jahrhunderts — In: Sammelbände der Internationalen Musikgesellschaft 6 (1904/05) 80 ff.
Blümlein Floia	Carl Blümlein, Die Floia und andere deutsche maccaronische Gedichte, Straßburg 1900.
Böhme	Franz Magnus Böhme, Deutsches Kinderlied und Kinderspiel, Leipzig 1897.
Boissonade	J. F. Boissonade, critique littéraire sous le premier Empire ed. F. Colincamp, Paris 1863.
Borinski	Karl Borinski, Die Poetik der Renaissance, Berlin 1886.

Bücher	Karl Bücher, Arbeit und Rhythmus, 6. Auflage Leipzig 1924.
Buxtorf	Peter Buxtorf, Alma Mater Poetica, Basel 1960.
Canel	A. Canel, Recherches sur les jeux d'esprit, les singularités et les bizarreries littéraires principalement en France, Evreux 1867.
Castelli	Ignaz Franz Castelli, Memoiren meines Lebens ed. Josef Bindtner, München 1914.
CB	Carmina Burana ed. Alfons Hilka und Otto Schumann, Heidelberg 1930 ff.
CB Schm.	Carmina Burana ed. Johann Andreas Schmeller, 4. Auflage Berlin 1904.
Commersbuch	Allgemeines Deutsches Commersbuch, Unter der Redaktion von Fr. Silcher und Fr. Erk ed. Moritz Schauenburg, 35. Auflage Lahr 1888.
Court	[Abbé Louis de Court,] Varietez ingenieuses ou Recueil et melange de pieces serieuses et amusantes, Par M. D. *** Academicien, Paris Christoph David 1725.
Curtius	Ernst Robert Curtius, Europäische Literatur und lateinisches Mittelalter, 3. Auflage Bern 1961.
D'Israëli	Isaac D'Israëli, Curiosities of Literature, Ausgabe London 1854.
DL	Deutsche Literatur, Sammlung literarischer Kunst- und Kulturdenkmäler in Entwicklungsreihen, Weimar bzw. Leipzig 1928 ff.
DNL	Deutsche National-Litteratur ed. Joseph Kürschner, Stuttgart 1882-99.
Dornseiff	Franz Dornseiff, Das Alphabet in Mystik und Magie, 2. Auflage Leipzig-Berlin 1925.
Du Méril	Edelestand Du Méril, Poésies populaires latines antérieures au douzième siècle, Paris 1843.
Dunkel war's	Dunkel war's, der Mond schien helle..., Eine Sammlung von herrenlosen Scherzdichtungen... ed. Horst Kunze, München 1943.
Dupire	Noël Dupire, Jean Molinet, La vie — les oeuvres, Paris E. Droz 1932.
DVjs	Deutsche Vierteljahrsschrift für Literaturwissenschaft und Geistesgeschichte.
DWb	Deutsches Wörterbuch von Jacob und Wilhelm Grimm, Leipzig 1854-1960.
Ebert	Adolf Ebert, Allgemeine Geschichte der Litteratur des Mittelalters im Abendlande, Leipzig 1874-87; I in 2. Auflage 1889.
Eichendorff	Joseph Freiherr von Eichendorff, Sämtliche Werke ed. W. Kosch, Regensburg 1908 ff.
Eichendorff NG	Joseph Freiherr von Eichendorff, Neue Gesamtausgabe der Werke und Schriften ed. Gerhart Baumann und Siegfried Grosse, Stuttgart-Darmstadt 1958-59.
Euling Priamel	Karl Euling, Das Priamel bis Hans Rosenplüt, Breslau 1905.
Euphorion	Euphorion, Zeitschrift für Literaturgeschichte.
Fabri	Pierre Fabri, Le grand et vrai Art de pleine Rhétorique ed. A. Héron, Rouen 1889-90.
Faral	Edmond Faral, Les Arts poétiques du XIIe et du XIIIe siècle, Paris Champion 1923 (Neudruck 1958).
Fischart Geschichtklitterung	Johann Fischart, Geschichtklitterung (Gargantua) ed. A. Alsleben, Halle 1891.

Flögel-Bauer	Karl Friedrich Flögel, Geschichte des Grotesk-Komischen neu bearb. v. M. Bauer, München 1914.
Flögel-Ebeling	Flögels Geschichte des Grotesk-Komischen bearb. v. Friedrich W. Ebeling, 4. Auflage Leipzig 1887.
Fontane	Theodor Fontane, Gesammelte Werke, Berlin F. Fontane 1905-11.
Frank	István Frank, Répertoire métrique de la poésie des troubadours, Paris Champion 1953-57.
Frisch Schulspiel	Johann Leonhard Frischs Schulspiel ed. L. H. Fischer, Berlin 1890.
Galle	Friedrich Galle, Der poetische Stil Fischarts, Diss. Rostock 1893.
Gauthier	Marcel Gauthier, De quelques jeux d'esprit — In: Revue Hispanique 33 (1915) 385 ff. (I); 35 (1915) 1 ff. (II).
Gerber	Gustav Gerber, Die Sprache als Kunst, 2. Auflage Berlin 1885.
Geschiedenis	Geschiedenis van de Letterkunde der Nederlanden ed. F. Baur usw., 2. Auflage Den Bosch 1941 ff.
Goedeke	Karl Goedeke, Grundriß zur Geschichte der deutschen Dichtung, 2. bzw. 3. Auflage, Dresden-Berlin 1884 ff.
Goethe WA	Goethes Werke ed. im Auftrag der Großherzogin Sophie von Sachsen, Weimar 1887-1912.
Der junge Goethe	Der junge Goethe, Neue Ausgabe ed. Max Morris, Leipzig 1909-12.
Gottfried Tristan	Gottfried von Straßburg Tristan und Isold ed. Friedrich Ranke, 4. Auflage Berlin 1959.
Gottsched	Johann Christoph Gottsched, Versuch einer Critischen Dichtkunst..., 4. Auflage Leipzig Breitkopf 1751.
Grässe	Johann Georg Theodor Grässe, Lehrbuch einer allgemeinen Literärgeschichte aller bekannten Völker der Welt von der ältesten Zeit bis auf die neuste Zeit, Leipzig 1837-60.
Grimm Reim	Wilhelm Grimm, Zur Geschichte des Reims, Berlin 1852.
GRM	Germanisch-Romanische Monatsschrift.
Groos	Karl Groos, Die Spiele der Menschen, Jena 1899.
Guy	Henry Guy, L'Ecole des Rhétoriqueurs, Paris Champion 1910 (Histoire de la poésie française au XVIe siècle I).
Hätzlerin	Liederbuch der Clara Hätzlerin ed. Carl Haltaus, Quedlinburg-Leipzig 1840.
Halm	Hans Halm, Matthias Abele, Weimar 1912.
Harsdörffer Gespsp	Georg Philipp Harsdörffer, Frauen-Zimmer Gespräch-Spiele, Nürnberg Wolfgang Endter 1641-49; 1. Teil 2. Auflage 1644.
Harsdörffer Trichter	[Georg Philipp Harsdörffer,] Poetischer Trichter / Die Teutsche Dicht- und Reimkunst / ohne Behuf der lateinischen Sprache / in VI. Stunden einzugiessen, Nünberg Endter 1647-53; 1. Teil zitiert nach 2. Auflage 1650.
Hauffen	Adolf Hauffen, Johann Fischart, Berlin 1921.
Heine	Heinrich Heine, Sämtliche Werke ed. Oskar Walzel, Leipzig 1911-15.
Heusler Agerm Dichtung	Andreas Heusler, Die altgermanische Dichtung, 2. Ausgabe Potsdam 1941.
Heusler Versgeschichte	Andreas Heusler, Deutsche Versgeschichte, Berlin-Leipzig 1925-29.

Holz	Arno Holz, Das Werk ed. Hans W. Fischer, Berlin 1924 ff.
Buch der Zeit	Band 1: Buch der Zeit
Blechschmiede	Band 3—4: Blechschmiede
Phantasus	Band 7—9: Phantasus.
Hübscher Barock	Arthur Hübscher, Barock als Gestaltung antithetischen Lebensgefühls — In: Euphorion 24 (1922) 517 ff., 759 ff.
HwbddA	Handwörterbuch des deutschen Aberglaubens ed. Hanns Bächtold-Stäubli, Berlin-Leipzig 1927-42.
Jardin de Plaisance	Le Jardin de Plaisance et Fleur de Rhéthorique ed. E. Droz et A. Piaget, Paris SATF 1910-25.
Ibel	Rudolf Ibel, Studien zur Formkunst Hofmann von Hofmannswaldaus — In: ZfdPh 51 (1926) 432 ff.
Jean Paul	Jean Paul, Sämtliche Werke ed. Eduard Berend, Weimar bzw. Berlin 1927 ff.
IF	Indogermanische Forschungen.
Kayser Klangmalerei	Wolfgang Kayser, Die Klangmalerei bei Harsdörffer, Berlin 1932.
Keil Grammatici Latini	Grammatici Latini ed. H. Keil, Leipzig 1856-79.
Keil Stammbücher	Robert und Richard Keil, Die deutschen Stammbücher des 16. bis 19. Jahrhunderts, Berlin 1893.
Kluge Etym Wb	Friedrich Kluge, Etymologisches Wörterbuch der deutschen Sprache, 18. Auflage v. Walther Mitzka, Berlin 1960.
Konrad von Würzburg Dichtungen	Konrad von Würzburg, Kleinere Dichtungen ed. Edward Schröder, 3. bzw. 2. Auflage mit einem Nachwort von Ludwig Wolff, Berlin 1959.
Lalanne	[Ludovic Lalanne,] Curiosités littéraires, Paris 1845.
Langlois	Recueil d'Arts de Seconde Rhétorique ed. E. Langlois, Paris 1902.
Lewalter-Schläger	J. Lewalter und G. Schläger, Deutsches Kinderlied und Kinderspiel, Kassel 1911.
Leys d'Amors	Las Flos del Gay Saber estier dichas Las Leys d'Amors... ed. Gatien-Arnoult, Toulouse 1841-43.
Liederdichter	Deutsche Liederdichter des 13. Jahrhunderts ed. Carl von Kraus, Tübingen 1952-58. (Die Zahlen beziehen sich auf die Seiten des ersten Bandes.)
Liederhort	Ludwig Erk und Franz Magnus Böhme, Deutscher Liederhort, Leipzig 1893-94.
Logau	Friedrich v. Logau, Sämtliche Sinngedichte ed. Gustav Eitner, Tübingen 1872 (I.1.1 = 1.Tausend 1. Hundert Nr. 1).
Lote	Georges Lote, Histoire du vers français, Paris 1949 ff.
Manheimer	Victor Manheimer, Die Lyrik des Andreas Gryphius, Berlin 1904.
Manitius	Max Manitius, Geschichte der lateinischen Literatur des Mittelalters, München 1911-31.
Manitius Poesie	Max Manitius, Geschichte der christlich-lateinischen Poesie bis zur Mitte des 8. Jahrhunderts, Stuttgart 1891.
Marot	Clément Marot, Oeuvres, Edition Georges Guiffrey mise au jour par Robert Yve-Plessis et Jean Plattard, Paris Schemit 1875-1931.
Meisterlieder	Meisterlieder der Kolmarer Handschrift ed. Karl Bartsch, Tübingen 1862.
Meyer Agerm Poesie	Richard M. Meyer, Die altgermanische Poesie..., Berlin 1889.
Meyer maer	Alfred Richard Meyer, Die maer von der musa expressionistica, Düsseldorf-Kaiserswerth 1948.

Meyer Mlat Ryth	Wilhelm Meyer, Gesammelte Abhandlungen zur mittellateinischen Rythmik, Berlin 1905-36.
MF	Des Minnesangs Frühling, 30. Auflage, nach Karl Lachmann, Moriz Haupt u. Friedrich Vogt neu bearb. v. Carl von Kraus, Zürich 1950.
MGH AA	Monumenta Germaniae Historica Auctores Antiquissimi.
Migne PG	Patrologia Graeca ed. J. P. Migne, Paris 1875 ff.
PL	Patrologia Latina ed. J. P. Migne, Paris 1844 ff.
Minor	Jacob Minor, Neuhochdeutsche Metrik, 2. Auflage Straßburg 1902.
Mönch	Walter Mönch, Das Sonett, Heidelberg 1955.
Molinet	Jean Molinet, Les Faictz et Dictz ed. Noël Dupire, Paris SATF 1936-39.
Morhof	Daniel George Morhof, Unterricht Von der Teutschen Sprache und Poesie... Sammt dessen Teutschen Gedichten... zum drittenmahle von den Erben herausgegeben, Lübeck und Leipzig Joh. Herbordt Kloss und Wiedemeyer 1718.
Moscherosch Philander	Hans Michael Moscherosch, Wunderliche und Wahrhaffte Gesichte Philanders von Sittewalt, Straßburg J. Ph. Mülbe und Josias Städel, I 1650; II 1665.
MSD	Denkmäler deutscher Poesie und Prosa aus dem VIII.—XII. Jahrhundert ed. Karl Müllenhoff und W. Scherer, 3. Ausgabe v. W. Steinmeyer, Berlin 1892.
MSH	Minnesinger, Deutsche Liederdichter des zwölften, dreizehnten und vierzehnten Jahrhunderts ed. Friedrich Heinrich von der Hagen, Leipzig bzw. Berlin 1838-56.
Musenklänge	Musenklänge aus Deutschlands Leierkasten ed. Adolf Thimme, Meersburg-Leipzig 1936.
Musenklänge Neudruck Bern	Musenklänge aus Deutschlands Leierkasten, Neudruck Bern 1945.
Nagel	Bert Nagel, Der deutsche Meistersang, Stuttgart 1952.
Neckel	Gustav Neckel, Beiträge zur Eddaforschung, Dortmund 1908.
Nestroy	Johann Nestroy, Sämtliche Werke ed. Fritz Brukner und Otto Rommel, Wien 1924-30.
Neukirchs Sammlung	Herrn von Hofmannswaldau und anderer Deutschen auserlesene und bisher ungedruckte Gedichte [ed. Benjamin Neukirch,] Leipzig Thomas Fritsch 1695-1709 u. ö. Benützt wurden folgende Drucke in der Einteilung von Angelo George von Capua und Ernst Alfred Philippson (Neudruck d. 1. Teils, Tübingen 1961, S. VI ff.): I-Bc, II-Ba, III-B, IV-B, V-B, VI-A.
NF	Neue Folge.
Nicéron	Jean Pierre Nicéron, Mémoires pour servir à l'histoire des hommes illustres dans la république des lettres, Paris Briasson 1729-45.
Ohlert	K. Ohlert, Rätsel und Rätselspiele der alten Griechen, 2. Auflage Berlin 1912.
Opie	The Oxford Dictionary of Nursery Rhymes ed. Iona and Peter Opie, 2. Auflage Oxford Clarendon Press 1952.
Opitz Poeterei	Martin Opitz, Buch von der deutschen Poeterei, Abdruck der ersten Ausgabe (1624), 4. Druck Halle 1913.
Opitz Poemata	Martin Opitz, Teutsche Poemata ed. Georg Witkowski, Halle 1902.

Optatianus Porfyrius	Publilii Optatiani Porfyrii Carmina ed. Lucianus Müller, Leipzig 1877. (Die Ausgabe von Elsa Kluge, Leipzig 1926, war mir leider nicht zugänglich.)
Oswald von Wolkenstein	Die Gedichte Oswalds von Wolkenstein ed. Josef Schatz, 2. Auflage Göttingen 1904. (Die während des Druckes erschienene Ausgabe von Karl Kurt Klein, Tübingen 1962, konnte nicht mehr verwendet werden.)
Pasquier	Estienne Pasquier, Oeuvres, Amsterdam 1723.
Paul Prinzipien	Hermann Paul, Prinzipien der Sprachgeschichte, 5. Auflage Halle 1920.
Pauly-Wissowa	Realencyclopädie der klassischen Altertumswissenschaft, Stuttgart 1896 ff.
PBB	Beiträge zur Geschichte der deutschen Sprache und Literatur.
Pegnesis	Pegnesis oder der Pegnitz Blumengenoß-Schäfere FeldGedichte in Neun Tagzeiten: meist verfasset und hervorgegeben durch Floridan, Nürnberg Wolf Eberhard Felsecker 1673 (*II Nürnberg Endter 1679).
Pfandl	Ludwig Pfandl, Geschichte der spanischen Nationalliteratur in ihrer Blütezeit, Freiburg i. Br. 1929.
Poetae	Monumenta Germaniae Historica: Poetae latini medii aevi, Berlin 1881 ff.
Poly-Liederbuch	Poly-Liederbuch ed. Verband der Studierenden an der ETH Zürich Ausgabe 1945.
Raimund	Ferdinand Raimund, Säkularausgabe ed. Fritz Brukner und Eduard Castle, Wien 1924-34.
Reallexikon	Reallexikon der deutschen Literaturgeschichte ed. Paul Merker und Wolfgang Stammler, Berlin 1925-31. Die zweite Auflage ed. Werner Kohlschmidt und Wolfgang Mohr, Berlin 1958 ff., wurde — soweit erschienen — nachgetragen.
Reallexikon für Antike und Christentum	Reallexikon für Antike und Christentum ed. Theodor Klauser, Leipzig 1941 ff.
Reimann	Hans Reimann, Vergnügliches Handbuch der deutschen Sprache, 2. Auflage Berlin 1932.
RhM	Rheinisches Museum für Philologie.
Rochholz	Ernst Ludwig Rochholz, Alemannisches Kinderlied und Kinderspiel aus der Schweiz, Leipzig 1857.
Rommel	Otto Rommel, Die Altwiener Volkskomödie, Wien 1952.
Rückert	Friedrich Rückert, Gesammelte poetische Werke ed. Heinrich Rückert, Frankfurt/M. 1868-69.
Rückert-Pertsch	Friedrich Rückert, Grammatik, Poetik und Rhetorik der Perser nach dem siebenten Bande des Heft Kolzum, neu ed. W. Pertsch, Gotha 1874.
SAfVk	Schweizerisches Archiv für Volkskunde.
SATF	Société des Anciens Textes Français.
SB	Sitzungsberichte.
Scaliger	Julius Caesar Scaliger, Poetices libri septem, Lyon Antoine Vincent 1561.
Schadewaldt Legende von Homer	Legende von Homer dem fahrenden Sänger. Ein altgriechisches Volksbuch übers. u. erl. v. Wolfgang Schadewaldt, Leipzig 1942.
Scheffel	Scheffels Werke ed. Friedrich Panzer, Leipzig-Wien 1919.
Schläger	Georg Schläger, Einige Grundfragen der Kinderspielforschung — In: ZfVk 27 (1917) 106 ff. (I); 27 (1917) 199 ff.; 28 (1918) 15 ff. (II); 34 (1924) 137 ff. (III).

Schlegel, August Wilhelm	August Wilhelm Schlegel, Sämtliche Werke ed. Eduard Bökking, Leipzig 1846-47.
Schlegel, Friedrich	Friedrich Schlegel, Sämtliche Werke, 2. Originalausgabe Wien 1846.
Schneegans	Heinrich Schneegans, Geschichte der grotesken Satire, Straßburg 1894.
Schottel Hauptsprache	Justus-Georg Schottel, Ausführliche Arbeit von der Teutschen HaubtSprache, Ausgabe Braunschweig Christoff Friedrich Zilliger 1663.
Schottel Verskunst	Justi-Georgii Schottelii Teutsche Vers- oder ReimKunst, Ausgabe Frankfurt/M Michael Lubach 1656.
Schultz Rätsel	Wolfgang Schultz, Rätsel aus dem hellenischen Kulturkreise, Leipzig 1909-12.
Schweizer Minnesänger	Karl Bartsch, Schweizer Minnesänger, Frauenfeld 1886.
Schweizer Musikant	Der Schweizer Musikant, Lieder für die Schule, für die Familie und für Gemeinschaftskreise, in Verbindung mit Fritz Jöde ed. Fritz Hug, Rudolf Schoch, Willi Schuh, Alfred Stern und Werner Wehrli, Zürich und Leipzig 1934.
Sebillet	Thomas Sebillet, Art poétique françoys ed. Félix Gaiffe, 2. Auflage Paris E. Droz 1932.
Seidel	Heinrich Seidel, Gesammelte Schriften, Leipzig bzw. Stuttgart 1888-1907.
Sidonius Apollinaris	Sidonius Apollinaris, Epistulae et Carmina ed. Christian Luetjohann, Berlin 1887.
Simrock	Karl Simrock, Das deutsche Kinderbuch, 3. Auflage Basel o. J.
Snorra Edda	Edda Snorra Sturlusonar ed. Finnur Jónsson, Reykjavik 1907.
Snorra Edda Übers.	Die jüngere Edda mit dem sogenannten ersten grammatischen Traktat ed. Felix Niedner und Gustav Neckel, Jena 1925 (Sammlung Thule XX).
Spanke	Hans Spanke, Klangspielereien im mittelalterlichen Liede — In: Studien zur lateinischen Dichtung des Mittelalters, Ehrengabe für Karl Strecker ed. W. Stach und H. Walther, Dresden 1931, 171 ff.
Stengel	E. Stengel, Romanische Verslehre — In: Grundriß der romanischen Philologie ed. Gustav Groeber, II.1, Straßburg 1902, 1 ff.
Strecker Studien	Karl Strecker, Studien zu karolingischen Dichtern — In: Neues Archiv der Gesellschaft für ältere deutsche Geschichtskunde 44 (1922) 208 ff.
Strigl	Hans Strigl, Einiges über die Sprache des P. Abraham a Sancta Clara — In: ZfdWf 8 (1906/07) 206 ff.
Tabourot	[Estienne Tabourot,] Les Bigarrures ... du Seigneur des Accords, Ausgabe Rouen David Geuffroy 1616.
Teuffel	Wilhelm Sigmund Teuffel, Geschichte der römischen Literatur, 6. Auflage von Wilhelm Kroll und Franz Skutsch, Leipzig-Berlin 1910.
Tieck	Ludwig Tieck, Schriften, Berlin Reimer 1828-54.
UP	University Press.
Verfasserlexikon	Deutsche Literatur des Mittelalters: Verfasserlexikon ed. Wolfgang Stammler und Karl Langosch, Berlin 1933-55.
VjsfLitgs	Vierteljahrschrift für Literaturgeschichte.
Vossler Madrigal	Karl Vossler, Das deutsche Madrigal, Weimar 1898.
Vries Anord Litgesch	Jan de Vries, Altnordische Literaturgeschichte, Berlin-Leipzig 1941-42.

Wackernagel Kirchenlied	Philipp Wackernagel, Das deutsche Kirchenlied von der ältesten Zeit bis zu Anfang des XVII. Jahrhunderts, Leipzig 1864-77.
Walther von der Vogelweide	Die Gedichte Walthers von der Vogelweide, Zehnte Ausgabe, mit Bezeichnung der Abweichungen von Lachmann und mit seinen Anmerkungen neu ed. Carl von Kraus, Berlin-Leipzig 1936.
Weckherlin	Georg Rudolf Weckherlin, Gedichte ed. Hermann Fischer, Tübingen 1894-1907.
Wegener	Hans Wegener, Hans Assmann Freiherr von Abschatz, Berlin 1910.
Weim Jb	Weimarisches Jahrbuch für deutsche Sprache, Literatur und Kunst.
Weinheber	Josef Weinheber, Sämtliche Werke ed. Josef Nadler und Hedwig Weinheber, Salzburg 1953-56.
Weis Bella Bulla	Hans Weis, Bella Bulla, Lateinische Sprachspiele, Bonn 1951.
Weis Curiosa	Hans Weis, Curiosa, Noch einmal lateinische Sprachspielereien, 3. Auflage München-Berlin 1942.
Weis Jocosa	Hans Weis, Jocosa, Lateinische Sprachspielereien, Berlin 1938.
Welti	Heinrich Welti, Geschichte des Sonettes in der deutschen Dichtung, Leipzig 1884.
Werner	Jakob Werner, Beiträge zur Kunde des lateinischen Mittelalters, 2. Auflage Aarau 1905.
Wilmanns	Walther von der Vogelweide ed. W. Wilmanns, Vollständig umgearbeitete Auflage v. Victor Michels, 2. bzw. 4. Auflage Halle 1916-24.
Wossidlo	Mecklenburgische Volksüberlieferungen ed. Richard Wossidlo, Wismar bzw. Rostock 1897-1931.
Zesen Helikon	Filip Zesens Durch-aus vermehrter und zum dritt- und letzten mal in drei teilen ausgefärtigter Hoch-deutscher Helikon..., Wittenberg Johann Seelfisch 1649.
Zf	Zeitschrift für
ZfAesth.u.allg.Kunstwiss.	Zeitschrift für Aesthetik und allgemeine Kunstwissenschaft.
ZfBfr	Zeitschrift für Bücherfreunde.
ZfdA	Zeitschrift für deutsches Altertum und deutsche Literatur.
ZfDk	Zeitschrift für Deutschkunde.
ZfdMaa	Zeitschrift für deutsche Mundarten.
ZfdPh	Zeitschrift für deutsche Philologie.
ZfdU	Zeitschrift für den deutschen Unterricht.
ZfdWf	Zeitschrift für deutsche Wortforschung.
ZfKirchgs	Zeitschrift für Kirchengeschichte.
ZfrPh	Zeitschrift für romanische Philologie.
ZfvglLitgs	Zeitschrift für vergleichende Literaturgeschichte.
ZfVk	Zeitschrift des Vereins für Volkskunde bzw. Zeitschrift für Volkskunde.
Zitzmann	Rudolf Zitzmann, Fischarts „Geschichtklitterung" in ihrem Verhältnis zu Rabelais, Diss. Frankfurt/M 1935.
Zschalig	Heinrich Zschalig, Die Verslehren von Fabri, Du Pont und Sibilet, Diss. Heidelberg 1884.
Züricher	Gertrud Züricher, Kinderlieder der deutschen Schweiz, Basel 1926.

KOMEDIA

DEUTSCHE LUSTSPIELE
VOM BAROCK BIS ZUR GEGENWART

Texte und Materialien zur Interpretation

Herausgegeben von

HELMUT ARNTZEN und **KARL PESTALOZZI**

Oktav

Bisher erschienen folgende Bände:

I Luise Adelgunde Viktorie Gottsched: DER WITZLING
Ein deutsches Nachspiel in einem Aufzuge

Johann Elias Schlegel: DIE STUMME SCHÖNHEIT
Ein Lustspiel in einem Aufzuge
Text und Materialien zur Interpretation besorgt von Wolfgang Hecht
105 Seiten. 1962. DM 6,—

II Christian Fürchtegott Gellert: DIE BETSCHWESTER
Lustspiel in drei Aufzügen
Text und Materialien zur Interpretation besorgt von Wolfgang Martens
Mit 1 Faksimile. 90 Seiten. 1962. DM 6,—

Als nächste Bände erscheinen:

III Ernst Elias Niebergall: DATTERICH
Localposse in der Mundart der Darmstädter in sechs Bildern
Nach dem Erstdruck von 1841
Text und Materialien zur Interpretation besorgt von Volker Klotz
Mit 1 Abbildung. 110 Seiten. 1963. DM 6,—

IV Andreas Gryphius: VERLIEBTES GESPENST. Gesangspiel
DIE GELIEBTE DORNROSE. Scherzspiel
Text und Materialien zur Interpretation besorgt von Eberhard Mannack
100 Seiten. 1963. DM 6,—

Ein ausführlicher Prospekt unterrichtet über weitere geplante Bände

WALTER DE GRUYTER & CO · BERLIN 30
vormals G. J. Göschen'sche Verlagshandlung
J. Guttentag Verlagsbuchhandlung · Georg Reimer · Karl J. Trübner · Veit & Co.